KB081013

모던 파이썬 쿡북

모던 파이썬 쿡북

주제별 문제 해결 레시피 모음

스티븐 로트 지음

이정문 옮김

지은이 소개

스티븐 로트 Steven F. Lott

컴퓨터가 크고 비싸며 드물던 70년대부터 프로그래밍을 시작했으며, 프리랜서 소프트웨어 개발자 및 아키텍트로서 다양한 규모의 수많은 프로젝트를 수행했다. 10년 이상 비즈니스 문제를 해결하기 위해 파이썬을 사용해왔다.

현재 파이썬을 활용해 마이크로서비스와 ETL 파이프라인을 구현하고 있으며, 『객체지향 파이썬 프로그래밍』(에이콘, 2017), 『함수형 파이썬 프로그래밍』(에이콘, 2017), 『유쾌한 파이썬』(에이콘, 2015), 『Python Essentials』(Packt, 2015) 등을 저술했다.

현재 미국 동부 해안의 여러 곳에서 거주 중이다. 블로그 주소는 http://slott-softwarearchitect.blogspot.com이고, 링크드인 주소는 https://www.linkedin.com/in/steven-lott-029835다.

기술 감수자 소개

산지브 자이스왈Sanjeev Jaiswal

웹 개발과 사이버 보안 분야에서 7년의 경험을 쌓은 컴퓨터 전공 대학원생이다. 기본적으로 펄Perl, 파이썬Python, GNU/리눅스를 거의 매일 사용하며, 현재 침투 테스트, 소스 코드 검토, 보안 설계 및 구현과 관련된 프로젝트에 참여하고 있다.

웹과 클라우드에서의 보안에 매우 관심이 많으며, 트위터 @aliencoders와 깃허브GitHub https://github.com/jassics에서 팔로우할 수 있다.

팩트출판사에서 출간한 『Instant PageSpeed Optimization』(Packt, 2013)과 『Learning Django Web Development』(Packt, 2015)의 저자이기도 하다. 팩트출판사의 서적을 다섯 권 이상 감수했으며, 앞으로도 팩트출판사를 비롯해 여러 출판사에서 더 많은 책을 저술하거나 감수하길 기대하고 있다.

바히드 미르자릴리Vahid Mirjalili

소프트웨어 엔지니어이자 데이터 과학자로서 현재 미시간 주립대 컴퓨터 과학 박사 과정을 밟고 있으며, 통합 패턴 인식 및 바이오메트릭스 연구실i-PRoBEintegrated pattern recognition and biometrics에서 대형 이미지 데이터세트를 이용한 안면 이미지의 속성 분류를 연구 중이다.

파이썬 프로그래밍 및 데이터 분석과 데이터베이스 컴퓨팅의 개념을 강의하고 있다. 데이터 마이닝을 전공하고 있으므로, 예측 모델링과 데이터로부터 통찰력을 얻는 방법에 매우 관심이 많다.

또한 파이썬 개발자로서 오픈소스 커뮤니티에 기여하길 원하며, 데이터 과학 및 컴퓨터 알고리즘의 여러 주제를 설명하는 안내 문서를 즐겁게 작성하고 있다. 깃허브 http://github.com/mirjalil/DataScience에서 더 자세한 내용을 볼 수 있다.

옮긴이 소개

이정문(kamui73@hotmail.com)

컴퓨터공학을 전공했으며 다수의 원서를 번역했다. 번역서로는 에이콘출판사에서 펴낸 『비기닝 ANSI C++』(2008), 『데이터 과학으로 접근하는 정보보안』(2016), 『파이썬 플레이그라운드』(2016) 등이 있다.

옮긴이의 말

파이썬은 의심할 여지없이 현재 가장 많은 관심을 받는 언어 중 하나로, 특히 미국, 영국, 독일 등에서 가장 빠른 성장세를 보이고 있습니다. 이와 같은 파이썬의 인기는 소프트웨어 산업 중에서도 매우 빠르게 성장하고 있는 데이터 과학과 인공지능 분야에서 파이썬이 대세가 되고 있는 것과 무관해 보이지 않습니다.

파이썬은 문법이 쉽고 직관적이기 때문에 일단 프로토타입을 작성해 실제 동작 여부를 신속히 확인할 수 있다는 큰 장점이 있습니다. 스크립트 언어라서 속도가 느린 단점은 C로 작성된 라이브러리를 사용해 보완할 수 있으며, 오히려 하드웨어 사양의 급속한 발전으로 퍼포먼스보다 범용성이 더욱 중요하게 여겨지는 시대적 흐름과도 잘 어울립니다. 게다가 객체지향이나 함수형 프로그래밍의 장점도 활용할 수 있습니다.

이 책은 특정 상황별로 파이썬을 사용한 문제 해결법을 보여주는 접근 방식을 취하고 있습니다. 총 13개의 장으로 구성돼 주제별로 사전 지식 소개, 프로그램 작성 방법, 프로그램의 동작 원리, 추가적인 개선 사항 등을 순서대로 설명합니다. 이 책에서 다루는 주제는 자료 구조, 객체지향 특징, 함수형 프로그래밍 기법, 통계 프로그래밍 라이브러리뿐 아니라 테스트 코드 작성, 웹 서비스, 설정 파일 관리, 애플리케이션 통합 등 매우 광범위합니다.

이 책은 초심자를 대상으로 하지 않으므로 파이썬 언어의 구문을 기초부터 설명하지는 않습니다. 독자들이 어느 정도 파이썬 지식을 갖췄다고 전제하므로, 필요하다면 다른 입문서와 함께 읽는 것이 도움이 될 수 있습니다. 또한 상황별로 문제 해결책을 제시하므로 굳이 처음부터 읽지 않고 필요한 부분만 선택적으로 읽어도 무방합니다.

여러모로 많은 배려를 해주시는 에이콘출판사의 권성준 사장님께 감사드립니다. 또한 좋은 책을 소개한 후 번역 일정이 늦어졌음에도 기다려주시고, 역자의 여러 실수에도 불구하고 편집 작업을 훌륭하게 마치는 데 도움을 주신 편집자 분들께도 감사드립니다. 그리고 저에게 건강한 신체를 물려주신 부모님, 언제나 후원을 아끼지 않는 아내와 두 아들에게도 고마움을 전하고 싶습니다.

차례

들어가며

파이썬은 수많은 개발자, 엔지니어, 데이터 과학자, 취미로 개발하는 사람들 모두가 선호하는 프로그래밍 언어며, 애플리케이션에 힘을 불어넣으면서 빠른 속도, 안전성, 확장성을 제공하는 훌륭한 스크립팅 언어다. 이 책에서 제시하는 일련의 레시피를 따라 하면 특정 주제별로 파이썬 언어 기능에 관한 통찰력을 얻을 수 있다. 구체적인 상황을 바탕으로 프로그래밍 언어 또는 표준 라이브러리의 기능을 더 쉽게 이해할 수 있기 때문이다.

이 책은 각각의 레시피별로 특정 문제 및 이슈를 해결하는 방법을 보여주는 접근 방식을 취한다.

이 책의 구성

1장. 숫자, 문자열, 튜플 다양한 종류의 숫자를 알아보고, 문자열을 이용해 작업한다. 이어서 튜플과 파이썬의 핵심적인 내장 타입들을 사용한다. 또한 유니코드 문자 집합을 깊이 있게 다룬다.

2장. 문장과 구문 우선 스크립트 파일의 작성에 관한 기초를 소개한다. 그리고 `if`, `while`, `for`, `try`, `with`, `raise`와 같은 복잡한 문장들을 설명한다.

3장. 함수 정의 여러 가지 함수 정의 기법을 살펴본다. 파이썬 3.5의 타이핑 모듈을 살펴보고, 함수에 좀 더 정리된 주석을 작성하는 방법을 설명한다.

4장. 내장 자료 구조: list, set, dict 파이썬에서 사용할 수 있는 다양한 자료 구조들을 설명하고 각각 어떤 문제 해결에 적합한지 소개한다. 이어서 리스트, 딕셔너리, 집합 자료 구조에 대해 자세히 살펴보고, 파이썬이 객체에 대한 참조를 처리하는 방법과 관련된 고급 주제도 설명한다.

5장. 사용자 입력 및 출력 `print()` 함수가 지닌 여러 기능의 사용 방법을 설명한다. 또 사용자 입력을 제공하는 다양한 함수를 다룬다.

6장. 클래스와 객체의 기초 다양한 통계 수식을 구현하는 클래스들을 생성한다.

7장. 고급 클래스 설계 파이썬의 클래스에 관해 좀 더 깊이 살펴본다. 6장까지 배운 기능들을 결합해 좀 더 정교한 객체를 생성해본다.

8장. 함수형 및 반응형 프로그래밍 기능 데이터 변환을 수행하는 함수가 짧은 길이로 풍부한 기능을 제공하도록 작성하는 방법을 설명한다. 이어서 반응형 프로그래밍의 개념을 소개한다. 반응형 프로그래밍은 입력을 받거나 입력이 변경될 때, 그에 맞춰 처리되는 규칙이 적용되도록 프로그램을 작성하는 방법론이다.

9장. 입출력, 물리적 포맷, 논리적 레이아웃 JSON, XML, HTML 등의 파일 포맷을 파이썬에서 다루는 방법을 설명한다.

10장. 통계 프로그래밍과 선형 회귀 파이썬의 내장 라이브러리와 자료 구조로 할 수 있는 기본적인 통계 계산을 살펴본다. 상관관계, 임의성, 귀무가설 등의 주제를 다룬다.

11장. 테스트하기 파이썬에서 사용되는 테스트 프레임워크들을 자세히 설명한다.

12장. 웹 서비스 RESTful 웹 서비스의 작성 방법과 정적 또는 동적 콘텐츠를 제공하는 여러 가지 레시피를 살펴본다.

13장. 애플리케이션 통합 대규모의 복잡한 애플리케이션으로 쉽게 결합하기 위한 애플리케이션 설계 방법을 살펴본다. 또한 이렇게 결합된 애플리케이션으로 인해 발생할 수 있는 복잡성에 관해 설명하고, 명령행 파싱과 같은 기능을 집중화해야 할 필요성에 대해서도 다룬다.

준비 사항

이 책의 예제를 실습하려면 최신 버전의 파이썬을 실행할 수 있는 컴퓨터가 필요하다. 예제들은 모두 파이썬 3를 사용하지만, 조금만 수정하면 파이썬 2에서도 실행할 수 있다.

이 책의 대상 독자

이 책은 웹 개발자, 프로그래머, 엔터프라이즈 프로그래머, 엔지니어, 빅데이터 과학자를 대상으로 한다. 초보자라면 이 책을 통해 파이썬을 시작할 수 있으며, 중급 이상이라면 지식 기반을 확장할 수 있다. 프로그래밍에 대한 기본 지식이 있으면 이 책을 읽는 데 도움이 될 것이다.

편집 규약

이 책에서는 독자의 이해를 돕고자 다루는 정보에 따라 글꼴 스타일을 다르게 적용했다. 이러한 스타일의 예와 의미는 다음과 같다.

텍스트에서 코드 단어는 다음과 같이 표기한다. "`include` 지시문을 사용함으로써 다른 컨텍스트를 포함할 수 있다."

코드 블록은 다음과 같이 표기한다.

```
if distance is None:
    distance = rate * time
elif rate is None:
    rate = distance / time
elif time is None:
    time = distance / rate
```

명령행 입력이나 출력은 다음과 같이 표기한다.

```
>>> circumferential_diameter_ratio = 355/113
>>> target_color_name = 'FireBrick'
>>> target_color_rgb = (178, 34, 34)
```

화면상에 표시되는 메뉴나 버튼은 다음과 같이 표기한다. "또한 Shift 키, Ctrl 키, Option 키, Command 키처럼 다른 키와 함께 사용되는 키들도 있다."

경고나 중요한 노트는 이와 같이 나타낸다.

팁과 요령은 이와 같이 나타낸다.

독자 의견

독자로부터의 피드백은 항상 환영이다. 이 책에 대해 무엇이 좋았는지 또는 좋지 않았는지 소감을 알려주길 바란다. 독자 피드백은 앞으로 더 좋은 책을 발행하는 데 큰 도움이 된다. 일반적인 피드백을 우리에게 보낼 때는 간단하게 feedback@packtpub.com으로 이메일을 보내면 되고, 메시지의 제목에 책 이름을 적으면 된다.

여러분이 전문 지식을 가진 주제가 있고, 책을 내거나 책을 만드는 데 기여하고 싶다면 www.packtpub.com/authors에서 저자 가이드를 참조하길 바란다.

고객 지원

팩트출판사의 구매자가 된 독자에게 도움이 되는 몇 가지를 제공하고자 한다.

예제 코드 다운로드

이 책에 사용된 예제 코드는 http://www.packtpub.com의 계정을 통해 다운로드할 수 있다. 다른 곳에서 구매한 경우에는 http://www.packtpub.com/support를 방문해 등록하면 파일을 이메일로 직접 받을 수 있다.

코드를 다운로드하려면 다음과 같이 한다.

1. 팩트출판사 웹사이트(http://www.packtpub.com)에서 이메일 주소와 암호를 이용해 로그인하거나 계정을 등록한다.
2. 맨 위에 있는 SUPPORT 탭으로 마우스 포인터를 이동한다.
3. Code Downloads & Errata 항목을 클릭한다.
4. Search 입력란에 책 이름을 입력한다.
5. 코드 파일을 다운로드하려는 책을 선택한다.
6. 드롭다운 메뉴에서 이 책을 구매한 위치를 선택한다.
7. Code Download 항목을 클릭한다.

파일을 다운로드한 후에는 다음과 같은 압축 프로그램을 이용해 파일의 압축을 해제한다.

- 윈도우: WinRAR, 7-Zip
- 맥: Zipeg, iZip, UnRarX
- 리눅스: 7-Zip, PeaZip

이 책의 코드 묶음은 깃허브 https://github.com/PacktPublishing/Modern-Python-Cookbook에서도 받을 수 있으며, https://github.com/PacktPublishing/에서는 다른 책들의 코드 묶음과 동영상들을 제공한다. 또한 에이콘출판사의 도서정보 페이지인 http://www.acornpub.co.kr/book/modern-python-cookbook에서도 예제 코드를 다운로드할 수 있다.

정오표

내용을 정확하게 전달하기 위해 최선을 다했지만, 실수가 있을 수 있다. 팩트출판사의 도서에서 문장이든 코드든 간에 문제를 발견해서 알려준다면 매우 감사하게 생각할 것이다. 그런 참여를 통해 그 밖의 독자에게 도움을 주고, 다음 버전의 도서를 더 완성도 높게 만들 수 있다. 오탈자를 발견한다면 http://www.packtpub.com/submit-errata를 방문해 책을 선택하고, 구체적인 내용을 입력해주길 바란다. 보내준 오류 내용이 확인되면 웹사이트에 그 내용이 올라가거나 해당 서적의 정오표 부분에 그 내용이 추가될 것이다. http://www.packtpub.com/support에서 해당 도서명을 선택하면 기존 정오표를 확인할 수 있다. 한국어판은 에이콘출판사 도서정보 페이지 http://www.acornpub.co.kr/book/modern-python-cookbook에서 찾아볼 수 있다.

저작권 침해

인터넷에서의 저작권 침해는 모든 매체에서 벌어지고 있는 심각한 문제다. 팩트출판사에서는 저작권과 사용권 문제를 아주 심각하게 인식한다. 어떤 형태로든 팩트출판사 서적의 불법 복제물을 인터넷에서 발견한다면 적절한 조치를 취할 수 있도록 해당 주소나 사이트명을 알려주길 부탁한다.

의심되는 불법 복제물의 링크는 copyright@packtpub.com으로 보내주길 바란다. 저자와 더 좋은 책을 위한 팩트출판사의 노력을 배려하는 마음에 깊은 감사의 뜻을 전한다.

질문

이 책과 관련해 질문이 있다면 questions@packtpub.com으로 문의하길 바란다. 최선을 다해 질문에 답하겠다. 한국어판에 관한 질문은 이 책의 옮긴이나 에이콘출판사 편집 팀(editor@acornpub.co.kr)으로 문의해주길 바란다.

1 숫자, 문자열, 튜플

이번 장의 레시피들은 다음과 같이 파이썬의 기초적인 자료형들을 소개한다.

- 변수에 유의미한 이름을 부여하는 방법
- 크고 작은 정수를 다루는 방법
- `float`, `Decimal`, `Fraction`의 구별
- 실수 나눗셈과 정수 나눗셈의 구별
- 변경 불가능 객체인 문자열을 재작성하는 방법
- 정규 표현식을 사용한 문자열 파싱
- `"template".format()`으로 문자열을 생성하는 방법
- 문자 리스트로부터 문자열을 생성하는 방법
- 키보드로 입력할 수 없는 유니코드 문자를 사용하는 방법
- 문자열 인코딩: ASCII와 UTF-8 바이트를 생성하는 방법
- 바이트 디코딩: 바이트로부터 문자를 알아내는 방법
- 튜플을 사용하는 방법

소개

이번 장에서는 파이썬의 주요 자료형data type을 살펴볼 것이다. 몇 가지 숫자 자료형에 대해 알아보고, 문자열 및 튜플을 사용해본다. 이러한 자료형들은 파이썬에서 다뤄지는 자료형들 중에서도 단순한 것으로서, 더 복잡한 컬렉션 자료형들에 관해서는 2장 이후에서 주로 설명된다.

이번 장의 레시피들은 파이썬 3에 대한 초보적인 이해 수준을 가정한다. 파이썬이 제공하는 핵심 내장 자료형인 숫자, 문자열, 튜플의 사용법을 살펴볼 것인데, 숫자 자료형은 종류가 다양하고 나눗셈 연산자도 두 개이므로 자세히 볼 필요가 있다.

문자열을 다룰 때 자주 사용되는 중요한 연산자들을 알아보고, (운영체제의 파일이 사용하는) 바이트와 (파이썬이 사용하는) 문자열 자료형 간의 차이점도 살펴본다. 또한 유니코드 문자 집합을 최대한 활용하는 방법도 살펴볼 것이다.

이번 장의 레시피들은 대화식 모드의 >>> 프롬프트에서 작업하는 것을 가정한다. 대화식 모드는 REPLRead-Eval-Print Loop이라고도 부른다. 이와 달리 스크립트 파일을 작성하는 방법은 2장 이후에서 주로 사용된다. 대화식 모드는 언어 학습에 매우 효과적이다.

변수에 유의미한 이름을 부여하는 방법

다른 사람이 이해하기 쉬운 프로그램을 작성하려면 어떻게 해야 할까? 표현력이 풍부한 코드의 핵심 중 하나는 유의미한 이름을 사용하는 것이다. 하지만 어떤 이름이 유의미한 이름으로 간주될까? 이번 레시피에서는 유의미한 이름을 짓기 위한 몇 가지 규칙들을 검토할 것이다.

파이썬 대입문의 몇 가지 변형들도 살펴본다. 예를 들어, 한 개의 대입문에서 두 개 이상의 변수에 값을 대입할 수 있다.

준비

이름을 지을 때는 먼저 "이 객체는 무엇일까?"라고 질문해야 한다. 소프트웨어의 경우, 이름을 짓는 대상이 되는 객체를 서술하는 이름이 바람직하다. 단순히 x라는 이름은 그다지 서술적이지 않다. 실제의 뭔가를 가리키지도 않는다.

애매하고 불분명한 이름이 넘쳐나는 프로그램을 흔하게 볼 수 있다. 이런 코드는 다른 사람들이 봐도 이해하기 어렵다. 반면에 서술적인 이름은 모든 사람에게 도움이 된다.

이름을 지을 때는 문제 영역problem domain(실제로 성취하고자 시도 중인 대상)과 해결책 영역solution domain을 분리하는 것도 중요하다. 해결책 영역은 기술적인 세부 사항이다. 예컨대 파이썬, 운영체제, 인터넷 등이 해당된다. 코드를 읽는 사람은 해결책을 볼 수 있기 때문에 자세한 설명이 굳이 필요하지 않다. 그러나 문제 영역은 기술적인 세부 정보에 의해 가려지기 쉬우므로 문제가 분명히 드러나도록 의식적인 노력이 요구된다. 이때 적절히 부여된 이름은 많은 도움이 된다.

예제 구현

이름 짓는 법을 먼저 알아보고, 그다음에 대입문을 살펴보자.

현명한 이름 짓기

순수하게 기술적 측면에서만 보면, 파이썬의 모든 이름은 문자로 시작해야 한다. 문자, 숫자, _ 문자의 개수에는 제한이 없으며, 파이썬 3는 유니코드 기반이므로 꼭 라틴 문자만 사용해야 하는 것도 아니다. 즉, A-Z 영문자가 주로 사용되지만 꼭 그래야 하는 것은 아니다.

서술적인 이름이란 구체적이면서 프로그램 내의 여러 사물 간의 관계를 분명하게 드러내는 이름을 의미한다. 이런 이름을 짓기 위해 주로 사용되는 방법은 특수한 개념에서 일반적 개념 순서로 이름을 짓는 것이다.

이름을 짓는 순서는 다음과 같다.

1. 이름의 뒷부분은 사물에 대한 광범위한 요약 개념이다. 가끔은 이것으로 충분할 때도 있다. 맥락에 따라 나머지 의미가 보충되기 때문이다. 광범위한 요약 개념으로서 널리 사용되는 단어들은 잠시 후에 소개할 것이다.
2. 범위를 좁히기 위해 애플리케이션 또는 문제 영역과 관련된 접두어를 붙인다.
3. 필요하다면, 다른 클래스, 모듈, 패키지, 함수, 기타 객체 등과의 분명한 구별을 위해 더 많은 접두어를 사용한다. 접두어를 어떻게 붙여야 할지 판단이 서지 않을 때는 인터넷의 DNS Domain Name System(도메인 이름 시스템)를 참고하자. 예를 들어, mail.google.com이라는 DNS 이름은 특수한 개념에서 일반적 개념의 순서로 배열돼 있다. 꼭 3단계일 필요는 없지만, 대체로 3단계 구성이 가장 널리 쓰인다.
4. 파이썬 코드 내에서의 사용법에 따라 이름의 포맷을 정한다. 이름을 짓는 대상은 크게 세 가지로 나눌 수 있다.
    - 클래스: 클래스에 속하는 객체를 요약하는 이름이 사용된다. `Capitalized CamelCase` 규칙이 주로 사용되는데, 이 규칙에서는 (클래스의 인스턴스가 아니라) 클래스임을 강조하기 위해 첫 글자를 대문자로 시작한다. 클래스는 포괄적인 개념으로서, 실제 형태를 갖는 사물을 기술하지는 않는다.
    - 객체: `snake_case` 규칙이 주로 사용된다. 이 규칙에서 이름은 모두 소문자며 단어 간에는 (공백이 아니라) _ 문자가 사용된다. 변수, 함수, 모듈, 패키지, 매개변수, 객체의 속성, 클래스의 메소드, 그 밖의 거의 모든 것이 여기에 포함된다.
    - 스크립트와 모듈 파일: 파이썬 관점의 운영체제 자원이다. 따라서 파일명은 파이썬의 명명 규칙을 따르는 것이 바람직하다. 즉 소문자와 _ 문자를 사용하고 .py로 끝난다. 기술적으로는 얼마든지 자유롭게 파일명을 지어도 된다. 하지만 파이썬 규칙을 따르지 않는 파일명은 모듈이나 패키지로서 사용되기 어렵다.

광범위한 요약 개념으로 사용할 만한 단어들은 어떤 것이 있을까? 어떤 사물을 나타내는지, 아니면 사물의 속성을 나타내는지를 바탕으로 몇 가지 범주로 분류하는 것이 좋다. 예를 들면 문서Document, 기업Enterprise, 장소Place, 프로그램Program, 제품Product, 프로세스Process, 사람Person, 자산Asset, 규칙Rule, 조건Condition, 식물Plant, 동물Animal, 무기물Mineral 등의 단어를 일반 범주로서 사용할 수 있다.

그다음에는 수식어를 사용해 범위를 더 좁힌다.

```
FinalStatusDocument
ReceivedInventoryItemName
```

첫 번째 예에서 클래스 이름은 최초에 Document였지만, Status 접두어를 추가해 범위를 조금 좁히고, 여기에 Final을 써서 한 번 더 한정함으로써 최종적으로 FinalStatusDocument라는 이름을 갖게 됐다. 두 번째 예에서는 Name 클래스가 최종적으로는 ReceivedInventoryItemName이 됐다. 여기서는 클래스를 구분하기 위해 무려 4단계 이름이 사용됐다.

객체는 속성 또는 특성을 가지는 것이 보통인데, 이러한 속성들은 어떤 종류의 정보를 표현하고 있느냐를 바탕으로 구분될 수 있다. 많이 쓰이는 것으로는 양amount, 코드code, 식별자identifier, 이름name, 텍스트text, 날짜date, 시간time, 날짜시간datetime, 사진picture, 동영상video, 사운드sound, 그래픽graphic, 값value, 비율rate, 백분율percentage, 측정 값measure 등이 있다.

역시 좁고 상세한 서술을 먼저 배치하고 광범위한 정보는 나중에 배치한다.

```
measured_height_value
estimated_weight_value
scheduled_delivery_date
location_code
```

첫 번째 예에서 height는 좀 더 일반적인 표현인 value를 한정하고, measured_height_value는 범위를 더욱 좁힌다. 이 변수의 이름으로부터 height가 아닌 다른 수식어가 사용된 변수가 존재할 가능성이 높다고 예상할 수 있다. weight_value, delivery_date, location_code도 모두 비슷하다. 한 개 혹은 두 개의 접두어로 범위를 좁히고 있다.

해서는 안 되는 일

부호화된 접두어 또는 접미어를 사용해서 기술적인 상세 유형 정보를 포함하는 것은 피해야 한다. 이러한 방식을 가리켜 헝가리안 표기법(Hungarian Notation)이라고 부르는데, 이 표기법에서는 f_measured_height_value와 같이 이름을 붙인다(f는 부동소수점 타입을 의미한다). 파이썬에서 measured_height_value 변수는 어떤 숫자 자료형도 될 수 있으며, 자료형 변환은 파이썬이 자동으로 수행하기 때문에 유형 정보를 붙일 필요가 없다. 따라서 이러한 기술적인 상세 정보가 프로그램 코드를 읽는 사람에게 그다지 도움을 주지 못한다. 자료형 정보로 인해 코드를 잘못 이해할 수 있고 심지어 틀릴 수도 있기 때문이다.

또한 같은 것에 속하는 것들처럼 보이게끔 이름을 짓느라 시간을 낭비할 필요가 없다. 예를 들어 SpadesCardSuit, ClubsCardSuit는 불필요한 이름들이다. 파이썬은 패키지, 모듈, 클래스, 네임스페이스 객체를 사용해 서로 관련 있는 이름들을 모을 수 있다. 따라서 SpadesCardSuit 대신에 CardSuit.Spades로 사용하는 것이 훨씬 낫다. CardSuit 클래스를 네임스페이스로서 사용해 비슷한 이름들을 쉽게 구별할 수 있기 때문이다.

객체에 이름을 대입하는 방법

파이썬은 정적 변수를 정의할 수 없다. 객체에 이름이 대입될 때 비로소 변수가 생성된다. 파이썬에서는 객체가 모든 처리의 중심이며, 변수는 단지 객체를 구별하기 위해 객체에 붙이는 포스트잇 메모와 다를 바 없다. 기본적인 대입문을 사용하는 방법은 다음과 같다.

1. 객체를 생성한다. 이 책의 많은 예제들은 객체를 리터럴로서 생성한다. 예를 들어 355나 113은 정수 객체의 리터럴 표현이며 `FireBrick`은 문자열 객체, `(178, 34, 34)`는 튜플 객체의 리터럴이다.
2. 변수=객체 문장을 작성한다. 다음은 몇 가지 예다.

```
>>> circumferential_diameter_ratio=355/113
>>> target_color_name='FireBrick'
>>> target_color_rgb =(178, 34, 34)
```

객체를 생성한 후 변수에 대입했다. 첫 번째 객체는 계산의 결과고, 그다음 두 개의 객체는 단순 리터럴이다. 일반적으로는 함수나 클래스를 포함하는 표현식에 의해 객체가 생성되는 경우가 더 많다.

이러한 기본 대입문 이외에 중복 대입을 사용해 한 개의 객체를 여러 변수에 대입할 수도 있다.

```
>>> target_color_name = first_color_name = 'FireBrick'
```

동일한 문자열 객체에 대해 두 개의 이름을 생성하고 있다. 파이썬이 사용하는 내부 ID 값을 검사해 이를 확인할 수 있다.

```
>>> id(target_color_name) == id(first_color_name)
True
```

이 두 개의 객체에 대한 내부 식별자가 같다는 것을 알 수 있다.

값이 같은지 비교하는 연산자는 ==이고, 대입문은 = 연산자를 사용한다.

대입문을 다른 연산자와 함께 사용할 수 있다. 예를 들어 다음과 같이 작성할 수 있다.

```
>>> total_count = 0
>>> total_count += 5
>>> total_count += 6
>>> total_count
11
```

변수의 값을 증가시키면서 대입했다. `total_count += 5`는 `total_count = total_count + 5`와 같다. 이 기법은 코드의 길이를 줄이는 장점이 있다.

예제 분석

이번 레시피에서 소개한 변수 명명법은 한정적 범위의 구체적인 단어를 앞에 두고, 넓은 범위의 덜 구체적인 범주 정보를 나중에 두는 패턴을 사용한다. 이러한 패턴은 도메인 이름이나 전자 메일 주소에서 사용되는 것과 비슷하다.

예를 들어 mail.google.com 도메인 이름은 특정 서비스, 이보다 일반적인 회사명, 마지막으로 매우 일반적인 도메인 개념의 순서를 따르고 있다. 즉 좁은 개념에서 넓은 개념의 순서로 배열되는 원리를 따른다.

service@packtpub.com 역시 구체적인 수신자, 좀 더 일반적인 회사명, 마지막으로 매우 일반적인 도메인이라는 순서를 따르고 있다. 회사명인 PacktPub은 그 자체로도 특정 회사명(Packt)에서 그보다 넓은 업종명(Pub, 출판사를 의미)의 순서로 구성돼 있다(Pub가 맥주집Public House을 의미한다고 오해하지는 말자).

대입문은 객체에 이름을 부여하는 유일한 방법이다. 동일 객체에 두 개의 이름을 대입하는 방법은 현재로서는 그다지 쓸모가 없다. 그러나 4장에서는 한 개의 객체에 여러 개의 이름을 부여했을 때의 흥미로운 결과를 보여준다.

부연 설명

이 책의 모든 레시피에서는 서술적인 이름을 사용하려고 노력할 것이다.

이번 레시피의 명명 패턴을 따르지 않는 기존 소프트웨어에서는 기존의 방식대로 이름을 부여하는 것이 좋다. 새로운 규칙이 더 나은 방법이더라도, 새롭게 규칙을 바꾸는 것보다 기존 소프트웨어와의 일관성을 유지하는 편이 낫기 때문이다.

거의 모든 예제들이 변수에 대입하는 문장을 포함할 것이다. 상태 저장Stateful 객체지향 프로그래밍의 핵심이기 때문이다.

클래스 및 클래스 이름에 대해서는 6장에서 자세히 살펴보고, 모듈에 대해서는 13장에서 자세히 알아볼 것이다.

참고 사항

서술적인 명명법은 활발히 연구 및 토론이 진행되는 주제다. 구문과 의미의 두 가지 측면에서 접근할 수 있는데, 구문 관점의 접근은 널리 알려진 문서인 PEP-8^Python Enhancement number 8^을 우선적으로 참고하자. 이 문서는 `CamelCase`와 `snake_case` 규칙을 권장한다.

또한 다음 명령을 수행해보자.

```
>>> import this
```

이를 통해 파이썬이 어떤 이상을 추구하는지 읽을 수 있다.

의미론 관점의 접근법에 대해서는 UDEF와 NIEM 명명 및 설계 규칙(UDEF and NIEM Naming and Design Rules) 표준을 참조한다(http://www.opengroup.org/udefinfo/AboutTheUDEF.pdf). 또한 ISO11179(https://en.wikipedia.org/wiki/ISO/IEC_11179)는 메타데이터와 명명 규칙을 자세히 논의한다.

크고 작은 정수를 다루는 방법

많은 프로그래밍 언어에서 정수, 바이트, 긴 정수를 구별한다. 심지어 부호가 있는 정수와 부호가 없는 정수를 구분하는 언어도 있다. 파이썬은 이러한 개념들을 어떻게 구현할까?

답은 하지 않는다는 것이다. 파이썬은 모든 크기의 정수를 동일한 방식으로 처리한다. 단순 바이트든 자릿수가 백 단위인 큰 수든 파이썬에게는 똑같이 정수일 뿐이다.

준비

정말로 큰 수를 계산할 필요가 있다고 상상해보자. 예를 들어, 52장의 카드로 이뤄진 덱에서 카드들이 배열되는 경우의 수를 계산하고 싶다고 하자. 답은 52!=52×51×50 ×... × 2×1인데, 이 수는 정말로 큰 수다. 파이썬으로 이 수를 어떻게 계산할까?

예제 구현

걱정할 필요는 없다. 정말이다. 파이썬은 하나의 보편적인 정수 타입만을 갖고 있는 것처럼 동작하며, 단순 바이트부터 메모리를 전부 차지하는 큰 수까지 모두 처리할 수 있다. 정수를 처리하는 방법은 다음과 같다.

1. 필요한 숫자를 작성한다. 이번 레시피에서 자주 사용될 355와 113은 다소 작은 값들이다. 하지만 사용 가능한 최댓값은 실질적으로 제한이 없다.
2. 매우 작은 값(1바이트)은 다음과 같다.

```
>>> 2
2
```

16진법으로 숫자를 생성하려면 다음과 같이 한다.

```
>>> 0xff
255
```

또한 다음과 같이 바이트 시퀀스를 생성할 수도 있다. 이 시퀀스는 한 개의 값을 포함하고 있다.

```
>>> b'\xfe'
b'\xfe'
```

적어도 기술적으로는 이 값은 정수가 아니다. 접두어 `b'`는 이 값이 1바이트 시퀀스임을 보여주고 있다.

3. 계산을 통해 훨씬 더 큰 수를 생성하는 예는 다음과 같다.

```
>>> 2**2048
323...656
```

자릿수가 617자리나 되기 때문에 전부 표시하지 않았다.

예제 분석

파이썬은 내부적으로 두 가지 종류의 수를 사용한다. 둘 사이의 변환은 겉으로 드러나지 않고 내부적으로 자동으로 일어난다.

작은 수를 나타낼 때는 일반적으로 4바이트 또는 8바이트 정수 값이 사용된다. 세부 구현은 CPython 내부에 숨겨져 있으므로, 파이썬을 빌드할 때 사용된 C 컴파일러의 특징에 따라 다르다.

반면에 `sys.maxsize`보다 큰 수를 나타내야 하면 파이썬은 숫자 시퀀스를 사용한다. 이 시퀀스를 구성하는 각 자릿수는 주로 30비트 값이 사용된다.

52장의 카드를 배열하는 경우의 수는 얼마일까? 답은 $52! \approx 8 \times 10^{67}$이다. 이처럼 커다란 수를 계산하는 방법은 다음과 같이 `math` 모듈의 `factorial` 함수를 사용하는 것이다.

```
>>> import math
>>> math.factorial(52)
80658175170943878571660636856403766975289505440883277824000000000000
```

이처럼 큰 수가 완벽하게 계산됐다.

52! 계산의 앞부분($52 \times 51 \times 50 \times \ldots$에서 대략 42까지)은 작은 정수만을 사용해 수행될 수 있다. 하지만 그다음부터는 큰 정수로 전환돼야 한다. 이러한 전환은 내부적으로 수행되므로 우리 눈에는 결과만 보인다.

내부 처리에 관한 세부 사항의 일부를 다음 명령으로 확인할 수 있다.

```
>>> import sys
>>> import math
>>> math.log(sys.maxsize, 2)
63.0
>>> sys.int_info
sys.int_info(bits_per_digit=30, sizeof_digit=4)
```

sys.maxsize 값은 작은 정수가 취할 수 있는 가장 큰 값이다. 이 값에 몇 비트가 사용되는지 보여주기 위해 2를 밑으로 하는 로그를 계산했다.

결과가 63이므로, 파이썬이 작은 정수를 63비트로 나타낸다는 것을 알 수 있다. 따라서 작은 정수의 범위는 $-2^{64} \sim 2^{63}-1$이고, 이 범위를 벗어나면 큰 정수가 사용된다.

sys.int_info의 값들은 큰 정수가 30비트 숫자들의 시퀀스며, 각 자릿수는 4바이트를 차지한다는 것을 말하고 있다.

52!와 같은 큰 값은 이와 같은 30비트 크기의 자릿수 여덟 개로 구성된다. 한 개의 자릿수를 30비트로 나타낸다는 개념은 다소 이해하기 어려울 수 있다. 10진수 체계에서 10개의 기호(0~9)가 사용되는 것과 비교하면, 큰 수의 각 자릿수를 나타내기 위해 2^30개의 기호가 필요하다고 생각할 수 있다.

따라서 큰 정수 값을 많이 포함하는 계산은 상당한 메모리를 소비한다. 작은 정수는 어떨까? 0이나 1처럼 작은 수들이 매우 많을 때 파이썬은 이들을 어떻게 관리할까?

자주 사용되는 수(-5부터 256까지)들은 메모리 최적화를 위해 파이썬 내부적으로 객체 풀pool이 생성된다. 정수 객체의 id( ) 값을 통해 이를 확인할 수 있다.

```
>>> id(1)
4297537952
>>> id(2)
4297537984
>>> a=1+1
>>> id(a)
4297537984
```

먼저, 정수 1과 정수 2에 대한 내부 ID를 확인했다. 그다음에는 계산 결과로 얻어진 객체의 id를 조사해보니 객체 풀 내의 정수 2 객체와 id가 같은 것을 알 수 있다.

독자 여러분이 실행할 때는 id( )가 반환하는 값이 다를 수도 있다. 그러나 정수 2를 나타내는 객체의 id가 동일하다는 것은 다르지 않다. 다만 나의 노트북 PC에서는 4297537984였다는 뜻이다. 이러한 처리 방식 덕분에 정수 2 객체의 수많은 복사본으로 인한 메모리 낭비를 막을 수 있다.

어떤 큰 수의 크기를 확인할 수 있는 팁은 다음과 같다.

```
>>> len(str(2**2048))
617
```

계산된 수로부터 문자열을 생성한 후, 문자열의 길이를 반환하는 len( ) 함수를 사용했다. 617자리 수라는 것을 알 수 있다.

부연 설명

파이썬은 +, -, *, /, //, %, ** 등 다양한 산술 연산자를 제공한다. /와 //는 둘 다 나눗셈 연산자인데, '실수 나눗셈과 정수 나눗셈의 구별' 레시피에서 자세히 살펴볼 것이다. **는 거듭제곱을 나타낸다.

비트 단위의 연산에는 별도의 연산자들이 사용된다. &, ^, |, <<, >> 연산자들은 이진 표현에 대해 비트 단위로 적용된다. 각각 논리곱, 배타적 논리합, 논리합, 좌측 시프트, 우측 시프트를 의미한다.

비트 단위 연산자들은 매우 큰 정수에 대해서도 동작할 수 있지만, 실제로 바이트 세계의 밖에서는 그다지 의미가 없다. 바이너리 파일과 네트워크 프로토콜을 다룰 때, 데이터를 구성하는 바이트 내의 개별 비트를 조작하는 경우에 주로 사용된다.

bin( ) 함수를 사용하면 이러한 연산자들의 결과를 쉽게 확인할 수 있다.

예를 들면 다음과 같이 입력해보자.

```
>>> xor = 0b0011 ^ 0b0101
>>> bin(xor)
'0b110'
```

0b0011과 0b0101은 비트 문자열로서 각 숫자가 2진수로 어떻게 표현되는지 보여준다. 이 두 개의 비트 문자열에 배타적 논리합 ^ 연산자를 적용한 후 bin() 함수를 사용해 그 결과를 다시 비트 문자열로 나타냈으므로, 연산자의 적용 결과를 비트 단위로 확인할 수 있다.

바이트는 부분별로 분해할 수 있다. 예를 들어, 좌측의 두 개 비트와 나머지 여섯 개의 비트를 분리하고 싶다고 가정하자. 이를 수행하는 한 가지 방법은 다음과 같이 비트 조작 표현식을 사용하는 것이다.

```
>>> composite_byte = 0b01101100
>>> bottom_6_mask = 0b00111111
>>> bin(composite_byte >> 6)
'0b1'
>>> bin(composite_byte & bottom_6_mask)
'0b101100'
```

composite_byte의 경우 상위 두 개 비트는 01, 하위 여섯 개 비트는 101100이다. >> 시프트 연산자로 여섯 자리만큼 이동시켰으므로 하위 여섯 개 비트가 제거되고 두 개의 상위 비트만 보존됐다. 그다음 예에서는 마스크(bottom_6_mask) 값과 함께 & 연산자를 적용했으므로, 마스크가 1인 위치에서는 composite_byte의 비트 값이 그대로 결과 값에 반영되고, 마스크가 0인 위치에서는 비트 값이 0이 된다.

참고 사항

- '실수 나눗셈과 정수 나눗셈의 구별' 레시피에서 두 가지 나눗셈 연산자를 살펴본다.
- 'float, Decimal, Fraction의 구별' 레시피에서 다른 숫자 유형에 대해 살펴본다.

- 파이썬이 내부적으로 정수를 어떻게 처리하는지 더 자세히 알고 싶다면 https://www.python.org/dev/peps/pep-0237/를 참조한다.

float, Decimal, Fraction의 구별

파이썬은 유리수 및 무리수의 근삿값을 다루기 위한 자료형들을 제공한다. 다음의 세 개 중에서 선택할 수 있다

- `float`
- `Decimal`
- `Fraction`

이 선택지들은 어떤 상황에서 사용해야 할까?

준비

프로그램을 작성할 때는 수학적 기대 수준을 정확히 하는 것이 중요하다. 어떤 종류의 데이터를 다룰지 혹은 어떤 종류의 결과 데이터를 얻고 싶은지 확실히 모르는 상황에서는 코딩을 시작하면 안 된다. 일단 한발 뒤로 물러나 연필과 종이를 사용한 검토가 필요하다.

정수가 아닌 수를 계산하는 경우는 크게 세 가지로 나뉜다.

1. 화폐: 달러, 센트, 유로 등. 일반적으로 화폐는 소수점 이하의 자릿수가 정해져 있다. 예컨대 $2.95의 7.25%를 얼마로 해야 할지 정하는 반올림 규칙이 존재한다.
2. 유리수 또는 분수: 미국식 도량형인 피트와 인치를 사용해야 하거나 컵과 액량 온스 단위의 요리 기구를 사용해야 한다면 분수 계산이 필요할 것이다. 예를 들어 8인분으로 고안된 레시피를 5인분으로 줄이고 싶다면 5/8를 곱하는 분수 계산을 수행해야 한다. 2/3컵 부피의 쌀을 미국식 부엌 도구에 적합하도록 변환하려면 어떻게 해야 할까?

3. 무리수: 1번과 2번 경우를 제외한 모든 종류의 계산이 포함된다. 컴퓨터는 무리수를 오직 근삿값으로 계산한다는 점에 주의해야 한다. 근삿값은 가끔 이상하게 표현될 때가 있다. 부동소수점 근삿값 계산은 속도가 매우 빠르지만, 절삭 오차가 발생하기 때문이다.

1번과 2번의 경우에는 부동소수점 수를 사용해서는 안 된다.

예제 구현

위에서 소개한 세 가지 경우를 개별적으로 살펴보자. 화폐 계산 방법을 가장 먼저 살펴보고, 이어서 유리수와 무리수(즉 부동소수점 수) 순서로 알아볼 것이다. 마지막에는 이 유형들 간의 명시적인 변환 방법을 알아본다.

화폐 계산

화폐를 다룰 때는 decimal 모듈을 사용해야 한다. float을 사용하면 반올림과 절삭 오차로 인한 문제를 피하기 어렵다.

1. decimal 모듈에서 Decimal 클래스를 임포트한다.

```
>>> from decimal import Decimal
```

2. 문자열 혹은 정수 객체로부터 Decimal 객체를 생성한다.

```
>>> from decimal import Decimal
>>> tax_rate=Decimal('7.25')/Decimal(100)
>>> purchase_amount=Decimal('2.95')
>>> tax_rate*purchase_amount
Decimal('0.213875')
```

tax_rate 계산에 사용된 두 개의 Decimal 객체의 경우 하나는 문자열 기반이고 다른 하나는 정수 기반이다. 이처럼 나눗셈을 하는 대신에 Decimal('0.0725')를 바로 사용해도 된다.

결과 값은 $0.21보다 살짝 큰 값이며, 소수점 이하 자릿수까지 정확하게 계산됐다.

3. 부동소수점 값으로부터 Decimal 객체를 생성하면 부정확한 근삿값이 얻어진다. Decimal과 float을 함께 사용하면 안 된다.
   가장 가까운 페니 값으로 반올림하기 위해 penny 객체를 생성한다.

   ```
   >>> penny=Decimal('0.01')
   ```

4. 이 페니 객체를 사용해 값을 정량화한다.

   ```
   >>> total_amount = purchase_amount + tax_rate*purchase_amount
   >>> total_amount.quantize(penny)
   Decimal('3.16')
   ```

기본 반올림 규칙인 ROUND_HALF_EVEN이 사용되고 있다.

decimal 모듈은 다른 반올림 규칙들도 다양하게 지원한다. 예를 들어 다음과 같이 작성할 수 있다.

```
>>> import decimal
>>> total_amount.quantize(penny, decimal.ROUND_UP)
Decimal('3.17')
```

다른 반올림 규칙을 사용했을 때의 결과를 보여주고 있다.

분수 계산

분수의 값을 정확히 계산해야 할 때는 fractions 모듈을 사용하는 것이 좋다. 유리수를 손쉽게 사용할 수 있기 때문이다. 분수를 다루는 방법은 다음과 같다.

1. fractions 모듈에서 Fraction 클래스를 임포트한다.

   ```
   >>> from fractions import Fraction
   ```

2. 문자열, 정수, 정수 쌍 등으로부터 Fraction 객체를 생성할 수 있다. 부동소수점 수로부터 Fraction 객체를 생성할 경우에는 분모가 2의 거듭제곱일 때만 정확한

값이 얻어지고, 그렇지 않을 때는 근삿값이 얻어지기 때문이다.

```
>>> from fractions import Fraction
>>> sugar_cups=Fraction('2.5')
>>> scale_factor=Fraction(5/8)
>>> sugar_cups*scale_factor
Fraction(25, 16)
```

문자열 2.5로부터 Franction 객체를 생성했고, 그다음에는 부동소수점 계산 5/8로부터 Fraction 객체를 생성했다. 분모인 8이 2의 세제곱이므로 정확한 값이 얻어진다.

결과 값인 25/16는 조금 복잡해 보인다. 이 값과 가깝고 더 간단한 값은 무엇일까?

```
>>> Fraction(24,16)
Fraction(3, 2)
```

8인분을 5인분으로 줄이면 약 1과 1/2컵 분량의 쌀이 필요하다는 것을 알 수 있다.

부동소수점 근삿값

파이썬의 float 내장 자료형은 넓은 범위의 값을 표현할 수 있지만, 대부분 근삿값이라는 단점이 있다. 일부의 경우(2의 제곱으로 나눌 때)에는 Fraction만큼 정확하지만, 그 밖의 경우에는 수학에서의 이상적인 무리수 개념과 비교해 약간의 오차가 발생한다.

1. float 값을 다룰 경우 반올림해야 할 때가 많다. 대부분의 계산이 근삿값을 사용한다는 사실을 기억하자.

   ```
   >>>(19/155)*(155/19)
   0.9999999999999999
   ```

2. 1번의 계산은 수학적으로는 1이 나와야 하지만, float이 근삿값을 사용하기 때문에 그와 다른 결과가 나온 것이다. 비록 오차가 크지는 않지만 틀린 값이다. 반올림해야 적절한 값을 얻을 수 있다.

   ```
   >>> answer=(19/155)*(155/19)
   >>> round(answer, 3)
   1.0
   ```

3. 오차를 알아보자. 이번 예제에서는 정답을 알기 때문에 계산 결과와 정답을 비교하면 오차를 간단히 계산할 수 있다. 이 계산을 통해 부동소수점 계산 시에 일반적으로 어느 수준의 오차가 발생하는지 알 수 있다.

```
>>> 1-answer
1.1102230246251565e-16
```

대부분의 부동소수점 오차가 이 정도 수준(약 10^{-16})이다. 파이썬은 자동으로 반올림을 수행해 이러한 오차를 숨기기도 하지만, 이번 예제에서는 오차가 숨겨지지 않았다.

지금 설명한 내용은 매우 중요하다.

부동소수점 수에 대해 == 연산자를 사용한 비교는 수행하면 안 된다.

부동소수점 값들 간에 == 검사를 수행하는 코드는 둘 사이에 1비트만 오차가 존재해도 문제가 발생할 것이다.

자료형 간의 변환

다른 자료형의 값으로부터 부동소수점 값을 생성하려면 `float()` 함수를 사용할 수 있다. 예를 들면 다음과 같다.

```
>>> float(total_amount)
3.163875
>>> float(sugar_cups * scale_factor)
1.5625
```

첫 번째 예는 `Decimal` 값을 `float`으로 변환했고, 그다음에는 `Fraction` 값을 `float`으로 변환했다.

앞서도 언급했듯이, `float` 자료형을 `Decimal` 또는 `Fraction`으로 변환하면 불행한 결과가 나올 수 있다.

```
>>> Fraction(19/155)
Fraction(8832866365939553, 72057594037927936)
>>> Decimal(19/155)
Decimal('0.12258064516129031640279123394066118635237216949462890625')
```

첫 번째 예에서는 정수 나눗셈을 통해 (절삭 문제를 포함하고 있는) float 값을 생성한 후, 이 절삭된 값으로부터 Fraction 객체를 생성했다. 그랬더니 절삭 오차로 인해 아주 이상한 결과 값이 나왔다.

마찬가지로, 두 번째 예제에서는 float 값으로부터 Decimal 값을 얻으려고 시도한 결과가 어떤지 볼 수 있다.

예제 분석

파이썬은 숫자 자료형을 위해 +, -, *, /, //, %, ** 연산자를 제공한다. 이 연산자들은 각각 덧셈, 뺄셈, 곱셈, 실수 나눗셈, 정수 나눗셈, 모듈러스, 거듭제곱을 의미한다. 두 개의 나눗셈 연산자 간의 차이점은 '실수 나눗셈과 정수 나눗셈의 구별' 레시피를 참조한다.

파이썬은 숫자 자료형 간의 변환을 능숙하게 처리할 수 있다. 정수와 부동소수점 수를 섞어 써도 전혀 문제없다. 가급적 정확한 답을 얻도록 정수가 부동소수점 숫자로 승격되기 때문이다. 마찬가지로, 정수와 Fraction을 섞어 쓰면 결과는 Fraction 값으로 얻어진다. 정수와 Decimal도 역시 섞어 쓸 수 있다. 하지만 Decimal을 float이나 Fraction과 섞어 쓰는 것은 안 된다. 이 경우는 명시적인 변환이 필요하다.

float 값이 실제로는 근삿값이라는 점에 주의하자. 소수점을 포함하는 값은 Decimal이 아니라 float으로서 처리된다.

다음과 같이 평범한 10진수 값으로서 값을 생성했다고 하자.

```
>>> 8.066e+67
8.066e+67
```

이때 내부적으로는 이진 근사 표현이 실제 사용된다.

예를 들어 8.066e+67의 내부 근삿값은 다음과 같다.

```
>> 6737037547376141/2**53*2**226
8.066e+67
```

분자는 6737037547376141로서 매우 큰 수고, 분모는 언제나 2^{53}이다. 분모가 고정되기 때문에 분수의 값은 53개의 유의미한 비트만을 가질 수 있다. 53개보다 많은 비트가 사용될 수 없기 때문에 값이 절삭될 수 있으며, 이로 인해 수학적 결과와 실제 계산된 값 사이에 약간의 오차가 발생하는 것이다. 지수(2^{226})는 분수의 값을 적절한 범위 내로 조정하기 위한 것이다.

수학적으로 표기하면 $6737037547376141*2^{226}/2^{53}$이다.

math.frexp( ) 함수를 사용하면 이와 같은 내부 상세 정보를 자세히 볼 수 있다.

```
>>> import math
>>> math.frexp(8.066E+67)
(0.7479614202861186, 226)
```

이 두 개의 부분을 각각 가수mantissa와 지수exponent라고 부른다. 가수에 2^{53}을 곱하면 전체 값을 얻을 수 있으며, 이 값은 이진 표현의 분자에 해당된다.

앞서 설명했던 오차 값과 거의 비슷하다. 즉, $10^{-16} \approx 2^{-53}$이다.

float 내장 자료형과 달리 Fraction은 두 개의 정수 값 사이의 정확한 비율이다. '크고 작은 정수를 다루는 방법' 레시피에서 봤듯이 파이썬은 아주 큰 정수를 다룰 수 있으므로, 자릿수가 많은 정수를 포함하는 비율을 생성할 수 있다. 분모가 고정됐다는 이유로 제한받지 않는다는 뜻이다.

Decimal도 Fraction과 비슷하게 아주 큰 정수 값과 더불어 (소수점 위치를 결정하는) 조정 계수를 기반으로 한다. Decimal과 Fraction은 아주 큰 값을 나타내면서도 표현 한계로 인한 오차 문제가 발생하지 않는다.

그렇다면 왜 부동소수점 수를 사용해야 할까? 두 가지 이유가 있다

분수로 계산 가능한 숫자를 전부 나타낼 수 있는 것은 아니다. 그래서 수학자들은 무리수의 개념을 도입(혹은 발견)했다. float 자료형은 수학적인 무리수의 개념과 가장 가깝다. 예를 들어 $\sqrt{2}$는 분수로 나타낼 수 없다.

또한 부동소수점 값은 계산 속도가 매우 빠르다.

부연 설명

math 모듈은 부동소수점 수에 사용할 수 있는 함수들을 다양하게 제공한다. 제곱근, 로그, 삼각 함수는 물론이고, 감마, 팩토리얼, 가우시안 오차 함수 등도 포함한다.

그중에는 더 정확한 부동소수점 계산에 도움이 되는 함수들도 들어있다. 예를 들어 math.fsum( ) 함수는 sum( ) 내장 함수보다 더 신중하게 부동소수점 수의 합계를 계산하기 때문에 근삿값으로 인한 오차 발생이 덜하다.

또한 math.isclose( ) 함수는 두 개의 부동소수점 값이 거의 같은 값인지 비교할 수 있다.

```
>>>(19/155)*(155/19) == 1.0
False
>>> math.isclose((19/155)*(155/19), 1)
True
```

이 함수는 부동소수점 수를 유의미하게 비교할 수 있는 방법을 제공한다.

파이썬은 복소수도 다룰 수 있다. 복소수는 실수부와 허수부로 구성되는데, 복소수 $3.14+2.78\sqrt{-1}$을 파이썬으로 나타내면 `3.14+2.78j`가 된다. 파이썬은 부동소수점 수와 복소수를 쉽게 변환할 수 있다. 복소수에 사용할 수 있는 연산자들이 제공되기 때문이다.

`cmath`는 복소수를 지원하는 패키지다. 예를 들어, `cmath.sqrt()` 함수는 음수의 제곱근을 계산할 때 예외를 발생시키지 않고 복소수 값을 반환한다. 다음은 그 예다.

```
>>> math.sqrt(-2)
Traceback(most recent call last):
  File "<stdin>", line 1, in <module>
ValueError: math domain error
>>> cmath.sqrt(-2)
1.4142135623730951j
```

이 패키지는 복소수를 다룰 때 반드시 필요하다.

참고 사항

- 부동소수점 수와 분수에 대해서는 '실수 나눗셈과 정수 나눗셈의 구별' 레시피에서도 논의할 것이다.
- https://en.wikipedia.org/wiki/IEEE_floating_point를 참고한다.

실수 나눗셈과 정수 나눗셈의 구별

파이썬은 두 가지 종류의 나눗셈 연산자를 제공한다. 서로 어떻게 다르며, 언제 어떤 것을 사용해야 할까? 파이썬의 나눗셈 규칙이 정수에 어떻게 적용되는지도 살펴보자.

준비

다음과 같은 경우에 나눗셈을 수행해야 한다.

- 몫과 나머지: 진법을 변환할 때 혹은 초를 시, 분, 초로 변환할 때 몫과 나머지를 연속적으로 계산해야 한다. (소수점을 포함하는) 정확한 시간 값이 아니라 정수까지만 시간 값을 구하고, 그 나머지를 다시 분과 초로 변환하기 때문이다.
- 실제[true] 값: 전형적인 실수(부동소수점 수) 값이며 몫과 가까운 값이다. 몇 개 측정 값의 평균을 구할 때 각각의 값은 정수더라도 평균은 실숫값으로 구하는 것이 보통이다.
- 분수 값: 미국식 도량형인 피트, 인치, 컵 단위를 다룰 때 자주 사용된다. `Fraction` 클래스가 적합하며, `Fraction` 객체를 나누면 언제나 정확한 답이 얻어진다.

이 중에서 어느 경우에 해당하는지 결정해야 어느 나눗셈 연산자를 사용할지 알 수 있다.

예제 구현

세 가지 경우를 하나씩 설명할 것이다. 먼저 정수 나눗셈(혹은 플로어[floor] 나눗셈)을 살펴보고, 그다음 실수 나눗셈(혹은 실제 나눗셈)을 살펴보며, 마지막으로 분수의 나눗셈을 알아본다.

정수 나눗셈

몫과 나머지를 구할 때는 정수 나눗셈 연산자인 `//`와 모듈러스 연산자 `%`가 사용된다. 혹은 `divmod()` 함수를 사용할 수도 있다.

1. 초 단위 숫자를 3,600으로 나눠서 `hours`의 값을 얻는다. 나머지는 다시 `minutes`와 `seconds`로 변환될 것이다.

```
>>> total_seconds=7385
>>> hours=total_seconds//3600
```

```
>>> remaining_seconds=total_seconds % 3600
```

2. 나머지를 60으로 나눠서 minutes 값을 얻고, 그 나머지는 60보다 작은 숫자로서 seconds가 된다.

```
>>> minutes=remaining_seconds//60
>>> seconds=remaining_seconds % 60
>>> hours, minutes, seconds
(2, 3, 5)
```

또 다른 방법으로서 divmod( ) 함수를 사용할 수도 있다.

1. 몫과 나머지를 동시에 계산한다.

```
>>> total_seconds = 7385
>>> hours, remaining_seconds = divmod(total_seconds, 3600)
```

2. 다시 몫과 나머지를 계산한다.

```
>>> minutes, seconds = divmod(remaining_seconds, 60)
>>> hours, minutes, seconds
(2, 3, 5)
```

실수 나눗셈

실수 나눗셈의 결과는 부동소수점 근삿값이다. 예를 들어 7,385초는 몇 시간일까? 실수 나눗셈 연산자로 나눠보자.

```
>>> total_seconds = 7385
>>> hours = total_seconds / 3600
>>> round(hours, 4)
2.0514
```

나눗셈 결과가 딱 떨어지는 부동소수점 값인 이유는 앞에서도 그랬듯이 결과 값을 반올림했기 때문이다.

이 실수 나눗셈은 파이썬 3에 추가된 기능이다. 다음 절에서는 파이썬 2의 관점에서 이 기능을 살펴볼 것이다.

분수 나눗셈

Fraction 객체와 정수를 사용해 나눗셈을 할 수 있다. 결과 값은 수학적으로 정확한 유리수가 된다.

1. 적어도 한 개의 Fraction 값을 생성한다.

```
>>> from fractions import Fraction
>>> total_seconds=Fraction(7385)
```

2. 이 Fraction 값을 포함해 나눗셈을 한다. 나눗셈에 사용된 다른 정수는 Fraction으로 승격될 것이다.

```
>>> hours = total_seconds / 3600
>>> hours
Fraction(1477, 720)
```

3. 필요하다면, 부동소수점 근삿값으로 변환한다.

```
>>> round(float(hours), 4)
2.0514
```

먼저, 초 단위 숫자를 나타내는 Fraction 객체를 생성했다. 이 객체에 연산을 수행할 때, 다른 피연산자 정수는 자동으로 Fraction으로 승격된다. 따라서 최대한 정확히 계산이 수행된다.

예제 분석

파이썬 3는 두 종류의 나눗셈 연산자를 제공한다.

- 실수(실제) 나눗셈 연산자 /는 실제 부동소수점 결과를 생성한다. 두 개의 피연산자가 모두 정수인 경우에도 마찬가지다. 이것이 이 연산자의 특이한 점으로서, 일

반적으로 연산자들은 자료형을 그대로 유지하기 때문이다. 하지만 실수 나눗셈 연산자가 정수에 적용되면, 결과는 `float` 값이 된다.

- 정수(플로어) 나눗셈 연산자 `//`는 언제나 절삭된(나머지를 버린) 값을 생성한다. 피연산자가 두 개의 정수일 때는 절삭된 몫이 얻어지고, 두 개의 부동소수점 수일 때는 절삭된 부동소수점 값이 얻어진다.

```
>>> 7358.0//3600.0
2.0
```

기본적으로 파이썬 2는 한 개의 나눗셈 연산자만 제공한다. 파이썬 2를 여전히 사용하는 프로그래머라면 다음과 같이 새로운 나눗셈 연산자를 사용할 수 있다.

```
>>> from __future__ import division
```

파이썬 3의 나눗셈 규칙이 설치될 것이다.

참고 사항

- 부동소수점 수와 분수 중에서 무엇을 선택할지에 관한 더 자세한 설명은 'float, Decimal, Fraction의 구별' 레시피를 참조한다.
- https://www.python.org/dev/peps/pep-0238/를 참조한다.

변경 불가능 객체인 문자열을 재작성하는 방법

값을 변경할 수 없는 객체인 문자열을 어떻게 재작성할 수 있을까? 문자열 내부의 개별 문자를 변경하는 것은 불가능하다.

```
>>> title = "Recipe 5: Rewriting, and the Immutable String"
>>> title[8] = ''
Traceback(most recent call last):
  File "<stdin>", line 1, in <module>
```

```
TypeError: 'str' object does not support item assignment
```

이처럼 문자열 내부의 문자를 변경할 수는 없다. 그렇다면 어떻게 문자열을 변경할 수 있을까?

준비

다음과 같은 문자열이 있다고 가정하자.

```
>>> title = "Recipe 5: Rewriting, and the Immutable String"
```

이 문자열에 다음의 두 가지 변환을 적용하고 싶다.

- :의 앞부분을 제거한다.
- 구두점을 _로 바꾸고 모든 문자를 소문자로 만든다.

문자열 객체 내의 문자를 직접 바꿀 수는 없기 때문에 다른 대안을 찾아야 한다. 다음과 같은 방법들이 가능하다.

- 문자열을 자르고 붙여서 새로운 문자열을 생성한다.
- partition() 메소드로 문자열 일부를 얻을 수 있다.
- replace() 메소드로 문자열 내의 특정 문자 혹은 부분 문자열을 대체할 수 있다.
- 문자열을 문자들의 리스트로 확장한 후, 이를 다시 한 개의 문자열로 결합한다. '문자 리스트로부터 문자열을 생성하는 방법' 레시피에서 자세히 설명할 것이다.

예제 구현

문자열의 내용을 직접 변경할 수는 없기 때문에 문자열 변수가 가리키는 객체를 (내용이 변경된) 다른 객체로 바꾸는 방법을 사용해야 한다. 일반적인 구문 형태는 다음과 같다.

```
some_string = some_string.method()
```

또는 다음과 같은 문장도 가능하다.

```
some_string = some_string[:chop_here]
```

지금부터 다양한 문자열 조작 방법을 살펴보자. 문자열의 일부를 자르거나(슬라이싱), 문자열 내의 개별 문자를 대체하거나, 전부 소문자로 변환해볼 것이다. 또한 문자열 내의 밑줄 문자(_)를 제거하는 방법도 살펴본다.

문자열 슬라이싱

슬라이싱slicing을 통해 문자열의 일부를 얻는 방법은 다음과 같다.

1. 경계 위치를 찾는다.

   ```
   >>> colon_position = title.index(':')
   ```

   index( ) 함수는 특정 부분 문자열을 찾아서 그 위치를 반환한다. 찾고자 하는 부분 문자열이 발견되지 않으면 예외가 발생한다.
   따라서 title[colon_position] == ':'은 언제나 true다.

2. 부분 문자열들을 골라낸다.

   ```
   >>> discard_text, post_colon_text = title[:colon_position], title[colon_
   position+1:]
   >>> discard_text
   'Recipe 5'
   >>> post_colon_text
   ' Rewriting, and the Immutable String'
   ```

선택할 문자들의 범위를 start:end로 지정한 후, 다중 대입문을 사용해 두 개의 변수 discard_text와 post_colon_text에 각각 부분 문자열을 대입했다.

슬라이싱 대신에 partition( )을 사용할 수도 있다. 이 함수는 경계 위치를 기준으로 부분 문자열을 얻을 수 있다.

```
>>> pre_colon_text, _, post_colon_text = title.partition(':')
>>> pre_colon_text
'Recipe 5'
>>> post_colon_text
' Rewriting, and the Immutable String'
```

partition() 함수는 특정 문자의 앞부분, 특정 문자, 특정 문자의 뒷부분, 이렇게 세 개의 값을 반환한다. 세 개의 변수들에 대입하기 위해 다중 대입문을 사용했으며, 특정 문자인 :은 필요 없기 때문에 변수명이 _다. 이 변수명은 존재하긴 하지만 쓸모없는 변수에 자주 사용된다.

문자열 일부를 대체하기

replace() 함수를 사용해 구두점을 제거해보자. 결과로 얻어진 문자열은 다시 원래의 변수 post_colon_text에 저장된다.

```
>>> post_colon_text = post_colon_text.replace(' ', '_')
>>> post_colon_text = post_colon_text.replace(',', '_')
>>> post_colon_text
'_Rewriting__and_the_Immutable_String'
```

두 종류의 구두점들을 _ 문자로 대체했다. 모든 종류의 구두점을 대체하려면 다음과 같이 for문을 사용하는 것이 좋다. for문은 2장에서 자세히 설명된다.

다음과 같이 모든 구두점 문자에 대해 순회할 수 있다.

```
>>> from string import whitespace, punctuation
>>> for character in whitespace+punctuation:
...     post_colon_text = post_colon_text.replace(character, '_')
>>> post_colon_text
'_Rewriting__and_the_Immutable_String'
```

구두점 문자들이 대체될 때마다 post_colon_text 변수에 새롭게 변경된 문자열이 대입된다.

모두 소문자로 변환하기

다음으로, 문자열을 모두 소문자로 바꿔보자. 지금까지의 예제들처럼 결과 값은 원래의 변수에 다시 대입된다. 다음 문장은 lower() 메소드를 사용해 소문자로 변환한 후 원래의 변수에 그 결과를 대입한다.

```
>>> post_colon_text=post_colon_text.lower()
```

불필요한 문자 제거

몇 가지 추가 작업이 남아있다. 문자열의 앞뒤에 있는 _ 문자를 제거해보자. strip() 함수를 사용할 수 있다.

```
>>> post_colon_text=post_colon_text.strip('_')
```

애초에 구두점이 연속으로 존재했다면 _ 문자가 연속으로 존재할 수 있다. 이렇게 연속된 _ 문자를 한 개로 줄이는 방법은 다음과 같다.

```
>>> while '__' in post_colon_text:
...     post_colon_text=post_colon_text.replace('__', '_')
```

지금까지 문자열 조작에 사용됐던 패턴과 동일하다. while문을 사용하고 있는데, 역시 2장에서 자세히 살펴볼 것이다.

예제 분석

기술적으로는 문자열을 직접 수정할 수 없다. 문자열은 값을 변경할 수 없는 객체이기 때문이다. 그러나 새로운 문자열을 원래의 변수에 다시 대입할 수는 있다. 이렇게 하면 마치 문자열이 직접 수정된 것처럼 보인다.

변수의 값이 다른 값으로 대체되면 이전 값에 대한 참조는 더 이상 존재하지 않으며 가비지 컬렉션을 통해 제거된다. id() 함수를 사용해 문자열 객체를 개별적으로 추적하면 이 사실을 확인할 수 있다.

```
>>> id(post_colon_text)
4346207968
>>> post_colon_text=post_colon_text.replace('_','-')
>>> id(post_colon_text)
4346205488
```

여러분의 PC에서는 ID 번호가 다를 수 있다. 중요한 것은 post_colon_text의 원래 문자열 객체의 ID와 새롭게 대입된 문자열 객체의 ID가 다르다는 점이다. 새로운 문자열 객체이기 때문이다.

이전의 문자열에 대한 참조가 더 이상 존재하지 않으면, 메모리에서 자동으로 제거된다.

슬라이스 표기법에서 한 개의 슬라이스는 [start:end]로 표기되는데, start 인덱스의 문자는 포함되지만 end 인덱스의 문자는 포함되지 않는다. 문자열의 인덱스는 언제나 0부터 시작한다.

한 개의 슬라이스는 start부터 end-1까지의 항목들을 포함한다. 이를 반개방(half-open) 간격이라고도 부른다.

결국, 슬라이스는 '인덱스 *i*가 *start*≤*i* <*end* 범위인 모든 문자'라고 정의할 수 있다.

앞서 시작 또는 종료 인덱스를 생략할 수 있다고 말했는데, 실제로는 둘 다 생략할 수 있다. 다음과 같이 다양한 변형이 가능하다.

- title[colon_position]: 한 개의 항목을 가리킨다. 예제에서 : 문자다.
- title[:colon_position]: 시작 인덱스가 생략됐다. 인덱스 0부터 시작한다.
- title[colon_position+1:]: 종료 인덱스가 생략됐다. 문자열의 마지막에서 끝난다. 종료 인덱스의 값이 len(title)이라고 생각할 수 있다.
- title[:]: 시작과 종료 위치가 모두 생략됐으며, 문자열 전체를 가리킨다. 실제로는 전체 문자열의 복사본이다. 문자열을 빠르고 쉽게 복제하는 방법이다.

부연 설명

문자열과 같은 컬렉션 객체에서 인덱스는 더 많은 일을 할 수 있다. 일반적으로 인덱스는 왼쪽 끝에서 0부터 시작하지만, 문자열의 오른쪽 끝부터 시작하는 음수 인덱스를 사용하는 방법도 있다.

- title[-1]은 title의 마지막 문자(g)를 가리킨다.
- title[-2]는 마지막에서 두 번째 문자(n)를 가리킨다.
- title[-6:]은 마지막 여섯 개의 문자(String)를 가리킨다.

문자열의 일부를 선택하는 방법은 이처럼 매우 다양하다.

파이썬은 문자열을 수정할 수 있는 다양한 메소드들을 제공한다. 파이썬 표준 라이브러리의 4.7절에서 사용 가능한 문자열 메소드들의 목록을 볼 수 있다. 문자열 관련 메소드는 크게 세 가지로 나눌 수 있다. 문자열에 관한 정보를 알려주는 메소드, 문자열을 파싱하는 메소드, 문자열을 변환하는 메소드다. 예를 들어 isnumeric() 메소드는 문자열이 모두 숫자로 구성돼 있는지 알려준다.

다음은 사용 예다.

```
>>> 'some word'.isnumeric()
False
>>> '1298'.isnumeric()
True
```

partition() 메소드는 문자열 파싱 메소드고, lower() 메소드는 문자열 변환 메소드다.

참고 사항

- 문자열을 리스트로서 취급해 문자열을 수정하는 방법에 대해서는 '문자 리스트로부터 문자열을 생성하는 방법' 레시피에서 살펴볼 것이다.
- 바이트 스트림으로서 주어진 데이터를 이해하기 위해서는 문자로 변환할 필요가 있다. '바이트 디코딩: 바이트로부터 문자를 알아내는 방법' 레시피에서 알아볼 것이다.

정규 표현식을 사용한 문자열 파싱

복잡한 문자열을 어떻게 분해할 수 있을까? 구두점이 복잡하고 까다롭거나 심지어 구두점이 전혀 없는 상태에서 숫자 패턴에만 의존해 유의미한 정보를 찾아낼 수 있는 방법은?

준비

복잡한 문자열을 분해하는 가장 쉬운 방법은 문자열을 어떤 패턴으로 일반화하고 그 패턴을 기술하는 정규 표현식을 작성하는 것이다.

정규 표현식이 기술할 수 있는 패턴에는 제한이 있다. HTML, XML, JSON과 같이 중첩된 구조의 문서는 정규 표현식으로 나타내기에는 어려움이 있다.

정규 표현식의 작성과 사용에 필요한 클래스와 함수들은 `re` 모듈에 들어있다.

어떤 요리법 소개 웹사이트에서 텍스트를 가져와 분해하고 싶다고 하자. 이 텍스트는 다음과 같은 행 구조를 갖고 있다.

```
>>> ingredient = "Kumquat: 2 cups"
```

여기서 재료(금귤kumquat)를 분량(2컵)과 분리하는 것이 목표다.

정규식을 작성하고 사용하는 일반적인 방법은 다음과 같다.

1. 사례를 일반화한다. 이번 예제의 경우는 다음과 같이 일반화할 수 있다.

   (ingredient words 재료 단어) : (amount digits 분량 숫자) (unit words 단위 단어)

2. 이 패턴은 두 개의 부분(무엇을 의미하는지와 어떻게 표현되는지)으로 이뤄진다. 예를 들어, 재료는 단어로 표현되고 분량은 숫자로 표현된다. re 모듈을 임포트한다.

```
>>> import re
```

3. 패턴을 정규 표현식으로 재작성한다.

```
>>> pattern_text =
r'(?P<ingredient>\w+):\s+(?P<amount>\d+)\s+(?P<unit>\w+)'
```

   단어는 \w+, 숫자는 \d+, 공백은 \s+로 대체됐으며, 한 개 이상의 공백을 구두점으로서 사용할 수 있다. 정규 표현식 표기법에서 콜론은 그 자체를 나타내므로 대체되지 않았다.

   ?P<name>은 추출하고자 하는 데이터를 식별하는 이름을 나타낸다. 콜론이나 공백 문자는 포함되지 않는다.

   정규식에서는 \ 문자가 많이 사용되므로, 파이썬에서 충돌이 발생하지 않도록 거의 언제나 미가공[raw] 문자열이 사용된다. r' 접두어가 있기 때문에 파이썬은 \ 문자를 키보드에 없는 특수 문자로 대체하지 않는다.

4. 패턴을 컴파일한다.

```
>>> pattern = re.compile(pattern_text)
```

5. 입력 텍스트를 패턴과 대조한다. 패턴과 일치하면 match 객체가 얻어지는데, 이 객체를 통해 세부 정보를 표시할 수 있다.

```
>>> match = pattern.match(ingredient)
>>> match is None
False
>>> match.groups()
('Kumquat', '2', 'cups')
```

이것만으로도 쓸 만한 결과를 얻었다. 문자열 내의 필드들로 구성된 튜플이 얻어진 것이다. 튜플의 사용법은 '튜플을 사용하는 방법' 레시피에서 자세히 다룰 것이다.

6. match 객체로부터 그룹 이름별로 문자들을 추출한다.

```
>>> match.group('ingredient')
'Kumquat'
>>> match.group('amount')
'2'
>>> match.group('unit')
'cups'
```

각 그룹을 식별하는 이름은 정규식의 (?P<name>...)에서 사용된 이름이다.

예제 분석

정규식을 사용하면 다양한 문자열 패턴을 기술할 수 있다.

예제에서 사용된 문자 종류는 다음과 같다.

- \w는 영문자 및 숫자(a ~ z, A ~ Z, 0 ~ 9)를 나타낸다.
- \d는 10진수를 나타낸다.
- \s는 공백 혹은 탭 문자를 나타낸다.

이와 반대 의미를 갖는 것들도 있다.

- \W는 영문자 혹은 숫자가 아닌 문자를 나타낸다.
- \D는 숫자가 아닌 문자를 나타낸다.
- \S는 공백 혹은 탭이 아닌 문자를 나타낸다.

많은 문자들이 그 자체로서 사용될 수 있지만, 특수한 의미를 갖는 문자들은 \를 사용해야 그 특수한 의미로부터 탈출(이스케이프)할 수 있다.

- + 접미어는 그 앞에 위치하는 패턴이 한 개 이상 존재함을 나타낸다. 예를 들어 \d+는 한 개 이상의 숫자를 나타낸다. 보통의 +를 나타내려면 \+를 사용해야 한다.
- * 접미어는 그 앞에 위치하는 패턴이 0개 이상 존재함을 나타낸다. 예를 들어 \w*는 0개 이상의 문자를 나타낸다. 보통의 *를 나타내려면 *를 사용해야 한다.
- ? 접미어는 그 앞에 위치하는 표현식이 0개 혹은 한 개 존재함을 나타낸다. 이 문자는 다른 용도로도 사용되는데, (?P<name>...)에서는 () 안에서 그룹 분류를 위한 특수한 속성을 정의한다.
- .는 한 개의 문자를 나타낸다. 보통의 .를 나타내려면 \.를 사용해야 한다.

[]을 사용하면 고유한 문자 집합을 생성할 수 있다. 다음 예를 보자.

```
(?P<name>\w+)\s*[=:]\s*(?P<value>.*)
```

/w+는 한 개 이상의 영문자 및 숫자를 나타낸다. 그리고 이 문자들은 name이라는 이름의 그룹으로 식별된다.

\s*는 0개 이상의 연속된 공백을 나타낸다.

그다음 [=:]은 이 집합에 포함된 두 개의 문자 중에서 한 개는 반드시 존재해야 함을 나타낸다.

그다음 \s*는 역시 0개 이상의 연속된 공백을 나타낸다.

마지막으로 .*는 나머지 문자들을 나타낸다. 이 문자들은 value라는 그룹으로 식별된다.

이 정규 표현식을 사용하면 다음과 같은 문자열을 파싱할 수 있다.

```
size = 12
weight: 14
```

구두점을 유연하게 사용할 수 있으므로 프로그램을 작성하기도 쉬워진다. 공백의 개수에 제한이 없고 구분자로서 =과 :을 둘 다 사용할 수 있기 때문이다.

부연 설명

길이가 긴 정규 표현식은 읽기가 쉽지 않다. 그럴 경우, 다음 방법을 사용하면 훨씬 읽기 쉽도록 정규식을 작성할 수 있다.

```
>>> ingredient_pattern = re.compile(
... r'(?P<ingredient>\w+):\s+'        # 재료. : 문자가 나올 때까지의 단어
... r'(?P<amount>\d+)\s+'             # 분량. 공백이 나올 때까지의 숫자
... r'(?P<unit>\w+)'                  # 단위. 영문자 및 숫자
... )
```

이 기법은 다음 세 개의 구문 규칙을 활용하고 있다.

- 종료 괄호)가 나와야 문장이 비로소 끝난다.
- 인접한 문자열 리터럴들은 자동으로 한 개의 긴 문자열로 결합된다.
- 행에서 # 이후는 주석이므로 무시된다.

정규 표현식의 각 부분별로 주석을 달았기 때문에 정규 표현식을 이해하는 데 도움이 되며, 나중에 문제가 발생해도 쉽게 해결할 수 있다.

참고 사항

- '바이트 디코딩: 바이트로부터 문자를 알아내는 방법' 레시피를 참고한다.
- 정규 표현식의 개념과 파이썬에서의 사용법을 설명하는 책들이 시중에 많이 나와 있다. 특히, 『Mastering Python Regular Expressions』(Packt, 2014)를 참고하자.

"template".format()으로 문자열을 생성하는 방법

복잡한 문자열을 생성하는 것은 복잡한 문자열을 파싱하는 것과 여러 면에서 정반대다. 대체 규칙을 포함하는 템플릿을 사용해 데이터를 복잡한 포맷으로 저장한다.

준비

깔끔한 포맷의 메시지로 데이터를 변환하고 싶다. 이 데이터는 다음과 같다.

```
>>> id = "IAD"
>>> location = "Dulles Intl Airport"
>>> max_temp = 32
>>> min_temp = 13
>>> precipitation = 0.4
```

이 데이터를 다음과 같은 행으로 변환하고 싶다.

```
IAD : Dulles Intl Airport :  32 / 13 / 0.40
```

예제 구현

1. 템플릿 문자열을 생성한다. 데이터 항목들을 {} 플레이스홀더들로 대체한 후, 각 플레이스홀더마다 데이터 항목의 이름을 넣는다.

   ```
   '{id} : {location} : {max_temp} / {min_temp} / {precipitation}'
   ```

2. 데이터 항목 뒤에 자료형 정보를 추가한다. 기초적인 자료형의 코드는 다음과 같다.
   - s : 문자열
   - d : 10진수
   - f : 부동소수점 수

자료형 정보를 추가하면 다음과 같다.

```
'{id:s} : {location:s} : {max_temp:d} / {min_temp:d} / {precipitation:f}'
```

3. 길이 정보를 추가한다. 길이 정보는 항상 필수는 아니고, 심지어 바람직하지 않은 경우도 있다. 하지만 이번 예제에서는 길이 정보를 사용해 메시지 포맷의 일관성을 지정한다. 문자열과 10진수는 19s와 3d로, 부동소수점 수는 5.2f와 같이 두 개의 부분으로 이뤄진 길이 정보를 추가한다(전체 길이는 5고 소수점 미만은 두 자리를 의미). 이제 템플릿 포맷은 다음과 같을 것이다.

```
'{id:3d} : {location:19s} : {max_temp:3d} / {min_temp:3d} /
{precipitation:5.2f}'
```

4. format() 메소드를 사용해 최종 문자열을 생성한다.

```
>>> '{id:3s} : {location:19s} : {max_temp:3d} / {min_temp:3d} /
{precipitation:5.2f}'.format(
... id=id, location=location, max_temp=max_temp,
... min_temp=min_temp, precipitation=precipitation
...)
'IAD : Dulles Intl Airport :  32 / 13 / 0.40'
```

템플릿 문자열의 format() 메소드에 변수 이름들을 일일이 지정했다. 하지만 입력하기에 다소 번거로우므로, 대신에 이 변수들을 포함하는 딕셔너리 객체를 사용하는 편이 낫다. 단, 이때는 format_map() 메소드를 사용해야 한다.

```
>>> data=dict(
... id=id, location=location, max_temp=max_temp,
... min_temp=min_temp, precipitation=precipitation
... )
>>> '{id:3s} : {location:19s} : {max_temp:3d} / {min_temp:3d} /
{precipitation:5.2f}'.format_map(data)
'IAD : Dulles Intl Airport :  32 / 13 / 0.40'
```

딕셔너리에 대해서는 4장에서 자세히 설명할 것이다.

vars() 내장 함수는 지역 변수들을 포함하는 딕셔너리를 자동으로 생성한다.

```
>>> '{id:3s} : {location:19s} : {max_temp:3d} / {min_temp:3d} /
{precipitation:5.2f}'.format_map(
...     vars()
... )
'IAD : Dulles Intl Airport :  32 / 13 / 0.40'
```

vars() 함수는 이처럼 자동으로 딕셔너리를 생성할 때 매우 편리하다.

예제 분석

format()과 format_map() 메소드는 정교한 문자열 조립을 비교적 손쉽게 처리할 수 있다.

이 함수들은 기본적으로 키워드 인수 또는 딕셔너리의 키를 이용해 데이터를 문자열 내에 채워 넣는 역할을 한다. 키워드 인수 대신에 위치 인수를 사용할 수도 있다. 예를 들어 {0:3s}는 format() 메소드의 첫 번째 위치 인수로서 사용될 수 있다.

앞서 세 개의 포맷 변환(s, d, f)을 봤는데, 이외에도 다양한 포맷 변환이 가능하다. 자세한 정보는 파이썬 표준 라이브러리 6.1.3절에서 확인할 수 있으며, 그중 일부를 소개하면 다음과 같다.

- b는 2진수다.
- c는 유니코드 문자며, 숫자 값을 가져야 한다(이 값을 바탕으로 문자로 변환된다). 주로 16진수 값이 사용된다(예를 들면 0x2661이나 0x2666).
- d는 10진수다.
- E와 e는 과학 표기법이다(예를 들면 6.626E-34 또는 6.626e-34).
- F와 f는 부동소수점을 나타낸다. 숫자가 아닌 데이터일 경우 f 포맷은 nan을, F 포맷은 NAN을 표시한다.
- G와 g는 일반적인 용도로 사용된다. E와 F(또는 e와 f) 포맷 사이에서 자동으로 전환되면서 출력 너비를 유지한다. 예를 들어 20.5G는 20자리 숫자까지는 F 포맷을 사용하고 그보다 큰 숫자일 때는 E 포맷으로 전환된다.

- n은 국가(로케일)별 10진수 기호를 지정한다. 현재 국가 설정에 따라 천 단위 구분자로서, 혹은 .을 사용한다. 기본 로케일에 천 단위 구분자가 정의되지 않을 수도 있으며, 자세한 설명은 locale 모듈을 참조한다.
- o는 8진수다.
- s는 문자열을 나타낸다.
- X와 x는 16진수다. X일 때는 대문자 A-F가, x일 때는 소문자 a-f가 사용된다.
- %는 백분율을 나타낸다. 숫자에 100이 곱해지고 % 기호가 포함된다.

이 포맷 변환과 함께 다양한 접두어를 사용할 수 있다. 가장 널리 쓰이는 것은 길이며, 예를 들어 {name:5d}는 다섯 자리 숫자를 나타낸다. 접두어들은 다음과 같이 분류할 수 있다.

- 채우기와 정렬: 채우기 문자(기본값은 공백)와 정렬 방식을 지정할 수 있다. 숫자는 일반적으로 오른쪽 정렬이고 문자열은 왼쪽 정렬이지만 <, >, ^ 기호로 정렬 방식을 변경할 수 있다(각각 왼쪽 정렬, 오른쪽 정렬, 가운데 정렬). = 정렬은 다소 특이한데, 숫자 앞의 부호 뒤에 여백을 두는 용도로 사용된다.
- 부호: 기본 규칙은 필요할 때만 맨 앞에 음수 기호를 붙이는 것이다. 양수에 +, 음수에 - 부호를 사용할 수도 있고, 다만 양수에 대해서는 +가 아니라 공백을 사용하기도 한다. 고정밀도 출력은 {value: 5.3f}와 같이 나타내야 한다. 이때 공백은 부호를 위해 남겨둔 공간으로서 덕분에 소수점이 깔끔하게 정렬된다.
- 별도 양식: #은 별도 양식을 지정할 수 있다. 예를 들어 {0:#x}, {0:#o}, {0:#b}는 16진수, 8진수, 2진수의 접두어를 나타내므로, 숫자는 0xnnn, 0onnn, 0bnnn과 같은 모양을 갖게 된다. 기본적으로 이 두 문자 접두어는 생략된다.
- 0으로 시작하는 값: 숫자 앞에 0들을 채우기 위해 0을 포함시킬 수 있다. 예를 들어 {code:08x}가 생성하는 16진수 값은 앞에 0들이 채워져서 여덟 개의 문자로 표현된다.
- 너비와 정밀도: 정수와 문자열의 경우 너비만 지정되지만, 부동소수점 값은 width.precision 형태로 정밀도도 지정된다.

가끔은 {name:format}이 아니라 {name!conversion} 명세를 사용해야 할 때가 있으며, 세 가지 종류의 변환이 가능하다.

- {name!r}은 repr(name)에 의해 생성되는 표현이다.
- {name!s}는 str(name)에 의해 생성되는 문자열이다.
- {name!a}는 ascii(name)에 의해 생성되는 ASCII 값이다.

6장에서는 {name!r} 포맷을 활용해 객체 정보의 표시를 단순화할 것이다.

부연 설명

다음 기법은 디버깅 시에 편리하다.

```
print("some_variable={some_variable!r}".format_map(vars()))
```

아무 인수 없이 vars() 함수를 실행하면 모든 지역 변수들이 한 개의 매핑(딕셔너리)에 저장된다. 이 매핑을 format_map()에 제공하면, {variable_name!r}들을 사용해 지역 변수가 가리키는 객체들의 세부 정보를 표시할 수 있다.

클래스 정의 내부에서는 vars(self)를 사용할 수 있다. 이 기법은 6장에서 자세히 다룰 것이다.

```
>>> class Summary:
...     def __init__(self, id, location, min_temp, max_temp, precipitation):
...         self.id= id
...         self.location= location
...         self.min_temp= min_temp
...         self.max_temp= max_temp
...         self.precipitation= precipitation
...     def __str__(self):
...         return '{id:3s} :{location:19s}: {max_temp:3d} /
{min_temp:3d} / {precipitation:5.2f}'.format_map(
...             vars(self)
...         )
```

```
>>> s= Summary('IAD', 'Dulles Intl Airport', 13, 32, 0.4)
>>> print(s)
IAD : Dulles Intl Airport :  32 /  13 /  0.40
```

이 클래스 정의에 포함된 __str__() 메소드는 vars(self)를 사용해 객체의 속성들을 포함하는 딕셔너리를 생성한다.

참고 사항

- 파이썬 표준 라이브러리 6.1.3절에서 문자열 포맷과 관련된 메소드에 대한 자세한 설명을 읽을 수 있다.

문자 리스트로부터 문자열을 생성하는 방법

변경 불가능한 객체인 문자열에 복잡한 변경을 수행하려면 어떻게 해야 할까? 개별 문자들로부터 문자열을 조립할 수 있을까?

지금까지 배운 레시피만 숙지해도 대부분의 문자열 생성 및 수정을 처리할 수 있다. 하지만 문자열 조작 방법은 이밖에도 많다. 이번에는 리스트 객체를 사용해보자. 이번 레시피는 4장의 내용과 관련이 있다.

준비

지금 조작하고자 하는 문자열은 다음과 같다.

```
>>> title="Recipe 5: Rewriting an Immutable String"
```

이 문자열에 다음과 같이 두 가지 변환을 수행하려고 한다.

- :의 앞부분을 제거한다.
- 구두점을 _로 바꾸고, 모든 문자를 소문자로 만든다.

string 모듈을 활용할 것이다.

```
>>> from string import whitespace, punctuation
```

두 개의 중요한 상수를 볼 수 있다.

- string.whitespace는 공백과 탭 문자 등의 일반적인 공백 문자들을 포함한다.
- string.puntuation은 일반적인 ASCII 구두점 기호들을 포함한다. 유니코드는 ASCII보다 구두점 기호의 개수가 더 많으며, 로케일 설정에 따라서도 달라질 수 있다.

예제 구현

문자열을 리스트로 분해해 사용할 수 있다. 리스트에 대한 자세한 설명은 4장을 참조한다.

1. 문자열을 list 객체로 분해한다.

   ```
   >>> title_list = list(title)
   ```

2. 구분 문자를 찾는다. 리스트의 index( ) 메소드는 문자열의 index( ) 메소드와 같은 의미를 갖고 있다. 즉, 주어진 값의 위치를 찾는다.

   ```
   >>> colon_position = title_list.index(':')
   ```

3. 불필요한 문자를 삭제한다. del문은 리스트에서 항목을 제거할 수 있다. 리스트는 변경 가능한 자료 구조다.

   ```
   >>> del title_list[:colon_position+1]
   ```

   원래 문자열에서 필요한 부분을 따로 추출할 필요가 없다. 필요하지 않은 부분을 리스트에서 제거하면 그만이다.

4. 각 항목을 차례로 방문해 구두점을 밑줄 문자로 대체한다. for문으로 문자열 내의 모든 위치를 방문할 수 있다.

```
>>> for position in range(len(title_list)):
...     if title_list[position] in whitespace+punctuation:
...         title_list[position]= '_'
```

5. range(len(title_list))는 0부터 len(title_list)-1 사이의 모든 값을 나타낸다. 따라서 position의 값은 리스트에 들어있는 값들의 인덱스가 된다. 이제 리스트 내의 문자들을 결합해 새로운 문자열을 다음과 같이 생성하자. 문자열을 결합할 때 구분자로서 길이가 0인 문자열 ''을 사용하는 것이 이상해 보일 수도 있지만, 전혀 문제없이 동작한다.

```
>>> title = ''.join(title_list)
>>> title
'_Rewriting_an_Immutable_String'
```

결과로 얻어진 문자열이 다시 원래의 변수에 대입됐다. 이 변수가 참조했던 원래의 문자열 객체는 이제 불필요하므로 메모리에서 제거되고 새로운 문자열 객체가 변수의 값이 된다.

예제 분석

이번 레시피의 기법은 표현 형태를 달리한 것이다. 문자열은 변경 불가능한 객체이기 때문에 그 값을 변경할 수 없다. 하지만 변경 가능한 객체로 변환할 수는 있으며, 이번 레시피에서는 리스트로 변환한 것이다. 리스트 객체는 변경 가능하므로 어떤 변경 작업이든 수행할 수 있다. 그리고 모든 변경 작업이 끝나면 다시 문자열로 표현 형태를 바꾸는 것이다.

리스트는 문자열이 제공하지 못하는 유용한 기능을 많이 갖고 있다. 반대로 문자열 역시 리스트가 갖지 못한 기능들을 제공할 수 있다. 예를 들어, 문자열을 소문자로 변환할 때처럼 쉽게 리스트를 소문자로 변환할 수는 없다.

문자열과 리스트 간에는 서로 장단점이 있다.

- 문자열은 변경 불가능한 객체이기 때문에 처리 속도가 매우 빠르다. 문자열은 유니코드 문자만을 포함한다. 변경 불가능하기 때문에 매핑의 키 혹은 세트의 항목으로서도 사용될 수 있다.
- 리스트는 변경 가능하므로 처리 속도가 느리다. 리스트는 모든 종류의 항목을 담을 수 있다. 값이 변경될 수 있기 때문에 매핑의 키 혹은 세트의 항목으로서 사용될 수 없다.

문자열과 리스트는 둘 다 시퀀스sequence의 일종이기 때문에 공통점이 많다. 특히, 기본적인 인덱싱과 슬라이싱 기능을 둘 다 사용할 수 있다. 예를 들면 문자열처럼 리스트 역시 음수 인덱스를 사용할 수 있다. `list[-1]`은 리스트 내의 마지막 항목을 가리킨다.

변경 가능한 자료 구조에 대해서는 4장에서 자세히 설명할 것이다.

부연 설명

문자열 대신에 문자 리스트를 사용하면 문자열 처리용 메소드들을 사용할 수 없다는 단점이 있다. 하지만 리스트를 처리할 수 있는 기법들이 다양하게 제공되기 때문에 큰 문제는 안 된다. 리스트에서 항목을 삭제하고 항목을 리스트 끝에 추가하고 리스트를 다른 리스트와 합치고 특정 문자를 리스트에 삽입하는 것이 모두 가능하다.

또한 관점을 조금 바꿔서 문자 리스트 대신에 문자열 리스트를 사용할 수도 있다. 앞서 사용한 `''.join(list)`는 문자 리스트뿐 아니라 문자열 리스트일 때도 유용하다. 예를 들어 다음과 같이 사용할 수 있다.

```
>>> title_list.insert(0, 'prefix')
>>> ''.join(title_list)
'prefix_Rewriting_an_Immutable_String'
```

`title_list` 객체는 (여섯 개의 문자로 이뤄진 문자열인) `prefix`와 기존 30개의 문자를 포함하는 리스트로 바뀌었다.

참고 사항

- 문자열의 내부 메소드들을 사용해 문자열을 다루는 방법은 '변경 불가능 객체인 문자열을 재작성하는 방법' 레시피를 참조한다.
- 문자열을 생성한 후에 이를 바이트로 변환해야 할 경우가 있다. '문자열 인코딩: ASCII와 UTF-8 바이트를 생성하는 방법' 레시피를 참조한다.
- 반대로, 바이트를 문자열로 변환해야 할 경우도 있다. '바이트 디코딩: 바이트로부터 문자를 알아내는 방법' 레시피를 참조한다.

키보드로 입력할 수 없는 유니코드 문자를 사용하는 방법

키보드는 많으면 100개 정도의 키를 포함한다. 문자, 숫자, 구두점 관련 키는 50개가 되지 않고, 문서에 글자를 입력하는 것 이상의 기능을 수행하는 펑션 키들이 적어도 12개 존재한다. 또한 Shift 키, Ctrl 키, Option 키, Command 키처럼 다른 키와 함께 사용되는 키들도 있다.

대부분의 운영체제는 간단한 키 조합을 통해 100여 개의 문자를 생성할 수 있도록 허용한다. 좀 더 정교한 키 조합을 통해 다시 100개 정도의 문자를 생성할 수도 있다. 하지만 세상의 모든 문자들을 포괄하기에는 턱없이 부족하다. 또 아이콘, 이모티콘, 딩벳dingbat 문자도 있다. 이 모든 글리프glyph들을 어떻게 사용할 수 있을까?

준비

파이썬은 유니코드 기반이다. 그런데 유니코드 문자는 수백만 개에 이른다.

다음 주소에서 모든 유니코드 문자들을 확인할 수 있다.

- https://en.wikipedia.org/wiki/List_of_Unicode_characters
- http://www.unicode.org/charts/

유니코드 문자를 사용하려면, 해당 문자의 번호가 필요하고 문자의 이름도 필요할 수 있다.

현재 여러분 PC의 폰트가 유니코드 문자 전부를 지원하지 않을 수 있다. 특히 윈도우 PC에서 그럴 가능성이 높으며, 이런 경우에는 명령 프롬프트에서 다음과 같이 코드 페이지를 65001로 변경하는 것이 도움이 될 수 있다.

```
chcp 65001
```

리눅스와 맥 OS X는 유니코드 문자로 인한 문제가 거의 발생하지 않는다.

예제 구현

파이썬은 보통의 문자를 이스케이프 시퀀스escape sequence를 사용해 확장함으로써 수많은 유니코드 문자들을 지원한다. 이스케이프 시퀀스는 \ 문자로 시작하며, 그다음에 오는 문자는 유니코드 문자의 표현 방법을 지정한다.

우선, 필요한 유니코드 문자를 찾은 다음 그 문자의 이름이나 번호를 알아낸다. 번호는 언제나 16진수로 표현된다. 예를 들면 번호는 `U+2680`, 이름은 `DIE FACE-1`이 되는 식이다. 파이썬으로는 `\unnnn`과 같이 최대 네 자리 번호로 나타내거나, `\N{name}`과 같이 이름으로 나타낼 수 있다. 만일 번호가 네 자리를 초과한다면 `\Unnnnnnnn`과 같이 여덟 자리로 맞춰야 한다.

```
>>> 'You Rolled \u2680'
'You Rolled ⚀'
>>> 'You drew \U0001F004'
'You drew 🀄'
>>> 'Discard \N{MAHJONG TILE RED DRAGON}'
'Discard 🀄'
```

이처럼 신기한 문자들도 출력에 포함시킬 수 있다. 그리고 \ 문자를 나타내려면 \\를 사용해야 한다. 윈도우 운영체제에서 파일의 경로를 나타낼 때 주로 필요하다.

예제 분석

파이썬은 내부적으로 유니코드를 사용한다. 키보드로 직접 입력할 수 있는 약 128개의 문자들도 모두 내부적으로는 유니코드 번호를 갖고 있다.

다음과 같이 입력하면

```
'HELLO'
```

파이썬은 내부적으로 다음과 같이 변환한다.

```
'\u0048\u0045\u004c\u004c\u004f'
```

키보드로 직접 입력 가능한 문자 이외의 나머지 수백만 개의 문자들은 오직 번호로만 식별할 수 있다.

파이썬은 문자열을 컴파일할 때 `\uxx`, `\Uxxxxxxxx`, `\N{name}`을 유니코드 문자로 대체한다. 이때 문법적 오류가 있다면, 예를 들어 `\N{name`처럼 `}`가 누락됐다면 파이썬의 내부 구문 검사기는 즉시 오류를 보고한다.

앞서 '정규 표현식을 사용한 문자열 파싱' 레시피에서는 정규 표현식에 포함된 \ 문자를 파이썬 컴파일러가 이스케이프 문자로서 취급하지 않도록 정규식 문자열 앞에 `r'` 접두어를 붙여서 다른 뭔가로 변환되지 않도록 예방했었다.

정규식에서 유니코드를 사용하는 예를 살펴보자.

```
'\\w+[\u2680\u2681\u2682\u2683\u2684\u2685]\\d+'
```

여기서는 r' 접두어를 사용하지 않고 대신에 \를 두 번 사용했다. 패턴에 속하는 유니코드 문자에는 \uxxxx를 사용했다. 파이썬 컴파일러의 경우 내부적으로 \uxxxx는 유니코드 문자로 대체하고 \\는 \로 대체할 것이다.

파이썬은 〉〉〉 프롬프트에서 문자열을 정규(canonical) 형태로 출력한다. 그리고 문자열 구분자로서 '와 "가 모두 가능하지만, 파이썬은 '를 선호한다. 파이썬은 미가공 문자열을 그대로 출력하지 않고, 대신에 이스케이프 시퀀스를 문자열에 다시 넣는다.

```
>>> r"\w+"
'\\w+'
```

문자열이 미가공 형태로 입력됐으나 파이썬은 이를 정규 형태로 출력하고 있다.

참고 사항

- '문자열 인코딩: ASCII와 UTF-8 바이트를 생성하는 방법' 레시피와 '바이트 디코딩: 바이트로부터 문자를 알아내는 방법' 레시피에서는 유니코드 문자가 바이트 시퀀스로 변환되는 방법 및 파일에 기록되는 방법을 알아볼 것이다. 또한 파일에 들어있는(또는 웹사이트로부터 다운로드한) 바이트가 유니코드 문자로 변환되는 방법도 살펴볼 것이다.
- 역사에 관심이 많은 독자라면, http://www.unicode.org/charts/에서 ASCII, EBCDIC 외에 여러 가지 오래된 문자 코드들에 관해 배울 수 있다.

문자열 인코딩: ASCII와 UTF-8 바이트를 생성하는 방법

PC에 저장된 컴퓨터 파일은 바이트들이다. 인터넷에 업로드하거나 다운로드할 때도 모든 통신은 바이트 단위로 동작한다. 1바이트는 256개의 고유한 값만을 가질 수 있다. 하지만 파이썬 문자는 유니코드인데, 유니코드 문자의 개수는 256개보다 훨씬 많다.

파일을 기록하거나 전송할 때 유니코드 문자를 어떻게 바이트에 대응시킬 수 있을까?

준비

과거에 주로 쓰이던 ASCII 코드에서 한 개의 문자는 1바이트 크기였다. 파이썬은 오래된 ASCII 인코딩 체계도 활용하고 있는데, 이 때문에 바이트와 이에 대응되는 유니코드 문자열 간에 가끔 헛갈릴 때가 있다.

유니코드 문자는 (한 개의 바이트가 아니라) 바이트 시퀀스로서 인코딩된다. 그런데 인코딩 방식은 수많은 표준 및 비표준 방식들이 존재한다.

심지어 유니코드 문자 중 일부만을 인코딩하는 방식도 있다. 이러한 방식은 가급적 사용을 지양해야 하지만, 어쩔 수 없이 사용해야 하는 경우도 있다.

대부분의 경우에는 흔히 UTF-8 유니코드 인코딩 방식을 사용한다. UTF-8의 장점은 영어 및 다수의 유럽 언어에서 사용되는 라틴 알파벳을 간결하게 표현한다는 점이다.

인터넷 프로토콜이 ASCII 문자 사용을 요구하는 경우도 있다. ASCII 인코딩은 유니코드 문자 집합의 일부만을 처리할 수 있으므로 어느 정도 주의가 필요하다.

예제 구현

파이썬은 일반적으로 운영체제가 파일과 인터넷 트래픽에 적용 중인 인코딩 방식을 그대로 따른다. 다만 운영체제별로 세부 사항은 다르다.

1. PYTHONIOENCODING 환경 변수로 일반적인 설정을 할 수 있다. 파이썬 외부에 존재하는 이 환경 변수를 통해 특정 인코딩 방식을 지정할 수 있다. 다음과 같이 설정하자.

   ```
   export PYTHONIOENCODING=UTF-8
   ```

2. 파이썬을 실행한다.

   ```
   python3.5
   ```

3. 스크립트 내부에서 파일을 열 때 인코딩 방식을 설정할 수 있다. 자세한 설명은 9장에서 살펴볼 것이다. 다음과 같이 특정 인코딩 방식으로 파일을 연 후, 이 파일로부터 유니코드 문자를 읽거나 파일에 유니코드 문자를 기록한다.

   ```
   >>> with open('some_file.txt', 'w', encoding='utf-8') as output:
   ...     print('You drew \U0001F000', file=output )
   >>> with open('some_file.txt', 'r', encoding='utf-8') as input:
   ...     text=input.read()
   >>> text
   'You drew �'
   ```

바이트 모드로 파일을 여는 (예외적인) 경우에는 유니코드 문자를 수동으로 인코딩해야 한다. wb 모드로 파일을 열어서 이러한 수동 인코딩을 할 수 있다.

```
>>> string_bytes = 'You drew \U0001F000'.encode('utf-8')
>>> string_bytes
b'You drew \xf0\x9f\x80\x80'
```

바이트 시퀀스 \xf0\x9f\x80\x80은 한 개의 유니코드 문자 U+1F004 🀄를 인코딩한 것이다.

예제 분석

유니코드에는 수많은 인코딩 방식이 정의돼 있다. UTF-8이 가장 널리 쓰이지만 UTF-16이나 UTF-32도 있다. UTF 뒤의 숫자는 한 개의 문자가 기본적으로 몇 비트로 표현되는지를 나타낸다. 따라서 어떤 파일이 UTF-32로 인코딩된 1,000개의 문자를 포함하고 있다면, 이 파일에는 (8비트인) 바이트가 4,000개 들어있는 셈이다. 반면에 UTF-8로 인코딩된 1,000개의 문자를 포함하는 파일은 크기가 최저 1,000바이트에 불과할 수도 있다. 정확한 크기는 유니코드 문자 구성에 따라 달라지는데, UTF-8 인코딩에서도 `U+007F`보다 큰 유니코드 문자들은 두 개의 바이트를 필요로 하기 때문이다.

운영체제들은 저마다 독자적인 인코딩 방식을 갖고 있다. 맥 OS X는 주로 `Mac Roman` 또는 `Latin-1` 방식으로 파일을 인코딩하고, 윈도우는 `CP1252`로 파일을 인코딩한다.

이처럼 다양한 인코딩 방식들은 결국 어떤 유니코드 문자에 매핑되는 바이트 시퀀스에 대한 정의라고 볼 수 있다. 다시 말해, 한 개의 유니코드 문자를 한 개 이상의 바이트에 매핑하는 것이다. 모든 유니코드 문자가 고려되는 것이 이상적이지만, 완벽히 모든 문자를 고려하지 못하는 인코딩 방식들도 많다. 필요 이상으로 많은 바이트를 사용하지 않는 것이 관건이기 때문이다.

유서 깊은 ASCII 인코딩 방식은 약 250개의 유니코드 문자만을 바이트로 나타낼 수 있다. 하지만 ASCII 방식으로는 인코딩될 수 없는 문자열을 작성해야 할 때가 많다.

다음의 오류 메시지를 보자.

```
>>> 'You drew \U0001F000'.encode('ascii')
Traceback(most recent call last):
  File "<stdin>", line 1, in <module>
UnicodeEncodeError: 'ascii' codec can't encode character'\U0001f000' in position
9: ordinal not in range(128)
```

인코딩 방식을 잘못 지정하고 파일을 열면 이와 같은 오류가 발생한다. 이 메시지가 나타났다면 더 적합한 인코딩 방식으로 처리 과정을 변경해야 하며, 대부분의 경우 UTF-8이 가장 적합하다.

바이트 vs. 문자열

출력 가능한 문자를 사용해서 바이트를 종종 표시하곤 한다.

예를 들어 b'hello'는 어떤 5바이트 값의 단축 표현으로 간주할 수 있다. 이 문자들은 ASCII 인코딩 방식으로 선택된 것이며, 0x20부터 0xFE까지의 바이트 값들은 문자로서 표시될 수 있다.

다소 헛갈릴 수 있는데, 접두어 b'는 유니코드 문자가 아니라 바이트임을 가리키고 있다.

참고 사항

- 문자열을 만들어내는 방법은 다양하다. '"template".format()으로 문자열을 생성하는 방법' 레시피와 '문자 리스트로부터 문자열을 생성하는 방법' 레시피에서 더 많은 문자열 생성 예제를 읽을 수 있다. 복잡한 문자열을 생성한 후에는 이를 바이트로 인코딩할 수 있다.
- UTF-8 인코딩에 대한 자세한 설명은 https://en.wikipedia.org/wiki/UTF-8을 참조한다.
- 유니코드 인코딩 방식에 대한 일반적인 설명은 http://unicode.org/faq/utf_bom.html을 참조한다.

바이트 디코딩: 바이트로부터 문자를 알아내는 방법

제대로 인코딩되지 않은 파일을 어떻게 다룰 수 있을까? ASCII 방식으로 인코딩된 파일을 어떻게 사용할 수 있을까?

인터넷에서 다운로드하는 것은 문자가 아니라 바이트다. 이러한 바이트 스트림으로부터 문자를 알아내는(디코딩하는) 방법은 무엇일까?

`subprocess` 모듈을 사용할 때 운영체제 명령어가 반환하는 결과는 바이트로 돼 있다. 이 바이트들로부터 어떻게 문자를 복원할 수 있을까?

이번 레시피의 내용은 9장과 깊은 관련이 있다. 그럼에도 이번 장에서 다루는 이유는 조금 전에 배웠던 '문자열 인코딩: ASCII와 UTF-8 바이트를 생성하는 방법' 레시피와 정확히 반대 기능을 수행하기 때문이다.

준비

여러분이 해양 기상 예보에 관심이 있다고 하자. 대형 요트를 소유 중일 수도 있고, 친한 친구가 요트를 타고 체사피크 만을 출발해 카리브해로 향하는 중일 수도 있다.

버지니아 주 웨이크필드에 있는 미국 기상청에서 특별한 기상 경보가 발령됐는지 어떻게 알 수 있을까?

미국 기상청의 경보는 다음 주소에서 볼 수 있다.

http://www.nws.noaa.gov/view/national.php?prod=SMW&sid=AKQ

`urllib` 모듈을 사용하면 이를 다운로드할 수 있다.

```
>>> import urllib.request
>>> warnings_uri=
'http://www.nws.noaa.gov/view/national.php?prod=SMW&sid=AKQ'
>>> with urllib.request.urlopen(warnings_uri) as source:
...     warnings_text=source.read()
```

또는 `curl`이나 `wget` 명령으로 다운로드할 수도 있다.

```
curl -O http://www.nws.noaa.gov/view/national.php?prod=SMW&sid=AKQ
mv national.php\?prod\=SMW AKQ.html
```

`curl`이 생성한 파일명이 어색하기 때문에 `mv` 명령으로 바꿔줬다.

`warnings_text` 값은 바이트 스트림이지 문자열이 아니다. 이는 다음과 같이 쉽게 확인할 수 있다.

```
>>> warnings_text[:80]
b'<!DOCTYPE html PUBLIC "-//W3C//DTD XHTML 1.0 Transitional//EN"
"http://www.w3.or'
```

이후로도 상세 정보들이 계속 이어진다. b'로 시작하기 때문에 유니코드 문자가 아니라 바이트임을 알 수 있다. UTF-8으로 인코딩됐을 확률이 높은데, 그렇다면 일부 문자는 문자 형태가 아니라 \xnn 이스케이프 시퀀스로 표현돼 있을 것이다. 이 시퀀스의 문자 표현을 알아내는 것이 이번 레시피의 목표다.

바이트 vs. 문자열

출력 가능한 문자를 사용해서 바이트를 종종 표시하곤 한다.

예를 들어 b'hello'는 어떤 5바이트 값의 단축 표현으로 간주할 수 있다. 이 문자들은 ASCII 인코딩 방식으로 선택된 것이며, 0x20부터 0xFE까지의 바이트 값들은 문자로서 표시될 수 있다.

다소 헛갈릴 수 있는데, 접두어 b'는 유니코드 문자가 아니라 바이트임을 가리키고 있다.

바이트는 문자열과 비슷하게 동작하는 부분도 있다. 따라서 바이트를 직접 다루는 경우도 가끔 있지만, 대부분의 경우는 바이트를 디코딩해서 이에 해당되는 유니코드 문자를 알아내야 한다.

예제 구현

1. (가능하다면) 어떤 인코딩 방식이 사용됐는지 알아낸다. 바이트를 디코딩해서 유니코드 문자를 알아내려면, 먼저 인코딩 방식이 무엇인지 알아야 하기 때문이다. XML 문서 안에는 이와 관련해서 중요한 정보가 포함돼 있다.

   ```
   <?xml version="1.0" encoding="UTF-8"?>
   ```

   웹 페이지의 헤더에 이 정보가 들어있을 수도 있다.

   ```
   Content-Type: text/html; charset=ISO-8859-4
   ```

혹은 다음과 같이 포함되기도 한다.

```
<meta http-equiv="Content-Type" content="text/html; charset=utf-8">
```

이런 방법으로 알아내지 못한다면 추정하는 수밖에 없다. 미국 기상 데이터의 경우 가장 가능성이 높은 것은 UTF-8이고 그다음은 ISO-8859-1이다. 이와 같은 추정은 언어에 따라 다를 수 있다.

2. 파이썬 표준 라이브러리 7.2.3절에는 모든 표준 인코딩 방식이 나열돼 있다. 디코딩을 한다.

```
>>> document=warnings_text.decode("UTF-8")
>>> document[:80]
'<!DOCTYPE html PUBLIC "-//W3C//DTD XHTML 1.0 Transitional//EN"
"http://www.w3.or'
```

`b'` 접두어가 사라진 것을 볼 수 있다. 바이트 스트림으로부터 유니코드 문자열이 생성됐기 때문이다.

3. 예외가 발생하면서 문자열이 제대로 생성되지 않았다면 인코딩 방식을 잘못 추정한 것이다. 다른 인코딩 방식들을 차례로 시도한다.

이 문서는 HTML 포맷이므로 Beautiful Soup 프로그램을 사용하면 편리하다. http://www.crummy.com/software/BeautifulSoup/을 참고하자.

하지만 HTML 전체를 파싱하지 않고 이 문서로부터 특정 부분만 추출할 수도 있다.

```
>>> import re
>>> title_pattern = re.compile(r"\<h3\>(.*?)\</h3\>")
>>> title_pattern.search( document )
<_sre.SRE_Match object; span=(3438, 3489), match='<h3>There are no products
active at this time.</h>
```

지금 우리에게 필요한 정보를 알아냈다. 현재로서는 특별한 경보가 발령되지 않았다. 순조로운 항해가 될 것이라 장담할 수는 없지만, 적어도 재난을 초래할 만한 기상 요소는 없음을 알 수 있다.

예제 분석

유니코드의 개념과 유니코드 문자를 바이트 스트림으로 인코딩하는 방법들에 대해서는 '문자열 인코딩: ASCII와 UTF-8 바이트를 생성하는 방법' 레시피를 참조한다.

운영체제는 파일과 네트워크 연결을 바이트로서 생성하며, 바이트를 디코딩해서 그 내용을 찾아내는 것은 소프트웨어가 맡는다. 디코딩된 결과는 문자일 수도 있고 이미지일 수도 있으며 사운드일 수도 있다. 기본 가정이 틀렸을 경우는 디코딩 코드를 직접 작성해야 할 수도 있다.

참고 사항

- 바이트로부터 문자열을 복원한 후, 이 문자열을 파싱하거나 재작성할 수 있다. '정규 표현식을 사용한 문자열 파싱' 레시피를 참조한다.
- https://en.wikipedia.org/wiki/UTF-8과 http://unicode.org/faq/utf_bom.html에서 유니코드 인코딩에 대한 더 많은 정보를 읽을 수 있다.

튜플을 사용하는 방법

(*x*,*y*)나 (*r*,*g*,*b*)처럼 여러 값들의 그룹을 표현하는 가장 좋은 방법은 무엇일까? 위도와 경도처럼 언제나 쌍으로 다뤄지는 정보를 어떻게 관리할 수 있을까?

준비

'정규 표현식을 사용한 문자열 파싱' 레시피에서는 흥미로운 자료 구조를 언급하지 않고 넘어갔었다.

데이터는 다음과 같았다.

```
>>> ingredient = "Kumquat: 2 cups"
```

그리고 다음과 같이 정규 표현식을 사용해 유의미한 데이터로 파싱했다.

```
>>> import re
>>> ingredient_pattern =
re.compile(r'(?P<ingredient>\w+):\s+(?P<amount>\d+)\s+(?P<unit>\w+)')
>>> match = ingredient_pattern.match( ingredient )
>>> match.groups()
('Kumquat', '2', 'cups')
```

최종 결과는 세 개의 데이터를 포함하는 튜플 객체다. 이처럼 그룹화된 데이터는 매우 편리할 때가 많다.

예제 구현

튜플을 두 가지 측면에서 살펴보자. 우선 튜플에 항목을 넣는 방법을 설명하고, 그다음에는 튜플에서 항목을 꺼내는 방법을 설명한다.

튜플 생성하기

파이썬이 다양한 상황에서 자동으로 튜플을 생성한다. 예를 들어, '정규 표현식을 사용한 문자열 파싱' 레시피의 '준비' 절에서 정규 표현식 match 객체는 문자열로부터 파싱된 텍스트의 튜플을 생성했다.

이번에는 직접 튜플을 생성해보자. 방법은 다음과 같다.

1. 데이터를 ( )로 감싼다.
2. ,로 항목들을 분리한다.

```
>>> from fractions import Fraction
>>> my_data = ('Rice', Fraction(1/4), 'cups')
```

한 개의 항목으로만 구성된 튜플(싱글턴singleton이라고 부른다.)은 다소 주의해야 한다. 튜플에 단 한 개의 항목만 있더라도 , 기호를 추가해야 한다.

```
>>> one_tuple = ('item', )
>>> len(one_tuple)
1
```

()를 항상 써야 하는 것은 아니다. 생략할 수 있는 경우가 꽤 많다. ()를 생략하는 것이 좋은 습관은 아니지만, 끝에 쉼표를 추가하면 재미있는 현상을 볼 수 있다.

```
>>> 355,
(355,)
```

355 뒤에 추가된 쉼표로 인해 이 값은 싱글턴 튜플이 됐다.

튜플에서 항목을 추출하기

튜플은 특정 문제 영역에서 사용되는 고정 개수의 항목들을 포함하는 컨테이너 역할을 한다. 예를 들어 색깔은 (red, green, blue)로 나타낼 수 있는데, 이때 항목의 개수는 언제나 세 개다.

이번 예제에서도 재료, 분량, 단위가 주어졌으므로 항목의 수는 세 개다. 튜플 내의 개별 항목은 다음과 같이 두 가지 방법으로 접근할 수 있다.

- 인덱스 위치. 왼쪽에서 0부터 번호가 매겨진다.

  ```
  >>> my_data[1]
  Fraction(1, 4)
  ```

- 다중 대입

  ```
  >>> ingredient, amount, unit = my_data
  >>> ingredient
  'Rice'
  >>> unit
  'cups'
  ```

튜플은 문자열처럼 변경 불가능한 자료 구조다. 즉, 튜플 내의 개별 항목을 변경할 수 없다. 이것은 튜플의 목적이 여러 값들을 함께 관리하는 것이기 때문이다.

예제 분석

튜플은 좀 더 일반적인 클래스인 Sequence의 서브클래스다. 따라서 Sequence 클래스의 다양한 기능을 사용할 수 있다.

다음과 같은 튜플이 있다고 하자.

```
>>> t = ('Kumquat', '2', 'cups')
```

이 튜플에 대해 다음과 같은 연산들을 수행할 수 있다.

- t에 포함된 항목의 개수는?

  ```
  >>> len(t)
  3
  ```

- t에서 특정 값은 몇 번 나타나는가?

  ```
  >>> t.count('2')
  1
  ```

- 특정 값의 위치는 어디인가? 혹은 특정 위치에 어떤 값이 있는가?

  ```
  >>> t.index('cups')
  2
  >>> t[2]
  'cups'
  ```

- 존재하지 않는 항목이라면 예외가 발생한다.

  ```
  >>> t.index('Rice')
  Traceback(most recent call last):
    File "<stdin>", line 1, in <module>
  ValueError: tuple.index(x): x not in tuple
  ```

- 특정 값이 존재하는가?

```
>>> 'Rice' in t
False
```

부연 설명

튜플은 문자열과 마찬가지로 시퀀스의 일종이다. 문자열은 문자들의 시퀀스고, 튜플은 다양한 종류의 데이터로 이뤄지는 시퀀스다. 둘 다 시퀀스이므로 몇 가지 공통점이 있다. 앞서 설명했듯이, 인덱스 위치로 개별 항목을 추출할 수 있고 `index()` 메소드를 사용해 어떤 항목의 위치를 찾을 수도 있다.

하지만 비슷한 점은 여기까지다. 문자열은 문자열을 변환해 새로운 문자열을 생성하는 메소드, 문자열을 파싱하는 메소드, 문자열의 내용을 알아내는 메소드를 제공한다. 하지만 튜플에는 이러한 기능들이 없다. 튜플은 아마도 가장 간단한 자료 구조 중 하나일 것이다.

참고 사항

- 앞서 '문자 리스트로부터 문자열을 생성하는 방법' 레시피에서는 또 다른 유형의 시퀀스인 리스트에 대해 설명했다.
- 4장에서 다양한 시퀀스들을 살펴볼 것이다.

2
문장과 구문

이번 장에서 살펴볼 레시피들은 다음과 같다.

- 스크립트와 모듈 파일을 작성하는 방법
- 긴 줄 코드를 작성하는 방법
- 설명과 문서화를 포함하는 방법
- 문서화 문자열에 RST 마크업을 효과적으로 사용하는 방법
- 복잡한 `if...elif` 체인을 설계하는 방법
- 정상 종료되는 `while`문을 설계하는 방법
- `break`문으로 인한 문제 발생을 예방하는 방법
- 예외 매칭 규칙을 활용하는 방법
- `except:` 절로 인한 문제를 예방하는 방법
- `raise from`문으로 예외들을 연결하는 방법
- `with`문으로 컨텍스트를 관리하는 방법

소개

파이썬 구문은 단순함을 목표로 설계됐다. 이번 장에서는 파이썬 구문의 규칙들을 이해하기 위한 수단으로서 몇 가지 흥미로운 문장들을 살펴볼 것이다. 구체적인 예제를 함께 보지 않으면 규칙을 잘못 이해하기 쉽다.

먼저 스크립트 파일 작성에 관한 기초를 다룬 후, 파이썬에서 널리 사용되는 문장들을 살펴본다. 파이썬의 명령문imperative statement은 20여개 정도며, 대입문과 표현식은 이미 1장에서 다뤘다.

다음과 같이 입력했다면

```
>>> print("hello world")
hello world
```

이것은 print() 함수 실행만을 포함하는 문장을 실행한 것이다. 이러한 유형의 문장(함수 혹은 객체의 메소드를 실행하는 문장)은 매우 널리 쓰인다.

대입문에 대해서도 이미 살펴본 바 있다. 파이썬은 다양한 형태로 대입문을 사용할 수 있다. 대부분의 경우는 한 개의 변수에 한 개의 값을 대입하지만, 다음과 같이 두 개의 변수에 동시에 값을 대입할 수도 있다.

```
quotient, remainder = divmod(355, 113)
```

이번 장에서는 if, while, for, try, with, raise 등 더 복잡한 문장들을 설명한다. 앞으로도 새로운 문장들이 꾸준히 소개될 것이다.

스크립트와 모듈 파일을 작성하는 방법

파이썬으로 정말로 쓸 만한 프로그램을 만들기 위해서는 스크립트 파일을 작성해야 한다. 비록 대화식 >>> 프롬프트에서 다양한 시도를 할 수 있지만, 실제적인 작업을 하기 위해서는 스크립트 파일이 필요하다. 소프트웨어를 작성한다는 것은 결국 데이터를 반복적으로 처리하는 작업을 작성하는 것이기 때문이다.

구문 오류를 예방하고 일반적인 용법과 일치하도록 코드를 작성하려면 어떻게 해야 할까? 공통적으로 사용되는 코딩 스타일에 익숙해져야 한다. 특히, 프로그램의 구조를 분명히 드러내기 위해 공백을 사용하는 방법이 중요하다.

몇 가지 기술적인 고려 사항들도 살펴볼 것이다. 예를 들어, 스크립트 파일은 UTF-8 인코딩 방식으로 저장돼야 한다. ASCII도 여전히 지원되지만 최근의 프로그래밍 환경에서 좋은 선택은 아니다. 또한 탭이 아니라 공백을 사용해야 하며, 가급적 유닉스 줄 바꿈 방식을 사용하는 편이 좀 더 간단하다.

대부분의 텍스트 편집 도구는 유닉스 줄 바꿈 방식(LF)과 윈도우 또는 DOS 줄 바꿈 방식(CR+LF)을 모두 지원한다. 이 두 가지 방식을 모두 지원하지 않는 편집 도구는 사용하지 말아야 한다.

준비

파이썬 스크립트를 편집하려면 좋은 프로그래밍 텍스트 편집기가 필요하다. 물론 파이썬이 기본 제공하는 IDLE 편집기도 편리하다. 파일과 대화식 >>> 프롬프트 사이를 쉽게 전환할 수 있지만 위대한 프로그래밍 편집기라고는 말할 수 없다.

시중에는 많은 수의 좋은 프로그래밍 편집기들이 존재한다. 그중에서 하나만을 권장하기는 불가능하기 때문에 몇 개의 편집기를 함께 제안하고자 한다.

ActiveState 사의 Komodo IDE는 매우 정교하다. Komodo Edit 버전은 무료지만 풀 버전과 기능이 거의 비슷하다.[1] 대부분의 운영체제에서 실행되며, 어느 운영체제에서 코드를 작성하든 일관성을 가질 수 있기 때문에 좋은 선택이 될 수 있다.

1 현재는 21일간만 시험 사용할 수 있다. – 옮긴이

http://komodoide.com/komodo-edit/를 참조한다.

Notepad++는 윈도우 운영체제에서 작업하는 개발자에게 유용하다. https://notepad-plus-plus.org를 참조한다.

BBEdit는 맥 OS X에서 코드를 작성하는 개발자에게 매우 좋은 편집기다. http://www.barebones.com/products/bbedit/를 참조한다.

리눅스 환경에서 작업하는 개발자들은 VIM, gedit, Kate 등의 내장 편집기를 사용할 수 있다. 모두 좋은 도구들이며, 리눅스는 개발자 친화적이므로 파이썬 코드 작성에 모두 적합하다.

중요하게 고려할 점은 코드 작성 시에 두 개의 창을 동시에 열어놓고 작업할 때가 많다는 것이다.

- 현재 작성 중인 스크립트 또는 파일
- 대화식 >>> 프롬프트(셸 혹은 IDLE에서). 코드가 예상대로 동작하는지 간단하게 테스트하기 위해 사용된다. 예를 들어 Notepad++에서 스크립트를 작성하면서 IDLE의 대화식 프롬프트에서 자료 구조와 알고리즘을 테스트할 수 있다.

이번 레시피에서 다루는 주제는 실제로는 두 개다. 먼저 편집기의 기본값을 설정하고, 그 다음에는 스크립트 파일 작성을 위한 일반적인 템플릿을 생성할 것이다.

예제 구현

편집기를 선택한 후에 해야 하는 일반적인 설정들을 알아보자. 여기서는 Komodo IDE를 예로 들겠지만, 다른 편집기들도 기본은 같다. 편집기 설정을 마치고 나면 스크립트 파일을 작성할 수 있다.

1. 편집기를 실행하고, 환경 설정 페이지를 연다.
2. 파일 인코딩 설정을 찾는다. Komodo Edit의 경우, Internationalization 탭에서 찾을 수 있다. UTF-8로 설정한다.
3. 들여쓰기 설정을 찾는다. 탭 대신에 공백을 사용하는 설정 옵션이 있다면 해당 옵션을 선택한다. Komodo Edit의 경우 prefer tabs over spaces for indentation 체크박스의 선택을 해제하면 된다.

중요한 것은 탭이 아니라 공백을 사용하는 것이다.

한 번의 들여쓰기가 네 개의 공백이 되도록 설정한다. 이것은 전형적인 파이썬 관행이며, 다단계 들여쓰기를 해도 코드 너비가 지나치게 넓어지지 않는 최적의 설정이다.

UTF-8로 파일을 저장하고 탭 대신 공백을 사용하도록 설정이 완료됐으면 이제 예제 스크립트 파일 작성을 시작할 수 있다.

1. 대부분의 파이썬 스크립트 파일의 첫 번째 줄은 다음과 같다.

   ```
   #!/usr/bin/env python3
   ```

   이것은 작성 중인 파일과 파이썬 사이의 관계를 설정하는 것이다.
   윈도우 운영체제에서는 이와 같은 파일명과 프로그램 간의 연결을 제어판에서 설정할 수 있다. 제어판의 **기본 프로그램** 항목에는 **파일 형식 또는 프로토콜을 프로그램과 연결**이라는 항목이 있다. 여기서 .py 파일이 파이썬 프로그램에 연결(바인딩)돼 있음을 확인할 수 있다. 일반적으로 파이썬 설치 시에 자동 설정되므로 여러분이 직접 설정하거나 변경할 필요가 거의 없다.

윈도우에서 개발 중이라도 위의 코드를 포함시켜도 된다. 깃허브(GitHub)에서 프로젝트를 다운로드하는 맥 OS X와 리눅스 개발자에게 유용할 것이기 때문이다.

2. 그다음에는 삼중 따옴표로 둘러싸인 텍스트 블록을 작성한다. 이것은 현재 작성 중인 파일에 대한 설명을 포함하는 문서화 문자열(닥스트링docstring이라고도 부른다.)이다. 문서화 문자열이 없어도 프로그램이 동작할 수는 있지만, 파일의 내용을 설명하는 데 필수적이다.

```
'''
이 스크립트에 대한 요약
'''
```

   삼중 따옴표 내의 문자열 길이에는 제한이 없으므로 자유롭게 작성해도 된다. 이 문자열은 스크립트 또는 라이브러리 모듈을 설명하는 1차적인 수단이며, 실제 동작을 보여주는 예제를 포함할 수도 있다.

3. 이제 본격적으로 뭔가를 수행하는 코드를 작성한다. 작업 처리에 필요한 모든 문장을 작성할 수 있지만, 일단은 다음 문장을 사용하자.

```
print('hello world')
```

   이제 스크립트는 뭔가를 수행한다. 앞으로 어떤 작업을 수행하는 수많은 문장들을 접하게 될 것이다. 함수와 클래스 정의를 작성하고, 또 그 함수와 클래스를 사용하는 문장들을 주로 작성할 것이다.

스크립트의 최상위 레벨에 위치하는 문장들은 왼쪽 끝에서 시작하고 한 줄로 완결돼야 한다. 어떤 문장의 내부에 다른 문장들이 중첩되는 경우, 내부 문장들은 반드시 들여쓰기돼야 한다. 앞서 들여쓰기를 네 칸으로 설정했으므로 탭 키를 눌러서 들여쓰기할 수 있다.

이제 스크립트 파일은 다음과 같을 것이다.

```
#!/usr/bin/env python3
'''
나의 첫 번째 스크립트 : 중요한 값을 계산한다.
'''

print(355/113)
```

예제 분석

다른 언어와 달리 파이썬에는 상용구boilerplate가 별로 없다. 맨 앞에 한 줄의 상용구 코드가 존재하지만 이 `#!/usr/bin/env python3`도 반드시 필수는 아니다.

왜 인코딩 방식을 UTF-8로 설정하는 것이 좋을까? 파이썬 언어 자체는 128개의 ASCII 문자만으로도 충분히 동작하도록 설계됐다.

하지만 프로그램을 작성하다 보면 ASCII의 제약을 느낄 때가 많다. 반면에 UTF-8 인코딩을 사용하도록 편집기를 설정하면, 의미를 갖는 문자는 무엇이든 사용할 수 있다. 예를 들어 μ와 같은 문자도 파이썬 변수로서 사용할 수 있다.

예를 들어 UTF-8 인코딩으로 파일을 저장하면, 다음 문장은 아무 문제없이 동작한다.

```
π=355/113
print(π)
```

공백과 탭 중에서 무엇을 사용하든, 중요한 것은 일관성을 유지하는 것이다. 둘 다 눈에 잘 들어오지 않기 때문에 자칫 혼용하기 쉬우며 이로 인해 코드가 혼란스러워진다. 나는 공백을 더 권장한다.

편집기에서 네 칸 들여쓰기를 설정하면 키보드의 탭 키를 네 개의 공백을 삽입하는 용도로 사용할 수 있다. 코드가 일관되게 정렬되므로 문장들이 서로 어떻게 중첩되는지 쉽게 알 수 있다.

`#!`로 시작하는 행은 주석이다. `#`부터 행 마지막까지의 코드는 무시된다. bash나 ksh와 같은 운영체제 셸 프로그램은 파일의 첫 줄을 통해 그 파일의 내용을 알아낸다. 특히 파일의 최초 몇 바이트를 마술magic이라고도 부르는데, 셸이 이것들을 엿보기 때문이다. 셸 프로그램은 `#!`를 찾아서 이 데이터를 처리할 프로그램을 식별하는데, 파이썬 스크립트의 처음에 /usr/bin/env를 두면 env 프로그램을 통해 파이썬 환경 설정을 할 수 있다는 장점이 있다.

부연 설명

파이썬 표준 라이브러리 문서의 일부는 모듈 파일에 들어있는 문서화 문자열로부터 생성된다. 모듈에는 상세하게 문서화 문자열을 작성하는 것이 일반적인 관행이다. Pydoc이나 스핑크스Sphinx 등의 도구는 모듈의 문서화 문자열을 우아한 포맷으로 다듬을 수 있다. 이에 대해서는 별도의 레시피에서 자세히 다룰 것이다.

문서화 문자열은 단위 테스트 케이스를 포함하기도 한다. doctest를 사용하면 문서화 문자열로부터 예제 코드를 추출한 후 그 코드를 실행한 결과가 문서화에 제시된 결과와 일치하는지 확인할 수 있다. 이 책의 대부분은 doctest로 검증됐다.

일반적으로 삼중 따옴표로 작성되는 문서화 문자열이 # 주석보다 선호된다. #부터 행 마지막까지의 텍스트가 주석으로 간주되는데, 한 줄로만 제한되기 때문에 사용 빈도가 높지 않다. 반면에 문서화 문자열은 길이 제한이 없으므로 널리 사용된다.

파이썬 3.5에서는 스크립트 파일에서 다음과 같은 코드를 종종 볼 수 있다.

```
color = 355/113 # type: float
```

파이썬의 자료형 추론 시스템은 # type: float과 같은 주석을 사용해 프로그램이 실제로 실행될 때 다양한 자료형을 설정한다. 자세한 설명은 PEP 484를 참조하자(https://www.python.org/dev/peps/pep-0484/).

스크립트 파일에 또 다른 코드가 포함되기도 한다. VIM 편집기는 환경 설정을 파일 내에서 관리할 수 있는데, 이 코드를 모드라인modeline이라고 한다. ~/.vimrc 파일에 set modeline을 포함시켜야 모드라인을 사용할 수 있다.

모드라인 설정을 활성화한 후에는 파일 끝부분에 # vim 주석을 포함시켜서 VIM을 설정할 수 있다.

다음 코드는 파이썬에서 사용되는 전형적인 모드라인이다.

```
# vim: tabstop=8 expandtab shiftwidth=4 softtabstop=4
```

유니코드 번호가 u+0009인 탭 문자는 여덟 칸으로 변환되도록 설정한 것이다. 그리고 키보드에서 탭 키를 누르면 네 칸만큼 이동할 것이다. 이 설정이 파일 내에 직접 포함되므로 VIM 편집기에서 별도의 설정을 할 필요가 없다.

참고 사항

- 문서화 문자열을 작성하는 방법에 대해서는 '설명과 문서화를 포함하는 방법' 레시피와 '문서화 문자열에 RST 마크업을 효과적으로 사용하는 방법' 레시피를 참조한다.
- 바람직한 코딩 스타일에 대한 자세한 설명은 https://www.python.org/dev/peps/pep-0008/를 참조한다.

긴 줄 코드를 작성하는 방법

읽기가 어려울 정도로 길이가 긴 코드를 작성해야 할 때가 종종 있다. 대체로 코드 한 줄의 길이는 80자 이하로 제한하는 것이 바람직하다고 알려져 있다. 너비가 짧을수록 글씨를 읽기 쉽다는 것은 널리 알려진 그래픽 디자인 분야의 원칙이며, 일반적으로 65자가 가장 이상적이라고 한다. 자세한 설명은 http://webtypography.net/2.1.2를 참조한다.

줄의 길이가 짧을수록 우리 눈에 좋다는 것은 알지만, 문제는 코드가 이 원칙에 협조를 거부할 수 있다는 점이다. 길이가 긴 문장은 흔히 접하게 된다. 긴 문장을 좀 더 관리하기 쉬운 부분들로 분할하려면 어떻게 해야 할까?

준비

가끔은 매우 길고 읽기 힘든 문장을 접하게 된다. 다음 코드를 보자.

```
>>> import math
>>> example_value = (63/25) * (17+15*math.sqrt(5)) / (7+15*math.sqrt(5))
>>> mantissa_fraction, exponent = math.frexp(example_value)
>>> mantissa_whole = int(mantissa_fraction*2**53)
>>> message_text = 'the internal representation is
{mantissa:d}/2**53*2**{exponent:d}'.format(mantissa=mantissa_whole,
exponent=exponent)
>>> print(message_text)
the internal representation is 7074237752514592/2**53*2**2
```

이 코드는 수식이 길고 포맷 문자열도 길다. 종이로 출력해도 읽기 힘들고, 화면상에서 스크립트를 편집할 때도 마찬가지다.

단순히 한 개의 문장을 여러 조각으로 분해할 수는 없다. 파이썬의 구문 규칙은 한 개의 문장은 논리적으로 한 개의 행으로 완료돼야 한다고 분명히 정하고 있기 때문이다.

논리적이라는 말에서 이 문제의 해결을 위한 힌트를 얻을 수 있다. 파이썬은 논리적 행과 물리적 행을 구별한다. 이러한 구문 규칙을 활용하면 길이가 긴 문장을 분할할 수 있다.

예제 구현

다음의 방법들을 사용해 긴 문장의 가독성을 높일 수 있다.

- 행의 끝에 \를 사용하면 그다음 행으로 이어진다.
- ( ), [ ], { } 문자들이 쌍을 이루도록 한 개의 문장을 두 개 이상의 논리행으로 확장할 수 있다. 또한 서로 인접한 문자열 리터럴을 한 개의 긴 리터럴로 자동으로 연결하는 파이썬 규칙을 활용할 수도 있다. 예를 들어("a", "b")는 ab와 동일하다.
- 중간 결과 값을 별도의 변수에 대입하는 방법으로 한 개의 문장을 분할할 수 있다.

이러한 방법들을 하나씩 자세히 살펴보자.

\를 사용해 긴 문장을 여러 논리행으로 분할하기

다음과 같이 변수들의 값이 주어져 있다고 하자.

```
>>> import math
>>> example_value = (63/25) * (17+15*math.sqrt(5)) / (7+15*math.sqrt(5))
>>> mantissa_fraction, exponent = math.frexp(example_value)
>>> mantissa_whole = int(mantissa_fraction*2**53)
```

파이썬은 \를 사용해 긴 문장을 분할할 수 있다.

1. 우선 전체 문장을 한 개의 긴 줄로 작성한다.

```
>>> message_text = 'the internal representation is
{mantissa:d}/2**53*2**{exponent:d}'.format(mantissa=mantissa_whole,
exponent=exponent
```

2. 논리적으로 구분되는 위치에 \를 삽입한다. 가끔은 \를 삽입하기에 딱 좋은 위치가 없을 때도 있다.

```
>>> message_text = 'the internal representation is \
... {mantissa:d}/2**53*2**{exponent:d}'.\
... format(mantissa=mantissa_whole, exponent=exponent)
>>> message_text
'the internal representation is 7074237752514592/2**53*2**2'
```

\가 반드시 행의 마지막 문자여야 한다. \ 뒤에는 단 한 개의 공백도 있으면 안 된다. 가독성이 다소 좋지 않기 때문에 이 방법은 그리 권장되지 않는다.

다만, 가독성이 아주 좋지는 않지만 \는 언제든지 사용할 수 있다는 장점이 있다. 따라서 긴 줄 코드의 가독성 개선을 위한 최후의 수단으로서 고려할 수는 있다.

()를 사용해 긴 문장을 여러 부분으로 분할하기

1. 우선 전체 문장을 한 개의 긴 줄로 작성한다.

```
>>> import math
>>> example_value1 = (63/25) * (17+15*math.sqrt(5)) / (7+15*math.sqrt(5))
```

2. 값을 실제로 변경하지는 않지만 표현식을 여러 행으로 분할하기 위한 용도로 () 문자를 추가한다.

```
>>> example_value2 = (63/25) * ((17+15*math.sqrt(5)) / (7+15*math.
sqrt(5)))  >>> example_value2 == example_value1
True
```

3. ()의 내부에서 행을 나눈다.

```
>>> example_value3 = (63/25) * (
...       (17+15*math.sqrt(5))
...     / ( 7+15*math.sqrt(5))
... )
>>> example_value3 == example_value1
True
```

()를 사용하는 방법은 매우 효과적이며 다양한 상황에서 사용할 수 있다. 실제로 널리 사용되며 매우 바람직한 기법이다.

거의 대부분의 문장에 ()를 추가할 수 있다. 다만 드물게 ()를 추가할 수 없거나 ()를 추가해도 가독성이 개선되지 않을 때는 \를 사용할 수밖에 없다.

문자열 리터럴의 자동 연결 사용하기

() 문자를 문자열 리터럴 연결 규칙과 함께 사용할 수 있다. 이 방법은 포맷 문자열이 길고 복잡할 때 특히 효과적이다.

1. 길이가 긴 문자열을 () 문자로 감싼다.
2. 이 문자열을 여러 개의 부분 문자열로 분할한다.

```
>>> message_text = (
... 'the internal representation '
... 'is {mantissa:d}/2**53*2**{exponent:d}'
... ).format(
... mantissa=mantissa_whole, exponent=exponent)
>>> message_text
'the internal representation is 7074237752514592/2**53*2**2'
```

긴 문자열은 언제든 부분 문자열들로 나눌 수 있다는 점을 이용해서, 전체 문자열을 ( ) 문자로 둘러싼 다음에 필요한 수만큼의 물리행으로 나누면 된다. 이 방법은 긴 문자열을 다루는 경우에만 사용할 수 있다.

중간 결과 값을 별도의 변수에 대입하기

변수의 값이 다음과 같다고 하자.

```
>>> import math
>>> example_value = (63/25) * (17+15*math.sqrt(5)) / (7+15*math.sqrt(5))
```

이 표현식을 다음과 같이 세 개의 중간 결과 값으로 분할할 수 있다.

1. 하위 표현식들을 식별한다. 그리고 각각 변수에 대입한다.

   ```
   >>> a = (63/25)
   >>> b = (17+15*math.sqrt(5))
   >>> c = (7+15*math.sqrt(5))
   ```

   보다시피 그다지 어렵지 않다. 다만 의미 있는 하위 표현식을 선택하기 위해 약간의 수학 지식이 필요할 수도 있다.

2. 하위 표현식들을 해당 변수로 대체한다.

   ```
   >>> example_value = a * b / c
   ```

이 방법은 원래의 복잡한 하위 표현식을 변수로 단순 대체하는 것에 지나지 않는다.

변수에 설명적인 이름이 부여되지 않았다는 점에 주의하자. 실제로는 유의미한 이름을 부여해 하위 표현식의 의미를 설명하는 편이 바람직할 수 있지만, 이번 예제에서는 그럴 만큼의 의미를 이해할 수 없었기 때문에 짧고 임의적인 식별자를 사용한 것이다.

예제 분석

파이썬 언어 설명서를 보면 논리행과 물리행의 개념이 구분돼 있다. 논리행은 완전한 문장을 포함하는 것이며, 행 결합line joining 기법들을 통해 여러 물리행으로 확장될 수 있다. 설명서에서는 행 결합 기법을 명시적 행 결합과 묵시적 행 결합으로 구분하고 있다.

\로 명시적 행 결합을 하는 것은 가끔 유용하지만, 눈에 잘 들어오지 않기 때문에 일반적으로는 권장되지 않으며 최후의 수단이 돼야 한다.

()를 사용하는 묵시적 행 결합은 다양한 상황에서 사용될 수 있으며, 의미론적으로도 표현식의 구조와 어울리는 경우가 많기 때문에 널리 권장된다. ()는 구문상 필수일 때도 있다. 예를 들어, print() 함수는 ()를 구문의 일부로서 포함한다. 이 점을 이용해서 길이가 긴 문장을 쉽게 분할할 수 있다.

```
>>> print(
...     'several values including',
...     'mantissa =', mantissa,
...     'exponent =', exponent
... )
```

부연 설명

표현식은 수많은 파이썬 문장에서 사용된다. 그리고 모든 표현식에는 () 문자를 추가할 수 있다. 이 점은 코드 작성 시에 상당한 유연성을 제공한다.

하지만 표현식이 없음에도 길이가 긴 문장도 가끔은 있다. 가장 흔한 예가 import문이며, 길이가 매우 길어질 수 있지만 ()로 감쌀 수 있는 표현식을 사용하지 않는다.

하지만 파이썬 언어의 설계자는 길이가 긴 리스트를 ( )를 사용해 여러 행으로 나눌 수 있도록 허용하고 있다.

```
>>> from math import (sin, cos, tan,
...     sqrt, log, frexp)
```

여기서 ( ) 문자는 표현식의 일부가 아니고, 다른 문장들과의 일관성을 위해 포함된 여분의 구문일 뿐이다.

참고 사항

- 묵시적 행 결합은 [ ]와 { }에도 적용된다. 4장에서 설명할 컬렉션 자료 구조들에서 자주 쓰인다.

설명과 문서화를 포함하는 방법

스크립트가 의도대로 실행되는 것을 확인한 후에는 스스로(그리고 다른 사람들)를 위해 스크립트가 무슨 동작을 수행하고, 특정한 문제를 어떻게 해결하며, 언제 사용돼야 하는지를 기록해 놓을 필요가 있다.

명료성은 코드 작성에 중요한 요소이므로, 분명한 문서화에 관련되는 레시피들이 이 책의 여러 곳에서 설명되고 있다. 이번 레시피는 충분히 완전한 문서화에 권장되는 개요를 설명한다.

준비

앞서 '스크립트와 모듈 파일을 작성하는 방법' 레시피에서 작성한 스크립트 파일은 간단한 문서화 문자열을 포함하고 있었다. 이 문서화 문자열을 확장해보자.

문서화 문자열은 다양한 곳에서 사용될 수 있다. 3장과 6장에서는 이번 장과는 다른 위치에서 문서화 문자열이 사용되는 예를 보여줄 것이다.

문서화 문자열을 포함시키는 것이 바람직한 모듈은 크게 두 종류가 있다.

- 라이브러리 모듈: 클래스 정의와 함수 정의를 포함하기 때문에 문서화 문자열은 모듈이 어떤 작업을 수행하는지가 아니라 모듈이 무엇인지를 주로 설명한다. 모듈 내에 정의된 함수와 클래스를 사용하는 방법을 보여주는 예제를 포함하기도 한다. 3장과 6장에서 함수 및 클래스의 개념을 자세히 살펴볼 것이다.
- 스크립트: 실제로 어떤 작업을 수행하는 파일이다. 이때는 스크립트가 무슨 작업을 수행하는지가 중요하므로 스크립트의 작업 내용과 사용 방법을 주로 설명한다. 옵션, 환경 변수, 설정 파일 등이 특히 중요한 부분들이다.

때로는 둘 다(무엇인지와 무엇을 하는지) 어느 정도씩 포함하는 파일을 작성할 때도 있다. 이때 둘 사이의 균형을 유지하도록 신중한 편집이 요구되기도 한다. 대부분의 경우에는 두 종류의 문서화를 모두 제공한다.

예제 구현

문서화 작성의 첫 번째 단계는 라이브러리 모듈 문서화든 스크립트 문서화든 동일하다.

1. 스크립트 또는 모듈이 무엇인지 또는 무엇을 하는지에 대한 간략한 요약을 작성한다. 어떻게 동작하는지는 깊게 파고들지 않는다. 신문 기사의 머리글처럼 5W1H(누가, 무엇을, 언제, 어디서, 어떻게, 왜)를 소개한다. 세부 정보는 문서화 문자열의 본문에 뒤따를 것이다.

스핑크스나 pydoc 등의 도구들이 화면에 표시하는 정보는 특정 스타일 정보를 제시한다. 이 도구들의 출력은 맥락이 매우 분명하기 때문에 요약 문장은 일반적으로 주어가 생략되고 동사부터 시작된다.

예를 들어, 다음 요약 문장 'This script downloads and decodes the current Special Marine Warning(SMW) for the area AKQ(이 스크립트는 AKQ 구역에 대한 현재의 해양 경보(SWM)를 다운로드하고 파싱한다).'에서 'This script(이 스크립트는)'는 없어도 된다. 이 부분을 삭제하고, 'Downloads and decodes' 동사구로 시작해도 된다.

따라서 문서화 문자열의 요약 문장은 다음과 같이 시작할 수 있다.

```
'''
Downloads and decodes the current Special Marine Warning(SMW)
for the area AKQ.
(AKQ 구역에 대한 현재의 해양 경보를
다운로드하고 파싱한다.) '''
```

지금부터는 스크립트와 라이브러리 모듈을 구분해야 한다.

스크립트에 문서화 문자열 작성하기

스크립트를 사용할 사람이 무엇을 필요로 할지에 집중해야 한다.

1. 앞에서 설명한 대로 요약 문장을 작성한다.
2. 문서화 문자열의 나머지 내용의 개요를 그린다. 여기서는 RST[ReStructuredText] 마크업을 사용할 것이다. 주제[Topic]를 한 줄에 쓰고 그 아래에 = 문자들을 입력해서 섹션 제목임을 나타내며, 다른 주제로 넘어갈 때는 빈 줄이 삽입돼야 한다.

   주제로서 사용되는 것들은 다음과 같다.

   - 시놉시스[SYNOPSIS]: 스크립트의 실행 방법을 요약한다. `argparse` 모듈로 명령 라인 인수를 처리하는 스크립트라면 `argparse`가 생성하는 도움말 텍스트를 넣는 것이 가장 좋다.
   - 설명[DESCRIPTION]: 이 스크립트가 수행하는 작업에 대한 자세한 설명
   - 옵션[OPTIONS]: `argparse`가 사용된다면 여기에 각 인수에 관한 세부 정보를 둘 수 있다. `argparse`의 도움말 매개변수를 반복할 때가 많다.
   - 환경[ENVIRONMENT]: `os.environ` 모듈이 사용되는 경우에 환경 변수와 그 의미를

설명한다.

- 파일FILES: 스크립트가 생성하거나 읽어오는 파일명은 매우 중요한 정보다.
- 예제EXAMPLES: 스크립트 사용 예제. 예제는 언제나 쓸모가 많다.
- 관련 정보SEE ALSO: 관련성이 있는 다른 스크립트 또는 배경 지식

이 밖에도 종료 조건EXIT STATUS, 작성자AUTHOR, 버그BUGS, 버그 보고하기REPORTING BUG, 변경 내역HISTORY, 저작권COPYRIGHT 등도 흥미로운 주제가 될 수 있다. 버그 보고하기는 모듈의 문서화 문자열이 아니라 깃허브GitHub 또는 소스포지SourceForge 페이지 내 어딘가에 위치하기도 한다.

3. 각 주제별로 세부 정보를 입력한다. 이때 정확성이 매우 중요하다. 문서화 문자열은 코드와 같은 파일 내에 포함되므로, 내용의 정확성과 완전성을 확인하기는 어렵지 않다.
4. RST 마크업은 코드 예제에 사용할 수 있는 멋진 기능을 갖고 있다. 앞서 RST 마크업의 주제들은 빈 줄로 구분된다고 말했었다. ::만 포함하는 단락을 작성한 후, 그다음 단락에서는 네 칸만큼 들여쓰기된 코드 예제를 작성할 수 있다.

다음은 어떤 스크립트에서 문서화 문자열의 예다.

```
'''
Downloads and decodes the current Special Marine Warning(SMW)
for the area AKQ.
(AKQ 구역에 대한 현재의 해양 경보를
다운로드하고 파싱한다.)

SYNOPSIS
========
::

    python3 akq_weather.py

DESCRIPTION
===========
특별 해양 경보를 다운로드한다.
```

```
Files
=====
``AKW.html`` 파일을 기록한다.

EXAMPLES
========
예제는 다음과 같다::

    slott$ python3 akq_weather.py
    <h3>현재 발령된 경보가 없습니다.</h3>
'''
```

SYNOPSIS 섹션에서 ::을 하나의 단락으로서 사용했고 EXAMPLES 섹션에서는 단락의 끝에 ::을 사용했다. 둘 다 그 아래에 들여쓰기된 내용을 코드로 간주해야 한다고 RST 처리 도구에게 알리는 방법이다.

라이브러리 모듈에 문서화 문자열 작성하기

라이브러리 모듈을 문서화할 때는 그 모듈을 임포트할 프로그래머의 요구에 중점을 둬야 한다.

1. 문서화 문자열의 나머지 부분에 채울 내용의 개요를 대략적으로 구상한다. 여기서는 RST 마크업을 사용할 것이다. 주제Topic를 한 줄에 쓰고 그 아래에 = 문자들을 입력해서 섹션 제목임을 나타내며, 다른 주제로 넘어갈 때는 빈 줄이 삽입돼야 한다.
2. 앞에서 설명한 대로 요약 문장을 작성한다.
    - 설명DESCRIPTION: 모듈에 포함된 내용과 모듈이 유용한 이유를 요약한다.
    - 모듈 내용MODULE CONTENTS: 모듈 내에 정의된 클래스와 함수
    - 예제EXAMPLES: 모듈 사용 방법을 보여주는 예제

3. 각 주제별로 세부 정보를 입력한다. 모듈 내용 주제는 클래스 혹은 함수 정의들의 긴 목록이 될 수 있다. 이것은 단지 요약일 뿐이며, 클래스 또는 함수별로도 문서화 문자열이 작성돼야 한다.
4. 코드 예제는 앞서와 동일하다. ::을 단락 또는 단락의 마지막으로서 사용한다. 또 네 칸만큼 들여 쓴다.

예제 분석

리눅스의 매뉴얼(man) 페이지는 리눅스 명령에 대한 요약 정보로서 오랜 기간에 걸쳐 발전해왔다. 문서화 작성을 위한 일반적인 방식으로서 유용성과 탄력성이 입증됐기 때문에 이 man 페이지 모델을 기반으로 문서화 구조를 정의할 수 있다.

이번 레시피에서 소프트웨어를 기술하는 방법들은 개별 문서화 페이지들의 요약을 바탕으로 한다. 이미 잘 알려진 주제들을 활용하기 위한 것이다. 이렇게 함으로써 일반적인 관행을 반영하도록 모듈을 문서화할 수 있다.

파이썬 문서화 생성기인 스핑크스(http://www.sphinx-doc.org/en/stable/)는 이번 레시피에서 작성한 닥스트링을 바탕으로 문서화 파일을 생성할 수 있다. 스핑크스의 autodoc 확장 프로그램은 모듈, 클래스, 함수의 닥스트링 헤더들을 읽어서 파이썬 생태계의 다른 모듈들에서 흔히 볼 수 있는 형태의 최종 문서화 파일을 생성한다.

부연 설명

RST는 단락은 빈 줄로 구분된다는 단순한 구문 규칙을 갖고 있다.

이러한 단순함 덕분에 RST 처리 도구들은 문서화를 읽어서 보기 좋은 포맷으로 쉽게 다듬을 수 있다.

코드 블록을 포함시킬 때는 다음과 같이 특별한 단락을 작성해야 한다.

- 코드와 텍스트 간에 빈 줄로 구분한다.
- 코드를 네 칸만큼 들여 쓴다.
- ::을 사용한다. 하나의 독립된 단락으로서 사용될 수도 있고, 도입 단락 끝에 이중 콜론으로서 사용될 수도 있다.

```
Here's an example::

    more_code()
```

- ::이 도입 단락 끝에서 사용되고 있다.

소프트웨어 개발은 새로움 및 예술성과 어느 정도 관련이 있다. 하지만 문서화는 그러한 노력과는 거리가 멀며, 알고리즘이나 자료 구조처럼 영리하고 새로울 필요는 없다.

독특한 의견 혹은 기발한 표현은 단순히 소프트웨어를 사용하고자 하는 사용자에게는 그다지 재미가 없다. 익살스런 코딩 스타일은 디버깅에 그다지 도움이 되지 않는다. 문서화는 상식적이고 관습적이어야 한다.

좋은 소프트웨어 문서화는 쉬운 일이 아니다. 너무 부족한 정보와 코드의 단순 반복 문서화 사이에는 넓은 간극이 존재한다. 그 사이 어딘가에 적절한 균형이 있다. 중요한 것은 소프트웨어가 어떻게 동작하는지 잘 모르는 사람의 입장에서 문서화돼야 한다는 점이다. 불완전하게 알고 있는 사용자에게 소프트웨어가 무슨 동작을 하고 어떻게 사용돼야 하는지 설명하는 데 필요한 정보를 제공하려고 노력해야 한다.

일반적으로 문서화는 다음의 두 가지 유스케이스를 제공할 필요가 있다.

- 소프트웨어의 의도된 용도
- 소프트웨어의 사용자 정의 혹은 확장 방법

이 둘은 서로 구별되는 관객을 대상으로 한다. 하나는 일반 사용자, 다른 하나는 개발자가 주요 대상이기 때문이다. 일반 사용자와 개발자는 관점이 서로 다르며, 문서화는 부분별로 이 두 가지 관점에 입각해서 서술돼야 한다.

참고 사항

- '문서화 문자열에 RST 마크업을 효과적으로 사용하는 방법' 레시피에서도 다른 기법들을 살펴본다.
- '스크립트와 모듈 파일을 작성하는 방법' 레시피의 예제를 연습했다면, 스크립트 파일에는 문서화 문자열이 이미 들어있을 것이다. 3장에서 함수, 6장에서 클래스를 작성하면서 문서화 문자열을 배치할 수 있는 다른 위치들도 살펴볼 것이다.
- 스핑크스에 대한 자세한 정보는 http://www.sphinx-doc.org/en/stable/를 참조한다.
- man 페이지에 대한 자세한 설명은 https://en.wikipedia.org/wiki/Man_page를 참조한다.

문서화 문자열에 RST 마크업을 효과적으로 사용하는 방법

정상적으로 실행되는 스크립트가 완성됐으면, 이 스크립트가 무슨 기능을 수행하고 어떻게 동작하며 언제 사용해야 하는지 기록해둘 필요가 있다. Docutils를 비롯해서 많은 문서화 생성 도구들이 RST 마크업을 사용한다. 문서화의 가독성을 높이기 위해 RST를 어떻게 효과적으로 사용할 수 있을까?

준비

앞서 '설명과 문서화를 포함하는 방법' 레시피에서 모듈에 기초적인 문서화를 포함시켜봤다. 하지만 이것은 단지 문서화 작성의 기초에 불과하다. RST 포맷 규칙은 매우 다양하며,

그중에서 특히 문서화의 가독성 개선에 유용한 것들을 살펴보자.

예제 구현

1. 핵심을 정리한 개요를 작성한다. 이를 통해 전체 내용을 구성하는 섹션의 제목들을 유도할 수 있다. 섹션 제목은 두 줄짜리 단락이다. 먼저 제목이 오고, 그다음에는 =, -, ^, ~, 기타 Docutils 문자를 사용한 밑줄이 온다.
   섹션 제목의 예는 다음과 같다.

   ```
   Topic
   =====
   ```

   제목 텍스트가 한 줄을 차지하고, 그 아래 줄은 밑줄 문자들이다. 그리고 위아래에 빈 줄이 있어야 한다. 밑줄 문자들은 제목보다 길어도 되지만 짧을 수는 없다. RST 도구는 밑줄 문자의 사용 패턴을 추측한다. 밑줄 문자가 일관되게만 사용된다면, RST 도구의 알고리즘은 밑줄 문자의 패턴을 정확히 탐지할 수 있다. 중요한 것은 일관성, 그리고 섹션과 하위 섹션에 대한 명확한 이해다.
   다음과 같이 처음부터 밑줄 문자의 사용 규칙을 분명히 정하고 시작하는 것이 좋다.

밑줄 문자	레벨
=	1
–	2
^	3
~	4

2. 단락들의 내용을 채운다. 단락과 단락 사이에는 빈 줄을 둬야 한다. 빈 줄은 두 줄 이상이라도 상관없다. 빈 줄이 없으면 RST 파서는 (작성자의 의도와 달리) 한 개의 긴 단락으로 간주할 것이다.
   강조, 강한 강조, 코드, 하이퍼링크, 인라인 계산 등을 위한 인라인 마크업들을 사용할 수 있다. 스핑크스를 사용한다면 더욱 많은 텍스트 역할들을 지정할 수 있다. 이이 대해 잠시 후 자세히 설명할 것이다.

3. 프로그래밍 편집기에 맞춤법 검사기가 있다면 충분히 활용하자. 다만, 검사 결과를 100% 신뢰해서는 안 된다. 코드에서 사용되는 약어들은 제대로 인식하지 못할 수 있다.

예제 분석

Docutils 변환 프로그램들은 문서 내의 섹션과 본문 요소들을 찾는다. 섹션은 제목으로 구별되며, 밑줄 문자는 섹션이 중첩 구조 내에서 몇 레벨에 위치하는지 나타낸다. 이때 사용되는 알고리즘은 그리 복잡하지 않으며, 규칙은 다음과 같다.

- 이미 발견된 적 있는 밑줄 문자의 레벨은 이미 알고 있다.
- 처음으로 발견된 밑줄 문자는 그 전의 레벨보다 1만큼 하위 레벨이다.
- 그 전의 레벨이 없다면 레벨 1이다.

중첩 구조의 문서에서 밑줄 문자들의 순서의 예는 다음과 같다.

```
====
-----
^^^^^^
^^^^^^
-----
^^^^^^
~~~~~~~~
^^^^^^
```

처음으로 발견된 =은 레벨 1이 된다. 그다음 문자 -도 처음 발견됐는데 레벨 1 다음이므로 레벨 2가 된다. 세 번째 ^ 역시 처음 발견됐으므로 레벨 3이 돼야 한다. 그다음 ^은 여전히 레벨 3이고, 그다음 -와 ^는 각각 레벨 2와 레벨 3이다.

새로 발견된 문자 ~는 레벨 3 다음이므로 레벨 4가 된다.

> 이 예제를 통해 알 수 있듯이, 밑줄 문자가 일관되지 않으면 많은 혼란을 일으킬 수 있다.

문서 중간에서 갑자기 다른 방식으로(일관되지 않게) 밑줄 문자를 사용하면 알고리즘은 이를 탐지할 수 없다. 예를 들어 어떤 이유에서든 레벨을 하나 건너뛰고 레벨 4 제목을 레벨 2 제목의 다음에 작성하려고 시도해서는 안 된다.

RST 파서는 다양한 본문 요소들을 인식할 수 있다. 몇 개는 이미 살펴봤고, 그 밖에도 다음의 요소들을 인식할 수 있다.

- 텍스트 단락: 인라인 마크업을 사용해서 다양한 방법으로 텍스트를 강조할 수 있다.
- 리터럴 블록: `::`으로 시작하며 들여쓰기된다. 혹은 `.. parsed-literal::` 지시어로 시작할 수도 있다. `doctest` 블록은 네 칸 들여쓰기되고 >>> 프롬프트를 포함한다.
- 리스트, 테이블, 블록 따옴표: 다른 본문 요소들을 포함할 수 있으며, 자세한 설명은 조금 뒤로 미룬다.
- 각주: 페이지 하단 또는 섹션 끝에 위치하는 특별한 단락이다. 역시 다른 본문 요소를 포함할 수 있다.
- 하이퍼링크 대상, 대체 정의, RST 주석: 특수한 텍스트 항목들이다.

부연 설명

앞서도 언급했듯이, RST 단락들은 빈 줄에 의해 구분될 수 있다. 이것은 RST에서 가장 중요한 규칙이지만, 이것 말고도 많은 규칙들이 존재한다.

RST에서 사용할 수 있는 주요 본문 요소들은 다음과 같다.

- 텍스트 단락: 일종의 텍스트 블록으로서, 인라인 마크업을 사용해 특정 단어를 강조할 수도 있고 코드 내의 특정 요소를 참조 중임을 보여주는 폰트를 지정할 수 있다. 인라인 마크업에 대해서는 '인라인 마크업 사용하기' 절에서 자세히 다룬다.
- 리스트: 번호나 불릿bullet(글머리 기호)으로 시작하는 단락이다. 글머리 기호로 주로 쓰이는 것은 - 또는 *다. 물론 다른 문자도 사용할 수 있지만, 대체로 이 기호들이 자주 쓰인다. 예를 들면 다음과 같다.

  불릿은 다음과 같은 장점이 있다.

  - 내용의 명료성을 개선한다.
  - 체계적인 구성을 할 수 있다.

- 번호가 매겨진 리스트: 다양한 패턴으로 사용할 수 있으며, 예를 들면 다음과 같다.

  번호가 매겨진 단락의 일반적인 네 가지 유형은 다음과 같다.

  - 번호 다음에 . 혹은)이 온다.
  - 문자 다음에 . 혹은)이 온다.
  - 로마자 숫자 뒤에 구두점이 온다.
  - 그 전 항목과 동일한 구두점과 #을 사용한다. 이것은 그 전 단락의 번호가 그대로 이어진다.

- 리터럴 블록: 코드 예제는 문자 그대로 제공돼야 한다. 들여쓰기돼야 하며, 코드가 시작되기 전에 `::` 접두어가 있어야 한다. `::` 문자는 자체적으로 별도 단락일 수도 있고, 코드 예제 도입 단락의 맨 끝에 위치할 수도 있다.
- 지시어: 일반적으로 `.. directive::` 형태의 단락을 가리킨다. 지시어 내에 어떤 내용이 들여쓰기로 작성될 수 있다. 예를 들면 다음과 같다.

```
.. important::

    Do not flip the bozo bit.
```

`.. important::` 단락이 지시어고, 이 지시어 내부에 짧은 텍스트 단락이 들여쓰기돼 있다. 또한 중요 사항을 경고하는 단락을 별도로 생성하고 있다.

지시어 사용하기

Docutils는 많은 지시어들을 내장하고 있다. 여기에 스핑크스도 다양한 기능을 갖춘 지시어들을 추가적으로 제공하고 있다.

가장 널리 사용되는 지시어는 경고와 관련된 것이며 주목attention, 조심caution, 위험danger, 오류error, 힌트hint, 중요important, 메모note, 팁tip, 주의warning, 그리고 일반적인 경고admonition 지시어다. 이 지시어들은 내부에 다른 지시어를 중첩할 수 있다.

예를 들면 다음과 같이 적절한 강조를 나타낼 수 있다.

```
.. note:: 메모 제목

    경고 내용은 들여쓰기로 작성해야 한다.
    들여쓰기는 다른 내용과의 구별에 유리하다.
```

`parsed-literal` 지시어도 자주 쓰이는 것에 속한다.

```
.. parsed-literal::

    임의의 텍스트
        *거의* 모든 포맷이 가능
    텍스트는 유지된다
         하지만 **인라인** 마크업을 사용할 수 있다.
```

이 지시어는 코드 예제를 제공하면서 특정 부분을 강조 표시할 때 유용하다. 내부에 텍스트만을 포함할 수 있고 리스트나 다른 중첩 구조는 포함할 수 없다.

인라인 마크업 사용하기

단락 내에서 다음과 같은 인라인 마크업들을 사용할 수 있다.

- *으로 단어 또는 구절을 감싸서 강조할 수 있다(예를 들어 *emphasis*).
- **으로 단어 또는 구절을 감싸서 강한 강조를 할 수 있다(예를 들어 **strong**).
- 역따옴표(`)로 참조를 둘러싼다. 그리고 참조 뒤에는 _가 온다. 예를 들어 `section title`_은 문서 내의 특정 섹션을 참조하는 것이다. URL 주위에 특별한 표시를 하지 않아도 Docutils 도구들은 정확히 참조를 인식할 수 있다. URL을 숨기고 다른 단어나 문구로 표시하고 싶을 때는 다음과 같이 작성할 수 있다.

  ```
  `The Sphinx Documentation <http://www.sphinx-doc.org/en/stable/>`_
  ```

- 이중 역따옴표(``)로 코드와 관련된 단어를 감쌀 수 있다(예를 들어 ``code``).

텍스트 역할text role이라는 좀 더 일반적인 기법을 사용할 수도 있다. 이 기법은 단어 또는 구절을 * 문자로 단순히 감싸는 것보다는 좀 더 복잡하다. 역할 이름은 :word: 형태며 그 뒤에 역따옴표로 감싸진 단어나 구절이 온다. 예를 들면 :strong:`this`다.

표준적인 역할 이름들로는 :emphasis:, :literal:, :code:, :math:, :pep-reference:, :rfc-reference:, :strong:, :subscript:, :superscript:, :title-reference: 등이 있다. 그중 일부는 *emphasis*나 **strong**처럼 마크업을 사용해도 되지만, 나머지들은 반드시 텍스트 역할로서 기능을 제공해야 한다.

텍스트 역할을 새롭게 정의할 수도 있다. 아주 정교한 처리가 필요할 경우에는 역할을 처리할 수 있는 클래스 정의를 Docutils에 제공함으로써 문서가 처리되는 방식을 세밀하게 조정할 수 있다. 스핑크스는 함수, 메소드, 예외, 클래스, 모듈 간의 상세한 상호 참조를 지원하기 위해 많은 수의 역할들을 추가적으로 제공한다.

참고 사항

- RST 구문에 대한 자세한 설명은 http://docutils.sourceforge.net을 참조한다. Docutils 도구들에 대한 설명도 볼 수 있다.
- 스핑크스 파이썬 문서화 생성기에 대한 자세한 설명은 http://www.sphinx-doc.org/en/stable/를 참조한다.
- 스핑크스는 다양한 지시어와 텍스트 역할을 추가적으로 제공하는 도구다.

복잡한 if...elif 체인을 설계하는 방법

프로그램을 작성하다 보면 수많은 선택문을 작성하게 된다. 어떤 경우에는 선택이 간단하며, 이럴 때는 한눈에 코드의 설계 품질을 알 수 있다. 하지만 선택이 매우 복잡할 경우에는 코드 내의 `if`문들이 모든 경우를 빠짐없이 처리하고 있는지 쉽게 알기 어렵다.

가장 단순한 선택은 한 개의 조건 C와 그 반대 조건 $\neg C$가 존재하는 경우다. 이 두 개의 조건이 하나의 `if...else`문을 구성한다. 조건 C는 `if` 절에, 반대 조건 $\neg C$는 `else` 절에 포함될 것이다.

파이썬의 OR 연산자를 $p \vee q$로 나타내기로 하자. 다음과 같은 경우에 두 개의 조건은 '완전하다complete'고 한다.

$$C \vee \neg C = T$$

완전하다고 부르는 이유는 다른 조건이 존재할 수 없기 때문이다. 세 번째 선택지는 없다. 이를 가리켜 배중률Law of Excluded Middle이라고 한다. 이것은 `else` 절의 입장에서도 마찬가지로서, `if`문이 실행되거나 `else`문의 본문이 실행되며 세 번째 선택지는 없다.

하지만 실제 프로그래밍을 하다 보면 이보다 훨씬 복잡한 선택이 불가피할 때가 많다. 프로그램 내에서 사용된 조건들의 집합을 $C=\{C_1, C_2, C_3, ..., C_n\}$이라고 하자.

이때 다음과 같을 것이라고 쉽게 가정할 수 없다.

$$C_1 \vee C_2 \vee C_3 \vee ..., \vee C_n = T$$

다시 말해, $C_1 \vee C_2 \vee C_3 \vee ..., \vee C_n$을 $\bigvee_{c \in C} c$라고 나타낼 때 $\bigvee_{c \in C} c = T$임을 증명할 필요가 있으며, 당연히 그럴 것이라 가정해서는 안 된다.

논리가 복잡할 때는 어떤 조건 C_{n+1}이 누락될 수도 있기 때문이다. 누락된 조건이 있을 경우 프로그램의 완벽한 동작은 보장할 수 없다.

누락된 조건이 없는지 어떻게 확인할 수 있을까?

준비

`if...elif` 체인의 구체적인 예를 생각해보자. 카지노 게임인 크랩스[Craps]는 주사위 두 개를 사용하며 다양한 규칙이 적용된다. 처음에 주사위를 굴릴 때 적용되는 규칙은 다음과 같다.

- 주사위 합이 2, 3, 12면 크랩스다. 크랩스가 나오면 패스라인[Pass Line]에 건 금액을 잃는다.
- 7, 11이 나오면 패스라인에 건 금액을 번다.
- 나머지 숫자들이 나오면, 그 숫자만큼 포인트가 설정된다.

참가자들은 주로 패스라인에 베팅을 한다. 돈패스라인[Don't Pass Line]도 있지만 여기에 거는 사람은 별로 없다. 이번 레시피는 위의 세 개 규칙을 예제로서 사용할 것인데, 위의 규칙 중에 모호한 서술이 숨어있기 때문이다.

예제 구현

`if`문을 작성할 때는 아무리 사소할지라도 모든 조건들이 빠짐없이 포함되는지 확인해야 한다.

1. 알고 있는 규칙들을 모두 열거한다. 규칙은 총 세 개로서, (2, 3, 12), (7, 11), 나머지 숫자들이다.
2. 가능한 모든 경우의 수를 생각한다. 이번 예제의 경우 11개의 경우의 수가 존재한다(주사위 합은 2부터 12까지이므로).
3. 1번과 2번을 비교한다. 1번의 조건 집합을 C, 2번의 모든 경우의 수의 집합을 U라고 하면 C와 U를 비교한 결과는 세 가지로 구분될 수 있다.

첫 번째는 $C \supset U$일 때며, 설계에 큰 문제가 있음을 의미한다. 이때는 기초부터 설계를 다시 해야 한다.

두 번째는 현재 알고 있는 조건과 가능한 모든 경우 사이에 갭gap이 있을 때다. 즉, $U \setminus C \neq \emptyset$이다. 가능한 경우를 모두 포함하지 않았을 수도 있고, 좀 더 합리적인 추론이 필요할 때도 있다. 이럴 때는 모호하거나 잘못 정의된 용어를 좀 더 정밀한 용어로 바꿔줘야 한다.

이번 예제의 경우 '나머지 숫자'라는 용어가 모호하므로 좀 더 구체적인 용어로 바꿔주자. '나머지 숫자'는 (4, 5, 6, 8, 9, 10) 값인 것 같다. 따라서 나머지 숫자라는 표현 대신 이 값 목록을 명시적으로 사용하는 것이 좋다.

세 번째는 현재 알고 있는 조건 집합과 가능한 모든 경우의 수 집합이 일치하는 경우, 즉 $U \equiv C$인 경우다. 이것은 두 가지로 나눠서 생각할 수 있다.

- $C \vee \neg C = T$처럼 간단한 경우에는 한 개의 `if`와 `else` 절만 사용하면 된다. $\neg C$를 쉽게 추론할 수 있으므로 이번 레시피를 참고할 필요도 없다.
- 조건의 수가 많을 때는 $\bigvee_{c \in C} c = \boldsymbol{T}$임을 보여줘야 한다. 이번 레시피를 활용해 `if` 및 `elif`문의 체인을 작성할 필요가 있다.

이처럼 명확히 구분하기가 어려울 때도 있다. 이번 예제에서는 자세히 명세되지 않은 조건이 하나 있었지만 그래도 이 조건은 거의 분명했다. 만일 누락된 조건이 무엇인지 명확히 알 수 있으면 이를 else 절에서 처리한다. 그렇지 않고 누락된 조건이 있지만 모호한 부분이 있다면 이번 레시피를 활용해 이를 분명히 드러낼 필요가 있다.

1. 알고 있는 조건들을 모두 포괄하는 if...elif...elif 체인을 작성한다. 이번 예제의 경우는 다음과 같다.

```
dice = die_1 + die_2
if dice in(2, 3, 12):
    game.craps()
elif dice in(7, 11):
    game.winner()
elif dice in(4, 5, 6, 8, 9, 10):
    game.point(die)
```

2. 예외를 발생시키는 else 절을 추가한다.

```
else:
    raise Exception('설계에 문제가 있음: 모든 조건을 포괄하지 않음')
```

마지막에 추가된 else 절은 논리 오류가 언제 발견되는지 식별하는 방법을 제공한다. 논리상 오류를 범하면 곧바로 예외가 발생하면서 이를 알려줄 것이기 때문이다.

예제 분석

우리의 목적은 프로그램이 언제나 정상적으로 동작하는지 확인하는 것이다. 다양한 테스트 기법들이 있지만, 설계와 테스트 케이스에 처음부터 잘못된 가정이 포함될 수도 있다.

엄밀한 논리가 필수적임에도 사람은 오류를 범할 수 있다. 또한 다른 사람이 코드를 만지면서 새로운 오류가 들어올 수도 있다. 심지어, 자기 자신이 작성한 코드를 변경하면서도 오류가 생길 수 있다.

else 절에 포함시킨 예외 발생 문장은 각 조건들을 명확히 드러내는 데 도움이 된다. 아무 가정이나 전제가 없이 사용되는 else 절에서 예외가 발생하면 프로그램 논리 속에 숨어있던 오류가 밖으로 드러난다.

else 절의 예외 발생 문장은 프로그램의 성능에 큰 영향을 미치지 않는다. 특정 조건을 포함하는 elif 절보다 더 빠르며, 사실 애플리케이션의 성능이 문장 하나에 좌우된다면 근본적으로 프로그램 설계에 문제가 있는 것이다. 한 개의 문장 혹은 표현식이 알고리즘에서 가장 비용이 비싼 부분일 가능성은 거의 없다.

따라서 else 절에서 예외를 발생시키는 코딩 방법은 설계 문제를 해결하기 위한 좋은 습관이다. 로그에 경고 메시지를 기록하는 방식은 효과가 약하다. 논리 오류는 프로그램의 치명적인 장애로 이어지기 쉬우므로 가급적 빠른 발견 및 수정이 중요하기 때문이다.

부연 설명

프로그램 실행 중 어느 시점에서의 사후 조건을 조사함으로써 if...elif...elif 체인을 유도할 수 있을 때가 많다. 예를 들어, a와 b 중 큰 값을 m에 대입하는 코드를 작성해야 한다고 하자.

(논리적인 추론을 해야 하므로 max( ) 함수를 써서 m = max(a, b)로 작성하지 않기로 한다.)

최종 조건은 다음과 같이 나타낼 수 있다.

$$(m=a \lor m=b) \land m>a \land m>b$$

이 최종 조건으로부터 다음과 같은 assert문을 작성할 수 있다.

```
# 뭔가를 수행한다
assert (m=a or m=b) and m > a and m > b
```

일단 이렇게 목표를 기술하고 나면, 목표로 이어지는 문장들을 식별할 수 있다. m=a와 m=b 대입문이 필요하다는 것은 분명한데, 다만 특정 조건하에서 사용돼야 한다.

각 문장은 해결책의 일부이므로 이로부터 사전 조건을 유도할 수 있다. 사전 조건은 언제 각 문장이 사용돼야 하는지를 보여주는데, 대입문들의 사전 조건은 if와 elif다. a >= b일 때는 m=a, b >= a일 때는 m=b가 돼야 하므로 이를 코드로 작성하면 다음과 같이 된다.

```
if a >= b:
    m = a
elif b >= a:
    m = b
else:     raise Exception('설계 문제')
assert (m = a or m = b) and m > a and m > b
```

모든 가능한 경우 $U=\{a \geq b, b \geq a\}$가 완전하다는 것에 주목하자. 즉, a와 b 간에 다른 관계는 존재할 수 없다. 경계 케이스edge case인 $a=b$일 때 어느 대입문이 사용될지 신경 쓸 필요도 없다. 파이썬은 순서대로 처리할 것이므로 m = a가 실행된다. 이것은 일관되게 적용되므로 if...elif...elif 체인 설계에 아무 영향도 미치지 않는다. 실행 순서와 무관하도록 조건문을 작성하는 것이 바람직하다.

참고 사항

- 이번 주제는 '매달린dangling else' 문제와 비슷한 점이 있다. https://en.wikipedia.org/wiki/Dangling_else를 참조하자.
- 파이썬의 들여쓰기 규칙 덕분에 '매달린 else' 문제는 구문적으로는 제거된다. 하지만 복잡한 if...elif...elif 체인에서 모든 조건이 빠짐없이 포함되는지 의미적으로 보장하지는 못한다.
- https://en.wikipedia.org/wiki/Predicate_transformer_semantics도 참조한다.

정상 종료되는 while문을 설계하는 방법

파이썬의 for문은 우리가 필요로 하는 대부분의 순회 제어 기능을 제공한다. 특히 map(), filter(), reduce() 등의 내장 함수와 함께 사용하면 컬렉션 형태의 데이터를 효과적으로 처리할 수 있다.

하지만 while문을 사용해야만 하는 경우가 간혹 있다. 특히 각 항목을 순회하는 이터레이터iterator를 생성할 수 없는 자료 구조가 사용되는 경우 혹은 사용자 입력을 받을 때까지 데이터가 존재할 수 없는 대화식 프로그램 등이 여기에 해당된다.

준비

사용자에게 패스워드 입력을 요청하는 코드를 작성 중이라고 하자. getpass 모듈을 사용 중이므로 사용자 입력이 화면에 표시되지 않는다.

사용자가 제대로 입력했는지 확인하기 위해 패스워드를 두 번 입력받은 후 동일 여부를 비교할 것이다. 이런 상황에서는 for문을 사용할 수 없다. 억지로 하면 가능할 수도 있지만, 코드가 이상해질 것이다. for문에는 명시적으로 범위가 지정돼야 하는데, 사용자에게 입력을 요구할 때는 범위를 미리 알 수 없기 때문이다.

예제 구현

이 알고리즘 설계를 6단계로 요약하면 다음과 같다. 단순 for문으로 해결할 수 없는 문제를 만나면 다음 과정을 따르는 것이 좋다.

1. 완료 조건을 정의한다. 이번 예제에서는 password_text와 confirming_password_text라는 두 개의 패스워드 사본이 사용된다. 루프가 끝난 후에 반드시 true여야 하는 조건은 password_text == confirming_password_text다. 사람(또는 파일)으로부터 값을 읽는 동작은 제한적인 동작이다. 사용자가 언젠가는 동일한 패스

워드를 입력할 것이기 때문이다. 사용자가 동일한 패스워드를 입력할 때까지는 무한히 루프가 반복돼야 한다. 그 밖에 다른 경계 조건도 있다. 파일 끝End of File이 좋은 예다. 혹은 사용자가 이전의 프롬프트로 돌아가는 것이 허용되기도 한다. 일반적으로 이러한 조건들은 예외 처리로 해결한다.

물론, 이러한 경계 조건을 예외 처리로 해결하지 않고 완료 조건에 추가할 수도 있다. 그럴 경우에는 `(password_text == confirming_passord_text or eof)`와 같이 완료 조건이 좀 더 복잡해질 것이다.

이번 예제는 예외 처리 방식을 선택할 것이며 `try:` 블록이 사용된다고 가정한다. 종료 조건에 한 개의 절만 포함되므로 코드 설계가 단순화되기 때문이다.

루프를 대략적으로 다음과 같이 작성할 수 있다.

```
# 초기화
while # not terminated:
    # 뭔가를 수행
assert password_text == confirming_password_text
```

완료 조건을 `assert`문으로 작성했다. 주석 처리한 부분은 지금부터 채워나갈 것이다.

2. 루프가 실행되는 동안에 `true`인 조건을 정의한다. 이 조건을 불변 조건invariant이라고 부른다. 루프 처리가 시작될 때와 끝날 때 항상 `true`이기 때문이다. 사후 조건을 일반화하거나 새로운 변수를 도입해 불변 조건을 작성할 수 있다.

   사람(또는 파일)으로부터 뭔가를 읽어들일 때 암묵적으로 상태 변경이 일어나는데 이것은 불변 조건의 중요한 부분이다. 이를 다음 입력 얻기get the next input 상태 변경이라고 부를 수 있다. 이때 루프가 입력 스트림으로부터 다음 값을 가져올 것임을 코드에 분명히 표현해야 한다.

   `while`문의 논리가 아무리 복잡하더라도 루프가 다음 항목을 제대로 가져오는지 확인해야 한다. 조건문 내에서 다음 입력을 제대로 얻어오지 못하는 버그는 흔히 발생하며, 프로그램은 이로 인해 멈출 수 있다. `while`문 내부의 `if`문을 통과하는 논리 경로에서 상태 변경이 일어나지 않기 때문이다. 이것은 불변 조건이 적절히 재설정되지 않았거나 루프 설계 시에 불변 조건이 분명히 표현되지 않았음을 의미한다.

이번 예제는 new-input( )이라는 가상의 불변 조건을 사용할 것이다. 이 조건은 getpass( ) 함수로 새로운 값을 읽어왔을 때 true가 된다. 이제 루프를 다음과 같이 확장할 수 있다.

```
# 초기화
# new-input(password_text) 불변 조건과
# new-input(confirming_password_text) 불변 조건을 확인한다
while # not terminated:
    # 뭔가를 수행한다
    # new-input(password_text) 불변 조건과
    # new-input(confirming_password_text) 불변 조건을 확인한다
assert password_text == confirming_password_text
```

3. 루프를 벗어나는 조건을 정의한다. 불변 조건은 여전히 true여야 하며, 이 조건이 false가 될 때 목표 상태가 true가 되는지도 확인해야 한다.
   종료 조건은 일반적으로 목표 상태와 논리적으로 반대다. 이제 루프 설계는 다음과 같이 확장된다.

```
# 초기화
# new-input(password_text) 불변 조건과
# new-input(confirming_password_text) 불변 조건을 확인한다
while password_text != confirming_password_text:
    # 뭔가를 수행한다
    # new-input(password_text) 불변 조건과
    # new-input(confirming_password_text) 불변 조건을 확인한다
assert password_text == confirming_password_text
```

4. 불변 조건을 true로 만들고 종료 조건을 테스트할 수 있도록 초기화 코드를 작성한다. 이번 예제의 경우 두 개 변수의 값을 얻어와야 한다. 루프는 이제 다음과 같다.

```
password_text= getpass()
confirming_password_text= getpass("Confirm: ")
# new-input(password_text) 불변 조건과
# new-input(confirming_password_text) 불변 조건을 확인한다
while password_text != confirming_password_text:
    # 뭔가를 수행
```

```
    # new-input(password_text) 불변 조건과
    # new-input(confirming_password_text) 불변 조건을 확인한다
assert password_text == confirming_password_text
```

5. 불변 조건을 다시 true로 설정하도록 루프 본문을 작성한다. 가급적 코드를 짧게 작성하는 것이 좋은데, 이번 예제에서 문장의 수를 줄이는 방법은 명확하다. 초기화 코드와 일치시키는 것이다. 이제 루프는 다음과 같다.

```
password_text= getpass()
confirming_password_text= getpass("Confirm: ")
# new-input(password_text) 불변 조건과
# new-input(confirming_password_text) 불변 조건을 확인한다
while password_text != confirming_password_text:
    password_text= getpass()
    confirming_password_text= getpass("Confirm: ")
    # new-input(password_text) 불변 조건과
    # new-input(confirming_password_text) 불변 조건을 확인한다
assert password_text == confirming_password_text
```

6. 루프가 반복될 때마다 종료 조건을 향해 가고 있음을 보여주는 단조 감소monotonically decreasing 함수를 식별한다.

   사용자로부터 입력을 받을 때는 사용자들이 (결국은) 서로 일치하는 패스워드 쌍을 입력할 것이라는 가정을 전제로 한다. 루프가 반복될 때마다 이 패스워드 쌍에 한 걸음 다가가는 것이다. n번의 입력이 있은 후에 서로 일치하는 패스워드가 입력된다고 가정하면, 루프가 반복될 때마다 남은 반복 횟수가 감소할 것임을 보여줄 필요가 있다.

   이를 위해서는 사용자 입력 값을 리스트로서 처리하는 것이 편리하다. 예를 들어 사용자가 입력하는 패스워드 문자열 쌍을 $[(p_1, q_1), (p_2, q_2), (p_3, q_3),...,(p_n, q_n)]$과 같이 처리하는 것이다. 유한 리스트를 사용함으로써 루프가 실제로 완료를 향해 진행 중인지 쉽게 추론할 수 있다.

이처럼 최종 조건을 바탕으로 루프를 작성했으므로 이 루프가 의도대로 동작할 것임을 100% 확신할 수 있다. 루프는 종료될 것이고 예상대로 결과 값이 나올 것이다. 이것은 모든 프로그래밍의 목표다. 즉 초기 상태가 주어졌을 때 기계가 원하는 상태에 도달하도록 만드는 것이다.

주석을 제거하고 나면 다음과 같이 최종적으로 루프가 완성된다.

```
password_text= getpass()
confirming_password_text= getpass("Confirm: ")
while password_text != confirming_password_text:
    password_text= getpass()
    confirming_password_text= getpass("Confirm: ")
assert password_text == confirming_password_text
```

마지막 assert문에서 최종 사후 조건을 볼 수 있다. 이것은 정상 동작을 확인하기 위한 수단일 뿐 아니라 루프에 대한 설명을 포함하는 주석 역할도 한다.

이처럼 복잡한 단계를 거쳐 완성된 루프가 단지 직감에 따라 작성한 루프와 별 차이가 없을 수도 있다. 하지만 직관적으로 작성된 코드를 단계별로 검증해서 손해 볼 일은 없다. 단계별 설계를 몇 번 해보면, 올바르게 설계됐음을 확신하면서 루프를 사용할 수 있을 것이다.

이번 예제에서 루프 본문과 초기화 코드는 실제로는 똑같은 코드였다. 같은 코드를 반복적으로 입력하는 것이 마음에 들지 않는다면 두 줄짜리 함수를 정의하면 된다. 함수 정의에 대해서는 3장에서 살펴볼 것이다.

예제 분석

우선, 루프의 목표 조건을 분명히 나타내야 한다. 그 밖의 작업들은 결국 이 목표 조건에 도달하는지 확인하는 것일 뿐이다. 사실, 모든 소프트웨어 설계는 가급적 적은 수의 문장으로 특정 목표 상태에 이르기 위한 노력이다. 목표 조건에서 시작해 역방향으로 설계할 때, 추론의 각 단계는 원하는 결과 조건으로 이어지는 어떤 문장 S에 대한 가장 약한 사전 조건을 기술하는 것이다.

사후 조건이 주어졌을 때, 이로부터 문장 S와 사전 조건을 얻고 싶다고 하자. 패턴은 다음과 같이 나타낼 수 있다.

```
assert pre-condition
S
assert post-condition
```

사후 조건은 우리가 정의한 완료 조건이다. 이제, 이 완료 조건으로 이어지는 문장 S와 그 문장 S의 사전 조건에 대한 가설을 세워야 한다. 무한히 많은 수의 S가 가능하므로 가장 약한 사전 조건, 즉 최소한의 가정을 갖는 조건에 집중한다.

어떤 시점에서(주로 초기화 문을 작성할 때) 우리는 사전 조건이 그냥 true라는 것을 발견한다. 즉, 어떤 초기 상태든 사전 조건 역할을 할 수 있는 것이다. 이렇게 프로그램이 임의의 초기 상태에서 시작해 의도대로 완료될 수 있음을 알게 된다. 이것이 이상적인 경우다.

while문을 설계할 때 while문의 본문 내부에 컨텍스트가 중첩될 경우가 많다. 본문 내에서는 불변 조건을 다시 true로 재설정하기 위한 처리가 수행돼야 하는데, 이번 예제의 경우 사용자로부터 다시 입력받는 것이 여기에 해당한다. 문자열 내의 문자 혹은 숫자 집합 내의 숫자를 처리하는 경우도 있다.

불변 조건이 true고 루프 조건이 false일 때 최종 목표가 달성됐음을 증명할 필요가 있다. 최종 목표를 바탕으로 역으로 불변 조건과 루프 조건을 유도했다면 이러한 증명을 하기가 더 쉽다.

여기서는 인내심을 갖고 각각의 단계를 수행해야 건전한 추론이 가능하다는 점이 중요하다. 우리는 루프가 정상 동작할 것임을 증명할 수 있어야 한다. 이를 통해 얻은 확신을 바탕으로 단위 테스트를 수행할 수 있다.

참고 사항

- 'break문으로 인한 문제 발생을 예방하는 방법' 레시피에서도 루프 설계에 관해 설명한다.
- '복잡한 if...elif 체인을 설계하는 방법' 레시피도 비슷한 주제를 다뤘다.
- 데이빗 그리스David Gries의 '루프 불변 조건과 루프를 개발하기 위한 표준 전략에 관한 메모A note on a standard strategy for developing loop invariants and loops'는 이번 레시피의 주제에 관한 고전적인 문헌이다. http://www.sciencedirect.com/science/article/pii/0167642383900151을 참고하자.
- 알고리즘 설계는 매우 큰 주제다. 스티븐 스키에나Steven Skiena의 『The Algorithm Design Manual』(Springer, 2011)은 좋은 입문서다.

break문으로 인한 문제 발생을 예방하는 방법

일반적으로 for문은 *for all* 조건을 만드는 문장이라고 이해된다. 다시 말해 for문의 실행이 끝나면 컬렉션 내의 모든 항목에 대해 어떤 처리가 완료됐다고 말할 수 있다.

하지만 반드시 이렇게 되는 것은 아니다. for문의 본문에서 break문이 사용되면, for문의 의미는 *for all*에서 *there exists*로 바뀐다. break문 때문에 for(또는 while)문을 벗어난다는 것은 곧 루프를 종료시키는 적어도 한 개의 항목이 존재(*there exists*)하는 것이기 때문이다.

만약에 break가 실행되지 않고 루프가 끝나면 어떻게 될까? 이 경우는 break 실행을 유발하는 항목이 단 하나도 존재하지 않는다(*not exists*)라고 말할 수밖에 없다. 드 모르간의 법칙DeMorgan's Law에 따르면, *not exists* 조건은 *for all* 조건을 사용해 기술할 수 있다. $\neg\exists_x B(x) \equiv \forall_x \neg B(x)$이기 때문이다. 이 공식에서 $B(x)$는 break문을 포함하는 if문의 조건이다. $B(x)$가 발견되지 않으면 모든 항목에 대해 $\neg B(x)$는 true가 된다. 이것은 *for all* 루프와 (break문을 포함하는) *there exists* 루프 간의 대칭성을 보여준다.

for 또는 while 루프를 벗어날 때 true인 조건이라는 말은 의미가 모호하다. 루프가 정상 종료됐을 수도 있고 break문이 실행됐을 수도 있기 때문이다. 어느 경우인지 단정할 수는 없다. 그래서 이번 레시피에서는 이와 관련된 설계 지침을 제공하고자 한다.

저마다 다른 조건으로 실행되는 여러 개의 break문이 있을 때는 문제가 더욱 커진다. 복잡한 break 조건들로 인해 일어날 수 있는 문제를 어떻게 최소화할 수 있을까?

준비

어떤 문자열에서 : 또는 =이 처음으로 나타나는 위치를 찾고 싶다고 하자. 이것은 *there exists* 조건의 좋은 예다. 문자열 내의 모든 문자를 처리할 필요가 없고, : 또는 =이 가장 먼저 나타나는 위치만 알면 되기 때문이다.

```
>>> sample_1 = "some_name = the_value"
>>> for position in range(len(sample_1)):
...     if sample_1[position] in '=:':
...         break
>>> print('name=', sample_1[:position],
...      'value=', sample_1[position+1:])
name= some_name  value= the_value
```

다음과 같은 경계 케이스는 어떨까?

```
>>> sample_2 = "name_only"
>>> for position in range(len(sample_2)):
...     if sample_2[position] in '=:':
...         break
>>> print('name=', sample_2[:position],
...       'value=', sample_2[position+1:])
name= name_onl value=
```

결과가 이상하게 나온 것 같다. 무엇이 문제일까?

예제 구현

앞서 '정상 종료되는 while문을 설계하는 방법' 레시피에서도 말했듯이 모든 문장은 사후 조건을 설정한다. 그리고 루프를 설계할 때는 이 조건을 분명히 표현해야 한다. 위의 예제는 사후 조건을 제대로 표현하지 않았다.

이상적인 사후 조건은 `text[position] in '=:'`과 같이 단순하다. 하지만 이 단순한 사후 조건은 텍스트 내에 `=` 또는 `:`이 포함되지 않은 경우 문제가 된다. 기준과 일치하는 문자가 없을 때, 없는 문자의 위치를 뭐라고 말할 수 없기 때문이다.

1. 명확한 사후 조건을 작성한다. 이를 정상 경로[happy-path] 조건이라고도 부른다. 예상 밖의 일이 일어나지 않았을 때 `true`인 조건이기 때문이다.

   ```
   text[position] in '= :'
   ```

2. 경계 케이스에 대한 사후 조건을 추가한다. 이번 예제는 두 개를 추가한다.
   - `=` 또는 `:`이 없는 경우
   - 문자가 하나도 없는 경우. `len()`의 값은 0이 되고 루프는 아무 일도 하지 않는다. `position` 변수는 생성되지 않을 것이다.

   ```
   (len(text) == 0
   or not('=' in text or ':' in text)
   or text[position] in '=:'
   ```

3. `while`문으로 루프를 작성할 것이라면 완료 조건을 포함하도록 재설계한다. `break`문을 사용할 필요가 없어진다.
4. `for`문으로 루프를 작성할 것이라면 먼저 적절히 초기화한 후 루프 이후의 문장에 종료 조건들을 추가한다.

   ```
   >>> position=-1 # 길이가 0인 경우
   >>> for position in range(len(sample_2)):
   ...     if sample_2[position] in '=:':
   ...         break
   ...
   ```

```
>>> if position == -1:
...     print("name=", None, "value=", None)
... elif not(text[position] == ':' or text[position] == '='):
...     print("name=", sample_2, "value=", None)
... else:
...     print('name=', sample_2[:position],
...      'value=', sample_2[position+1:])
name= name_only value= None
```

for문 이후의 문장들에서 종료 조건들이 명시적으로 열거되고 있다. 최종 결과인 name=name_only value=None은 이 코드가 텍스트를 정확히 처리했음을 보여준다.

예제 분석

이와 같은 접근 방법은 루프의 종료 원인을 빠짐없이 파악할 수 있도록 사후 조건을 꼼꼼하게 검토한다.

(여러 개의 break문이 사용되는) 복잡한 루프에서는 사후 조건을 완벽하게 파악하기가 쉽지 않다. 루프를 벗어나는 모든 이유(정상적인 이유 및 모든 break 조건)를 포함해야 하기 때문이다.

루프의 본문 내에서 처리가 이뤄지도록 코드를 리팩터링하는 경우가 많다. position 변수가 = 또는 : 문자의 위치인지 단순히 확인하는 것이 아니라, name과 value 변수에 값을 대입하는 그다음 처리 단계를 포함시키는 것이다. 예를 들면 다음과 같다.

```
if len(sample_2) > 0:
    name, value = sample_2, None
else:
    name, value = None, None
for position in range(len(sample_2)):
    if sample_2[position] in '=:':
        name, value=sample_2[:position], sample2[position:]
print('name=', name, 'value=', value)
```

미리 실행된 사후 조건들에 기반해 처리 코드의 위치가 바뀌었다. 이와 같은 리팩터링은 자주 수행된다.

이번 레시피에서 말하고자 하는 바는 가정이나 직감에 의존하지 말자는 것이다. 약간의 훈련을 쌓으면 어떤 상황에서든 사후 조건을 명세할 수 있다.

실제로, 사후 조건에 대해 많이 고민할수록 소프트웨어는 더욱 정교해진다. 소프트웨어의 목표가 무엇인지 분명히 정의하고, 이 목표로부터 역으로 목표 실현에 필요한 문장들을 선택하는 과정은 반드시 필요하다.

부연 설명

for 루프가 정상적으로 끝났는지 또는 break문이 실행됐는지 알아내기 위해 else 절을 사용할 수도 있다. 예를 들면 다음과 같다.

```
for position in range(len(sample_2)):
    if sample_2[position] in '=:':
        name, value = sample_2[:position], sample_2[position+1:]
        break
else:
    if len(sample_2) > 0:
        name, value = sample_2, None
    else:
        name, value = None, None
```

하지만 이 기법은 그리 권장되지는 않는다. 다른 방법들보다 확실히 더 나은 점이 없는 반면, else 절이 실행되는 이유를 잊어버리기는 매우 쉽다.

참고 사항

- 데이빗 그리스David Gries의 '루프 불변 조건과 루프를 개발하기 위한 표준 전략에 관한 메모A note on a standard strategy for developing loop invariants and loops'는 이번 레시피의 주제에 관한 고전적인 문헌이다. http://www.sciencedirect.com/science/article/pii/0167642383900151을 참고하자.

예외 매칭 규칙을 활용하는 방법

try문을 사용하면 예외를 포착할 수 있다. 그리고 예외는 다음과 같이 다양한 방법으로 처리할 수 있다.

- 무시: 아무 일도 하지 않고 프로그램을 그냥 중단시킨다. 두 가지로 할 수 있는데, 하나는 try문을 아예 사용하지 않는 것이고, 다른 하나는 try문에 except 절을 사용하지 않는 것이다.
- 기록: 메시지를 작성하고 전달한다. 일반적으로 프로그램은 중단된다.
- 복구: 작업 중단으로 인한 영향을 취소하기 위한 복구 동작을 except 절에 작성한다. while문으로 감싸서 작업이 완료될 때까지 계속 재시도하도록 코드를 작성할 수도 있다.
- 침묵: 아무것도 하지 않고(pass문을 사용) try문 이후로 처리가 재개된다. 예외가 발생했으나 아무 효과도 없는 것이다.
- 재작성: 다른 예외를 발생시킨다. 원래의 예외는 새로 발생된 예외를 위한 컨텍스트 역할을 한다.
- 연결: 원래의 예외에 다른 예외를 연쇄적으로 연결한다. 이에 대해서는 'raise from문으로 예외들을 연결하는 방법' 레시피에서 자세히 알아본다.

컨텍스트를 중첩시키는 것은 어떨까? 이런 경우에는 내부의 try가 예외를 무시해도 외부의 컨텍스트에서 이를 처리할 수 있다. try 컨텍스트마다 기본적인 처리 방법은 동일하므로, 소프트웨어의 전체적인 동작은 중첩된 정의들에 의존한다.

try문을 설계할 때는 파이썬 예외 클래스의 계층 구조를 이용할 수 있다. 자세한 설명은 파이썬 표준 라이브러리 5.4절을 참조하자. 예를 들어 ZeroDivisionError는 ArithmeticError면서 Exception이고, FileNotFoundError는 OSError면서 Exception이다.

일반적 예외와 세부적 예외를 모두 처리해야 할 때는 예외 클래스 계층 구조를 잘못 사용하지 않도록 세심한 주의가 필요하다.

준비

shutil 모듈을 사용해 파일을 한 곳에서 다른 곳으로 복사하려 한다고 하자. 이때 발생하는 예외들은 대부분 해결이 불가능할 만큼 심각한 문제지만, FileExistsError 예외만큼은 복구를 시도할 것이다.

대략적인 코드는 다음과 같다.

```
from pathlib import Path
import shutil
import os
source_path = Path(os.path.expanduser(
   '~/Documents/Writing/Python Cookbook/source'))
target_path = Path(os.path.expanduser(
   '~/Dropbox/B05442/demo/'))
for source_file_path in source_path.glob('*/*.rst'):
    source_file_detail = source_file_path.relative_to(source_path)
    target_file_path = target_path / source_file_detail
    shutil.copy( str(source_file_path), str(target_file_path))
```

두 개의 경로 source_path와 target_path가 생성됐고, *.rst 파일을 포함하는 source_path 다음의 모든 디렉터리들을 찾고 있다.

source_file_path.relative_to(source_path)는 source_path에 대한 상대 경로를 의미한다. 이 상대 경로는 target_path 아래에 새로운 경로를 생성할 때 사용된다.

pathlib.Path 객체는 일상적인 경로 처리에 널리 사용되지만, 파이썬 3.5의 shutil 모듈은 Path 객체 대신에 문자열로 된 파일명을 필요로 한다. 따라서 Path 객체를 문자열로 명시적으로 변환해야 한다. 파이썬 3.6에서는 이 부분이 개선되기를 바랄 뿐이다.

shutil.copy() 함수는 예외를 발생시킬 수 있으며 이로 인한 오류를 복구하려면 try문이 필요하다. 발생할 수 있는 오류의 예는 다음과 같다.

```
    FileNotFoundError: [Errno 2]
        No such file or directory:
'/Users/slott/Dropbox/B05442/demo/ch_01_numbers_strings_and_tuples/index.rst'
```

예외들을 적절한 순서로 처리하려면 try문을 어떻게 작성해야 할까?

예제 구현

1. 예외를 발생시키는 코드를 try 블록 내에 들여쓰기로 작성한다.

```
try:
    shutil.copy(str(source_file_path), str(target_file_path))
```

2. 가장 구체적인 예외 클래스부터 먼저 작성한다. 이번 예제의 경우, 구체적인 예외인 FileNotFoundError와 일반적인 예외인 OSError는 별도로 처리해야 한다.

```
try:
    shutil.copy( str(source_file_path), str(target_file_path) )
except FileNotFoundError:
    os.makedir( target_file_path.parent )
    shutil.copy( str(source_file_path), str(target_file_path) )
```

3. 일반적인 예외 처리를 나중에 작성한다.

```
try:
    shutil.copy( str(source_file_path), str(target_file_path) )
except FileNotFoundError:
    os.makedir( target_file_path.parent )
    shutil.copy( str(source_file_path), str(target_file_path) )
```

```
except OSError as ex:
    print(ex)
```

구체적인 예외를 먼저 처리하고, 그다음에 일반적인 예외를 처리한 것을 볼 수 있다.

FileNotFoundError 예외가 발생한 경우는 누락된 디렉터리를 생성한 후 copy() 함수를 다시 실행하므로 정상적으로 복사가 이뤄진다.

반면에 OSError 클래스에 속하는 예외들이 발생하면 특별한 복구 작업을 하지 않는다. 예를 들어 권한 문제가 발생해도 그저 오류를 기록만 한다. 우리의 목표는 파일을 전부 복사하는 것이다. 문제를 일으킨 파일을 기록하기는 하지만 파일 복사 프로세스는 계속될 것이다.

예제 분석

파이썬의 예외 매칭 규칙은 단순하게 설계됐다.

- except 절을 순서대로 처리한다.
- 실제 발생한 예외를 예외 클래스(또는 예외 클래스들의 튜플)와 대조한다. 그래서 실제 발생한 예외 객체(또는 예외 객체의 기본 클래스)가 except 절에 기술된 예외 클래스에 속하면 예외 처리가 수행된다.

이런 이유로 구체적인 예외 클래스를 먼저 배치하고 일반적인 예외 클래스를 나중에 배치하는 것이다. Exception과 같은 일반적 예외 클래스는 거의 모든 종류의 예외 객체와 매칭되기 때문이다. 이 클래스를 먼저 두면 다른 except 절과의 매칭이 일어날 수 없다. 따라서 일반적 예외일수록 나중에 둬야 한다.

Exception보다도 더 일반적인 클래스인 BaseException 클래스가 있다. 이 클래스는 굳이 예외 처리를 하지 않는 것이 낫다. 이 예외 클래스를 처리하면 SystemExit나 KeyboardInterrupt 등의 예외도 포착되는데, 이렇게 되면 오동작하는 애플리케이션을 종료시키는 데 방해가 된다. BaseException 클래스는 일반적인 예외 처리 계층과는 별개로 새로운 예외 클래스들을 정의할 때 상위 클래스로서만 사용하는 것이 보통이다.

부연 설명

이번 예제의 경우, 내부의 컨텍스트에서 또 다른 예외가 발생할 수 있다. 다음의 except 절을 보자.

```
except FileNotFoundError:
    os.makedirs( str(target_file_path.parent) )
    shutil.copy( str(source_file_path), str(target_file_path) )
```

이 os.makedirs() 또는 shutil.copy() 함수가 발생시키는 예외는 try문으로 처리할 수 없다. 따라서 여기서 예외가 발생하면 프로그램 실행이 중단될 것이다. 두 가지 방법으로 이 문제를 해결할 수 있는데, 둘 다 try문을 중첩시킨다.

첫 번째 방법은 복구 중에 try문으로 예외를 처리하는 것이다.

```
try:
    shutil.copy( str(source_file_path), str(target_file_path) )
except FileNotFoundError:
    try:
        os.makedirs( str(target_file_path.parent) )
        shutil.copy( str(source_file_path), str(target_file_path) )
    except OSError as ex:
        print(ex)
except OSError as ex:
    print(ex)
```

OSError 예외 처리가 두 곳에서 이뤄지고 있다. 새로 추가된 컨텍스트는 예외를 기록만 하고 그대로 전파하는데 아마도 프로그램은 중단될 것이다. 외부 컨텍스트도 똑같이 처리한다.

'아마도 프로그램은 중단될 것'이라고 말하는 이유는 또 다른 try문이 없다면 이 처리되지 않는 예외가 프로그램을 중단시킬 것이기 때문이다.

두 번째 방법은 예외 처리 전략을 지역적인 것과 전역적인 것으로 나눠서 try문을 중첩시키는 것이다. 코드는 다음과 같이 된다.

```
try:
    try:
        shutil.copy( str(source_file_path), str(target_file_path) )
    except FileNotFoundError:
        os.makedirs( str(target_file_path.parent) )
        shutil.copy( str(source_file_path), str(target_file_path) )
except OSError as ex:
    print(ex)
```

내부 try문에 포함된 makedirs( )와 copy( ) 함수는 FileNotFoundError 예외만 처리하고, 다른 예외가 발생하면 모두 외부의 try문으로 전파된다. 일반적인 예외 처리가 구체적인 예외 처리를 감싸도록 try문들을 중첩시켰다.

참고 사항

- 'except: 절로 인한 문제를 예방하는 방법' 레시피에서도 예외를 설계할 때의 고려 사항들을 설명한다.
- 'raise from문으로 예외들을 연결하는 방법' 레시피에서는 한 개의 예외 클래스가 다수의 세부 예외 클래스들을 감싸도록 예외들을 연결하는 방법을 살펴본다.

except: 절로 인한 문제를 예방하는 방법

예외 처리 코드를 작성할 때 자주 저지르는 몇 가지 실수들이 있다. 이런 실수들로 인해 프로그램이 반응하지 않는 상태가 되기도 한다.

이런 실수 중 하나가 `except:` 절이다. 그 밖에도 예외를 다룰 때 주의하지 않으면 안 되는 몇 가지 실수들이 있다.

이번 레시피에서는 자주 범하기 쉬운 몇 가지 예외 처리 오류들의 예방법을 설명한다.

준비

앞서 '예외 매칭 규칙을 활용하는 방법' 레시피에서는 예외 처리 설계 시의 몇 가지 고려 사항을 설명했다. 특히, 잘못 동작 중인 프로그램의 중단에 방해가 되므로 `BaseException`을 사용하지 않도록 권장했다.

이번 레시피는 이처럼 해서는 안 되는 것들을 추가로 소개한다.

예제 구현

가장 일반적인 종류의 예외를 처리할 때는 `except: Exception`을 사용한다.

예외를 지나치게 많이 처리하면 오히려 프로그램 중단에 방해가 된다. 예를 들어 사용자가 Ctrl+C를 누르거나 `kill -2` 명령어를 입력해 SIGINT 신호를 보내는 행위는 프로그램을 중단시키기 위한 것이지 이를 예외로 처리해 오류 메시지를 기록한 후 계속 실행되기를 원하는 것은 아니다.

다음의 예외 클래스들을 처리할 때는 조심해야 한다.

- `SystemError`
- `RuntimeError`
- `MemoryError`

이러한 예외들은 파이썬 내부에서 뭔가 잘못 동작 중임을 의미한다. 이러한 예외가 발생했을 때 단순히 기록하고 계속 실행시키거나 어떤 종류의 복구를 시도하는 것보다는 프로그램이 그냥 중단되도록 두고 근본 원인을 찾아서 코드를 수정하는 것이 바람직하다.

예제 분석

예외 처리와 관련해 다음 두 가지 기법이 사용되지 않도록 주의해야 한다.

- `BaseException` 클래스를 포착하면 안 된다.
- 예외 클래스 없이 `except:` 절을 사용하면 안 된다. 모든 예외가 포착되기 때문에 처리해서는 안 되는 예외까지 포함되기 때문이다.

`except BaseException:` 혹은 클래스를 지정하지 않은 채로 `except:`을 사용하면, 프로그램의 실행이 반드시 중단돼야 할 때 프로그램이 아무 응답을 하지 않는 상황으로 이어질 수 있다.

또한 다음의 예외들을 명시적으로 포착하면 이 예외들의 내부 처리를 방해하므로 조심해야 한다.

- `SystemExit`
- `KeyboardInterrupt`
- `GeneratorExit`

이 예외들이 발생했을 때 실행을 계속하거나 다른 예외 처리로 감싸거나 다른 예외를 발생시키는 등의 처리를 수행하면, 원래 없던 문제가 새로 만들어지기 쉽다. 또한 단순했던 문제가 더 크고 복잡하며 신비로운 문제로 악화되기도 한다.

> 결코 다운되지 않는 프로그램을 작성하고 싶은 열정은 좋지만, 파이썬의 내부 예외를 직접 처리한다고 해서 더 안정적인 프로그램이 되지는 않는다. 오히려 분명했던 오류가 흐릿한 안개 속으로 숨어버린다.

참고 사항

- '예외 매칭 규칙을 활용하는 방법' 레시피에서 예외 설계 시의 몇 가지 고려 사항을 살펴봤다.
- 'raise from문으로 예외들을 연결하는 방법' 레시피에서 한 개의 예외 클래스가 다수의 세부 예외들을 감싸도록 예외들을 연결하는 방법을 설명한다.

raise from문으로 예외들을 연결하는 방법

겉보기에는 서로 관련이 없는 예외들을 한 개의 일반적인 예외로 합치고 싶을 때가 있다. 복잡한 모듈이 모듈 내에서 발생하는 다양한 상황에 적용될 수 있는 한 개의 일반적인 `Error` 예외를 정의하는 경우는 흔히 볼 수 있다.

대부분의 경우 이와 같은 일반적인 한 개의 예외만으로 충분하다. 이 모듈의 `Error` 예외가 발생했다는 것은 곧 모듈이 제대로 동작하지 않았음을 의미한다.

하지만 가끔은 디버깅이나 모니터링을 위해 세부 정보가 필요할 때가 있다. 이 세부 정보를 로그에 기록하거나 이메일에 포함시키고 싶을 때도 있다. 이런 경우에는 일반적인 예외를 확장하는 세부 보조 정보를 제공할 필요가 있으며, 이를 위해 일반적 예외를 근본 원인 예외로 연결하는 방법을 사용할 수 있다.

준비

복잡한 문자열 처리 코드를 작성 중이라고 하자. 이 코드를 사용할 사람들이 세부 구현을 알 수 없도록 많은 수의 예외들을 한 개의 일반적 오류로서 처리하고자 한다. 필요하다면 세부 사항을 일반적 오류의 뒤에 첨부할 것이다.

예제 구현

1. 다음과 같이 새로운 예외를 생성한다.

```
class Error(Exception):
    pass
```

   새로운 예외 클래스를 정의하는 데 이것으로 충분하다.

2. 다음과 같이 raise from문을 사용해 예외들을 연결한다.

```
try:
    something
except (IndexError, NameError) as exception:
    print("예상대로", exception)
    raise Error("뭔가 잘못됐음") from exception
except Exception as exception:
    print("예상을 벗어났음", exception)
    raise
```

첫 번째 except 절은 두 종류의 예외 클래스와 대조하고 있다. 둘 중에서 어느 것이 포착되든 Error 예외 클래스로부터 새로운 예외를 발생시킨다. 그리고 이 새롭게 발생된 예외는 근본 원인 예외와 연결된다.

두 번째 except 절은 일반적인 Exception 클래스와 대조하며, 로그 메시지를 기록한 후 다시 예외를 발생시키고 있다. 이번에는 예외들을 연결하지 않으며 단순히 다른 컨텍스트에서 예외 처리를 계속한다.

예제 분석

파이썬의 예외 클래스들은 예외의 원인을 __cause__ 속성에 기록한다. 'raise 예외 from 예외' 구문을 사용해 이 속성을 설정할 수 있다.

이 예외가 발생했을 때의 결과는 다음과 같다.

```
>>> class Error(Exception):
...     pass
>>> try:
...     'hello world'[99]
... except (IndexError, NameError) as exception:
...     raise Error("인덱스 문제") from exception
...
Traceback (most recent call last):
  File "<doctest default[0]>", line 2, in <module>
    'hello world'[99]
IndexError: string index out of range
```

조금 전의 예외는 다음에 보이는 예외의 직접적 원인이다.

```
Traceback (most recent call last):
  File
"/Library/Frameworks/Python.framework/Versions/3.4/lib/python3.4/doctest.py ",
line 1318, in __run
    compileflags, 1), test.globs)
  File "<doctest default[0]>", line 4, in <module>
    raise Error("인덱스 문제") from exception
Error: index problem
```

예외들이 연결됐음을 확인할 수 있다. Traceback 메시지의 첫 번째 예외인 IndexError 예외는 직접 원인이고, 두 번째 예외인 Error 예외는 직접 원인에 연결된 일반적 원인에 해당한다.

다음 코드에서는 try:문에서 Error 예외가 발생할 수 있다.

```
try:
    some_function()
except Error as exception:
    print(exception)
    print(exception.__cause__)
```

some_function()은 일반적 Error 예외를 발생시킬 수 있는 함수다. 이 함수가 발생시키는 Error 예외는 except 절에서 매칭되고, 이 예외의 메시지인 exception과 근본 원인 예외의 메시지인 exception.__cause__가 화면에 출력될 것이다. exception.__cause__는 일반 사용자에게는 보여주지 않고 디버깅 로그에만 기록하는 경우가 많다.

부연 설명

예외 처리기 내에서 예외가 발생하면 이것 역시 일종의 연결된 예외 관계를 생성한다. 이 경우는 원인 관계라기보다는 컨텍스트 관계라고 보는 편이 정확하다.

컨텍스트 메시지들은 서로 비슷하고 조금씩만 다르며, '위 예외를 처리하는 동안 다른 예외가 발생했습니다.'라고 말한다. 첫 번째 메시지는 원래의 예외를, 두 번째 메시지는 명시적인 연결 없이 발생된 예외를 나타낸다.

일반적으로 컨텍스트는 except 처리 블록 내의 오류를 가리키는 뭔가로서 사전에 계획되지 않은 것이다. 예를 들어 다음의 코드를 보자.

```
try:
    something
except ValueError as exception:
    print("어떤 메시지", exceotuib)
```

이 코드는 ValueError 예외의 컨텍스트를 갖는 NameError 예외를 발생시킬 것이다. NameError 예외는 exception을 exceotuib로 잘못 입력했기 때문에 발생한다.

참고 사항

- '예외 매칭 규칙을 활용하는 방법' 레시피에서 예외 설계 시에 고려해야 할 사항들을 설명한다.
- 'except: 절로 인한 문제를 예방하는 방법' 레시피에서 예외 설계 시의 추가적인 고려 사항을 설명한다.

with문으로 컨텍스트를 관리하는 방법

파이썬 스크립트는 외부 자원과 연계되는 경우가 많다. 디스크상의 파일, 네트워크를 통한 다른 호스트와의 연결은 이러한 외부 자원의 대표적인 예다. 흔히 발생하는 버그의 하나는 이러한 외부 자원을 놓아주지 않고 계속 붙잡고 있는 바람에 이 자원을 사용 불능 상태로 만드는 것이다. 이를 메모리 누수[leak]라고도 부르는데, 이전에 사용된 파일을 닫지 않고 새로 파일을 열기만 해서 가용 메모리가 감소하기 때문이다.

외부 자원의 적절한 획득과 해제를 보장하기 위해 스크립트와 자원 간의 연결을 별도로 관리할 필요가 있다. 이를 위해 스크립트가 외부 자원을 어떤 컨텍스트 내에서 사용한다는 개념을 사용한다. 컨텍스트가 끝날 때 프로그램은 더 이상 외부 자원에 연결되지 않으며 자원이 적절히 해제됐음을 보장할 수 있다.

준비

CSV 포맷으로 파일에 데이터를 기록하고자 한다. 데이터 쓰기가 모두 끝나면 파일을 닫고, 버퍼나 파일 핸들 등의 운영체제 자원들도 해제돼야 한다. 이때 파일의 정상적인 종료를 보장하기 위해 컨텍스트 매니저를 사용할 것이다.

CSV 파일을 다룰 것이므로, `csv` 모듈을 임포트해 CSV 포맷과 관련된 세부 처리를 수행할 수 있다.

```
>>> import csv
```

또한 pathlib 모듈은 대상 파일의 위치를 찾는 데 사용된다.

```
>>> import pathlib
```

파일에 뭔가를 기록해야 하므로, 다음과 같이 아주 단순한 데이터를 사용하자.

```
>>> some_source=[[2,3,5],[7,11,13],[17,19,23]]
```

이제 with문을 학습할 준비가 끝났다.

예제 구현

1. 파일을 열거나 urllib.request.urlopen() 함수로 네트워크 연결을 생성함으로써 컨텍스트를 생성한다. zip이나 tar 파일도 널리 사용되는 컨텍스트에 속한다.

```
target_path = pathlib.Path('code/test.csv')
with target_path.open('w', newline='') as target_file:
```

2. with문 내부에 실제 처리를 수행하는 코드를 들여쓰기로 작성한다.

```
target_path = pathlib.Path('code/test.csv')
with target_path.open('w', newline='') as target_file:
    writer = csv.writer(target_file)
    writer.writerow(['column', 'data', 'headings'])
    for data in some_source:
        writer.writerow(data)
```

3. 컨텍스트 매니저로 파일을 사용하고 있으므로, (들여쓰기로 작성된) 컨텍스트 블록이 끝나면 파일은 자동으로 닫힐 것이다. 심지어 예외가 발생해도 파일 종료에는 아무런 문제가 없다. 컨텍스트가 끝나고 자원이 해제된 후에 수행돼야 하는 코드를 내어쓰기로 작성한다.

```
target_path=pathlib.Path('code/test.csv')
with target_path.open('w', newline='') as target_file:
```

```
        writer=csv.writer(target_file)
        writer.writerow(['column', 'data', 'headings'])
        for data in some_source:
            writer.writerow(data)

    print('파일 기록 완료', target_path)
```

with 컨텍스트 외부의 문장들은 컨텍스트가 닫힌 후에 실행된다. target_path.open()에 의해 열린 파일은 정상적으로 닫힐 것이다.

with문 내부에서 예외가 발생해도 파일이 닫히는 데는 문제가 없다. 예외를 통지받은 컨텍스트 매니저는 파일을 닫고 예외를 전파할 것이다.

예제 분석

컨텍스트 매니저는 두 가지 종류의 종료 신호를 통보받는다.

- 예외가 발생하지 않은 정상적인 종료
- 예외 발생

컨텍스트 매니저는 어떤 조건에서든 프로그램과 외부 자원을 분리시킨다. 파일은 닫히고 네트워크 연결은 끊기며 데이터베이스 트랜잭션은 커밋 혹은 롤백된다. 잠금은 해제된다.

with문 내부에서 수동으로 예외를 발생시켜서 이를 직접 확인할 수 있다. 다음 코드는 파일이 제대로 닫혔음을 보여줄 수 있다.

```
try:
    target_path = pathlib.Path('code/test.csv')
    with target_path.open('w', newline='') as target_file:
        writer = csv.writer(target_file)
        writer.writerow(['column', 'headings'])
        for data in some_source:
            writer.writerow(data)
```

```
            raise Exception("테스트입니다")
except Exception as exc:
    print(target_file.closed)
    print(exc)
print('기록 완료', target_path)
```

try문 내에 실제 동작을 포함시켰으며 CSV 파일에 첫 번째 행을 기록한 후 예외를 발생시키고 있다. 발생된 예외는 화면에 출력되는데 이때 파일도 닫힌다. 출력은 다음과 같이 단순하다.

```
True
Just Testing
finished writing code/test.csv
```

파일이 제대로 닫혔다는 것을 알 수 있다. 또한 메시지를 통해 이 예외가 코드 내에서 수동으로 발생시킨 예외라는 것도 확인할 수 있다. test.csv 파일에는 some_source로부터 입력받은 데이터의 첫 번째 행만 갖고 있을 것이다.

부연 설명

파이썬은 수많은 컨텍스트 매니저를 제공한다. 앞서 언급했듯이 열려 있는 파일은 컨텍스트며, urllib.request.urlopen()에 의해 생성된 네트워크 연결도 역시 컨텍스트다.

모든 종류의 파일 조작 및 네트워크 연결은 with문을 컨텍스트 매니저로서 사용하는 것이 좋다. 이것은 거의 예외가 없다.

decimal 모듈이 국가별로 상이한 계산 방식을 적용할 때도 컨텍스트 매니저가 사용된다. decimal.localcontext() 함수를 컨텍스트 매니저로 사용해 반올림 규칙이나 계산 정밀도를 변경할 수 있다.

컨텍스트 매니저를 새로 정의할 수도 있다. contextlib 모듈의 함수와 데코레이터들을 사용하면 명시적으로 컨텍스트 매니저를 제공하지 않는 자원에 대해 컨텍스트 매니저를 작성할 수 있다.

`with` 컨텍스트는 잠금lock의 획득과 해제를 관리하기에도 이상적인 방법이다. `threading` 모듈이 생성하는 잠금 객체와 컨텍스트 매니저 사이의 관계에 대해서는 https://docs.python.org/3/library/threading.html#with-locks를 참조한다.

참고 사항

- `with`문의 기원에 대해서는 https://www.python.org/dev/peps/pep-0343/를 참조한다.

3
함수 정의

이번 장에서 살펴볼 레시피들은 다음과 같다.

- 선택적 매개변수를 갖는 함수를 설계하는 방법
- 매우 유연한 키워드 매개변수를 사용하는 방법
- * 구분자로 키워드 전용 인수를 강제하는 방법
- 함수의 매개변수에 명시적으로 타입을 지정하는 방법
- 부분 함수로 매개변수의 순서를 선택하는 방법
- 함수의 문서화 문자열에 RST 마크업을 사용하는 방법
- 파이썬의 스택 제한과 관련한 재귀 함수 설계
- 스크립트 라이브러리 전환으로 재사용 가능한 스크립트를 작성하는 방법

소개

함수 정의는 큰 문제를 작은 문제들로 분해하는 방법으로서, 수학자들이 이미 수세기에 걸쳐 사용해온 방법이다. 또 전체 프로그램을 실질적으로 관리 가능한 부분별로 포장하는 방법이기도 하다.

이번 장에서는 다양한 함수 정의 기법들을 살펴본다. 유연한 매개변수를 다루는 방법, 그리고 좀 더 고수준의 설계 원칙을 바탕으로 매개변수를 구성하는 방법들이 포함된다.

또 파이썬 3.5의 `typing` 모듈을 소개하고, 이를 사용해 함수에 좀 더 정형화된 주석을 작성하는 방법도 다룬다. 이번 장에서는 자료형을 좀 더 정형적으로 나타내기 위해 `mypy` 프로젝트를 사용하기 시작할 것이다.

선택적 매개변수를 갖는 함수를 설계하는 방법

함수를 정의할 때 선택적 매개변수는 자주 필요하다. 좀 더 유연하고 다양한 상황에서 사용 가능한 함수를 작성할 수 있기 때문이다.

선택적 매개변수를 사용하는 것은 서로 밀접하게 관련된 함수들의 모임을 만드는 방법이라고 간주할 수도 있다. 이때 각 함수는 저마다 다른 매개변수 집합(이를 시그니처signature이라고 부른다.)을 갖지만 이름은 모두 같다. 하지만 이름이 같은 함수가 많이 존재한다는 개념은 헛갈리기 쉽다. 따라서 선택적 매개변수의 개념을 사용하기로 한다.

선택적 매개변수를 갖는 함수의 예로서 `int()` 함수를 들어보자. 이 함수는 두 개의 매개변수 형태를 가질 수 있다.

- `int(str)`: 예를 들어 `int('355')`의 값은 `355`다. 이 경우는 선택적 매개변수인 `base`의 값을 제공하지 않았으므로 기본값인 `10`이 사용됐다.
- `int(str, base)`: `int('0x163', 16)`의 값도 `355`다. 이번에는 `base` 매개변수의 값을 제공했다.

준비

세상에는 주사위를 사용하는 게임들이 매우 많다. 크랩스 게임은 두 개의 주사위를 사용하고, 질치Zilch(혹은 그리드Greed나 텐 사우전드Ten Thousand) 같은 게임은 여섯 개의 주사위를 사용한다. 심지어 더 많은 주사위를 사용하도록 규칙이 변형된 게임들도 있다.

주사위가 몇 개든 모두 처리할 수 있는 주사위 굴리기 함수가 있다면 편리할 것이다. 주사위 개수에 상관없이 동작하되 기본값은 두 개인 주사위 시뮬레이터를 어떻게 작성할 수 있을까?

예제 구현

선택적 매개변수를 갖는 함수를 설계할 때는 두 가지 접근 방법을 고려할 수 있다.

- 일반적인 경우에서 특수한 경우로: 가장 일반적인 해결책을 먼저 설계하고, 가장 흔한 경우를 위한 기본값을 제공한다.
- 특수한 경우에서 일반적인 경우로: 서로 관련된 여러 함수들을 설계한 후, 이 함수들을 병합해 모든 경우를 포괄하는 한 개의 일반적인 함수를 작성한다. 이 함수들 중에 한 개를 기본 동작으로서 지정한다.

특수한 경우에서 일반적인 경우로 설계하기

특수한 경우에서 일반적인 경우의 순서로 설계할 때는 먼저 개별 함수들을 설계한 후 공통적인 기능들을 추출할 필요가 있다.

1. 함수 중 하나를 작성한다. 이번 레시피의 예제는 크랩스 게임으로서 게임 규칙이 단순하기 때문이다.

   ```
   >>> import random
   >>> def die() :
   ...     return random.randint(1,6)
   >>> def craps() :
   ...     return(die(), die())
   ```

   die() 함수는 표준 주사위에 관한 기본적인 사실들을 캡슐화한 함수다. 주사위는 플라톤의 입체도형, 즉 정다각형이므로 4면체, 6면체, 8면체, 12면체, 20면체 주사위가 존재한다. 그중에서 6면체 주사위는 특히 역사가 깊은데, 고대 이집트의 파라오는 동물의 발목뼈로 만든 아스트라갈리Astragali로 6면체 주사위 놀이를 했다고 한다.

die( ) 함수의 사용 예는 다음과 같다.

```
>>> random.seed(113)
>>> die(), die()
(1, 6)
```

주사위를 두 개 굴린 것은 크랩스 게임의 규칙에 따른 것이다.

크랩스 게임의 함수를 실행하면 다음과 같은 결과가 출력된다.

```
>>> craps()
(6, 3)
>>> craps()
(1, 4)
```

크랩스 게임에서 두 개의 주사위를 굴린 결과를 보여주고 있다.

2. 또 다른 함수를 작성한다.

```
>>> def zonk():
...     return tuple(die() for x in range(6))
```

제네레이터식으로 여섯 개의 주사위를 갖는 튜플 객체를 생성했다. 제네레이터식에 대해서는 8장에서 자세히 설명할 것이다.

제네레이터식의 변수 x는 아무 데도 쓰이지 않는다. 그래서 tuple(die() for _ in range(6))이라고 작성해도 아무 문제없다. _는 파이썬에서 유효하게 사용할 수 있는 변수 이름이다. 이 변수의 값은 볼 필요도 없다는 의미로서 종종 사용되기도 한다.

다음은 zonk( ) 함수의 실행 예다.

```
>>> zonk()
(5, 3, 2, 4, 1, 1)
```

여섯 개의 주사위를 굴린 결과를 보여준다. 1부터 5까지 골고루 나왔고, 다만 1은 두 번 나왔다. 실제 게임에서 이렇게 결과가 나왔다면 꽤 운이 좋은 것이다.

3. craps( )와 zonk( ) 함수에서 공통적인 기능을 찾는다. 공통 기능을 추출하기 위해 함수를 재작성해야 할 때도 있다. 일반적으로 상수나 어떤 가정을 대체하는 변수를 새로 도입할 때가 많다.

   이번 예제에서는 튜플을 생성하는 부분을 일반화할 수 있다. die( ) 함수를 직접 두 번 실행하는 대신에, range(2)를 포함하는 제네레이터식으로 die( ) 함수를 2회 실행하는 것이다.

```
>>> def craps():
...     return tuple(die() for x in range(2))
```

   단지 주사위 두 개를 굴리는 문제를 해결하기 위해 이렇게까지 코드를 작성할 필요는 없다. 하지만 장기적으로는 한 개의 일반적인 함수를 사용함으로써 특정 경우를 위한 함수들을 사용하지 않아도 된다.

4. 두 개의 함수를 합친다. 원래는 상수 또는 가정이었던 것을 변수로 대체할 경우가 많다.

```
>>> def dice(n):
...     return tuple(die() for x in range(n))
```

   이 함수는 crpas( )와 zonk( )를 포괄하는 일반적인 함수다.

```
>>> dice(2)
(3, 2)
>>> dice(6)
(5, 3, 4, 3, 3, 4)
```

5. 좀 더 일반적인 유스케이스를 매개변수 기본값으로 설정한다. 예를 들어 크랩스 게임을 주로 즐긴다면 다음과 같이 작성한다.

```
>>> def dice(n=2):
...     return tuple(die() for x in range(n))
```

   이제 크랩스 게임을 할 때는 dice( )를, 종크[Zonk] 게임을 할 때는 dice(6)을 실행하면 된다.

일반적인 경우에서 특수한 경우로 설계하기

일반적인 경우에서 특수한 경우의 순서로 설계할 때는 먼저 필요한 것을 모두 파악해야 한다. 이를 위해 요구 사항에 변수를 도입할 필요가 있다.

1. 주사위 굴리기의 요구 사항을 요약하면 다음과 같다.
    - 크랩스: 두 개의 주사위
    - 종크의 첫 번째 굴리기: 여섯 개의 주사위
    - 종크의 그다음 굴리기들: 1~6개의 주사위

    공통적으로, *n*개의 주사위를 굴려야 함을 알 수 있다.
2. 상수 값을 매개변수로 대체해 요구 사항을 재작성한다. 숫자들을 매개변수 *n*으로 대체하고 이 매개변수가 가질 수 있는 값을 보여준다.
    - 크랩스: *n*개의 주사위(단, $n=2$)
    - 종크의 첫 번째 굴리기: *n*개의 주사위(단, $n=6$)
    - 종크의 그다음 굴리기들: *n*개의 주사위(단, $1 \le n \le 6$)

    여기서 중요한 것은 정말로 공통의 추상화가 가능한지 확인하는 것이다. 문제가 복잡할 때는 겉보기에 서로 비슷해도 실제로는 공통 명세를 갖지 않는 경우도 많다.

    또한 매개변수 도입이 적절한지도 확인해야 한다. 매개변수로 만들 필요가 없는 상수는 그냥 놔둬야 한다.
3. 일반적인 패턴에 적합하도록 함수를 작성한다.

```
>>> def dice(n):
...     return (die() for x in range(n))
```

세 번째 요구 사항(종크의 그다음 굴리기들)은 $1 \le n \le 6$ 제약 조건이 있었다. 이 제약 조건이 dice( ) 함수의 일부인지 아니면 dice( ) 함수를 사용할 외부 애플리케이션에 의해 부과되는 것인지 결정해야 한다.

이번 예제에서의 제약 조건은 불완전하다. 종크 게임의 규칙은 점수 패턴에 따라서 주사위 굴리기의 형태가 달라진다는 것이다. 단지 주사위의 수가 한 개부터 여섯 개 사이면 되는 것이 아니라 게임의 상태와 관련 있다. 그리고 dice( ) 함수 정의를 게임 상태와 연관시킬 이유는 없을 것 같다.

4. 가장 일반적인 유스케이스에 맞는 기본값을 제공한다. 크랩스를 주로 즐기므로 다음과 같이 작성할 수 있다.

```
>>> def dice(n=2):
...     return tuple(die() for x in range(n))
```

이제 크랩스 게임은 dice(), 종크 게임은 dice(6)으로 실행할 수 있다.

예제 분석

파이썬의 매개변수 값 제공 규칙은 매우 유연하다. 다양한 방법으로 매개변수의 값을 보장하는데, 기본적인 동작은 다음과 같다.

1. 매개변수에 기본값을 설정한다.
2. 이름을 갖지 않는 인수의 값은 위치를 기준으로 매개변수에 대입된다.
3. 이름을 갖는 인수의 경우(예를 들어 dice(n=2)), 이 이름을 바탕으로 값이 대입된다. 위치와 이름을 모두 사용해 매개변수에 값을 대입하는 것은 오류다.
4. 값이 대입되지 않은 매개변수가 있다면 역시 오류다.

이 규칙에서 기본값은 필요한 만큼 제공할 수 있다. 또한 위치 인수와 이름(키워드) 인수를 함께 사용할 수도 있다. 기본값이 존재하는 매개변수는 선택적 매개변수가 된다.

선택적 매개변수의 사용은 다음의 두 가지 질문에서 비롯된다.

- 처리 작업을 매개변수화할 수 있을까?
- 특정 매개변수에 대해 가장 흔히 사용되는 인수 값은 무엇인가?

처리 과정에 매개변수를 도입하는 것은 어려운 일이 될 수 있다. 어떤 경우에는 상수 값(예를 들면 2나 6)을 매개변수로 대체하는 것처럼 간단할 때도 있다.

하지만 상수 값을 매개변수로 대체할 필요가 없을 때도 있다. 모든 상수를 매개변수로 대체한다고 해서 문제가 단순해지는 것은 아니다. 예를 들어 die( ) 함수는 표준 6면체 주사위를 모델링한 것이므로 상수 값 6을 사용한다. 다른 종류의 주사위를 고려할 필요가 없으므로, 이 값은 매개변수화해서는 안 된다.

부연 설명

일반화된 함수의 특수한 버전인 함수들을 작성해서 사용하기도 한다. 애플리케이션을 단순화할 수 있기 때문이다.

```
>>> def craps():
...     return dice(2)
>>> def zonk():
...     return dice(6)
```

craps( )와 zonk( )는 일반적 함수 dice( )에 의존하고 있다. dice( ) 역시 다른 함수인 die( )에 의존한다. 이 개념에 관해서는 '부분 함수로 매개변수의 순서를 선택하는 방법' 레시피에서 다시 설명할 것이다.

이와 같은 계층적 의존 관계는 추상화의 이점을 제공하므로 세부 사항을 깊게 이해하지 않아도 되는 장점이 있다. 계층적 추상화를 가리켜 청킹chunking이라고 부르며, 세부 사항을 분리함으로써 복잡성을 관리하는 방법으로 이해할 수 있다.

이 디자인 패턴의 일반적인 확장은 함수 계층의 여러 레벨에서 매개변수를 제공하는 것이다. 예를 들어 die( ) 함수를 매개변수화하고 싶다면 dice( )와 die( )에 모두 매개변수를 제공한다.

이처럼 복잡한 매개변수 구성에서는 기본값을 갖는 매개변수를 더 많이 도입할 필요가 있다. die( )에 매개변수를 추가한다고 하자. 기존의 테스트 케이스를 그대로 사용할 수 있으려면 이 매개변수는 반드시 기본값을 가져야 한다.

```
>>> def die(sides=6):
...     return random.randint(1,6)
```

이 매개변수를 추상화 계층의 맨 아래에 도입한 후, 상위 수준의 함수에 이 매개변수를 제공할 필요가 있다.

```
>>> def dice(n=2, sides=6):
... return tuple(die(sides) for x in range(n))
```

이제 다양한 방법으로 dice( ) 함수를 사용할 수 있다.

- 모두 기본값: dice( ) 함수는 크랩스 게임을 처리할 수 있다.
- 모두 위치 인수: dice(6,6)은 종크 게임을 처리할 수 있다.
- 위치 인수와 키워드 인수를 혼합: 순서가 중요하므로 위치 인수의 값이 먼저 제공돼야 한다. 예를 들어 dice(2, sides=8)은 두 개의 8면체 주사위를 사용하는 게임을 처리한다.
- 모두 키워드 인수: dice(sides=4, n=4)는 네 개의 4면체 주사위를 굴리는 게임을 처리한다. 이때 순서는 상관없다.

이번 예제에서 함수 계층은 단 두 개의 레벨로만 구성돼 있다. 하지만 복잡한 애플리케이션이라면 더 많은 레벨에서 매개변수를 도입해야 할 것이다.

참고 사항

- '부분 함수로 매개변수의 순서를 선택하는 방법' 레시피에서는 이번 레시피의 개념을 확장한다.
- 이번 레시피의 선택적 매개변수는 변경 불가능한 객체인 숫자였다. 4장에서는 내부 상태를 변경할 수 있는 객체(변경 가능한 객체)의 개념을 설명하고, '함수 매개변수의 기본값으로 변경 가능 객체를 피하는 방법' 레시피에서는 변경 가능한 객체를 선택적 매개변수의 값으로 갖는 함수를 설계할 때의 고려 사항들을 알아본다.

매우 유연한 키워드 매개변수를 사용하는 방법

이미 알고 있는 값들을 사용해 한 개의 미지수를 구하는 간단한 방정식을 풀어야 할 때가 있다. 예를 들어 속도, 시간, 거리는 단순한 선형 관계로서, 그중 두 개의 값이 주어지면 나머지 한 개는 언제든지 알아낼 수 있다. 이때 사용되는 방정식은 다음과 같다.

- $d = r \times t$
- $r = d/t$
- $t = d/r$

전기 회로를 설계할 때도 이와 비슷하게 옴의 법칙을 따르는 방정식들이 사용된다. 저항, 전류, 전압이 방정식을 구성한다.

어떤 경우에는 이미 알고 있는 값과 알지 못하는 값을 바탕으로 세 개의 식 중 하나를 계산할 수 있는 간단하고 빠른 소프트웨어를 구현하고 싶을 때가 있다. 즉, 일반적인 대수학 프레임워크를 사용하지 않고 세 개의 식을 한 개의 간단하고 효율적인 함수로 구현하는 것이 목표다.

준비

지금부터 두 개의 값이 주어졌을 때 나머지 한 개의 값을 구할 수 있는 RTD[Rate-Time-Distance], 즉 속도-시간-거리 계산을 수행하는 함수를 작성할 것이다. 변수 이름을 조금 변경하기만 하면, 이 함수는 놀라울 정도로 많은 수의 현실 세계 문제에 적용될 수 있다.

답이 반드시 한 개의 값일 필요는 없다. 예를 들어 세 개의 값을 포함하는 파이썬 딕셔너리를 생성하도록 이 기법을 일반화할 수도 있다. 딕셔너리에 대해서는 4장에서 자세히 설명한다.

문제가 발생했을 때는 예외를 발생시키는 대신에 warning 모듈을 사용할 것이다.

```
>>> import warnings
```

가끔은 문제가 발생했을 때 프로그램을 중단시키는 것보다 이처럼 일단 결과를 출력하는 것이 도움이 된다.

예제 구현

미지수의 값을 얻기 위해 방정식을 풀자. RTD 방정식 $d=r*t$는 이미 설명했다.

1. RTD 방정식은 세 개의 식으로 나타낼 수 있다.

- 거리 = 속도 * 거리
- 속도 = 거리 / 시간
- 시간 = 거리 / 속도

2. 미지수에 따라 세 개의 식을 if문으로 감싼다.

```
if distance is None:
    distance = rate * time
elif rate is None:
    rate = distance / time
elif time is None:
    time = distance / rate
```

3. if...elif 체인의 설계 방법에 관해서는 2장의 '복잡한 if...elif 체인을 설계하는 방법' 레시피를 참조한다. 문제 발생 시 경고 메시지를 출력하는 코드는 else 절에 포함시킨다.

```
else:
    warnings.warning( "미지수가 존재하지 않음" )
```

4. 결과 값으로서 딕셔너리 객체를 생성한다. vars() 내장 함수를 사용해 지역 변수들을 모두 딕셔너리로 내보내도 될 때가 있다. 하지만 포함시키면 안 되는 지역

변수가 있을 경우는 딕셔너리를 명시적으로 생성해야 한다.

```
return dict(distance=distance, rate=rate, time=time)
```

5. 키워드 매개변수들을 사용해 한 개의 함수로 감싼다.

```
def rtd(distance=None, rate=None, time=None):
    if distance is None:
        distance=rate*time
    elif rate is None:
        rate=distance / time
    elif time is None:
        time=distance / rate
    else:
        warnings.warning( "미지수가 존재하지 않음" )
    return dict(distance=distance, rate=rate, time=time)
```

다음과 같이 이 함수를 사용할 수 있다.

```
>>> def rtd(distance=None, rate=None, time=None):
...     if distance is None:
...         distance=rate*time
...     elif rate is None:
...         rate=distance / time
...     elif time is None:
...         time=distance / rate
...     else:
...         warnings.warning( "Nothing to solve for" )
...     return dict(distance=distance, rate=rate, time=time)
>>> rtd(distance=31.2, rate=6)
{'distance': 31.2, 'time': 5.2, 'rate': 6}
```

6노트의 속도로 31.2해리를 가려면 5.2시간이 걸린다는 것을 알 수 있다.

좀 더 예쁘게 출력하기 위해 다음과 같이 가공할 수도 있다.

```
>>> result= rtd(distance=31.2, rate=6)
>>> ('At {rate}kt, it takes '
...'{time}hrs to cover {distance}nm').format_map(result)
'At 6kt, it takes 5.2hrs to cover 31.2nm'
```

문자열 포매팅 방법은 1장의 '"template".format()으로 문자열을 생성하는 방법' 레시피를 참조한다.

예제 분석

매개변수에 모두 기본값이 지정돼 있기 때문에 세 개 중 두 개의 인수 값을 제공하면 나머지 세 번째 매개변수의 값이 계산될 수 있다. 따라서 세 개의 함수를 별도로 작성할 필요는 없다.

함수의 결과 값을 반드시 딕셔너리 타입으로 반환해야 하는 것은 아니다. 하지만 어떤 인수 값이 제공되든 일관된 결과를 얻을 수 있기 때문에 편리하다.

부연 설명

더욱 유연한 처리가 가능한 다른 대안도 있다. 매개변수 앞에 **를 접두어로 사용하면, 다른 키워드 매개변수 전부를 의미한다. 예를 들면 다음과 같이 사용할 수 있다.

```
def rtd2(distance, rate, time, **keywords):
    print(keywords)
```

다른 추가적인 키워드 인수들은 `**keywords` 매개변수로 제공되는 딕셔너리에 포함된다. 이제, 이 함수를 추가적인 매개변수들과 함께 실행할 수 있다. 예를 들면 다음과 같다.

```
rtd2(rate=6, time=6.75, something_else=60)
```

`keywords` 매개변수의 값은 `{'something_else': 60}` 딕셔너리 객체며, 딕셔너리 객체이므로 딕셔너리 자료 구조에 대해 사용할 수 있는 다양한 처리 기법들을 이용할 수 있다. 이 딕셔너리의 키와 값은 함수 실행 시에 제공된 인수의 이름과 값이다.

이 사실을 활용해 모든 인수를 키워드 인수로서 제공되도록 만들 수 있다.

```
def rtd2(**keywords):
    rate= keywords.get('rate', None)
    time= keywords.get('time', None)
    distance= keywords.get('distance', None)
    etc.
```

딕셔너리의 get() 메소드를 사용해 딕셔너리 내에서 특정 키를 찾는다. 해당 키를 찾을 수 없으면 None을 기본값으로 지정한다.

(get() 메소드는 기본적으로 None을 기본값으로서 반환한다. 따라서 위 코드는 불필요한 코드를 포함하고 있다. 상황에 따라서는 None이 아닌 다른 기본값을 지정해야 할 때도 있다.)

이 기법은 유연성 측면에서 우수하지만, 실제 매개변수의 이름을 식별하기 어렵다는 단점도 있다.

'함수의 문서화 문자열에 RST 마크업을 사용하는 방법' 레시피에서 설명한 내용을 따르면 좋은 문서화 문자열을 제공할 수 있다. 하지만 문서화를 통한 암묵적인 방법보다 이처럼 파이썬 코드의 일부로서 명시적으로 매개변수 이름을 제공하는 편이 더 나을 수 있다.

참고 사항

- '함수의 문서화 문자열에 RST 마크업을 사용하는 방법' 레시피에서 함수의 문서화에 대해 자세히 설명한다.

* 구분자로 키워드 전용 인수를 지정하는 방법

함수 정의에 위치 매개변수가 너무 많이 들어있을 때가 가끔 있다. 예를 들어 '선택적 매개변수를 갖는 함수를 설계하는 방법' 레시피를 따라 함수를 정의했더니 매개변수가 너무 많이 포함돼서 헛갈릴 수도 있다.

일반적으로, 매개변수가 네 개를 넘으면 함수를 이해하기가 쉽지 않다고 여겨진다. 전통적으로 대부분의 수학 계산은 한 개 혹은 두 개의 매개변수를 갖는 함수를 사용하며, 세 개 이상의 피연산자를 사용하는 경우는 흔치 않다.

단적으로 말해서 함수의 매개변수 순서를 기억하기 어렵다면 그 함수는 매개변수가 너무 많은 것이다.

준비

매개변수를 많이 사용하는 함수를 작성해보자. 이 함수는 체감 온도 테이블을 생성하고, 이 데이터를 CSV 포맷의 파일에 기록한다.

이 함수는 기온의 범위, 풍속의 범위, 그리고 생성하고자 하는 출력 파일에 관한 정보를 필요로 한다. 꽤 많은 매개변수가 필요한 셈이다.

체감 온도를 구하는 식은 다음과 같다.

$$T_{wc}(T_a, V) = 13.12+0.6215T_a-11.37V^{0.16}+0.3965TaV^{0.16}$$

체감 온도 T_{wc}는 기온 T_a(단위는 섭씨)와 풍속 V(단위는 KPH)에 따라 정해진다.

미국식 도량형을 사용한다면 다음과 같은 단위 변환이 필요하다.

- 화씨(℉)를 섭씨(℃)로 변환: C=5(F−32)/9
- MPH(V_m)를 KPH(V_k)로 변환: $V_k=V_m \times 1.609344$
- 결과 값을 다시 섭씨(℃)에서 화씨(℉)로 변환: F=32+C(9/5)

이러한 변환 과정은 예제 코드에 포함되지 않는다. 따라서 독자 여러분이 직접 연습 문제로서 풀어보길 바란다.

체감 온도 테이블은 다음과 같이 생성할 수 있다.

```
import pathlib

def Twc(T, V):
    return 13.12 + 0.6215*T - 11.37*V**0.16 + 0.3965*T*V**0.16

def wind_chill(start_T, stop_T, step_T,
    start_V, stop_V, step_V, path):
    """체감 온도 테이블"""
    with path.open('w', newline='') as target:
        writer= csv.writer(target)
        heading=[None]+list(range(start_T, stop_T, step_T))
        writer.writerow(heading)
        for V in range(start_V, stop_V, step_V):
            row = [V] + [Twc(T, V)
                for T in range(start_T, stop_T, step_T)]
            writer.writerow(row)
```

먼저, `with` 컨텍스트를 사용해 출력 파일을 열었다. 2장의 'with문으로 컨텍스트를 관리하는 방법' 레시피를 따른 것이다. 이 컨텍스트 내에서 CSV 파일 기록을 위한 객체를 생성했는데, 이에 대한 자세한 설명은 9장을 참조한다.

`[None]+list(range(start_T, stop_T, step_T))`는 제목 행을 작성하며, 리스트 상수 및 리스트를 생성하는 제네레이터식을 포함하고 있다. 리스트에 대해서는 4장을, 제네레이터식에 대해서는 8장을 참조하자.

`[Twc(T, V) for T in range(start_T, stop_T, step_T)]` 제네레이터식은 테이블의 각 셀을 생성한다. 이것은 리스트 객체를 생성하는 컴프리헨션comprehension(내포) 구문으로서, 이 리스트의 값들은 체감 온도 계산 함수 `Twc()`에 의해 계산된다. 풍속은 테이블의 행을 바탕으로, 기온은 테이블 내의 열을 바탕으로 제공된다.

이 코드의 `def` 행은 문제가 있다. 너무 복잡한 것이다.

이렇게 복잡해진 이유는 wind_chill() 함수가 일곱 개나 되는 위치 매개변수를 갖고 있기 때문이다. 이 함수를 실제로 사용하려면 다음과 같이 호출해야 한다.

```
import pathlib
p=pathlib.Path('code/wc.csv')
wind_chill(0,-45,-5,0,20,2,p)
```

이 숫자들은 다 무엇일까? 이 숫자들의 의미를 쉽게 이해할 수 있도록 뭔가 할 수 있는 일은 없을까?

예제 구현

매개변수가 많을 때는 위치 인수보다 키워드 인수가 더 효과적이다.

파이썬 3에는 키워드 인수 사용을 강제하는 기법이 있다. 두 개의 매개변수 그룹 사이에 *를 구분자로서 사용하는 것이다.

1. * 앞에는 위치 인수와 키워드 인수가 모두 올 수 있다. 이번 예제에서는 이러한 매개변수가 없다.
2. * 뒤에는 키워드로 이름이 부여된 인수만이 올 수 있다. 이번 예제의 인수는 모두 이에 속한다.

이번 예제의 함수를 다음과 같이 정의할 것이다.

```
def wind_chill(*, start_T, stop_T, step_T, start_V, stop_V, step_V, path):
```

이렇게 함수를 정의한 후 위치 인수를 사용해 이 함수를 실행하면 다음과 같은 오류 메시지가 나타난다.

```
>>> wind_chill(0,-45,-5,0,20,2,p)
Traceback(most recent call last):
  File "<stdin>", line 1, in <module>
TypeError: wind_chill() takes 0 positional arguments but 7 were given
```

그 대신에 다음과 같이 실행해야만 한다.

```
wind_chill(start_T=0, stop_T=-45, step_T=-5,
    start_V=0, stop_V=20, step_V=2,
    path=p)
```

이처럼 키워드 매개변수를 강제하면, 함수를 실행할 때마다 그 의미가 분명하게 문장을 작성할 수밖에 없다.

예제 분석

함수 정의에서 * 문자는 다음과 같이 두 개의 의미를 가질 수 있다.

- 접두어로서 사용될 때: 매칭되지 않는 위치 인수 전부를 받아들이는 특수한 매개변수의 접두어로서 사용된다. 가장 대표적인 것이 *args로서 모든 위치 인수들이 args라는 한 개의 매개변수에 저장된다.
- 단독으로 사용될 때: 위치 매개변수가 허용되는 그룹과 키워드 매개변수만 허용되는 그룹을 분리하는 구분자로서 사용된다.

print() 함수는 * 구분자가 사용되는 예다. 출력 파일, 필드 구분자 문자열, 줄 바꿈 문자열에 대한 세 개의 키워드 전용 매개변수를 갖고 있다.

부연 설명

이 기법을 매개변수의 기본값과 함께 사용할 수 있다. 예를 들어 다음과 같이 wind_chill() 함수를 변형할 수 있다.

```
import sys
def wind_chill(*, start_T, stop_T, step_T, start_V, stop_V, step_V, output=sys.
stdout):
```

그리고 두 가지 방법으로 이 함수를 사용할 수 있다.

- 체감 온도 테이블을 화면에 출력

```
wind_chill(
    start_T=0, stop_T=-45, step_T=-5,
    start_V=0, stop_V=20, step_V=2)
```

- 체감 온도 테이블을 파일에 기록

```
path = pathlib.Path("code/wc.csv")
with path.open('w', newline='') as target:
    wind_chill(output=target,
        start_T=0, stop_T=-45, step_T=-5,
        start_V=0, stop_V=20, step_V=2)
```

조금 일반적인 접근 방법을 사용했다. '선택적 매개변수를 갖는 함수를 설계하는 방법' 레시피를 참조하자.

참고 사항

- '부분 함수로 매개변수의 순서를 선택하는 방법' 레시피에서도 이 기법이 응용된다.

함수의 매개변수에 명시적으로 타입을 지정하는 방법

파이썬 언어는 함수(그리고 클래스)를 정의할 때 100% 포괄적으로 자료형을 지정할 수 있다. 다음 함수를 보자.

```
def temperature(*, f_temp=None, c_temp=None):
    if c_temp is None:
        return {'f_temp': f_temp, 'c_temp': 5*(f_temp-32)/9}
    elif f_temp is None:
        return {'f_temp': 32+9*c_temp/5, 'c_temp': c_temp}
    else:
        raise Exception("논리 설계에 문제 있음")
```

이 함수 정의는 이번 장의 '매우 유연한 키워드 매개변수를 사용하는 방법' 레시피, '* 구분자로 키워드 전용 인수를 지정하는 방법' 레시피, 그리고 2장의 '복잡한 if...elif 체인을 설계하는 방법' 레시피를 따른 것이다.

이 함수는 인수 값이 어떤 숫자 자료형이든 동작한다. +, -, *, / 연산자를 구현하는 자료구조라면 뭐든 상관없다.

하지만 이처럼 포괄적인 정의 대신에 자료형을 확실히 선언하고 싶을 때가 있다. 그렇다고 해서 다음과 같은 코드를 수없이 작성하는 것도 바람직하지 않다.

```
from numbers import Number
def c_temp(f_temp):
    assert isinstance(F, Number)
    return 5*(f_temp-32)/9
```

assert문으로 인해 실행 속도가 느려지며, 명백한 사실을 다시 서술하는 것이므로 프로그램이 지저분해진다.

게다가 테스트 목적으로 문서화 문자열을 사용할 수 없다. 다음의 문서화 문자열을 보자.

```
def temperature(*, f_temp=None, c_temp=None):
    """화씨 온도와 섭씨 온도 간의 변환

    :key f_temp: 화씨 온도.
    :key c_temp: 섭씨 온도.
    :returns: 두 개의 키를 갖는 딕셔너리:
   :f_temp: 화씨 온도.
   :c_temp: 섭씨 온도.
    """
```

이 문서화 문자열은 실제로 코드와 일치하는지 확인할 수 있는 자동화 테스트가 불가능하며, 문서화 내용과 코드가 서로 일치하지 않을 수 있다.

지금 우리는 테스트 및 확인을 위해 자료형에 대한 정보가 필요하지만 실행 속도가 떨어지는 것은 원하지 않는다. 어떻게 유의미한 타입 힌트를 제공할 수 있을까?

준비

temperature( ) 함수를 새롭게 구현할 것이다. 두 개의 모듈이 필요한데, 매개변수 및 반환 값의 자료형에 대한 정보를 제공하기 위한 것이다.

```
from typing import *
```

typing 모듈 전체를 임포트할 것이다. 타입 힌트를 간결하게 제공하기 위함이며, 예를 들어 typing.List[str]과 같이 작성하는 것은 번거롭기 때문이다. 모듈 이름은 생략하는 편이 낫다.

또한 mypy의 최신 버전을 설치해야 한다. mypy 프로젝트는 개발 속도가 빠르다. pip를 사용해 PyPI로부터 복사본을 얻어오는 것보다 깃허브(https://github.com/JukkaL/mypy) 저장소에서 최신 버전을 직접 다운로드하는 편이 낫다.

이 글을 쓰는 현재, PyPI의 mypy의 최신 버전은 파이썬 3.5와 호환되지 않으므로 파이썬 3.5를 사용 중이라면 깃허브로부터 직접 설치해야 한다고 알려져 있다.

```
$ pip3 install git+git://github.com/JukkaL/mypy.git
```

mypy는 파이썬 프로그램을 분석해 타입 힌트가 실제 코드와 일치하는지 알아낼 수 있다.

예제 구현

파이썬 3.5는 타입 힌트type hint 기능을 도입했다. 타입 힌트는 함수의 매개변수, 함수의 반환 값, 타입 힌트 주석, 이렇게 세 곳에서 사용될 수 있다.

1. 다양한 자료형의 숫자를 포함하는 자료형을 정의한다.

    ```
    from decimal import Decimal
    from typing import *
    Number = Union[int, float, complex, Decimal]
    ```

numbers 모듈의 Number 추상 클래스를 사용할 수 있으면 가장 좋겠지만, 현재 이 모듈은 정형화된 자료형 명세를 제공하지 않기 때문에 Number 자료형을 직접 정의한 것이다. Numbers 자료형은 몇 가지 숫자 자료형들의 합집합으로서 정의됐다. mypy 혹은 파이썬 언어의 이후 버전에서는 이 자료형이 내장되길 바란다.

2. 함수의 인수에 다음과 같이 타입 힌트를 작성한다.

```
def temperature(*,
    f_temp: Optional[Number]=None,
    c_temp: Optional[Number]=None):
```

:과 타입 힌트를 매개변수의 일부로서 추가했다. 자체 정의한 Number 자료형은 임의의 숫자 자료형이 허용됨을 의미한다. Optional[]로 감쌌으므로 인수 값은 Number 혹은 None 타입이라는 뜻이다.

3. 함수의 반환 값에 대한 타입 힌트를 작성한다.

```
def temperature(*,
    f_temp: Optional[Number]=None,
    c_temp: Optional[Number]=None) -> Dict[str, Number]:
```

이 함수의 반환 값을 나타내기 위해 ->와 타입 힌트를 추가했다. 반환 값은 딕셔너리 객체로서, 키는 문자열 str이고 값은 Number 자료형의 숫자다.

Dict는 typing 모듈에 들어있는 타입 힌트 이름으로서 함수의 결과 값을 설명하고 있다. 실제로 객체를 생성하는 dict 클래스와는 다르다. typing.Dict는 단지 정보(힌트)일 뿐이다.

4. 필요하다면, 대입문과 with문에도 타입 힌트를 주석으로서 추가할 수 있다. 그다지 필요할 때가 많지 않지만, 문장이 매우 길고 복잡할 경우는 그 의미를 분명히 나타낼 수 있는 장점이 있다. 실제 예는 다음과 같다.

```
result = {'c_temp': c_temp,
    'f_temp': f_temp} # type: Dict[str, Number]
```

딕셔너리 개체를 생성하는 문장에 # type: Dict[str, Number]를 추가했다.

예제 분석

이번 레시피에서 작성했던 자료형에 관한 정보를 타입 힌트라고 부른다. 타입 힌트는 컴파일 과정이나 실행 과정에서 검사되지 않는다.

타입 힌트를 사용하는 것은 별도의 프로그램인 mypy다. 자세한 설명은 http://mypy-lang.org를 참조한다.

mypy 프로그램은 타입 힌트를 포함해 파이썬 코드를 검사한다. 정형화된 추론 기법을 적용해 파이썬 프로그램이 처리하는 데이터에 대해 타입 힌트가 true인지 판단한다.

복잡한 프로그램일 경우 mypy가 출력하는 결과에는 코드 자체 또는 타입 힌트로 인한 잠재적 문제점을 기술하는 경고 및 오류 메시지들이 포함된다.

실수하기 쉬운 예를 하나 들어보자. 다음 함수에서 반환 값에 대한 타입 힌트는 한 개의 숫자를 반환하는 것으로 돼 있지만 실제로 반환되는 것은 딕셔너리 객체다.

```
def temperature_bad(*,
    f_temp: Optional[Number]=None,
    c_temp: Optional[Number]=None) -> Number:

    if c_temp is None:
        c_temp=5*(f_temp-32)/9
    elif f_temp is None:
        f_temp=32+9*c_temp/5
    else:
        raise Exception( "논리 설계 문제" )
    result={'c_temp': c_temp,
        'f_temp': f_temp} # type: Dict[str, Number]
    return result
```

mypy를 실행하면 다음과 같은 출력을 볼 수 있다.

```
ch03_r04.py: note: In function "temperature_bad":
ch03_r04.py:37: error: Incompatible return value type:
     expected Union[builtins.int, builtins.float, builtins.complex, decimal.
```

```
Decimal],
    got builtins.dict[builtins.str,
    Union[builtins.int, builtins.float, builtins.complex, decimal.Decimal]]
```

오류 메시지에서 Number가 Union[builtins.int, builtins.float, builtins.complex, decimal.Decimal]로 확장된 것을 볼 수 있다. 더 중요한 것은 37행의 return문이 함수 정의와 일치하지 않는다는 점이다.

따라서 return문이나 함수 정의 중 하나를 수정해서 예상 타입과 실제 타입을 일치시켜야 한다. 둘 중에서 어느 것이 올바른지는 분명하지 않다. 다음의 둘 중 하나가 원래 의도일 것이다.

- 계산이 끝난 후 한 개의 값을 반환한다: 어느 값이 계산됐는지에 따라 두 개의 return문이 필요할 것이다. 딕셔너리 객체를 생성할 이유는 없다.
- 딕셔너리 객체를 반환한다: def문에서 반환 값의 타입 힌트를 수정해야 한다. 프로그램 내의 (temperature 함수가 Number 인스턴스를 반환할 것으로 예상하는) 다른 함수에 미치는 영향을 검토해야 한다.

매개변수와 반환 값에 추가되는 타입 힌트는 실행 시에 실질적인 영향을 미치지 않으며, 소스 코드가 처음 바이트 코드로 컴파일될 때 아주 약간의 비용이 들 뿐이다. 타입 힌트는 힌트에 불과하기 때문이다.

부연 설명

내장 자료형들을 조합해 복잡한 자료 구조를 생성할 때가 있다. 예를 들어 다음 딕셔너리는 세 개의 정수로 이뤄진 튜플을 문자열 리스트로 매핑하고 있다.

```
a = {(1, 2, 3):['Poe', 'E'],
     (3, 4, 5):['Near', 'a', 'Raven'],
    }
```

이 자료 구조가 함수의 반환 값일 경우, 이를 어떻게 기술할 수 있을까?

이 자료 구조의 각 구성 요소를 기술하는 타입 표현식을 다음과 같이 작성할 수 있다.

```
Dict[Tuple[int, int, int], List[str]]
```

`Tuple[int, int, int]` 키를 `List[str]` 값으로 매핑하는 딕셔너리를 의미하며, 내장 자료형들을 조합해서 복잡한 자료 구조를 생성하는 경우에 해당한다.

세 개의 정수로 이뤄지는 튜플은 RGB 색상을 표현할 때 실제로 많이 사용된다. 그리고 문자열 리스트는 공백을 기준으로 구분된 단어들을 포함하는 텍스트 행을 나타낼 때 자주 쓰인다.

따라서 다음과 같이 나타낼 수 있을 것이다.

```
Color=Tuple[int, int, int]
Line=List[str]
Dict[Color, Line]
```

이처럼 애플리케이션 고유의 자료형을 생성하면, 내장 컬렉션 자료형들을 사용해 어떤 처리가 수행되는지 분명하게 나타낼 수 있다는 장점이 있다.

참고 사항

- 타입 힌트에 대한 자세한 설명은 https://www.python.org/dev/peps/pep-0484/를 참조한다.
- `mypy` 프로젝트에 대해서는 https://github.com/JukkaL/mypy를 참조한다.
- `mypy`가 파이썬 3에서 어떻게 동작하는지는 http://www.mypy-lang.org를 참조한다.

부분 함수로 매개변수의 순서를 선택하는 방법

복잡한 함수를 사용하다 보면 어떤 패턴이 발견될 때가 있다. 예를 들어 어떤 인수는 상황에 따라 고정된 값이 사용되고 다른 인수는 그때그때 다른 값이 사용되는 것이다.

이런 특징이 프로그램 설계에 반영된다면 프로그래밍을 단순화할 수 있다. 지금은 자주 쓰이는 매개변수를 그렇지 않은 매개변수보다 쉽게 다룰 수 있는 방법을 찾고자 한다. 또한 더 큰 맥락의 일부인 매개변수를 반복적으로 사용하는 것도 원하지 않는다.

준비

이번 레시피에서는 하버사인 공식을 사용한다. 이 공식은 위도와 경도 좌표를 사용해 지구 표면상의 두 개 점 사이의 거리를 계산한다.

$$a = \sin^2\left(\frac{lat_2 - lat_1}{2}\right) + \cos(lat_1)\cos(lat_2)\sin^2\left(\frac{lat_2 - lat_1}{2}\right)$$

$$c = 2arc\, sin(\sqrt{a})$$

결과 값 c는 두 지점 사이의 중심각으로서 단위는 라디안이다. 이 c 값에 지구의 평균 반지름을 곱하면 두 지점 사이의 거리를 얻을 수 있다. 예를 들어 c에 지구 반지름 3,959마일을 곱하면, 마일 단위의 거리가 얻어질 것이다.

다음과 같이 이 함수를 구현할 수 있다. 타입 힌트가 포함된 것에 주의하자.

```
from math import radians, sin, cos, sqrt, asin

MI= 3959
NM= 3440
KM= 6372

def haversine(lat_1: float, lon_1: float,
    lat_2: float, lon_2: float, R: float) -> float:
```

```
    """두 지점 간의 거리

    R은 지구의 반지름
    MI는 마일, NM은 해리, KM은 킬로미터 단위

>>> round(haversine(36.12, -86.67, 33.94, -118.40, R=6372.8), 5)
2887.25995
    """
    Δ_lat=radians(lat_2) - radians(lat_1)
    Δ_lon=radians(lon_2) - radians(lon_1)
    lat_1=radians(lat_1)
    lat_2=radians(lat_2)

    a = sin(Δ_lat/2)**2+cos(lat_1)*cos(lat_2)*sin(Δ_lon/2)**2
    c = 2*asin(sqrt(a))

    return R*c
```

이번 예제의 지구 반지름은 소수점 이하 값을 포함하고 있다. 이것은 다른 온라인 예제들과 일치시키기 위한 것이다.

지구는 완전한 구형이 아니다. 적도 부근에서 지구 반지름은 6,378.1370km지만, 극지방에서는 6,356.7523km다. 이번 예제의 값은 일반적으로 쓰이는 근삿값이다.

문제는 이 프로그램을 특정 상황에서 사용할 경우 R에 항상 동일한 값을 제공한다는 점이다. 예를 들어 항해 목적으로 사용할 경우 (거리 단위로서 해리를 사용하므로) 언제나 R=NM으로 R 값을 제공할 것이다.

인수에 일관된 값을 제공하는 방법은 두 가지다. 이번 레시피에서는 두 가지 방법 모두 살펴볼 것이다.

예제 구현

어떤 경우에는 전체적인 맥락에 따라 매개변수의 값이 정해지고 그 값이 거의 달라지지 않는다. 이런 경우를 위해 인수에 일관된 값을 제공하는 몇 가지 방법이 있다. 함수를 다른 함수 내부로 감싸는 방법을 포함해서 다음과 같은 방법을 사용할 수 있다.

- 함수를 새로운 함수 내부로 감싼다.
- 부분 함수를 생성한다. 다시 두 가지로 나눌 수 있다.
  - 키워드 매개변수를 제공한다.
  - 위치 매개변수를 제공한다.

이 방법들을 하나씩 살펴보자.

함수 감싸기

특정 맥락 용도의 래퍼wrapper 함수로 기존 함수를 감싸서 맥락에 맞는 값을 제공할 수 있다.

1. 위치 매개변수와 키워드 매개변수를 구분한다. 맥락과 관련된 기능(거의 달라지지 않는 것)을 키워드 매개변수로 지정하고, 상대적으로 자주 변경되는 것은 위치 매개변수로 지정한다. '* 구분자로 키워드 전용 인수를 지정하는 방법' 레시피의 내용을 따르면 된다. haversine 함수를 다음과 같이 변경한다.

   ```
   def haversine(lat_1: float, lon_1: float,
       lat_2: float, lon_2: float, *, R: float) -> float:
   ```

   * 구분자는 매개변수들을 두 개의 그룹으로 구분한다. 첫 번째 그룹은 위치 매개변수와 키워드 전용 매개변수가 모두 가능하지만, 두 번째 그룹(여기서는 R)은 키워드 매개변수만 가능하다.

2. 래퍼 함수를 작성한다. 이 래퍼 함수는 위치 인수들은 그대로 적용하지만, 맥락과 관련되는 키워드 인수를 추가로 제공한다.

```
def nm_haversine(*args):
    return haversine(*args, R=NM)
```

*args를 사용해 모든 위치 인수들을 한 개의 튜플인 args로 입력받는다. 이렇게 입력받은 *args는 haversine( ) 함수를 호출할 때도 그대로 사용되면서 위치 인수 값들을 제공하는 역할을 하고 있다.

키워드 매개변수로 부분 함수 작성하기

부분 함수는 인수 값 중에 일부가 제공되는 함수를 의미한다. 부분 함수가 호출되면, 이미 제공된 매개변수와 추가적인 매개변수가 함께 사용된다. 래퍼 함수 사용 시와 비슷하게 키워드 매개변수를 사용할 수 있다.

1. '* 구분자로 키워드 전용 인수를 지정하는 방법' 레시피대로 haversine 함수를 다음과 같이 변경한다.

```
def haversine(lat_1: float, lon_1: float,
    lat_2: float, lon_2: float,*, R: float) -> float:
```

2. 키워드 매개변수를 사용해 부분 함수를 작성한다.

```
from functools import partial
nm_haversine = partial(haversine, R=NM)
```

partial( ) 함수는 기존 함수 및 제공되는 인수 값으로부터 새로운 함수를 생성한다. nm_haversine( ) 함수는 특정 R 값이 제공된 함수가 된다.

이 함수는 일반적인 함수처럼 사용할 수 있다.

```
>>> round(nm_haversine(36.12, -86.67, 33.94, -118.40), 2)
1558.53
```

결과 값의 단위는 해리다. 이제 haversine( ) 함수를 실행할 때 인수의 값이 R=NM인지 확인할 필요가 없다.

위치 매개변수로 부분 함수 작성하기

부분 함수는 인수 값 중에 일부가 제공되는 함수를 의미한다. 부분 함수를 실행할 때 추가 매개변수를 제공해야 하는데, 이때 위치 매개변수를 사용할 수 있다.

위치 매개변수를 사용할 때는 partial() 정의 내에 있는 가장 좌측의 매개변수 값만 제공할 수 있다. 따라서 함수로 전달되는 처음 몇 개의 인수들은 부분 함수 혹은 래퍼 함수에 의해 숨겨진 것으로 간주할 수 있다.

1. haversine 함수를 다음과 같이 변경한다.

   ```
   def haversine(R: float, lat_1: float, lon_1: float,
       lat_2: float, lon_2: float) -> float
   ```

2. 위치 매개변수를 사용해 부분 함수를 작성한다.

   ```
   from functools import partial
   nm_haversine = partial(haversine, NM)
   ```

   partial() 함수는 기존 함수와 전달받은 인수 값으로부터 새로운 함수를 작성한다. 따라서 nm_haversine() 함수는 첫 번째 매개변수 R에 특정한 값을 이미 갖고 있다.

이 함수는 일반적인 함수를 사용하는 것과 똑같이 사용할 수 있다.

```
>>> round(nm_haversine(36.12, -86.67, 33.94, -118.40), 2)
1558.53
```

해리 단위로 결과 값이 얻어졌다. 이제 haversine() 함수를 실행할 때마다 R=NM 인수가 사용됐는지 검사할 필요가 없어졌다.

예제 분석

부분 함수는 본질적으로 래퍼 함수와 똑같다. 부분 함수는 코드의 양을 줄일 수 있다는 특징도 있지만, 그보다 프로그램 내의 어느 곳에서든 자유롭게 부분 함수를 생성할 수 있다는 점이 중요하다. 굳이 def문을 사용할 필요가 없다.

다만, 부분 함수를 작성할 때는 위치 인수의 순서와 관련해서 신중을 기해야 한다.

- *args는 가장 마지막에 와야 하며, 파이썬 언어 명세의 요구 사항이다. *args 앞의 매개변수들은 구체적으로 식별될 수 있지만, 나머지는 전부 익명 매개변수로서 일괄 전달될 것이다.
- 부분 함수를 생성할 때는 가장 좌측의 위치 매개변수가 값을 전달하기에 가장 쉽다.

이러한 이유들로 인해 가장 좌측의 인수가 맥락과 가장 관련이 깊은, 즉 변경될 가능성이 거의 없는 값이 제공된다. 반면에 가장 우측의 매개변수는 세부 정보로서 자주 바뀌는 값이다.

부연 설명

함수를 감싸는 세 번째 방법으로서 람다lambda 객체를 생성할 수 있다. 코드는 다음과 같다.

```
nm_haversine = lambda *args: haversine(*args, R=NM)
```

람다 객체는 이름과 본문이 제거된 함수라고 말할 수 있다. 즉, 다음의 두 가지 필수 요소로 축약된 함수다.

- 매개변수 목록
- 결과 값을 반환하는 표현식

람다 객체는 문장을 포함할 수 없다. 문장이 필요하다면 def문을 사용해 이름과 본문을 포함하는 함수 정의를 작성해야 한다.

참고 사항

- '스크립트 라이브러리 전환으로 재사용 가능한 스크립트를 작성하는 방법' 레시피에서 이번에 배운 설계 기법을 확장할 것이다.

함수의 문서화 문자열에 RST 마크업을 사용하는 방법

함수가 무슨 일을 하는지 명료하게 문서화하려면 어떻게 해야 할까? 예제를 포함시킬 수 있을까? 물론 할 수 있다. 그리고 그렇게 해야 한다. 2장의 '설명과 문서화를 포함하는 방법' 레시피와 '문서화 문자열에 RST 마크업을 효과적으로 사용하는 방법' 레시피에서 문서화를 설명할 때, 모듈의 문서화 문자열에 RST를 사용하는 방법을 소개했었다.

이번에는 함수의 문서화 문자열에 RST를 사용하는 방법을 알아보자. 스핑크스Sphinx 등의 도구를 사용하면, 함수에 포함된 문서화 문자열은 함수의 동작을 설명하는 우아한 문서로 변환할 수 있다.

준비

'* 구분자로 키워드 전용 인수를 지정하는 방법' 레시피에서 많은 수의 매개변수를 갖는 함수와 단 두 개의 매개변수만을 갖는 함수를 사용한 바 있다.

그중에서 Twc( ) 함수를 조금 수정한 것은 다음과 같다.

```
>>> def Twc(T, V):
...     """체감 온도"""
...     if V < 4.8 or T > 10.0:
...         raise ValueError("V는 4.8kph를 넘어야 하고, T는 10°C를 넘지 않아야 한다")
...     return 13.12 + 0.6215*T - 11.37*V**0.16 + 0.3965*T*V**0.16
```

지금, 이 함수에 더 자세한 문서화를 포함시키고 싶다.

문서화의 보람을 제대로 느끼기 위해서는 스핑크스를 설치할 필요가 있다. http://www.sphinx-doc.org를 참조하자.

예제 구현

함수 문서에 포함되는 내용은 일반적으로 다음과 같다.

- 개요(시놉시스)
- 설명
- 매개변수
- 반환 값
- 예외
- 테스트 케이스
- 그 밖에 유의미한 것

지금부터 함수에 문서화를 작성해보자. 모듈의 경우와 많이 다르지 않다.

1. 개요synopsis를 작성한다. 주어로 시작할 필요는 없다. 즉 '이 함수는 체감 온도를 계산한다.' 대신에 '체감 온도를 계산한다.'라고 작성해도 된다. 명백한 사실을 굳이 서술할 이유가 없기 때문이다.

```
def Twc(T, V):
    """체감 온도를 계산한다."""
```

2. 세부 정보를 기술한다.

```
def Twc(T, V):
    """체감 온도를 계산한다.

    체감 온도 :math:`T_{wc}`는 기온 T와 풍속 V로 구할 수 있다.
    """
```

간단한 수식 타입 세팅 블록이 사용되고 있다. `:math:` 텍스트 역할은 LaTeX의 수식 타입 세팅 시스템을 사용하며, LaTeX가 설치돼 있다면 스핑크스는 이를 이용해 .png 파일을 생성한다. 스핑크스는 MathJax, JSMath 등의 자바스크립트 타입 세팅 시스템을 사용할 수도 있다.

3. 매개변수들을 설명한다. 위치 매개변수의 경우, `:param name: description`으로 작성하는 것이 일반적이다. 조금 변형해도 스핑크스는 이해할 수 있지만, 그래도 일반적인 관습을 따르는 편이 낫다.

   키워드 매개변수의 경우는 `:key name: description`을 사용한다. `param` 대신에 `key`가 사용되면 키워드 전용 매개변수를 의미한다.

   ```
   def Twc(T, V):
       """체감 온도를 계산한다.

       체감 온도 :math:`T_{wc}`는 기온 T와 풍속 V로 구할 수 있다.

       :param T: 온도(섭씨)
       :param V: 풍속(kph)
       """
   ```

   자료형 정보를 포함시키는 방법은 다음과 같이 두 가지다.

   - 파이썬 3의 타입 힌트 기능을 사용한다.
   - RST의 `:type name:` 마크업을 사용한다.

   일반적으로 두 개의 기법을 전부 사용하지는 않으며, 타입 힌트가 RST의 `:type name:` 마크업보다 낫다.

4. `:returns:`를 사용해 반환 값을 설명한다.

   ```
   def Twc(T, V):
       """체감 온도를 계산한다.

       체감 온도 :math:`T_{wc}`는 기온 T와 풍속 V로 구할 수 있다.

       :param T: 온도(섭씨)
       :param V: 풍속(kph)
       :returns: 체감 온도(섭씨)
       """
   ```

반환 값의 타입 힌트를 포함시키는 방법은 다음과 같이 두 가지다.

- 파이썬 3의 타입 힌트 기능을 사용한다.
- RST의 `:rtype:`을 사용한다.

일반적으로 두 개의 기법을 모두 사용하지는 않는다. `:rtype:` 마크업보다 타입 힌트를 사용하는 편이 낫다.

5. 발생 가능한 예외들을 식별한다. `:raises exception:` 마크업을 사용하자. 다른 방법들도 있지만, `:raises exception:` 마크업이 가장 널리 쓰이는 것 같다.

```
def Twc(T, V):
    """체감 온도를 계산한다.

    체감 온도 :math:`T_{wc}`는 기온 T와 풍속 V로 구할 수 있다.

    :param T: 온도(섭씨)
    :param V: 풍속(kph)
    :returns: 체감 온도(섭씨)
    :raises ValueError: 풍속이 4.8kph 미만이거나 기온이 10°C 이상일 때
    """
```

6. 가능하다면 doctest 테스트 케이스를 포함시킨다.

```
def Twc(T, V):
    """체감 온도를 계산한다.

    체감 온도 :math:`T_{wc}`는 기온 T와 풍속 V로 구할 수 있다.

    :param T: 온도(섭씨)
    :param V: 풍속(kph)
    :returns: 체감 온도(섭씨)
    :raises ValueError: 풍속이 4.8kph 미만이거나 기온이 10°C 이상일 때
>>> round(Twc(-10, 25), 1)
    -18.8

    """
```

7. 추가적인 메모 등을 작성한다. 예를 들면 다음과 같이 추가할 수 있다.

```
    See https://en.wikipedia.org/wiki/Wind_chill

    .. math::

        T_{wc}(T_a, V) = 13.12 + 0.6215 T_a - 11.37 V^{0.16} + 0.3965 T_
a V^{0.16}
```

체감 온도 계산법과 참조 링크들을 볼 수 있는 위키피디아 페이지의 주소를 포함시켰다.

또한 함수 내에서 사용된 LaTeX 수식과 함께 `.. math::` 지시어를 포함시켰다. 매우 가독성이 좋은 코드가 생성될 것이다.

예제 분석

문서화 문자열(닥스트링)에 관한 자세한 설명은 2장의 '설명과 문서화를 포함하는 방법' 레시피를 참조한다. 닥스트링 주석으로부터 문서화를 생성하는 도구로서 스핑크스가 널리 쓰이지만 스핑크스 이외에도 많은 도구들이 존재한다. 파이썬 표준 라이브러리의 일부인 pydoc 유틸리티도 닥스트링 주석으로부터 읽기 편한 문서화를 생성할 수 있다.

스핑크스는 docutils 패키지의 RST 처리 기능들에 의존한다. 자세한 정보는 https://pypi.python.org/pypi/docutils를 참조하자.

RST 규칙은 상대적으로 단순하다. 이번 레시피에서 소개한 기능들은 RST의 인터프리티드 텍스트 역할interpreted text role 기능을 활용한 것인데, `:param T:`, `:returns:`, `:raises ValueError:` 모두 텍스트 역할이다. RST 처리기는 이 정보들을 바탕으로 내용의 스타일과 구조를 결정한다. 스타일에는 폰트가 포함되며, 구조는 HTML의 정의 목록definition list 포맷이 많이 쓰인다.

부연 설명

함수와 클래스 간의 상호 참조를 포함시켜야 할 경우가 많다. 예를 들어, 체감 온도 테이블을 생성하는 함수의 문서화에 `Twc()` 함수에 대한 참조를 포함시켜야 한다고 하자.

스핑크스는 :func: 텍스트 역할을 사용해 이러한 상호 참조를 생성할 수 있다.

```
def wind_chill_table( ):
    """ :func:`Twc`를 사용해 기온이 -30°C ~ 10°C이고
    풍속이 5~50kph일 경우의 체감 온도 테이블을 생성한다.
    """
```

:func:`Twc`는 한 함수의 RST 문서화에서 다른 함수를 상호 참조한다. 스핑크스는 이를 하이퍼링크로 변환할 것이다.

참고 사항

- RST의 동작 방식에 관한 자세한 설명은 2장의 '설명과 문서화를 포함하는 방법' 레시피와 '문서화 문자열에 RST 마크업을 효과적으로 사용하는 방법' 레시피를 참조한다.

파이썬의 스택 제한과 관련한 재귀 함수 설계

재귀 수식을 사용하면 함수를 분명하고 간결하게 정의할 수 있는 경우들이 있다. 다음은 두 가지 예다.

계승 함수

$$n! = \begin{cases} 1 & if\ n = 0 \\ n \times (n-1)! & if\ n > 0 \end{cases}$$

피보나치 수

$$F_n = \begin{cases} 1 & if\ n = 0 \vee n = 1 \\ F_{n-1} + F_{n-2} & if\ n > 0 \end{cases}$$

이 함수들은 처음에 한 개(혹은 두 개)의 단순한 값을 정의하고, 그다음부터는 동일 함수의 다른 값을 사용해 값을 계산하고 있다.

문제는 파이썬에서 이러한 재귀 함수 정의에 제한이 있다는 점이다. 파이썬의 정수는 1000!을 표현할 수 있지만, 스택 제한 때문에 실제로 이를 계산하기는 쉽지 않다.

피보나치 수의 경우는 또 다른 문제가 있다. 수많은 값이 두 번 이상 계산되는 것이다.

$$F_5=F_4+F_3$$

$$F_5=(F_3+F_2)+(F_2+F_1)$$

....

F_5를 계산하려면 F_3을 두 번, F_2를 세 번 계산해야 한다. 이 비용은 너무 비싸다.

준비

재귀 함수는 계승 함수와 동일한 패턴으로 정의되는 경우가 많다. 이러한 패턴을 꼬리 재귀tail recursion라고도 부르는데, 함수 본문의 맨 뒤에 재귀 문장이 오기 때문이다.

```
def fact(n:int) -> int:
    if n == 0:
        return 1
    return n*fact(n-1)
```

맨 마지막 표현식은 동일 함수를 다른 인수 값으로 다시 호출하고 있다.

파이썬의 재귀 제한을 고려하면서 이 문장을 다시 기술할 수 있다.

예제 구현

꼬리 재귀는 일종의 리듀스reduction(축약) 연산이다. 여러 값들로 시작하지만 결국은 한 개의 값으로 축약되기 때문이다.

1. 규칙을 세부적으로 확장한다.

   $n! = n \times (n\text{-}1) \times (n\text{-}2) \times (n\text{-}3) \ldots \times 1$

2. $N = \{n, n\text{-}1, n\text{-}2, \ldots, 1\}$의 값들을 열거하는 루프를 작성한다.

   루프는 단순히 `range(1, n+1)`이다. 하지만 값을 그냥 사용하지 않고 다음과 같이 변환 함수를 적용하고 싶을 수도 있다.

   $N = \{f(i): 1 \le i < n+1\}$

   이 경우 루프 코드는 다음과 같이 작성할 수 있다.

   ```
   N =(f(i) for i in range(1,n+1))
   ```

3. 축약 함수를 작성한다. 계승을 계산하려면 곱셈을 수행해 곱을 구해야 하며, 이를 $\prod x$로 표기할 수 있다. 그리고 곱셈을 계산할 값의 범위를 지정한다.

   $$\prod_{1 \le x \le n+1} x$$

   파이썬 구현은 다음과 같다.

   ```
   def prod(int_iter):
       p = 1
       for x in int_iter:
           p *= x
       return p
   ```

이제 계승 함수를 다음과 같이 재작성할 수 있으며, 고계 함수들을 사용하고 있다.

```
def fact(n):
    return prod(range(1, n+1))
```

이 코드는 문제없이 동작한다. `prod()`와 `fact()` 함수를 한 개의 함수로 결합한 최적화를 한 것이다. 그런데 최적화에도 불구하고 계산 시간은 그다지 줄어들지 않는다.

timeit 모듈로 계산 시간을 비교한 결과는 다음과 같다.

최적화 전	4.7766
최적화 후	4.6901

속도 향상은 2% 정도에 그쳤다. 그다지 인상적인 변화라고는 할 수 없다.

이것은 파이썬 3의 range 객체가 지연[lazy] 계산 방식을 사용하기 때문이다. 대규모 list 객체를 미리 생성하는 것이 아니라, prod( ) 함수의 요청을 받았을 때 비로소 값을 반환한다. 이것은 파이썬 2와 달라진 점인데, 파이썬 2에서 range( ) 함수는 모든 값들을 포함하는 대규모의 list 객체를 처음부터 생성하는 즉시[eager] 계산 방식이었다. 파이썬 2에서는 xrange( ) 함수가 지연 계산 방식을 사용하는 함수였다.

예제 구현

꼬리 재귀는 짧고 기억하기 쉽다는 장점이 있다. 함수의 의미를 분명히 나타내므로 수학자들이 선호한다.

상당수의 컴파일 언어는 이번 레시피의 기법과 비슷한 방식으로 최적화된다. 최적화는 두 가지로 이뤄진다.

- 재귀 절이 가장 마지막에 배치되도록 문장들의 위치를 조정한다. 예를 들어 return fact(n-1)*n이 마지막에 배치되도록 if 절들의 순서를 재조정할 수 있다. 다음 코드의 경우 이와 같은 재배치가 필요하다.

```
def ugly_fact(n):
    if n > 0:
        return fact(n-1) * n
    elif n == 0:
        return 1
    else:
        raise Exception("논리 오류")
```

- 가상 머신의 바이트 코드(혹은 실제 기계어 코드)에 특수한 명령어를 삽입한다. 이 명령어는 새로운 스택 프레임을 생성하지 않으면서 함수를 다시 실행한다. 사실, 이 특수 명령어는 재귀를 일종의 while문으로 변환하는 것이다.

```
p = n
while n != 1:
    n = n-1
    p *=n
```

이처럼 순수하게 기계적인 변환은 다소 보기 흉한 코드를 만들어낸다. 파이썬에서 이 기능은 속도가 매우 느리다. 하지만 다른 프로그래밍 언어에서는 특수한 바이트 코드 명령어로 실행 속도가 빠른 코드가 생성될 수 있다.

나는 이러한 종류의 최적화를 선호하지 않는다. 코드가 보기 흉해지고, 더 중요한 것은 파이썬에서 오히려 실행 속도가 느려지기 때문이다.

부연 설명

피보나치 수열은 두 개의 재귀를 포함하고 있다. 단순하게 작성한 코드는 다음과 같을 것이다.

```
def fibo(n):
    if n <= 1:
        return 1
    else:
        return fibo(n-1)+fibo(n-2)
```

이 코드는 꼬리 재귀로 변환하기가 쉽지 않다. 이처럼 두 개 이상의 재귀를 포함할 때는 더 신중한 설계가 요구된다.

이 문제의 복잡성을 줄이는 두 가지 방법이 있다.

- 메모이제이션memoization을 사용한다.
- 문제를 다시 기술한다.

메모이제이션 기법은 파이썬에서 쉽게 적용할 수 있다. `functools.lru_cache()` 함수를 데코레이터로서 사용하는 것이다. 이 함수는 이전에 계산된 값을 저장해둔다. 따라서 값은 한 번만 계산되고 그 이후로는 `lru_cache()`가 앞서 계산된 값을 반환한다.

코드는 다음과 같다.

```
from functools import lru_cache

@lru_cache(128)
def fibo(n):
    if n <= 1:
        return 1
    else:
        return fibo(n-1)+fibo(n-2)
```

이처럼 데코레이터를 추가하는 것은 복잡한 다중 재귀를 간단히 최적화하는 방법이다.

문제를 다시 기술한다는 것은 문제를 새로운 관점에서 바라본다는 뜻이다. 이번 예제의 경우, F_n까지의 모든 피보나치 수를 계산하는 것으로 문제를 다시 기술할 수 있다. 그중에서 가장 마지막 값이 우리가 원하는 값이지만, 중간에 계산되는 값들도 모두 구하는 편이 더 효율적인 것이다. 다음은 이를 수행하는 제네레이터 함수다.

```
def fibo_iter():
    a = 1
    b = 1
    yield a
    while True:
        yield b
        a, b = b, a+b
```

이 함수는 피보나치 수의 무한 반복이다. `yield`문은 지연 계산 방식으로 값을 반환한다. 따라서 어떤 함수가 이 이터레이터를 사용할 때, 각 값이 소비돼야 비로소 그다음 값이 계산된다.

다음 코드는 값을 소비하고 (무한 반복되지 않도록) 상한을 부과하는 함수다.

```
def fibo(n):
    """
    >>> fibo(7)
    21
    """
    for i, f_i in enumerate(fibo_iter()):
        if i == n: break
    return f_i
```

이 함수는 `fibo_iter()` 이터레이터로부터 받은 값들을 소비한다. 그리고 상한에 도달하면 `break`문 때문에 `for`문이 종료된다.

2장의 '정상 종료되는 while문을 설계하는 방법' 레시피에서 `break`를 포함하는 `while`문은 여러 가지 이유로 종료될 수 있다고 설명했다. 하지만 이번 예제에서 `for`문이 끝나는 방법은 하나뿐이다.

루프의 마지막에서는 언제나 `i == n`이라고 말할 수 있다. 따라서 함수의 설계가 단순해진다.

참고 사항

- 2장의 '정상 종료되는 while문을 설계하는 방법' 레시피를 참조한다.

스크립트 라이브러리 전환으로 재사용 가능한 스크립트를 작성하는 방법

여러 개의 작은 스크립트들을 합쳐서 하나의 스크립트를 작성할 때가 많다. 이때 코드를 매번 복사 및 붙여넣기하는 것보다는 기존의 잘 동작하는 코드를 원래의 파일에 두면서 이 코드를 여러 곳에서 사용하는 편이 낫다. 또한 여러 파일의 요소들을 합쳐서 정교한 스크립트를 작성하기도 한다.

문제는 어떤 스크립트를 임포트하면 그 스크립트가 실제로 실행되기 시작한다는 점이다. 재사용을 위해 스크립트를 임포트했을 뿐 실제 스크립트를 실행하고 싶은 것은 아닌데도 말이다.

스크립트로부터 함수(또는 클래스)를 임포트하면서 실행은 되지 않도록 하려면 어떻게 해야 할까?

준비

ch03_r08.py라는 파일에 하버사인 거리 함수를 구현한 haversine() 함수가 들어있다고 하자.

이 파일의 내용은 다음과 같을 것이다.

```
import csv
import pathlib

from math import radians, sin, cos, sqrt, asin
from functools import partial

MI= 3959
NM= 3440
KM= 6373

def haversine( lat_1: float, lon_1: float,
    lat_2: float, lon_2: float, *, R: float ) -> float:
    ... 본문 코드 ...

nm_haversine = partial(haversine, R=NM)
source_path = pathlib.Path("waypoints.csv")
with source_path.open() as source_file:
    reader= csv.DictReader(source_file)
    start = next(reader)
    for point in reader:
        d = nm_haversine(
```

```
        float(start['lat']), float(start['lon']),
        float(point['lat']), float(point['lon'])
        )
    print(start, point, d)
    start= point
```

haversine() 함수의 본문을 ... 본문 코드 ...로 생략한 것은 앞서 '부분 함수로 매개변수의 순서를 선택하는 방법' 레시피에서와 동일하기 때문이다. 위 코드는 wapypoints.csv라는 파일을 열고 이 파일에 어떤 처리를 수행하는 함수가 파이썬 스크립트에 포함돼 있는 상황에 초점을 맞춘 것이다.

waypoints.csv 파일에 들어있는 경유지들 간의 거리를 출력하지 않으면서 이 모듈을 임포트하려면 어떻게 해야 할까?

예제 구현

파이썬 스크립트는 단순하게 작성할 수 있다. 너무 단순해서 오히려 그 자체만으로는 그다지 쓸모없을 때가 많다. 다음은 단순한 스크립트를 재사용 가능한 라이브러리로 변환하는 방법이다.

1. 스크립트의 작업을 수행하는 문장들을 식별한다. 여기서 정의[definition]와 동작[action]을 구별해야 한다. import, def, class 등은 뭔가를 정의하는 문장이다. 작업을 지원하긴 하지만, 작업 자체를 수행하지는 않는다. 다른 문장들은 어떤 동작을 수행한다.
   이번 예제에서는 동작보다는 정의에 가까운 네 개의 대입문이 있다. 동작보다 정의에 가깝다는 표현은 전적으로 의도적인 것이다. 모든 문장은 그 정의상 어떤 동작을 취한다. 하지만 이때의 동작은 with문의 동작보다는 def문의 동작에 더 가깝다. 다음 문장들은 일반적으로 뭔가를 정의하는 문장이다.

   ```
   MI= 3959
   NM= 3440
   KM= 6373
   ```

```
def haversine( lat_1: float, lon_1: float,
    lat_2: float, lon_2: float, *, R: float ) -> float:
    ... 본문 ...

    nm_haversine = partial(haversine, R=NM)
```

위 문장들을 제외한 나머지 문장들은 출력 결과를 산출하기 위해 어떤 동작을 수행한다.

2. 모든 동작들을 한 개의 함수에 집어넣는다.

```
def analyze( ):
    source_path = pathlib.Path("waypoints.csv")
    with source_path.open( ) as source_file:
        reader= csv.DictReader(source_file)
        start = next(reader)
        for point in reader:
            d = nm_haversine(
                float(start['lat']), float(start['lon']),
                float(point['lat']), float(point['lon'])
                )
            print(start, point, d)
            start= point
```

3. 가능하다면, 상수를 매개변수로 바꾼다. 이때 매개변수에 기본값이 지정되는 것이 일반적이다.

   다음 코드가

```
def analyze( ):
    source_path=pathlib.Path( "waypoints.csv")
```

다음과 같이 바뀐다.

```
def analyze(source_name="waypoints.csv"):
    source_path=pathlib.Path(source_name)
```

파일 경로가 매개변수로 바뀌었기 때문에 스크립트의 재사용성이 개선됐다.

4. 다음 코드를 유일한 상위 수준의 동작 문장으로서 스크립트 파일에 포함시킨다.

```
if __name__ == "__main__":
    analyze()
```

이로써 스크립트의 동작을 한 개의 함수로 묶는 데 성공했다. 최상위 동작 스크립트가 if 문에 들어있기 때문에 임포트 중에 실행되지 않을 것이다.

예제 분석

파이썬의 가장 중요한 규칙은 모듈을 임포트하는 것은 곧 모듈을 스크립트로서 실행하는 것과 본질적으로 같다는 점이다. 파일 내의 문장들은 위에서 아래로 순서대로 실행된다.

스크립트 파일을 임포트할 때 주로 관심을 갖는 것은 그 안의 def와 class문이며, 일부 대입문에도 관심을 갖기도 한다.

파이썬은 스크립트를 실행할 때 몇 개의 특수한 내장 변수들을 설정한다. 그중에 하나가 __name__로서, 이 변수는 파일이 실행되는 상황에 따라 두 가지 다른 값을 가진다.

- 명령행에서 실행되는 최상위 스크립트: __name__의 값은 __main__로 설정된다.
- import문 때문에 실행되는 파일: __name__의 값은 작성 중인 모듈 이름으로 설정된다.

왜 __main__로 설정되는지 의아할 것이다. 그냥 모든 경우에 파일명을 사용하는 것이 낫지 않을까? __main__로 설정되는 것은 여러 입력 소스로부터 스크립트가 읽혀지기 때문이다. 입력 소스는 파일일 수 있고, stdin 파이프라인일 수도 있으며, -c 옵션을 사용해 명령행에서 읽혀올 수도 있다.

그러나 파일 임포트 중일 때 __name__는 그 모듈 이름으로 설정되며, __main__로 설정되지는 않는다. 이번 예제의 경우 임포트 중에 __name__ 변수의 값은 ch03_r08일 것이다.

부연 설명

이제 이 재사용 가능한 라이브러리를 유용하게 활용할 수 있다. 다음과 같은 파일들을 작성할 수 있을 것이다.

trip_1.py 파일:

```
from ch03_r08 import analyze
analyze('trip_1.csv')
```

이보다 조금 복잡한 것도 가능하다.

all_trips.py 파일:

```
from ch03_r08 import analyze
for trip in 'trip_1.csv', 'trip_2.csv':
    analyze(trip)
```

이번 레시피에서는 해결책을 두 개의 기능들로 분해하기 위한 것을 배웠다.

- 클래스와 함수 정의
- 클래스와 함수 정의를 사용해 유용한 작업을 수행할 수 있는 동작 지향의 작은 스크립트

처음에는 이 두 개의 기능을 모두 포함하는 스크립트부터 시작할 때가 많다. 이러한 스크립트를 스파이크 해결책spike solution이라고 부르는데, 스파이크 해결책은 정상 동작이 확인되는 대로 더 나은 해결책으로 개선돼야 하는 것을 의미한다.

스파이크 또는 피톤piton은 이동식 등산 장비로서, 등반가를 위로 올려주지는 않지만 적어도 안전하게 산을 오를 수 있도록 도와주는 역할을 한다.

참고 사항

- 6장에서 클래스 정의를 살펴볼 것이다. 클래스 정의는 널리 사용되는 정의 문장이다.

4

내장 자료 구조: 리스트, 세트, 딕셔너리

이번 장에서는 다음의 레시피들을 살펴본다.

- 최적의 자료 구조를 선택하는 방법
- 리스트를 생성하는 방법: 리터럴, 추가, 내포
- 리스트 슬라이싱
- 리스트에서 항목을 삭제하는 방법: `del`, `remove`, `pop`, `filter`
- 리스트 항목들의 순서를 반대로 만드는 방법
- 세트의 메소드와 연산자
- 세트에서 항목을 제거하는 방법: `remove`, `pop`, `difference`
- 딕셔너리를 만드는 방법: 삽입과 갱신
- 딕셔너리에서 항목을 제거하는 방법: `pop` 메소드와 `del`문
- 딕셔너리 키의 순서를 제어하는 방법
- `doctest` 예제에서 딕셔너리와 세트를 사용하는 방법
- 변수, 참조, 대입에 대한 이해
- 얕은 복사와 깊은 복사
- 함수 매개변수의 기본값으로 변경 가능 객체를 피하는 방법

소개

파이썬이 제공하는 다양한 내장 자료 구조들은 프로그래밍에 매우 유용하다. 프로그래밍 시에 요구되는 대부분의 상황을 처리할 수 있기 때문이다.

이번 장에서는 파이썬이 지원하는 다양한 자료 구조들의 개요를 살펴보고, 이러한 자료 구조들이 어떤 문제를 해결하는 데 적합한지 알아본다. 그리고 리스트, 딕셔너리, 세트 자료 구조를 깊이 있게 다룰 것이다.

튜플과 문자열은 리스트와는 다른 자료 구조라는 점에 주의하자. 튜플과 문자열은 리스트와 비슷한 점이 많지만 중요한 차이점들도 있다. 1장에서는 튜플과 문자열이 변경 가능한 컬렉션 자료 구조가 아니라 변경 불가능한 숫자처럼 동작한다는 점을 강조한 바 있다.

객체에 대한 참조를 다루는 방법과 관련된 몇 가지 고급 주제들도 살펴볼 것이다. 또한 자료 구조의 변경 가능 여부와 관련된 이슈들도 알아본다.

최적의 자료 구조를 선택하는 방법

파이썬은 데이터의 컬렉션collection(모음)을 다룰 수 있는 내장 자료 구조들을 다양하게 제공하고 있다. 그중에서 목적에 적합한 자료 구조를 올바르게 선택하는 것이 쉽지 않을 때가 있다.

어느 자료 구조를 사용할지 어떻게 선택할 수 있을까? 리스트, 세트, 딕셔너리의 특징은 무엇일까? 튜플과 프로즌세트frozen set의 용도는 무엇일까?

준비

데이터를 컬렉션 자료 구조에 저장하기 전에 데이터를 어떻게 수집하고 데이터 컬렉션으로 무엇을 하고자 하는지에 대한 고려가 선행돼야 한다. 중요한 것은 컬렉션 내의 특정 항목을 어떻게 식별할 것인가다.

스스로 답할 수 있어야 하는 몇 개의 핵심 질문들을 알아보자.

예제 구현

1. 멤버십 테스트(소속 여부 검사)를 수행하는 프로그램을 작성 중인가? 이런 프로그램의 예로서 입력 값의 유효성을 판단하는 것을 들 수 있다. 사용자가 입력한 값이 이 컬렉션에 속한 값이면 유효하고, 그렇지 않으면 유효하지 않은 것으로 판정한다.

   간단한 멤버십 테스트는 세트set 자료 구조를 사용할 수 있다.

   ```
   valid_inputs={"yes", "y", "no", "n"}
   answer = None
   while answer not in valid_inputs:
       answer = input("Continue?[y, n] ").lower()
   ```

   세트는 특별한 순서 없이 항목들을 저장한다. 또한 이미 포함 중인 항목을 다시 추가할 수 없다.

   ```
   >>> valid_inputs = {"yes", "y", "no", "n"}
   >>> valid_inputs.add("y")
   >>> valid_inputs
   {'no', 'y', 'n' 'yes'}
   ```

   네 개의 항목을 포함하는 valid_inputs 세트를 생성한 후 다시 y를 추가하려고 시도했다. 하지만 이미 y가 들어있으므로 이 시도는 실패했다. 세트의 내용이 달라지지 않은 것을 볼 수 있다.

   또한 세트 내 항목들의 순서가 처음 생성됐을 때와 같지 않다는 점에 주목하자. 세트는 항목들의 특정 순서를 유지할 수 없으며, 다만 세트 내에 그 항목이 있는지 여부만을 알아낼 수 있다.

2. 컬렉션 내의 항목을 위치별로 식별하고자 하는가? 이런 프로그램의 예로서 텍스트 입력 파일 내의 행을 처리하는 것을 들 수 있다. 행 번호가 컬렉션 내에서 행의 위치에 해당한다.

인덱스 또는 위치를 사용해 항목을 식별해야 한다면 리스트 자료 구조를 사용해야 한다.

```
>>> month_name_list = ["Jan", "Feb", "Mar", "Apr",
...     "May", "Jun", "Jul", "Aug",
...     "Sep", "Oct", "Nov", "Dec"]
>>> month_name_list[8]
"Sep"
>>> month_name_list.index("Feb")
1
```

12개의 문자열 항목을 포함하는 month_name_list 리스트를 생성했다. 위치를 사용해 특정 항목을 찾을 수 있으며, index() 메소드를 사용해 리스트 내에서 특정 항목의 인덱스를 알아낼 수도 있다.

리스트에서 위치는 언제나 0부터 시작한다. 이것은 튜플과 문자열도 마찬가지다. 컬렉션의 항목 개수가 고정적일 경우(예를 들어 RGB 색상은 언제나 세 개의 값으로 이뤄진다.) 리스트 대신 튜플을 사용하는 편이 낫다. 반면에 항목의 개수가 바뀔 가능성이 높으면 리스트가 튜플보다 나은 선택이다.

3. 위치가 아니라 키를 사용해 컬렉션 내의 특정 항목을 식별할 수 있어야 하는가? 이런 프로그램의 예로서 단어와 그 단어의 출현 횟수 간의 매핑 또는 색상과 그 색상의 RGB 튜플 값 간의 매핑을 들 수 있다.

   위치가 아니라 키로 항목을 식별하기 위해서는 어떤 종류의 매핑이 필요한데, 파이썬 언어 차원에서 제공되는 매핑이 딕셔너리다. 내장 딕셔너리에 여러 가지로 기능이 추가된 확장 딕셔너리 자료 구조들도 제공된다.

```
>>> scheme = {"Crimson": (220, 14, 60),
... "DarkCyan": (0, 139, 139),
... "Yellow": (255, 255, 00)}
>>> scheme['Crimson']
(220, 14, 60)
```

   scheme 딕셔너리는 색상의 이름과 RGB 튜플 간의 매핑이다. 예를 들어 "Crimson" 키를 사용하면 이 키에 해당되는 튜플 값 (220,14,60)을 얻을 수 있다.

4. 세트의 항목과 딕셔너리의 키는 변경 가능한 객체가 될 수 없다. 즉, 변경 불가능한 객체만 가능하다. 숫자, 문자열, 튜플은 변경 불가능한 객체이므로 세트에 저장될 수 있지만, 리스트와 딕셔너리는 변경 가능한 객체이므로 세트의 항목으로서 사용될 수 없다. 예를 들어 리스트 항목들을 포함하는 세트를 생성할 수는 없다.

   이럴 때는 각 리스트 항목들을 먼저 튜플로 변환하고, (튜플은 변경 불가능한 객체이므로) 이 튜플 항목들로 이뤄진 세트를 만드는 방법을 사용할 수 있다.

   딕셔너리의 키도 변경 불가능한 객체만 가능하다. 따라서 숫자, 문자열, 튜플은 딕셔너리 키로 사용될 수 있지만, 리스트 등의 변경 가능한 객체는 딕셔너리 키로서 사용될 수 없다.

예제 분석

파이썬의 컬렉션 자료 구조들은 저마다 고유한 기능을 제공하는 동시에, 서로 겹치는 기능들도 많다. 따라서 파이썬 프로그래머는 각 컬렉션의 고유 기능을 숙지하는 것이 중요하다.

`collections.abc` 모듈을 통해 내장 컬렉션 자료 구조들의 전체적인 그림을 파악할 수 있다. 이 모듈은 추상 기초 클래스ABC, Abstract Base Class를 포함하고 있으며, 우리가 사용하는 자료 구조들은 이 클래스로부터 상속된 클래스를 사용한다. 이 책에서는 컬렉션 자료 구조의 특징을 기술할 때 이 모듈에 정의된 용어들을 사용할 것이다.

추상 기초 클래스는 컬렉션 자료 구조를 여섯 종류로 구분한다.

- 세트Set: 항목의 소속 여부가 핵심이다. 따라서 중복 항목은 허용되지 않는다.
  - 변경 가능한 세트: `set`
  - 변경 불가능한 세트: `frozenset`
- 시퀀스Sequence: 인덱스 위치로 항목을 식별 가능한 것이 핵심이다.
  - 변경 가능한 시퀀스: `list`

   - 변경 불가능한 시퀀스: tuple
- 매핑Mapping: 각 항목마다 값을 가리키는 키를 갖는 것이 핵심이다.
   - 변경 가능한 매핑: dict
   - 변경 불가능한 매핑: 흥미롭게도, 내장 자료 구조가 제공되지 않는다.

파이썬 라이브러리들은 이러한 핵심 컬렉션 자료 구조들의 추가적인 구현을 다양하게 제공한다. 파이썬 표준 라이브러리에서 이러한 자료 구조들을 확인할 수 있다.

collections 모듈은 내장 컬렉션 자료 구조의 변형들도 포함하고 있다. 중요한 것은 다음과 같다.

- namedtuple(네임드튜플): 항목에 대해 이름을 지정할 수 있는 튜플. rgb_color[0]보다는 rgb_color.red가 더 의미가 분명할 것이다.
- deque(데큐): double-ended queue의 줄임말. 변경 가능한 시퀀스로서, 양쪽에서 push와 pop 연산이 가능하도록 최적화된 자료 구조다. 리스트를 사용해도 비슷한 작업을 수행할 수 있지만 deque가 더 효율적이다.
- defaultdict(디폴트딕트): 누락된 키에 기본값을 제공할 수 있는 딕셔너리
- Counter(카운터): 키의 출현 횟수를 세기 위한 목적으로 설계된 딕셔너리. 멀티세트multiset 또는 백bag이라고 다른 언어에서는 불리기도 한다.
- OrdredDict(오더드딕트): 키의 생성 순서가 계속 유지되는 딕셔너리
- ChainMap(체인맵): 여러 개의 딕셔너리들을 한 개의 매핑으로 결합하는 딕셔너리

파이썬 표준 라이브러리에는 이외에도 많은 컬렉션 자료 구조들이 설명돼 있다. 예를 들어 heapq 모듈은 우선순위 큐와 관련된 정의를 포함하며 bisect 모듈은 정렬된 리스트를 매우 빠르게 검색할 수 있는 메소드들을 포함한다. bisect 모듈을 사용하면 리스트의 검색 속도가 딕셔너리와 비슷한 수준으로 빨라진다.

부연 설명

다음 주소에서 다양한 자료 구조들의 목록을 확인할 수 있다.

https://en.wikipedia.org/wiki/List_of_data_structures

이 방대한 자료 구조 문서는 몇 개의 부분별로 요약돼 있으며, 각 부분마다 해당 자료 구조들의 페이지로 이동하는 링크를 포함하고 있다. 이 문서의 네 가지 자료 구조 분류를 간단하게 살펴보자.

- 배열Array: 배열과 비슷한 기능을 제공하는 구현들은 다양하다. 파이썬의 리스트 자료 구조가 대표적이며, 배열의 연결 리스트 구현과 비슷한 속도를 제공한다.
- 트리Tree: 일반적으로 트리는 세트, 순차 리스트, 키-값 매핑을 생성하는 데 사용된다. 트리는 고유한 자료 구조보다는 일종의 구현 기법에 가깝다.
- 해시Hash: 파이썬은 해시를 사용해 딕셔너리와 세트를 구현한다. 속도가 빠르지만 메모리를 많이 소비한다.
- 그래프Graph: 파이썬은 내장 그래프 자료 구조를 제공하지 않는다. 하지만 각 노드가 인접 노드들의 리스트를 갖는 딕셔너리로서 그래프를 손쉽게 구현할 수 있다.

약간의 노력만으로 거의 모든 종류의 자료 구조를 파이썬에서 구현할 수 있다. 내장 자료 구조가 핵심 기능을 이미 포함하고 있을 가능성이 높으며, 그렇지 않더라도 해당 기능을 구현하는 자료 구조를 쉽게 찾을 수 있을 것이다.

참고 사항

- 그래프에 대해서는 https://networkx.github.io를 참조한다.

리스트를 생성하는 방법: 리터럴, 추가, 컴프리헨션

항목의 위치를 사용하는 컬렉션, 즉 리스트를 사용하기로 결정했다면 여러 방법으로 이 자료 구조를 생성할 수 있다. 개별 항목들로부터 리스트 객체를 구축할 수 있는 다양한 방법들을 살펴보자.

리스트를 사용하는 이유가 중복 값이 허용되기 때문인 경우도 있다. 상당수의 통계 연산들은 항목의 위치를 알 필요가 없다. 멀티세트가 가장 적합한 자료 구조지만 멀티세트가 내장돼 있지 않기 때문에 리스트를 대신 사용하는 경우가 많다.

준비

파일 크기에 관한 통계 분석을 수행하고 싶다고 하자. 다음 스크립트는 파일들의 크기를 보여주고 있다.

```
>>> import pathlib
>>> home = pathlib.Path('source')
>>> for path in home.glob('*/index.rst'):
...     print(path.stat().st_size, path.parent)
2353 source/ch_01_numbers_strings_and_tuples
2889 source/ch_02_statements_and_syntax 2195 source/ch_03_functions
3094 source/ch_04_built_in_data_structures_list_tuple_set_dict
725 source/ch_05_user_inputs_and_outputs
1099 source/ch_06_basics_of_classes_and_objects
690 source/ch_07_more_advanced_class_design
1207 source/ch_08_functional_programming_features
926 source/ch_09_input_output_physical_format_logical_layout
758 source/ch_10_statistical_programming_and_linear_regression
615 source/ch_11_testing 521 source/ch_12_web_services
1320 source/ch_13_application_integration
```

`pathlib.Path` 객체는 특정 디렉터리를 나타낸다. `glob()` 메소드는 주어진 패턴과 일치하는 모든 이름들을 열거하며, 패턴은 `'*/index.rst'`다. for문에서는 `stat()` 메소드로 얻

어온 각 파일의 크기를 표시하고 있다.

파일 크기들을 한 개의 리스트 객체에 저장하고 싶다고 하자. 그리고 전체 크기와 평균 크기를 계산하고 싶다. 또 너무 크거나 너무 작은 파일도 찾을 것이다.

리스트 객체를 생성하는 방법은 네 가지다.

- 리터럴 값들을 [ ]로 묶어서 리스트를 생성할 수 있으며, [value, ...]와 같은 모습을 가진다. 파이썬은 [와]가 쌍을 이뤄야 한 개의 완전한 논리적 행으로 간주하기 때문에 두 줄 이상의 물리적 행에 걸쳐도 된다. 자세한 설명은 2장의 '긴 줄 코드를 작성하는 방법' 레시피를 참조한다.

```
[2353, 2889, 2195, 3094, 725,
1099, 690, 1207, 926, 758,
615, 521, 1320]
```

- list( ) 함수를 사용해 다른 컬렉션을 리스트로 변환할 수 있다. 세트, 딕셔너리의 키, 딕셔너리의 값을 리스트로 변환 가능하다. '리스트 슬라이싱' 레시피에서 자세한 방법을 살펴볼 것이다.
- 항목을 개별적으로 추가하면서 리스트를 생성하는 메소드들을 사용할 수 있다. append( ), extend( ), insert( )가 해당되며, 잠시 후에 'append() 메소드로 리스트 생성하기' 절에서 append( )를 자세히 다룰 것이다. 다른 메소드들은 '부연 설명' 절에서 설명한다.
- 제네레이터식으로 리스트 객체를 생성할 수 있다. 이러한 제네레이터의 하나가 리스트 컴프리헨션[list comprehension]이다.

예제 구현

append() 메소드로 리스트 생성하기

1. 값을 갖지 않는 빈 리스트 []를 생성한다.

```
>>> file_sizes = []
```

2. 입력 데이터를 순회하면서 append() 메소드를 사용해 리스트에 항목을 추가한다.

```
>>> home = pathlib.Path('source')
>>> for path in home.glob('*/index.rst'):
...     file_sizes.append(path.stat().st_size)
>>> print(file_sizes)
[2353, 2889, 2195, 3094, 725, 1099, 690,
1207, 926, 758, 615, 521, 1320]
>>> print(sum(file_sizes))
18392
```

glob() 메소드는 패턴과 일치하는 파일을 전부 찾는다. stat() 메소드는 운영체제의 stat 자료 구조를 반환하는데, 바이트 크기 정보 st_size가 포함돼 있다.

리스트는 아무런 가공 없이 그대로 화면에 표시되므로 다른 스크립트에 복사 후 붙여넣기하기에 편리하다.

append() 메소드는 값을 반환하지 않는다는 점에 주의하자. 리스트 객체를 변경하지만, 아무것도 반환하지는 않는다.

일반적으로 객체를 변경하는 메소드들은 값을 반환하지 않는다. append(), extend(), sort(), reverse() 메소드 모두 반환 값이 없고 리스트 객체의 내용을 변경한다.

append() 메소드는 값을 반환하지 않는다. 다만 리스트 객체를 변경한다.

다음과 같이 잘못된 코드는 흔히 볼 수 있다.

```
a = ['some', 'data']
a = a.append('more data')
```

이 코드는 a의 값을 (작성자의 의도와 다르게) None으로 설정한다. 올바른 사용법은 다음과 같이 대입문을 사용하지 않는 것이다.

```
a.append('more data')
```

리스트 컴프리헨션 작성하기

리스트 컴프리헨션은 리터럴 값을 사용할 때와 비슷한 구문으로 리스트 객체를 생성할 수 있다.

1. 리스트 객체를 감싸는 [ ]를 작성한다.
2. 입력 데이터를 작성한다. 대상 변수가 포함되며, 완전한 문장이 아니므로 :이 끝에 오지 않는다는 점에 주의한다.

   ```
   for path in home.glob('*/index.rst')
   ```

3. 대상 변수의 각 값에 대해 실행되는 표현식을 앞에 작성한다. 마찬가지로, 간단한 표현식이며 문장은 사용할 수 없다.

   ```
   path.stat( ).st_size
       for home.glob('*/index.rst')
   ```

   필터를 추가해야 할 경우는 for 뒤에 if 절을 추가한다. 이를 통해 제네레이터식을 정교하게 작성할 수 있다.

이 리스트 객체를 출력하면 결과는 다음과 같다.

```
>>>[path.stat().st_size
...    for path in home.glob('*/index.rst')]
[2353, 2889, 2195, 3094, 725, 1099, 690, 1207, 926, 758, 615, 521, 1320]
```

이렇게 생성된 리스트 객체는 변수에 대입할 수 있다. 그리고 이 변수를 조작해 데이터 항목들에 대한 계산과 요약을 수행할 수 있다.

여기서 사용된 제네레이터식을 파이썬 언어 설명서에서는 컴프리헨션comprehension(내포)이라고 부른다. 이 표현식은 for 절에 첨부된 데이터 표현식이다. 완전한 문장이 아니라 표현식이기 때문에 기능에 제한이 있다. 이 표현식은 반복 실행되고 for 절에 의해 제어된다.

제네레이터식에 list() 함수를 사용하기

제네레이터식을 사용하는 list() 함수를 작성할 수 있다.

1. 제네레이터식을 감싸는 list()를 작성한다.
2. 조금 전의 '리스트 컴프리헨션 작성하기' 절의 단계 2 및 단계 3처럼 제네레이터식을 작성한다. 제네레이터식은 다음과 같다.

   ```
   path.stat().st_size
       for home.glob('*/index.rst')
   ```

이 리스트 객체를 출력하면 결과는 다음과 같다.

```
>>> list(path.stat().st_size
...     for path in home.glob('*/index.rst'))
[2353, 2889, 2195, 3094, 725, 1099, 690, 1207, 926, 758, 615, 521, 1320]
```

예제 분석

리스트 객체의 크기는 동적이다. 항목이 추가 혹은 삽입되거나 다른 리스트와 합쳐지면 크기가 늘어나고, 항목이 꺼내지거나 삭제될 때는 반대로 크기가 줄어든다. 항목에 대한 접근 속도는 매우 빠르며 리스트의 크기가 커져도 접근 속도가 느려지지 않는다.

드문 경우지만, 처음에 리스트의 크기를 지정한 후 항목들의 값을 개별적으로 설정하고 싶을 때가 있다. 이럴 때는 다음과 같이 리스트 컴프리헨션을 사용할 수 있다.

```
some_list = [None for i in range(100)]
```

100개의 항목을 갖는 리스트가 생성되며 각 항목의 초기 값은 모두 None이다. 하지만 리스트는 필요에 따라 크기를 조정할 수 있으므로 이런 방법은 자주 사용되지 않는다.

리스트 컴프리헨션과 list() 함수는 제네레이터가 반환하는 항목을 추가하면서 새로운 리스트 객체를 생성한다.

부연 설명

리스트 객체를 생성하는 이유 중에는 데이터 항목들에 대한 통계 요약 값을 계산하는 것이 포함된다. 다양한 파이썬 함수들을 사용할 수 있으며 몇 개의 예를 살펴보면 다음과 같다.

```
>>> sizes = list(path.stat().st_size
...     for path in home.glob('*/index.rst'))
>>> sum(sizes)
18392
>>> max(sizes)
3094
>>> min(sizes)
521
>>> from statistics import mean
>>> round(mean(sizes), 3)
1414.769
```

sum(), min(), max() 내장 함수들을 사용해 기술 통계 값descriptive statistic들을 계산했다. 크기가 가장 작은 파일은 무엇일까? index() 메소드를 다음과 같이 사용해 가장 작은 파일의 위치를 알 수 있다.

```
>>> sizes.index(min(sizes))
11
```

최솟값을 찾은 다음 index() 메소드로 최솟값의 위치를 찾았다. 인덱스가 0부터 시작한다는 것을 고려하면, 크기가 가장 작은 파일은 12장 문서 파일임을 알 수 있다.

리스트를 확장하는 방법들

리스트를 확장하거나 리스트의 처음이나 중간에 항목을 삽입할 수도 있다. 리스트 확장은 두 가지 방법이 있는데, 하나는 + 연산자를 사용하는 것이고 다른 하나는 extend() 메소드를 사용하는 것이다. 다음 예제는 두 개의 리스트를 생성한 후 + 연산자로 합치고 있다.

```
>>> ch1 = list(path.stat().st_size
...     for path in home.glob('ch_01*/*.rst'))
>>> ch2 = list(path.stat().st_size
...     for path in home.glob('ch_02*/*.rst'))
>>> len(ch1)
13
>>> len(ch2)
12
>>> final = ch1 + ch2
>>> len(final)
25
>>> sum(final)
104898
```

이름이 ch_01*/*.rst 패턴과 일치하는 문서들의 크기를 포함하는 리스트를 생성하고, 이어서 이름이 ch_02*/*.rst 패턴과 일치하는 문서들의 크기를 포함하는 다른 리스트를 생성했다. 그리고 + 연산자로 두 개의 리스트를 결합했다.

extend() 메소드도 똑같은 작업을 수행할 수 있다. 다음 코드는 두 개의 동일 리스트로부터 새로운 리스트를 생성한다.

```
>>> final_ex = []
>>> final_ex.extend(ch1)
>>> final_ex.extend(ch2)
>>> len(final_ex)
25
>>> sum(final_ex)
104898
```

앞서 append( )가 값을 반환하지 않는다고 했는데, extend( )도 마찬가지로 값을 반환하지 않으며 리스트 객체의 내용을 변경한다.

리스트의 특정 위치에 어떤 값을 삽입할 수도 있다. insert( ) 메소드는 항목의 위치를 인수로 받으며, 새로운 값은 이 위치의 앞에 삽입된다.

```
>>> p = [3, 5, 11, 13]
>>> p.insert(0, 2)
>>> p
[2, 3, 5, 11, 13]
>>> p.insert(3, 7)
>>> p
[2, 3, 5, 7, 11, 13]
```

리스트 객체에 두 개의 새로운 값을 삽입했다. append( ), extend( )와 마찬가지로 insert( ) 역시 값을 반환하지 않고 리스트 객체를 변경한다.

참고 사항

- 리스트를 복사하고 리스트의 일부를 선택하는 방법은 '리스트 슬라이싱' 레시피를 참조한다.
- 리스트에서 특정 항목을 삭제하는 방법은 '리스트에서 항목을 삭제하는 방법: del, remove, pop, filter' 레시피를 참조한다.
- 리스트의 순서를 뒤집는 방법은 '리스트 항목들의 순서를 반대로 만드는 방법' 레시피를 참조한다.
- https://wiki.python.org/moin/TimeComplexity는 파이썬의 컬렉션 자료 구조들이 내부적으로 어떻게 동작하는지 설명하고 있다. 이 글에서 시간 복잡도 O(1)은 계산 비용이 상수고 O(n)은 처리 대상 항목의 위치에 따라 비용이 달라짐을 이해하는 것이 중요하다. 즉 O(n)일 때 데이터 컬렉션의 크기가 커지면 계산 비용은 증가한다.

리스트 슬라이싱

리스트 내의 특정 항목을 선택해야 할 때가 많다. 예를 들어 리스트의 첫 번째 항목을 특별한 경우로 취급할 때가 있는데, 이를 헤드-테일head-tail 처리라고 부르며 리스트의 헤드(첫 번째 항목)를 테일(나머지 부분)과 다르게 처리하는 것을 의미한다.

리스트 내의 항목을 선택하는 것은 리스트의 복사본을 생성할 때도 사용된다.

준비

대형 요트의 연료 소비량을 기록한 스프레드시트에 다음과 같은 행들이 포함돼 있다.

date(날짜)	engine on(엔진을 시동한 시각)	fuel height(연료 수위)
	engine off(엔진을 정지한 시각)	
	Other notes(기타 메모)	
10/25/2013	08:24	29
	13:15	27
	calm seas — anchor solomon's island (잔잔한 바다 – 솔로몬 섬에 정박)	
10/26/2013	09:12	27
	18:25	22
	Choppy – anchor in jackson's creek (파도가 심함 – 잭슨 강에 정박)	

연료 수위가 무슨 뜻일까? 이 요트에는 연료의 수위를 측정하는 센서가 없으며, 대신에 연료를 눈으로 직접 관찰할 수 있는 게이지가 있다. 이 게이지는 인치 단위로 깊이를 측정할 수 있으며, 연료 탱크의 모양이 사각형이기 때문에 깊이를 부피로 손쉽게 변환할 수 있다. 깊이가 31인치라면 부피는 약 75갤런이 된다.

문제는 이 스프레드시트 데이터가 제대로 구성되지 않았다는 것이다. 이상적인 형태는 각 행이 제1정규형을 따라야 한다. 즉, 각 행은 동일한 구조를 갖고 각 셀은 원자 값을 가져야 한다.

하지만 이 데이터는 정규화돼 있지 않다. 열 제목이 4행이나 되기 때문에 csv 모듈로 처리할 수 없다. 그래서 지금 Other notes(기타 메모) 행을 제거하고, 항해 시간과 연료 사용량을 쉽게 계산할 수 있도록 2행으로 이뤄진 날짜별 항해 기록을 1행으로 합치려고 한다.

현재의 데이터를 읽어오면 결과는 다음과 같다.

```
>>> from pathlib import Path
>>> import csv
>>> with Path('code/fuel.csv').open() as source_file:
...     reader = csv.reader(source_file)
...     log_rows = list(reader)
>>> log_rows[0]
['date', 'engine on', 'fuel height']
>>> log_rows[-1]
['', "Choppy-anchor in jackson's creek", '']
```

csv 모듈로 로그를 읽어온다. csv.reader( )는 순회 가능 객체며, 읽어온 항목들을 한 개의 리스트에 모으기 위해 list( ) 함수를 사용했다. 리스트의 첫 번째 항목과 마지막 항목을 출력해 제대로 리스트가 생성됐는지 확인했다.

원본 CSV 파일의 각 행이 한 개의 리스트로서 저장된 것을 볼 수 있다. 각 리스트는 세 개의 항목을 포함하는 부분 리스트다.

리스트로부터 항목들을 슬라이싱(잘라내기)할 때는 인덱스 표현식의 확장 표기를 사용할 수 있다. 인덱스 표현식의 확장이므로 인덱스와 마찬가지로 [] 문자를 사용하며, 몇 가지 변형이 존재한다. 한 개의 슬라이스는 두 개 혹은 세 개의 값을 포함할 수 있으며 각 값은 :으로 구분된다. :stop, start:, start:stop, start:stop:step 등의 표기법을 사용할 수 있으며, step의 기본값은 1이다. start의 기본값은 리스트의 처음이고, stop의 기본값은 리스트의 끝이다.

조금 전에 생성한 리스트에 슬라이싱 표기법을 사용해 원하는 행을 선택하는 방법을 알아보자.

예제 구현

1. 가장 먼저 할 일은 열 제목에 해당하는 네 개의 행을 제거하는 것이다. 리스트의 네 번째 행을 기준으로 리스트를 두 개로 분할한다.

```
>>> head, tail = log_rows[:4], log_rows[4:]
>>> head[0]
['date', 'engine on', 'fuel height']
>>> head[-1]
['', '', '']
>>> tail[0]
['10/25/13', '08:24:00 AM', '29']
>>> tail[-1]
['', "choppy -- anchor in jackson's creek", '']
```

   log_rows[:4]와 log_rows[4:]으로 리스트를 두 개로 분할했다. head 변수는 네 개의 열 제목 행들을 포함하는데 이 행들은 필요가 없기 때문에 그냥 무시할 것이다. 그러나 tail 변수는 신경을 써야 할 데이터를 포함하고 있다.

2. step을 포함하는 슬라이스 표기법으로 특정 행들을 선택한다. [start::step]은 step 값에 따라 행들을 선택할 수 있다. 지금은 두 개의 슬라이스를 골라야 하는데, 하나는 행 0에서 시작하고, 다른 하나는 행 1에서 시작한다.
   다음 코드는 행 0에서 시작해 3행 간격으로 선택한다.

```
>>> tail[0::3]
[['10/25/13', '08:24:00 AM', '29'],
 ['10/26/13', '09:12:00 AM', '27']]
```

   그다음에는 행 1에서 시작해 3행 간격으로 선택한다.

```
>>> tail[1::3]
[['', '01:15:00 PM', '27'],
 ['', '06:25:00 PM', '22']]
```

3. 두 개의 슬라이스를 하나로 묶는다.

```
>>> list( zip(tail[0::3], tail[1::3]) )
[(['10/25/13', '08:24:00 AM', '29'], ['', '01:15:00 PM', '27']),
```

```
([ '10/26/13', '09:12:00 AM', '27'], ['', '06:25:00 PM', '22']))
```

이 리스트는 두 개의 그룹으로 이뤄져 있다.

- [0::3] 슬라이스는 첫 번째 행에서 시작해 3행 간격으로 포함한다. 즉 행 0, 3, 6, 9...가 된다.
- [1::3] 슬라이스는 두 번째 행에서 시작해 3행 간격으로 포함한다. 즉 행 1, 4, 7, 10...이 된다.

zip() 함수를 사용해 두 개의 리스트로부터 값을 번갈아 가져왔다. 이렇게 얻어진 시퀀스는 실제 작업하기에 매우 편리한 형태를 갖고 있다.

4. 결과를 다듬는다.

```
>>> paired_rows = list( zip(tail[0::3], tail[1::3]) )
>>>[a+b for a,b in paired_rows]
[['10/25/13', '08:24:00 AM', '29', '', '01:15:00 PM', '27'],
 ['10/26/13', '09:12:00 AM', '27', '', '06:25:00 PM', '22']]
```

'리스트를 생성하는 방법: 리터럴, 추가, 내포' 레시피에서 배웠던 리스트 컴프리헨션 기법으로 두 개의 요소를 결합해 한 개의 행을 생성했다. 이제 날짜와 시간을 합쳐서 한 개의 datetime 자료형으로 변환할 수 있다. 그런 다음 차이를 계산해 항해 시간을 얻고, 연료 수위의 차이를 계산해 연료 소비량을 얻을 수 있을 것이다.

예제 분석

슬라이스 연산자는 다음과 같이 다양한 형태를 가질 수 있다.

- [:]: start와 stop이 명시되지 않았으므로 S[:]은 시퀀스 *S* 전체를 복사한다.
- [:stop]: 맨 처음부터 stop 바로 앞의 값까지 사용해 새로운 리스트를 만든다.
- [start:]: start부터 맨 끝의 값까지 사용해 새로운 리스트를 만든다.
- [start:stop]: start 위치부터 stop 바로 앞의 값까지 사용해 새로운 리스트를 만든다. 파이썬의 인덱스 표기법은 반개방 간격half-open interval이다. 즉, start 인덱

스의 값은 포함되지만 stop 인덱스의 값은 포함되지 않는다.

- [::step]: start와 stop이 명시되지 않으며 전체 시퀀스를 가리킨다. 시퀀스의 맨 처음부터 시작해 step 간격만큼 건너뛰면서 값을 취한다(이때 step의 값은 일반적으로 1이 아니다). step을 s, 리스트의 길이를 $|L|$이라고 할 때 인덱스 값들은 다음과 같을 것이다.

$$i \in \left\{ s \times n : 0 \le n < \frac{|L|}{s} \right\}$$

- [start::step]: start는 명시되지만 stop은 명시되지 않는다. start가 오프셋이고 step이 이 오프셋에 적용되는 것이다. start 위치를 a, step을 s, 리스트 길이를 $|L|$이라고 할 때 인덱스의 값들은 다음과 같다.

$$i \in \left\{ a + s \times n : 0 \le n < \frac{|L| - a}{s} \right\}$$

- [:stop:step]: 리스트 내에 있는 마지막 몇 개의 항목들을 처리하지 않는다. 첫 번째 항목부터 처리된다.
- [start:stop:step]: 시퀀스의 일부분을 선택한다. start보다 앞에 있는 항목과 stop 이후의 항목은 선택되지 않는다.

슬라이스 표기법은 리스트, 튜플, 문자열, 기타 임의의 시퀀스에 적용될 수 있다. 객체의 내용을 변경하는 것이 아니고, 복사본을 새로 만드는 것이다.

부연 설명

'리스트 항목들의 순서를 반대로 만드는 방법' 레시피에서 더 정교한 슬라이스 표기법을 살펴볼 것이다.

슬라이스 표기법으로 복사본을 생성할 때의 복사를 얕은 복사shallow copy라고 부른다. 두 개의 컬렉션이 동일한 원본 객체를 참조하기 때문이며, '얕은 복사와 깊은 복사' 레시피에서 자세한 개념을 살펴볼 것이다.

다른 방법을 사용해 여러 행들을 한 개의 행으로 재구성할 수도 있다. 특히 제네레이터 함수를 사용할 수 있는데, 제네레이터를 사용하는 함수형 프로그래밍 기법은 8장에서 자세히 다룰 것이다.

참고 사항

- 리스트를 생성하는 방법에 대한 자세한 설명은 '리스트를 생성하는 방법: 리터럴, 추가, 내포' 레시피를 참조한다.
- 리스트에서 항목을 삭제하는 방법은 '리스트에서 항목을 삭제하는 방법: del, remove, pop, filter' 레시피를 참조한다.
- 리스트의 순서를 뒤집는 방법은 '리스트 항목들의 순서를 반대로 만드는 방법' 레시피를 참조한다.

리스트에서 항목을 삭제하는 방법: del, remove, pop, filter

리스트에서 항목을 제거해야 할 때가 많다. 예를 들어 특정 항목을 삭제하고 남은 항목들을 대상으로 어떤 처리를 수행하고 싶을 수 있다.

불필요한 항목을 제거하는 것은 필요한 항목들만 `filter()` 함수로 복사본을 생성하는 것과 결과적으로는 같은 효과를 낳는다. 하지만 `filter()` 함수로 복사본을 생성하면 리스트에서 항목을 삭제할 때보다 메모리 사용량이 많다. 이번 레시피에서는 두 가지 접근법을 모두 설명한다.

준비

대형 요트의 연료 소비량을 기록한 스프레드시트에 다음과 같은 행들이 포함돼 있다.

date(날짜)	engine on(엔진을 시동한 시각)	fuel height(연료 수위)
	engine off(엔진을 정지한 시각)	
	Other notes(기타 메모)	
10/25/2013	08:24	29
	13:15	27
	calm seas — anchor solomon's island (잔잔한 바다 – 솔로몬 섬에 정박)	
10/26/2013	09:12	27
	18:25	22
	Choppy – anchor in jackson's creek (파도가 심함 – 잭슨 강에 정박)	

이 데이터에 대한 자세한 설명은 '리스트 슬라이싱' 레시피를 참조하자.

다음과 같이 이 데이터를 읽을 수 있다.

```
>>> from pathlib import Path
>>> import csv
>>> with Path('code/fuel.csv').open() as source_file:
...     reader=csv.reader(source_file)
...     log_rows=list(reader)
>>> log_rows[0]
['date', 'engine on', 'fuel height']
>>> log_rows[-1]
['', "choppy -- anchor in jackson's creek", '']
```

csv 모듈로 로그를 읽어온다. csv.reader()는 순회 가능 객체며, 읽어온 항목들을 한 개의 리스트에 모으기 위해 list() 함수를 사용했다. 리스트의 첫 번째 항목과 마지막 항목을 출력해 제대로 리스트가 생성됐는지 확인했다.

원본 CSV 파일의 각 행마다 한 개의 리스트로서 저장됐으며, 각 리스트는 세 개의 항목을 포함하는 부분 리스트다.

예제 구현

리스트에서 항목을 제거하는 네 가지 방법을 지금부터 살펴보자.

- del문
- remove() 메소드
- pop() 메소드
- filter() 함수를 사용해 특정 행이 제외된 복사본 생성

del문 사용하기

del문을 사용해 리스트에서 항목을 제거할 수 있다.

대화식 프롬프트에서 예제를 따라 하기 쉽도록 먼저 리스트의 복사본을 생성하자. 원본 log_rows 리스트에서 행을 삭제해버리면 이후의 예제를 계속하기 어렵기 때문이다. 따라서 실제 프로그램에서는 이처럼 복사본을 만들 필요는 없다. 복사본을 생성할 때는 log_rows[:]로 만들 수도 있다.

```
>>> tail = log_rows.copy()
```

이 리스트에 del문을 다음과 같이 사용할 수 있다.

```
>>> del tail[:4]
>>> tail[0]
['10/25/13', '08:24:00 AM', '29']
>>> tail[-1]
['', "choppy -- anchor in jackson's creek", '']
```

del문이 tail 리스트에서 열 제목 행들을 삭제했으므로 처리 대상 행들만 남았다. 이제 '리스트 슬라이싱' 레시피처럼 행을 합치고 요약할 수 있다.

remove() 메소드 사용하기

remove( ) 메소드를 사용해 리스트에서 항목을 제거할 수 있다. 이 메소드는 제공받은 인수 값을 사용해 항목을 제거한다.

다음과 같은 리스트가 있다고 하자.

```
>>> row = ['10/25/13', '08:24:00 AM', '29', '', '01:15:00 PM','27 ']
```

이 중에서 '' 문자열은 불필요하다.

```
>>> row.remove('')
>>> row['10/25/13 ', '08:24:00 AM', '29', '01:15:00 PM ','27 ']
```

remove( ) 메소드가 값을 반환하지 않고 리스트의 내용을 곧바로 변경한다는 점에 주의하자.

다음과 같은 잘못된 코드를 놀라울 만큼 자주 볼 수 있다.

```
A = ['some', 'data']
a = a.remove('data')
```

이것은 잘못 작성된 코드로서 a의 값은 None으로 설정된다.

pop() 메소드

pop( ) 메소드를 사용해 리스트에서 항목을 제거할 수 있다. 이 메소드는 인덱스를 사용해 항목을 제거한다.

다음과 같은 리스트가 있다고 하자.

```
>>> row=['10/25/13', '08:24:00 AM', '29', '', '01:15:00 PM','27']
```

이 중에서 '' 문자열은 불필요하다.

```
>>> target_position = row.index('')
>>> target_position
3
>>> row.pop(target_position)
''
>>> row
['10/25/13', '08:24:00 AM', '29', '01:15:00 PM', '27']
```

pop() 메소드는 다음의 두 가지를 모두 수행한다는 점에 주의하자.

- 리스트 객체를 변경한다.
- 제거된 값을 반환한다.

filter() 함수

원하는 항목만 통과시키고 그렇지 않은 항목은 제외하면서 복사본을 생성함으로써 결과적으로 특정 항목을 제거할 수도 있다. 다음은 filter() 함수를 사용하는 방법이다.

1. 통과시키거나 제외하려는 항목의 특징을 식별한다. filter() 함수는 데이터 통과 규칙을 필요로 한다. 따라서 반대 규칙으로 데이터를 제외할 수 있다.
   이번 예제의 경우, 열 2에 숫자를 포함하는 행만 통과시켜야 한다. 이를 위해 숫자 여부를 판단하는 테스트 함수를 먼저 작성하자.
2. 테스트 함수를 작성한다. 아주 간단할 경우는 람다 객체를 사용하고, 그렇지 않으면 별도로 함수를 정의한다.

   ```
   >>> def number_column(row, column=2):
   ...     try:
   ...         float(row[column])
   ...         return True
   ...     except ValueError:
   ...         return False
   ```

float( ) 내장 함수는 문자열이 숫자 자료형인지 판단하기 위한 것이다. 예외가 발생하지 않는다면 유효한 숫자이므로 통과시키고, 예외가 발생한다면 숫자가 아니므로 제외시킨다.

3. 이 테스트 함수(또는 람다 객체)를 filter( ) 함수와 함께 사용한다.

```
>>> tail_rows = list(filter(number_column, log_rows))
>>> len(tail_rows)
4
>>> tail_rows[0]
['10/25/13', '08:24:00 AM', '29']
>>> tail_rows[-1]
['', '06:25:00 PM', '22']
```

테스트 함수인 number_column( )과 원본 데이터 log_rows를 제공받은 filter( ) 함수는 순회 가능한 객체를 반환한다. 그리고 list( ) 함수는 이 순회 가능 객체로부터 리스트를 생성한다. 최종적으로 네 개의 행만 남고 나머지 행들은 제외됐다. 이번 예제는 특정 행을 제거한 것이 아니며, 다만 해당되는 행을 제외하고 복사본을 만든 것이다. 결과는 어차피 똑같다.

예제 분석

리스트는 변경 가능한 객체이므로 리스트에서 항목을 제거할 수 있다. 반면에 튜플이나 문자열은 변경 불가능한 객체다. 세 개 모두 시퀀스 객체지만 그 내용을 변경할 수 있는 것은 리스트뿐이다.

리스트에서 항목을 제거할 때는 인덱스가 있는 항목만 삭제할 수 있다. 허용 범위를 벗어난 인덱스로 항목을 제거하려고 하면 IndexError 예외가 발생한다.

예를 들면 다음과 같다.

```
>>> row = ['', '06:25:00 PM', '22']
>>> del row[3]
Traceback(most recent call last):
  File "<pyshell#38>", line 1, in <module>
```

```
    del row[3]
IndexError: list assignment index out of range
```

부연 설명

가끔은 예상대로 제거되지 않을 때가 있다. for문 내의 리스트에서는 항목을 삭제할 수 없다.

예를 들어 다음과 같이 리스트에서 짝수들을 제거하고 싶다고 하자. 하지만 다음 코드는 의도대로 동작하지 않는다.

```
>>> data_items = [1, 1, 2, 3, 5, 8, 10,
...     13, 21, 34, 36, 55]
>>> for f in data_items:
...     if f%2 == 0: data_items.remove(f)
>>> data_items
[1, 1, 3, 5, 10, 13, 21, 36, 55]
```

결과 값은 명백히 우리가 원하는 바와 다르다. 일부 짝수 항목이 여전히 남아있는 이유는 무엇일까?

값이 8인 항목을 처리할 때 어떤 일이 발생하는지 살펴보자. remove( ) 메소드가 실행되면 해당 값이 제거되고 후속 값들은 모두 한 칸씩 앞으로 이동한다. 따라서 10은 이전에 8이 있던 곳으로 이동한다. 그런데 리스트의 내부 인덱스는 다음 위치로 이동해 13을 가리키게 되므로 10이 처리되지 않은 것이다.

리스트 중간에 항목을 삽입할 때도 비슷한 문제가 발생한다. 이때는 항목들이 두 번 처리된다.

이와 같은 '삭제 시 건너뛰는skip-when-delete' 문제를 피할 수 있는 두 가지 방법이 있다.

- 리스트의 복사본에 대해 삭제를 수행한다.

  ```
  for f in data_items[:]:
  ```

- 인덱스를 수동으로 조작하는 while 루프를 작성한다.

```
>>> data_items = [1, 1, 2, 3, 5, 8, 10,
...     13, 21, 34, 36, 55]
>>> position=0
>>> while position != len(data_items):
...     f= data_items[position]
...     if f%2 == 0:
...         data_items.remove(f)
...     else:
...         position+= 1
>>> data_items
[1, 1, 3, 5, 13, 21, 55]
```

값이 홀수인 항목일 때만 position 변수가 1만큼 증가한다. 값이 짝수인 항목일 때는 해당 항목을 제거하고 다른 항목들의 위치를 하나씩 앞으로 이동시킨다.

참고 사항

- 리스트를 만드는 방법은 '리스트를 생성하는 방법: 리터럴, 추가, 내포' 레시피를 참조한다.
- 리스트를 복사하거나 일부를 선택하는 방법은 '리스트 슬라이싱' 레시피를 참조한다.
- 리스트의 순서를 뒤집는 방법은 '리스트 항목들의 순서를 반대로 만드는 방법' 레시피를 참조한다.

리스트 항목들의 순서를 반대로 만드는 방법

리스트 내 항목들의 순서를 반대로 뒤집어야 할 때가 종종 있다. 예를 들어 어떤 알고리즘들은 결과를 역순으로 생성한다. 특히 숫자의 진법을 변환할 때는 일련의 나눗셈으로 얻어진 나머지 값들을 역순으로 정리해야 한다. 나중에 계산된 값이 앞으로 와야 하기 때문에 리스트 내 숫자의 순서를 반대로 뒤집어야 한다.

리스트 내 항목들의 순서를 반전하는 두 가지 방법이 있다. 하나는 `reverse()` 메소드를 사용하는 방법이고, 다른 하나는 약간의 트릭을 사용하는 방법이다.

준비

밑수base를 사용해 숫자 변환을 수행 중이라고 가정하자. 밑수를 사용해 숫자를 나타내고 이를 계산하는 방법을 살펴보자.

숫자 v를 밑수 b와 자릿수 d_n을 사용해 다항식으로 나타내면 다음과 같다.

$$v=d_n \times b^n + d_{n-1} \times b^{n-1} + d_{n-2} \times b^{n-2} + \ldots + d_1 \times b + d_0$$

v가 유리수일 때는 자릿수의 개수가 유한하지만, 무리수일 때는 무한히 많을 것이다.

예를 들어 `0xBEEF`는 16진수로서 자릿수는 $\{B=11, E=14, F=15\}$이고, 밑수 b는 16으로서 10진수로는 48879가 된다.

$$48879 = 11 \times 16^3 + 14 \times 16^2 + 14 \times 16 + 15$$

계산 효율을 높이기 위해 다항식을 변형하면 다음과 같다.

$$v =(\ldots((d_n \times b+d_{n-1}) \times b+d_{n-2}) \times b+\ldots+d_1) \times b+d_0$$

밑수 b가 거듭제곱 형태가 아닐 때도 다항식으로 숫자를 나타낼 수 있다. 예를 들어, ISO 날짜 포맷은 여러 개의 밑수를 사용한다. 1주=7일, 1일=24시간, 1시간=60분, 1분=60초이기 때문이다.

주를 w, 일을 d, 시를 t, 분을 m, 초를 s라고 할 때 타임스탬프 t_s를 다음과 같이 초 단위로 나타낼 수 있다.

$$t_s =(((w \times 7 + d) \times 24 + h) \times 60 + m) \times 60 + s$$

예를 들면 다음과 같다.

```
>>> week = 13
>>> day = 2
>>> hour = 7
>>> minute = 53
>>> second = 19
>>> t_s = (((week*7+day)*24+hour)*60+minute)*60+second
>>> t_s
8063599
```

이 계산을 역으로 하려면 어떻게 해야 할까? 즉, 타임스탬프 값으로부터 주, 일, 시, 분, 초를 얻으려면 어떻게 해야 할까?

divmod 나눗셈을 사용하는 방법이 있다. 자세한 설명은 1장의 '실수 나눗셈과 정수 나눗셈의 구별' 레시피를 참조하자.

초 단위의 타임스탬프 t_s를 주, 일, 시, 분 필드로 변환하는 방법은 다음과 같다.

$$t_m, s \leftarrow t_s/60, t_s \bmod 60$$

$$t_h, m \leftarrow t_m/60, t_m \bmod 60$$

$$t_d, h \leftarrow t_h/60, t_h \bmod 24$$

$$w, d \leftarrow t_d/60, t_d \bmod 7$$

간단한 패턴이므로 쉽게 구현할 수 있다. 필요한 값들은 역순으로 생성된다.

```
>>> t_s = 8063599
>>> fields = []
>>> for b in 60, 60, 24, 7:
...     t_s, f=divmod(t_s, b)
...     fields.append(f)
>>> fields.append(t_s)
>>> fields
[19, 53, 7, 2, 13]
```

이렇게 divmod( ) 함수를 네 번 사용해서 초 단위의 타임스탬프 값으로부터 초, 분, 시, 일, 주 필드들을 얻었다. 문제는 순서가 우리가 원하는 것과 반대라는 점이다. 어떻게 순서를 뒤집을 수 있을까?

예제 구현

두 가지 방법이 있다. reverse( ) 메소드를 사용할 수 있고, [::-1] 슬라이스 표현식을 사용할 수도 있다. reverse( ) 메소드를 사용하는 방법은 다음과 같다.

```
>>> fields_copy1 = fields.copy()
>>> fields_copy1.reverse()
>>> fields_copy1
[13, 2, 7, 53, 19]
```

원본 리스트의 복사본을 생성한 것은 원본 리스트를 유지하고 새로 생성된 리스트를 대상으로 실습을 진행함으로써 앞으로의 예제 실습을 편하게 하기 위한 것이다. reverse( ) 메소드는 리스트 복사본의 순서를 뒤집었다.

이 메소드는 리스트의 내용을 변경하며 반환 값은 없다. 따라서 a = b.reverse( )는 잘못된 문장이다. a의 값이 항상 None이 되기 때문이다.

또 다른 방법은 간격step이 음수인 슬라이스 표현식을 사용하는 것이다.

```
>>> fields_copy2 = fields[::-1]
>>> fields_copy2
[13, 2, 7, 53, 19]
```

[::-1]은 시작 위치와 종료 위치는 생략하고 간격만 –1로 지정된 슬라이스 표현식이며, 리스트 내 모든 항목을 반대 방향으로 선택한 후 새로운 리스트를 생성한다.

이 슬라이스 연산에 의해 원본 리스트가 변경되지는 않는다. 단지 복사본이 생성될 뿐이다. fields 변수의 값을 직접 확인해보면 변경되지 않았음을 알 수 있다.

예제 분석

'리스트 슬라이싱' 레시피에서 배웠듯이 슬라이스 연산은 매우 정교하다. 간격 값으로 음수를 사용하면 (왼쪽에서 오른쪽이 아니라) 오른쪽에서 왼쪽 순서로 항목들을 처리하면서 새로운 복사본(혹은 부분 집합)을 생성한다.

두 가지 방법의 중요한 차이점은 다음과 같다.

- `reverse()` 함수는 리스트 객체 자체를 변경한다. 그리고 `append()`나 `remove()` 함수처럼 아무 값도 반환하지 않는다. 리스트를 변경하기 때문에 값을 반환하지 않는 것이다.
- `[::-1]` 슬라이스 표현식은 새로운 리스트를 생성한다. 원본 리스트의 얕은 복사본으로서 항목들의 순서가 반대로 바뀌어 있다.

참고 사항

- 얕은 복사, 깊은 복사에 관한 자세한 설명과 깊은 복사의 용도에 관해서는 '얕은 복사와 깊은 복사' 레시피를 참조한다.
- 리스트를 생성하는 다양한 방법에 관해서는 '리스트를 생성하는 방법: 리터럴, 추가, 내포' 레시피를 참조한다.
- 리스트를 복사하는 방법과 리스트 일부를 선택하는 방법에 관해서는 '리스트 슬라이싱' 레시피를 참조한다.
- 리스트로부터 항목을 제거하는 방법에 관해서는 '리스트에서 항목을 삭제하는 방법: del, remove, pop, filter' 레시피를 참조한다.

세트의 메소드와 연산자

세트 자료 구조를 구축하기 위해 다양한 메소드를 사용할 수 있다. set( ) 함수를 사용하면 기존의 데이터 컬렉션을 세트로 변환할 수 있다. add( ) 메소드를 사용하면 새로운 항목을 세트에 추가할 수 있다. update( ) 메소드와 합집합 연산자 |를 사용하면 기존 세트보다 더 큰 세트를 생성할 수 있다.

이번 레시피는 통계 데이터 풀pool의 값들이 특정 도메인의 모든 가능한 값인지 여부를 보여주기 위해 세트를 사용한다. 표본 데이터를 하나씩 검색하면서 세트를 구축해나가는 방법을 사용할 것이다.

탐색적 데이터 분석EDA, Exploratory Data Analysis을 수행할 때는 '이 데이터는 무작위인가?'라는 질문에 대답할 수 있어야 한다. 데이터 컬렉션에서 데이터 간의 편차는 일상적인 잡음noise일 수 있다. 무작위 데이터를 모델링하고 분석하느라 시간을 낭비하지 않는 것이 중요하다.

미터 단위로 측정된 수심 데이터나 바이트 단위의 파일 크기와 같은 이산 혹은 연속적 숫자 데이터일 경우에는 평균이나 표준 편차가 무작위 여부를 판단하는 데 사용될 수 있다. 표본의 평균은 표준 편차 내에서 모집단의 평균과 일치할 것으로 기대되기 때문이다.

하지만 고객 ID나 전화번호 등의 범주형categorical 데이터의 경우에는 평균이나 표준 편차를 계산할 수 없으므로 다른 방법을 사용해야 한다.

범주형 데이터의 무작위 여부 판단에 사용되는 방법 중에는 쿠폰 수집가 테스트Coupon Collector's Test 기법이 있다. 이 기법은 모든 종류의 쿠폰을 수집하기까지 얼마나 많은 항목을 조사해야 하는지 보여준다. 고객 방문 시퀀스는 무작위인가, 아니면 특정 분포를 따르는가? 무작위가 아닌 것으로 판단되면 그 원인에 대한 추가 연구를 할 수 있다.

세트는 이 알고리즘 구현에서 핵심 역할을 한다. 모든 고객을 볼 때까지 세트에 항목을 추가할 것이기 때문이다.

만일 고객들이 무작위로 방문한다면, 모든 고객을 적어도 한 번 볼 때까지 예상되는 방문 횟수의 기댓값을 예측할 수 있다. 전체 도메인에 대해 예상되는 방문 횟수는 도메인에 속하는 각 고객의 방문 횟수의 합계와 같다. 이것은 고객의 수 n과 조화수Harmonic Number H_n의 곱으로 나타낼 수 있다.

$$E = n \times H_n = n \times ((1/1)+(1/2)+(1/3)+(1/n))$$

이 값은 모든 고객을 보게 될 때까지 예상되는 평균 방문 횟수다. 실제로 평균 도착 횟수가 이 기댓값과 일치한다면 모든 고객이 방문했음을 의미하므로, 당초 예상과 일치하는 데이터를 더 이상 연구하지 않아도 된다. 하지만 만일 일치하지 않는다면 일부 고객이 다른 고객들만큼 자주 방문하지 않고 있음을 의미한다. 따라서 그 이유를 알아내기 위한 추가 연구가 필요할 것이다.

준비

세트 자료 구조를 사용해 쿠폰들을 나타낼 것이며, 특정 분포를 따르는(또는 따르지 않는) 쿠폰들의 모집단 데이터가 필요하다. 세트는 여덟 명의 고객을 포함할 수 있다.

다음 함수는 무작위로 방문하는 고객을 시뮬레이션한다. 고객은 반개방 간격 $[0, n]$ 내의 숫자로서 표현되므로 고객 c는 $0 \le c < n$ 범위에 들어간다.

```
>>> import random
>>> def arrival1(n=8):
...     while True:
...         yield random.randrange(n)
```

arrival1() 함수는 값을 무한히 생성할 것이다. 함수 이름에 1이 붙은 것은 맞춤법 실수가 아니고, 나중에 다른 버전이 추가될 것이기 때문이다.

생성되는 값의 개수에 상한을 지정하자. 다음 함수는 생성되는 표본의 수를 제한한다.

```
>>> def samples(limit, generator):
...     for n, value in enumerate(generator):
...         if n == limit: break
...         yield value
```

이 제네레이터 함수는 다른 제네레이터를 입력받는다. 실제로, 나중에 arrival1() 함수를 입력받을 것이다. 이 함수는 입력 컬렉션의 항목들을 열거하고, 지정된 개수에 도달하면 실행을 중단한다. arrival1() 함수가 값을 무한히 제공하기 때문에 이처럼 상한이 반드시 지정돼야 한다.

이 함수들을 사용해 고객 방문을 시뮬레이션하면 다음과 같이 고객 ID 시퀀스가 생성된다.

```
>>> random.seed(1)
>>> list(samples(10, arrival1()))
[2, 1, 4, 1, 7, 7, 6, 3, 1]
```

시드[seed]에 상수 값을 지정한 것은 특정 시퀀스를 생성하기 위한 것이다. samples()와 arrival1() 함수를 사용해 10번의 고객 방문 시퀀스를 생성했는데, 고객 7은 두 번이나 방문한 반면에 고객 0과 5는 한 번도 방문하지 않은 것을 알 수 있다.

이것이 단지 시뮬레이션에 불과하다는 것을 기억하자. 실제로는 매장에서 발행한 판매 영수증을 조사하거나 쇼핑몰 웹사이트 DB의 고객 방문 테이블 혹은 웹 로그를 긁어오는 방법으로 고객 방문 데이터를 얻을 수 있다.

여덟 명의 고객 모두가 적어도 한 번 방문하기까지 방문 횟수의 기댓값은 얼마일까?

```
>>> from fractions import Fraction
>>> def expected(n=8):
...     return n * sum(Fraction(1, (i+1)) for i in range(n))
```

이 함수는 1/1, 1/2, ... 1/n의 분수들로 이뤄진 시퀀스를 생성한 후 그 값을 합하고 다시 n을 곱한다.

```
>>> expected(8)
Fraction(761, 35)
```

```
>>> round(float(expected(8)))
22
```

평균적으로, 여덟 명의 고객을 적어도 한 번 만나기까지 22번의 고객 방문이 필요하다는 것을 알 수 있다.

여덟 명의 고객을 모두 만나기까지 실제 방문 횟수에 대한 통계 값들을 얻기 위해 세트를 어떻게 사용할 수 있을까?

예제 구현

고객 방문 데이터를 하나씩 순회하면서 세트에 고객 ID를 저장할 것이다. 세트는 중복 값을 저장할 수 없으므로 이미 세트에 들어있는 ID 값은 실제로 세트에 추가되지 않는다. 처리 단계를 먼저 설명하고 이어서 함수 코드를 보여줄 것이다.

1. 처음에 빈 세트를 생성하고 카운터 변수를 0으로 초기화한다.
2. 모든 데이터 항목들을 방문하기 위한 `for` 루프를 시작한다.
3. 다음 항목을 세트에 추가한다. 카운터를 1만큼 증가시킨다.
4. 세트에 항목 추가가 끝나면 카운터 값을 얻을 수 있다. 이 값은 쿠폰 전체를 보기까지 매장에 방문했던 고객의 수다. 이 값을 얻은 후에는 세트를 비우고 카운터를 0으로 초기화한다.

함수 코드는 다음과 같다.

```
def coupon_collector(n, data):
    count, collection = 0, set()
    for item in data:
        count += 1
        collection.add(item)
        if len(collection) == n:
            yield count
            count, collection = 0, set()
```

count 변수의 값에 0을 대입하고, collection 세트를 새로 생성한다(이 세트는 고객 ID 값이 저장될 것이다). 이제 입력받은 데이터 시퀀스인 data의 항목들을 순회한다. count 변수는 방문한 고객의 수를 나타내고, collection 세트에는 방문한 고객들의 ID가 저장된다.

add( )는 세트에 값을 추가하는 메소드며, 추가하고자 하는 값이 이미 세트에 들어있으면 아무 일도 일어나지 않는다.

collection 세트의 크기가 모집단의 크기와 같다면 전체 쿠폰이 모두 수집된 것이다. count의 값을 반환한다. 그리고 다음 번 쿠폰 수집 시뮬레이션을 위해 count 및 collection 세트를 초기화한다.

예제 분석

coupon_collector( )는 제네레이터 함수이므로, 이 함수가 반환하는 결과 값으로부터 리스트 객체를 생성하는 방법으로 데이터를 포착해야 한다. 다음과 같이 coupon_collector( ) 함수를 사용할 수 있다.

```
from statistics import mean
expected_time = float(expected(n))
data = samples(100, arrival1())
wait_times = list(coupon_collector(n, data))
average_time = mean(wait_times)
```

expected_time 변수는 n명의 고객이 모두 방문하기까지 예상되는 고객 방문 횟수다. samples(100, arrival1( ))은 방문 데이터 시퀀스인 data 변수를 생성하는 시뮬레이션이다. 실제 매장에서는 판매 영수증으로부터 고객 방문 데이터를 직접 얻을 수 있을 것이다.

그리고 쿠폰 수집가 테스트를 data에 적용했다. 전체 쿠폰 또는 고객 ID가 수집되기까지 매장에 방문한 고객의 수를 보여주는 값들의 시퀀스가 얻어진다. 이 값들은 당초에 예상했던 방문 횟수와 비슷할 것이다. 변수 이름이 wait_times인 것은 표본에 속한 모든 고객을 보기까지 기다려야 하는 횟수라고 간주할 수 있기 때문이다.

이제, 실제 데이터를 예상 데이터와 쉽게 비교할 수 있다. arrival1( ) 함수는 예상 값과 매우 가까운 평균값을 산출한다. 입력 데이터는 무작위이므로 예상과 정확히 일치하는 값이 산출되지는 않는다.

쿠폰 수집가 테스트는 쿠폰 세트를 수집한다. 여기서 '세트'라는 단어는 수학에서 사용되는 집합의 의미와 완전히 동일하다.

특정 항목은 집합에 속하거나 속하지 않는다. 같은 항목을 집합에 두 번 이상 추가할 수 없는 것이다. 다음과 같이 집합을 생성하고 항목을 추가했다고 하자.

```
>>> collection = set()
>>> collection.add(1)
>>> collection
{1}
```

이 항목을 다시 추가해도 집합의 내용은 달라지지 않는다.

```
>>> collection.add(1)
>>> collection
{1}
>>> 1 in Collection
True
```

따라서 세트는 쿠폰 수집을 나타내기에 가장 완벽한 자료 구조라고 할 수 있다.

add( ) 메소드는 값을 반환하지 않고 세트의 내용을 변경한다. 일반적으로, 컬렉션 자료 구조를 변경하는 메소드는 아무 값도 반환하지 않는다. 유일한 예외가 pop( ) 메소드며, 이 메소드는 세트의 내용을 변경하고 값도 반환한다.

부연 설명

다양한 방법으로 세트에 항목을 추가할 수 있다.

- 예제에서는 add( ) 메소드를 사용했다. 한 개의 항목을 추가할 수 있다.
- union( ) 메소드는 수학에서의 합집합에 해당한다. 새로운 세트 객체가 생성되고 피연산자 세트들은 값이 변경되지 않는다.
- 합집합을 연산자 |으로 계산할 수도 있다.
- update( ) 메소드는 다른 세트의 항목으로 값을 갱신한다. 세트의 내용을 변경하지만 값을 반환하지는 않는다.

대부분의 경우, 추가하고자 하는 항목을 사용해 싱글턴 세트를 생성할 필요가 있다. 다음 코드는 3이라는 항목을 싱글턴 세트로 변환한 후 collection 세트에 추가한다.

```
>>> collection
{1}
>>> item = 3
>>> collection.union({item})
{1, 3}
>>> collection
{1}
```

item 변수의 값으로부터 {item}이라는 싱글턴 세트를 생성했다. 그다음 union( ) 메소드로 collection 세트와 {item} 세트의 합집합으로서 새로운 세트를 생성했다.

union( )은 결과 값을 반환할 뿐 기존 세트를 변경하지 않는다. 변경하고 싶으면 collection = collection.union({item})과 같이 collection 객체를 명시적으로 변경해야 한다.

다음 코드는 합집합 연산자를 사용한다.

```
>>> collection = collection | {item}
>>> collection
{1, 3}
```

이것은 수학에서의 {1} ∪ {3} ≡ {1,3}과 같은 의미를 갖는다.

update( ) 메소드를 사용할 수도 있다.

```
>>> collection.update({4})
>>> collection
{1, 3, 4}
```

이 메소드는 세트의 내용을 변경할 뿐 값을 반환하지는 않는다.

파이썬은 다양한 세트 연산자를 제공한다. 다음과 같은 연산자들을 사용할 수 있다.

- |: 합집합. A∪B와 같음
- &: 교집합. A∩B와 같음
- ^: 대칭 차집합. AΔB와 같음
- -: 차집합. A − B와 같음

참고 사항

- '세트에서 항목을 제거하는 방법: remove, pop, difference' 레시피에서 세트의 항목을 제거하거나 대체하는 방법을 설명한다.

세트에서 항목을 제거하는 방법: remove, pop, difference

다양한 방법으로 세트에서 항목을 제거할 수 있다. remove( ) 메소드는 지정된 항목을 제거하며 pop( ) 메소드는 임의의 항목을 제거한다.

교집합, 차집합, 대칭 차집합 연산자 &, -, ^을 사용해 새로운 세트를 생성함으로써 입력받은 세트의 부분 집합을 얻을 수도 있다.

준비

로그 파일은 포맷이 복잡할 경우가 많다. 길고 복잡한 로그의 예는 다음과 같다.

```
>>> log='''
... [2016-03-05T09:29:31-05:00] INFO: Processing ruby_block[print IP]
action run(@recipe_files::/home/slott/ch4/deploy.rb line 9)
... [2016-03-05T09:29:31-05:00] INFO: Installed IP: 111.222.111.222
... [2016-03-05T09:29:31-05:00] INFO: ruby_block[print IP] called
...
...     - execute the ruby block print IP
... [2016-03-05T09:29:31-05:00] INFO: Chef Run complete in 23.233811181 seconds
...
... Running handlers:
... [2016-03-05T09:29:31-05:00] INFO: Running report handlers
... Running handlers complete
... [2016-03-05T09:29:31-05:00] INFO: Report handlers complete
... Chef Client finished, 2/2 resources updated in 29.233811181 seconds
... '''
```

이 로그에서 IP: 111.222.111.222가 포함된 행을 찾고 싶다고 하자.

다음과 같이 해당 행을 찾을 수 있다.

```
>>> import re
>>> pattern = re.compile(r"IP: \d+\.\d+\.\d+\.\d+")
>>> matches = set( pattern.findall(log) )
>>> matches
{'IP: 111.222.111.222'}
```

대용량 로그 파일은 실제 정보를 포함하는 행과 (비슷해 보이지만) 단지 예제인 행이 섞여 있을 때가 많다. 예를 들어 로그에 IP: 1.2.3.4라는 행이 있다면 이 행은 실제 정보가 아닐 가능성이 높기 때문에 검색 결과에 나오더라도 무시해야 한다.

이럴 때는 교집합과 차집합을 유용하게 활용할 수 있다.

예제 구현

1. 무시할 항목들을 포함하는 세트를 생성한다.

```
>>> to_be_ignored = {'IP: 0.0.0.0', 'IP: 1.2.3.4'}
```

2. 로그에서 IP 주소를 수집한다. 앞서 봤듯 re 모듈을 사용할 수 있다. 수집된 IP 주소 중에는 실제 주소도 있고, 더미[dummy] 혹은 자리 표시자도 있다.

```
>>> matches={'IP: 111.222.111.222', 'IP: 1.2.3.4'}
```

3. 차집합을 사용해 무시할 항목을 제거한다. 두 가지 방법이 가능하다.

```
>>> matches - to_be_ignored
{'IP: 111.222.111.222'}
>>> matches.difference(to_be_ignored)
{'IP: 111.222.111.222'}
```

   둘 다 새로운 세트가 반환된다. 기존 세트 객체는 변경되지 않는다.

다음과 같이 유효한 IP 주소만 얻을 수 있다.

```
>>> valid_matches = matches - to_be_ignored
>>> valid_matches
{'IP: 111.222.111.222'}
```

차집합 연산의 결과를 valid_matches 변수에 대입했다. 이제 이 변수를 사용해 추가 처리를 수행할 수 있다.

세트 내에 항목이 없더라도 KeyError 예외가 발생하지 않는다.

예제 분석

세트 객체는 멤버십(소속 여부)에만 관심을 둔다. 항목은 세트 내에 들어있거나 들어있지 않거나 둘 중 하나뿐이다. 제거할 항목을 지정할 수 있으며, 이때 인덱스나 키를 사용하지 않는다.

세트 연산자를 사용하므로 세트 단위로 항목들을 제거할 수 있다. 개별 항목 단위로 제거 처리를 할 필요는 없다.

부연 설명

세트에서 항목을 제거하는 방법들은 다음과 같다.

- 이번 예제에서는 difference( ) 메소드와 - 연산자를 사용했다. difference( ) 메소드는 연산자처럼 동작하고 새로운 세트를 생성한다.
- difference_update( ) 메소드도 사용할 수 있다. 이 메소드는 세트의 내용을 변경하며 값을 반환하지 않는다.
- remove( ) 메소드를 사용해 특정 항목을 제거할 수 있다.
- pop( ) 메소드를 사용해 임의의 항목을 제거할 수 있다. 어느 항목이 제거될지 제어할 수 없기 때문에 이번 예제에는 적합하지 않다.

difference_update( ) 메소드의 사용법은 다음과 같다.

```
>>> valid_matches = matches.copy()
>>> valid_matches.difference_update(to_be_ignored)
>>> valid_matches
{'IP: 111.222.111.222'}
```

matches의 복사본을 valid_matches에 대입했다. 그런 다음 difference_update( ) 메소드를 적용해 원하지 않는 항목들을 제거했다.

이 메소드는 세트를 직접 변경하고 값을 반환하지 않는다. 복사본을 사용했으므로 match 세트의 값은 바뀌지 않은 채로 남아있다.

remove( ) 메소드도 비슷한 작업을 수행할 수 있다. 인수로 제공된 항목이 세트에 존재하지 않으면 예외가 발생한다.

```
>>> valid_matches = matches.copy()
>>> for item in to_be_ignored:
...     if item in valid_matches:
...         valid_matches.remove(item)
>>> valid_matches
{'IP: 111.222.111.222'}
```

항목을 제거하기 전에 valid_matches 세트에 포함돼 있는지 검사한 것은 KeyError 예외를 발생시키지 않기 위해서다. try:문으로 예외를 조용히 넘어갈 수도 있다.

pop() 메소드는 임의의 항목을 제거한다. 이 메소드는 세트를 변경할 뿐 아니라 제거된 항목을 반환한다. 아무 값도 없는 세트에 이 메소드를 사용하면 KeyError 예외가 발생한다.

참고 사항

- '세트의 메소드와 연산자' 레시피에서 세트를 생성하는 여러 방법들을 설명한다.

딕셔너리를 만드는 방법: 삽입과 갱신

딕셔너리는 일종의 매핑이다. dict 내장 클래스는 매핑에 필요한 공통 기능들을 제공하고, collections 모듈에는 이 공통 기능을 바탕으로 하는 다양한 변형들이 정의돼 있다.

'최적의 자료 구조를 선택하는 방법' 레시피에서도 말했듯이 딕셔너리는 키를 특정 값에 매핑시킬 때 사용된다. 예를 들어, 단어(키)를 그 단어의 길고 복잡한 정의(값)에 매핑시킬 수 있다. 또는 어떤 값(키)을 그 값의 데이터세트 내에서의 출현 횟수(값)에 매핑시킬 수도 있다.

특히, 키와 그 키의 출현 횟수 간의 매핑인 카운터는 매우 널리 쓰인다. 이번 레시피에서는 딕셔너리를 초기화하고 카운터를 갱신하는 방법을 자세히 보여줄 것이다.

'세트의 메소드와 연산자' 레시피에서는 어떤 매장에서의 고객 방문을 예제로 사용하면서, 모든 종류의 쿠폰이 수집되기까지 필요한 고객 방문의 횟수를 알아내기 위해 세트 자료 구조를 사용했었다.

준비

이번 레시피에서는 각 고객별로 매장을 방문한 횟수를 보여주는 히스토그램histogram을 작성할 것이다. 흥미로운 데이터를 만들기 위해 '세트의 메소드와 연산자' 레시피와는 좀 다르게 표본을 생성할 것이다.

'세트의 메소드와 연산자' 레시피에서는 단순하고 균일한 난수 생성기를 사용해 고객 시퀀스를 얻었었다. 하지만 이번에 얻어지는 고객 시퀀스는 조금 다른 분포를 갖는다.

```
>>> def arrival2(n=8):
...     p = 0
...     while True:
...         step = random.choice([-1,0,+1])
...         p += step
...         yield abs(p) % n
```

이 함수는 랜덤 워크random walk라는 기법으로 그다음 고객 ID를 생성한다. 맨 처음에는 고객 ID가 0부터 시작하고, 그다음부터는 세 개 중 하나를 임의로 선택한다. 똑같은 고객 ID를 생성하거나 인접한 두 개의 고객 ID 중 하나를 생성하는 것이다. `yield abs(p) % n`은 $[0, n]$ 범위의 값을 반환한다.

이제, 다음과 같이 고객 방문 시뮬레이션에 사용되는 데이터를 생성할 수 있다.

```
>>> import random
>>> from ch04_r06 import samples, arrival2
>>> random.seed(1)
>>> list(samples(10, arrival2(8)))
[1, 0, 1, 1, 2, 2, 2, 2, 1, 1]
```

arrival2( ) 함수를 사용했더니 시작 값인 고객 0과 가까운 고객 ID들이 생성되는 경향이 있음을 볼 수 있다. 쿠폰 수집가 테스트에 이 표본 데이터를 적용하면 테스트가 완전히 실패하는 것을 확인할 수 있다. 여덟 명의 고객이 모두 방문하기까지 엄청난 수의 고객 방문이 필요하기 때문이다.

히스토그램으로 각 고객의 방문 횟수를 보여주기 위해 고객 ID와 그 고객의 방문 횟수를 매핑한 딕셔너리를 사용할 것이다.

예제 구현

1. {}로 딕셔너리를 새로 생성한다. dict( ) 함수를 사용해도 된다. 각 고객별로 빈도수를 보여주는 히스토그램을 작성 중이므로 변수 이름을 histogram이라고 하자.

   ```
   histogram={}
   ```

2. 새로운 고객 ID면 histogram에 추가한다. if문을 사용할 수도 있고, setdefault( ) 메소드를 사용할 수 있다. 여기서는 if문을 사용하고 setdefault( )는 나중에 설명하기로 한다.
3. 딕셔너리 내의 값을 1만큼 증가시킨다.

지금까지의 설명을 바탕으로 작성한 코드는 다음과 같다. 이 루프는 histogram 딕셔너리 내에서 각 고객 ID의 빈도수를 세며, 항목을 생성한 후 갱신하는 과정을 거친다.

```
for customer in source:
    if customer not in histogram:
        histogram[customer] = 0
    histogram[customer] += 1
```

이 루프를 실행하고 나면, 시뮬레이션에서의 각 고객별 방문 횟수 값이 얻어진다.

빈도수를 더 쉽게 비교하려면 막대그래프로 변환하는 것이 좋다. 또 평균과 표준 편차 등의 기술 통계 값을 계산해 고객 ID 중에 너무 많거나 적게 나타나는 것들을 식별할 수도 있다.

예제 분석

딕셔너리의 핵심은 변경 불가능한immutable 값을 임의의 종류의 객체로 매핑하는 것이다. 이번 예제의 경우 변경 불가능 객체인 숫자를 키로, 이와 다른 숫자를 값으로 사용했다. 키 값이 출현하는 빈도수를 세면서 그 키와 관련된 값을 대체한다.

```
histogram[customer] += 1
```

또는

```
histogram[customer] = histogram[customer] + 1
```

위와 같은 코드를 보고 딕셔너리 내의 값이 대체됐다고 말하는 것이 이상하게 생각될지도 모르겠다. 하지만 `histogram[customer]+1`은 두 개의 정수 객체로부터 새로운 정수 객체를 계산 및 생성하는 것이다. 그리고 이 새로 생성된 객체로 기존의 값을 대체한다고 생각할 수 있다.

키는 변경 불가능한 객체만 가능하다. 따라서 리스트, 세트, 딕셔너리는 키로서 사용할 수 없다. 하지만 리스트를 튜플로 변환하거나 세트를 프로즌세트로 변환한 후에는 키로서 사용할 수 있다.

부연 설명

앞서 `if`문 대신에 `setdefault()` 메소드를 사용할 수 있다고 언급했었다. `setdefault()` 메소드를 사용하면 루프의 코드는 다음과 같을 것이다.

```
histogram={}
for customer in source:
    histogram.setdefault(customer, 0)
    histogram[customer] += 1
```

setdefault( ) 메소드는 customer 키의 값이 존재하지 않으면 기본값을 제공한다. 만일 키의 값이 이미 존재한다면 아무 일도 일어나지 않는다.

collections 모듈은 dict 내장 매핑 대신에 사용할 수 있는 다양한 대안 매핑들을 제공한다.

- defaultdict: 레시피의 단계 2를 작성하지 않아도 된다. defaultdict 객체를 생성하면서 초기화 함수를 호출할 수 있기 때문이다. 잠시 후에 예제를 살펴볼 것이다.
- OrderedDict: 키가 생성된 순서가 그대로 유지된다. '딕셔너리 키의 순서를 제어하는 방법' 레시피에서 살펴볼 것이다.
- Counter: 키의 빈도수를 관리하는 알고리즘을 자체적으로 제공한다. 역시 잠시 후에 예제를 살펴볼 것이다.

다음 코드는 defaultdict 클래스로 초기화를 수행하고 있다.

```
from collections import defaultdict
def summarize_3(source):
    histogram = defaultdict(int)
    for item in source:
        histogram[item] += 1
    return histogram
```

defaultdict 인스턴스를 생성할 때 int( ) 함수를 사용해 키 값들을 초기화했다. 함수 객체 int가 defaultdict의 생성자에 전달된 것을 볼 수 있다. defaultdict는 이 함수 객체를 실행해 기본값들을 생성한다.

따라서 곧바로 histogram[item] += 1을 사용할 수 있다. item의 값이 딕셔너리에 이미 있다면 그 값이 1만큼 증가하며, 딕셔너리에 없다면 int 함수가 실행되고 기본값이 생성된다.

Counter 객체를 사용해 빈도수를 셀 수도 있다. Counter 객체를 생성하기 위해서는 먼저 Counter 클래스를 임포트해야 한다.

```
>>> from collections import Counter
>>> collection from imports
>>> def summarize_4(source):
...     histogram = Counter(source)
...     return histogram
```

Counter는 source 데이터를 조사해 각 키의 빈도수를 저장한다. 따라서 코드가 매우 간단해진다.

실행 결과는 다음과 같다.

```
>>> import random
>>> from pprint import pprint
>>> random.seed(1)
>>> histogram=summarize_4(samples(1000, arrival2(8)))
>>> pprint(histogram)
Counter({1: 150, 0: 130, 2: 129, 4: 128, 5: 127, 6: 118, 3: 117, 7: 101})
```

Counter가 빈도수 내림차순으로 항목을 표시한다는 것에 주목하자. OrderedDict 객체는 키가 생성된 순서대로 표시하고, dict 객체는 순서를 관리하지 않는다.

키 순서로 표시하고 싶다면 다음과 같이 할 수 있다.

```
>>> for key in sorted(histogram):
...     print(key, histogram[key])
0 130
1 150
2 129
3 117
4 128
5 127
6 118
7 101
```

참고 사항

- '딕셔너리에서 항목을 제거하는 방법: pop 메소드와 del문' 레시피에서 항목을 제거할 때 딕셔너리가 어떻게 변경되는지 살펴볼 것이다.
- '딕셔너리 키의 순서를 제어하는 방법' 레시피에서 딕셔너리 키의 순서를 제어하는 방법을 알아본다.

딕셔너리에서 항목을 제거하는 방법: pop 메소드와 del문

딕셔너리의 주요 용도 중 하나가 연관 저장associate store이다. 연관 저장은 키와 값 사이의 연관 관계를 유지할 수 있기 때문이다. 이것은 딕셔너리 내의 항목에 대해 CRUDCreate, Retrieve, Update, Delete 연산을 할 수 있음을 의미한다.

- 새로운 키, 값 쌍을 생성한다.
- 키와 연관된 값을 조회한다.
- 키와 연관된 값을 갱신한다.
- 키(그리고 값)를 딕셔너리에서 삭제한다.

이와 관련해서 크게 두 가지 접근법이 있다.

- `dict` 내장 딕셔너리 및 `collections` 모듈에 포함된 `dict`의 변형 딕셔너리 자료구조들은 메모리 내에서만 사용될 수 있다. 따라서 프로그램 실행 중에만 존재한다.
- `shelve`와 `dbm` 모듈의 영속적 저장소를 사용한다. 이는 파일시스템 내의 영속적 파일로서 존재한다.

둘 다 서로 비슷하며, `shelf.Shelf`와 `dict` 객체 간에는 사소한 차이가 있을 뿐이다. 따라서 `dict`로 작성한 코드를 큰 변경 없이 `Shelf`로 전환할 수 있다.

한 개의 서버 프로세스는 동시 실행 중인 다수의 세션을 가질 때가 많다. 세션은 `dict`나 `shelf`에 저장되고, 종료될 때 데이터는 삭제되거나 보관된다.

이와 같이 다수의 요청을 처리하는 서비스의 개념을 시뮬레이션해보자. 가상의 단일 스레드 환경에서 동작하는 서비스를 정의할 것이다. 동시성 및 다중 처리와 관련된 고려 사항들은 이번 레시피에 포함되지 않는다.

준비

인기 있는 카지노 게임인 크랩스Craps에서 플레이어는 한 번의 게임에서 여러 번 베팅을 할 수 있다. 상세 규칙은 꽤 복잡하지만, 플레이어는 기본적으로 네 종류의 베팅을 할 수 있다.

- 패스 라인pass line 베팅: 게임이 시작될 때 거는 베팅
- 패스 라인 오즈pass line odds 베팅: 게임 테이블에 표시되지는 않지만 실제 베팅이다. 패스 라인 베팅과는 다른 배당률이 적용되며 통계적으로 이점이 있다. 취소할 수도 있다.
- 컴 라인come line 베팅: 게임 중간에 걸 수 있는 베팅
- 컴 라인 확률come line odds 베팅: 역시 게임 중간에 걸 수 있다. 취소도 가능하다.

이처럼 다양한 베팅들을 이해하는 가장 좋은 방법은 게임 및 플레이어를 시뮬레이션하는 것이다. 게임 객체는 플레이어의 모든 베팅을 추적할 수 있어야 한다. 베팅이 성공할 때, 플레이어가 베팅을 취소할 때, 게임이 끝날 때 베팅이 삽입 및 제거되는 위치를 딕셔너리로 관리함으로써 구현할 수 있다.

딕셔너리와 관련된 부분을 제외한 시뮬레이션은 최대한 단순하게 구현하기 위해 베팅 및 게임 규칙이 플레이어 규칙과 분리되도록 클래스를 정의할 것이다. 클래스 설계에 대한 자세한 설명은 6장을 참조한다.

예제 구현

1. 딕셔너리 객체를 생성한다.

```
working_bets = {}
```

2. 딕셔너리에 삽입될 객체들의 키와 값들을 정의한다. 키는 베팅의 종류를 설명하는 단어로서 come, pass, come odds, pass odds가 있다. 값은 베팅 금액으로서 화폐 단위가 아니라 테이블 최소 베팅 단위의 배수가 사용된다. 최소 베팅은 1이다.
3. 베팅 금액을 입력한다.

```
working_bets[bet_name] = bet_amount
```

예를 들면, working_bets["pass"] = 1이다.

4. 베팅이 성공하거나 취소될 때는 값을 제거한다. del문이나 pop() 메소드를 사용할 수 있다.

```
del working_bets['come odds']
```

존재하지 않는 키일 경우는 KeyError 예외가 발생한다.

pop() 메소드는 딕셔너리의 내용을 변경하면서 동시에 키와 관련된 값도 반환한다. 키가 존재하지 않으면 KeyError 예외가 발생한다.

```
amount = working_bets.pop('come odds')
```

pop()에 기본값을 제공하면, 키가 존재하지 않을 때 예외를 발생시키지 않고 기본값이 반환된다.

예제 분석

딕셔너리는 변경 가능 객체이므로 키를 제거하는 데 아무 문제가 없다. 키를 제거하면 그 키와 연관된 값도 함께 제거된다.

존재하지 않는 키를 삭제하려고 하면 KeyError 예외가 발생한다.

딕셔너리의 값을 다음과 같이 교체할 수도 있다.

```
working_bets["come"] = 1
working_bets["come"] = None
```

이때 키(come)는 딕셔너리에 그대로 남아있다. 기존값 1이 필요하지 않아서 새로운 값 None으로 대체된 것뿐이다. 이는 항목을 삭제하는 것과는 다르다.

부연 설명

딕셔너리에서 직접 제거할 수 있는 것은 키뿐이다. 값을 제거하려면 값을 None으로 설정한다. 하지만 이때 키는 그대로 남아있다.

for 루프와 딕셔너리를 함께 사용할 때, 루프 변수에는 딕셔너리의 키가 사용돼야 한다. 예를 들어보자.

```
for bet_name in working_bets:
    print(bet_name, working_bets[bet_name])
```

working_bets 딕셔너리의 bet_name 키 및 그 키와 연관된 베팅 금액 전체가 표시된다.

참고 사항

- '딕셔너리를 만드는 방법: 삽입과 갱신' 레시피에서 딕셔너리를 생성하고 키와 값을 채우는 방법을 설명한다.
- '딕셔너리 키의 순서를 제어하는 방법' 레시피에서 키의 순서를 제어하는 방법을 설명한다.

딕셔너리 키의 순서를 제어하는 방법

'딕셔너리를 만드는 방법: 삽입과 갱신' 레시피에서 기초적인 딕셔너리 객체 생성 방법을 살펴봤다. 대부분의 경우에는 개별 항목 단위로 딕셔너리에 저장하고 딕셔너리로부터 추출하기 때문에 키의 순서는 별 문제가 되지 않는다.

하지만 딕셔너리의 내용을 화면에 표시할 때는 키에 순서를 부여하고 싶을 때가 많다. 예를 들어 웹 서비스 메시지는 일반적으로 JSON 포맷의 딕셔너리인데, 키가 생성된 순서가 유지돼야 디버깅 시에 로그를 편하게 읽을 수 있다.

csv 모듈을 사용해 스프레드시트 데이터의 각 행을 딕셔너리로 읽어올 때도 마찬가지다. 입력 파일의 구조대로 읽어오기 위해서는 키의 순서가 유지돼야 한다.

준비

딕셔너리는 스프레드시트의 행을 나타내기에 적합하다. 스프레드시트에 열 제목을 포함하는 행이 있으면 더욱 효과적이다. 스프레드시트에 수집된 데이터가 다음과 같다고 하자.

final	least	most
5	0	6
−3	−4	0
−1	−3	1
3	0	4

이 데이터는 플레이어가 보유한 최종, 최저, 최대 금액을 각각 보여주고 있다. csv 모듈을 사용해 다음과 같이 이 데이터를 읽어올 수 있다.

```
>>> from pathlib import Path
>>> import csv
>>> data_path = Path('code/craps.csv')
>>> with data_path.open() as data_file:
```

```
...     reader = csv.DictReader(data_file)
...     data = list(reader)
>>> for row in data:
...     print(row)
{'most': '6', 'least': '0', 'final': '5'}
{'most': '0', 'least': '-4', 'final': '-3'}
{'most': '1', 'least': '-3', 'final': '-1'}
{'most': '4', 'least': '0', 'final': '3'}
```

스프레드시트의 각 행이 한 개의 딕셔너리가 됐다. 그런데 이상한 점이 있다. 딕셔너리 키의 순서가 .csv 파일에서와 같지 않은 것이다.

왜 이렇게 됐을까? 그 이유는 `dict` 내장 딕셔너리가 키의 순서를 보장하지 않기 때문이다. 특정 순서로 키를 표시하려면 어떻게 해야 할까?

예제 구현

딕셔너리 키에 특정 순서를 지정하는 방법은 두 가지다.

- `OrderedDict` 클래스: 키가 생성된 순서가 유지된다.
- `sorted()` 메소드: 키를 정렬된 순서로 저장한다.

대부분의 경우에는 `dict()` 또는 `{}` 대신에 `OrderedDict`를 사용해 키의 순서를 유지하는 것이 무난하다.

하지만 가끔은 `OrderedDict`를 사용할 수 없을 때가 있다. 이번 예제 역시 `csv` 모듈이 생성한 `dict` 객체를 단순히 `OrderedDict`로 대체할 수 없다.

이번 예제에서 각 행의 키 순서를 .csv 파일의 열 순서와 같도록 지정하는 방법은 다음과 같다.

1. 원하는 키 순서를 얻어온다. `DictReader` 객체의 `fieldnames` 속성에 순서 정보가 들어있다.

2. 제네레이터식을 사용해 필드들을 적절한 순서로 생성한다. 다음 코드를 사용할 수 있다.

```
((name, raw_row[name]) for name in reader.fieldnames)
```

3. 이 제네레이터식으로부터 OrderedDict 객체를 생성한다. 전체 코드는 다음과 같다.

```
>>> from collections import OrderedDict
>>> with data_path.open() as data_file:
...     reader=csv.DictReader(data_file)
...     for raw_row in reader:
...         column_sequence =((name, raw_row[name])
...            for name in reader.fieldnames)
...         good_row=OrderedDict(column_sequence)
...       print(good_row)
OrderedDict([('final', '5'), ('least', '0'), ('most', '6')])
OrderedDict([('final', '-3'), ('least', '-4'), ('most', '0')])
OrderedDict([('final', '-1'), ('least', '-3'), ('most', '1')])
OrderedDict([('final', '3'), ('least', '0'), ('most', '4')])
```

특정 순서대로 키가 정렬된 딕셔너리가 생성됐다.

다음과 같이 한 번에 OrderedDict 객체를 생성할 수도 있다.

```
OrderedDict((name, raw_row[name]) for name in reader.fieldnames)
```

raw_row 객체의 키가 정렬된 버전이 생성될 것이다.

예제 분석

OrderedDict 클래스는 키의 생성 순서를 그대로 유지한다. 따라서 이해하기 쉬운 순서로 구조를 쉽게 유지할 수 있다.

물론, 실행 속도 측면에서는 다소 손해를 본다. dict 클래스는 각 키별로 해시 값을 계산하며 이 해시 값을 사용해 값이 저장된 위치를 찾는다. 이 방법은 메모리를 많이 사용하지만 실행 속도가 매우 빠르다.

하지만 `OrderedDict` 클래스는 키의 순서 정보를 관리하기 위한 추가 저장 공간이 필요하다. 이로 인해 키 생성에 오랜 시간이 걸린다. 키 생성이 알고리즘에서 큰 비중을 차지하고 있다면 실행 속도가 느려지는 것을 체감할 수 있을 정도다. 반면에 (키 생성이 아니라) 키 검색의 비중이 큰 알고리즘에서는 `OrderedDict` 클래스를 사용해도 실행 속도에 큰 영향을 미치지 않는다.

부연 설명

(`pymongo` 등의) 일부 패키지들은 키 순서를 관리할 수 있는 별도의 딕셔너리 구현을 포함하고 있다.

https://api.mongodb.org/python/current/api/bson/son.html을 참조한다.

`bson.son` 모듈의 `SON` 클래스는 사용하기 편리한 정렬 딕셔너리다. 원래 몽고[Mongo] 데이터베이스에서 사용되기 위해 고안된 것이지만 다른 애플리케이션에서도 문제없이 동작한다.

참고 사항

- '딕셔너리를 만드는 방법: 삽입과 갱신' 레시피에서 딕셔너리를 생성하는 방법을 설명한다.
- '딕셔너리에서 항목을 제거하는 방법: pop 메소드와 del문' 레시피에서 딕셔너리 항목을 제거하는 방법을 설명한다.

doctest 예제에서 딕셔너리와 세트를 사용하는 방법

이번 레시피에서는 테스트 코드 작성과 관련된 약간의 내용을 살펴볼 것이다. 전반적인 테스트 코드 작성에 관해서는 11장을 참조하자. 딕셔너리 및 세트와 관련해서는 테스트 코드 작성 시 주의할 부분이 있다.

딕셔너리의 키(그리고 세트의 항목)는 특정 순서가 없기 때문에 테스트 결과의 신뢰성 문제가 발생할 수 있다. 기본적으로 테스트는 동일한 결과가 반복적으로 얻어져야 한다. 하지만 키 혹은 항목들의 순서가 보장되지 않기 때문에 예상과 다른 테스트 결과가 나올 수 있다.

예를 들어, 테스트 결과가 `{"Poe", "E", "Near", "A", "Raven"}` 세트로 예상된다고 하자. 하지만 세트는 순서를 지정하지 않기 때문에 어떤 순서로든 표시될 수 있다.

```
>>> { "Poe", "E", "Near", "A", "Raven"}
{'E', 'Poe', 'Raven', 'Near', 'A'}
```

항목이 모두 같지만 표시 결과는 다르다. 그런데 `doctest` 패키지는 테스트 코드의 실행 결과가 REPL에서의 실행 결과와 같아야 제대로 활용할 수 있다.

그럼 `doctest` 예제의 정상적인 동작을 어떻게 보장할 수 있을까?

준비

`set` 객체를 포함하는 다음 예제를 보자.

```
>>> words=set(
... '''Beautiful is better than ugly.
... Explicit is better than implicit.
... Simple is better than complex.
... Complex is better than complicated.
... '''.replace('.', ' ').split())
>>> words
{'complicated', 'Simple', 'ugly', 'implicit', 'Beautiful',
'complex', 'is', 'Explicit', 'better', 'Complex', 'than'}
```

간단한 예제다. 하지만 이 예제를 실행할 때마다 표시 결과는 다르다. 알고리즘의 보안성 측면에서는 순서가 가변적일 필요가 있으며, 이를 해시 무작위화hash randomization라고 한다. 예측 가능한 해시 값은 잠재적인 보안 취약점이기 때문이다.

하지만 doctest 모듈을 사용할 때는 언제나 일관된 결과를 만드는 예제가 필요하다. 11장에서 배우겠지만, doctest 모듈은 예제 코드를 찾는 능력은 뛰어나지만 실제 결과와 예상 결과를 비교하는 데는 그리 뛰어나지 못하다.

이 문제는 대체로 세트 및 딕셔너리와 관련이 깊다. 이 두 개의 컬렉션 자료 구조는 해시 무작위화로 인해 키 순서가 보장되지 않기 때문이다.

예제 구현

세트 또는 딕셔너리 내의 항목이 특정 순서를 가져야 한다면, sorted( )를 사용해 시퀀스로 변환할 필요가 있다.

세트와 딕셔너리를 각각 다음과 같이 변환할 수 있다.

- 세트를 시퀀스로 변환한다.
- 딕셔너리를 (키, 값) 튜플의 시퀀스로 변환한다.

세트 내 항목의 순서를 정렬하는 방법은 다음과 같다.

```
>>> list(sorted(words))
['Beautiful', 'Complex', 'Explicit', 'Simple', 'better',
'complex', 'complicated', 'implicit', 'is', 'than', 'ugly']
```

딕셔너리의 경우에는 다음과 같이 작성하면 된다.

```
list(sorted(some_dictionary.items()))
```

딕셔너리 내의 항목들이 (키, 값) 튜플로서 추출되고 각 튜플은 키 기준으로 정렬된다. 그리고 예상 결과와 비교하기 쉽도록 리스트로 변환했다.

예제 분석

순서를 갖지 않는 컬렉션 자료 구조에 순서를 지정하기 위해서는 다음의 두 가지 조건을 만족하는 다른 컬렉션 자료 구조를 찾아야 한다.

- 내용은 동일
- 일관된 순서

파이썬의 모든 내장 자료 구조는 다음 세 가지 자료 구조의 변형이다.

- 시퀀스
- 세트
- 매핑

이 중에서 순서가 보장되는 것은 시퀀스뿐이다. 따라서 세트와 매핑을 시퀀스로 변환해야 한다. `sorted()` 함수를 사용하면 쉽게 변환할 수 있다.

`sorted()` 함수를 사용하면 세트의 경우에는 항목이 정렬되고 매핑의 경우에는 (키, 값) 튜플이 정렬된다. 따라서 doctest 예제 코드의 실행 결과가 예상대로인지 비교할 수 있다.

부연 설명

11장에서는 테스트 코드 작성과 관련해 다음과 같은 데이터들이 다뤄진다.

- 부동소수점 수
- 날짜
- 객체 ID와 추적 메시지Traceback
- 무작위 시퀀스

반복 테스트를 수행하기 위해서는 이 데이터들 모두 예측 가능한 결과가 출력될 수 있어야 한다. 이번 레시피에서는 세트와 딕셔너리만 다뤘지만, 나머지 자료형들도 관련되는 레시피들에서 다뤄질 것이다.

변수, 참조, 대입에 대한 이해

변수는 실제로 어떻게 동작할까? 한 개의 (변경 가능) 객체를 두 개의 변수에 대입하면 어떻게 될까? 한 개의 객체를 함께 참조하는 두 개의 변수가 생성된다. 그런데 변경 가능 객체일 경우 어떻게 될지 혼란스러울 것이다. 하지만 규칙은 간단하며, 결과는 분명하다.

규칙은 다음과 같다. 파이썬은 참조를 공유하며, 데이터를 복사하지는 않는다.

참조를 공유한다는 표현의 정확한 의미를 알아보자.

준비

변경 가능한 객체와 변경 불가능한 객체를 각각 한 개씩 생성하자. 두 개 모두 시퀀스에 속하는 자료 구조다.

```
>>> mutable = [1, 1, 2, 3, 5, 8]
>>> immutable = (5, 8, 13, 21)
```

변경 가능한 자료 구조는 변경 및 공유될 수 있다. 변경 불가능한 자료 구조 역시 공유될 수 있지만, 공유 중인지 여부를 알기가 매우 어렵다.

매핑으로는 이처럼 예제를 구성하기 어렵다. 파이썬이 변경 불가능한 매핑 자료 구조를 기본으로 제공하지 않기 때문이다.

예제 구현

1. 두 개의 컬렉션을 다른 변수에 각각 대입한다. 동일 자료 구조에 대한 두 개의 참조가 각각 생성될 것이다.

```
>>> mutable_b = mutable
>>> immutable_b = immutable
```

즉, 리스트 [1, 1, 2, 3, 5, 8]에 대한 두 개의 참조가 존재하고, 튜플 (5, 8, 13, 21)에 대해서도 두 개의 참조가 존재한다.

is 연산자를 사용해 이를 확인할 수 있다. 이 연산자는 두 개의 변수가 동일한 객체를 참조하는지 알아낸다.

```
>>> mutable_b is mutable
True
>>> immutable_b is immutable
True
```

2. 두 개의 참조 중 하나를 변경한다. 변경 가능한 자료 구조에 append( ), add( ) 등의 메소드를 사용할 수 있다.

```
>>> mutable += [mutable[-2] + mutable[-1]]
```

리스트에 += 대입문을 사용하면 내부적으로 extend( ) 메소드가 실행된다.

변경 불가능한 자료 구조에도 동일하게 적용할 수 있다.

```
>>> immutable += (immutable[-2] + immutable[-1],)
```

튜플에는 extend( ) 메소드가 없기 때문에 += 대입문을 사용하면 새로운 튜플 객체가 생성된 후 immutable 변수의 값이 새로 생성된 객체로 대체된다.

3. 새로 생성된 참조 변수의 값을 확인한다.

```
>>> mutable_b
[1, 1, 2, 3, 5, 8, 13]
>>> mutable is mutable_b
True
>>> immutable_b
```

```
(5, 8, 13, 21)
>>> immutable
(5, 8, 13, 21, 34)
```

mutable과 mutable_b는 동일한 객체를 참조하고 있다. 따라서 두 개의 변수 중에 아무거나 사용해서 객체를 변경하면, 다른 변수의 값도 바뀐 것을 알 수 있다.

immutable_b와 immutable은 처음에는 동일한 객체를 참조했다. 하지만 변경 불가능한 객체이므로 한 개의 변수를 변경한다는 것은 곧 새로운 객체가 이 변수에 대입된 것을 의미한다. 반면에 또 다른 변수는 원래의 객체를 그대로 참조하고 있다.

예제 분석

파이썬에서 변수는 객체에 달려 있는 꼬리표라고 간주할 수 있다. 어떤 객체에 일시적으로 붙여 놓은 포스트잇이라고도 볼 수 있다.

변수는 객체에 대한 참조다. 변수에 객체를 대입하는 것은 곧 그 객체를 가리키는 참조에 이름을 부여하는 것이다. 표현식에서 변수를 사용하면 파이썬은 그 변수가 참조하는 객체를 찾는다.

변경 가능한 객체의 메소드는 객체의 상태를 변경할 수 있다. 이 객체를 참조하는 모든 변수는 (변수는 단지 참조일 뿐 완전한 복사본이 아니기 때문에) 이러한 상태 변경을 반영한다.

대입문에서 변수를 사용하면 다음의 두 가지 중에서 하나의 동작이 수행된다.

- 변경 가능한 객체로서 += 등의 대입 연산자의 동작이 정의돼 있다면 대입문은 특수한 메소드로 변환된다. += 연산자의 경우에는 __iadd__ 메소드로 변환된다. 이 특수 메소드는 객체의 내부 상태를 변경한다.
- +=과 같은 대입 연산자가 정의되지 않은 변경 불가능 객체의 경우, 대입문은 =과 +로 변환된다. 따라서 + 연산자에 의해 새로운 객체가 만들어지고, = 연산자에 의해 변수는 새로 만들어진 객체로 연결된다. 원래의 객체를 참조하는 다른 변수들은 이로 인한 영향을 받지 않고 원래의 객체를 계속 참조한다.

파이썬은 객체 참조의 횟수를 추적한다. 참조 횟수가 0이면 객체는 더 이상 사용되지 않는 것이므로 메모리에서 제거된다.

부연 설명

C++나 자바Java와 같이 기초 자료형을 사용하는 언어에서 += 대입문은 하드웨어 또는 JVMJava Virtual Machine 명령을 활용해 기초 자료형의 값을 수정한다.

파이썬에서는 이러한 최적화 연산이 제공되지 않는다. 숫자는 변경 불가능 객체일 뿐이다. 다음 문장을 실행하면

```
>>> a = 355
>>> a += 113
```

객체 355의 내부 상태가 수정되지 않으며 __iadd__ 메소드가 사용되지도 않는다. 단지 다음 코드와 똑같이 동작한다.

```
>>> a = a + 113
```

a + 113이 계산되고, 새로운 변경 불가능 정수 객체가 생성된다. 그리고 이 객체에 a라는 변수 이름이 부여된다. 이전에 a에 대입됐던 값은 더 이상 사용되지 않는다.

참고 사항

- '얕은 복사와 깊은 복사' 레시피에서 변경 가능 자료 구조를 복사하는 방법을 살펴볼 것이다.

얕은 복사와 깊은 복사

지금까지 대입문이 객체에 대한 참조를 어떻게 공유하는지 살펴봤다. 객체는 그냥 복사되지 않는다. 다음과 같이 대입문을 작성했다면

```
a = b
```

동일한 객체에 대한 두 개의 참조가 존재하게 된다. 따라서 b가 리스트 객체라면 a와 b는 모두 동일한 변경 가능 리스트를 참조할 것이다.

'변수, 참조, 대입에 대한 이해' 레시피에서도 배웠듯이, 변수 a에 어떤 변경을 가하면 a와 b가 함께 참조하고 있는 리스트 객체에 변경이 일어난다.

대부분의 경우에는 이러한 방식이 문제없다. 하지만 한 개의 원본 객체로부터 두 개의 서로 다른 객체를 생성하고 싶을 때가 있다.

두 개의 변수가 한 개의 동일한 객체를 참조하고 있을 때, 변수와 객체 간의 연결을 끊는 방법은 다음과 같이 두 가지다.

- 얕은 복사본을 생성한다.
- 깊은 복사본을 생성한다.

준비

객체의 복사본을 생성하기 위해서는 특별한 방법들을 사용해야 한다. 지금까지는 복사본을 생성할 수 있는 다양한 구문들을 배웠다.

- 시퀀스 – 리스트와 튜플: `sequence[:]` 구문과 같은 슬라이스 표현식을 사용해 시퀀스를 복사할 수 있다. `sequence.copy( )`도 마찬가지로 시퀀스의 복사본을 만들 수 있다.

- 매핑 – 딕셔너리: mapping.copy()는 mapping이라는 이름의 딕셔너리를 복사한다.
- 세트 – 세트와 프로즌세트: someset.copy()는 someset라는 이름의 세트를 복사한다.

여기서 이것들이 전부 얕은 복사shallow copy라는 점이 중요하다.

'얕다'는 말은 두 개의 컬렉션이 동일한 객체들에 대한 참조를 포함하고 있음을 의미한다. 이 동일 객체들이 숫자 또는 문자열과 같은 변경 불가능 객체일 경우 얕은 복사의 개념은 의미가 없다. 컬렉션 내부의 항목을 변경할 수 없으면 해당 항목은 단순히 대체되기 때문이다.

예를 들어 a = [1, 1, 2, 3]에서 a[0]의 값을 변경할 수는 없다. a[0]에 저장된 숫자 1은 (변경 불가 객체이므로) 내부 상태를 갖지 않는다. 우리는 이 객체를 대체할 수만 있다.

그러나 컬렉션 내부의 항목이 변경 가능 객체일 경우는 다르다. 다음과 같이 객체를 생성한 후 복사본을 만들었다고 하자.

```
>>> some_dict = {'a': [1, 1, 2, 3]}
>>> another_dict = some_dict.copy()
```

이 경우는 딕셔너리의 얕은 복사본을 만들어야 한다. some_dict와 another_dict는 같은 객체들에 대한 참조를 포함하고 있으므로 비슷해 보인다. 변경 불가능 객체인 문자열 a에 대한 참조가 공유되고 있으며, 변경 가능 객체인 [1, 1, 2, 3] 리스트에 대한 참조도 공유되고 있다. another_dict의 값을 표시해보면 some_dict와 같은 것을 볼 수 있다.

```
>>> another_dict
{'a': [1, 1, 2, 3]}
```

공유 중인 리스트를 변경할 경우 어떻게 되는지 확인해보자.

```
>>> some_dict['a'].append(5)
>>> another_dict
{'a': [1, 1, 2, 3, 5]}
```

some_dict와 another_dict가 공유 중인 변경 가능 리스트 객체에 변경을 수행했다.

id( ) 함수를 통해 이 리스트 객체가 공유되고 있음을 확인할 수 있다.

```
>>> id(some_dict['a']) == id(another_dict['a'])
True
```

id( )가 반환하는 값이 같기 때문에 동일한 객체를 참조하는 것을 알 수 있다. 키 a와 연관된 값은 some_dict와 another_dict가 공유 중인 동일한 변경 가능 리스트인 것이다. is 연산자로도 동일 여부를 확인할 수 있다.

다른 리스트 객체를 항목으로서 포함하는 리스트 컬렉션에서도 동일한 규칙이 적용된다.

```
>>> some_list = [[2, 3, 5], [7, 11, 13]]
>>> another_list = some_list.copy()
>>> some_list is another_list
False
>>> some_list[0] is another_list[0 ]
True
```

some_list 객체의 복사본을 생성한 후 another_list 변수에 대입했다. 두 개의 리스트 객체 자체는 서로 구별되지만, 리스트 내의 항목들은 같은 참조를 공유하고 있다. is 연산자를 통해 두 개 리스트의 항목 0이 동일한 객체에 대한 참조임을 볼 수 있다.

변경 가능 객체들을 포함하는 세트를 생성할 수는 없으므로, 항목을 공유하는 세트들의 얕은 복사본은 고려할 필요가 없다.

원본 객체와 복사본 객체 간의 연결을 완전히 끊으려면 어떻게 해야 할까? 얕은 복사 대신에 깊은 복사를 어떻게 수행할 수 있을까?

예제 구현

파이썬은 기본적으로 참조 공유 방식을 선호하며, 복사본 생성은 꼭 필요할 때만 수행한다. 객체 복사의 기본 방식은 얕은 복사로서, 컬렉션 내의 항목에 대한 참조를 공유한다.

깊은 복사를 수행하는 방법은 다음과 같다.

1. copy 라이브러리를 임포트한다.

```
>>> import copy
```

2. copy.deepcopy() 함수를 실행하면 객체 및 객체 내의 모든 변경 가능 항목을 복제한다.

```
>>> some_dict = {'a': [1, 1, 2, 3]}
>>> another_dict = copy.deepcopy(some_dict)
```

공유되는 참조를 포함하지 않는 복사본이 생성된다. 따라서 한쪽에서 내부의 변경 가능 항목을 변경해도 다른 쪽에 아무 영향을 미치지 않는다.

```
>>> some_dict['a'].append(5)
>>> some_dict
{'a': [1, 1, 2, 3, 5]}
>>> another_dict
{'a': [1, 1, 2 , 3]}
```

some_dict의 항목을 변경했으나 another_dict에 아무런 영향도 미치지 않은 것을 볼 수 있다. id() 함수를 통해서도 두 개의 객체가 별개임을 알 수 있다.

```
>>> id(some_dict['a']) == id(another_dict['a'])
False
```

id() 값이 다르기 때문에 이들은 서로 다른 객체다. is 연산자로도 서로 다른 객체임을 확인할 수 있다.

예제 분석

얕은 복사를 수행하는 것은 상대적으로 쉽다. 제네레이터식으로 나타내면 다음과 같다.

```
>>> copy_of_list = [item for item in some_list]
>>> copy_of_dict = {key:value for key, value in some_dict.items()}
```

새롭게 생성된 리스트의 항목들은 원본 리스트 내의 항목들을 가리키는 참조다. 딕셔너리의 경우도 새롭게 생성된 딕셔너리의 키와 값은 원본 딕셔너리의 키와 값에 대한 참조다.

반면에 deepcopy( ) 함수는 재귀적 알고리즘을 사용해 변경 가능 컬렉션의 내부를 들여다본다.

리스트의 경우에 깊은 복사의 알고리즘을 개념적으로 나타내면 다음과 같다.

```
immutable = (numbers.Number, tuple, str, bytes)
def deepcopy_list(some_list:
    copy = []
    for item in some_list:
        if isinstance(item, immutable):
            copy.append(item)
        else:
            copy.append(deepcopy(item))
```

물론, 실제 코드는 이와 다르며 자료 구조별로 좀 더 효율적인 알고리즘을 사용한다. 하지만 deepcopy( ) 함수의 동작 방식에 대한 몇 가지 힌트를 얻을 수 있다.

깊은 복사를 할 때 추가로 고려할 것들이 있다. 특히 자기 자신에 대한 참조를 포함하는 객체가 중요하다.

다음과 같은 코드가 있다고 하자.

```
a=[1, 2, 3]
a.append(a)
```

이 코드는 다소 이상하지만 유효한 파이썬 문장이다. 하지만 이 리스트의 모든 항목을 단순한 재귀 연산으로 방문하는 코드를 작성하면 문제가 발생할 것이다. 이 문제를 해결하려면 내부 캐시를 사용해 항목이 한 번만 복사되도록 한다. 이후부터 내부 참조는 캐시에서 찾는다.

참고 사항

- '변수, 참조, 대입에 대한 이해' 레시피에서 파이썬이 객체에 대한 참조를 생성하는 방법을 설명했다.

함수 매개변수의 기본값으로 변경 가능 객체를 피하는 방법

3장에서는 함수 정의를 다양한 측면에서 살펴봤다. '선택적 매개변수를 갖는 함수를 설계하는 방법' 레시피에서 선택적 매개변수를 다루는 방법을 설명하면서, 매개변수의 기본값으로서 변경 가능 자료 구조에 대한 참조를 제공하는 것과 관련된 이슈는 다루지 않았다. 이번 레시피에서는 함수 매개변수의 기본값이 변경 가능 객체일 때의 결과를 자세히 알아보자.

준비

변경 가능한 Counter 객체를 생성하거나 변경하는 함수가 있다고 하자. 이 함수의 이름을 gather_stats( )라고 부를 것이다.

이상적으로는 다음과 같이 작성할 수 있다.

```
>>> from collections import Counter
>>> from random import randint, seed
>>> def gather_stats(n, samples=1000, summary=Counter()):
...     summary.update(
...         sum(randint(1,6) for d in range(n))
...             for _ in range(samples))
...     return summary
```

하지만 이 코드는 함수를 두 가지 방법으로 호출할 수 있기 때문에 바람직하지 않다. 첫 번째 방법은 컬렉션 인수를 제공하지 않고 기본값으로 호출하는 것이다. 이 경우는 함수가 직접 컬렉션을 생성하고 반환한다. 예는 다음과 같다.

```
>>> seed(1)
>>> s1 = gather_stats(2)
>>> s1
Counter({7: 168, 6: 147, 8: 136, 9: 114, 5: 110, 10: 77, 11: 71, 4: 70, 3:
52, 12: 29, 2: 26})
```

두 번째 방법은 명시적으로 컬렉션 인수를 제공하면서 호출하는 것이다. 예는 다음과 같다.

```
>>> seed(1)
>>> mc = Counter()
>>> gather_stats(2, summary=mc)
Counter...
>>> mc
Counter({7: 168, 6: 147, 8: 136, 9: 114, 5: 110, 10: 77, 11: 71, 4: 70, 3:
52, 12: 29, 2: 26})
```

난수 생성 시에 동일한 시드 값을 사용한 것은 동일한 난수 시퀀스를 생성하기 위한 것이다. 따라서 함수에 Counter 객체를 인수로서 제공하든, 기본 Counter 객체를 사용하든 결과는 동일하다. 두 번째 실행에서는 mc라는 이름의 Counter 객체를 명시적으로 함수에 제공했다.

gather_stats() 함수는 값을 반환한다. 스크립트를 작성할 때는 반환 값을 그냥 무시하고, 대화식 REPL일 경우에는 반환 값이 화면에 출력된다. 위 예에서는 긴 출력 내용을 모두 표시하지 않고, 단순히 Counter...로 표시했다.

문제는 앞에서와 같이 두 번 실행한 후 다시 다음의 작업을 수행할 때 발생한다.

```
>>> seed(1)
>>> s3 = gather_stats(2)
>>> s3
Counter({7: 336, 6: 294, 8: 272, 9: 228, 5: 220, 10: 154, 11: 142 , 4: 140,
3: 104, 12: 58, 2: 52})
```

값이 모두 두 배가 돼버렸다. 뭔가 잘못된 것이다. 이 문제는 첫 번째 방식으로(기본값을 사용해) 두 번 이상 실행한 경우에만 발생하기 때문에 단위 테스트 도구에서도 발견되지 않고 넘어가기 쉽다.

'얕은 복사와 깊은 복사' 레시피에서 배웠듯이 파이썬은 참조 공유 방식을 선호한다. s1과 s3의 관계를 확인하면 다음과 같다.

```
>>> s1 is s3
True
```

이것은 s1과 s3 변수가 동일 객체에 대한 참조임을 의미한다. 따라서 공유 중인 컬렉션이 변경됐을 가능성이 있다.

실제로 s1의 값이 바뀌었는지 확인해보자.

```
>>> s1
Counter({7: 336, 6: 294, 8: 272, 9: 228, 5: 220, 10: 154, 11: 142, 4: 140, 3:
104, 12: 58, 2: 52})
```

s1도 바뀐 것을 볼 수 있다. 다시 말해, gather_stats( ) 함수의 매개변수에 기본값을 사용해 호출하면 한 개의 객체가 공유되는 것으로 보인다. 어떻게 이런 결과를 예방할 수 있을까?

예제 구현

이 문제를 푸는 방법은 두 가지다.

- 기본값을 변경할 수 없도록 한다.
- 코드 설계를 변경한다.

먼저, 기본값 변경을 막는 방법을 살펴보자. 다만, 일반적으로는 설계를 변경하는 편이 바람직하다. 그 이유를 보여주기 위해 순수하게 기술적인 해결책을 제시할 것이다.

원칙적으로 함수에 제공되는 기본값 객체는 한 번만 생성되며, 그 이후에는 계속 공유된다. 이를 회피하는 방법은 다음과 같다.

1. 변경 가능한 매개변수 객체의 기본값을 None으로 대체한다.

   ```
   def gather_stats(n, samples=1000, summary=None):
   ```

2. 인수 값이 None인지 검사하는 if문을 추가하고, 그럴 경우 새로운 변경 가능 객체로 대체한다.

   ```
   if summary is None: summary = Counter()
   ```

인수 값이 제공되지 않으면서 함수가 실행될 때마다 새로운 변경 가능 객체가 생성되므로, 한 개의 변경 가능 객체가 계속 공유되는 일이 일어나지 않는다.

함수의 기본값으로서 변경 가능 객체를 제공해 좋을 이유는 없다. 따라서 매개변수의 기본값으로서 변경 가능 객체를 사용하지 않도록 코드 설계를 변경하는 편이 더 낫다. 가끔, 인수로서 제공받은 객체를 변경해야 하는 복잡한 알고리즘이 사용되는 경우가 있는데, 이럴 때는 두 개의 함수를 별도로 정의하는 방식을 고려하는 것이 바람직하다.

따라서 다음과 같이 리팩터링할 수 있다.

```
def create_stats(n, samples=1000):
    return update_stats(n, samples, Counter())
def update_stats(n, samples=1000, summary):
    summary.update(
        sum(randint(1,6) for d in range(n))
            for _ in range(samples))
```

두 개의 함수를 별도로 작성했다. 혼란이 없도록 두 개의 시나리오를 분리한 것이다. 변경 가능 객체를 선택적 인수로서 사용하는 것은 애초부터 좋은 생각이 아니다.

예제 분석

거듭 말하지만 파이썬은 참조 공유 방식을 선호하며, 객체의 복사본을 생성할 때는 많지 않다. 함수 매개변수의 기본값 역시 공유 객체가 된다. 파이썬은 새로운 객체를 쉽게 생성하지 않는다.

이 규칙은 매우 중요하며, 많은 파이썬 초심자를 괴롭히는 부분 중 하나다.

함수의 매개변수 기본값으로서 변경 가능 객체를 사용하지 말자.
변경 가능 객체(세트, 리스트, 딕셔너리 등)는 함수 매개변수의 기본값이 되면 안 된다.

이 규칙은 파이썬 언어 핵심에 적용되며, 모든 표준 라이브러리에 적용되는 것은 아니다. 몇 가지 영리한 대안들이 존재하는 경우가 있다.

부연 설명

표준 라이브러리에는 새로운 기본값 객체를 생성하는 멋진 기법의 예들이 포함돼 있다. 널리 쓰이는 것의 하나가 defaultdict 컬렉션에 들어있다. defaultdict를 생성할 때 새로운 딕셔너리 항목 생성에 사용되는, 인수가 없는 함수를 제공하는 것이다.

딕셔너리에 키가 존재하지 않을 경우 이 함수를 실행해 새로운 기본값이 계산된다. 예를 들어, defaultdict(int)는 int() 함수를 사용해 변경 불가능 객체를 생성한다. 변경 불가능 객체는 내부 상태를 갖지 않기 때문에 기본값으로 변경 불가능 객체를 사용하면 문제가 일어나지 않는다.

defaultdict(list) 또는 defaultdict(set)는 이러한 디자인 패턴의 장점이 두드러진다. 키가 존재하지 않으면 새로운 빈 리스트(또는 세트)가 생성될 것이다.

이처럼 defaultdict의 함수 호출 패턴은 함수 자체의 동작에는 적용되지 않는다. 일반적으로, 함수 매개변수로서 제공되는 기본값은 숫자, 문자열, 튜플과 같은 변경 불가능 객체다. 물론 변경 불가능 객체를 람다lambda로 매번 감싸면 되지만 꽤 번거로운 일이다.

따라서 이 기법을 제대로 활용하기 위해서는 예제 함수의 설계를 수정할 필요가 있다. 기존의 Counter 객체를 함수 내에서 변경하는 대신에 항상 새로운 객체를 생성하는 것이다. 그리고 다른 클래스의 객체도 생성할 수 있도록 한다.

다음 함수는 기본적으로 Counter 클래스를 사용하되 다른 클래스도 사용할 수 있도록 설계됐다.

```
>>> def gather_stats(n, samples=1000, summary_func=lambda x:Counter(x)):
...     summary = summary_func(
...         sum(randint(1,6) for d in range(n))
...             for _ in range(samples))
...     return summary
```

한 개의 인수를 갖는 함수로 초기화 값을 정의했다. 그리고 이 함수는 제네레이터식에 적용돼 무작위 표본을 생성한다. 이 함수를 데이터 항목들을 저장할 수 있는 다른 (인수가 한 개인) 함수로 오버라이딩하면, 임의의 종류의 컬렉션 객체를 생성할 수 있을 것이다.

예를 들어 다음과 같이 list( )를 사용할 수 있다.

```
>>> seed(1)
>>> gather_stats(2, 12, summary_func=list)
[7, 4, 5, 8, 10, 3, 5, 8, 6, 10, 9, 7]
```

list( ) 함수를 제공했으므로 무작위 표본 값들을 포함하는 리스트가 생성됐다.

인수 값을 제공하지 않으면 기본적으로 Counter 객체가 생성된다.

```
>>> seed(1)
>>> gather_stats(2, 12)
Counter({5: 2, 7: 2, 8: 2, 10: 2, 3: 1, 4: 1, 6: 1, 9: 1 })
```

기본값을 사용했으므로, 무작위 표본 값으로부터 Counter( ) 객체가 생성됐다.

참고 사항

- '딕셔너리를 만드는 방법: 삽입과 갱신' 레시피에서 defaultdict의 자세한 동작 방식을 볼 수 있다.

5

사용자 입력과 출력

이번 장에서 배울 레시피는 다음과 같다.

- print( ) 함수의 기능들을 사용하는 방법
- input( )과 getpass( )로 사용자 입력을 받는 방법
- "format".format_map(vars( ))를 사용하는 디버깅 방법
- argparse로 명령행 입력을 받는 방법
- cmd를 사용해 명령행 애플리케이션을 작성하는 방법
- 운영체제의 환경 설정을 사용하는 방법

소개

소프트웨어의 핵심 가치는 유용한 결과를 출력하는 것이다. 가장 간단한 종류의 출력은 텍스트 출력으로서 파이썬에서는 print( ) 함수가 지원한다.

input( ) 함수는 print( ) 함수와 대칭을 이룬다. input( ) 함수는 콘솔에서 텍스트를 읽어 프로그램에 서로 다른 값들을 제공할 수 있다.

입력 값을 제공하는 방법은 다양하다. 명령행을 파싱할 수 있고, 설정 파일을 사용할 수도 있다. 데이터 파일과 네트워크 연결 역시 입력을 제공하는 방법이 될 수 있다. 이처럼 다양한 방법들은 모두 특징이 있기 때문에 개별적으로 살펴봐야 한다. 이번 장에서는 input()과 print()를 중점적으로 설명한다.

print() 함수의 기능들을 사용하는 방법

파이썬을 배울 때 print()는 아마도 가장 먼저 접하는 함수일 것이다. 처음으로 작성하는 파이썬 스크립트는 다음 코드일 때가 많다.

```
print("Hello world.")
```

그리고 print() 함수는 여러 값을 표시할 수 있다는 것도 가장 먼저 배운다.

다음과 같이 작성하면

```
>>> count = 9973
>>> print("Final count", count)
Final count 9973
```

출력 결과에 두 개의 값을 분리하는 공백이 포함된 것을 볼 수 있다. 또한 (\n 문자로 표현되는) 줄 바꿈 문자가 print() 함수에 제공된 값들 뒤에 추가된다.

이와 같은 포맷을 제어할 수 있을까? 추가되는 문자를 바꿀 수는 없을까?

print()는 예상보다 많은 일을 할 수 있다.

준비

대형 요트의 연료 소비량을 기록한 스프레드시트가 다음과 같이 주어졌다고 하자.

Date	10/25/13	10/26/13	10/28/13
Engine on	08:24:00	09:12:00	13:21:00
Fuel height on	29	27	22
Engine off	13:15:00	18:25:00	06:25:00
Fuel height off	27	22	14

이 데이터에 대한 자세한 설명은 4장의 '세트에서 항목을 제거하는 방법: remove, pop, difference' 레시피와 '리스트 슬라이싱' 레시피를 참조한다. 연료 탱크 내부에 게이지가 없기 때문에 측면의 투과성 유리를 통해 연료의 깊이를 육안으로 읽어야 한다. 그래서 연료의 양을 깊이로 나타낸 것이다. 연료 탱크의 전체 깊이는 약 31인치고 부피는 약 72갤런이다. 깊이는 부피로 변환될 수 있다.

이 CSV 데이터를 사용하는 예제는 다음과 같다. 이 함수는 CSV 파일을 읽어서 한 개의 리스트를 반환하고 있다.

```
>>> from pathlib import Path
>>> import csv
>>> from collections import OrderedDict
>>> def get_fuel_use(source_path):
...     with source_path.open() as source_file:
...         rdr= csv.DictReader(source_file)
...         od = (OrderedDict(
...             [(column, row[column]) for column in rdr.fieldnames])
...             for row in rdr)
...         data = list(od)
...     return data
>>> source_path = Path("code/fuel2.csv")
>>> fuel_use= get_fuel_use(source_path)
>>> fuel_use
```

```
[OrderedDict([('date', '10/25/13'), ('engine on', '08:24:00'),
    ('fuel height on', '29'), ('engine off', '13:15:00'),
    ('fuel height off', '27')]),
OrderedDict([('date', '10/26/13'), ('engine on', '09:12:00'),
    ('fuel height on', '27'), ('engine off', '18:25:00'),
    ('fuel height off', '22')]),
OrderedDict([('date', '10/28/13'), ('engine on', '13:21:00'),
    ('fuel height on', '22'), ('engine off', '06:25:00'),
    ('fuel height off', '14')])]
```

pathlib.Path 객체는 CSV 파일의 경로를 정의한다. get_fuel_use() 함수는 이 경로가 가리키는 위치에서 파일을 읽은 후, 파일에 들어있는 스프레드시트 데이터로부터 리스트를 생성한다. 리스트의 각 항목은 OrderedDict 객체로서 표현된다.

get_fuel_use() 함수는 먼저 csv.DictReader 객체를 생성해 csv 데이터를 파싱한다. 이 객체는 기본적으로 내장 딕셔너리인 dict 객체를 반환하는데, dict 객체는 키에 특정 순서를 강제하지 않기 때문에 여기서는 제네레이터식을 사용해 OrderedDict 객체를 생성함으로써 특정 키 순서를 강제하고 있다. DictReader 객체인 rdr의 fieldnames 속성이 특정 순서로 열을 강제하는 데 사용된다. 제네레이터식을 보면 for 루프가 중첩돼 있다. 내부의 루프는 행의 각 필드를 처리하고 외부 루프는 각 행을 처리한다.

결과 값은 OrderedDict 객체들을 포함하는 리스트 객체다. 필드들이 모두 같은 순서로 배열돼 있기 때문에 화면 출력에 사용하기 좋다. 각 행은 다섯 개의 필드로 이뤄져 있고 필드 이름은 스프레드시트 첫 번째 행의 열 이름을 따르고 있다.

예제 구현

print()의 출력 포맷을 제어하는 방법은 두 가지다

- 필드 간의 구분자 문자인 sep를 설정한다. 기본값은 공백이다.
- 줄 바꿈 문자 end를 설정한다. 기본값은 \n이다.

지금부터 sep와 end를 변경하는 간단한 예제들을 살펴보자.

sep와 end의 기본값을 사용하는 예제는 다음과 같다.

```
>>> for leg in fuel_use:
...     start = float(leg['fuel height on'])
...     finish = float(leg['fuel height off'])
...     print("On", leg['date'],
...     'from', leg['engine on'],
...     'to', leg['engine off'],
...     'change', start-finish, 'in.')
On 10/25/13 from 08:24:00 to 13:15:00 change 2.0 in.
On 10/26/13 from 09:12:00 to 18:25:00 change 5.0 in.
On 10/28/13 from 13:21:00 to 06:25:00 change 8.0 in.
```

출력 결과를 보면 항목들 사이에 공백이 삽입된 것을 알 수 있다. 각 데이터 컬렉션 뒤에 \n 문자가 있기 때문에 print( ) 함수가 실행될 때마다 별도의 행에 출력된다.

입력 데이터의 필드 구분자로서 CSV처럼 쉼표가 아니라 다른 문자를 사용하고 싶다고 하자. 다음 예제는 | 문자를 사용한다.

```
>>> print("date", "start", "end", "depth", sep=" | ")
date | start | end | depth
>>> for leg in fuel_use:
...     start = float(leg['fuel height on'])
...     finish = float(leg['fuel height off'])
...     print(leg['date'], leg['engine on'],
...     leg['engine off'], start-finish, sep=" | ")
10/25/13 | 08:24:00 | 13:15:00 | 2.0
10/26/13 | 09:12:00 | 18:25:00 | 5.0
10/28/13 | 13:21:00 | 06:25:00 | 8.0
```

지정된 구분자 문자로 열이 구분돼 출력된 것을 볼 수 있다. end의 값은 바꾸지 않았기 때문에 여전히 print( )는 매번 새로운 행에서 시작한다.

구분자 문자를 전부 기본값이 아닌 다른 값으로 바꾸고 싶을 때가 많다. 출력을 정밀하게 제어할 수 있기 때문이다.

다음 예제는 필드의 이름과 값을 강조하기 위해 구분자 문자를 변경하고 있다. 특히 end 값도 변경한다.

```
>>> for leg in fuel_use:
...     start = float(leg['fuel height on'])
...     finish = float(leg['fuel height off'])
...     print('date', leg['date'], sep='=', end=', ')
...     print('on', leg['engine on'], sep='=', end=', ')
...     print('off', leg['engine off'], sep='=', end=', ')
...     print('change', start-finish, sep="=")
date=10/25/13, on=08:24:00, off=13:15:00, change=2.0
date=10/26/13, on=09:12:00, off=18:25:00, change=5.0
date=10/28/13, on=13:21:00, off=06:25:00, change=8.0
```

end 문자가 ,로 변경됐기 때문에 print() 함수는 매번 새로운 행에서 시작하지 않는다. 마지막으로 실행될 때 비로소 기본값(\n)이 사용되고 그전까지는 행이 바뀌지 않는 것이다.

이번 예제는 간단한 경우지만 이보다 정교한 프로그램에서 이 기법을 사용하면 코드가 매우 복잡해질 수 있다. 따라서 간단한 프로그램에서만 sep와 end 구분자를 사용하고, 본격적인 프로그램에서는 문자열의 format() 메소드를 사용하는 것이 바람직하다.

예제 분석

print() 함수는 stdout.write()를 감싸는 래퍼wrapper 함수라고 볼 수 있다. 나중에 보겠지만 이 관계는 변경될 수 있다.

print() 함수 정의는 다음과 같을 것이라고 간주할 수 있다.

```
def print(*args, *, sep=None, end=None, file=sys.stdout):
    if sep is None: sep = ' '
    if end is None: end = '\n'
    arg_iter= iter(args)
    first = next(arg_iter)
    sys.stdout.write(repr(first))
    for value in arg_iter:
```

```
        sys.stdout.write(sep)
        sys.stdout.write(repr(value()))
    sys.stdout.write(end)
```

sep와 end 문자열이 print() 함수의 출력 포맷에 어떻게 포함되는지 힌트를 얻을 수 있다. 별도로 값이 지정되지 않으면 공백과 줄 바꿈 문자가 사용된다. 이 함수는 인수 값들을 순회하면서 첫 번째 값을 특별하게 취급하는데, 첫 번째 값은 구분자를 갖지 않기 때문이다. 여기서 sep 구분자가 값 사이에서만 사용된다는 것을 확실히 알 수 있다.

줄 바꿈 문자열 end는 모든 값들의 뒤에 나타난다. 언제나 기록되는 것이다. 하지만 길이가 0인 문자열로 설정함으로써 실질적으로는 기록하지 않는 효과를 낼 수 있다.

부연 설명

sys 모듈은 표준 출력 파일 sys.stdout과 표준 오류 파일 sys.stderr을 정의하고 있다.

file= 키워드 인수를 사용하면 표준 출력 파일뿐 아니라 표준 오류 파일에도 기록할 수 있다.

```
import sys
print("Red Alert!", file=sys.stderr)
```

표준 오류 파일에 접근하기 위해 sys 모듈을 임포트한 후 이를 사용해 경고성 메시지를 기록했다.

한 개의 프로그램에서 너무 많은 출력 파일을 열지 않도록 조심하는 것이 좋다. 운영체제에서 파일 개수 제한은 충분할 때가 많지만, 한 개의 프로그램이 너무 많은 파일을 생성하면 혼동이 일어나기 쉽다.

운영체제가 제공하는 파일 리다이렉션 기법은 매우 효과적이다. 프로그램의 출력은 기본적으로 sys.stdout에 기록되는데 운영체제 수준에서 이를 리다이렉트할 수 있기 때문이다. 예를 들어 명령행에서 다음과 같이 입력할 수 있다.

```
python3 myapp.py <input.dat >output.dat
```

input.dat 파일이 sys.stdin에 입력으로서 제공된다. myapp.py 프로그램이 sys.stdout에 기록할 때는 운영체제가 이를 output.dat 객체로 리다이렉트한다.

파일을 추가로 더 열어야 할 경우가 있다. 이럴 때 다음과 같이 프로그램을 작성할 수 있다.

```
from pathlib import Path
target_path = Path("somefile.dat")
with target_path.open('w', encoding='utf-8') as target_file:
    print("Some output", file=target_file)
    print("Ordinary log")
```

출력 파일의 경로를 지정한 후 이 경로에서 연 파일을 target_file에 할당했다. print() 함수에서 file=의 값으로서 target_file 변수를 사용했으므로 이 파일에 기록된다. 파일은 컨텍스트 매니저의 일종이기 때문에 with문을 벗어나면 정상적으로 파일이 닫히고 운영체제 자원들도 해제된다. 자원의 정상적인 해제를 보장하기 위해 파일 연산은 with문으로 감싸는 것이 바람직하다.

참고 사항

- '"format".format_map(vars())를 사용하는 디버깅 방법' 레시피를 참조한다.
- 이번 예제의 입력 데이터에 대한 자세한 설명은 4장의 '세트에서 항목을 제거하는 방법: remove, pop, difference' 레시피를 참조한다.
- 일반적인 파일 연산에 대한 자세한 설명은 9장을 참조한다.

input()과 getpass()로 사용자 입력을 받는 방법

사용자 입력을 받아들이는 스크립트를 작성해야 할 때가 많다. 입력을 받는 다양한 방법들이 있지만 그중에서도 콘솔 화면에서 사용자에게 입력을 요청하는 프롬프트를 사용할 때가 많다.

프롬프트에서 입력을 받는 상황은 두 가지 경우로 나눌 수 있다.

- 통상적 입력: `input( )` 함수가 사용된다. 입력 중인 문자가 화면에 그대로 출력된다(이를 에코echo라고 한다).
- 에코를 숨기는 입력: 패스워드 입력에 주로 사용된다. 입력 중인 문자가 화면에 표시되지 않으므로 보안성 측면에서 좋다. `getpass` 모듈의 `getpass( )` 함수가 사용된다.

`input( )`과 `getpass( )` 함수는 콘솔로부터 값을 읽어오기 위한 두 개의 선택지일 뿐이다. 문자열을 얻는 것은 처리 작업의 첫 단추에 불과하며, 실제로는 여러 가지를 고려해야 한다.

1. 콘솔과의 초기 상호작용. 프롬프트를 작성하고 입력 값을 읽는 작업의 기초다. 데이터뿐 아니라 (편집을 위한 백스페이스 키 눌림과 같은) 키보드 이벤트도 정확히 처리해야 한다. EoFEnd-of-File 문자의 적절한 처리 역시 포함된다.
2. 입력 값이 예상했던 범위 내의 값인지 검증해야 한다. 숫자, 예/아니오, 요일 등 입력 값의 조건은 다양하다. 두 가지로 나눠서 생각할 수 있다.
   - 일반적인 도메인에 속하는지 검증한다. 예를 들면 입력 값이 숫자인지 검증할 수 있다.
   - 좀 더 구체적인 하위 도메인에 속하는지 검증한다. 예를 들어, 입력받은 숫자 값이 0보다 크거나 같은지 검증할 수 있다.
3. 다른 값과 모순되지 않는지 검증해야 한다. 예를 들어, 생년월일 입력 값이 오늘보다 이전 날짜인지 검증할 수 있다.

'argparse로 명령행 입력을 받는 방법' 레시피에서는 더 많은 접근 방법들을 살펴볼 것이다.

준비

사용자로부터 복잡한 구조의 데이터를 읽을 수 있는 기법을 살펴보자. 년, 월, 일을 별도로 입력받아 한 개의 완전한 날짜를 생성할 것이다.

다음 코드는 유효성 검증과 관련된 부분은 생략하고 신속하게 작성한 것이다.

```
from datetime import date

def get_date():
    year = int(input("year: "))
    month = int(input("month [1-12]: "))
    day = int(input("day [1-31]: "))
    result = date(year, month, day)
    return result
```

input() 함수를 사용하기가 얼마나 쉬운지 알 수 있다. 하지만 실제로 활용하려면 추가적인 처리가 필요하다. 예를 들어, 날짜 오류를 알리는 메시지도 표시하지 않고 2월 31일을 그냥 입력받아서는 곤란할 것이다.

예제 구현

1. 입력 값이 패스워드나 패스워드와 비슷한 조건을 요구하는지 확인한다. 만일 그렇다면, getpass.getpass() 함수를 사용해야 하므로 다음과 같이 임포트해야 한다.

   ```
   from getpass import getpass
   ```

   그렇지 않다면 input() 함수를 사용한다.

2. 프롬프트 문자열을 정한다. >>>처럼 간단한 프롬프트도 되고, 컨텍스트 정보처럼 좀 더 복잡한 것도 가능하다.

   이번 예제에서는 필드 이름 및 입력 값으로서 기대되는 자료형에 관한 정보를 사용할 것이다. input() 또는 getpass() 함수에 인수로서 프롬프트 문자열을 제공할 수 있다.

   ```
   year = int(input("year: "))
   ```

3. 각 항목별로 검증 방법을 정한다. 모든 항목을 한 개의 규칙으로 검증할 수 있는 단순한 경우도 있지만, 이번 예제는 각 항목별로 범위 제약이 다르다. 년, 월, 일을 포함하는 통합 객체의 검증 방법은 잠시 후에 다룰 것이다.
4. 월 입력 값은 다음과 같이 검증할 수 있다.

   ```
   month = None
   while month is None:
       month_text = input("month [1-12]: ")
       try:
           month = int(month_text)
           if 1 <= month <= 12:
               pass
           else:
               raise ValueError("Month of range 1-12")
       except ValueError as ex:
           print(ex)
           month = None
   ```

입력 값에 두 개의 검증 규칙을 적용했다.

- int() 함수를 사용해 정숫값인지 확인한다.
- 1부터 12 사이의 값인지 확인한다. 그렇지 않다면 ValueError 예외를 발생시킨다.

잘못 입력된 값에는 예외를 발생시키는 것이 가장 간단하면서 유연한 처리 방법이다. 이미 정의돼 있는 예외 클래스들을 사용해도 되고, 직접 데이터 검증 예외를 정의해 사용할 수도 있다.

년, 월, 일의 유효성을 검증하는 루프 코드는 거의 동일하다. 따라서 이 부분을 별도의 함수로서 독립시키는 편이 낫다. 이 함수의 이름을 get_integer( )라고 하자. 자세한 설명은 다음과 같다.

1. 통합 객체의 값이 유효한지 검증한다. 잘못된 입력 값이 들어온 경우에는 입력을 재시도할 수 있어야 한다.

```
input_date = None
while input_date is None:
    year = get_integer("year: ", 1900, 2100)
    month = get_integer("month [1-12]: ", 1, 12)
    day = get_integer("day [1-31]: ", 1, 31)
    try:
        result = date(year, month, day)
    except ValueError as ex:
        print(ex)
        input_date = None
# input_date의 값이 사용자가 입력한 유효한 날짜임을 명시적으로 단언한다
```

이 루프는 상위 수준에서 날짜 객체의 검증을 구현하고 있다.

년과 월이 지정되면 날짜의 범위를 더 좁힐 수 있다. 월별로 날짜는 28~31 범위에 속하고 특히 2월은 28일 혹은 29일인 점을 고려해야 한다.

2. 이와 같은 규칙을 직접 구현하는 것보다는 datetime 모듈을 사용하는 편이 더 낫다.

```
day_1_date = date(year, month, 1)
if month == 12:
    next_year, next_month = year+1, 1
else:
    next_year, next_month = year, month+1
day_end_date = date(next_year, next_month, 1)
```

이 코드는 특정 월의 마지막 날을 계산해낸다. 년과 월이 주어졌을 때 해당 월 첫 번째 날의 날짜를 계산하고, 이어서 그다음 달 첫 번째 날의 날짜를 계산한다. 이때 year+1 연도의 1월이 year 연도의 12월 뒤에 오도록 처리한다.

두 개의 날짜 사이의 일수가 바로 해당 월의 일수다. 따라서 (day_end_date-day_1_date).days 표현식을 사용해 timedelta 객체로부터 일수를 얻을 수 있다.

예제 분석

입력 값 처리 문제는 몇 개의 관련 문제들로 나눠서 생각하는 것이 좋다. 우선, 사용자와의 초기 상호작용 문제가 있다. 상호작용을 처리하는 방법은 두 가지다.

- input(): 단순히 입력을 요청하고 읽어들인다.
- getpass.getpass(): 화면에는 표시하지 않으면서 사용자에게 입력을 요청하고 입력된 값을 읽어들인다.

일반적으로 사용자는 백스페이스 키를 눌러서 기존 입력 값을 수정할 수 있을 것으로 기대한다. 더 정교한 편집기가 필요하다면 파이썬의 readline 모듈을 사용할 수 있다. 이 모듈을 사용하면 입력 도중에 상당 수준의 편집이 가능하다. readline 모듈은 기본적으로 운영체제 수준에서 제공되는 입력 히스토리 기능이라고 볼 수 있다. 따라서 위쪽 화살표를 눌러서 이전 입력 값을 불러올 수 있다.

입력 값 검증에 요구되는 프로그래밍 종류와 관련된 문제도 있다.

- 일반적 도메인: int()나 float() 등의 단순한 변환 함수를 사용한다. 유효하지 않은 데이터가 입력되면 예외를 발생시킨다. 유효성 검증을 위해 정규 표현식을 작성하는 것보다는 변환 함수를 사용하면서 예외를 처리하는 편이 훨씬 간편하다.
- 하위 도메인: 입력 값이 추가적인 제약 조건(예를 들면, 허용 범위)을 만족하는지 if문으로 검사한다. 역시 유효하지 않은 입력 값에는 예외를 발생시켜야 한다.

입력 값에 지정되는 제약 조건의 종류는 매우 많다. 예를 들어, 운영체제의 유효한 프로세스 ID, 즉 PID를 원한다고 하자. 내니 리눅스Nanny Linux 시스템에서는 /proc/<pid>를 검사해야 한다.

맥 OS X 등의 BSD 기반 운영체제에서는 /proc 파일시스템이 존재하지 않기 때문에 다음과 같이 PID의 유효성을 검증하는 코드를 작성해야 한다.

```
import subprocess
status = subprocess.check_output(
    ['ps', PID])
```

윈도우의 경우에는 다음과 같이 작성한다.

```
status = subprocess.check_output(
    ['tasklist', '/fi', '"PID eq {PID}"'.format(PID=PID)])
```

사용자가 정상적인 PID 값을 입력했는지 확인하기 위해서는 위의 함수들이 입력 값 검증 코드 조각의 일부분이어야 한다. 이는 일반적 도메인이 정수 도메인일 때만 적용될 수 있다.

마지막으로, 입력 함수는 잘못된 입력 값에 대해 예외를 발생시킬 수 있어야 한다. 예외 처리 코드는 경우에 따라 복잡도가 천차만별이다. 이번 예제는 간단한 날짜 객체를 생성하고 있으므로 예외 처리가 그리 복잡하지 않지만, 복잡한 객체일 경우에는 예외 처리 코드가 아주 길어지기도 한다.

부연 설명

사용자 입력을 조금 다르게 처리하는 방법들이 있다. 여기서는 그중 두 가지 주제를 놓고 자세히 다루기로 한다.

- 입력 문자열 파싱: input() 함수를 사용하되 영리하게 파싱한다.
- cmd 모듈을 통한 상호작용: 더 복잡한 클래스가 사용되지만 파싱은 간단하다.

입력 문자열 파싱

단순 날짜는 세 개의 필드(연, 월, 일)로 구성되지만 UTC 기준의 시간대 정보를 포함하는 날짜 객체는 일곱 개의 필드로 구성된다. 이 경우 필드를 개별적으로 입력받지 않고 문자열로 한 번에 읽어들이면 사용자 경험이 개선될 것이다.

단순 날짜를 입력받을 때는 다음 코드를 사용할 수 있다.

```
raw_date_str = input("date [yyyy-mm-dd]: ")
input_date = datetime.strptime(raw_date_str, '%Y-%m-%d').date()
```

strptime() 함수는 문자열을 특정 포맷으로 파싱한다. 입력받는 날짜의 포맷을 나타내는 프롬프트 문자열을 input() 함수에 인수로서 제공했다.

문자열이 조금 복잡하지만 입력이 한 번에 끝나기 때문에 사용자들은 대체로 이 방식을 선호한다.

필드별로 따로 입력받는 방법과 문자열로 한 번에 입력받는 방법 모두 input() 함수를 사용했음을 기억하자.

cmd 모듈을 통한 상호작용

cmd 모듈의 Cmd 클래스는 대화식 인터페이스를 구축할 수 있다. 이 클래스는 사용자와의 상호작용을 상당히 다르게 접근한다. input()을 명시적으로 사용하지 않기 때문이다.

자세한 설명은 'cmd를 사용해 명령행 애플리케이션을 작성하는 방법' 레시피를 참조한다.

참고 사항

현재는 오라클에 인수된 SunOS 운영체제의 참고 문서를 살펴보면, 다양한 종류의 사용자 입력을 요청하는 명령들이 잘 요약돼 있다.

https://docs.oracle.com/cd/E19683-01/816-0210/6m6nb7m5d/index.html

ck로 시작하는 명령들은 사용자 입력의 수집 및 검증을 수행하며, 입력 값 검증 규칙 모듈을 정의할 때 유용하게 활용할 수 있을 것이다.

- `ckdate`: 날짜 입력을 요청하고 유효성을 검증한다.
- `ckgid`: 그룹 ID 입력을 요청하고 유효성을 검증한다.
- `ckint`: 정수 입력을 요청하고, 검증하고, 반환한다.
- `ckitem`: 메뉴를 생성하고 메뉴 항목 선택을 요청하며 사용자가 선택한 항목을 반환한다.
- `ckkeywd`: 키워드 입력을 요청하고 검증한다.
- `ckpath`: 경로명 입력을 요청하고, 검증하고, 반환한다.
- `ckrange`: 정수 범위 입력을 요청하고, 검증하고, 반환한다.
- `ckstr`: 문자열 입력을 요청하고, 검증하고, 반환한다.
- `cktime`: 시간 값 입력을 요청하고, 검증하고, 반환한다.
- `ckuid`: 사용자 ID 입력을 요청하고 검증한다.
- `ckyorn`: 예/아니오 입력을 요청하고 검증한다.

"string".format_map(vars())를 사용하는 디버깅 방법

파이썬에서 가장 중요한 디버깅 및 설계 도구 중 하나가 바로 `print()` 함수다. 이 함수의 다양한 포맷 방법에 대해서는 이미 'print() 함수의 기능들을 사용하는 방법' 레시피에서 살펴본 바 있다.

그보다 더 유연한 출력이 요구되는 경우는 어떻게 해야 할까? `"string".format_map()` 메소드가 해결책이 될 수 있다. 여기에 `vars()` 함수까지 결합하면 탄성이 날 만큼 멋진 출력도 가능하다.

준비

적당히 복잡한 계산이 요구되는 다단계 프로세스를 살펴보자. 표본 데이터로부터 평균과 표준 편차를 계산한 후, 평균보다 크면서 표준 편차가 1보다 큰 항목을 전부 찾고자 한다.

```
>>> import statistics
>>> size = [2353, 2889, 2195, 3094,
... 725, 1099, 690, 1207, 926,
... 758, 615, 521, 1320]
>>> mean_size = statistics.mean(size)
>>> std_size = statistics.stdev(size)
>>> sig1 = round(mean_size + std_size, 1)
>>> [x for x in size if x > sig1]
[2353, 2889, 3094]
```

계산 과정에서 몇 개의 변수들이 사용되고 있다. mean_size, std_size, sig1은 최종적으로 size 리스트를 필터링하는 리스트 컴프리헨션에 필요한 변수들이다. 계산 결과가 헛갈리거나 심지어 틀렸을 경우, 계산의 중간 단계를 아는 것은 많은 도움이 된다. 이번 예제에서는 중간 결과(평균과 표준 편차)가 부동소수점 값이기 때문에 활용도를 높이기 위해 sig1에 반올림된 값을 저장했다.

예제 구현

1. vars( ) 함수는 다양한 입력을 받아서 딕셔너리 자료 구조를 구축한다.
2. 인수가 제공되지 않은 경우 vars( ) 함수는 기본적으로 지역 변수들을 전부 확장한다. 따라서 템플릿 문자열의 format_map( ) 메소드와 함께 사용 가능한 매핑이 생성된다.
3. 이 매핑을 사용하면 (변수 이름을 사용해) 변수를 포맷 템플릿에 넣을 수 있다. 예를 들면 다음과 같다.

```
>>> print(
...     "mean={mean_size:.2f}, std={std_size:.2f}"
...     .format_map(vars())
... )
mean=1414.77, std=901.10
```

어느 지역 변수든 포맷 문자열에 넣을 수 있다. format_map(vars( ))를 사용하면, 어느 변수가 표시돼야 하는지 복잡하게 선택할 필요가 없다.

예제 분석

vars() 함수는 다양한 입력을 받아서 딕셔너리 자료 구조를 구축한다.

- vars()는 모든 지역 변수들을 확장해 매핑을 생성한다. 이 매핑을 format_map() 메소드와 함께 사용할 수 있다.
- vars(object)는 객체 내부의 __dict__ 속성에 저장된 항목들을 모두 확장한다. 6장에서는 클래스 정의와 객체의 속성을 외부로 노출하는 방법으로서 그 활용법을 살펴볼 것이다.

format_map() 메소드는 매핑 유형의 인수 한 개를 기대한다. 포맷 문자열의 {name}은 매핑의 키를 가리킨다. {name:format}은 매핑 키의 포맷을 지정하고 {name!conversion}은 repr(), str(), ascii() 함수를 사용하는 변환 함수를 지정한다.

포매팅 옵션에 대한 자세한 설명은 1장의 '"template".format()으로 문자열을 생성하는 방법' 레시피를 참조한다.

부연 설명

format_map(vars())로 변수의 값을 표시할 수 있지만 format(**vars())를 사용할 수도 있다. format(**vars())는 더욱 유연한 포맷을 허용한다.

예를 들면 다음과 같이 지역 변수가 아닌 계산 값을 포함할 수 있다.

```
>>> print (
...     "mean={mean_size :.2f}, std={std_size :.2f},"
...     "limit2={sig2 :.2f}"
...     .format(sig2=mean_size+2*std_size, **vars())
...)
mean=1414.77, std=901.10, limit2=3216.97
```

여기서 계산된 sig2 변수는 포매팅된 출력 내에서만 사용된 것이다.

참고 사항

- format() 메소드로 가능한 작업들에 관한 자세한 설명은 1장의 '"template". format()으로 문자열을 생성하는 방법' 레시피를 참조한다.
- 다른 포매팅 옵션에 관해서는 'print() 함수의 기능들을 사용하는 방법' 레시피를 참조한다.

argparse로 명령행 입력을 받는 방법

사용자와의 상호작용 없이 운영체제의 명령행에서 사용자 입력을 받는 기능이 필요할 때가 있다. 주로 명령행 인수의 값을 파싱해 처리하거나 오류를 보고해야 할 때 이런 기능이 필요하다.

운영체제 명령행에서 다음과 같이 프로그램을 실행했다고 하자.

```
slott$ python3 ch05_r04.py -r KM 36.12,-86.67 33.94,-118.40
From (36.12, -86.67) to (33.94, -118.4) in KM = 2887.35
```

slott$는 운영체제 프롬프트다. python3 ch05_r04.py 명령은 선택적 인수로서 -r KM, 위치 인수로서 36.12, -86.67과 33.94, -118.40이 함께 입력됐다.

프로그램은 명령행 인수를 파싱하고, 그 결과를 콘솔에 출력한다. 이런 동작 방식은 매우 간단한 상호작용으로서 프로그램의 구조를 단순하게 유지할 수 있다. 사용자는 이 프로그램을 실행하는 셸 스크립트를 작성하거나 다른 프로그램과 합쳐서 상위 수준의 프로그램을 작성할 수도 있다.

틀린 값이 입력되면 다음과 같이 메시지가 출력된다.

```
slott$ python3 ch05_r04.py -r KM 36.12,-86.67 33.94,-118asd
usage: ch05_r04.py [-h] [-r {NM,MI,KM}] p1 p2
ch05_r04.py: error: argument p2: could not convert string to float:
'-118asd'
```

-118asd가 잘못된 인수 값이기 때문에 오류가 발생한 것이다. 오류 상태 코드를 표시하면서 프로그램 실행이 중지됐다. 이 상황에서 사용자는 위쪽 화살표 키를 눌러서 이전에 입력했던 명령을 불러온 뒤 필요한 부분을 수정하고 프로그램을 재실행할 수 있다. 이와 관련된 상호작용은 모두 운영체제가 알아서 처리한다.

프로그램 이름인 ch05_r04는 너무 건조해서 프로그램의 용도를 전혀 알 수 없다. 따라서 좀 더 나은 이름으로 바꿀 것을 고려해봐야 한다. 위치 인수는 두 개의 (위도, 경도) 쌍이다. 그리고 두 개의 위치 간 거리가 특정 단위의 값으로서 화면에 출력된다.

명령행에서 입력받은 인수의 값을 어떻게 파싱할 수 있을까?

준비

가장 먼저 할 일은 코드를 수정해 두 개의 서로 다른 함수로 분리하는 것이다.

- 명령행에서 인수를 얻는 함수는 (argparse 모듈의 동작 방식 때문에) 거의 언제나 argparse.Namespace 객체를 반환한다.
- 실제 작업을 수행하는 함수는 어떤 식으로든 명령행 인수를 참조하지 않도록 설계돼야 한다. 그래야 다른 상황에서 재사용될 수 있기 때문이다.

다음 코드는 실제 작업을 수행하는 display( ) 함수다.

```
from ch03_r05 import haversine, MI, NM, KM
def display(lat1, lon1, lat2, lon2, r):
    r_float = {'NM': NM, 'KM': KM, 'MI': MI}[r]
    d = haversine( lat1, lon1, lat2, lon2, r_float )
    print( "From {lat1},{lon1} to {lat2},{lon2}"
          "in {r} = {d:.2f}".format_map(vars()))
```

핵심 계산을 수행하는 haversine( ) 함수는 다른 모듈로부터 임포트했다. 이 함수에 인수 값을 제공하고, format_map( )으로 계산 결과를 표시한다.

이 함수는 다음과 같이 3장의 '부분 함수로 매개변수의 순서를 선택하는 방법' 레시피에서 설명했던 계산식을 그대로 사용한다.

$$\alpha = sin2\left(\frac{lat_2 - lat_1}{2}\right) + \cos(lat_1)\cos(lat_2)sin^2\left(\frac{lon_2 - lon_1}{2}\right)$$
$$c = 2\arcsin\left(\sqrt{a}\right)$$

c 값은 두 개의 점 (lat_1, lon_1)과 (lat_2, lon_2) 간의 중심각으로서 단위는 라디안이다. c 값에 지구의 평균 반지름을 곱하면 두 점 간의 거리를 얻을 수 있다. 지구 반지름 값으로 3,959 마일을 사용하면, 두 점 간의 거리도 마일 단위로 얻어진다.

거리 변환 계수 r이 문자열로서 제공된다는 점에 주의하자. 이 함수는 제공받은 문자열을 부동소수점 값으로 매핑한다.

`format_map()` 메소드는 '"format".format_map(vars())를 사용하는 디버깅 방법' 레시피의 내용을 참조한다.

`display()` 함수의 실행 결과는 다음과 같다.

```
>>> from ch05_r04 import display
>>> display(36.12, -86.67, 33.94, -118.4, 'NM')
From 36.12,-86.67 to 33.94,-118.4 in NM = 1558.53
```

이 함수는 두 개의 중요한 특징이 있다. 우선, 인수 파싱으로 생성된 `argparse.Namespace` 객체를 참조하지 않는다. 재사용 가능하도록 설계됐기 때문이다. 재사용을 위해서는 사용자 인터페이스의 입력 부분과 출력 부분을 별도로 유지해야 한다.

두 번째로, 이 함수는 다른 함수가 계산한 값을 표시하는 역할을 맡는다. 문제를 나눠 처리한다는 점에서 바람직한 설계며, 핵심 계산 작업과 사용자 경험이 분리돼 있다.

예제 구현

1. 인수 파싱 함수를 정의한다.

```
def get_options( ) :
```

2. 파서 객체를 생성한다.

```
parser = argparse.ArgumentParser( )
```

3. 파서 객체에 인수들을 추가한다. 사용자 경험과 관련된 인수들은 지속적으로 바뀐다는 것을 감안할 필요가 있다. 사용자들이 프로그램을 어떻게 사용할지, 사용자들이 어떤 질문을 할지 사전에 전부 예상하기란 어려운 일이다.

   이번 예제의 경우, 두 개의 위치 인수와 한 개의 선택적 인수가 사용된다.

   - 위치 1의 위도와 경도
   - 위치 2의 위도와 경도
   - (선택적 인수로서) 거리 단위

   여기서는 선원들이 주로 사용하는 해리(NM)를 기본 단위로서 사용한다.

```
parser.add_argument('-r', action='store',
        choices=('NM', 'MI', 'KM'), default='NM')
parser.add_argument('p1', action='store', type=point_type)
parser.add_argument('p2', action='store', type=point_type)
```

   두 종류의 인수가 추가됐다. -r은 선택적 인수임을 나타내기 위해 –로 시작한다. --이 사용되기도 한다. 심지어 둘 다 사용될 때도 있다.

```
add_argument('--radius', '-r'....)
```

   이 함수의 동작은 명령행에서 –r 뒤에 오는 값을 저장하는 것이다. 세 개의 선택지가 열거되며 그중에서 기본값은 NM이다. 파서는 입력 값을 검사해 이 세 개 중에 해당되지 않으면 오류 메시지를 출력한다.

   나머지 인수들은 필수 인수이므로 – 접두어가 없다. 역시 저장 동작을 수행하며 기본값이므로 명시적으로 지정하지 않아도 된다. type=에 지정된 함수는 문자열을 파이썬 객체로 변환해 입력 값을 검증하는 함수인데, 이 point_type( ) 함수에 대해서는 잠시 후에 살펴볼 것이다.

4. 파서 객체의 parse_args( ) 메소드를 실행한다.

```
options = parser.parse_args( )
```

이 메소드는 명령행에서 사용자가 입력한 인수 값인 sys.argv를 기본적으로 사용한다. 사용자가 입력한 명령행 인수를 수정할 필요가 있다면 이 메소드에 인수로서 제공하면 된다.

완성된 get_options( ) 함수는 다음과 같다.

```
def get_options( ):
    parser = argparse.ArgumentParser( )
    parser.add_argument('-r', action='store',
              choices=('NM', 'MI', 'KM'), default='NM')
    parser.add_argument('p1', action='store', type=point_type)
    parser.add_argument('p2', action='store', type=point_type)
    options = parser.parse_args( )
    return options
```

point_type( )은 유효성을 검증하는 함수며, 이 함수가 필요한 것은 명령행 인수가 기본적으로 문자열 객체이기 때문이다. type 인수는 자료형 변환을 위한 것이며, 예를 들어 type = int 또는 type = float를 사용해 문자열을 숫자로 변환할 수 있다.

이번 예제의 경우 point_type( ) 함수는 문자열을 입력받아서 (위도, 경도) 튜플로 변환한다.

```
def point_type(string):
    try:
        lat_str, lon_str = string.split(',')
        lat = float(lat_str)
        lon = float(lon_str)
        return lat, lon
    except Exception as ex:
        raise argparse.ArgumentTypeError from ex
```

이 함수는 입력받은 문자열을 파싱한다. 우선, 문자를 기준으로 두 개의 값으로 분리한다. 그러고 나서 두 개의 값을 부동소수점 수로 변환한다. 유효한 위도 및 경도 값이라면 정상적으로 변환이 이뤄지고 부동소수점 수의 쌍이 반환된다.

변환에 실패하면 예외가 발생한다. 그리고 이 예외로부터 ArgumentTypeError 예외를 발생시키고 있다. ArgumentTypeError 예외는 사용자에게 오류 발생을 알리기 위해 argparse 모듈이 사용하는 것이다.

파서와 표시 함수를 포함하는 메인 스크립트는 다음과 같다.

```
if __name__ == "__main__":
    options = get_options()
    lat_1, lon_1 = options.p1
    lat_2, lon_2 = options.p2
    r = {'NM': NM, 'KM': KM, "MI": MI}[options.r]
    display(lat_1, lon_1, lat_2, lon_2, r)
```

이 메인 스크립트는 사용자 입력을 화면 출력으로 연결하기 위해 다음의 작업들을 수행한다.

1. 명령행 인수를 파싱하고 options 객체에 저장한다.
2. p1 튜플과 p2 튜플을 네 개의 변수로 펼친다.
3. display() 함수를 호출한다.

예제 분석

이 인수 파서는 3단계로 동작한다.

1. ArgumentParser의 인스턴스로서 파서 객체를 생성한다. 프로그램에 대한 전반적인 설명, 포매팅 등의 정보를 이 객체에 제공할 수 있다.
2. add_argument() 메소드를 사용해 인수들을 추가한다. 필수적 인수와 선택적 인수 모두 가능하다. 인수들마다 특징이 있기 때문에 여러 구문이 사용된다. 자세

한 설명은 '부연 설명' 절을 참조하자.

3. 명령행에 입력된 값들을 파싱한다. 파서 객체의 parse( ) 메소드는 자동으로 sys.argv를 사용한다. sys.argv가 아닌 다른 값을 지정할 수도 있다. 다른 값을 지정하는 것은 일반적으로 더 완벽한 단위 테스트를 위해서다.

간단한 프로그램은 선택적 인수의 개수가 그리 많지 않지만, 복잡한 프로그램들은 상당수의 선택적 인수를 사용하기도 한다.

명령행 인수에는 파일명이 포함될 때가 많다. 예를 들어 파일을 읽어들여서 처리하는 프로그램이라면 다음과 같이 명령행에서 파일명을 제공할 수 있다.

```
python3 some_program.py *.rst
```

이것은 리눅스 셸의 글로빙globbing 기능을 이용한 것이다. *.rst는 이 패턴과 일치하는 파일들을 포함하는 리스트로 확장되기 때문이다. 그리고 이 리스트는 다음과 같이 정의된 인수를 사용해 처리될 수 있다.

```
parser.add_argument('file', nargs='*')
```

명령행에서 - 문자로 시작하지 않는 이름들은 모두 파서가 구축한 객체 내의 file 값에 저장된다.

그러고 나서 다음과 같이 file 변수를 사용할 수 있다.

```
for filename in options.file:
    process (filename)
```

이제, 명령행에서 입력된 각각의 파일들이 처리될 것이다.

윈도우 운영체제는 글로빙 기능을 지원하지 않으므로 애플리케이션이 스스로 와일드카드 패턴을 포함하는 파일명을 처리해야 한다. 파이썬의 glob 모듈이 이 작업을 도와줄 수 있다. 또 pathlib 모듈의 Path 객체도 글로빙 기능을 포함한다.

더욱 복잡한 인수 파싱을 처리해야 할 때도 있다. 10개 이상의 인수를 사용하는 애플리케이션도 있는데, 예를 들어 git 프로그램은 git clone, git commit, git push와 같이 수많은 명령을 제공하며 이 명령들마다 서로 다른 방법으로 인수를 파싱한다. 파이썬에서도 argparse 모듈을 사용하면 이처럼 복잡한 명령과 인수의 계층 구조를 생성할 수 있다.

부연 설명

어떤 종류의 인수들을 처리할 수 있을까? 널리 사용되는 인수들의 종류는 매우 다양하다. 파서 객체의 add_argument( ) 메소드를 사용해 이러한 인수 유형을 정의할 수 있다.

- 단순 옵션: 프로그램의 기능을 활성화 또는 비활성화하는 용도로 자주 사용되는 -o 또는 -option 인수는 add_argument( ) 함수에서 action='store_true', default=False 매개변수로 구현될 수 있다.

  action='store_false', default=True를 사용한다면 구현은 더 간단해진다. 이처럼 기본값과 동작을 다른 것으로 지정하면, 프로그래밍을 단순화하면서 사용자 경험에는 영향을 주지 않는다.
- 객체가 관련되는 단순 옵션: 사용자 관점에서는 단순 -o 또는 -option처럼 보이지만, 프로그래밍 구현을 하려면 True/False가 아니라 객체를 사용해야 하는 경우다. action='store_const', const=some_object, default=another_object 매개변수로 구현할 수 있으며 모듈, 클래스, 함수는 모두 객체이기 때문에 상당히 정교한 처리가 가능하다.
- 값과 함께 사용되는 옵션: 단위를 나타내는 문자열 이름을 받기 위해 사용했던 -r unit 인수가 여기에 해당된다. action='store'를 사용해 문자열 값을 저장함으로써 이를 구현했었다. type=function을 사용해 입력 값 검증이나 변환을 수행하는 함수를 지정할 수도 있다.
- 카운터 값을 증가시키는 옵션: 디버깅 로그에는 상세 수준별로 정보가 포함되는 것이 일반적이다. action='count', default=0은 특정 인수가 나타난 횟수를 센다. 사용자는 상세 출력을 보고 싶을 때 -v 인수를 사용하고, 더욱 상세한 출력을

보고 싶으면 -vv 인수를 사용할 수 있다. 파서 객체는 -vv 인수를 두 개의 -v 인스턴스로 취급하므로 카운터 값은 0에서 2로 증가한다.

- 리스트에 저장하는 옵션: 사용자가 두 개 이상의 값을 입력하고자 할 때 이를 리스트에 저장할 수 있는 옵션이 필요할 때가 있다. 예를 들어 거리 값들의 리스트를 사용하고 싶다면, action='append', default=[]로 구현할 수 있다. 사용자는 -r NM -r KM으로 해리와 킬로미터 단위를 모두 사용할 수 있을 것이다. 물론 이처럼 두 개 이상의 단위를 한 개의 컬렉션 내에서 처리할 수 있으려면 display() 함수의 정의를 변경해야 한다.
- 도움말 텍스트 표시: -h와 -help는 일반적으로 도움말 메시지를 표시하고 곧바로 종료한다. 유용한 정보를 사용자에게 제공하며, 이 기능을 비활성화하거나 다른 인수를 사용하도록 바꿀 수도 있다. 하지만 -h는 도움말 옵션이라는 것이 일반적인 인식이므로 건드리지 않는 편이 낫다.
- 버전 번호 표시: --Version은 일반적으로 버전 번호를 표시하고 곧바로 종료한다. add_argument("--Version", action="version", version="v 3.14")로 이를 구현할 수 있다. version이라는 액션을 지정하고 화면에 표시될 버전 번호를 설정한 것이다.

지금까지 널리 사용되는 명령행 인수들의 처리 방법을 설명했다. 애플리케이션을 작성할 때는 이와 같이 널리 받아들여지는 인수 스타일을 그대로 따르는 것이 좋다. 특별한 교육 없이도 사용자는 애플리케이션의 동작 방식을 더 쉽게 이해하고 받아들일 수 있기 때문이다.

리눅스 명령 중에는 더욱더 복잡한 명령행 구문을 갖는 것도 있다. 예를 들어 find나 expr 프로그램의 인수는 argparse 모듈을 사용해도 간단히 처리할 수 없다. 이와 같은 예외적인 경우에는 sys.argv 값을 사용해 파서를 직접 만들어 써야 한다.

참고 사항

- 대화식으로 사용자 입력을 받는 방법에 대해서는 'input()과 getpass()로 사용자 입력을 받는 방법' 레시피를 참조한다.
- '운영체제의 환경 설정을 사용하는 방법' 레시피에서는 더 유연한 방법들이 설명된다.

cmd를 사용해 명령행 애플리케이션을 작성하는 방법

여러 방법으로 대화식 애플리케이션을 작성할 수 있다. 'input()과 getpass()로 사용자 입력을 받는 방법' 레시피에서는 `input()`과 `getpass.getpass()` 함수를 설명했고, 'argparse로 명령행 입력을 받는 방법' 레시피에서는 `argparse`를 사용해 운영체제 명령행에서 사용자와 상호작용하는 애플리케이션을 작성하는 방법을 설명했다.

대화식 애플리케이션을 만드는 또 다른 방법은 `cmd` 모듈을 사용하는 것이다. 이 모듈은 사용자에게 입력을 요청하고 특정 메소드를 실행한다.

이번 레시피는 7장과 관련이 있다. 기존 클래스 정의에 새로운 기능을 추가해 서브클래스를 작성하기 때문이다.

이번 레시피에서 구현할 사용자와의 상호작용은 다음과 같다. 사용자 입력은 다른 글꼴(예: `help`)로 표시했다.

```
Starting with 100
Roulette> help

Documented commands (type help <topic>):
 ========================================
bet  help

Undocumented commands:
======================
```

```
done  spin  stake
Roulette> help bet
Bet <name> <amount>
Name is one of even, odd, red, black, high, or low

Roulette> bet black 1
Roulette> bet even 1
Roulette> spin
Spin ('21', {'red', 'high', 'odd'})
Lose even
Lose black
... more interaction ...
Roulette> done
Ending with 93
```

맨 처음에 표시된 메시지는 플레이어가 게임 시작 시에 갖고 있는 베팅 지분을 보여준다. 그다음에는 Roulette> 프롬프트가 표시되는데, 사용자는 프롬프트에서 다섯 개의 명령을 입력할 수 있다.

help라고 입력하면, 사용 가능한 다섯 개의 명령(bet, help, done, spin, stak)이 보인다. 그중에서 두 개(bet, help)는 상세 정보를 추가로 볼 수 있지만 나머지 세 개는 그렇지 않다.

help bet이라고 입력하면 bet 명령에 대한 상세 정보가 표시된다. 베팅 종류는 even, odd, red, black, high, low로서 그중 하나를 금액과 함께 입력해야 함을 알 수 있다.

그다음에는 실제로 베팅을 했다. 처음에는 black, 그다음에는 even에 걸었다. 그리고 spin 명령을 실행해 룰렛을 돌렸다. 결과는 21로서 red, high, odd에 해당하므로, 베팅은 모두 실패했다.

이후의 추가 베팅들은 생략했다. done 명령을 입력하면 게임이 끝났을 때 사용자가 갖고 있는 베팅 지분이 표시된다. 더 자세한 시뮬레이션 프로그램이라면 스핀, 성공, 실패에 대한 누적 통계들도 표시할 것이다.

준비

cmd.Cmd의 핵심은 REPL[Read-Evaluation-Print-Loop]이다. 이런 종류의 애플리케이션은 상태 변경의 수가 많고 이런 상태 변경을 일으키는 명령도 많은 상황에 적합하다.

룰렛 베팅의 일부 규칙을 사용해 간단한 시뮬레이션을 해보자. 사용자는 한 번 이상 베팅한 후, 가상의 룰렛 휠을 회전시킨다. 실제 카지노의 룰렛은 현기증이 날 만큼 많은 수의 베팅이 가능하지만, 이번 예제에서는 여섯 개만 가정한다.

- red, black
- even, odd
- high, low

미국식 룰렛 휠에는 38개의 빈[bin]이 있다. 1부터 36까지의 빈은 빨간색 혹은 검은색이며, 나머지 두 개의 빈(0과 00)은 녹색이다. 이 두 개의 빈은 짝수도 홀수도 아니며, 하이도 로우도 아니다.

빈의 컬렉션을 생성하는 헬퍼 함수들을 사용해 룰렛 휠을 표현할 것이다. 각각의 빈은 번호 문자열 및 그 빈이 나왔을 때 돈을 따는 베팅들의 세트를 갖는다.

어떤 빈이 나왔을 때 어떤 베팅이 돈을 따는지 결정하는 규칙은 다음과 같다.

```
red_bins = (1, 3, 5, 7, 9, 12, 14, 16, 18,
    21, 23, 25, 27, 28, 30, 32, 34, 36)

def roulette_bin(i):
    return str(i), {
        'even' if i%2 == 0 else 'odd',
        'low'  if 1 <= i < 19 else 'high',
        'red'  if i in red_bins else 'black'
    }
```

roulette_bin() 함수가 반환하는 튜플은 빈 번호 및 세 개의 승리 조건 세트를 포함한다.

0과 00 빈은 다르게 처리해야 한다.

```
def zero_bin():
    return '0', set()

def zerozero_bin():
    return '00', set()
```

zero_bin() 함수는 '0' 문자열과 비어있는 세트를 반환하고, zerozero_bin() 함수는 '00' 문자열과 비어있는 세트를 반환한다. 비어있는 세트를 반환하는 것은 돈을 따는 베팅이 없다는 것을 의미한다.

지금까지 작성한 세 개의 함수를 합쳐서 가상의 룰렛 휠을 완성하자. 룰렛 휠은 빈bin 튜플들의 리스트로서 표현된다.

```
def wheel():
    b0 = [zero_bin()]
    b00 = [zerozero_bin()]
    b1_36 = [
    roulette_bin(i) for i in range(1,37)
    ]
    return b0+b00+b1_36
```

이 함수는 0, 00, 1~36 빈들의 세트를 포함하는 리스트를 반환한다. 이제 random.choice() 함수를 사용해 무작위로 빈을 선택하면 돈을 딴 베팅과 잃은 베팅을 확인할 수 있다.

예제 구현

1. cmd 모듈을 임포트한다.

```
import cmd
```

2. cmd.Cmd 클래스의 서브클래스를 정의한다.

```
class Roulette(cmd.Cmd) :
```

3. preloop() 메소드에 초기화 코드를 작성한다.

```
def preloop(self):
    self.bets = {}
    self.stake = 100
    self.wheel = wheel()
```

preloop() 메소드는 최초 한 번만 실행되며, 베팅 종류 딕셔너리와 플레이어의 지분을 초기화한다. 그리고 휠 컬렉션의 인스턴스도 생성했다. self 인수는 클래스 내부의 메소드에 반드시 필요한 인수다. 일단 필수 구문이라는 점만 이해하고, 자세한 설명은 6장을 참조한다.

class문보다 들여써야 한다는 것에 주의하자.

__init__() 메소드에서도 초기화를 수행할 수 있지만 더 복잡하다. super() 메소드로 Cmd 클래스를 먼저 초기화할 필요가 있기 때문이다.

4. 각 명령들을 처리할 메소드를 작성한다. 메소드의 이름은 do_명령()으로 할 것이다. 명령 뒤에 입력되는 값은 메소드에 인수로서 제공된다. bet 명령과 spin 명령을 처리하는 메소드를 일단 다음과 같이 작성한다.

```
def do_bet(self, arg_string):
    pass
def do_spin(self, arg_string):
    pass
```

5. 각 명령의 인수를 파싱하고 검증한다. 명령 뒤에 입력된 값은 메소드에 첫 번째 위치 인수로서 제공된다.

유효하지 않은 인수라면 메소드는 오류 메시지를 출력하고 그대로 종료된다. 유효한 인수라면 유효성을 검증하기 시작한다.

spin 명령은 추가 입력 값이 필요 없기 때문에 인수 문자열을 그냥 무시하면 된다. 좀 더 완벽하게 구현하고 싶다면 추가 입력이 존재할 경우 오류 메시지를 출력하도록 작성하면 좋을 것이다.

반면에 bet 명령은 베팅 이름을 추가로 입력받아야 하며, 이 값은 여섯 개의 베팅 종류 중 하나여야 한다. 또 중복됐는지와 베팅 이름의 약어가 사용됐는지도 검사해야 한다. 여섯 개의 베팅 이름은 첫 번째 문자가 약어로 사용될 수 있기 때문이다.

bet 명령은 베팅 금액도 입력받을 수 있다. 1장에서 '정규 표현식을 사용한 문자열 파싱' 레시피를 설명하면서 여러 문자열들을 파싱하는 방법에 대해 배웠다. 다만 이번 예제에서는 베팅 이름만 처리하기로 하자.

```
def do_spin(self, arg_string):
    if len(self.bets) == 0:
        print("No bets have been placed")
        return
    # 정상적인 실행 경로에 해당하는 코드

BET_NAMES = set(['even', 'odd', 'high', 'low', 'red', 'black'])

def do_bet(self, arg_string):
    if arg_string not in BET_NAMES:
        print("{0} is not a valid bet".format(arg_string))
        return
    # 정상적인 실행 경로에 해당하는 코드
```

6. 정상적인 실행 경로를 처리하는 코드를 작성한다. spin 명령의 경우는 돈을 따는 베팅 종류를 얻어야 하고, bet 명령의 경우는 새로 건 베팅을 저장해야 한다. 따라서 do_bet()의 정상적인 실행 경로 처리는 다음과 같다.

```
self.bets[arg_string] = 1
```

self.bets 딕셔너리에 신규 베팅 이름과 그 금액을 추가했다. 이번 예제에서는 베팅 금액을 언제나 최소 금액 1로 가정한다.

7. do_spin()의 정상적인 실행 경로 코드는 다음과 같다.

```
self.spin = random.choice(self.wheel)
print("Spin", self.spin)
label, winners = self.spin
for b in self.bets:
    if b in winners:
        self.stake += self.bets[b]
        print("Win", b)
    else:
```

```
            self.stake -= self.bets[b]
            print("Lose", b)
    self.bets= {}
```

먼저 휠을 돌려서 승리 베팅을 정한다. 그다음에는 각 플레이어의 베팅을 조사해 그중에서 승리 베팅에 해당하는 것을 확인한다. 어떤 플레이어의 베팅 b가 승리 베팅 세트에 속할 경우 그 플레이어의 지분을 베팅 금액만큼 증가시키고, 그렇지 않으면 그만큼 감소시킨다.

이번 예제의 베팅은 모두 배당률이 1:1이다. 베팅별로 배당률을 다르게 지정할 수 있도록 예제를 확장하면 좋은 연습 문제가 될 것이다.

8. 메인 스크립트를 작성한다. 이 클래스의 인스턴스가 생성되고 cmdloop() 메소드가 실행된다.

```
if __name__ == "__main__":
    r = Roulette()
    r.cmdloop()
```

Cmd의 서브클래스인 Roulette의 인스턴스를 생성했다. cmdloop() 메소드가 실행되면 이 클래스는 도입 메시지를 출력하고, 프롬프트를 출력한 후 명령을 읽어들인다.

예제 분석

Cmd 모듈은 프롬프트를 표시하고 사용자로부터 입력을 읽어서 입력 값에 맞는 메소드를 찾기 위한 기능들을 포함하고 있다.

예를 들어 사용자가 bet black이라고 입력하면, Cmd 클래스의 내장 메소드는 첫 번째 단어(bet)에 접두사 do_를 붙인 메소드를 찾아서 해당 명령을 실행한다.

do_bet() 메소드를 찾을 수 없으면 오류 메시지가 출력된다. 이 부분은 자동으로 이뤄지므로 별도로 코드를 작성할 필요가 없다.

이번 예제에서는 do_bet() 메소드를 직접 작성했으므로 이 메소드가 실행된다. bet 뒤의 입력 값(black)은 위치 인수로서 제공된다.

do_help()처럼 이미 구현돼 있는 메소드도 있다. 이런 메소드들은 do_로 시작하는 다른 메소드를 요약해 설명한다. 내장 도움말 기능이 각 메소드의 문서화 문자열을 표시하기 때문이다.

Cmd 클래스의 인스턴스가 메소드 이름을 검사해 do_로 시작하는 메소드들을 찾아낼 수 있는 것은 파이썬의 인트로스펙션introspection 기능을 활용하기 때문이다. 이 메소드들은 클래스 속성인 __dict__를 사용해 접근할 수 있다. 인트로스펙션은 7장에서 다뤄지는 고급 주제다.

부연 설명

Cmd 클래스의 다양한 메소드들이 대화식 기능 구현에 사용될 수 있다.

- help_*() 메소드를 정의해 도움말 주제들을 지정할 수 있다.
- do_* 메소드가 값을 반환할 때 루프는 종료된다. 따라서 본문이 return True인 do_quit() 메소드는 명령 처리 루프를 바로 종료시킬 것이다.
- emptyline() 메소드는 입력 값이 빈 줄일 때의 처리를 담당한다. 아무 동작도 수행하지 않을 수 있고, 어떤 기본 동작을 수행하도록 정의할 수도 있다.
- default() 메소드는 사용자 입력과 일치하는 do_* 메소드가 없을 때 실행된다. 입력 값을 상세히 파싱하고 싶을 때 사용된다.
- postloop() 메소드는 루프 종료 직후에 어떤 처리를 수행할 수 있다. 일반적으로 요약 정보를 출력할 때가 많다. 명령 루프를 끝내기 위해 (False가 아닌) 값을 반환하는 do_* 메소드를 필요로 한다.

Cmd 클래스는 유용한 속성들도 많이 갖고 있다. 이 속성들은 클래스 변수로서 메소드와 함께 효과적으로 사용될 수 있다.

- prompt 속성은 프롬프트 문자열이다. 예를 들어 다음과 같이 설정할 수 있다.

```
class Roulette(cmd.Cmd):
    prompt = "Roulette>"
```

- intro 속성은 소개 메시지다.
- doc_header, undoc_header, misc_header, ruler 속성은 도움말 출력과 관련 있다. 도움말이 표시되는 포맷을 설정한다.

이 모든 메소드와 속성들은 단순하고 유연한 사용자 상호작용을 처리할 수 있는 클래스 정의를 위한 것이다. Cmd 클래스는 파이썬의 REPL 기능을 활용하는 애플리케이션을 작성할 수 있다. 사용자 입력을 요청하는 명령행 프로그램들과도 비슷한 기능을 제공한다.

대화식 애플리케이션의 예로서 리눅스 명령행에서 실행되는 FTP 클라이언트를 들 수 있다. 이 애플리케이션의 프롬프트는 ftp>이고 수십 개의 FTP 명령들을 파싱할 수 있다. help를 입력하면 FTP 상호작용에 사용되는 수많은 내부 명령들이 표시된다.

참고 사항

- 클래스 정의는 6장과 7장에서 자세히 설명한다.

운영체제의 환경 설정을 사용하는 방법

사용자 입력이 적용되는 기간 범위는 다양하게 구분할 수 있다.

- 대화식 데이터: 사용자로부터 입력받아 '바로 지금' 적용된다.
- 프로그램 실행 시에 제공되는 명령행 인수: 프로그램의 전체 실행 시간에 걸쳐 적용된다.
- 운영체제에서 설정된 환경 변수: 명령행에서 설정 가능하므로, 프로그램을 실행하는 명령과 거의 비슷한 기간만큼 적용된다.

   ◦ 리눅스에서는 사용자별 .bashrc 또는 .profile 파일에서 설정된다. 명령행 입력보다 영속성은 길지만 상호작용 측면에서는 부족하다.
   ◦ 윈도우에서는 제어판의 **고급 설정** 옵션에서 설정할 수 있다. 프로그램이 실행될 때마다 동일하게 입력된다.
- 설정 파일: 애플리케이션마다 다르다. 일반적으로는 설정 파일에 포함된 옵션은 오랜 기간에 걸쳐서 적용된다. 다수의 사용자, 심지어 전 사용자에게 적용될 수 있다. 가장 긴 기간 범위를 갖는다.

'input()과 getpass()로 사용자 입력을 받는 방법' 레시피와 'cmd를 사용해 명령행 애플리케이션을 작성하는 방법' 레시피에서는 사용자와의 상호작용 방법을 살펴봤고, 'argparse로 명령행 입력을 받는 방법' 레시피에서는 명령행 인수를 다루는 방법을 살펴봤다. 설정 파일에 대해서는 13장에서 자세히 다룰 것이다.

`os` 모듈로 환경 변수를 사용할 수 있다. 운영체제에서 설정된 값을 바탕으로 애플리케이션을 구성하려면 어떻게 해야 할까?

준비

운영체제 설정 값을 통해 프로그램에 정보를 제공하고 싶을 때가 있다. 문제는 운영체제 설정은 문자열 값이라는 점이다. 따라서 문자열을 파싱해 이로부터 파이썬 객체를 생성하는 코드를 작성해야 한다.

`argparse` 모듈을 사용해 명령행 인수를 파싱할 때는 이 모듈이 데이터 변환을 자동으로 해준다. 하지만 `os` 모듈을 사용할 때는 이러한 변환을 직접 구현해야 한다.

앞서 'argparse로 명령행 입력을 받는 방법' 레시피에서는 명령행 인수를 파싱하는 애플리케이션에 `haversine()` 함수를 포함시켰다.

그리고 운영체제 수준에서 다음과 같이 동작하는 프로그램을 작성했다.

```
slott$ python3 ch05_r04.py -r KM 36.12,-86.67 33.94,-118.40
From (36.12, -86.67) to (33.94, -118.4) in KM = 2887.35
```

이 프로그램을 한동안 사용해보니, 배가 정박한 위치로부터의 거리를 해리 단위로 계산할 때가 많다는 것을 알게 됐다고 가정하자. 그래서 -r 인수뿐 아니라 입력 좌표 중 하나에 기본값을 설정하고 싶다.

배의 정박 위치는 바뀔 수 있으므로, 실제 코드를 수정하지 않고도 기본값을 변경할 수 있어야 한다.

그래서 거리 단위는 UNITS 환경 변수에, 배의 정박 위치 좌표는 HOME_PORT 환경 변수에 설정하려고 한다. 다음과 같이 설정하고 실행한다.

```
slott$ UNITS=NM
slott$ HOME_PORT=36.842952,-76.300171
slott$ python3 ch05_r06.py 36.12,-86.67
From 36.12,-86.67 to 36.842952,-76.300171 in NM = 502.23
```

거리 단위와 정박 위치가 운영체제의 환경 변수를 통해 애플리케이션에 제공되고 있다. 환경 변수는 설정 파일에 들어있을 수 있고, 위 예제처럼 명령행에서 설정될 수도 있다.

예제 구현

1. os 모듈을 임포트한다. 이 모듈을 통해 운영체제의 환경 변수를 사용할 수 있다.

   ```
   import os
   ```

2. 애플리케이션에 필요한 다른 클래스나 객체를 임포트한다.

   ```
   from ch03_r05 import haversine, MI, NM, KM
   ```

3. 환경 변수의 값을 명령행에서 선택적 인수의 기본값으로서 사용하는 함수를 정의한다. 파싱할 인수들을 sys.argv에서 얻어오므로 sys 모듈도 임포트해야 한다.

   ```
   def get_options(argv=sys.argv):
   ```

4. 운영체제의 환경 변수로부터 기본값을 얻어온다. 이때 유효성 검사도 포함된다.

```
default_units = os.environ.get('UNITS', 'KM')
if default_units not in ('KM', 'NM', 'MI'):
    sys.exit("Invalid value for UNITS, not KM, NM, or MI")
default_home_port = os.environ.get('HOME_PORT')
```

sys.exit() 함수는 오류를 효과적으로 처리한다. 메시지를 출력한 후 0이 아닌 상태 코드와 함께 프로그램을 종료한다.

5. parser 속성을 생성하고, 관련 인수들에 기본값을 제공한다. argparse 모듈의 기능을 사용하므로 이 모듈 역시 임포트해야 한다.

```
          parser = argparse.ArgumentParser()
parser.add_argument('-r', action='store',
    choices=('NM', 'MI', 'KM'), default=default_units)
parser.add_argument('p1', action='store', type=point_type)
parser.add_argument('p2', nargs='?', action='store', type=point_type,
    default=default_home_port)
options = parser.parse_args(argv[1:])
```

6. 인수가 올바르게 설정됐는지 검증한다. 이번 예제에서는 HOME_PORT와 두 번째 명령행 인수에 값이 제공되지 않을 수 있다. 따라서 if문과 sys.exit() 호출이 필요하다.

```
if options.p2 is None:
    sys.exit("HOME_PORT와 p2 인수가 제공되지 않았음.")
```

7. 유효한 인수들을 포함하는 options 객체를 반환한다.

```
return options
```

이제 -r 인수와 두 번째 위치 좌표는 선택적 인수가 됐다. 명령행에서 이 인수들의 값이 입력되지 않아도 파서 객체는 환경 변수에서 기본값을 얻어온 후 사용할 것이다.

get_options() 함수가 생성한 옵션을 처리하는 방법은 'argparse로 명령행 입력을 받는 방법' 레시피를 참조한다.

예제 분석

운영체제의 환경 변수를 기본값으로 사용하되 명령행 인수로 이 기본값을 덮어 쓸 수 있도록 구현했다. 환경 변수가 설정돼 있으면 이 문자열 값이 인수의 기본값으로서 사용되고 환경 변수가 설정되지 않았으면 애플리케이션 수준에서 설정된 기본값이 사용된다.

따라서 `UNITS` 환경 변수의 값이 설정돼 있지 않다면 이 애플리케이션은 KM을 기본 단위로서 사용할 것이다.

이것은 3계층에서 설정이 가능함을 의미한다.

- .bashrc 파일에 설정 값을 정의할 수 있다. 윈도우 운영체제에서는 제어판의 **고급 설정**을 이용할 수 있다. 여기서 설정한 값은 로그인하거나 새로 명령 윈도우를 열 때마다 사용된다.
- 명령행에서 대화식으로 운영체제 환경 변수를 설정할 수 있다. 이 설정은 해당 세션이 지속되는 동안 적용된다. 따라서 로그아웃하거나 명령 윈도우를 닫으면 사라진다.
- 프로그램을 실행할 때마다 명령행 인수로 값을 제공한다.

환경 변수로부터 설정 값을 가져올 때 자동으로 유효성 검사가 수행되지 않는다는 점에 주의하자. 유효성을 확인하기 위해서는 문자열을 직접 검증해야 한다.

또한 유효한 단위들의 리스트를 여러 위치에서 반복적으로 사용했음에 주의하자. 사실 이것은 DRY[Do not Repeat Yourself] 원칙을 위반한 것이다. 따라서 이 리스트를 전역 변수로서 구현하면 더 좋을 것이다.

부연 설명

'argparse로 명령행 입력을 받는 방법' 레시피에서는 `sys.argv`에 저장된 명령행 인수의 기본값을 다루는 방법을 소개했다. 그런데 `sys.argv`에서 첫 번째 인수는 파이썬 프로그램의 이름이기 때문에 인수 파싱과는 관계가 없다.

sys.argv는 다음과 같이 문자열로 이뤄진 리스트다.

```
['ch05_r06.py', '-r', 'NM', '36.12, -86.67 ']
```

sys.argv[0]은 파싱과 관련 없으므로 처리 중의 어느 시점에서 건너뛰어야 한다. 다음의 두 가지 선택지가 존재한다.

- 이번 레시피에서는 최대한 나중에 건너뛰었다. 파서에 sys.argv[1:]을 제공할 때 비로소 sys.argv[0]을 건너뛰었기 때문이다.
- 처리 과정의 초반에 건너뛸 수 있다. main() 함수의 options = get_options(sys.argv[1:])에서 sys.argv[0]을 제외한 리스트를 제공했다.

두 가지 방법의 유일한 차이점은 단위 테스트의 횟수와 복잡성이다. 이번 레시피를 위한 단위 테스트 코드는 (파싱 과정에서 건너뛸 것임에도 불구하고) 첫 번째 인수 문자열을 포함해야 한다.

참고 사항

- 설정 파일을 다루는 다양한 방법들은 13장에서 자세히 설명한다.

6 클래스와 객체의 기초

이번 장에서는 다음의 레시피들을 살펴본다.

- 클래스를 사용해 데이터와 연산을 캡슐화하는 방법
- 연산 처리 위주의 클래스를 설계하는 방법
- 연산 처리를 거의 수행하지 않는 클래스를 설계하는 방법
- `__slots__`로 객체를 최적화하는 방법
- 좀 더 정교한 컬렉션 자료 구조들
- 컬렉션 확장하기: 통계 값을 계산하는 리스트
- 프로퍼티로 지연 계산을 구현하는 방법
- 설정 가능 프로퍼티로 속성 값을 갱신하는 방법

소개

컴퓨팅은 결국 데이터를 처리하는 연산이다. 예를 들어 대화식 게임에서 게임의 상태와 플레이어의 동작은 데이터고, 게임 상태와 화면 갱신은 연산 처리에 해당한다.

게임의 내부 상태는 상당히 복잡할 수 있다. 멀티플레이어와 세련된 그래픽을 지원하는 콘솔 게임은 실시간으로 상태가 복잡하게 변경될 것이다.

반면, 크랩스Craps 같은 카지노 게임에서 게임 상태는 매우 단순하다. 포인트가 설정되지 않거나 숫자 4, 5, 6, 8, 9, 10 중 하나로 포인트를 설정할 뿐이다. 상태 전환은 비교적 간단하며 카지노 테이블 위에서 마커와 칩을 움직여 상태 전환을 나타낸다. 데이터는 현재의 상태, 플레이어 행동, 주사위 굴리기고, 연산 처리는 곧 게임 규칙이다.

같은 카지노 게임이라도 블랙잭에서는 플레이어에게 카드를 배분할 때마다 다소 복잡한 내부 상태 변경이 일어난다. 스플릿이 허용되는 경우에는 상태가 매우 복잡해진다. 데이터는 현재 게임 상태, 플레이어의 명령, 덱에서 뽑힌 카드를 모두 포함해야 하고, 연산 처리는 카지노에서 정한 게임 규칙에 의해 정의된다.

크랩스의 경우 플레이어는 베팅을 할 수 있지만, 흥미롭게도 플레이어의 행위가 게임 상태에 아무 영향을 미치지 않는다. 내부 상태는 오로지 그다음 주사위 굴리기의 결과에 의해 결정된다. 따라서 클래스 설계가 상대적으로 쉽다.

이번 장에서는 통계 공식을 구현하는 클래스들을 작성할 것이다. 수학 공식에서 사용되는 기호가 처음에는 다소 어렵게 느껴질 수 있다. 대부분 일련의 값들의 총합을 구하는 Σx를 사용할 것이다. 이것은 파이썬의 `sum()` 함수로 구현될 수 있다.

클래스를 사용해 데이터와 연산을 캡슐화하는 방법

컴퓨팅의 목적은 데이터를 처리하는 것이다. 데이터를 처리하는 함수를 작성하는 것이 전형적인 예며, 3장에서 함수를 자세히 설명했었다.

프로그램을 작성하다 보면 공통의 자료 구조를 다루는 서로 밀접하게 관련된 함수들이 필요할 때가 많다. 이것이 객체지향 프로그래밍의 개념이다. 클래스 정의에는 객체의 내부 상태를 제어하는 다수의 메소드들이 포함된다.

클래스 정의는 그 클래스에게 주어진 책임을 요약한 것이라고 말할 수 있다. 어떻게 효과적으로 클래스를 정의할 수 있을까? 클래스를 설계하는 좋은 방법은 무엇일까?

준비

간단한 상태 저장stateful 객체인 두 개의 주사위가 있다고 하자. 이 주사위들은 크랩스 게임을 시뮬레이션하는 애플리케이션에서 사용될 것이다. 애플리케이션의 목적은 주사위 굴리기를 시뮬레이션해 더 나은 게임 전략을 수립하는 것이다. 카지노에 가서 돈을 잃을 확률을 낮춰줄 것이기 때문이다.

클래스 정의와 클래스 인스턴스(즉, 객체)는 다르다. 이 개념은 객체지향 프로그래밍의 핵심으로서 이번 장의 초점은 클래스 정의를 작성하는 데 있다. 애플리케이션은 클래스의 인스턴스를 생성하며, 여러 인스턴스들의 협업으로부터 발생하는 동작이 애플리케이션 설계 과정의 목표다.

애플리케이션 설계에 들어가는 노력의 대부분은 클래스 정의에 투입된다. 그래서 객체지향 프로그래밍이라는 명칭은 다소 오해의 소지가 있는 표현이다.

협업으로부터 발생하는 동작이라는 개념은 객체지향 프로그래밍에서 매우 중요하다. 우리는 프로그램의 모든 동작을 명세하지는 않는다. 대신에 프로그램을 여러 객체들로 분해하고, 각 객체의 상태와 동작을 그 객체의 클래스를 통해 정의한다. 클래스에 주어진 책임과 협업을 기반으로 작성되는 클래스 정의들로 프로그램이 구성되는 것이다.

객체는 어떤 사물, 즉 명사noun고, 클래스의 동작은 동사verb다. 효과적인 클래스 설계를 위해 이 점을 꼭 기억해야 한다.

객체지향 설계는 실제 세계의 눈에 보이는 것과 관련을 지을 때 이해하기가 쉽다. 추상 자료형ADT, Abstract Data Type을 구현하는 소프트웨어를 만드는 것보다 카드 게임을 시뮬레이션하는 소프트웨어를 작성하는 편이 더 쉬울 때가 많다는 뜻이다.

그래서 이번 장에서는 주사위 굴리기라는 구체적인 예를 들어 설명을 진행한다. 크랩스 게임에서는 두 개의 주사위가 사용되므로 한 쌍의 주사위를 모델링하는 클래스를 정의하고, 이 주사위들이 카지노 게임 시뮬레이션에서 사용된다고 가정하자.

예제 구현

1. 클래스의 인스턴스가 해야 할 일들을 기술한다. 이를 문제 서술problem statements이라고 한다. 문장의 길이를 짧게 유지하되, 명사와 동사를 강조하는 것이 중요하다.
   - 크랩스 게임은 두 개의 표준 주사위를 사용한다.
   - 주사위의 각 면에는 1부터 6까지의 숫자가 표시돼 있다.
   - 플레이어가 주사위를 굴린다.
   - 주사위 숫자의 총합에 따라 크랩스 게임의 상태가 변경된다. 개별 주사위 숫자는 게임 상태와 관계가 없다.
   - 두 개의 주사위 숫자가 일치하는 경우를 하드hard라고 부르고, 그렇지 않으면 이지easy라고 부른다. 하드-이지 여부에 따라 베팅이 달라질 수 있다.
2. 문장 내의 모든 명사를 식별한다. 명사는 독자적인 클래스가 될 수 있다. 이 클래스들을 협업자collaborator라고 부르는데, 예를 들어 플레이어와 게임은 협업자들이다. 명사는 (객체가 아니라) 객체 내의 속성이 될 수도 있다. 예를 들면 주사위의 면과 점수는 주사위 객체의 속성이다.
3. 문장 내의 모든 동사를 식별한다. 동사는 일반적으로 클래스 내의 메소드가 된다. 예를 들어 '굴렸다rolled'와 '일치하다match'는 메소드다. 때로는 다른 클래스의 메소드가 되기도 한다. 예를 들어 '상태를 변경한다change the state'는 `Craps` 클래스에 적용된다.
4. 형용사를 식별한다. 형용사는 명사를 분명히 하는 단어 또는 문구다. 객체의 속성이 되는 경우가 많으며, 가끔은 객체 간의 관계를 설명하기도 한다. 예를 들어 주사위 총합the total of the dice에서 the total of는 the dice를 수식하므로, 형용사 역할을 하는 전치사구에 해당된다. 총합의 값은 주사위 쌍 객체의 속성이다.

5. class문으로 클래스 작성을 시작한다.

```
class Dice :
```

6. __init__ 메소드에서 객체의 속성을 초기화한다.

```
def __init __ (self):
    self.faces = None
```

주사위의 내부 상태를 self.faces 속성으로 모델링할 것이다. self 변수는 현재 인스턴스의 속성을 참조하는 것임을 의미한다. 즉 self 변수의 값으로 객체가 식별되는 것이다.

이 메소드에서 프로퍼티를 초기화할 수도 있다. 아니면 프로퍼티를 별도의 메소드로서 구현할 수도 있다. 이와 관련된 설명은 이 장 후반의 '프로퍼티로 지연 계산을 구현하는 방법' 레시피를 참조한다.

7. 동사들을 사용해 메소드를 정의한다. 이번 예제에서 꼭 필요한 메소드들은 다음과 같다.

 ◦ 플레이어가 주사위 굴리는 것을 구현하는 메소드

```
def roll(self):
    self.faces = (random.randint(1,6), random.randint(1,6))
```

self.faces 속성에 주사위의 내부 상태를 설정한다. 다시 말하지만, self 변수가 꼭 있어야 한다.

이 메소드는 객체의 내부 상태를 변경한다. 하지만 값을 반환하지는 않는다. 이는 파이썬의 내장 컬렉션 자료 구조의 메소드들과 비슷한 특징이다. 객체의 내용을 변경하는 메소드는 값을 반환하지 않는 것이다.

 ◦ 다음 메소드는 주사위 숫자 총합이 크랩스 게임의 상태를 변경하는 것을 구현한다. 게임 자체는 별개의 객체다. 하지만 이 메소드가 숫자 총합을 제공하는 역할을 한다.

```
def total(self):
    return sum (self.faces)
```

다음 두 개의 메소드는 하드와 이지 여부를 판단한다.

```
def hardway(self):
    return self.faces[0] == self.faces[1]
def easyway(self):
    return self.faces[0] != self.faces[1]
```

대부분의 카지노 게임은 단순 반대 규칙이 아니라 현저하게 보상이 나쁜 세 번째 규칙을 갖는 것이 일반적이다. 다만 이번 예제에서 easyway( ) 함수의 반환 값은 not self.hardway( )와 같다.

이 클래스를 사용하는 예는 다음과 같다.

1. 우선, 난수 생성기의 시드 값으로 특정 값을 제공한다. 특정 값을 사용하는 것은 특정 결과를 얻기 위한 것이며, 단위 테스트를 위해 필요하다.

```
>>> import random
>>> random.seed(1)
```

2. Dice 객체 d1을 생성한 후, roll( ) 메소드로 이 객체의 상태를 설정한다. 그리고 total( ) 메소드로 주사위 총합을 확인한다. faces 속성에 객체 상태가 저장돼 있다.

```
>>> from ch06_r01 dice
>>> d1 = Dice()
>>> d1.roll()
>>> d1.total()
7
>>> d1.faces
(2, 5)
```

3. 다시 Dice 객체 d2를 생성한다. roll( ) 메소드로 이 객체의 상태를 설정하고, total( ) 메소드와 hardway( ) 메소드로 결과를 확인한다. faces 속성으로 객체의 상태를 확인한다.

```
>>> d2 = Dice()
>>> d2.roll()
```

```
>>> d2.total()
4
>>> d2.hardway()
False
>>> d2.faces
(1, 3)
```

4. 두 개의 객체는 서로 독립적인 인스턴스이므로 d2를 생성했다고 d1의 값이 바뀌지 않는다.

```
>>> d1.total()
7
```

예제 분석

중요한 것은 우리가 평소에 사용하는 문법(명사, 동사, 형용사)을 사용해 클래스의 기본적인 특징을 식별하는 것이다. 명사는 어떤 사물을 나타낸다. 좋은 서술문은 추상적 개념보다는 형태를 갖춘 실제 사물에 초점을 맞춰야 한다.

이번 예제에서 주사위는 실제 사물이다. 무작위 숫자 생성기 또는 이벤트 생성기와 같은 추상적인 용어는 사용하지 않는다. 실제 사물의 눈에 보이는 특징을 먼저 서술하고, 그다음에 이러한 특징을 제공하는 추상적 구현을 찾는 편이 더 쉽다.

주사위를 굴리는 것은 메소드를 정의해 모델링할 수 있는 물리적인 동작이다. 주사위 굴리기는 분명히 객체의 상태를 변경한다. 다만 아주 드물게(1/36의 확률로) 다음 상태가 이전 상태와 동일하다.

형용사는 헛갈릴 때가 많다. 형용사의 활용에 관한 일반적인 설명은 다음과 같다.

- 처음first, 마지막last, 대부분most, 다음next, 이전previous 등의 형용사는 해석이 간단하다. 지연 계산일 경우는 메소드, 즉시 계산일 경우는 속성으로 구현된다.
- 주사위 총합the total of the dice처럼 형태가 더 복잡할 때도 있다. 이것은 명사(total)와 전치사(of)가 합쳐진 형용사구로서, 역시 메소드 혹은 속성으로서 구현될 수 있다.

- 소프트웨어 내의 다른 객체를 포함하기도 한다. 예를 들어 크랩스 게임의 상태the state of Craps game에서 state of는 다른 객체인 Craps를 수식하고 있다. 이것은 분명히 주사위 자체와는 별로 관련이 없는 대신에 주사위 객체와 게임 객체 간의 관계를 반영하는 것이다.
- 문제 서술에 주사위는 게임의 일부the dice are part of the game라는 문장이 있다고 하자. 이 문장은 게임 객체와 주사위 객체 간에 어떤 관계가 존재함을 분명히 서술하고 있다. 여기서 are part of 전치사구는 다른 객체의 관점에서는 반대의 문장으로 표현될 수 있다. 게임은 주사위를 포함한다The game contains dice가 되는 것이다. 이런 연습을 통해 객체들 간의 관계를 명확히 파악할 수 있다.

파이썬에서 객체의 속성은 기본적으로 동적이다. 다시 말해, 고정된 속성 리스트를 지정하지 않는다. 클래스 정의의 `__init__()` 메소드에서 속성의 일부 혹은 전부를 초기화할 수 있다. 속성들이 동적이기 때문에 클래스 설계에 상당한 유연성이 보장된다.

부연 설명

내부 상태 및 그 상태를 변경하는 메소드를 포착하는 것은 좋은 클래스 설계의 첫걸음이다. 좋은 클래스 설계 원칙은 S.O.L.I.D로 요약할 수 있다.

- 단일 책임Single Responsibility 원칙: 한 개의 클래스는 분명히 정의된 한 개의 책임만 져야 한다.
- 개방/폐쇄Open/Closed 원칙: 클래스는 (상속 등을 통해) 확장에 개방적이되, 변경에는 폐쇄적이어야 한다. 기능 추가나 변경을 위해 코드를 건드릴 필요가 없도록 클래스를 설계해야 한다.
- 리스코프 대체Liskov Substitution 원칙: 슈퍼클래스 대신에 서브클래스를 사용할 수 있도록 상속을 설계해야 한다.
- 인터페이스 분리Interface Segregation 원칙: 서로 협업하는 클래스들은 가급적 덜 상호 의존적이어야 한다. 이를 위해서는 문제를 다수의 작은 클래스들로 분해하는 것이 바람직하다.

- 의존성 역전Dependency Inversion 원칙: 다른 클래스에 직접적으로 의존하는 것은 바람직하지 않다. 의존 대상을 추상 클래스로 만들고 이 추상 클래스 대신에 구체적인 구현 클래스를 사용하는 편이 낫다.

정상적으로 동작하면서 설계 원칙을 준수하는 클래스를 정의하도록 언제나 노력하는 것이 중요하다.

참고 사항

- '프로퍼티로 지연 계산을 구현하는 방법' 레시피에서 즉시 계산되는 속성과 지연 계산되는 프로퍼티 간의 선택에 대해 자세히 설명한다.
- 7장에서 클래스 설계 기법을 자세히 살펴본다.
- 11장에서 클래스에 대해 단위 테스트를 수행하는 방법을 살펴본다.

연산 처리 위주의 클래스를 설계하는 방법

대부분의 경우 객체는 자신의 내부 상태를 정의하는 데이터를 포함하고 있다. 그러나 항상 그런 것은 아니다. 데이터를 가질 필요 없이 연산 처리만을 포함하는 클래스들도 있다.

이러한 설계의 대표적인 예로는 분석 대상 데이터가 외부에 존재하는 통계 처리 알고리즘이 있다. 데이터는 리스트 또는 `Counter` 객체에 들어있고, 연산 처리는 별도의 클래스에 정의되는 것이다.

물론 파이썬에서 이러한 연산 처리는 주로 함수로 구현된다. 함수에 대한 자세한 설명은 3장을 참조하자. 하지만 모든 코드가 반드시 클래스의 형태를 취해야 하는 프로그래밍 언어들도 있으며, 이로 인해 설계가 복잡해진다.

파이썬의 정교한 내장 컬렉션 자료 구조를 활용하는 클래스를 어떻게 설계할 수 있을까?

준비

4장의 '세트의 메소드와 연산자' 레시피에서 쿠폰 수집가 테스트 통계 알고리즘을 배운 적이 있다. 이 알고리즘은 어떤 연산을 처리할 때마다 그 연산의 특징이나 매개변수를 서술하는 쿠폰을 저장하는데, 쿠폰을 전부 수집하기까지 연산 처리를 몇 번 수행해야 하는지 구하는 문제다.

고객들을 구매 습관에 근거해 서로 다른 그룹으로 분류하고 각 그룹별로 적어도 한 명의 고객이 구매를 하기까지 얼마나 많은 온라인 판매가 발생해야 하는지 알고 싶다고 하자. 그룹의 크기가 모두 같다면 쿠폰 전부를 수집하기까지의 평균 고객 수를 예측하는 것은 그리 어렵지 않다. 하지만 그룹의 크기가 서로 다르다면 문제가 조금 복잡해진다.

데이터를 Counter 객체에 저장했다고 하자. Counter를 비롯해 컬렉션 자료 구조들에 대한 자세한 설명은 4장의 '세트의 메소드와 연산자' 레시피와 '함수 매개변수의 기본값으로 변경 가능 객체를 피하는 방법' 레시피를 참조한다. 이번 레시피의 예제 고객들은 여덟 개의 그룹으로 분류되며 각 그룹의 크기는 거의 비슷하다.

예제 데이터의 값은 다음과 같다.

```
Counter({15: 7, 17: 5, 20: 4, 16: 3, ... etc., 45: 1})
```

키는 쿠폰 전부를 얻기까지 고객들이 방문했던 횟수고, 값은 이만큼의 방문 횟수가 필요했던 경우의 수다. 예를 들어 위 데이터에서 15번의 고객 방문이 필요했던 경우가 일곱 번이었고, 17번의 방문이 필요했던 경우는 다섯 번이었다. 그리고 롱테일 값이 하나 있다. 딱 한 번은 45번의 고객 방문 뒤에야 여덟 개의 쿠폰 전부가 수집됐다.

지금 이 Counter 객체를 갖고 약간의 통계 계산을 하고자 하는데, 크게 두 개의 전략을 사용할 수 있다.

- 확장: Counter 클래스 정의에 통계 연산 처리를 추가한다. 추가되는 연산 처리에 따라 복잡도가 크게 달라진다. 조금 뒤의 '컬렉션 확장하기: 통계 값을 계산하는

리스트' 레시피와 7장에서 자세히 다뤄진다.

- 감싸기(래핑): `Counter` 객체를 지금 필요한 기능을 제공하는 다른 클래스로 감싸는 기법이다. 이때 파이썬의 중요한 일부분에 해당하는 메소드들이 외부로 노출될 수 있지만, 이번 예제에서는 그리 중요하지 않다. 7장에서 자세히 살펴본다.

래핑 기법에는 변형이 존재하며, 이 변형 기법은 우아한 해결책을 제공하는 경우가 많다.

연산 처리를 설계하는 방법은 두 가지로 나눌 수 있다. 이 두 가지 설계 방법은 전반적인 아키텍처에 영향을 미칠 수 있다.

- 즉시eager(부지런한) 계산: 가급적 조기에 계산을 수행한다. 그리고 계산된 값은 클래스의 속성에 저장될 수 있다. 이 방식은 속도가 빠르지만, 데이터 컬렉션에 어떤 변경이 가해지면 기존에 계산해 놓았던 값이 쓸모없어지는 단점이 있다. 따라서 이런 상황의 발생 가능성을 사전에 조사할 필요가 있다.
- 지연lazy(게으른) 계산: 메소드나 프로퍼티에 의해 요구될 때 비로소 계산하는 방식이다. 잠시 후에 설명할 '프로퍼티로 지연 계산을 구현하는 방법' 레시피를 참고한다.

두 가지 모두 계산식은 같다. 다만, 언제 계산이 수행되느냐가 다를 뿐이다.

이번 예제에서는 기댓값의 총합을 사용해 평균을 계산한다. 기댓값은 값의 빈도와 값을 곱해서 얻어진다. 평균 μ는 다음과 같이 얻어진다.

$$\mu = \sum_{k \in C} f_k \times k$$

k는 `Counter` 객체 C의 키, f_k는 그 키의 빈도수다.

표준 편차 σ를 계산할 때 평균 μ가 사용된다. 빈도수를 가중치로 사용하는 총합 계산이 포함되며 전체 식은 다음과 같다.

$$\sigma = \sqrt{\frac{\sum_{k \in C} f_k \times (k - \mu)^2}{C + 1}}$$

k는 Counter 객체 C의 키, f_k는 그 키의 빈도수다. Counter 객체에 포함된 항목의 개수는 $C = \sum_{k \in C} f_k$ 로서 빈도수의 총합이다.

예제 구현

1. 클래스를 정의한다. 클래스의 역할이 잘 전달되는 이름을 사용한다.

   ```
   class CounterStatistics:
   ```

2. __init__ 메소드에서 이 객체가 연결될 객체를 포함시킨다.

   ```
   def __init__(self, raw_counter:Counter):
       self.raw_counter = raw_counter
   ```

   인수로서 제공되는 Counter 객체는 Counter_Statistics 인스턴스의 일부로서 저장된다.

3. 지역 변수들을 초기화한다. 이번 예제는 즉시 계산 방식을 사용하며, 계산할 수 있는 가장 빠른 시점은 바로 객체가 생성될 때다. 아직 미정의된 함수들에 대한 참조가 사용된다.

   ```
   self.mean = self.compute_mean()
   self.stddev = self.compute_stddev()
   ```

   Counter 객체가 생성되자마자 평균과 표준 편차를 계산한 후 두 개의 인스턴스 변수에 저장했다.

4. 평균 및 표준 편차를 계산할 메소드들을 정의한다. 우선, 평균을 구하는 메소드는 다음과 같다.

   ```
   def compute_mean(self):
       total, count = 0, 0
       for value, frequency in self.raw_counter.items():
   ```

```
        total += value*frequency
        count += frequency
    return total/count
```

5. 다음 메소드는 표준 편차를 계산한다.

```
def compute_stddev(self):
    total, count = 0, 0
    for value, frequency in self.raw_counter.items():
        total += frequency*(value-self.mean)**2
        count += frequency
    return math.sqrt(total/(count-1))
```

표준 편차를 계산할 수 있으려면 평균이 먼저 계산돼 있고 self.mean 인스턴스 변수가 생성돼 있어야 한다는 것에 주의하자.

math.sqrt() 함수를 사용하고 있으므로 import math문도 필요하다.

다음과 같이 표본 데이터를 생성할 수 있다.

```
>>> from ch04_r06 import *
>>> from collections import Counter
>>> def raw_data(n=8, limit=1000, arrival_function=arrival1):
...     expected_time = float(expected(n))
...     data = samples(limit, arrival_function(n))
...     wait_times = Counter(coupon_collector(n, data))
...     return wait_times
```

cho4_r06 모듈에서 expected(), arrival1(), coupon_collector() 등의 함수를 임포트했고, 표준 라이브러리인 collections 모듈에서 Counter 컬렉션을 임포트했다.

raw_data() 함수는 고객 방문들을 생성한다. 기본값은 1000번이다. 고객은 여덟 개 그룹으로 분류되며 각 그룹별로 고객 수는 같다. coupon_collector() 함수를 사용해 표본 데이터를 순회하면서 8종 쿠폰을 모두 수집하는 데 필요한 방문 횟수를 반환한다.

이렇게 얻어진 값들로 Counter 객체를 조립한다. 이 객체는 쿠폰 전부를 수집하는 데 필요한 고객 방문 횟수와 그 횟수만큼의 경우가 발생한 빈도수를 포함한다.

이 Counter 객체를 다음과 같이 분석할 수 있다.

```
>>> import random
>>> from ch06_r02 import CounterStatistics
>>> random.seed(1)
>>> data = raw_data()
>>> stats = CounterStatistics(data)
>>> print("Mean: {0:.2f}".format(stats.mean))
Mean: 20.81
>>> print("Standard Deviation: {0:.3f}".format(stats.stddev))
Standard Deviation: 7.025
```

우선 random 모듈을 임포트했다. 시드 값은 항상 1을 사용하는데, 항상 똑같은 난수들이 생성되므로 테스트 및 시연에 편리하기 때문이다. ch06_r02 모듈로부터 CounterStatistics 클래스도 임포트했다.

임포트 이후에는 시드 값을 설정하고 쿠폰 수집가 테스트 결과를 생성한다. raw_data() 함수가 반환한 Counter 객체는 data 변수에 대입된다.

이 Counter 객체를 사용해 CounterStatistics 클래스의 인스턴스를 생성한 후 stats 변수에 저장했다. 인스턴스가 생성되면서 평균과 표준 편차가 즉시 계산돼 stats.mean과 stats.stddev 속성에 저장된다.

쿠폰이 8종일 때 모든 쿠폰이 수집되기 위해서는 이론상 평균 21.7회의 방문이 필요하다. raw_data() 함수가 반환한 결과인 20.81은 21.7과 오차 범위 내에서 일치하므로 고객 방문이 무작위로 일어난다는 가정을 뒷받침하고 있다. 이를 가리켜 귀무가설null hypothesis이라 부르기도 한다. 즉 데이터는 무작위다.

예제 분석

이 클래스는 두 개의 계산 알고리즘을 포함하고 있지만, 상태를 변경하는 데이터는 포함하고 있지 않다. 이러한 종류의 클래스는 많은 양의 데이터를 갖고 있을 필요가 없다. 가급적 빨리 계산을 수행하는 데 중점을 두고 설계된다.

연산 처리를 위한 상위 수준의 명세를 __init__() 메소드 내에 작성하고, 이 명세에 서술된 처리 단계들을 구현하는 메소드들을 작성했다. 설정할 수 있는 속성의 수에 제한이 없으므로 매우 유연한 처리가 가능하다.

이러한 설계의 장점은 속성 값을 반복해서 사용할 수 있다는 것이다. 계산은 단 한 번만 수행된다. 속성 값이 사용될 때마다 다시 계산될 필요가 없다.

반면, Counter 객체에 어떤 변경이 일어나면 CounterStatistics 객체가 쓸모없어진다는 단점이 있다. 따라서 Counter 객체가 앞으로 변경되지 않을 때 이러한 클래스를 사용하는 것이 좋다. 이번 예제의 경우, CounterStatistics 생성에 사용되는 Counter 객체는 정적 객체다.

부연 설명

상태 저장stateful 객체를 구현하고 싶다면 객체의 상태를 변경할 수 있는 메소드를 추가해야 한다. 예를 들어, 다른 Counter 객체에 작업을 위임함으로써 또 다른 값을 추가하는 메소드를 도입할 수 있을 것이다. 이것은 계산 작업과 데이터 컬렉션 간의 단순 연결에서 데이터 컬렉션을 감싸는 래퍼로 디자인 패턴을 변화시킨다.

이 메소드의 코드는 다음과 같을 것이다.

```
def add(self, value):
    self.raw_counter[value] += 1
    self.mean = self.compute_mean()
    self.stddev = self.compute_stddev()
```

Counter 객체의 상태를 갱신한 후 평균과 표준 편차를 재계산한다. 하지만 이 방식은 잦은 계산 때문에 오버헤드가 너무 크다. 따라서 값이 바뀔 때마다 평균 및 표준 편차를 재계산해야 하는 불가피한 이유가 있을 때만 정당화될 수 있다.

이보다 훨씬 효율적인 해결 방법들이 있다. 예를 들어, 총합과 횟수의 중간 계산 결과를 저장한다면 평균과 표준 편차를 효율적으로 계산할 수 있다.

이 방식을 구현하려면 __init__() 메소드를 다음과 같이 작성한다.

```
def __init__(self, counter:Counter=None):
    if counter:
        self.raw_counter = counter
        self.count = sum(self.raw_counter[k] for k in self.raw_counter)
        self.sum = sum(self.raw_counter[k]*k for k in self.raw_counter)
        self.sum2 = sum(self.raw_counter[k]*k**2 for k in self.raw_counter)
        self.mean = self.sum/self.count
        self.stddev = math.sqrt((self.sum2-self.sum**2/self.count)/(self.
count-1))
    else:
        self.raw_counter = Counter()
        self.count = 0
        self.sum = 0
        self.sum2 = 0
        self.mean = None
        self.stddev = None
```

이 메소드는 Counter 객체가 제공되든 그렇지 않든 동작한다. Counter 객체가 제공되지 않는 경우, Counter 객체가 새로 생성되고 count, sum, sum2 속성은 모두 0으로 설정된다. count가 0이면 평균과 표준 편차는 의미가 없으므로 mean과 stddev 속성은 None으로 설정된다.

Counter 객체가 제공되는 경우는 count, sum, sum2 속성 값이 계산된다. 평균과 표준 편차가 신속히 재계산되므로 점진적인 값 변경이 이뤄진다.

한 개의 값이 새로 추가될 때마다 다음 메소드는 평균과 표준 편차를 점진적으로 재계산한다.

```
def add(self, value):
    self.raw_counter[value] += 1
    self.count += 1
    self.sum += value
    self.sum2 += value**2
    self.mean = self.sum/self.count
```

```
    if self.count > 1:
        self.stddev = math.sqrt(
            (self.sum2-self.sum**2/self.count)/(self.count-1))
```

Counter 객체, count, sum, sum2 값의 갱신은 self.raw_counter 컬렉션 값들과의 일치를 위해 반드시 필요하다. mean은 sum을 count로 나누면 되고, stddev는 sum과 sum2를 이용해 계산된다.

여기서 사용된 표준 편차 공식은 다음과 같다.

$$\sigma = \sqrt{\frac{\sum_{k \in C} f_k \times k^2 - \frac{\left(\sum_{k \in C} f_k \times k\right)^2}{C}}{C-1}}$$

이 식에서는 두 개의 총합이 사용되고 있다. 하나는 빈도수 곱하기 제곱 값의 총합이고, 다른 하나는 빈도수 곱하기 값의 총합을 구한 후 이를 제곱한다. C는 값의 총개수로서 빈도수의 총합과 같다.

참고 사항

- '컬렉션 확장하기: 통계 값을 계산하는 리스트' 레시피에서는 이번 예제의 함수들을 사용해 클래스 정의를 확장하는 다른 설계 방식을 설명한다.
- '프로퍼티로 지연 계산을 구현하는 방법' 레시피에서는 프로퍼티를 사용해 속성이 필요할 때 비로소 계산을 수행하는 방법을 설명한다.
- '연산 처리를 거의 수행하지 않는 클래스를 설계하는 방법' 레시피에서는 이번 레시피와는 반대로 실질적인 연산 처리를 하지 않는 클래스에 대해 살펴본다.

연산 처리를 거의 수행하지 않는 클래스를 설계하는 방법

데이터를 포함하는 컨테이너 역할을 할 뿐 그 데이터에 대한 연산 처리는 거의 수행하지 않는 객체들이 있다. 실제로, 파이썬의 내장 기능만 사용하고 자체적으로 메소드를 정의하지 않는 클래스를 자주 볼 수 있다.

파이썬의 내장 컨테이너 클래스들은 우리가 필요로 하는 대부분의 용도를 만족시키기에 충분하다. 다만, 딕셔너리나 리스트 표현이 객체의 속성 표현만큼 우아하지는 않다.

`object['attribute']`라는 표현 대신에 `object.attribute`를 사용 가능한 클래스를 어떻게 설계할 수 있을까?

준비

어떤 종류의 클래스든 단 두 가지 경우로 나눌 수 있다.

- 상태를 저장하지 않는 클래스인가? 속성들을 포함하지만 그 값이 변경될 수 없는가?
- 상태를 저장하는 클래스인가? 속성들을 포함하며 그 값이 변경될 수 있는가?

이 중에서 상태 저장 설계가 좀 더 일반적이다. 일단 상태 정보를 저장하도록 구현해 놓고 실제로는 아무 변경도 수행하지 않으면 상태 비저장 객체를 간단히 지원할 수 있기 때문이다. 하지만 처음부터 상태 비저장 방식으로 설계하면 메모리를 아끼고 속도도 높일 수 있다.

이번 예제는 두 가지 경우를 모두 설명하기 위해 두 개의 클래스를 사용할 것이다.

- 상태 비저장: 플레잉 카드(트럼프 카드)를 나타내는 클래스를 정의한다. 카드의 숫자[rank]와 무늬[suit]는 바뀌지 않기 때문에 상태 비저장 클래스로 나타내기에 적합하다.

- 상태 저장: 블랙잭 도중에 플레이어의 현재 상태를 나타내는 클래스를 정의한다. 딜러의 패, 플레이어의 패, 보험 베팅insurance bet 등의 속성은 게임 도중에 달라지기 때문이다.

예제 구현

먼저 상태 비저장 객체를 알아보고, 그다음에 상태 저장 객체를 살펴보자. 메소드를 갖지 않는 상태 저장 객체일 경우 다시 두 가지 설계 방법이 있다. 하나는 새로운 클래스를 사용하는 것이고, 다른 하나는 기존 클래스를 활용하는 것이다. 따라서 총 세 가지 경우로 나눠서 설명할 것이다.

상태 비저장 객체

1. collections.namedtuple을 상태 비저장 객체의 기본으로 삼는다.

   ```
   collections import namedtuple
   ```

2. 클래스 이름을 정의한다. 이 이름은 두 번 사용된다.

   ```
   Card = namedtuple('Card',
   ```

3. 객체의 속성을 정의한다.

   ```
   Card = namedtuple('Card', ('rank', 'suit'))
   ```

이 클래스 정의를 사용해 Card 객체를 생성한다.

```
>>> from collections import namedtuple
>>> Card = namedtuple('Card', ('rank', 'suit'))
>>> eight_hearts = Card(rank=8, suit='\N{White Heart Suit}')
>>> eight_hearts
Card(rank=8, suit='♡')
>>> eight_hearts.rank
8
>>> eight_hearts.suit
```

```
'♡'
>>> eight_hearts[0]
8
```

새로 정의한 Card 클래스는 두 개의 속성 rank와 suit를 포함한다. 클래스가 정의됐으므로 이 클래스의 인스턴스를 생성할 수 있다. eight_hearts 객체는 숫자가 8이고 무늬는 하트인 Card 객체다.

이 객체의 속성은 이름 혹은 위치를 사용해 참조할 수 있다. 예를 들어 eight_hearts.rank와 eight_hearts[0]은 둘 다 카드 숫자를 가리킨다. rank와 suit 중에서 rank가 먼저 정의됐으므로 eight_hearts[0]은 rank 속성을 의미한다.

하지만 이런 식으로 클래스를 정의하는 경우는 많지 않다. 속성들이 고정돼 있기 때문이다. 일반적인 파이썬 클래스 정의는 동적 속성을 포함한다. 또한 이 객체는 변경 불가능 객체다. 따라서 이 객체의 속성을 변경하려고 시도하면 다음과 같은 메시지를 볼 수 있다.

```
>>> eight_hearts.suit = '\N{Black Spade Suit}'
Traceback (most recent call last):
  File
"/Library/Frameworks/Python.framework/Versions/3.4/lib/python3.4/doctest.py
", line 1318, in __run
    compileflags, 1), test.globs)
  File "<doctest default[0]>", line 1, in <module>
    eight_hearts.suit = '\N{Black Spade Suit}'
AttributeError: can't set attribute
```

suit 속성을 변경하려고 시도했더니 AttributeError 예외가 발생했다.

상태 저장 객체(새로운 클래스)

1. 새로 클래스를 정의한다.

   ```
   class Player:
       pass
   ```

2. 이 클래스 정의는 비어있으므로 다음과 같이 간단히 인스턴스를 생성할 수 있다.

   ```
   p = Player()
   ```

인스턴스를 생성한 후에 다음과 같이 객체에 속성을 추가할 수 있다.

```
p.stake = 100
```

이렇게 속성을 나중에 개별적으로 추가해도 되지만 그보다는 클래스 정의에 필요한 기능들을 추가하는 편이 더 낫다. 일반적으로 `__init__()` 메소드에서 인스턴스 변수들을 초기화한다.

상태 저장 객체(기존 클래스 사용)

비어있는 클래스를 생성하는 것이 아니라 표준 라이브러리의 모듈을 사용한다. argparse 모듈이나 types 모듈 등을 사용할 수 있다.

1. 필요한 모듈을 임포트한다.
   예를 들어 argparse 모듈의 Namespace 클래스를 사용할 수 있다.

   ```
   from argparse import Namespace
   ```

   또는 types 모듈의 SimpleNamespace를 사용할 수도 있다. 다음과 같이 임포트한다.

   ```
   from types import SimpleNamespace
   ```

2. SimpleNamespace 또는 Namespace에 대한 참조로서 클래스를 생성한다.

   ```
   Player = SimpleNamespace
   ```

예제 분석

어떤 방법을 사용해서 정의하든 클래스의 속성 개수에는 제한이 없다. 하지만 SimpleNamespace를 사용하면 더 많은 유연성을 누릴 수 있다.

```
>>> from types import SimpleNamespace
>>> Player = SimpleNamespace
>>> player_1 = Player(stake=100, hand=[], insurance=None, bet=None)
>>> player_1.bet = 10
>>> player_1.stake -= player_1.bet
>>> player_1.hand.append( eight_hearts )
>>> player_1
namespace(bet=10, hand=[Card(rank=8, suit='♡')], insurance=None, stake=90)
```

이름이 Player인 클래스를 생성했다. 이때 속성 값을 전혀 제공하지 않았다. 동적 속성들이기 때문이다.

player_1 객체를 생성할 때 이 객체의 일부로서 생성돼야 할 속성 값들을 제공했다. 객체 생성이 끝난 뒤에 다시 이 속성들을 얼마든지 변경할 수 있다. player_1.bet, player_1.stake, player_1.hand의 값을 변경하는 것을 볼 수 있다.

player_1 객체를 출력하니 모든 속성들의 값이 화면에 표시됐다. 속성들은 알파벳 순서로 표시되기 때문에 단위 테스트 예제 코드를 작성하기 쉽다.

namedtuple() 함수를 사용하는 것은 곧 클래스 객체를 생성하는 것과 같다. 클래스 이름을 문자열로서 제공하고, 튜플 내에서의 위치 순서로 속성 이름들도 제공해야 한다. 이렇게 생성된 객체는 변수에 대입돼야 한다. 이 변수의 이름은 nametuple() 함수에 제공된 클래스 이름과 일치시키는 것이 바람직하다.

namedtuple()에 의해 생성된 클래스 객체는 class문에 의해 생성되는 클래스 객체와 다를 것이 없다. 실제로, print(Card._source)를 실행하면 클래스 생성에 사용된 것이 무엇인지 확인할 수 있다.

namedtuple 클래스는 본질적으로 튜플이며, 속성에 이름이 부여되는 특징이 추가된 것이다. 본질적으로 튜플이기 때문에 변경 불가능 객체다. 따라서 생성된 후에 그 내용을 변경할 수 없다.

SimpleNamespace 클래스를 사용하는 것은 곧 메소드를 (거의) 갖지 않는 아주 간단한 클래스를 사용하는 것과 같다. 속성들이 동적이기 때문에 자유롭게 속성 값을 읽고 쓰고 지울 수 있다.

tuple의 서브클래스가 아니거나 __slots__를 사용하는 클래스는 유연성이 매우 높다 (__slots__에 대해서는 '__slots__로 객체를 최적화하는 방법' 레시피를 참조한다). 속성의 동작 방식을 변경할 수 있는 고급 기법들을 사용할 수 있는데, 이를 위해서는 파이썬의 특수 메소드들을 깊이 있게 알아야 한다.

부연 설명

이 책에서 클래스 정의와 관련해 사용되는 데이터와 연산 처리의 개념은 다음과 같다.

- 데이터 – 컬렉션과 항목: 파이썬 내장 컬렉션 클래스, 표준 라이브러리의 컬렉션, namedtuple()이나 SimpleNamespace 등의 데이터 컬렉션과 관련된 클래스 정의에 기반한 항목들과 관련된다.
- 연산 처리: '연산 처리 위주의 클래스를 설계하는 방법' 레시피와 비슷한 방식으로 클래스를 정의할 수 있다. 이러한 클래스는 일반적으로 데이터 객체에 의존한다.

데이터와 데이터 연산 처리를 분리하는 것은 S.O.L.I.D. 설계 원칙과도 부합한다. 특히 단일 책임 원칙, 개방/폐쇄 원칙, 인터페이스 분리 원칙과 관련이 깊다. (하위 클래스 확장을 통해) 비교적 간단하게 변경될 수 있는 클래스를 정의할 수 있기 때문이다.

참고 사항

- '연산 처리 위주의 클래스를 설계하는 방법' 레시피에서는 전적으로 연산 처리만 하고 데이터를 거의 포함하지 않는 클래스를 설명한다. 이번 예제의 클래스와 정반대로 동작한다.

__slots__로 객체를 최적화하는 방법

일반적으로 객체에 포함되는 속성의 개수는 동적으로 변경될 수 있으며, 각 속성의 값도 역시 동적으로 바뀔 수 있다. 반면에 `tuple` 클래스를 기반으로 하는 객체는 변경 불가능하다. 앞서 '연산 처리를 거의 수행하지 않는 클래스를 설계하는 방법' 레시피에서 이 두 가지 경우를 모두 살펴본 바 있다.

이 두 가지 경우의 중간 지대가 있다. 즉, 속성의 개수는 정해져 있지만 속성의 값은 변경할 수 있는 객체다. 속성의 개수가 고정되기 때문에 메모리와 처리 시간에서도 이득이 있다.

속성의 개수를 고정시켜서 클래스를 최적화하려면 어떻게 해야 할까?

준비

카지노 게임인 블랙잭에서 패hand의 개념을 살펴보자. 패는 두 개의 부분으로 이뤄진다.

- 카드들
- 베팅 금액

둘 다 값이 달라질 수 있다. 하지만 이외에 다른 속성은 없다. 게임 중에는 딜러로부터 카드를 추가로 받는 것이 일반적이다. 또 더블 다운double down 플레이로 베팅 금액을 올릴 수 있다.

스플릿split을 통해 패가 둘로 나눠지기도 한다. 하지만 새로 만들어진 패는 자체적으로 카드와 베팅 금액 속성을 갖는 별개의 객체로 봐야 한다.

예제 구현

클래스 생성 시에 `__slots__`라는 특수한 이름을 사용할 것이다.

1. 서술적인 이름을 갖는 클래스를 정의한다.

```
class Hand:
```

2. 속성들을 정의한다.

```
__slots__ = ('hand', 'bet')
```

이 클래스의 인스턴스는 오직 이 두 개의 속성만을 가질 수 있다. 나중에 다른 속성을 추가하려고 시도하면 `AttributeError` 예외가 발생할 것이다.

3. 초기화 메소드를 추가한다.

```
def __init__(self, bet, hand=None):
    self.hand= hand or []
    self.bet= bet
```

일반적으로, 베팅 금액을 걸면서 게임이 시작된다. 그다음에 딜러는 우선 카드 두 장을 나눠준다. 그러나 어떤 경우에는 `Card` 인스턴스들의 시퀀스를 인수로서 제공받아 `Hand` 객체를 생성하고 싶을 때가 있다. 이를 위해 `or` 연산자가 사용되고 있다. `or` 연산자의 왼쪽 피연산자(`hand`)가 `None`이 아니면 그 값이 `self.hand`에 대입되고, `None`이면 오른쪽 피연산자(`[]`)가 `self.hand`의 값이 된다. 선택적 매개변수와 관련된 자세한 설명은 3장의 '선택적 매개변수를 갖는 함수를 설계하는 방법' 레시피를 참조한다.

4. 카드들을 갱신하는 메소드를 추가한다. 딜러가 새 카드를 나눠줄 때 이런 변경이 일어나므로 이 메소드의 이름은 `deal`이다.

```
def deal(self, card):
    self.hand.append(card)
```

5. 화면 출력을 다듬기 위한 __repr__() 메소드를 추가한다.

```
def __repr__(self):
    return "{class_}({bet}, {hand})".format(
        class_= self.__class__.__name__,
        **vars(self)
    )
```

이 클래스를 사용해 다음과 같이 카드 패를 생성할 수 있다. Card 클래스는 '연산 처리를 거의 수행하지 않는 클래스를 설계하는 방법' 레시피에서와 같다.

```
>>> from ch06_r04 import Card, Hand
>>> h1 = Hand(2)
>>> h1.deal(Card(rank=4, suit='♣'))
>>> h1.deal(Card(rank=8, suit='♡'))
>>> h1
Hand(2, [Card(rank=4, suit='♣'), Card(rank=8, suit='♡')])
```

Card와 Hand 클래스 정의를 임포트한 후, Hand의 인스턴스 h1을 생성하면서 테이블 최소 금액의 두 배로 베팅했다. 그다음 Hand 클래스의 deal() 메소드로 두 장의 카드를 패에 추가했다. h1.hand의 값이 변경 가능하다는 점을 알 수 있다.

h1 인스턴스를 출력하니 패에 속한 카드 및 베팅 금액이 표시되고 있다. __repr__() 메소드가 화면 출력을 파이썬 구문 포맷으로 생성했다.

플레이어가 더블 다운을 하면 h1.bet의 값이 바뀔 수도 있다(물론, 실제 게임이라면 이 상황에서 더블 다운은 미친 짓이다).

```
>>> h1.bet *= 2
>>> h1
Hand(4, [Card(rank=4, suit='♣'), Card(rank=8, suit='♡')])
```

bet 속성의 값이 바뀐 것을 볼 수 있다.

새로운 속성을 만들려고 시도하면 다음과 같이 오류 메시지가 나타난다.

```
>>> h1.some_other_attribute = True
Traceback (most recent call last):
  File
"/Library/Frameworks/Python.framework/Versions/3.4/lib/python3.4/doctest.py
", line 1318, in __run
    compileflags, 1), test.globs)
  File "<doctest default[0]>", line 1, in <module>
    h1.some_other_attribute = True
AttributeError: 'Hand' object has no attribute 'some_other_attribute'
```

Hand 객체 h1에 some_other_attribute라는 속성을 생성하려고 시도했더니, AttributeError 예외가 발생했다. __slots__를 사용했으므로 새로운 속성을 객체에 추가할 수 없기 때문이다.

예제 분석

어떤 클래스를 정의할 때, 객체의 행위behavior는 부분적으로 객체 클래스 및 type() 함수에 의해 정의된다. 암묵적으로 __new__() 특수 메소드가 클래스에 할당되는데, 이 메소드는 새로 객체를 생성할 때 요구되는 각종 내부적인 처리들을 수행한다.

세 개의 핵심적인 행위는 다음과 같다.

- 기본 행위는 각 객체마다 __dict__ 속성을 생성한다. 객체의 속성들이 딕셔너리에 저장되므로 속성의 추가, 변경, 삭제가 자유롭다. 이러한 유연성은 비교적 많은 메모리를 필요로 한다.
- __slots__ 행위는 __dict__를 사용하지 않는다. 객체는 __slots__에 포함된 속성만을 가질 수 있으며, 자유롭게 속성을 추가, 삭제할 수 없다. 다만 이 속성들의 값을 변경할 수는 있다. 따라서 메모리 사용량이 적다.
- tuple의 서브클래스 행위. 이 객체들은 변경 불가능하다. 이런 객체를 생성하는 가장 쉬운 방법은 namedtuple()을 사용하는 것이다. 일단 생성되고 나면 그 값을 변경할 수 없다. 메모리 사용 관점에서는 가장 적은 메모리를 사용한다.

`__slots__`는 파이썬에서 그리 자주 사용되지는 않는다. 기본 행위가 가장 유연성이 좋고 클래스 변경도 용이하기 때문이다. 그러나 가용 메모리가 제한적인 상황이라면 단 한 개의 클래스만 `__slots__`를 사용하도록 바꿔줘도 성능이 크게 향상되는 것을 느낄 수 있다.

부연 설명

`__new__()` 메소드가 `__dict__`가 아닌 다른 종류의 딕셔너리를 사용하도록 코드를 작성할 수도 있다. 다만 이런 기법을 사용하려면 클래스와 객체의 내부 동작을 자세히 알아야 한다.

파이썬은 클래스의 인스턴스를 생성할 때 메타클래스를 이용하다. 기본 메타클래스는 `type` 클래스다. 메타클래스는 객체 생성에 사용되는 몇 가지 기능을 제공한다. 일단 객체가 생성되고 나면, 그다음에는 `__init__()` 메소드가 객체를 초기화한다.

일반적으로 메타클래스는 `__new__()` 메소드 정의를 제공하며, 네임스페이스 객체를 수정해야 할 때는 `__prepare__()` 메소드 정의도 제공한다. 클래스 생성에 사용되는 네임스페이스를 수정하는 예제 코드가 파이썬 언어 레퍼런스Python Language Reference 문서에 포함돼 있다.

자세한 설명은 https://docs.python.org/3/reference/datamodel.html#metaclass-example을 참조하자.

참고 사항

- 변경 불가능 객체와 완전히 유연한 객체에 대한 자세한 설명은 '연산 처리를 거의 수행하지 않는 클래스를 설계하는 방법' 레시피를 참조한다.

좀 더 정교한 컬렉션 자료 구조들

파이썬은 다양한 내장 컬렉션 자료 구조들을 제공한다. 이에 대해 4장에서 자세히 살펴본 바 있으며, 특히 '최적의 자료 구조를 선택하는 방법' 레시피에서 상황에 맞는 자료 구조를 찾기 위한 의사 결정 트리를 설명하기도 했다.

표준 라이브러리까지 포함시키면 선택지는 더욱 많아지며, 의사 결정할 것도 많아진다. 어떻게 문제 해결에 가장 적합한 자료 구조를 선택할 수 있을까?

준비

데이터를 저장할 컬렉션 자료 구조를 결정하려면 먼저 데이터가 어떻게 수집되고 어떤 용도로 컬렉션이 사용될지 파악해야 한다. 언제나 가장 중요한 판단 요소는 컬렉션 내의 항목을 어떻게 식별하느냐다. 이번 레시피에서는 문제 해결에 최적인 컬렉션을 선택할 때 답을 얻어야 하는 핵심 질문들을 살펴볼 것이다.

지금부터 세 개의 모듈별로 나눠서 컬렉션 자료 구조들을 알아보자.

`collections` 모듈에는 파이썬 내장 컬렉션의 수많은 변형들이 들어있다.

- `deque`: 양방향 큐. 양끝에서 푸시push와 팝pop이 가능하도록 최적화된 변경 가능 시퀀스다. 클래스 이름이 소문자로 시작한다는 점에 주의하자. 파이썬의 일반적인 관습과 다르다.
- `defaultdict`: 값이 누락된 키에 기본값을 제공하는 매핑. 클래스 이름이 소문자로 시작한다는 점에 주의하자. 파이썬의 일반적인 관습과 다르다.
- `Counter`: 키의 빈도수를 세는 매핑. 멀티세트multiset 또는 백bag이라고도 한다.
- `OrderedDict`: 키의 생성 순서를 유지하는 매핑
- `ChainMap`: 여러 개의 딕셔너리들을 하나로 결합하는 매핑

heapq 모듈은 우선순위 큐의 구현을 포함한다. 이는 항목들을 정렬 순서대로 유지하는 특수한 시퀀스다.

bisect 모듈은 정렬 리스트를 검색하는 메소드들을 포함한다. 딕셔너리 및 리스트와 일부 겹치는 기능들이 있다.

예제 구현

내장 컬렉션 자료 구조 대신에 표준 라이브러리의 컬렉션 자료 구조가 필요할지 결정하려면 다음의 질문들에 답할 수 있어야 한다.

1. 생산자producer와 소비자consumer 사이의 버퍼 역할을 하는 자료 구조인가? 알고리즘의 어떤 부분에서는 데이터 항목을 생산하고 다른 부분에서는 그 데이터 항목을 소비하는가?
   가장 단순한 구현은 생산자가 항목들을 리스트에 전부 저장하고, 소비자는 리스트에 들어있는 항목들을 처리하는 것이다. 하지만 이 방식은 대규모의 중간 자료 구조를 만들어낸다. 다음의 자료 구조들은 데이터의 생산과 소비를 번갈아 수행함으로써 메모리 사용량을 줄일 수 있다.
   - 큐는 선입선출FIFO 방식이다. 한쪽 끝에 데이터 항목이 삽입되고 다른 쪽 끝에서 소비된다. `lists.append( )`와 `list.pop(0)`을 사용해서 큐를 시뮬레이션할 수 있지만 `collections.deque` 자료 구조를 사용하는 편이 더 낫다. `deque.append( )`와 `deque.popleft( )`를 사용할 수 있다.
   - 스택은 후입선출LIFO 방식이다. 한쪽 끝에서만 데이터 항목이 삽입되고 소비된다. `lists.append( )`와 `list.pop( )`을 사용해 스택을 시뮬레이션할 수 있지만 `collections.deque`가 더 효율적이다. `deque.append( )`와 `deque.pop( )`을 사용할 수 있다.
   - 우선순위 큐(힙 큐)는 큐에 삽입된 순서와는 다른 순서로 항목들이 정렬된 상태로 큐를 유지하며, 그래프 검색 알고리즘 등의 최적화 알고리즘에서 주로 사용된다. `list.append( )`, `list.sort(key=lambda x:x.priority)`, `list.pop(-1)`

로 시뮬레이션할 수 있지만 데이터 삽입 시마다 정렬이 수행되기 때문에 대단히 비효율적이다. heapq 모듈을 사용하는 것이 훨씬 낫다.

2. 딕셔너리의 누락 키를 어떻게 처리할 것인가?
   - 예외를 발생시킨다. 파이썬 기본 딕셔너리인 dict가 사용하는 방식이다.
   - 항목의 기본값을 생성한다. defaultdict 클래스가 사용하는 방법이며, 기본값을 반환하는 함수를 반드시 인수로서 제공해야 한다. 일반적으로는 defaultdict(int)와 defaultdict(float)를 통해 기본값 0이 사용될 때가 많다. defauldict(list)와 defauldict(set)로 리스트의 딕셔너리 또는 세트의 딕셔너리를 생성할 수도 있다.
   - 상수 값을 기본값으로서 제공하는 경우도 있다.

```
lookup = defaultdict(lambda:"N/A")
```

이 람다 객체는 언제나 문자열 N/A를 반환하는 이름 없는 함수를 정의했다. 값이 누락된 키에 대해 N/A가 기본값으로 생성된다.

defaultdict(int)는 항목을 세는 데 사용되며 Counter 클래스도 같은 용도로 쓰인다.

3. 딕셔너리 내의 키의 순서를 어떻게 다룰 것인가?
   - 순서가 중요하지 않다면, 즉 키를 사용해 데이터 항목에 접근한다면 기본 딕셔너리인 dict를 사용한다. 해시 무작위화에 의존하기 때문에 키의 순서를 예측할 수 없다.
   - 키가 삽입된 순서를 유지할 뿐 아니라 키를 사용한 접근도 필요하다면 OrderedDict 클래스가 적합하다. dict 클래스와 동일한 방법으로 사용할 수 있으면서 키의 삽입 순서가 그대로 유지된다.
   - 키를 적절한 순서로 정렬하고 싶을 경우 정렬 리스트를 사용할 수 있지만, 키 검색 시간이 매우 느리다는 단점이 있다. bisect 모듈을 사용하면 정렬 리스트 내의 항목에 빠르게 접근할 수 있으며, 3단계로 구현할 수 있다.
     1. append( ) 또는 extend( )를 사용해 리스트를 생성한다.
     2. 리스트를 정렬한다. list.sort( )를 사용할 수 있다.

    3. bisect 모듈을 사용해 정렬 리스트에서 검색을 수행한다.

4. 딕셔너리를 어떻게 구축할 것인가?
   - 단순 방식으로 항목을 생성한다면 기본 딕셔너리인 dict로 충분하다.
   - 병합돼야 할 다수의 딕셔너리가 주어질 경우가 있다. 예를 들어 여러 개의 설정 파일을 읽어올 때가 있는데, 개별 설정, 시스템 범위 설정, 애플리케이션 기본 설정을 모두 가져와서 합쳐야 한다.

```
import json
user = json.load('~/app.json')
system = json.load('/etc/app.json')
application = json.load('/opt/app/default.json')
```

5. 어떻게 합칠 것인가?

```
from collection import ChainMap
config = ChainMap(user, system, application)
```

config 객체는 딕셔너리들을 순차적으로 검색한다. 키가 주어졌을 때 user, system, application 딕셔너리의 순서로 검색을 수행한다.

예제 분석

데이터 처리에는 두 개의 자원 제약이 존재한다.

- 저장 공간
- 시간

모든 프로그래밍은 이 제약 조건들을 고려해야 한다. 대부분의 경우 이 두 개는 서로 반대로 영향을 미친다. 저장 공간을 줄이기 위한 작업은 처리 시간을 늘리고, 반대로 처리 시간을 줄이기 위한 작업은 저장 공간을 늘리는 경향이 있다.

시간 제약은 시간 복잡도를 통해 나타낼 수 있다. 알고리즘의 시간 복잡도에 대해서는 상당히 자세한 분석이 이뤄져왔다.

- O(1) 복잡도의 연산은 상수 시간 내에 수행된다. 데이터가 아무리 많아도 실행 시간이 변하지 않는다. 사소한 예외를 제외하고 장기적인 평균 수행 시간이 언제나 O(1)인 연산의 예로는 리스트의 append 연산이 있다. append 연산은 실행 시간이 언제나 비슷하다. 다만 시스템 내부적인 메모리 관리 작업으로 인한 시간 증가는 있을 수 있다.
- O(n) 복잡도 연산은 선형 시간 내에 수행된다. 데이터의 크기가 증가하면 이에 비례해서 실행 시간도 증가한다. 리스트에서 특정 항목을 찾는 연산이 이에 해당된다. 반면에 딕셔너리에서 특정 항목을 찾는 연산은 딕셔너리의 크기에 관계없이 언제나 O(1)에 가까운 낮은 시간 복잡도를 보인다.
- O(*n*log*n*) 복잡도 연산은 데이터 크기보다 더 높은 비율로 실행 시간이 증가한다. bisect 모듈의 검색 알고리즘이 이에 해당된다.
- 더 나쁜 경우도 있다. 일부 알고리즘은 $O(n^2)$ 심지어 $O(n!)$의 시간 복잡도를 가진다. 영리한 설계와 자료 구조 선택을 통해 이러한 비효율적 알고리즘을 피하도록 노력해야 한다.

이처럼 자료 구조들은 저마다 실행 시간과 저장 공간 간에 뚜렷한 장단점을 보여준다.

부연 설명

다소 극단적인 예제로서 웹 로그 파일에서 특정 이벤트들의 시퀀스를 검색하는 경우를 생각해보자. 다음과 같이 두 가지 전략을 생각할 수 있다.

- file.read().splitlines()를 사용해 이벤트 전부를 리스트에 저장한 후, for문으로 리스트를 순회하면서 해당 이벤트 시퀀스를 찾는다. 최초에 읽어올 때는 시간이 오래 걸리겠지만, 로그가 전부 메모리에 올라왔으므로 검색 속도는 매우 빠르다.
- 로그 파일에서 이벤트를 하나씩 읽어온다. 그리고 검색 중인 패턴에 속하는 이벤트만 저장한다. 예를 들면 IP 주소를 키로, 이벤트 리스트를 값으로 갖는

defaultdict 객체를 사용할 수 있다. 로그를 읽는 데 걸리는 시간은 길지만, 메모리 사용량은 훨씬 적다.

모든 데이터를 메모리로 읽어오는 첫 번째 알고리즘은 현실적이지 못하다. 대형 웹 서버의 로그 파일은 수백 기가바이트, 심지어 테라바이트 수준에 이르기도 한다. 컴퓨터 메모리에 이처럼 큰 파일을 한꺼번에 올릴 수는 없다.

두 번째 알고리즘은 여러 가지 방식으로 구현할 수 있다.

- 싱글 프로세스: 이 책의 레시피 대부분은 싱글(단일) 프로세스로 실행되는 애플리케이션을 작성하는 것으로 가정한다.
- 멀티 프로세스: multiprocessing 또는 concurrency 패키지를 사용해 검색 대상 행들을 멀티 프로세스 애플리케이션으로 처리할 수 있다. 데이터의 하위 집합들을 동시에 처리하도록 프로세스들을 생성한 후, 반환되는 처리 결과들을 다시 결합하는 방식을 따른다. 최근의 높은 사양을 갖춘 컴퓨터의 자원을 효과적으로 활용할 수 있다.
- 멀티 호스트: 심지어 서버를 두 대 이상 사용해 각 서버들이 데이터의 하위 집합들을 동시에 처리할 수 있다. 처리 결과 간의 모순이 발생하지 않도록 호스트들 간에 정밀한 협업이 요구된다. 하둡Hadoop 등의 프레임워크에서 사용된다.

대용량 검색은 맵map과 리듀스reduce로 나눠서 생각할 수 있다. 맵 단계에서는 컬렉션 내의 항목들에 연산 처리 혹은 필터링을 적용하고, 리듀스 단계에서는 맵 단계의 결과들을 요약 또는 집계aggregate 객체로 합치는 것이다. 이러한 맵리듀스MapReduce 연산은 다시 이전 단계의 맵리듀스 연산의 결과물에 적용되는 복잡한 계층 구조를 이루는 것이 일반적이다.

참고 사항

- 자료 구조 선택과 관련된 의사 결정에 대해서는 4장의 '최적의 자료 구조를 선택하는 방법' 레시피를 참조한다.

컬렉션 확장하기: 통계 값을 계산하는 리스트

앞서 '연산 처리 위주의 클래스를 설계하는 방법' 레시피에서는 알고리즘과 데이터 컬렉션을 구분해서 처리하는 방법을 배웠고, 알고리즘과 데이터를 별도의 클래스로 캡슐화하는 방법을 볼 수 있었다.

이와 달리, 데이터 컬렉션을 확장하면서 알고리즘을 통합하는 접근법도 가능하다.

어떻게 파이썬의 내장 컬렉션 자료 구조를 확장할 수 있을까?

준비

리스트에 포함된 데이터 항목들의 합계와 평균을 계산할 수 있는 정교한 리스트를 생성할 것이다. 이 리스트에는 숫자 데이터만 저장할 수 있다. 다른 데이터를 저장하려고 하면 `ValueError` 예외가 발생할 것이다.

예제 구현

1. 간단한 통계 값을 계산할 수 있는 리스트를 `StatsList`로 정의한다. 이 클래스는 `list` 내장 리스트 클래스의 확장(서브클래스)이다.

```
class StatsList(list):
```

내장 클래스의 확장을 정의하는 구문이 사용되고 있다. 본문에 `pass`문만 포함되면 `StatsList` 클래스는 `list` 대신에 어디서든 사용될 수 있다.

이때 list 클래스는 StatsList의 슈퍼클래스superclass다.

2. 계산을 수행할 메소드들을 정의한다. self 변수는 슈퍼클래스로부터 모든 속성과 메소드들을 상속받은 객체다. sum() 메소드는 다음과 같다.

```
def sum(self):
    return sum(v for v in self)
```

이 제네레이터식은 리스트의 모든 항목에 sum() 함수를 적용한다. 이처럼 제네레이터식을 사용하면 계산이나 필터 추가를 매우 쉽게 작성할 수 있다.

3. 항목의 개수를 세는 메소드는 다음과 같다.

```
def count(self):
    return sum(1 for v in self)
```

이 메소드는 리스트에 포함된 항목의 개수를 센다. len() 함수를 사용해도 되지만, 나중에 필터링 기능을 추가할 때를 대비해서 제네레이터식을 사용했다.

4. 평균을 구하는 함수는 다음과 같다.

```
def mean(self):
    return self.sum() / self.count()
```

5. 그 밖의 메소드들은 다음과 같다.

```
def sum2(self):
    return sum(v**2 for v in self)
def variance(self):
    return (self.sum2() self.sum()**2/self.count())/(self.count()-1)
def stddev(self):
    return math.sqrt(self.variance())
```

sum2() 메소드는 리스트에 포함된 항목들의 제곱합을 계산한다. 분산 계산에 사용되며, 분산으로부터 표준 편차를 얻을 수 있다.

StatsList 객체는 list 객체의 모든 기능을 상속받고, 여기에 지금 추가한 메소드들에 의해 확장된다. 이 컬렉션 객체의 사용 예는 다음과 같다.

```
>>> from ch06_r06 import StatsList
>>> subset1 = StatsList([10, 8, 13, 9, 11])
```

```
>>> data = StatsList([14, 6, 4, 12, 7, 5])
>>> data.extend(subset1)
```

리스트로부터 두 개의 StatsList 객체를 생성한 후 extend( ) 메소드로 이 두 개를 결합했다. 그 결과로서 얻어지는 객체는 다음과 같다.

```
>>> data
[14, 6, 4, 12, 7, 5, 10, 8, 13, 9, 11]
```

이 객체에 지금 정의한 메소드들을 적용한 결과는 다음과 같다.

```
>>> data.mean()
9.0
>>> data.variance()
11.0
```

mean( )과 variance( ) 메소드의 실행 결과를 볼 수 있다. list 내장 클래스의 모든 기능은 StatsList 클래스에도 그대로 사용할 수 있다.

```
>>> data.sort()
>>> data[len(data)//2]
9
```

sort( ) 내장 메소드와 인덱스 기능을 사용해 리스트에서 특정 항목을 추출했다. 값의 개수가 홀수이기 때문에 계산 결과는 중앙값이다. 이 메소드가 list 객체의 내용을 변경하며 항목의 순서를 바꾼다는 것에 주목하자. 따라서 최선의 알고리즘 구현이라고는 말할 수 없다.

예제 분석

클래스 정의의 핵심 기능 중 하나가 상속inheritance이다. 슈퍼클래스-서브클래스 관계에서 서브클래스는 슈퍼클래스의 모든 기능을 상속받는다. 이를 일반화generalization-특수화specialization 관계라고도 한다. 슈퍼클래스는 좀 더 일반적인 클래스인 반면, 하위 클래스는 여기에 기능이 추가되거나 수정된 것이므로 좀 더 특수한 클래스라고 볼 수 있다.

이처럼 기능을 추가함으로써 파이썬의 내장 클래스를 확장할 수 있다. 이번 예제에서는 계산을 수행하는 특수화된 리스트로서 StatsList 서브클래스를 정의했다.

다음의 두 가지 설계 전략 간에는 중요한 차이점이 있다.

- 확장extension: 기능을 추가함으로써 기존 클래스를 확장한다. 추가되는 기능은 기존 클래스와 긴밀히 관련되기 때문에 확장된 서브클래스를 다른 종류의 컬렉션에 적용하기는 어렵다.
- 래핑Wrapping: '연산 처리 위주의 클래스를 설계하는 방법' 레시피처럼 데이터 컬렉션 클래스와 연산 처리 클래스를 별도로 관리한다. 두 개의 객체를 동시에 다뤄야 하므로 다소 복잡하다.

어느 것이 더 우수한 방법이라고 단정할 수는 없다. 래핑이 S.O.L.I.D. 설계 원칙에 좀 더 충실하기 때문에 래핑이 이점을 갖는 경우가 많은 것은 사실이다. 그러나 파이썬의 내장 컬렉션을 확장하는 방법이 더 유리할 때도 분명히 있기 마련이다.

부연 설명

일반화라는 개념은 순수하게 추상적인 슈퍼클래스의 존재로 이어진다. 추상 클래스란 그 자체만으로는 불완전한 클래스로서 서브클래스는 이를 상속해 세부 구현을 제공해야 한다. 추상 클래스의 인스턴스를 생성하는 것은 불가능하다.

4장의 '최적의 자료 구조를 선택하는 방법' 레시피에서도 말했듯이 파이썬의 모든 내장 컬렉션 자료 구조들은 추상 클래스를 슈퍼클래스로서 갖고 있다. 클래스를 설계할 때는 구체적인 클래스가 아니라 추상 클래스로부터 시작할 수도 있다.

예를 들어 다음과 같이 클래스 정의를 시작할 수 있다.

```
from collections.abc import Mapping
class MyFancyMapping(Mapping):
etc.
```

하지만 이 클래스 정의를 마치려면 다음과 같이 수많은 특수 메소드들을 구현해야 한다.

- `__getitem__()`
- `__setitem__()`
- `__delitem__()`
- `__iter__()`
- `__len__()`

이 메소드들은 추상 클래스에는 구현돼 있지 않다. `Mapping` 클래스는 이 메소드들의 구체적인 구현을 포함하고 있지 않은 것이다. 이 메소드들이 실제로 동작하는 구현을 제공해야 서브클래스의 인스턴스를 생성할 수 있다.

참고 사항

- '연산 처리 위주의 클래스를 설계하는 방법' 레시피에서는 이번 레시피와 달리 계산 알고리즘을 별도의 클래스에 두는 방법을 사용했다.

프로퍼티로 지연 계산을 구현하는 방법

앞서 '연산 처리 위주의 클래스를 설계하는 방법' 레시피에서 정의했던 클래스는 데이터 속성들의 값을 즉시 계산했었다. 가급적 빨리 값을 계산해두면 추가적인 계산 비용이 들지 않는 장점이 있다.

즉시eager(부지런한) 연산이라고 부르는 것은 가급적 빨리 작업을 수행하기 때문이다. 이와 반대로 가급적 늦게 작업을 수행하는 방식을 지연lazy(게으른) 연산이라고 한다.

자주 사용되지 않지만 계산에 드는 비용이 큰 속성이 있을 때 이를 어떻게 처리하는 것이 좋을까? 불필요한 계산을 최소화하고 정말로 필요할 때 값을 계산하려면 어떻게 해야 할까?

준비

Counter 객체를 사용해 어떤 데이터를 수집했다고 하자. 컬렉션 자료 구조들에 대한 자세한 설명은 4장의 '세트의 메소드와 연산자' 레시피 및 '함수 매개변수의 기본값으로 변경 가능 객체를 피하는 방법' 레시피를 참조한다. 이 데이터에서 고객은 여덟 개의 범주로 분류되고, 각 범주별 고객의 수는 거의 같다.

데이터의 값은 다음과 같다.

```
Counter({15 : 7, 17 : 5, 20 : 4, 16 : 3, ... etc., 45 : 1})
```

여기서 키는 쿠폰 전체를 모으기까지 필요한 방문 횟수고, 값은 그런 경우가 몇 번 발생했는지를 의미한다. 예를 들어 15번의 고객 방문 뒤에 쿠폰 전체가 모인 경우가 일곱 번, 17번의 방문이 필요했던 경우는 다섯 번이었다. 그리고 극단적인 경우로서 45번의 방문 뒤에야 비로소 8종의 쿠폰 전체가 모인 경우가 한 번 있었다.

이제, 이 Counter 객체에 대한 몇 가지 값을 계산하고 싶다. 두 가지 전략이 가능하다.

- 확장: '컬렉션 확장하기: 통계 값을 계산하는 리스트' 레시피의 접근 방법이다. 7장에서 자세히 설명할 것이다.
- 래핑: Counter 객체를 필요한 기능을 제공하는 다른 클래스로 감싸는 방법이다. 역시 7장에서 자세히 설명한다.

  래핑 전략은 데이터 컬렉션 객체와 통계 값 계산 객체를 별도로 분리하는 것이 일반적이다. 래핑이 대체로 더 우아한 해결책일 때가 많다.

어느 클래스 설계 전략을 선택하든 다음의 두 가지 방법으로 연산 처리를 설계할 수 있다.

- 즉시(부지런한) 계산: 가급적 빨리 값을 계산한다. '연산 처리 위주의 클래스를 설계하는 방법' 레시피에서 사용했던 접근법이다.
- 지연(게으른) 계산: 메소드나 프로퍼티가 실제로 요구할 때까지 값을 계산하지 않는다. '컬렉션 확장하기: 통계 값을 계산하는 리스트' 레시피에서 컬렉션 클래스에 추가했던 메소드들이 이 방식을 사용했다. 요구받을 때 값을 계산한다.

어느 방법을 선택하든 계산의 핵심 부분이 달라지지는 않는다. 유일하게 다른 점은 계산이 수행되는 시점뿐이다.

평균 μ를 구하는 식은 다음과 같다.

$$\mu = \sum_{k \in C} f_k \times k$$

k는 Counter 객체 C의 키, f_k는 그 키의 빈도수다.

표준 편차 σ를 계산할 때 평균 μ가 사용된다. 식은 다음과 같다.

$$\sigma = \sqrt{\frac{\sum_{k \in C} f_k \times (k - \mu)^2}{C + 1}}$$

k는 Counter 객체 C의 키, f_k는 그 키의 빈도수다. Counter 객체에 포함된 항목의 개수는 $C = \sum_{k \in C} f_k$ 다.

예제 구현

1. LazyCounterStatistics라는 이름의 클래스를 정의한다.

```
class LazyCounterStatistics:
```

2. 이 객체와 연결될 객체를 포함하는 초기화 메소드를 작성한다.

```
def __init__(self, raw_counter:Counter):
    self.raw_counter = raw_counter
```

이 메소드는 Counter 객체를 인수 값으로서 받는다. 이 객체는 Counter_Statistics 인스턴스의 일부로서 저장된다.

3. 헬퍼 메소드들을 정의한다. 이 메소드들은 @property로 데코레이션되기 때문에 마치 속성처럼 동작한다.

```
@property
def sum(self):
    return sum(f*v for v, f in self.raw_counter.items())
@property
def count(self):
    return sum(f for v, f in self.raw_counter.items())
```

4. 통계 값을 계산하는 메소드들을 정의한다. 우선 평균을 계산하는 메소드부터 작성하자. 역시 @property로 데코레이션되므로 (메소드임에도) 마치 속성처럼 참조될 수 있다.

```
@property
def mean(self):
    return self.sum / self.count
```

5. 다음은 표준 편차를 계산하는 메소드다.

```
@property
def sum2(self):
    return sum(f*v**2 for v, f in self.raw_counter.items())
@property
def variance(self):
    return (self.sum2 - self.sum**2/self.count)/(self.count-1)
@property
def stddev(self):
    return math.sqrt(self.variance)
```

math.sqrt()를 사용하므로 import math문이 필요하다.

6. 다음과 같이 표본 데이터를 생성할 수 있다.

```
>>> from ch04_r06 import *
>>> from collections import Counter
>>> def raw_data(n=8, limit=1000, arrival_function=arrival1):
...     expected_time = float(expected(n))
...     data = samples(limit, arrival_function(n))
...     wait_times = Counter(coupon_collector(n, data))
...     return wait_times
```

expected( ), arrival1( ), coupon_collector( ) 함수를 ch04_r06 모듈로부터 임포트했다. 또한 표준 라이브러리의 collection 모듈로부터 Counter 컬렉션을 임포트했다.

raw_data( ) 함수는 고객 방문 데이터를 생성한다. 데이터 개수는 기본적으로 1,000개다. 고객은 여덟 개의 범주로 구분되며 각 범주별로 고객 수는 같다. coupon_collector( ) 함수는 이 데이터를 순회하면서 8종의 쿠폰을 모두 얻기까지 방문 횟수를 반환한다.

이로부터 생성된 Counter 객체에서 키는 쿠폰 전체를 얻기까지의 고객 방문 횟수고 값은 그만큼의 고객 방문이 필요했던 빈도수다.

7. 다음과 같이 이 Counter 객체를 분석할 수 있다.

```
>>> import random
>>> from ch06_r07 import LazyCounterStatistics
>>> random.seed(1)
>>> data = raw_data()
>>> stats = LazyCounterStatistics(data)
>>> print("Mean: {0:.2f}".format(stats.mean))
Mean: 20.81
>>> print("Standard Deviation: {0:.3f}".format(stats.stddev))
Standard Deviation: 7.025
```

random 모듈을 임포트하고, ch06_r07 모듈로부터 LazyCounterStatistics 클래스를 임포트했다. random 모듈의 seed( ) 함수에 특정 값을 전달하면 난수들이 항상 같은 순서로 생성되므로 애플리케이션의 테스트와 시연에 편리하다.

시드 값을 1로 설정하고 쿠폰 수집가 테스트의 데이터를 생성했다. raw_data() 함수가 반환한 Counter 객체는 data 변수에 대입된다.

이 Counter 객체를 사용해 LazyCounterStatistics 클래스의 인스턴스를 생성한 후 stats 변수에 대입했다. stats.mean 프로퍼티와 stats.stddev 프로퍼티의 값을 출력하면, 평균과 표준 편차를 계산하는 메소드들이 호출된다.

8종 쿠폰 세트를 모두 수집하는 데 필요한 이론상의 방문 횟수는 평균 21.7번이다. 위 예제에서는 20.81번으로 비슷한 값이 나왔으므로 데이터가 무작위라는 귀무가설이 검증됐다.

데이터가 무작위이므로 프로그램의 유효성이 입증됐다. 이 프로그램이 정상적으로 동작한다는 확신을 갖고 현실 세계의 데이터에 적용해도 된다.

예제 분석

지연 계산은 그리 자주 사용되지 않는 값을 계산할 때 적합하다. 하지만 이번 예제에서 count 값은 분산을 계산할 때와 표준 편차를 계산할 때 모두 사용돼야 한다.

이는 충분한 고민 없이 지연 계산을 사용하는 것은 바람직하지 않음을 의미한다. 하지만 이런 문제는 일반적으로 해결하기 어렵지 않다. 중간 결과 값을 저장하는 지역 변수를 추가하면 된다.

@property 데코레이터는 메소드가 마치 속성처럼 보이게 만든다. 이 데코레이터는 인수를 갖지 않는 메소드에 대해서만 사용할 수 있다.

우리는 언제나 즉시 계산되는 속성을 지연 계산되는 프로퍼티로 대체할 수 있다. 원래 즉시 계산의 장점은 계산 비용을 낮추는 것인데, 속성이 그리 자주 사용되지 않는다면 지연 계산 프로퍼티로 이를 대체함으로써 오히려 계산 비용을 줄일 수 있다.

부연 설명

재계산 횟수를 줄이기 위해 프로퍼티를 추가로 최적화할 수 있는 경우가 있다. 다만, 데이터 갱신 패턴을 이해하기 위해 유스케이스를 세심히 분석할 필요가 있다.

데이터 컬렉션에 데이터가 들어있고 이 데이터에 대한 통계 분석을 할 때, 결과 값들을 임시 저장하면 같은 값을 두 번 계산하지 않아도 된다.

다음과 같이 코드를 작성할 수 있다.

```
def __init__(self, raw_counter:Counter):
    self.raw_counter = raw_counter
    self._count = None
@property
def count(self):
    if self._count is None:
        self._count = sum(f for v, f in self.raw_counter.items())
    return self._count
```

카운트 값의 계산 결과를 _count 속성에 저장한다. 이 값은 한 번만 계산되며, 이후에 필요하면 언제든 재계산 비용 없이 반환될 수 있다.

다만, 이 최적화 기법은 raw_counter 객체의 상태가 절대로 변경되지 않는 경우에만 유용하다. 이 객체의 값이 바뀔 수 있다면 임시 저장된 값은 의미가 없기 때문이다. 이럴 경우에는 Counter 객체가 갱신될 때마다 LazyCounterStatistics를 다시 생성해야 한다.

참고 사항

- '연산 처리 위주의 클래스를 설계하는 방법' 레시피에서는 속성 값을 즉시 계산하는 클래스를 정의했었다. 즉시 계산은 계산 비용을 관리하는 또 다른 전략이다.

설정 가능 프로퍼티로 속성 값을 갱신하는 방법

지금까지 즉시 계산과 지연 계산의 차이점을 살펴봤다. 즉시 계산은 '연산 처리 위주의 클래스를 설계하는 방법' 레시피, 지연 계산은 '프로퍼티로 지연 계산을 구현하는 방법' 레시피에서 자세히 설명했다.

어떤 객체가 상태 저장 객체일 경우, 그 객체의 속성 값은 객체의 수명 주기 전체에 걸쳐서 변경돼야 한다. 메소드를 사용해 속성 값의 변경을 즉시 계산하는 방법이 주로 쓰이지만 꼭 그래야 하는 것은 아니다.

상태 저장 객체의 상태를 변경할 수 있는 방법들은 다음과 같다.

- 메소드를 통해 속성 값을 설정한다.
  - 결과 값을 즉시 계산해 속성에 저장한다.
  - 결과 값을 지연 계산한다. 마치 속성처럼 보이는 프로퍼티를 사용한다.
- 속성을 통해 값을 설정한다.
  - 프로퍼티를 통해 결과 값이 지연 계산된다면, 객체의 새로운 상태가 계산 시에 반영된다.

마치 속성처럼 보이는 구문을 사용해 값을 설정하되, 값을 변경하는 계산을 가급적 빨리 수행하고 싶다면 어떻게 해야 할까?

이를 구현할 수 있는 한 가지 방법으로서 프로퍼티 세터setter가 있다. 속성처럼 보이는 구문을 사용하면서 결과 값을 즉시 계산할 수 있기 때문이다.

예를 들어, 기초가 되는 다른 속성들의 값을 사용해 어떤 속성 값을 계산하는 프로그램이 있다고 하자. 이 경우, 기초 속성들의 값에 변경이 일어났을 때 즉시 재계산이 수행되도록 하려면 어떻게 해야 할까?

준비

항해를 나타내는 클래스가 있다고 하자. 이 클래스는 속도, 시간, 거리라는 세 개 속성을 가진다. 이 중 두 개의 값이 변경됐을 때 나머지 한 개의 속성은 즉시 계산돼야 한다.

다른 속성을 추가해 클래스를 더 복잡하게 만들 수도 있다. 예를 들어 위도와 경도로부터 거리가 계산되도록 수정하고 싶다면 속도, 시간, 출발점, 방위 등의 정보가 필요할 것이다. 이 경우에는 서로 의존하는 두 개의 계산이 존재하게 된다. 다만 이번 예제에서는 이렇게 복잡하게 들어가지 않고, 속도–시간–거리만 있다고 가정하자.

세 번째 속성을 계산하기 위해서는 다른 두 개의 속성 값이 먼저 설정돼야 하므로, 객체의 내부 상태가 복잡해진다.

- 아무 속성도 설정되지 않은 경우: 아무것도 알 수 없다.
- 한 개의 속성이 설정된 경우: 아직 계산을 할 수 없다.
- 두 개의 속성이 설정된 경우: 세 번째 속성을 계산할 수 있다.

일단 세 개의 속성이 모두 값을 갖게 되면, 최근에 변경된 두 개의 속성 값으로 세 번째 속성의 값을 계산한다.

- 속도 r과 시간 t가 가장 최근에 변경됐다면 거리 $d = r*t$를 계산한다.
- 속도 r과 거리 d가 가장 최근에 변경됐다면 시간 $t = d/r$를 계산한다.
- 시간 t와 거리 d가 가장 최근에 변경됐다면 속도 $r = d/t$를 계산한다.

이 객체를 다음과 같이 사용하고 싶다.

```
leg_1 = Leg()
leg_1.rate = 6.0 # 노트
leg_1.distance = 35.6 # 해리
print("Cover {leg.distance:.1f}nm at {leg.rate:.2f}kt = {leg.time:.2f}hr".
    format(leg=leg_1))
```

leg 객체의 인터페이스가 매우 간단한 것을 알 수 있다. 두 개의 속성 값만 설정해주면 나머지 한 개의 속성 값은 즉시 계산될 것이다.

예제 구현

두 개 부분으로 나눠서 알아보자. 먼저 설정 가능 프로퍼티에 관한 개요를 설명하고, 그다음에 상태 변경을 추적하는 방법을 설명한다.

1. 유의미한 이름을 갖는 클래스를 정의한다.

   ```
   class Leg:
   ```

2. 속성들을 정의한다. 이 속성들은 외부에 프로퍼티로서 노출될 것이다.

   ```
   class Leg:
   def __init__(self):
       self._rate= rate
       self._time= time
       self._distance= distance.
   ```

3. 각 프로퍼티에 대해 그 값을 계산하는 메소드를 작성한다. 숨겨진 속성들과 일대일로 대응된다.

   ```
   @property
   def rate(self):
       return self._rate
   ```

4. 각 프로퍼티에 대해 그 값을 설정하는 메소드를 작성한다.

   ```
   @rate.setter
   def rate(self, value):
       self._rate = value
       self._calculate('rate')
   ```

   세터setter 메소드 위의 데코레이터 이름은 게터getter 메소드의 이름을 바탕으로 한다. rate( ) 메소드 위의 @property 데코레이터는 @rate.setter 데코레이터도 생성하며, 이 데코레이터를 사용해 rate 속성의 값을 변경할 수 있는 세터 메소드를 정의할 수 있다.

게터 메소드와 세터 메소드의 이름이 같다는 점에 주목하자. 따라서 @property와 @rate.setter 데코레이터로 게터와 세터를 구별할 수 있다.

위 예제 코드는 self._rate 속성에 값을 저장한 후 _calculate( ) 메소드로 (가능하다면) 다른 속성들의 값을 즉시 계산한다.

5. 다른 프로퍼티들에 대해서도 동일한 작업을 반복한다. 시간과 거리도 거의 비슷하게 작성할 수 있다.

```
@property
def time(self):
    return self._time
@time.setter
def time(self, value):
    self._time = value
    self._calculate('time')
@property
def distance(self):
    return self._distance
@distance.setter
def distance(self, value):
    self._distance = value
    self._calculate('distance')
```

이제 상태 변경을 추적하는 방법을 알아보자. 상태 변경을 추적하기 위해서는 collections.deque 클래스가 필요하다. 두 개의 요소만 포함하는 대기열queue을 사용할 것이기 때문이다. 어떤 속성의 값이 변경되면 그 속성 이름이 대기열에 삽입된다. 대기열에는 가장 최근에 변경된 (서로 다른) 두 개의 속성 이름이 들어있고, 세 번째 나머지 속성의 이름은 차집합 연산으로 쉽게 얻을 수 있다.

1. deque 클래스를 임포트한다.

```
from collection import deque
```

2. `__init__()` 메소드에서 대기열을 초기화한다.

```
self._changes= deque(maxlen=2)
```

3. 값이 변경된 속성을 대기열에 넣는다. 대기열에 들어있지 않은 속성 이름을 차집합 연산으로 알아낸 후 그 값을 계산한다.

```
def _calculate(self, change):
if change not in self._changes:
    self._changes.append(change)
compute = {'rate', 'time', 'distance'} - set(self._changes)
if compute == {'distance'}:
    self._distance = self._time * self._rate
elif compute == {'time'}:
    self._time = self._distance / self._rate
elif compute == {'rate'}:
    self._rate = self._distance / self._time
```

가장 최근에 변경된 속성이 대기열에 없으면 append() 함수로 대기열에 추가된다. 대기열의 크기는 정해져 있기 때문에 대기열에 가장 오래 있었던 속성 이름은 자동으로 대기열에서 제거된다.

프로퍼티 전체의 세트와 최근 값이 변경된 프로퍼티 세트 간의 차이는 한 개의 프로퍼티가 된다. 이 프로퍼티는 최근에 값이 바뀌지 않은 것으로서, 최근에 변경된 다른 두 개의 프로퍼티로부터 값이 계산된다.

예제 분석

파이썬은 디스크립터Descriptor라고 불리는 클래스로 프로퍼티를 구현한다. 디스크립터 클래스는 값을 얻고 설정하고 삭제하는 메소드를 가질 수 있다. 상황에 따라 이 셋 중에서 하나가 암묵적으로 사용된다.

- 디스크립터 객체가 표현식 내에서 사용될 때는 `__get__` 메소드가 암묵적으로 사용된다.

- 디스크립터 객체가 대입문의 왼쪽에 있을 때는 __set__ 메소드가 암묵적으로 사용된다.
- 디스크립터가 del문에서 사용될 때는 __delete__ 메소드가 암묵적으로 사용된다.

@property 데코레이터는 세 가지 작업을 수행한다.

- @property 데코레이터 뒤에 오는 메소드를 디스크립터 객체로 감싼다. 즉, 이 메소드는 디스크립터의 __get__ 메소드로 바뀐다. 따라서 표현식 내에서 사용될 때 값을 계산할 것이다.
- method.setter 데코레이터를 추가한다. 이 데코레이터는 그 뒤에 오는 메소드를 디스크립터의 __set__ 메소드로 바꾼다. 따라서 대입문 왼쪽에 사용될 때 실행될 것이다.
- method.deleter 데코레이터를 추가한다. 이 데코레이터는 그 뒤에 오는 메소드를 디스크립터의 __delete__ 메소드로 바꾼다. 따라서 del문에서 사용될 때 실행될 것이다.

따라서 값을 얻고, 설정하고, 심지어 삭제하는 데 사용될 수 있는 속성 이름을 만들 수 있다.

부연 설명

이 클래스를 개선할 수 있는 몇 가지 기법들이 있다. 특히, 초기화 및 계산과 관련된 두 개의 고급 기법들을 살펴보자.

초기화

인스턴스를 특정 값으로 초기화하는 방법을 제공할 수 있다. 다음과 같은 사용법이 가능해진다.

```
>>> from ch06_r08 import Leg
>>> leg_2 = Leg(distance=38.2, time=7)
>>> round(leg_2.rate, 2)
```

```
5.46
>>> leg_2.time=6.5
>>> round(leg_2.rate, 2)
5.88
```

항해 계획을 세울 때 도움이 되는 사용법을 보여주고 있다. 항해해야 할 거리가 38.2해리고 7시간 내 도착이 목표라면 항해 속도는 최소한 5.46노트여야 한다. 30분 더 단축하려면 최소한 5.88노트로 항해해야 한다.

이런 사용법이 가능하려면 __init__() 메소드를 변경해야 하고, deqeue 객체가 곧바로 생성돼야 한다. 그리고 속성에 값이 설정될 때마다 _calculate() 메소드가 실행돼 계산이 이뤄져야 한다.

```
class Leg:
    def __init__(self, rate=None, time=None, distance=None):
        self._changes= deque(maxlen=2)
        self._rate= rate
        if rate: self._calculate('rate')
        self._time= time
        if time: self._calculate('time')
        self._distance= distance
        if distance: self._calculate('distance')
```

먼저 deque 객체가 생성된다. 속성의 값이 설정될 때마다 그 변경 내역이 대기열에 기록된다. 두 개의 속성 값이 설정되면 세 번째 속성의 값은 계산된다.

세 개의 속성 값이 모두 설정된 경우에는 가장 최근의 변경(여기서는 시간과 거리)으로 나머지 속성인 속도의 값이 계산된다. 그리고 계산된 값으로 기존 설정 값을 덮어 쓴다.

계산

현재 세 개의 계산식들이 모두 if문 내부에 들어있다. 이 클래스를 상속받는 서브클래스는 계산식을 변경하고 싶을 때 전체 메소드를 제공해야 하기 때문에 유지 보수에 어려움이 있다.

인트로스펙션 기법을 사용하면 if문을 제거할 수 있다. 명시적으로 계산 메소드들을 다음과 같이 정의한다.

```
def calc_distance(self):
    self._distance = self._time * self._rate
def calc_time(self):
    self._time = self._distance / self._rate
def calc_rate(self):
    self._rate = self._distance / self. _time
```

그리고 다음의 _calculate() 메소드 정의 내에서 이 계산 메소드들을 활용한다.

```
def _calculate(self, change):
    if change not in self._changes:
        self._changes.append(change)
    compute = {'rate', 'time', 'distance'} - set(self._changes)
    if len(compute) == 1:
        name = compute.pop()
        method = getattr(self, 'calc_'+name)
        method()
```

compute의 값이 싱글턴(한 개의 값만 포함하는 세트)일 때 pop() 메소드는 세트 내의 유일한 값을 추출한다. 추출된 문자열에 calc_를 접두어로 추가함으로써 계산 메소드의 이름이 조립된다.

getattr() 함수는 요청받은 self 객체의 메소드를 검색한다. 이 메소드는 바인딩된 함수로서 실행된다. 그리고 원하는 결과로 속성을 갱신한다.

이처럼 계산 메소드를 별도로 정의함으로써 클래스는 좀 더 확장하기 쉬운 클래스가 된다. 이제 기존 클래스의 전체적인 기능을 유지하면서 계산 방법이 수정된 서브클래스를 생성할 수 있다.

참고 사항

- 세트에 대해서는 4장의 '세트의 메소드와 연산자' 레시피를 참조한다.
- dequeue는 실질적으로 값을 넣고 빼는 연산에 최적화된 리스트다. 4장의 '리스트에서 항목을 삭제하는 방법: del, remove, pop, filter' 레시피를 참조한다.

7
고급 클래스 설계 기법

이번 장에서는 다음의 레시피들을 살펴본다.

- 확장과 래핑 간의 비교
- 다중 상속을 통한 관심사 분리
- 덕타이핑을 사용하는 방법
- 전역 싱글턴 객체를 관리하는 방법
- 복잡한 자료 구조 사용하기: 리스트를 포함하는 매핑
- 객체를 정렬할 수 있는 클래스를 작성하는 방법
- 정렬된 컬렉션을 정의하는 방법
- 딕셔너리의 리스트에서 항목을 삭제하는 방법

소개

6장에서는 클래스 설계의 기초를 배웠다. 이번 장에서는 좀 더 깊숙이 클래스의 세계로 잠수해보자.

6장의 '연산 처리 위주의 클래스를 설계하는 방법' 레시피와 '프로퍼티로 지연 계산을 구현하는 방법' 레시피에서 객체지향 설계의 핵심 중 하나인 확장과 래핑 간의 선택에 관해 논의했다. 확장(상속)을 통해 기존 클래스에 기능을 추가한 서브클래스를 생성할 수 있고, 래핑을 통해 기존 클래스를 감싸면서 새로운 기능이 추가된 클래스를 생성할 수도 있다. 파이썬이 제공하는 수많은 기법들을 활용해 다양한 대안들을 선택할 수 있다.

파이썬은 두 개 이상의 슈퍼클래스로부터의 다중 상속을 허용한다. 다중 상속은 혼란의 원인이 될 수 있지만 믹스인mixin 디자인 패턴을 사용해 문제를 예방할 수 있다.

때로는 다수의 클래스나 모듈에서 공유되는 전역 데이터가 필요하다. 전역 데이터의 관리는 쉬운 일이 아니다. 하지만 전역 객체를 관리해주는 모듈을 활용할 수 있다.

4장에서 파이썬의 핵심적인 내장built-in 자료 구조들을 살펴봤다. 이번 장에서는 내장 자료 구조의 기능을 결합해 좀 더 정교한 객체를 만들어보자. 내장 자료 구조에 새로운 기능을 추가해 확장하는 기법들도 논의할 것이다.

확장과 래핑 간의 비교

5장의 'cmd를 사용해 명령행 애플리케이션을 작성하는 방법' 레시피와 6장의 '컬렉션 확장하기: 통계 값을 계산하는 리스트' 레시피에서는 클래스를 확장하는 방법을 설명했다. 이때 예제로 작성했던 클래스들은 파이썬 내장 클래스의 서브클래스였다.

확장 기법은 일반화-특수화 관계라고 부르기도 한다. 또한 is-a 관계라고 불릴 때도 있다.

클래스 설계와 관련돼 중요한 질문이 있다. 이를 '확장 vs. 래핑 문제'라고 부를 수도 있다.

- 슈퍼클래스의 한 가지 예에 해당하는가? 이를 is-a 관계라고 부른다. 예를 들어 `Counter` 내장 클래스는 `dict` 슈퍼클래스를 확장한 서브클래스다.
- 아니면 다른 관계가 성립하는가? 이를 연관 관계association 또는 has-a 관계라고 부른다. 6장의 '연산 처리 위주의 클래스를 설계하는 방법' 레시피에서 `CounterStatistics` 객체는 `Counter` 객체를 감싸는(래핑하는) 클래스였다.

이 두 개의 기법을 구별하는 좋은 방법은 무엇일까?

준비

이번 레시피는 다소 형이상학적인 면이 강하다. 온톨로지ontology의 개념들이 강조되는데, 온톨로지는 존재의 범주를 정의하는 방법론이다.

어떤 객체를 확장하고자 할 때 다음의 질문을 먼저 해야 한다.

"새로운 객체 클래스인가, 아니면 기존 객체 클래스들의 혼합인가?"

이를 설명하기 위해 카드 덱deck을 다음과 같이 두 가지로 모델링할 것이다.

- `list` 내장 클래스를 확장하는 새로운 클래스로서
- `list` 내장 클래스를 다른 기능들과 결합한 래퍼wrapper 클래스로서

덱은 카드들의 모음이므로, 핵심 요소는 `Card` 객체다. `namedtuple()`을 사용해 아주 간단하게 정의할 수 있다.

```
>>> from collections import namedtuple
>>> Card = namedtuple('Card', ('rank', 'suit'))
>>> SUITS = '\u2660\u2661\u2662\u2663'
>>> Spades, Hearts, Diamonds, Clubs = SUITS
>>> Card(2, Spades)
Card(rank=2, suit='♠')
```

`namedtuple()`을 사용해 `Card` 클래스를 정의했다. 이 클래스는 `rank`(숫자)와 `suit`(무늬)라는 두 개의 속성을 가진다.

카드 무늬들을 나타내는 `SUITS`는 유니코드 문자열이다. 특정 무늬의 카드를 생성하기 쉽도록 이 문자열은 네 개의 부분 문자열로 이뤄진다. 대화식 환경에서 유니코드 문자가 올바르게 표시되지 않는다면 운영체제의 `PYTHONIOENCODING` 환경 변수를 `UTF-8`로 설정한다.

\u2660 문자열은 한 개의 유니코드 문자다. len(SUITS) == 4로 이를 확인할 수 있다. SUITS의 길이가 4가 아니라면 불필요한 공백이 포함돼 있을 가능성이 높다.

지금부터 이 Card 클래스로 예제를 진행할 것이다. 카드 게임 중에는 한 개의 덱만 사용하는 것도 있고, 딜링슈dealing shoe(분배기)를 사용해 두 개 이상의 덱을 사용하는 게임도 있다. 딜링슈는 박스처럼 생겼는데, 딜러는 딜링슈를 사용해 다수의 덱 혼합과 배분을 쉽게 할 수 있다.

중요한 것은 덱, 딜링슈, list 내장 클래스들이 지원하는 기능 중에는 겹치는 것들이 꽤 많다는 점이다. 이들은 모두 다소간의 관련을 갖고 있을까? 아니면 근본적으로 구별될까?

예제 구현

이번 레시피는 6장의 '클래스를 사용해 데이터와 연산을 캡슐화하는 방법' 레시피에서 다룬 내용을 바탕으로 한다.

1. 원래의 사용자 시나리오 혹은 문제 서술로부터 명사와 동사를 추출하고, 이를 바탕으로 필요한 클래스들을 식별한다.
2. 식별된 클래스들 간의 중복 기능을 확인한다. 클래스들 간의 관계는 문제 서술에서 바로 유도될 수 있을 때가 많다. 예를 들어 덱에서 카드를 분배할 수도 있고 딜링슈에서 카드를 분배할 수도 있다. 따라서 다음과 같이 두 가지 관점이 가능하다.
    - 딜링슈는 특수한 덱으로서 다수의 52장 카드 묶음을 가진다.
    - 덱은 특수한 딜링슈로서 단 하나의 52장 카드 묶음을 가진다.
3. 클래스들 간의 관계를 명확히 한다. 관계는 몇 가지 종류로 구분된다.
   어떤 클래스들은 서로 독립적이지만 사용자 시나리오를 구현하기 위해 연결된다. Card 클래스의 경우, 카드 무늬 문자열을 참조하지만 Card와 SUITS는 서로 독립적이다. 많은 Card 객체들이 한 개의 SUITS 문자열을 공유할 것이지만, 이는 객체들 간의 통상적인 참조로서 특별할 것은 없다.

- 집합 연관aggregation: 다른 컬렉션(혹은 컨테이너) 객체의 일부지만 독립적으로도 존재할 수 있다. 예를 들어 Card 객체는 Hand 객체의 일부분이지만 게임이 끝났을 때 Hand 객체가 제거돼도 Card 객체는 계속 존재할 수 있다.
- 복합 연관composition: 집합 연관과 비슷하지만 독립적으로 존재하지 못하는 점에서 다르다. 예를 들어 Hand 객체는 Player 객체 없이는 존재할 수 없다. Player 객체의 일부는 Hand 객체로 구성된다. 그리고 Player 객체가 게임에서 제외될 때 그 플레이어의 Hand 객체도 함께 제거된다. 객체 간의 관계를 이해하는 것도 중요하지만 실제 사용할 때 고려할 것들이 있는데, 다음 절에서 자세히 살펴볼 것이다.
- is-a 혹은 상속inheritance: Shoe 객체는 몇 가지 기능이 추가된 Deck 객체라는 관점이며, 핵심 설계 기법으로 사용될 수 있다. '확장하기: 상속' 절에서 자세히 설명한다.

집합 연관과 복합 연관은 래핑 기법, 상속은 확장 기법에 속한다. 지금부터 래핑과 확장 기법을 별도로 살펴보자.

래핑: 집합 연관과 복합 연관

래핑을 통해 정의되는 클래스는 독립적인 객체들의 집합체일 수 있고, 기존 리스트를 포함하는 복합체일 수도 있다. Card 객체는 list 컬렉션과 Deck 컬렉션에서 공유된다.

1. 독립적인 컬렉션을 정의한다. set, list, dict 등의 내장 컬렉션을 사용할 수 있다. 이번 예제에서는 카드들을 포함하는 list 컬렉션이 된다.

```
domain = [Card(r+1,s) for r in range(13) for s in SUITS]
```

2. 집합체 클래스를 정의한다. 이름에 접미어 _W가 붙는다. 바람직한 명명법은 아니지만, 클래스 간의 구분을 명확히 하기 위해 사용됐다. 다른 접미어를 사용하는 클래스를 잠시 후에 정의할 것이기 때문이다.

```
class Deck_W:
```

3. __init()__ 메소드에서 기초가 되는 컬렉션 객체를 생성한다. 상태 저장 변수들이 초기화될 것이다. 카드 배분을 위한 이터레이터iterator도 생성한다.

```
def __init__(self, cards:List[Card]):
    self.cards = cards.copy()
    self.deal_iter = iter(cards)
```

타입 힌트인 List[Card]가 사용됐다. typing 모듈은 List의 정의를 제공한다.

4. (필요하다면) 컬렉션을 대체하거나 갱신하는 메소드들도 작성한다. 다만, 속성(여기서는 cards)에 직접 접근할 수 있기 때문에 굳이 이런 메소드들이 필요하지 않다. 하지만 self.cards의 값을 대체하는 메소드는 유용할 것이다.

5. 집합체 객체에 필요한 메소드들을 작성한다.

```
def shuffle(self):
    random.shuffle(self.cards)
    self.deal_iter = iter(self.cards)
def deal(self) -> Card:
    return next(self.deal_iter)
```

shuffle() 메소드는 리스트 객체인 self.cards를 무작위로 섞는다. deal() 메소드는 self.cards 리스트를 순회하는 이터레이터를 생성한다. 반환되는 값이 Card 인스턴스임을 명확히 나타내기 위해 타입 힌트가 사용됐다.

이 클래스는 다음과 같이 사용할 수 있다. 먼저 Card 객체들의 리스트를 domain 변수에 저장한다. 이때 13개의 숫자와 네 개의 무늬로부터 52개의 조합을 생성하는 리스트 컴프리헨션 구문이 사용된다.

```
>>> domain = list(Card(r+1,s) for r in range(13) for s in SUITS)
>>> len(domain)
52
```

이 domain 컬렉션 내의 항목들을 사용해 역시 Card 객체를 포함하는 또 다른 집합체 객체를 생성할 수 있다. domain 변수에 들어있는 객체 리스트로부터 Deck_W 객체를 다음과 같이 구축한다.

```
>>> import random
>>> from ch07_r01 import Deck_W
>>> d = Deck_W(domain)
```

이렇게 생성된 Deck_W 객체의 기능들을 다음과 같이 사용할 수 있다.

```
>>> random.seed(1)
>>> d.shuffle()
>>> [d.deal() for _ in range(5)]
[Card(rank=13, suit='♡'),
Card(rank=3, suit='♡'),
Card(rank=10, suit='♡'),
Card(rank=6, suit='◇'),
Card(rank=1, suit='◇')]
```

특정 순서로 카드들이 생성되도록 난수 발생기의 시드 값으로 1을 사용했다. 카드 순서가 항상 같아야 단위 테스트를 할 수 있기 때문이다. 그다음에 덱을 섞는데, 앞서 제공한 시드 값에 기반한 순서가 되기 때문에 결과가 항상 동일하며 단위 테스트가 용이할 것이다. 그러고 나서 덱에서 다섯 장의 카드를 분배했다. (Deck_W 객체인) d가 domain 리스트와 동일한 객체 풀pool을 공유하고 있음을 볼 수 있다.

d 객체를 삭제한 후에 다시 domain 리스트로부터 새로운 덱을 생성할 수 있다. Cards 객체가 복합 연관의 일부가 아니기 때문이다. 카드는 덱 컬렉션과는 독립적으로 존재할 수 있다.

확장하기: 상속

이번에는 컬렉션 객체를 확장하는 클래스를 정의해보자.

1. list 내장 컬렉션의 서브클래스로서 확장 클래스를 정의한다. 이번에는 이름 뒤에 _X 접미사가 붙는다. 역시 바람직한 명명법은 아니지만, 두 가지 방식을 쉽게 분간하기 위한 것이다.

   ```
   class Deck_X(list):
   ```

덱은 일종의 리스트임을 분명하게 표현하고 있다.

2. list로부터 상속받은 __init__() 메소드에는 코드를 작성할 필요가 없다.

3. 덱에 항목을 추가, 변경, 제거하기 위한 메소드들도 모두 list 클래스로부터 상속받으므로 코드를 작성할 필요가 없다.

4. 이 확장 클래스에 필요한 메소드들을 작성한다.

```
def shuffle(self):
    random.shuffle(self)
    self.deal_iter = iter(self)
def deal(self) -> Card:
    return next(self.deal_iter)
```

shuffle() 메소드는 self 객체의 항목들을 섞는다. deal() 메소드는 self.cards 리스트를 순회하는 이터레이터를 생성한다. 반환되는 값이 Card 인스턴스임을 나타내는 타입 힌트가 사용됐다.

이 클래스를 사용하는 방법을 알아보자. 먼저, 덱을 생성한다.

```
>>> from ch07_r01 import Deck_X
>>> d2 = Deck_X(Card(r+1,s) for r in range(13) for s in SUITS)
>>> len(d2)
52
```

제네레이터식으로 카드 객체들을 생성했다. list() 함수를 사용하는 것과 똑같은 방식으로 Deck_X() 함수를 사용할 수 있음을 볼 수 있다. 여기서 제네레이터식으로 Deck_X 객체를 생성하는 것과 같은 방법으로 list 객체도 생성할 수 있다.

__len__() 메소드를 따로 구현하지 않았음에도 list 클래스로부터 상속받은 것을 그대로 사용 가능함도 알 수 있다.

Deck_X에서 작성된 메소드들의 사용법은 앞서 Deck_W에서와 똑같다.

```
>>> random.seed(1)
>>> d2.shuffle()
>>> [d2.deal() for _ in range(5)]
```

```
[Card(rank=13, suit='♡'),
Card(rank=3, suit='♡'),
Card(rank=10, suit='♡'),
Card(rank=6, suit='◇'),
Card(rank=1, suit='◇')]
```

난수 생성기에 시드 값을 제공하고 덱을 섞은 후 다섯 장의 카드를 배분했다. 이 메소드들은 Deck_W에서처럼 Deck_X에서도 문제없이 동작한다. shuffle()과 deal() 메소드가 임무를 완수했음을 볼 수 있다.

예제 구현

파이썬이 메소드(또는 속성)를 찾는 순서는 다음과 같다.

1. 현재 클래스에서 메소드 또는 속성을 찾는다.
2. 현재 클래스에서 찾을 수 없으면 모든 부모 클래스들을 대상으로 검색한다.

이것은 파이썬이 상속의 개념을 구현하는 방법이다. 부모 클래스들을 검색하므로 다음과 같은 사용법이 가능하다.

- 슈퍼클래스에 정의된 메소드를 서브클래스에서 사용할 수 있다.
- 슈퍼클래스에 정의된 메소드를 서브클래스에서 재정의override할 수 있다.

따라서 list 클래스의 서브클래스는 list 클래스의 모든 기능을 상속받는다. 이런 점에서 list 내장 클래스의 특수화된 변형이라 볼 수 있다.

또한 모든 메소드들은 서브클래스에서 재정의될 수 있다. C++나 자바의 경우, private 키워드를 사용하면 메소드가 재정의되지 못하도록 막을 수 있다. 하지만 파이썬은 이런 방법을 제공하지 않으므로 서브클래스는 어떤 메소드든 재정의할 수 있다.

(재정의된 메소드가 아니라) 슈퍼클래스의 메소드를 참조하고 싶다면 super() 함수를 사용할 수 있다. 따라서 슈퍼클래스에서의 구현을 기본으로 포함하면서 새로운 기능을 쉽게 추가

할 수 있다. 다음과 같이 작성하면 된다.

```
def some_method(self):
    # 추가 기능
    super().some_method()
```

여기서 some_method() 객체는 추가 기능을 먼저 수행한 후 슈퍼클래스에서의 구현을 수행한다. 따라서 슈퍼클래스의 특정 메소드만 골라서 확장할 수 있다. 슈퍼클래스의 기능을 유지하면서 서브클래스 고유의 기능을 추가할 수 있는 것이다.

부연 설명

클래스를 설계할 때는 다음의 기법들 중에서 선택해야 한다.

- 래핑: 새로운 클래스를 만드는 기법이다. 필요한 메소드들을 모두 정의해야 하므로, 코드 작성량이 많을 수 있다. 다시 두 가지로 나눠서 생각할 수 있다.
    - 집합 연관: 포함되는 객체는 포함하는 객체(래퍼 객체)와 독립적인 존재다. Card 객체 및 list 객체는 Deck_W 클래스와 독립적으로 존재했다. Deck_W 객체가 제거돼도 Card 리스트는 계속 존재하기 때문이다.
    - 복합 연관: 내부에 포함되는 객체는 독립적인 존재가 아니다. 복합체 객체의 핵심 부분이기 때문이다. 파이썬의 참조 횟수 계산reference counting 방식은 복합 연관의 사용을 다소 어렵게 만든다. 이에 대해서는 잠시 후에 자세히 살펴볼 것이다.
- 상속을 통한 확장: is-a 관계다. 내장 클래스를 확장함으로써 내장 클래스가 제공하는 수많은 메소드들을 그대로 사용할 수 있다. Deck_X 클래스는 list 클래스를 확장하면서 이러한 장점을 활용했다.

객체의 독립성과 관련해 중요한 고려 사항이 있다. 어떤 객체를 삭제할 때, 그 객체가 무조건 메모리에서 제거되는 것은 아니다. 파이썬은 참조 횟수 계산 기법을 사용해 객체의 사용 횟수를 관리한다. 예를 들어 del deck문은 실제로 deck 객체를 메모리에서 제거하는 것이 아니고 deck 변수를 제거하면서 del 객체의 참조 횟수를 감소시킨다. 참조 횟수가 0이 되면 객체는 더 이상 사용되지 않는 것으로 간주되고 비로소 메모리에서 제거된다.

다음 예제를 보자.

```
>>> c_2s = Card(2, Spades)
>>> c_2s
Card(rank=2, suit='♠')
>>> another = c_2s
>>> another
Card(rank=2, suit='♠')
```

Card(2, Spades) 객체를 참조하는 두 개의 변수 c_2와 another가 정의됐다.

del문으로 두 개의 변수 중에서 하나를 제거해도 다른 변수가 여전히 객체를 참조할 것이다. 따라서 두 개가 모두 제거될 때까지 객체는 메모리에서 제거되지 않는다.

이러한 이유로 파이썬에서 집합 연관과 복합 연관을 구분하는 것은 그다지 의미가 없다. 자동으로 가비지 컬렉션 혹은 참조 횟수 계산이 실행되지 않는 언어에서는 객체가 메모리에서 갑자기 제거될 수 있으므로 복합 연관이 의미 있지만, 파이썬에서는 메모리에서 객체가 사라질 일이 없기 때문이다. 미사용 객체 제거는 완전히 자동으로 수행되므로 우리는 집합 연관에만 집중해도 된다.

참고 사항

- 파이썬의 내장 컬렉션 자료 구조들에 대해서는 4장에서 자세히 살펴봤다. 그리고 6장에서는 직접 컬렉션 자료 구조를 정의하는 방법을 배웠다.
- 6장의 '연산 처리 위주의 클래스를 설계하는 방법' 레시피에서는 연산 처리를 별도의 클래스로 래핑하는 기법을 사용했고, '프로퍼티로 지연 계산을 구현하는 방법' 레시피에서는 이와 반대로 계산 작업을 프로퍼티로서 클래스에 포함시키면서 확장하는 기법을 사용했다.

다중 상속을 통한 관심사 분리

'확장과 래핑 간의 비교' 레시피에서는 카드 객체들의 복합체로서 `Deck` 클래스를 정의했다. 이때 카드 객체가 숫자와 무늬 속성만 갖는다고 단순하게 가정했지만 여기에는 약간의 문제가 있다.

- 카드 숫자로 J, Q, K 대신에 11, 12, 13을 사용했고 Ace도 A 대신에 1을 사용했다.
- 블랙잭 규칙은 카드 숫자별로 점수를 지정한다. 일반적으로 J, Q, K는 10점이고 Ace는 1점과 10점 중에서 하나를 선택할 수 있다.

이러한 게임 세부 규칙을 어떻게 처리할 수 있을까?

준비

`Card` 클래스는 실제로는 두 가지 기능의 혼합이다.

1. 숫자 및 무늬와 같은 본질적 기능
2. (카드에 부여되는 점수처럼) 게임 종류에 따라 달라지는 기능. 예를 들어 크리비지Cribbage 게임에서는 카드에 부여되는 점수가 항상 동일하지만 블랙잭에서는 패 및 패에 속한 카드 간의 관계에 따라 점수가 달라질 수 있다.

파이썬은 다중 상속을 허용하므로 `Card` 클래스와 `GameRules` 클래스를 둘 다 슈퍼클래스로서 갖는 클래스를 정의할 수 있다.

다중 상속을 설계할 때는 클래스 계층 구조를 두 개의 기능 집합으로 분할하는 것이 일반적이다.

- 본질적(핵심) 기능: 숫자rank와 무늬suit가 해당된다.
- 믹스인Mixin 기능: 클래스 정의에 혼합되는 기타 기능들이다.

본질적 기능과 믹스인 기능을 모두 포함하는 클래스를 정의해보자.

예제 구현

1. 핵심 기능을 제공하는 클래스를 정의한다.

```
class Card:
    __slots__ = ('rank', 'suit')
    def __init__(self, rank, suit):
        super().__init__()
        self.rank = rank
        self.suit = suit
    def __repr__(self):
        return "{rank:2d} {suit}".format(
            rank=self.rank, suit=self.suit
        )
```

이 클래스는 숫자가 2부터 10까지인 카드를 나타낸다. `super().__init__()` 메소드는 슈퍼클래스의 초기화 메소드를 실행한다.

2. 특수한 경우를 처리하는 서브클래스들을 정의한다.

```
class AceCard(Card):
    def __repr__(self):
        return " A {suit}".format(
            rank=self.rank, suit=self.suit
        )
class FaceCard(Card):
    def __repr__(self):
        names = {11: 'J', 12: 'Q', 13: 'K'}
        return " {name} {suit}".format(
            rank=self.rank, suit=self.suit,
            name=names[self.rank]
        )
```

`Card` 클래스의 서브클래스를 두 개 정의했다. `AceCard` 클래스는 Ace 카드를, `FaceCard` 클래스는 J, Q, K 카드를 화면에 출력하는 규칙을 처리한다.

3. 추가돼야 할 기능을 식별하는 믹스인 슈퍼클래스를 정의한다. 공통의 추상 클래스로부터 기능을 상속받는 경우도 있지만, 이번 예제에서는 카드 숫자가 Ace부터 10까지인 경우를 처리하는 실체concrete 클래스가 사용된다.

```
class CribbagePoints:
    def points(self):
        return self.rank
```

크리비지 게임에서 이 숫자들의 점수는 카드 숫자와 똑같다.

4. 페이스 카드(J, Q, K)인 경우를 처리하는 믹스인 서브클래스를 정의한다.

```
class CribbageFacePoints(CribbagePoints):
    def points(self):
        return 10
```

페이스 카드의 점수는 모두 10이다.

5. 핵심 클래스와 믹스인 클래스를 합쳐서 새로운 클래스를 정의한다. 새로운 클래스를 정의하면서 새로 메소드를 추가하는 것도 기술적으로는 가능하지만, 이렇게 하면 혼란을 일으키기 쉬우므로 바람직하지 않다. 현재 목표는 두 개의 기능 집합을 단순 결합해 새로운 클래스를 정의하는 것이기 때문이다.

```
class CribbageAce(AceCard, CribbagePoints):
    pass

class CribbageCard(Card, CribbagePoints):
    pass

class CribbageFace(FaceCard, CribbageFacePoints):
    pass
```

6. 입력 매개변수에 기반한 객체를 생성하는 팩토리 함수(또는 팩토리 클래스)를 작성한다.

```
def make_card(rank, suit):
    if rank == 1: return CribbageAce(rank, suit)
    if 2 <= rank < 11: return CribbageCard(rank, suit)
    if 11 <= rank: return CribbageFace(rank, suit)
```

7. 이 함수를 사용해 다음과 같이 덱을 생성할 수 있다.

```
>>> from ch07_r02 import make_card, SUITS
>>> import random
>>> random.seed(1)
>>> deck = [make_card(rank+1, suit) for rank in range(13) for suit in
SUITS]
>>> random.shuffle(deck)
>>> len(deck)
52
>>> deck[:5]
[ K ♡,  3 ♡, 10 ♡,  6 ◇,  A ◇]
```

난수 생성기에 항상 같은 값을 제공하므로 shuffle() 함수가 실행될 때 동일한 순서로 난수들이 생성된다. 항상 같은 결과가 나오므로 단위 테스트가 가능하다. 리스트 컴프리헨션을 사용해 13개 숫자와 네 개 무늬를 모두 포함하는 카드 리스트를 생성했다. 리스트에는 52개(=13*4)의 객체가 포함될 것이다. 이 객체들은 두 개의 클래스 계층 구조에 속한다. Card의 서브클래스이자 CribbagePoints의 서브클래스이기 때문이다. 따라서 두 개의 기능 집합을 모두 사용할 수 있다. 예를 들어, 다음과 같이 points() 메소드를 실행할 수 있다.

```
>>> sum(c.points() for c in deck[:5])
30
```

두 개의 페이스 카드, 3, 6, Ace 카드를 패로 들고 있으므로 점수 합계는 30이다.

예제 구현

파이썬이 메소드(또는 속성)를 찾는 순서는 다음과 같다.

1. 현재 클래스에서 메소드 또는 속성을 찾는다.
2. 현재 클래스에서 찾을 수 없으면, 전체 부모 클래스를 대상으로 찾는다. 부모 클래스들이 검색되는 순서를 MRO[Method Resolution Order]라고 부른다.

MRO는 클래스가 생성될 때 자동으로 계산된다. C3라는 알고리즘이 사용되는데 이 알고리즘에 대한 자세한 설명은 https://en.wikipedia.org/wiki/C3_linearization을 참조한다. 이 알고리즘은 각 부모 클래스들을 단 한 번만 검색하며, 클래스 계층 구조상 서브클래스가 언제나 부모 클래스보다 먼저 검색된다.

mro() 메소드로 MRO를 직접 확인할 수 있다. 사용법은 다음과 같다.

```
>>> c = deck[5]
>>> c
10 ◇
>>> c.__class__.__name__
'CribbageCard'
>>> c.__class__.mro()
[<class 'ch07_r02.CribbageCard'>, <class 'ch07_r02.Card'>,
<class 'ch07_r02.CribbagePoints'>, <class 'object'>]
```

먼저 덱에서 한 장의 카드 c를 선택했다. 이 카드의 __class__ 속성은 클래스 참조로서 클래스 이름이 CribbageCard인 것을 볼 수 있다. mro() 메소드는 이름 확인 순서를 보여주고 있다.

1. 클래스 자신(CribbageCard)을 검색한다.
2. 그다음에는 Card에서 찾는다.
3. 그다음에는 CribbagePoints에서 찾는다.
4. 마지막으로 object에서 찾는다.

클래스는 내부적으로 dict 객체에 메소드 정의를 저장한다. dict는 해시 검색 방식이기 때문에 검색 속도가 매우 빠르다. (그 전 단계에서 찾을 수 없어서) object 객체를 검색할 때 걸리는 시간은 Card를 검색할 때보다 불과 3% 정도 크다.

예를 들어 100만 번의 수행을 할 때 검색 시간은 대체로 다음과 같다.

```
Card.__repr__ 1.4413
object.__str__ 1.4789
```

Card 클래스의 __repr__() 메소드 검색 시간과 object 클래스의 __str__() 메소드 검색 시간을 비교한 것이다. 100만 번 수행에 증가된 시간은 겨우 0.03초다.

이것은 무시할 만한 오버헤드이므로 클래스 계층 구조 설계를 구성하기에 적합하다.

부연 설명

이번 예제처럼 별도로 분리하면 좋은 관심사들은 다음과 같다.

- 영속성과 상태 표현: 항상 동일한 외부 표현으로의 변환을 관리하는 메소드를 추가할 수 있다.
- 보안: 일관된 권한 검사를 수행하는 믹스인 클래스를 정의할 수 있다.
- 로깅: 어느 클래스에서나 동일하게 로깅을 수행하는 믹스인 클래스를 정의할 수 있다.
- 이벤트 신호 발생 및 변경 알림: 상태 변경 알림을 생성하는 객체와 이러한 알림을 수신 대기하는 객체를 생성할 수 있다. 이러한 디자인 패턴을 옵저버observer 패턴이라고 한다. 예를 들어, 객체 상태를 관찰하는 GUI 위젯은 변경이 발생한 객체로부터 변경 알림을 받아서 화면 표시를 갱신한다.

로깅 기능을 추가하기 위해 믹스인 클래스를 정의해보자. 이 클래스가 MRO의 맨 처음에 검색되도록 정의할 것이다. 따라서 super() 함수는 MRO의 뒷부분에 정의된 메소드들을 찾을 것이다.

이 클래스는 각 클래스에 logger 속성을 추가한다.

```
class Logged:
    def __init__(self, *args, **kw):
        self.logger = logging.getLogger(self.__class__.__name__)
        super().__init__(*args, **kw)
    def points(self):
        p = super().points()
        self.logger.debug("points {0}".format(p))
        return p
```

super().__init__() 메소드가 MRO에 들어있는 다른 클래스들의 __init__() 메소드를 수행한다는 점에 주목하자. 앞서도 봤듯이 객체의 핵심 기능을 정의하는 클래스를 하나 정의하고, 믹스인 클래스들은 이 클래스에 기능을 추가하도록 설계하는 것이 가장 간단하다.

또한 points() 메소드도 정의했다. MRO 내의 다른 클래스들에서 points()의 구현을 검색하고, 이를 통해 검색된 points() 메소드가 계산한 결과 값을 기록한다.

이 Logged 믹스인 클래스를 다음과 같이 다른 클래스에서 사용할 수 있다.

```
class LoggedCribbageAce(Logged, AceCard, CribbagePoints):
    pass
class LoggedCribbageCard(Logged, Card, CribbagePoints):
    pass
class LoggedCribbageFace(Logged, FaceCard, CribbageFacePoints):
    pass
```

이 클래스들은 세 개의 서로 다른 클래스 정의를 상속받는다. 그중에서 Logged 클래스가 가장 먼저 제공되므로, 모든 클래스가 일관되게 로깅을 수행할 수 있다. 그리고 Logged의 메소드들은 super()를 사용해 (Logged 뒤에 오는) 다른 슈퍼클래스들에서 해당 구현을 찾을 것이다.

이 클래스들을 사용하려면 애플리케이션을 조금 수정해야 한다.

```
def make_logged_card(rank, suit):
    if rank == 1: return LoggedCribbageAce(rank, suit)
    if 2 <= rank < 11: return LoggedCribbageCard(rank, suit)
    if 11 <= rank: return LoggedCribbageFace(rank, suit)
```

이 함수를 make_card() 대신에 사용해야 한다. 좀 전과 다른 클래스들을 사용하기 때문이다.

그리고 다음과 같이 덱을 생성할 수 있다.

```
deck = [make_logged_card(rank+1, suit)
    for rank in range(13)
        for suit in SUITS]
```

make_card( ) 대신에 make_logged_card( )를 사용해서 덱을 생성했다. 이제, 여러 클래스들로부터 일관된 방식으로 세부 디버깅 정보를 얻을 수 있다.

참고 사항

- 다중 상속을 고려할 때는 래핑이 더 나은 설계일 가능성을 항상 고민해야 한다. '확장과 래핑 간의 비교' 레시피를 참조한다.

덕타이핑을 사용하는 방법

상속 기법은 슈퍼클래스와 서브클래스 간에 명확한 관계가 존재할 때 사용된다. 앞서 '확장과 래핑 간의 비교' 레시피와 6장의 '컬렉션 확장하기: 통계 값을 계산하는 리스트' 레시피에서 서브클래스–슈퍼클래스 관계를 사용하는 확장 기법에 대해 살펴본 바 있다.

파이썬은 언어 차원에서 추상화된 슈퍼클래스를 지원하지 않는다. 다만 표준 라이브러리의 abc 모듈이 추상 클래스 작성을 지원한다.

하지만 abc 모듈이 꼭 필요하지는 않다. 파이썬이 덕타이핑duck typing 기능을 지원하기 때문이다. 덕타이핑이라는 단어는 다음 문장에서 유래했다.

"오리처럼 걷고 오리처럼 수영하고 오리처럼 우는 새를 보면, 나는 그 새를 오리라고 부른다."

제임스 윗콤 라일리James Whitcomb Riley의 말이다. 귀추법abductive reasoning을 설명하는 표현이라고도 볼 수 있는데, 귀추법이란 관찰로부터 그 관찰을 정당화하는 이론으로 나아가는 추론 방식을 의미한다. 만일 두 개의 클래스가 동일한 메소드와 동일한 속성을 가지고 있다면, 이 두 개의 클래스는 공통의 슈퍼클래스를 갖는 것으로 간주하는 것이다. 이 두 개의 클래스가 object 클래스 이외에는 공통의 슈퍼클래스를 명시적으로 갖지 않아도 동작한다는 뜻이다.

클래스의 메소드와 속성 집합을 가리켜서 그 클래스의 시그니처signiture라고 부를 수 있다. 시그니처는 클래스의 속성과 행위를 고유하게 식별할 수 있다. 하지만 파이썬에서 시그니처는 동적이므로, 클래스를 대조한다는 것은 단지 네임스페이스 내에서 이름을 찾는 문제일 뿐이다.

덕타이핑을 어떻게 활용할 수 있을까?

준비

슈퍼클래스를 정의한 후 서브클래스들에서 슈퍼클래스를 확장하도록 코드를 작성하는 방법은 일반적으로 그리 어렵지 않다. 하지만 가끔은 그렇지 않을 때가 있다. 다수의 모듈로 분산된 애플리케이션일 경우, 공통의 기능을 슈퍼클래스로 추출해서 이를 별도 모듈로 독립시키고 다시 이 모듈을 여러 곳에서 포함시키는 것이 쉽지 않기 때문이다.

이럴 경우 공통의 슈퍼클래스를 정의하는 대신에 덕타이핑이 가능할지 검토하는 방법을 고려할 수 있다. 어떤 두 개의 클래스가 동일한 메소드와 속성을 갖고 있다면 이 클래스들은 실질적으로 어떤 슈퍼클래스의 서브클래스인 것이나 마찬가지기 때문이다.

지금부터 덕타이핑을 설명하기 위해 한 쌍의 주사위 굴리기를 시뮬레이션하는 두 개의 클래스를 사용한다. 간단한 문제지만 다양한 방법으로 구현할 수 있다.

예제 구현

1. 필요한 메소드와 속성을 포함하는 클래스를 정의한다. `dice` 속성은 가장 최근의 주사위 굴리기 결과를 저장하고 `roll()` 메소드는 주사위의 상태를 변경한다.

```
class Dice1:
    def __init__(self, seed=None):
        self._rng = random.Random(seed)
        self.roll()
    def roll(self):
```

```
        self.dice = (self._rng.randint(1,6),
            self._rng.randint(1,6))
        return self.dice
```

2. 동일한 메소드와 속성을 갖는 다른 클래스들을 정의한다. Dice2 클래스는 Dice1 클래스와 시그니처가 똑같지만 좀 더 복잡하다.

```
class Die:
    def __init__(self, rng):
        self._rng= rng
    def roll(self):
        return self._rng.randint(1, 6)
class Dice2:
    def __init__(self, seed=None):
        self._rng = random.Random(seed)
        self._dice = [Die(self._rng) for _ in range(2)]
        self.roll()
    def roll(self):
        self.dice = tuple(d.roll() for d in self._dice)
        return self.dice
```

Dice2 클래스는 _dice 속성이 추가돼 있다. 하지만 dice 속성과 roll() 메소드에 영향을 미치지 않는다.

이제, Dice1과 Dice2 클래스를 자유롭게 교차하며 사용할 수 있다.

```
def roller(dice_class, seed=None, *, samples=10):
    dice = dice_class(seed)
    for _ in range(samples):
        yield dice.roll()
```

roller() 함수는 다음과 같이 사용할 수 있다.

```
>>> from ch07_r03 import roller, Dice1, Dice2
>>> list(roller(Dice1, 1, samples=5))
[(1, 3), (1, 4), (4, 4), (6, 4), (2, 1)]
>>> list(roller(Dice2, 1, samples=5))
[(1, 3), (1, 4), (4, 4), (6, 4), (2, 1)]
```

Dice1으로부터 생성되는 객체와 Dice2로부터 생성되는 객체는 구별할 수 없을 만큼 유사하다.

물론 _dice 속성으로 구별할 수 있다. 혹은 __class__로도 구별 가능하다.

예제 분석

namespace.name이라는 표현식을 작성하면 파이썬은 이 네임스페이스 내에서 해당 이름을 검색한다. 검색 알고리즘은 다음과 같다.

1. self.__dict__에서 해당 이름을 찾는다. 저장 공간을 절약하기 위해 __slots__를 사용하는 객체일 경우에는 6장의 '__slots__로 객체를 최적화하는 방법' 레시피를 참조한다. 속성 값은 일반적으로 이 방법으로 찾을 수 있다.
2. self.__class__.__dict__에서 해당 이름을 찾는다. 메소드는 일반적으로 이 방법으로 찾을 수 있다.
3. '확장과 래핑 간의 비교' 레시피와 '다중 상속을 통한 관심사 분리' 레시피에서 설명했듯이, 현재 클래스에서 해당 이름을 찾지 못하면 슈퍼클래스들을 순회하면서 검색을 진행한다. 검색 순서는 MRO를 따른다.

이로부터 두 가지 결론을 얻을 수 있다.

- 값이란 호출 불가능한 객체를 의미한다. 속성이 여기에 해당한다.
- 속성의 값은 곧 클래스의 바인딩된 메소드다. 일반적인 메소드와 프로퍼티 모두 해당된다. 프로퍼티에 대한 자세한 설명은 6장의 '프로퍼티로 지연 계산을 구현하는 방법' 레시피를 참조하자. 바인딩된 메소드는 반드시 실행돼야 한다. 일반적인 메소드일 경우 메소드 이름 뒤의 ( ) 안에 인수가 위치하고, 프로퍼티일 경우 인수 값을 포함하는 ( )가 없다.

디스크립터의 사용 방법에 대한 자세한 설명은 생략했다. 대부분의 경우에 디스크립터의 존재는 그다지 중요하지 않다.

여기서 핵심은 `__dict__` (또는 `__slots__`) 이름 컬렉션을 통해 검색이 이뤄진다는 점이다. 공통의 슈퍼클래스가 존재한다면 일치하는 이름이 발견될 것이라 보장할 수 있다. 하지만 공통의 슈퍼클래스가 존재하지 않는다면 그런 보장을 할 수 없다. 단지 정교한 설계와 폭넓은 테스트 범위에 의존해야 한다.

부연 설명

`decimal` 모듈에는 다른 숫자 자료형들과 구별되는 숫자 자료형이 포함돼 있다. 이 자료형을 지원하기 위해 `numbers` 모듈은 어떤 클래스를 `Number` 클래스 계층 구조의 일부로서 등록한다는 개념을 사용한다. 이것은 상속을 사용하지 않으면서 클래스 계층에 새로운 클래스를 삽입하는 방법이다.

`codecs` 모듈 역시 비슷한 방법으로 새로운 인코딩 방식을 추가할 수 있다. `codecs` 모듈 내에 정의된 클래스를 전혀 사용하지 않으면서 새로운 인코딩을 정의하고 등록할 수 있다.

앞서 클래스의 메소드를 검색할 때 디스크립터의 개념을 언급했었다. 파이썬은 내부적으로 디스크립터 객체를 사용해 값을 얻거나 설정할 수 있는 프로퍼티를 생성한다.

디스크립터 객체는 특수한 메소드인 `__get__`, `__set__`, `__delete__`를 구현해야 한다. 속성이 표현식 내에서 사용될 때 `__get__` 메소드로 이 속성의 값을 찾는다. 대입문의 왼쪽에 속성이 위치할 때는 `__set__` 메소드가 사용되고, `del`문에서 사용될 때는 `__delete__` 메소드가 사용된다.

디스크립터 객체는 속성이 다양한 상황에서 사용될 수 있도록 중개 역할을 한다고 볼 수 있다. 디스크립터를 직접 사용하는 경우는 거의 없다. `@property` 데코레이터로 디스크립터를 자동으로 생성할 수 있다.

참고 사항

- 덕타이핑 개념은 '확장과 래핑 간의 비교' 레시피에도 함축돼 있다. 덕타이핑을 활용한다면 이것은 곧 두 개의 클래스가 같지 않다고 말하는 것과 같다. 마찬가지로 상속을 우회하는 것은 곧 is-a 관계가 성립하지 않는다고 암묵적으로 말하는 것이다.
- '다중 상속을 통한 관심사 분리' 레시피에서도 덕타이핑을 활용해 상속 계층 구조를 갖지 않는 복합 클래스를 만들 수 있었다. 하지만 믹스인 패턴의 사용법이 매우 간단하기 때문에 굳이 덕타이핑을 쓸 필요가 없었다.

전역 싱글턴 객체를 관리하는 방법

파이썬 환경은 많은 수의 전역 객체들을 암묵적으로 포함하고 있다. 전역 객체는 잘 활용하면 다른 컬렉션 객체들을 다룰 때 많은 도움이 된다. 직접 명시적인 초기화 코드를 작성하지 않아도 되기 때문이다.

`random` 모듈에 포함된 난수 생성 객체를 예로 들 수 있다. `random.random()`을 실행하는 것은 실제로는 `random` 모듈의 암묵적인 일부분인 `random.Random` 클래스의 인스턴스를 사용하는 것과 같다.

그 밖에도 다음의 예를 들 수 있다.

- 숫자 자료형 컬렉션. 기본으로 제공되는 것은 `int`, `float`, `complex`뿐이다. 하지만 다른 숫자 자료형을 추가할 수 있으며 추가된 자료형은 기존 자료형과 아무 충돌 없이 동작할 수 있다. 사용 가능한 숫자 자료형들이 등록되는 전역 레지스트리 객체가 존재한다.
- 인코딩/디코딩 메소드(코덱codecs) 컬렉션. `codecs` 모듈에는 다양한 인코더와 디코더들이 들어있는데 역시 암묵적인 레지스트리 객체가 포함돼 있다. 이 레지스트리에 인코딩과 디코딩 메소드를 추가할 수 있다.

- webbrowser 모듈에는 웹 브라우저들이 등록된 레지스트리 객체가 들어있다. 일반적으로 운영체제의 기본 브라우저가 사용자가 가장 선호하는 브라우저이자 실제 사용하는 브라우저일 때가 많지만, 원한다면 다른 브라우저를 실행할 수도 있다. 심지어 애플리케이션의 고유한 브라우저를 새로 등록할 수도 있다.

이와 같은 암묵적인 전역 객체들을 어떻게 사용할 수 있을까?

준비

일반적으로 암묵적 객체는 혼란을 일으키기 쉽다. 객체의 메소드가 아니라 별도의 함수로서 특정 기능을 제공하기 때문이다. 하지만 모듈 간의 협업만을 위한 코드를 작성할 필요 없이 여러 모듈에서 공통의 객체를 공유할 수 있다는 장점이 있다.

이번 레시피의 예제는 전역 싱글턴 객체를 갖는 모듈을 정의한다. 모듈에 대한 자세한 설명은 13장을 참조한다.

이 전역 객체는 다수의 모듈 또는 객체로부터 데이터를 수집해 누적하는 카운터 역할을 한다. 간단한 함수를 사용해 이 객체에 대한 인터페이스를 제공할 것이다.

이 객체를 사용하면 다음과 같이 코드를 작성할 수 있다.

```
for row in source:
    count('input')
    some_processing()
print(counts())
```

따라서 전역 카운터 객체를 참조하는 두 개의 함수를 작성할 필요가 있다.

- count(): 카운터 값을 증가시키고 현재 값을 반환한다.
- counts(): 카운터 값들을 전부 제공한다.

예제 구현

전역 상태 정보는 두 가지 방법으로 다룰 수 있다. 하나는 (모듈은 싱글턴 객체이므로) 모듈 전역 변수를 사용하는 것이고, 다른 하나는 클래스 수준의 (정적) 변수를 사용하는 방법으로서 클래스 정의 자체도 싱글턴 객체이기 때문이다. 두 가지 방법을 순서대로 알아보자.

모듈 전역 변수

1. 모듈 파일을 생성한다. 모듈 파일은 확장자가 .py고 클래스 정의를 포함한다. 이번 예제의 파일명은 counter.py다.
2. 전역 싱글턴 객체에 대한 클래스를 정의한다. 이번 예제는 다음 정의를 사용한다.

   ```
   from collection import Counter
   ```

   어떤 경우에는 이것 대신에 `types.SimpleNamespace`를 사용할 수도 있다. 또한 속성뿐 아니라 메소드도 포함하는 더 복잡한 클래스가 필요할 경우도 있다.
3. 전역 싱글턴 객체의 유일무이한 인스턴스를 정의한다.

   ```
   _global_counter = Counter()
   ```

   이름 앞에 _를 붙인 것은 가시성을 낮추기 위한 것이다. _가 있다고 `private` 객체가 되는 것은 아니다. 하지만 많은 파이썬 도구와 유틸리티들은 이름이 _로 시작하는 객체를 무시한다.
4. 래퍼 함수를 정의한다.

   ```
   def count(key, increment=1):
       _global_counter[key] += increment
   def counts():
       return _global_counter.most_common()
   ```

   전역 객체 `_global_counter`를 사용하는 두 개의 함수를 정의했다. 이 함수들은 카운터의 세부 구현을 캡슐화하고 있다.

이제, 애플리케이션 내의 다양한 위치에서 `count()` 함수를 사용할 수 있다. 하지만 카운트되는 이벤트들은 모두 이 싱글턴 객체에만 저장된다.

다음과 같이 이 함수들을 사용할 수 있다.

```
>>> from ch07_r04 import count, counts
>>> from ch07_r03 import Dice1
>>> d = Dice1(1)
>>> for _ in range(1000):
...     if sum(d.roll()) == 7: count('seven')
...     else: count('other')
>>> print(counts())
[('other', 833), ('seven', 167)]
```

먼저, count( )와 counts( ) 함수를 임포트했다. 그다음에 이벤트 시퀀스를 간단히 생성하기 위한 수단으로 사용하기 위해 Dice1 클래스도 임포트했다. Dice1 인스턴스를 생성할 때 특정한 시드 값을 사용하므로 항상 같은 결과 값이 얻어진다.

이제 객체 d를 사용해 무작위 이벤트를 생성할 수 있다. 이벤트는 seven과 other 두 가지로 분류된다. count( ) 함수는 암묵적인 전역 객체를 사용한다.

시뮬레이션이 끝난 후에는 counts( ) 함수를 사용해 결과를 출력했다. 모듈 내에 정의된 전역 객체에 접근해서 결과를 얻어온다.

이 기법의 장점은 ch07_r04 모듈 내의 전역 객체를 여러 모듈이 공유할 수 있다는 점이다. 필요한 것은 import문뿐이다. 그 외에는 협업이나 오버헤드가 불필요하다.

클래스 수준의 정적 변수

1. 클래스를 정의하고, __init__ 메소드 외부에 변수 하나를 정의한다. 이 변수는 클래스에 속하며 개별 인스턴스에 속하는 것이 아니다. 따라서 클래스의 모든 인스턴스에서 공유된다.

   ```
   from collections import Counter
   class EventCounter:
       _counts = Counter()
   ```

클래스 수준 변수의 이름이 밑줄로 시작하는 것은 가시성을 낮추기 위한 것이다. 즉, 이 속성이 나중에 변경될 수 있는 세부 구현임을 알리기 위한 것이다. 이 속성은 외부에서 볼 수 있는 클래스 인터페이스의 일부가 아니다.

2. 값을 갱신하거나 추출하는 메소드를 작성한다.

```
def count(self, key, increment=1):
    EventCounter._counts[key] += increment
def counts(self):
    return EventCounter._counts.most_common()
```

변수 대입과 인스턴스 변수를 강조하기 위해 self 변수를 사용하지 않았다. 대입문의 오른쪽에 위치하는 self.name이 있을 경우, 이 이름은 객체, 클래스, 슈퍼클래스의 순서로 검색된다. 이것이 클래스 검색의 일반적인 규칙이다.

대입문의 왼쪽에 self.name이 있으면 인스턴스 변수가 새로 생성된다. 인스턴스 변수를 생성하는 것이 아니라 클래스 수준 변수의 값을 변경하려면 Class.name을 사용해야 한다.

애플리케이션의 여러 위치에서 객체를 생성할 수 있지만, 이 객체들은 모두 공통의 클래스 수준 변수를 공유한다.

```
>>> from ch07_r04 import EventCounter
>>> c1 = EventCounter()
>>> c1.count('input')
>>> c2 = EventCounter()
>>> c2.count('input')
>>> c3 = EventCounter()
>>> c3.counts() [('input', 2)]
```

세 개의 객체 c1, c2, c3를 생성했는데, 세 개 모두 EventCounter 클래스에 정의된 공통의 변수를 공유하므로 어느 것으로도 공유 중인 변수의 값을 증가시킬 수 있다. 이 객체들이 서로 다른 모듈, 클래스, 함수에 속하더라도 언제나 공통의 전역 상태 정보를 공유하는 것이다.

예제 분석

파이썬의 `import`문은 `sys.modules`를 사용해 어느 모듈이 로드돼 있는지 추적한다. 일단 이 매핑에 포함된 모듈은 다시 로드되지 않는다. 이 말은 모듈 내에 정의된 변수는 싱글턴 변수임을 의미한다. 오직 한 개의 인스턴스만 존재할 수 있기 때문이다.

전역 싱글턴 변수는 두 가지 방법으로 공유할 수 있다.

- 모듈 이름을 명시적으로 사용하는 방법: 예를 들어, 모듈 내에 `Counter`의 인스턴스를 생성한 후 `counter.counter`를 통해 이를 공유하는 것이다. 동작에는 문제없지만 세부 구현이 외부로 드러나는 단점이 있다.
- (이번 레시피처럼) 래퍼 함수를 사용하는 방법: 코드는 다소 늘어나지만, 애플리케이션의 다른 부분에 영향을 미치지 않으면서 구현을 변경할 수 있다.

래퍼 함수는 전역 변수의 기능을 식별하면서 동시에 세부 구현 방법을 캡슐화할 수 있다. 따라서 세부 구현 변경의 자유도가 높아진다. 래퍼 함수의 역할이 바뀌지 않는다면 세부 구현은 얼마든지 변경할 수 있는 것이다.

일반적으로 클래스 정의는 한 번만 작성되기 때문에 파이썬의 `import`문은 클래스 정의를 싱글턴 객체로 간주한다. 하지만 만약 클래스 정의를 복사해서 (동일 애플리케이션 내의) 다른 모듈에 붙여넣기하면 이 클래스 정의들 간에 하나의 전역 객체를 공유할 수 없다. 이는 흔히 저지르는 실수이므로 주의해야 한다.

두 가지 방법 중에서 어떤 것을 선택하면 좋을까? 이 선택은 전역 상태를 공유하는 다수의 클래스가 존재함으로써 어느 정도의 혼란이 일어나는지에 달려 있다. 조금 전 예제에서 세 개의 변수가 공통의 `Counter` 객체를 공유했는데, 암묵적으로 공유되는 전역 상태는 혼란을 일으키기 쉽다.

부연 설명

전역 상태를 공유하는 것은 객체지향 프로그래밍과 모순되는 면이 있다. 객체지향 프로그래밍은 객체 내의 모든 상태 변화를 캡슐화하는 것을 이상으로 삼기 때문이다. 하지만 공유되는 전역 상태의 존재는 이와 같은 이상과 거리가 멀다.

- 래퍼 함수를 사용하면, 공유 중인 객체가 명시적으로 드러나지 않게 된다.
- 클래스 수준 변수를 사용하면, 공유 중인 객체가 있다는 사실이 숨겨진다.

물론, 명시적으로 전역 객체를 생성하고, 이를 분명하게 애플리케이션의 일부로 만드는 방법을 생각할 수 있다. 하지만 이렇게 하려면 전역 객체를 다른 객체들에 초기화 매개변수로서 제공해야 하는데, 애플리케이션의 규모가 커질수록 코드 작성과 관리에 상당한 부담이 된다.

그럼에도 불구하고 적당한 수의 전역 공유 객체는 애플리케이션을 단순화할 수 있는 매력이 있다. 이러한 객체들을 감사, 로깅, 보안 등의 용도로 사용하면 꽤 유용하다.

하지만 자칫 남용되기 쉬운 것도 사실이다. 너무 많은 전역 객체에 의존하는 설계는 혼란을 일으키기 쉽다. 클래스 내 객체의 캡슐화를 식별하기 어렵기 때문에 고치기 힘든 버그들이 늘어날 수 있다. 또한 객체들 간의 암묵적인 관계 때문에 단위 테스트 케이스를 작성하기도 어렵다.

복잡한 자료 구조 사용하기: 리스트를 포함하는 매핑

4장에서는 파이썬에서 사용할 수 있는 기초적인 자료 구조들을 살펴봤다. 각 레시피에서는 다양한 자료 구조들의 사용법을 개별적으로 설명했다.

이번 레시피에서는 이런 자료 구조들이 결합된 자료 구조의 한 예로, 키에서 리스트로의 매핑을 살펴보자. 키를 통해 식별되는 객체에 대한 세부 정보를 저장하는 데 사용되는 자료 구조며, 단순 구조의 리스트를 다른 열column에서 취한 값을 포함하는 복잡한 자료 구조로 변환할 것이다.

준비

예제 데이터는 가상의 웹 로그web log며, 원래 포맷에서 CSV 포맷으로 변환된 것이다. 이와 같은 변환에는 주로 정규 표현식이 사용된다. 파싱에 대한 자세한 설명은 1장의 '정규 표현식을 사용한 문자열 파싱' 레시피를 참조한다.

미가공 로그의 데이터는 다음과 같다.

```
[2016-04-24 11:05:01,462] INFO in module1: Sample Message One
[2016-04-24 11:06:02,624] DEBUG in module2: Debugging
[2016-04-24 11:07:03,246] WARNING in module1: Something might have gone wrong
```

타임스탬프, 심각도 수준, 모듈 이름, 텍스트로 한 개의 행이 이뤄져 있다. 파싱 뒤의 데이터는 이벤트를 포함하는 단순 리스트로 변환된다. 이 리스트의 모습은 다음과 같다.

```
>>> data = [
    ('2016-04-24 11:05:01,462', 'INFO', 'module1', 'Sample Message One'),
    ('2016-04-24 11:06:02,624', 'DEBUG', 'module2', 'Debugging'),
    ('2016-04-24 11:07:03,246', 'WARNING', 'module1', 'Something might have gone
wrong')
]
```

이 리스트는 이벤트 발생 시간 순서로 배열돼 있다. 하지만 지금 필요한 것은 시간 순서가 아니라 모듈별로 구분된 리스트라고 가정하자. 데이터 분석 시에는 이런 종류의 변환이 자주 수행된다.

예제 구현

1. collections에서 defaultdict 클래스를 임포트한다.

```
from collections import defaultdict
```

2. defaultdict의 기본값으로서 list 함수를 사용한다.

```
module_details = defaultdict(list)
```

3. 데이터를 순회하면서 키와 연관된 리스트에 값을 추가한다. 새로운 키를 만나면 defaultdict 객체는 list( ) 함수로 비어있는 리스트를 생성한다.

```
for row in data:
    module_details[row[2]].append(row)
```

데이터 순회가 끝나면, 모듈 이름에서 그 모듈에 해당하는 행을 포함하는 리스트로 매핑하는 딕셔너리가 결과 값으로서 얻어진다. 이 딕셔너리 객체의 값은 다음과 같다.

```
{
    'module1': [
        ('2016-04-24 11:05:01,462', 'INFO', 'module1', 'Sample Message One'),
        ('2016-04-24 11:07:03,246', 'WARNING', 'module1', 'Something might have
gone wrong')
        ],
    'module2': [
        ('2016-04-24 11:06:02,624', 'DEBUG', 'module2', 'Debugging')
    ]
}
```

이 매핑에서 키는 모듈 이름이고 값은 이 모듈에 해당하는 행들을 포함하는 리스트다. 이 매핑 객체를 사용하면 모듈별로 웹 로그 데이터를 분석하기가 한결 편리해질 것이다.

예제 분석

키를 찾을 수 없을 때의 대처 방법은 두 가지 중에서 선택할 수 있다.

- dict 내장 클래스는 키가 없을 때 예외를 발생시킨다.
- defaultdict 클래스는 키가 없을 때 기본값을 생성하는 함수를 실행한다. int() 또는 float() 함수는 기본 숫자 값을 생성하며, 이번 예제에서 사용한 list() 함수는 비어있는 리스트를 생성한다.

키가 없을 때 set() 함수로 세트 객체를 생성할 수도 있다. 이는 어떤 키에서 그 키를 공유하는 객체들의 세트로 매핑하고 싶을 때 적절한 선택이다.

부연 설명

파이썬 3.5의 타입 추론 기능을 활용하려면 다음과 같이 이 자료 구조를 기술한다.

```
from typing import *
def summarize(data) -> Mapping[str, List]:
    the body of the function.
```

Mapping[str, List]는 이 함수가 문자열 키에서 문자열 항목 리스트로의 매핑을 반환한다는 것을 의미한다.

dict 내장 클래스의 확장 버전을 정의할 수도 있다.

```
class ModuleEvents(dict):
    def add_event(self, event):
        if event[2] not in self:
            self[event[2]] = list()
        self[event[2]].append(row)
```

이 클래스의 고유한 메소드인 add_event()는 키(event[2]의 모듈 이름)가 현재 딕셔너리에 존재하지 않을 경우 빈 리스트를 추가한다. if문 뒤에 키가 이제 딕셔너리에 들어있음을 알리는 사후 조건을 추가하면 좋을 것이다.

이제 다음과 같이 사용할 수 있다.

```
module_details = ModuleEvents()
for row in data:
    module_details.add_event(row)
```

반환된 결과 값의 구조는 defaultdict와 매우 비슷하다.

참고 사항

- 4장의 '딕셔너리를 만드는 방법: 삽입과 갱신' 레시피에서 매핑의 기본적인 사용법을 살펴봤다.
- 4장의 '함수 매개변수의 기본값으로 변경 가능 객체를 피하는 방법' 레시피에서 기본값을 사용할 때 주의할 점들을 살펴봤다.
- 6장의 '좀 더 정교한 컬렉션 자료 구조들' 레시피에서도 defaultdict 클래스를 사용한다.

객체를 정렬할 수 있는 클래스를 작성하는 방법

카드 게임을 시뮬레이션하려면 Card 객체를 정해진 순서로 정렬할 수 있어야 할 때가 많다. 예를 들어 스트레이트straight는 포커에서 매우 중요하다. 포커, 크리비지, 피노클 등의 카드 게임에서 카드 순서는 게임의 중요한 부분이다.

지금까지 배웠던 대부분의 클래스 정의는 객체 정렬에 필요한 기능을 포함하지 않았다. __hash__()에 의해 계산된 내부 해시 값에 기반하는 매핑 또는 세트에 객체를 저장했기 때문이다.

컬렉션 내 항목들의 정렬 상태를 유지하기 위해서는 <, >, <=, >=, ==, != 등의 비교 연산자를 구현하는 비교 메소드들이 필요하다. 비교 메소드는 객체의 속성 값을 바탕으로 한다.

서로 비교 가능한 객체들을 생성하려면 어떻게 해야 할까?

준비

피노클Pinochle 게임에서 덱은 48장의 카드로 구성된다. 카드 숫자는 여섯 가지(9, 10, J, Q, K, A), 카드 무늬는 네 가지다. 그리고 24(=6*4)장의 카드들이 덱에 두 개씩 존재한다. 이처럼 피노클 게임에서는 카드가 고유하지 않기 때문에(즉, 중복 카드가 존재하기 때문에) 딕셔너리나 세트를 사용할 때 신중할 필요가 있다.

'다중 상속을 통한 관심사 분리' 레시피에서는 카드의 기능을 두 가지로 나눠서 정의했었다. Card 클래스는 카드의 핵심 기능을, 믹스인 클래스들은 각 게임별로 요구되는 고유한 기능을 정의했다.

객체를 정렬하기 위해서는 여기에 다시 기능을 추가할 필요가 있다. 피노클 게임을 예로 들어 카드 객체를 정의해보자. 피노클 게임은 '정렬된 컬렉션을 정의하는 방법' 레시피에서도 예제로서 사용될 것이다.

다음과 같이 코드 작성을 시작하자.

```
from ch07_r02 import AceCard, Card, FaceCard, SUITS
class PinochlePoints:
    _points = {9: 0, 10:10, 11:2, 12:3, 13:4, 14:11}
    def points(self):
        return self._points[self.rank]
```

먼저 기존에 작성된 카드 클래스들을 임포트했다. PinochlePoints 클래스는 카드별 점수 계산 규칙을 정의하고 있다. 카드 숫자를 점수로 매핑하는 딕셔너리를 볼 수 있다.

점수 계산 규칙은 다소 헛갈린다. 10이 10점, A가 11점인 것은 이상하지 않지만 K, J, Q는 4점, 3점, 2점이라서 초보자에게 어렵게 느껴질 수 있다.

A가 K보다 점수가 높은 것은 스트레이트 식별의 편의를 위한 것이다. A의 카드 숫자를 14로 지정함으로써 계산 처리를 조금 쉽게 구현할 수 있다.

카드들이 정렬된 컬렉션을 사용하려면 비교 연산들도 정의해야 한다. 객체 비교에 사용되는 여섯 개의 특수한 메소드가 존재한다.

예제 구현

1. 믹스인 패턴을 사용하기 위해 비교 기능들을 포함할 클래스를 새로 정의한다.

   ```
   class SortedCard:
   ```

   이 클래스를 Card 클래스 계층 및 PinochlePoint 클래스와 합쳐서 최종적으로 복합 클래스를 정의할 것이다.

2. 여섯 개의 비교 메소드를 정의한다.

   ```
   def __lt__(self, other):
       return (self.rank, self.suit) < (other.rank, other.suit)
   def __le__(self, other):
       return (self.rank, self.suit) <= (other.rank, other.suit)
   def __gt__(self, other):
       return (self.rank, self.suit) > (other.rank, other.suit)
   def __ge__(self, other):
       return (self.rank, self.suit) >= (other.rank, other.suit)
   def __eq__(self, other):
       return (self.rank, self.suit) == (other.rank, other.suit)
   def __ne__(self, other):
       return (self.rank, self.suit) != (other.rank, other.suit)
   ```

   여섯 개의 비교 연산을 모두 작성했다. Card 클래스의 속성들을 튜플로 변환한 후 파이썬이 제공하는 튜플 비교 연산자를 사용하고 있다.

3. 복합 클래스를 정의한다. 이 클래스들은 한 개의 핵심 클래스와 두 개의 믹스인 클래스를 상속한다.

   ```
   class PinochleAce(AceCard, SortedCard, PinochlePoints):
       pass
   class PinochleFace(FaceCard, SortedCard, PinochlePoints):
       pass
   class PinochleNumber(Card, SortedCard, PinochlePoints):
       pass
   ```

이 클래스들은 세 개의 대체로 독립적인 기능들을 포함한다. 카드의 핵심 클래스, 믹스인 비교 클래스, 믹스인 피노클 클래스를 상속받기 때문이다.

4. 이 클래스들로부터 개별 카드 객체를 생성하는 함수를 작성한다.

```
def make_card(rank, suit):
    if rank in (9, 10):
        return PinochleNumber(rank, suit)
    elif rank in (11, 12, 13):
        return PinochleFace(rank, suit)
    else:
        return PinochleAce(rank, suit)
```

점수 계산의 복잡성은 `PinochlePoints` 클래스에 숨겨져 있다. 복합 클래스들이 `Card` 클래스 계층과 `PinochlePoints` 클래스의 서브클래스로서 생성되기 때문에 쉽고 정확하게 카드를 표현할 수 있다.

이제 비교 연산자가 적용되는 카드 객체를 생성할 수 있다.

```
>>> from ch07_r06a import make_card
>>> c1 = make_card(9, '♡')
>>> c2 = make_card(10, '♡')
>>> c1 < c2
True
>>> c1 == c1
True
>>> c1 == c2
False
>>> c1 > c2
False
```

다음 함수는 48개의 카드로 구성되는 덱을 생성한다.

```
SUITS = '\u2660\u2661\u2662\u2663'
Spades, Hearts, Diamonds, Clubs = SUITS
def make_deck():
    return [make_card(r, s) for _ in range(2)
        for r in range(9, 15)
        for s in SUITS]
```

SUITS의 값은 네 개의 유니코드 문자다. 카드 무늬별로 문자열을 별도로 생성할 수 있지만, 이처럼 하나로 묶는 편이 더 간편하다. make_deck( ) 함수의 제네레이터식은 각 카드별로 두 개의 복사본을 생성한다. 카드 숫자는 여섯 개, 카드 무늬는 네 개뿐이기 때문이다.

예제 분석

파이썬에는 다양한 용도의 특수 메소드들이 존재한다. 클래스의 가시적인 행위는 거의 대부분 어떤 특수 메소드와 관련된다. 이번 레시피에서는 여섯 개의 비교 연산자를 활용했다.

다음 코드를 보자.

```
c1 <= c2
```

이 코드는 실제로 다음 코드처럼 실행된다.

```
c1.__le__(c2)
```

이런 종류의 변환은 모든 연산자에 대해 일어난다.

파이썬 언어 레퍼런스Python Language Reference 3.3절을 자세히 읽어보면, 특수 메소드들은 다음과 같이 몇 개의 그룹으로 분류될 수 있다.

- 기본적인 사용자 정의
- 속성 접근 사용자 정의
- 클래스 작성 사용자 정의
- 인스턴스 및 서브클래스 검사 사용자 정의
- 호출 가능 객체 에뮬레이션
- 컨테이너 자료형 에뮬레이션
- 숫자 자료형 에뮬레이션
- with문 컨텍스트 매니저

이번 레시피에서는 그중 첫 번째 그룹만 살펴본 것이다. 하지만 나머지 그룹들도 디자인 패턴은 비슷하다.

이번 레시피에서 작성한 클래스들의 인스턴스를 실제로 생성해보자. 48장의 카드로 이뤄진 피노클 덱을 생성한다.

```
>>> from ch07_r06a import make_deck
>>> deck = make_deck()
>>> len (deck)
48
```

생성된 덱의 처음 8장을 출력하면, 카드 숫자와 무늬의 모든 조합들로부터 카드가 생성됐음을 확인할 수 있다.

```
>>> deck[:8]
[9 ♣, 9 ♡, 9 ◇, 9 ♠, 10 ♣, 10 ♡, 10 ◇, 10 ♠]
```

덱의 후반부를 출력하면 전반부와 똑같은 것을 알 수 있다.

```
>>> deck[24:32]
[9 ♣, 9 ♡, 9 ◇, 9 ♠, 10 ♣, 10 ♡, 10 ◇, 10 ♠]
```

deck 변수는 단순 리스트이므로 리스트의 항목들을 섞은 후에 12장을 선택해보자.

```
>>> import random
>>> random.seed(4)
>>> random.shuffle(deck)
>>> sorted(deck[:12])
[ 9 ♠, 10 ♠,  J ♣,  J ◇,  J ◇,  Q ♣,  Q ♠,  K ♣,  K ♣,  K ♠, A ♡,  A ♠]
```

여기서는 sorted() 함수가 사용된 것이 중요하다. 비교 연산자가 정의됐기 때문에 이 함수를 사용해 Card 인스턴스를 정렬할 수 있으며, 실제로 정렬돼 있음을 볼 수 있다.

부연 설명

논리적인 관점에서 접근하면, 사실 여섯 개의 비교 연산자 중에서 두 개만 구현해도 된다. 두 개를 구현하면 나머지는 모두 이로부터 파생될 수 있다. 예를 들어, `__lt__()`와 `__eq__()` 연산이 구현되면 나머지 세 개를 다음과 같이 계산할 수 있다.

$a \le b \equiv a < b \lor a = b$

$a \ge b \equiv a > b \lor a = b$

$a \ne b \equiv \neg(a = b)$

다만 파이썬이 이런 종류의 대수학을 알아서 해주지는 않는다. 따라서 논리학에 자신이 없다면 여섯 개의 비교 연산자를 일일이 정의하는 편이 나을 수 있다.

Card 객체는 다른 Card 객체와만 비교할 수 있다. 따라서 다음과 같이 실행하면

```
>>> c1 = make_card (9, '♡')
>>> c1 == 9
```

AttributeError 예외가 발생할 것이다.

예외가 발생하지 않길 원한다면 다음의 두 가지 비교가 모두 가능하도록 비교 연산자를 수정해야 한다.

- Card와 Card를 비교
- Card와 int를 비교

isinstance() 함수로 인수 유형을 구별함으로써 이를 구현할 수 있다.

비교 메소드들을 다음과 같이 수정한다.

```
def __lt__(self, other):
    if isinstance(other, Card):
        return (self.rank, self.suit) < (other.rank, other.suit)
    else:
        return self.rank < other
```

Card 객체끼리 비교할 때는 rank와 suit를 모두 사용하고, 그 밖의 경우에는 rank의 값을 other와 비교한다. 어떤 이유로 인해 other의 값이 부동소수점 수라면 self.rank에 float() 함수 변환이 적용될 것이다.

참고 사항

- 카드 정렬과 관련해 '정렬된 컬렉션을 정의하는 방법' 레시피를 참조한다.

정렬된 컬렉션을 정의하는 방법

카드 게임을 시뮬레이션할 때 플레이어가 손에 들고 있는 패는 카드들의 세트 또는 리스트로 표현할 수 있다. 대부분의 카드 게임에서는 세트만으로 충분하다. 특정 카드의 인스턴스가 한 개만 존재할 수 있으며 세트는 특정 카드가 포함돼 있는지(혹은 아닌지) 빠르게 확인할 수 있기 때문이다.

하지만 피노클 같은 게임에서는 문제가 있다. 피노클의 덱은 48장의 카드로 이뤄지는데 9, 10, J, Q, K, A 카드가 두 장씩 포함된다. 따라서 단순 세트로는 대처할 수 없다. 대신에 멀티세트mutiset 혹은 백bag을 사용해야 한다. 멀티세트는 중복 항목을 허용하는 세트를 말한다.

또 특정 항목의 소속 여부 검사에만 국한되지 않아야 한다. 예를 들어 Card(9, '◇') 객체를 두 번 이상 추가하거나 제거할 수 있어야 한다.

다양한 방법으로 멀티세트를 구현할 수 있다.

- 리스트를 사용할 수 있다. 항목 추가에 드는 비용은 거의 언제나 같으며 O(1)로 나타낼 수 있다. 하지만 항목 검색의 속도는 느리다. 소속 여부 검사의 복잡도는 데이터의 크기에 따라 증가하며 O(n)이다.

- 매핑을 사용할 수 있다. 중복 항목의 개수를 나타내는 정수가 값이 되며 매핑 내의 객체가 `__hash__()` 기본 메소드를 사용할 수만 있으면 된다. 세 가지 방법으로 구현할 수 있다.
    - `dict`의 서브클래스를 직접 정의한다.
    - `defaultdict` 클래스를 사용한다. '복잡한 자료 구조 사용하기: 리스트를 포함하는 매핑' 레시피에서 `defaultdict(list)`를 사용해 각 키에 대해 리스트를 생성하는 예제를 설명했다. 이 리스트의 `len()` 값은 키가 나타난 횟수다. 따라서 실질적으로 멀티세트라고 할 수 있다.
    - `Counter` 클래스를 사용한다. `Counter`를 사용하면 매우 간단히 구현할 수 있다. `Counter` 클래스에 대해서는 이미 여러 번 설명했다. 4장의 '함수 매개변수의 기본값으로 변경 가능 객체를 피하는 방법', 6장의 '연산 처리 위주의 클래스를 설계하는 방법', '프로퍼티로 지연 계산을 구현하는 방법', 그리고 이번 장의 '전역 싱글턴 객체를 관리하는 방법' 레시피에서 `Counter` 클래스를 사용했다.
- 정렬된 리스트를 사용할 수 있다. 리스트의 정렬 상태를 유지하면서 항목을 삽입하는 비용은 $O(n\log_2 n)$으로서 단순 리스트보다 높지만, 검색에 드는 비용은 $O(\log_2 n)$으로서 단순 리스트보다 낮다. `bisect` 모듈에 이와 관련해 쓸 만한 함수들이 들어있다. 다만, 모든 비교 메소드들을 갖고 있는 객체에 대해서만 이 방법을 사용할 수 있다.

객체들의 정렬 상태를 유지하는 컬렉션을 어떻게 생성할 수 있을까? 또한 이러한 컬렉션을 사용해 어떻게 멀티세트를 생성할 수 있을까?

준비

'객체를 정렬할 수 있는 클래스를 작성하는 방법' 레시피에서는 정렬 가능한 카드를 정의했다. 정렬 가능 여부는 `bisect` 모듈을 사용하는 데 반드시 필요하다. `bisect` 모듈의 알고리즘들은 객체 간의 비교 연산들을 빠짐없이 사용한다.

이번 레시피에서는 12장의 카드로 이뤄지는 피노클 게임의 패를 나타내는 멀티세트를 정의할 것이다. 이 게임은 카드 중복이 허용되므로, 패에는 특정 숫자와 무늬의 카드가 두 장 이상 포함될 수 있다.

패를 일종의 세트로서 다루려면 패 객체에 적용되는 세트 연산자들도 정의할 필요가 있다. 특히 소속 여부 검사 및 부분 집합 연산자를 정의해야 한다.

다음의 집합 표기에 해당하는 파이썬 코드를 작성해보자.

$c \in H$

c는 카드고, $H=\{c_1, c_2, c_3, ...\}$는 카드들을 포함하는 패다.

또한 다음 표기에 해당하는 코드도 작성하고 싶다.

$\{J, Q\} \subset H$

$\{J, Q\}$는 (피노클이라고 불리는) 특정 카드 쌍이고, H는 패다.

다음과 같이 두 개의 import문을 수행한다.

```
from ch07_r06a import *
import bisect
```

첫 번째는 '객체를 정렬할 수 있는 클래스를 작성하는 방법' 레시피에서 정의했던 정렬 가능한 카드 정의를 임포트하고, 두 번째는 bisect 모듈의 함수들을 임포트한다. 이 함수들을 사용해 중복 항목을 포함하는 세트의 정렬 상태를 유지할 것이다.

예제 구현

1. 순회 가능한 입력 데이터로부터 컬렉션을 로드하는 초기화 함수를 포함하는 클래스 정의를 작성한다.

```
class Hand:
    def __init__(self, card_iter):
```

```
        self.cards = list(card_iter)
        self.cards.sort()
```

리스트 혹은 제네레이터식으로부터 Hand 객체를 생성한다. 빈 리스트가 아니라면 리스트 내의 항목들을 순서대로 정렬해야 한다. self.cards 리스트의 sort() 메소드는 Card 객체가 구현하는 비교 연산자들을 이용한다.

SortedCard의 서브클래스에만 신경 쓰면 된다. 비교 메소드들이 바로 여기에 정의돼 있기 때문이다.

2. 패에 카드를 추가하는 메소드를 정의한다.

```
def add (self, aCard : Card):
    bisect.insort(self.cards, aCard)
```

bisect 알고리즘으로 self.cards 리스트에 카드를 삽입한다.

3. 패에서 특정 카드의 위치를 찾는 메소드를 정의한다.

```
def index(self, aCard: Card):
    i = bisect.bisect_left(self.cards, aCard)
    if i != len(self.cards) and self.cards[i] == aCard:
        return i
    raise ValueError
```

bisect 알고리즘을 사용해 특정 카드의 위치를 찾는다. if문은 경계 케이스를 처리하기 위한 것으로, bisect.bisect_left() 함수의 문서화에서 권장하는 기법이다.

4. in 연산자를 구현하는 특수 메소드를 정의한다.

```
def __contains__(self, aCard: Card):
    try:
        self.index(aCard)
        return True
    except ValueError:
        return False
```

card in some_hand의 경우 실제로는 some_hand.__contains__(card)가 실행된다. index() 메소드는 카드를 찾거나 예외를 발생시킨다. 예외가 발생되면 False 값이 반환된다.

5. 패를 순회하는 이터레이터를 정의한다. self.cards 컬렉션으로 처리를 단순히 위임하고 있다.

```
def __iter__(self):
    return iter(self.cards)
```

iter(some_hand)의 경우 실제로는 some_hand.__iter__()가 실행된다.

6. 두 개 Hand 인스턴스 간의 부분 집합 연산을 정의한다.

```
def __le__(self, other):
    for card in self:
        if card not in other:
            return False
    return True
```

파이썬에는 $a \subset b$ 또는 $a \subseteq b$ 기호가 없으므로 대신에 <와 <=이 사용된다. 패에 특정 카드 조합이 포함되는지 알기 위해 pinochle <= some_hand를 사용하면 실제로는 pinochle.__le__(some_hand)가 실행될 것이다. self에 포함된 카드 중 하나라도 other에 포함돼 있지 않으면 False가 반환된다.
in 연산자는 __contains__() 메소드로 구현된다. 단순한 파이썬 구문들이 이처럼 특수 메소드로 구현될 수 있다.

이 Hand 클래스를 다음과 같이 사용할 수 있다.

```
>>> from ch07_r06b import make_deck, make_card, Hand
>>> import random
>>> random.seed(4)
>>> deck = make_deck()
>>> random.shuffle(deck)
>>> h = Hand(deck[:12])
>>> h.cards
[ 9 ♠, 10 ♠,  J ♣,  J ◇,  J ◇,  Q ♣,  Q ♠,  K ♣,  K ♣,  K ♠, A ♡,  A ♠]
```

패에 포함된 카드들이 제대로 정렬돼 있음을 알 수 있다.

부분 집합 연산자 <=을 사용해 특정 패턴과 패 전체를 비교하는 예는 다음과 같다.

```
>>> pinochle = Hand([make_card(11,'◇'), make_card(12,'♠')])
>>> pinochle <= h
True
```

Hand는 이터레이터를 지원한다. 따라서 제네레이터식을 사용해 Hand에 포함된 Card 객체들을 참조할 수 있다.

```
>>> sum(c.points() for c in h)
56
```

예제 분석

Hand 컬렉션 객체는 리스트 객체를 포함하면서 새로운 제약 조건을 추가한다. 항목들의 정렬 상태를 유지하는 것이다. 이로 인해 신규 항목을 삽입하는 데 비용이 커지지만, 검색 비용은 감소한다.

특정 항목의 위치를 찾기 위해 bisect 모듈이 활용되므로 직접 알고리즘을 작성할 필요는 없다. bisect 알고리즘이 결코 구현할 수 없을 만큼 복잡하지는 않지만, 새로 작성하는 것보다는 기존 코드를 활용하는 편이 효율적이다.

bisect라는 이름은 검색할 때 리스트를 2등분bisect한다는 뜻이다. 이 알고리즘의 핵심 부분은 다음과 같다.

```
while lo < hi:
    mid = (lo+hi)//2
    if x < a[mid]: hi = mid
    else: lo = mid+1
```

a라는 정렬 리스트에서 x라는 값을 검색한다고 하자. lo의 초기 값은 0이고 hi의 초기 값은 리스트 길이인 len(a)다.

먼저, 중간 위치 mid를 구한다. x가 중간 지점의 값 a[mid]보다 작다면 x는 리스트의 전반부에 있는 것이므로, 리스트의 전반부만 고려하기 위해 hi의 값이 mid로 변경된다.

반대로 x 값이 a[mid]보다 크거나 같다면 x는 리스트의 후반부에 있는 것이므로, 리스트의 후반만 고려하기 위해 lo의 값은 mid+1로 변경된다.

이런 식으로 루프를 한 번 돌 때마다 리스트의 길이가 절반으로 줄어든다. 따라서 lo와 hi의 값이 x의 위치로 수렴하기까지 $O(\log_2 n)$만큼 실행돼야 한다.

예를 들어 패에 12장의 카드가 있을 경우, 첫 번째 비교에서 여섯 장이 버려지고, 두 번째 비교에서 세 장이 버려진다. 세 번째 비교에서는 남은 세 장 중 한 장이 버려지고, 마지막 네 번째 비교에서는 원하는 위치를 얻을 수 있다.

(정렬 리스트가 아닌) 단순 리스트를 사용할 경우 특정 카드를 찾기까지 평균 여섯 번의 비교가 필요하고, 최악의 경우(맨 마지막에 발견될 경우) 12번 비교가 수행돼야 한다.

반면에 bisect 모듈을 사용하면 비교 횟수는 최악이든 평균이든 언제나 $O(\log_2 n)$이다.

부연 설명

collections.abc 모듈에는 다양한 컬렉션 자료 구조의 추상 기초 클래스가 정의돼 있다. Hand 클래스를 더 세트처럼 만들고 싶다면 이 모듈에 포함된 클래스 정의들을 활용할 수 있다.

Hand 클래스 정의에 세트 연산자들을 추가하면 MutableSet 내장 추상 클래스처럼 동작하도록 만들 수 있다.

MutableSet는 Set의 서브클래스다. Set 클래스는 Sized, Iterable, Container라는 세 개 클래스의 복합체이므로 다음의 메소드들을 반드시 정의해야 한다.

- __contains__()
- __iter__()

- `__len__()`
- `add()`
- `discard()`

또한 `MutableSet` 클래스에 요구되는 다음 메소드들도 정의해야 한다.

- `clear()`, `pop()`: 세트에서 항목을 제거한다.
- `remove()`: `discard()`와 달리, 세트 내에 없는 항목을 제거하려고 시도하면 예외를 발생시킨다.

세트 간의 비교 연산을 구현하는 메소드들도 필요하다. `__le__()`를 사용하는 부분 집합 구현 예제를 이미 살펴본 바 있다. 실제로 다음의 부분 집합 비교 연산을 제공해야 한다.

- `__le__()`
- `__lt__()`
- `__eq__()`
- `__ne__()`
- `__gt__()`
- `__ge__()`
- `isdisjoint()`

이 메소드들은 짧고 간단하게 정의하기 어렵다. 따라서 두 개만 정의한 후 나머지는 이 두 개를 활용하는 방법이 주로 쓰인다.

`__eq__()`는 간단하니까 `==`과 `<=` 연산자가 이미 정의됐다고 가정하자. 그럼 다음과 같이 나머지 메소드를 정의할 수 있다.

$x \neq y \equiv \neg(x = y)$

$x < y \equiv (x \leq y) \wedge \neg(x = y)$

$x > y \equiv \neg(x \leq y)$

$x \geq y \equiv \neg(x < y) \equiv \neg(x \leq y) \vee (x = y)$

세트의 연산을 구현하기 위해 정의해야 하는 메소드들은 다음과 같다.

- `__and__()`와 `__iand__()`: & 연산자와 &= 대입문을 구현한다. 두 개 집합 간의 교집합, 즉 $a \cap b$다.
- `__or__()`와 `__ior__()`: | 연산자와 |= 대입문을 구현한다. 두 개 집합 간의 합집합, 즉 $a \cup b$다.
- `__sub__()`와 `__isub__()`: - 연산자와 -= 대입문을 구현한다. 두 개 집합 간의 차집합, 즉 $a-b$다.
- `__xor__()`와 `__ixor__()`: ^ 연산자와 ^= 대입문을 구현한다. 두 개 집합 간의 대칭 차집합, 즉 $a \Delta b$다.

대입문을 구현하는 메소드를 별도로 정의할 수도 있다. 다른 점은 다음과 같다.

- `__iand__()` 메소드가 정의돼 있으면 `A &= B`는 `A.__iand__(B)`로서 실행된다. 더 효율적이다.
- `__iand__()` 메소드가 정의돼 있지 않으면 `A &= B`는 `A = A.__and__(B)`로서 실행된다. 새로 객체가 생성돼야 하므로 효율성이 조금 떨어진다. 새로 생성된 객체에 A라는 이름이 주어지고, 이전 객체는 메모리에서 제거된다.

세트 내장 클래스를 완전히 대체하려면, 거의 20개 가까이 메소드들을 직접 정의해야 한다. 많은 코딩 작업이 요구되는 것은 사실이다. 하지만 파이썬은 투명한 방법으로 내장 클래스의 확장을 허용하기 때문에 아주 어렵지만도 않다.

참고 사항

- 피노클 게임의 카드 정의에 대해서는 '객체를 정렬할 수 있는 클래스를 작성하는 방법' 레시피를 참조한다.

딕셔너리의 리스트에서 항목을 삭제하는 방법

리스트에서 어떤 항목을 제거할 때는 예상치 못한 결과가 나타날 수 있다. 예를 들어 list[x]라는 항목이 제거될 때는 다음과 같은 일이 부수적으로 일어난다.

- list[x+1] 항목이 list[x]의 자리를 차지한다.
- x가 가장 마지막 인덱스일 때는 x+1 == len(list)가 된다.

이것들은 리스트에서 항목을 제거할 때 함께 발생하는 부수적인 동작이다. 그리고 이로 인해 리스트에서 두 개 이상의 항목을 한 번에 삭제하기가 어려워진다.

리스트에 포함된 항목들에 __eq__() 특수 메소드가 정의돼 있다면 remove() 메소드로 각 항목을 제거할 수 있다. 하지만 __eq__()가 정의돼 있지 않다면 리스트에서 여러 항목들을 제거하기는 쉽지 않다.

어떻게 리스트에서 다수의 항목들을 삭제할 수 있을까?

준비

딕셔너리를 항목으로서 포함하는 리스트를 사용할 것이다. 노래 제목, 작곡가, 재생 시간을 포함하고 있다.

```
>>> source = [
...     {'title': 'Eruption', 'writer': ['Emerson'], 'time': '2:43'},
...     {'title': 'Stones of Years', 'writer': ['Emerson', 'Lake'], 'time':
'3:43'},
...     {'title': 'Iconoclast', 'writer': ['Emerson'], 'time': '1:16'},
...     {'title': 'Mass', 'writer': ['Emerson', 'Lake'], 'time': '3:09'},
...     {'title': 'Manticore', 'writer': ['Emerson'], 'time': '1:49'},
...     {'title': 'Battlefield', 'writer': ['Lake'], 'time': '3:57'},
...     {'title': 'Aquatarkus', 'writer': ['Emerson'], 'time': '3:54'}
... ]
```

이 자료 구조를 화면에 출력하기 위해서는 pprint 함수가 필요하다.

```
>>> from pprint import pprint
```

리스트 내부 순회는 for문을 사용하면 간단하다. 문제는 특정 항목을 삭제할 때 일어난다.

```
>>> data = source.copy()
>>> for item in data:
...     if 'Lake' in item['writer']:
...         print("remove", item['title'])
remove Stones of Years
remove Mass
remove Battlefield
```

del item문은 data 컬렉션에 어떤 영향도 미치지 못한다. 리스트 내 항목의 지역 변수 복사본을 삭제할 뿐이기 때문이다.

항목을 삭제하기 위해서는 인덱스를 함께 사용해야 한다. 하지만 다음과 같이 인덱스를 사용하면 원하는 결과를 얻을 수 없다.

```
>>> data = source.copy()
>>> for index in range(len(data)):
...     if 'Lake' in data[index]['writer']:
...         del data[index]
Traceback (most recent call last):
  File
"/Library/Frameworks/Python.framework/Versions/3.5/lib/python3.5/doctest.py
", line 1320, in __run
    compileflags, 1), test.globs)
  File "<doctest __main__.__test__.chapter[5]>", line 2, in <module>
    if 'Lake' in data[index]['writer']:
IndexError: list index out of range
```

여기서 문제는 range(len(data))다. 이 값은 삭제가 일어나기 전의 리스트 길이기 때문이다. 항목이 삭제되면 리스트 길이도 줄어든다. 원래의 리스트 길이를 사용하기 때문에 범위를 벗어나는 인덱스가 사용될 것이다.

__eq__( ) 메소드를 갖는 항목을 제거할 경우는 다음과 같이 작성할 수 있다.

```
while x in list:
    list.remove(x)
```

여기서 문제는 item['writer']에 'Lake'를 포함하는 항목을 식별하기 위해서는 __contains__( ) 특수 메소드의 구현이 필요하다는 점이다. __eq__( ) 메소드를 구현한 dict의 서브클래스를 self['writer']의 문자열 매개변수 값으로서 사용하는 방법이 있다. 하지만 이 방법은 __eq__( ) 메소드를 오직 한 개의 필드를 검사하는 용도로 사용하는 것이므로 __eq__( ) 메소드의 원래 용법에 어긋난다.

내장 클래스들을 확장하는 방법도 여전히 문제가 있다. 이번 레시피의 유스케이스는 딕셔너리의 리스트 자료 구조의 일반적인 기능이 아니라 이번 레시피의 문제 영역 특유의 것이기 때문이다.

while in...remove 루프를 사용한다면 다음과 같이 작성할 수 있다.

```
>>> def index(data):
...     for i in range(len(data)):
...         if 'Lake' in data[i]['writer']:
...             return I
>>> data = source.copy()
>>> position = index(data)
>>> while position:
...     del data[position] # 또는 data.pop(position)
...     position = index(data)
```

먼저 index( ) 함수를 정의했다. 이 함수는 목표 값이 처음 나타나는 위치를 찾는다. 이 함수의 반환 값은 다음 두 개의 정보를 제공한다.

- None이 아닌 값이 반환된다면 리스트에 해당 항목이 존재한다.
- 반환 값은 해당 항목의 리스트 내에서의 인덱스다.

하지만 이 함수는 유연성이 부족하다. 규칙이 여럿 존재한다면 그때마다 `index()` 함수를 별도로 작성해야 한다. 아니면 `if`문을 복잡하게 작성해야만 한다.

실행 속도도 문제가 있다. 만일 항목 개수가 *n*개인 리스트에서 목표 값이 *x*번 나타나는 경우를 생각해보자. 그럼 *x*번 루프를 반복해야 한다. 그런데 한 번의 루프 반복 시마다 리스트 내부를 평균 $O(x \times n/2)$번 방문해야 한다. 만일 목표 값이 리스트의 맨 끝에 있으면 $O(x \times n)$번의 방문이 필요하다.

우리는 이보다 더 나은 방법을 찾을 필요가 있다. 2장의 '정상 종료되는 while문을 설계하는 방법' 레시피를 참고해, 리스트 내의 항목을 효율적으로 제거하는 루프를 설계해보자.

예제 구현

1. 인덱스 변수 `i`를 `0`으로 초기화한다. 데이터 컬렉션 내부를 순회하는 변수다.

```
i = 0
```

2. 루프의 종료 조건은 리스트의 모든 항목들이 검사됐음을 보여야 한다. 또한 루프 본문은 기준과 일치하는 모든 항목을 제거해야 한다. 따라서 `item[i]`가 아직 검사되지 않았다는 불변 조건이 유도된다. 검사가 끝난 항목이 제거되지 않고 그대로 유지되는 경우는 인덱스 `i`의 값을 1만큼 증가시켜야 하고, 반면에 검사가 끝난 항목을 제거한 경우는 나머지 항목들이 앞으로 이동하므로 `i` 값을 증가시키지 않는다.

```
if 'Lake' in data[i]['writer']:
    del data[i] # 제거한다
else:
    i += 1 # 유지한다
```

항목을 제거하는 경우는 리스트의 길이가 1만큼 짧아지므로 인덱스 값 `i`는 아직 검사되지 않은 항목을 가리킨다. 반면에 항목을 유지하는 경우는 아직 검사되지 않은 다음 항목을 가리키도록 인덱스 값 `i`를 1만큼 증가시킨다.

3. 종료 조건으로 루프 본문을 감싼다.

```
while i != len(data):
```

i 값은 while문이 마지막으로 수행될 때 모든 항목이 검사됐음을 가리킬 것이다. 실행 결과는 다음과 같다.

```
>>> i = 0
>>> while i != len(data):
...     if 'Lake' in data[i]['writer']:
...         del data[i]
...     else:
...         i += 1
>>> pprint(data)
[{'time': '2:43', 'title': 'Eruption', 'writer': ['Emerson']},
 {'time': '1:16', 'title': 'Iconoclast', 'writer': ['Emerson']},
 {'time': '1:49', 'title': 'Manticore', 'writer': ['Emerson']},
 {'time': '3:54', 'title': 'Aquatarkus', 'writer': ['Emerson']}]
```

데이터를 한 번만 방문하면서 항목 삭제가 정상적으로 수행된 것을 볼 수 있다.

예제 분석

이번 예제의 목표는 리스트 내의 각 항목을 한 번만 검사하면서 해당 항목을 제거하거나 그다음 항목으로 넘어가는 것이다. 이를 위해 파이썬의 리스트 항목 제거가 일어나는 방식을 반영해 루프를 설계했다. 파이썬은 리스트 내의 어떤 항목이 제거되면 그 이후의 항목들을 모두 앞으로 이동한다.

따라서 range( )와 len( ) 함수를 단순하게 사용하면 두 가지 문제가 발생한다.

- 항목들이 앞으로 이동하고 나서 range 객체가 그다음 값을 결정할 때, 일부 항목을 건너뛰는 결과가 발생한다.
- len( )은 리스트의 현재 크기가 아니라 원래 크기이므로, 항목 제거가 있은 후에 인덱스가 리스트 범위를 벗어나는 경우가 발생한다.

이러한 문제가 발생하는 것을 막으려면 루프 본문의 불변 조건을 잘 설계해야 한다. 상태 변경을 두 가지로 나눠서 반영해야 한다.

- 항목이 제거될 때는 인덱스가 바뀌면 안 된다. 리스트 자체가 변경되기 때문이다.
- 항목이 보존될 때는 인덱스가 바뀌어야 한다.

데이터 전체를 한 번만 방문하는 알고리즘의 복잡도가 $O(n)$이라고 생각하기 쉽지만, 항목 삭제의 상대적인 비용이 추가로 고려돼야 한다. 리스트에서 0번째 항목을 삭제하면, 나머지 항목들은 전부 한 위치만큼 앞으로 이동돼야 한다. 따라서 한 번의 삭제로 인한 비용은 $O(n)$이 되며, 결국 복잡도는 $O(n \times x)$에 가깝다(n: 리스트 내 항목의 전체 개수, x: 제거할 항목의 개수).

사실, 이 알고리즘조차도 리스트에서 항목을 제거할 수 있는 가장 빠른 방법은 아니다.

부연 설명

삭제라는 개념을 포기하면 더 효율적인 방법이 있다. 얕은 복사본을 생성하는 것인데, 리스트에서 항목을 제거하는 것보다 실행 속도가 훨씬 빠르다. 다만 메모리는 더 많이 사용한다. 이것은 전형적인 실행 속도와 메모리의 상충 관계다.

다음과 같이 제네레이터식을 사용한다.

```
>>> data = [item for item in source if not('Lake' in item['writer'])]
```

계속 유지될 항목들의 얕은 복사본이 생성되고, 유지되지 않을 항목은 건너뛴다. 얕은 복사본의 개념에 대해서는 4장의 '얕은 복사와 깊은 복사' 레시피를 참조한다.

또한 다음과 같이 고계higher-order 함수를 사용할 수도 있다.

```
>>> data = list(filter(lambda item: not('Lake' in item['writer']), source))
```

filter( ) 함수는 두 개의 인수, 람다 객체와 입력 데이터를 갖는다. 람다 객체는 함수가 축소된 형태로서 인수들과 한 개의 표현식으로 이뤄진다. 위 코드의 표현식은 어느 항목을 통과시킬지 결정한다. 람다의 반환 값이 False인 항목은 거부된다.

filter( )는 제네레이터 함수다. 이 말은 항목들을 모아서 최종 리스트 객체를 생성하는 작업을 해야 함을 의미한다. for문은 제네레이터가 반환하는 결과 값들을 처리하는 한 가지 방법이다. 또한 list( )나 tuple( ) 함수도 제네레이터가 반환하는 항목들을 소비한다.

세 번째로, 필터의 개념을 구현하는 제네레이터 함수를 직접 작성하는 방법이 있다. 제네레이터식이나 filter( ) 함수를 사용할 때보다 더 많은 문장을 작성해야 하지만, 의미는 더 명확할 수 있다.

다음과 같이 제네레이터 함수를 정의한다.

```
def writer_rule(iterable):
    for item in iterable:
        if 'Lake' in item['writer']:
            continue
        yield item
```

for문은 리스트 내의 각 항목을 차례로 검사한다. 작가 이름 리스트에 'Lake'가 들어있으면 for문의 처리가 그대로 진행되므로 해당 항목은 실질적으로 거부되는 것과 같다. 'Lake'가 들어있지 않으면 해당 항목은 반환된다.

다음과 같이 writer_rule( ) 함수를 사용할 수 있다.

```
>>> from ch07_r07 import writer_rule
>>> data = list(writer_rule(source))
>>> pprint(data)
[{'time': '2:43', 'title': 'Eruption', 'writer': ['Emerson']},
 {'time': '1:16', 'title': 'Iconoclast', 'writer': ['Emerson']},
 {'time': '1:49', 'title': 'Manticore', 'writer': ['Emerson']},
 {'time': '3:54', 'title': 'Aquatarkus', 'writer': ['Emerson']}]
```

작가 이름 리스트에 'Lake'가 포함되지 않은 항목들만 포함하는 리스트가 생성된 것을 볼 수 있다. 얕은 복사본이기 때문에 메모리를 그리 많이 사용하지는 않는다.

참고 사항

- 이번 레시피의 내용은 2장의 '정상 종료되는 while문을 설계하는 방법' 레시피를 바탕으로 한다.
- 4장의 '얕은 복사와 깊은 복사' 레시피 및 '리스트 슬라이싱' 레시피와도 관련이 깊다.

8 함수형 및 반응형 프로그래밍

이번 장에서는 다음의 레시피들을 살펴본다.

- `yield`문으로 제네레이터 함수를 작성하는 방법
- 제네레이터식을 조합해 사용하는 방법
- 데이터 컬렉션에 변환 처리를 적용하는 방법
- 부분 집합 선택하기: 세 가지 필터링 방법
- 데이터 컬렉션을 요약하는 방법: 리듀스
- 맵과 리듀스를 조합하는 방법
- 'there exists' 처리를 구현하는 방법
- 부분 함수를 작성하는 방법
- 변경 불가능한 자료 구조를 사용해 알고리즘을 단순화하는 방법
- `yield from`문으로 재귀적 제네레이터 함수를 작성하는 방법

소개

함수형functional 프로그래밍은 다수의 짧고 간결한 함수들을 작성하는 방식으로 데이터 변환을 수행하는 프로그래밍 개념이다. 이처럼 짧은 함수들을 조합해 프로그래밍하는 것은 절차적 문장을 길게 작성하거나 복잡한 상태 저장 객체들을 관리하는 메소드를 작성하는 것보다 간결하면서도 표현력 있는 코드를 산출할 수 있다. 파이썬은 절차적 프로그래밍, 객체지향 프로그래밍, 함수형 프로그래밍을 모두 지원한다.

전통적으로 수학은 함수로 많은 것을 정의해왔다. 그리고 여러 함수들을 조합해서 복잡한 결과 값을 산출한다. 예를 들어, 두 개의 함수 $f(x)$와 $g(y)$를 조합해서 결과를 얻는다고 하자.

$$y = f(x)$$

$$z = g(y)$$

이 두 개의 함수를 합쳐서 합성 함수를 만들 수 있다.

$$z = (g \circ f)(x)$$

합성 함수 $(g \circ f)$는 프로그램의 동작 방식을 분명히 나타낼 수 있다. 작은 세부 사항들을 합쳐서 좀 더 큰 지식 덩어리로 결합한 것이기 때문이다.

프로그램에서 다루는 데이터는 주로 데이터 컬렉션이기 때문에 함수도 데이터 컬렉션 전체에 적용되는 경우가 많다. 이것은 수학의 조건제시법set builder 집합 표기와 잘 어울린다.

함수를 데이터 컬렉션에 적용하는 패턴은 세 가지로 분류할 수 있다.

- 맵(매핑): 컬렉션의 모든 요소에 함수를 적용한다. $\{M(x): x \in C\}$. 즉, 함수 M을 컬렉션 C의 항목 x에 적용한다.
- 필터(필터링): 컬렉션 내의 요소를 선택하기 위해 함수를 사용한다. $\{x: c \in C \text{ if } F(x)\}$. 즉, 함수 F를 사용해 컬렉션 C의 항목 x를 통과시킬지 혹은 거부할지 결정한다.

- 리듀스reduce: 컬렉션을 축약한다. 가장 일반적인 예는 컬렉션 C의 항목 x들의 전체 총합을 구하는 것이다. $\sum_{x \in C} x$

이 패턴들을 조합하는 방법으로 복잡한 애플리케이션을 구축할 수 있다. $M(x)$나 $f(x)$와 같은 작은 함수들이 맵이나 필터 등의 고계 함수를 통해 조합되는 것이다. 각각의 함수는 단순하지만, 이러한 조합을 통해 정교한 계산을 수행할 수 있다.

반응형reactive 프로그래밍은 입력 값이 들어오거나 변경될 때 이를 처리하기 위한 규칙이 실행되는 프로그래밍 방식을 의미한다. 이것은 앞서 배웠던 지연lazy 계산의 개념과 잘 어울린다. 클래스에 지연 계산을 위한 프로퍼티를 정의했을 때, 사실은 반응형 프로그램을 작성했던 것이다.

반응형 프로그래밍은 함수형 프로그래밍과도 잘 어울린다. 입력 값의 변화에 반응하는 변환 규칙들을 함수로서 정의할 수 있기 때문이다. 입력 값의 변화에 반응하는 여러 함수들이 조합되거나 누적된 합성 함수로서 반응형 프로그램을 가장 분명하게 표현할 수 있다. 6장의 '프로퍼티로 지연 계산을 구현하는 방법' 레시피에서 반응형 클래스 설계의 예를 볼 수 있다.

yield문으로 제네레이터 함수를 작성하는 방법

지금까지 배운 대부분의 레시피는 한 개의 컬렉션 내에 포함된 모든 항목들을 처리하는 데 중점을 두고 설계됐다. `for`문으로 컬렉션 내의 항목을 순회하면서, 값을 새로운 항목에 매핑하거나 컬렉션을 어떤 요약 값으로 축약했었다.

컬렉션을 다룰 때는 컬렉션으로부터 한 개의 단일한 결과 값을 산출하는 대신에 점진적으로 결과 값들을 산출하는 방법을 사용할 수 있다.

이러한 접근은 전체 컬렉션을 메모리에 저장할 수 없을 경우에 매우 유용하다. 예를 들어, 대용량의 웹 로그 파일을 분석할 때는 한 개의 인메모리In-memory 컬렉션을 생성하는 것보다 작게 쪼개서 분석을 수행하는 편이 나을 때가 많다.

처리 함수와 컬렉션 자료 구조를 분리하는 방법이 있을까? 개별 데이터 항목이 제공될 때 처리 함수가 즉시 결과 값을 산출하도록 코드를 작성하려면 어떻게 해야 할까?

준비

날짜와 시간 문자열 값을 포함하는 웹 로그 데이터가 있다고 하자. 이 문자열 값을 파싱해서 datetime 객체를 생성하려고 한다. 예제의 내용에 집중하기 위해 이번 예제 웹 로그 데이터는 플라스크Flask가 산출하는 웹 로그의 단순화된 버전을 사용할 것이다.

로그의 각 행은 다음과 같은 모습을 하고 있다.

```
[2016-05-08 11:08:18,651] INFO in ch09_r09: Sample Message One
[2016-05-08 11:08:18,651] DEBUG in ch09_r09: Debugging
[2016-05-08 11:08:18,652] WARNING in ch09_r09: Something might have gone wrong
```

7장의 '복잡한 자료 구조 사용하기: 리스트를 포함하는 매핑' 레시피에서 이러한 로그 데이터를 다루는 예제를 배운 바 있다. 1장의 '정규 표현식을 사용한 문자열 파싱' 레시피에서 배웠던 대로 정규 표현식을 사용하면 다음과 같이 로그의 각 행을 분해할 수 있다.

```
>>> data = [
...     ('2016-04-24 11:05:01,462', 'INFO', 'module1', 'Sample Message One'),
...     ('2016-04-24 11:06:02,624', 'DEBUG', 'module2', 'Debugging'),
...     ('2016-04-24 11:07:03,246', 'WARNING', 'module1', 'Something might have
gone wrong')
... ]
```

평범한 문자열 파싱 기법으로 날짜–시간 타임스탬프를 유용한 데이터로 변환할 수는 없다. 하지만 제네레이터 함수로 로그의 각 행을 처리하면 유용한 중간 자료 구조를 얻을 수 있다.

제네레이터 함수는 yield문을 사용하는 함수를 의미한다. yield문을 포함하는 함수가 반환하는 개별 값들을 클라이언트가 소비하면서 점진적으로 최종 결과 값을 얻을 수 있다. 이때 클라이언트는 for문일 수도 있고, 일련의 값들을 필요로 하는 다른 함수일 수도 있다.

예제 구현

1. datetime 모듈을 임포트한다.

```
import datetime
```

2. 입력 데이터 컬렉션을 처리하는 함수를 정의한다.

```
def parse_date_iter(source):
```

   _iter 접미사는 이 함수가 단순한 컬렉션이 아니라 순회 가능한 객체임을 의미한다.

3. 데이터 컬렉션의 각 항목을 방문하는 for문을 작성한다.

```
for item in source:
```

4. 각 항목을 새로운 항목으로 매핑하는 코드를 for문의 본문에 작성한다.

```
date = datetime.datetime.strptime(
    item[0],
    "%Y-%m-%d %H:%M:%S,%f")
new_item = (date,)+item[1:]
```

   문자열 내의 필드를 datetime 객체로 매핑했다. date 변수는 item[0] 내의 문자열로부터 생성된다.
   그리고 로그 메시지의 3-튜플을 새로운 튜플로 매핑했는데, 이때 date 문자열이 datetime 객체로 바뀐다. 항목의 값이 튜플이므로 (date,)로 싱글턴 튜플을 생성한 후 item[1:] 튜플과 결합했다.

5. 새로운 항목을 yield문으로 반환한다.

```
yield new_item
```

전체 코드는 다음과 같다.

```
import datetime
def parse_date_iter(source):
    for item in source:
        date = datetime.datetime.strptime(
```

```
                item[0],
                "%Y-%m-%d %H:%M:%S,%f")
            new_item = (date,)+item[1:]
            yield new_item
```

parse_date_iter() 함수는 순회 가능한 입력 객체를 인수로 받는다. 컬렉션은 순회 가능한 객체 중 하나며, 더 중요한 사실은 다른 제네레이터들도 순회 가능 객체라는 점이다. 이 점을 이용하면 다른 제네레이터가 반환한 데이터를 받아서 처리하는 제네레이터들로 이뤄지는 제네레이터 스택 혹은 파이프라인을 작성할 수 있다.

이 함수는 데이터 컬렉션을 통째로 반환하는 것이 아니다. 각 데이터 항목을 반환하며, 항목들은 개별적으로 처리된다. 이처럼 개별 데이터 항목 단위로 처리하기 때문에 대용량 데이터도 문제없이 처리할 수 있다. 일반적으로 데이터는 처음부터 메모리에 존재하기보다 외부에 파일 형태로 존재할 경우가 더 많다. 이번 레시피에서 배운 기법은 외부 파일을 처리할 때 특히 효과적이다.

다음과 같이 이 함수를 사용할 수 있다.

```
>>> from pprint import pprint
>>> from ch08_r01 import parse_date_iter
>>> for item in parse_date_iter(data):
...     pprint(item)
(datetime.datetime(2016, 4, 24, 11, 5, 1, 462000),
 'INFO',
 'module1',
 'Sample Message One')
(datetime.datetime(2016, 4, 24, 11, 6, 2, 624000),
 'DEBUG',
 'module2',
 'Debugging')
(datetime.datetime(2016, 4, 24, 11, 7, 3, 246000),
 'WARNING',
 'module1',
 'Something might have gone wrong')
```

for문으로 parse_date_iter( ) 함수의 결과 값들을 한 번에 한 개씩 순회하면서 pprint( ) 함수로 화면에 출력했다.

다음과 같이 항목들을 모아서 리스트를 생성할 수도 있다.

```
>>> details = list(parse_date_iter (data))
```

list( ) 함수는 parse_date_iter( ) 함수가 반환하는 항목들을 소비한다. 제네레이터가 반환하는 항목을 소비하기 위해서는 list( ) 등의 함수 혹은 for문을 사용해야 한다. 제네레이터는 수동적이다. 요구를 받지 않으면, 아무 일도 하지 않는다.

데이터를 소비하는 코드를 작성하지 않으면, 다음과 같은 메시지가 나타난다.

```
>>> parse_date_iter(data)
<generator object parse_date_iter at 0x10167ddb0>
```

parse_date_iter( ) 함수의 값은 제네레이터다. 데이터 컬렉션이 아니고, 요구를 받을 때마다 항목을 반환하는 함수다.

예제 분석

제네레이터 함수는 알고리즘을 이해하는 시각을 변화시킨다. 맵과 리듀스의 두 가지 패턴으로 문제를 해결하게 되는데, 맵은 각 항목을 새로운 항목으로 변환하는 것이고(일반적으로 어떤 값을 계산한다.) 리듀스는 총합, 평균, 분산, 해시 등의 요약 값을 계산하는 것이다. 개별 데이터 항목 단위로 변환 함수나 필터가 적용되며 데이터 컬렉션을 처리하는 외부 루프와는 구분된다.

파이썬은 제네레이터와 데이터 컬렉션 사이에서 중심 역할을 하는 이터레이터라는 이름의 정교한 자료 구조를 제공한다. 이터레이터는 컬렉션 내의 값들을 하나씩 제공하는데, 상태 관리에 필요한 각종 작업들을 내부적으로 알아서 해준다. 제네레이터 함수 역시 이터레이터처럼 동작한다. 일련의 값들을 제공하고, 자체적으로 내부 상태를 관리하기 때문이다.

다음과 같은 파이썬 코드가 있을 경우

```
for i in some_collection:
   process(i)
```

내부적으로는 다음과 비슷한 코드가 실행되는 것이다.

```
the_iterator = iter(some_collection)
try:
    while True:
        i = next(the_iterator)
        process(i)
except StopIteration:
    pass
```

파이썬은 데이터 컬렉션의 iter( ) 함수를 호출해 해당 컬렉션을 위한 이터레이터 객체를 생성한다. 이터레이터 객체는 컬렉션과 바인딩되며 내부 상태 정보를 관리한다. next( ) 함수는 다음 값을 얻어오며, 더 이상 값이 없으면 StopIteration 예외가 발생한다.

파이썬의 모든 컬렉션은 이터레이터를 생성할 수 있다. Sequence나 Set가 생성하는 이터레이터는 해당 컬렉션 내의 항목들을 하나씩 방문하고, Mapping이 생성하는 이터레이터는 매핑에 사용된 키들을 방문한다. 키가 아니라 값을 방문하려면 values( ) 메소드를 사용하면 되고, (키, 값) 튜플을 방문하려면 items( ) 메소드를 사용할 수 있다. 파일의 이터레이터는 파일 내의 각 행을 방문한다.

이터레이터 개념은 함수에도 적용될 수 있다. yield문을 포함하는 함수를 제네레이터 함수라고 부르는데, 제네레이터 함수는 이터레이터의 동작과 잘 들어맞는다. 제네레이터는 iter( ) 함수 실행에 응답하면서 자기 자신을 반환하고, next( ) 함수 실행에 응답하면서 그다음 값을 반환한다.

컬렉션이나 제네레이터 함수에 list( ) 함수를 적용하면, for문이 개별 데이터 값을 얻어오는 것과 동일한 방식으로 동작한다. iter( )와 next( ) 함수로 항목들을 얻어오고, 이 항목들을 모아서 하나의 시퀀스로 변환하는 것이다.

제네레이터 함수에 next()를 실행하면, 제네레이터가 일반 함수와 어떻게 다른지 볼 수 있다. 제네레이터 함수는 yield문에 도달할 때까지 실행된다. 그래서 yield문의 값이 next() 실행의 결과 값으로서 반환되며, next() 함수가 다시 실행되면 제네레이터 함수는 yield문 뒤부터 처리를 재개하고 다시 yield문을 만날 때까지 계속 실행된다.

다음 함수는 두 개의 객체를 반환한다.

```
>>> def gen_func():
...     print("pre-yield")
...     yield 1
...     print("post-yield")
...     yield 2
```

이 제네레이터 함수에 대해 next()를 실행하면 어떻게 되는지 살펴보자.

```
>>> y = gen_func()
>>> next(y)
pre-yield
1
>>> next(y)
post-yield
2
```

next()를 처음 실행했을 때 첫 번째 print() 함수가 실행되면서 yield문이 결과 값을 반환했다. 이어서 함수 실행이 중단되고 >>> 프롬프트가 표시됐다. 다시 next() 함수를 실행하자 두 개의 yield문 사이의 문장이 실행됐다. 함수는 다시 중단되고 >>> 프롬프트가 표시될 것이다.

또 next()를 실행하면 어떻게 될까? 더 이상 yield문이 남아있지 않은 상태다.

```
>>> next(y)
Traceback (most recent call last):
  File "<pyshell...>", line 1, in <module>
    next(y)
StopIteration
```

제네레이터 함수의 마지막에서 `StopIteration` 예외가 발생한 것을 볼 수 있다.

부연 설명

제네레이터 함수의 핵심적인 장점은 복잡한 처리를 두 개의 부분으로 나눌 수 있다는 것이다.

- 변환 또는 필터 적용
- 처리 대상 데이터

데이터를 필터링하는 제네레이터를 사용하는 예제를 살펴보자. 입력받은 숫자 중에서 소수만 남기고 합성수는 모두 거부하는 필터를 작성할 것이다.

다음과 같이 파이썬 함수를 작성한다.

```
def primeset(source):
    for i in source:
        if prime(i):
            yield prime
```

`source`에 들어있는 각각의 값마다 `prime()` 함수를 실행해서 결과 값이 `true`면 그 값을 반환하고 그렇지 않으면 거부한다. `primeset()`를 다음과 같이 사용할 수 있다.

```
p_10 = set(primeset(range(2,2000000)))
```

`primeset()` 함수는 입력받은 데이터 컬렉션에서 소수 값들만 반환한다. 입력 데이터 컬렉션은 2부터 200만까지의 정수며, 소수만을 포함하는 세트 객체가 최종적으로 생성된다.

소수 여부를 판정하는 `prime()` 함수의 구현은 연습 문제로서 여러분에게 남긴다.

수학에서는 하나의 집합에서 다른 집합을 생성하는 규칙을 조건제시법으로 나타낸다.

다음과 같은 조건제시법 표기를 예로 들자.

$P_{10} = \{i: i \in N \wedge 2 \leq i < 2{,}000{,}000 \text{ if } P(i)\}$

P_{10}은 $P(i)$가 true일 때 자연수 N에 속하면서 2부터 200만 사이인 숫자 i의 집합을 의미한다. 이것은 집합을 생성하는 규칙을 정의한 것이다.

파이썬으로는 다음과 같이 작성할 수 있다.

```
p_10 = {i for i in range(2,2000000) if prime(i)}
```

소수의 부분 집합을 파이썬으로 나타낸 것이다. 수학 표기법과 조금 다르지만 핵심 표현은 똑같다.

이런 관점에서 제네레이터식을 바라보면, 대부분의 프로그래밍은 몇 가지 일반 패턴으로 분해될 수 있음을 알 수 있다.

- 맵(또는 매핑): $\{m(x): x \in S\}$는 (m(x) for x in S)로 작성할 수 있다.
- 필터(또는 필터링): $\{x: x \in S \text{ if } f(x)\}$는 (x for x in S if f(x))로 작성할 수 있다.
- 리듀스: 다양한 경우가 있지만, 총합[sum]과 횟수[count]가 리듀스의 대표적인 예다. 총합 $\sum_{x \in S} x$는 sum(x for x in S)로 작성할 수 있다. 데이터 속에서 최댓값 또는 최솟값을 찾는 것도 리듀스에 해당된다.

yield문을 사용해 고계 함수로 작성할 수도 있다. 일반적인 맵의 정의는 다음과 같다.

```
def map(m, S):
    for s in S:
        yield m(s)
```

이 함수는 데이터 컬렉션 S 내의 각 요소에 어떤 함수 m( )을 적용한다. 그리고 각 결과 값들의 시퀀스를 반환한다.

일반적인 필터 함수도 비슷하게 정의할 수 있다.

```
def filter(f, S):
    for s in S:
        if f(s):
            yield s
```

맵과 마찬가지로 데이터 컬렉션 S의 각 요소에 어떤 함수 f()를 적용한다. 적용 결과가 true면 해당 요소를 반환하고 그렇지 않으면 거부한다.

이 함수를 사용해 다음과 같이 소수의 집합을 생성할 수 있다.

```
p_10 = set(filter(prime, range(2,2000000)))
```

prime() 함수가 일정 범위의 입력 데이터에 적용된다. 함수를 실행하는 것이 아니라 함수 이름을 전달하는 것이므로 () 없이 prime만 사용됐음에 주의하자. 입력 데이터의 모든 값들이 prime() 함수에 의해 검사된다. 검사를 통과한 소수 값은 최종 결과에 포함될 것이고, 합성수 값은 거부되므로 최종 결과에 들어가지 않는다.

참고 사항

- '제네레이터식을 조합해 사용하는 방법' 레시피에서는 제네레이터 함수들을 조합해서 복잡한 처리 스택을 작성하는 방법을 설명할 것이다.
- '데이터 컬렉션에 변환 처리를 적용하는 방법' 레시피에서는 map() 내장 함수를 사용해 간단한 함수 및 순회 가능한 입력 데이터로부터 복잡한 처리 코드를 작성하는 방법을 살펴볼 것이다.
- '부분 집합 선택하기: 세 가지 필터링 방법' 레시피에서는 filter() 내장 함수를 사용해 간단한 함수와 순회 가능한 입력 데이터로부터 복잡한 처리 작업을 작성하는 방법을 살펴볼 것이다.
- 2,000,000보다 작은 모든 소수를 찾는 방법은 https://projecteuler.net/problem=10을 참조한다. 2,000,000보다 작은 숫자 전부를 대상으로 소수 여부를 판정하는 것은 간단한 문제가 아니다.

제네레이터식을 조합해 사용하는 방법

'yield문으로 제네레이터 함수를 작성하는 방법' 레시피에서는 하나의 데이터 변환을 수행하는 간단한 제네레이터 함수를 작성했다. 하지만 실제 상황에서는 입력 데이터에 여러 함수들을 적용하고 싶을 경우가 많다.

여러 제네레이터 함수들을 누적하거나 조합해서 한 개의 합성 함수를 작성하려면 어떻게 해야 할까?

준비

대형 요트의 연료 소비량이 기록된 스프레드시트는 다음과 같다.

date(날짜)	engine on(엔진을 시동한 시각)	fuel height(연료 수위)
	engine off(엔진을 정지한 시각)	fuel height(연료 수위)
	Other notes(기타 메모)	
10/25/2013	08:24	29
	13:15	27
	calm seas — anchor solomon's island (잔잔한 바다 – 솔로몬 섬에 정박)	
10/26/2013	09:12	27
	18:25	22
	Choppy – anchor in jackson's creek (파도가 심함 – 잭슨 강에 정박)	

이 데이터에 대한 자세한 설명은 4장의 '리스트 슬라이싱' 레시피를 참조한다.

이 데이터를 다음과 같이 읽어올 수 있는데, 자세한 설명은 9장의 'CSV 모듈을 사용해 구분자를 갖는 파일을 읽는 방법' 레시피를 참조하자.

```
>>> from pathlib import Path
>>> import csv
>>> with Path('code/fuel.csv').open() as source_file:
...     reader = csv.reader(source_file)
...     log_rows = list(reader)
>>> log_rows[0]
['date', 'engine on', 'fuel height']
>>> log_rows[-1]
['', "choppy -- anchor in jackson's creek", '']
```

csv 모듈을 사용해 데이터를 읽었다. csv.reader()는 순회 가능한 객체고, list() 함수를 제네레이터 함수에 적용해 데이터 항목들을 log_rows 리스트로 수집했다. 리스트를 포함하는 리스트임을 보여주기 위해 리스트의 처음 항목과 마지막 항목을 화면에 출력했다.

지금, 이 리스트의 리스트에 두 개의 변환을 적용하려고 한다.

- 날짜와 두 개의 시간을 두 개의 날짜-시간 값으로 변환한다.
- 데이터 구조를 단순화하기 위해 세 개의 행을 한 개의 행으로 병합한다.

두 개의 제네레이터 함수를 정의하고 나면, 다음과 같이 변환 처리를 수행할 수 있다.

```
total_time = datetime.timedelta(0)
total_fuel = 0
for row in date_conversion(row_merge(source_data)):
    total_time += row['end_time']-row['start_time']
    total_fuel += row['end_fuel']-row['start_fuel']
```

date_conversion(row_merge(...))는 두 개의 제네레이터 함수가 조합된 것이며, 출발 시각, 도착 시각, 기타 메모로 이뤄지는 행들의 시퀀스를 반환한다. 이렇게 단순화된 구조는 통계적 상관관계나 추세 파악을 위한 분석 작업을 수행할 때 편리하다.

예제 구현

1. 행을 합치기 위한 리듀스 연산을 정의한다. 여러 가지 방법을 생각할 수 있는데, 가장 간단한 것은 언제나 세 개의 행을 한 개의 그룹으로 묶는 것이다.

   이와 달리, 그룹의 첫 번째 행에서만 첫 번째 열(열 0)에 데이터가 존재하고 있음을 활용하는 방법이 있다. 그다음 두 개의 행에서는 열 0이 비어있다. 이렇게 하면 좀 더 일반적인 방식으로 행 그룹을 생성할 수 있다. 일종의 헤드-테일 병합head-tail merge 알고리즘으로서, 그다음 그룹의 헤드를 만날 때마다 데이터를 반환하는 것이다.

```
def row_merge(source_iter):
    group = []
    for row in source_iter:
        if len(row[0]) != 0:
            if group:
                yield group
            group = row.copy()
        else:
            group.extend(row)
    if group:
        yield group
```

   이 알고리즘은 len(row[0])으로 그룹의 헤드 행인지 아니면 테일 행인지를 판단한다. 만일 헤드 행이라면 그 이전의 그룹이 반환된다. 반환된 그룹이 소비된 후에 group 컬렉션의 값은 헤드 행의 열 데이터로 재설정된다.

   테일 행들은 group 컬렉션에 추가될 뿐이다. 모든 데이터가 소비되고 나면 group 변수에 단 한 개의 최종 그룹만이 존재한다. 데이터가 전혀 없었다면 group의 최종 값은 길이가 0인 리스트이므로 그냥 무시될 것이다.

   copy( ) 메소드에 대해서는 나중에 설명할 것이다. 리스트의 리스트 자료 구조를 사용하고 있으며 리스트는 변경 가능한 객체이므로 copy( ) 메소드는 매우 중요하다. 자료 구조를 변경하는 처리 작업이기 때문에 설명하기가 다소 까다롭다.

2. 병합된 데이터에 대해 적용되는 맵 연산들을 정의한다. 이 연산들은 원래의 행에 포함된 데이터에 적용된다. 두 개의 시간 열을 변환하고 시간과 날짜를 합치는 연산을 별도의 함수로 작성할 것이다.

```
import datetime
def start_datetime(row):
    travel_date = datetime.datetime.strptime(row[0], "%m/%d/%y").date()
    start_time = datetime.datetime.strptime(row[1], "%I:%M:%S %p").time()
    start_datetime = datetime.datetime.combine(travel_date, start_time)
    new_row = row+[start_datetime]
    return new_row

def end_datetime(row):
    travel_date = datetime.datetime.strptime(row[0], "%m/%d/%y").date()
    end_time = datetime.datetime.strptime(row[4], "%I:%M:%S %p").time()
    end_datetime = datetime.datetime.combine(travel_date, end_time)
    new_row = row+[end_datetime]
    return new_row
```

열 0에 들어있는 날짜 값과 열 1에 들어있는 시간 값을 합쳐서 출발 시점의 datetime 객체를 생성한다. 마찬가지로 열 0의 날짜 값과 열 4의 시간 값을 합쳐서 도착 시점의 datetime 객체를 생성한다.

이 두 개의 함수는 중복되는 부분이 많기 때문에 열 번호를 인수 값으로 사용함으로써 한 개의 함수로 리팩터링할 수 있다. 하지만 지금으로서는 정상적으로 동작하는 코드를 작성하는 데 집중하고, 효율성을 높이기 위한 리팩터링은 나중에 생각하자.

3. 파생된 데이터에 적용되는 맵 연산들을 정의한다. 열 8과 열 9에 날짜–시간 스탬프가 들어있다.

```
for starting and ending.def duration(row):
    travel_hours = round((row[10]-row[9]).total_seconds()/60/60, 1)
    new_row = row+[travel_hours]
    return new_row
```

start_datetime과 end_datetime이 생성한 값을 입력 값으로 사용했다. 델타 시간은 초 단위 값인데, 이번 예제 데이터는 초 단위가 더 유용하기 때문이다.

4. 불량 데이터를 거부하거나 제외하기 위한 필터를 작성한다. 이번 예제에서는 헤더 행을 제외해야 한다.

```
def skip_header_date(rows):
    for row in rows:
        if row[0] == 'date':
            continue
        yield row
```

첫 번째 열에 data 값을 갖는 행을 거부한다. continue문을 만나면 for문의 처음으로 돌아가기 때문에 yield문이 실행되지 않는다. 헤더 행을 제외한 나머지 행들은 모두 통과한다. 입력 값이 순회 가능한 객체이므로, 이 제네레이터는 변환되지 않은 행들을 반환할 것이다.

5. 지금까지 작성한 것들을 조합한다. 제네레이터식을 연속으로 사용할 수 있고, map( ) 내장 함수를 사용할 수도 있다. 다음 코드는 제네레이터식들을 사용하는 방법이다.

```
def date_conversion(source):
    tail_gen = skip_header_date(source)
    start_gen = (start_datetime(row) for row in tail_gen)
    end_gen = (end_datetime(row) for row in start_gen)
    duration_gen = (duration(row) for row in end_gen)
    return duration_gen
```

이 함수 내에서는 변환 작업이 연속으로 일어나고 있다. 각 변환마다 원래의 데이터 컬렉션에 들어있는 값을 조금씩 변환하는데, 서로 독립적으로 정의돼 있기 때문에 새로운 연산을 추가하거나 기존 연산을 변경하기가 비교적 쉽다.

- tail_gen 제네레이터는 입력 데이터의 첫 번째 행을 건너뛴 후 나머지 행들을 반환한다.
- start_gen 제네레이터는 각 행의 끝에 (출발 시각을 포함하는) datetime 객체를 추가한다.
- end_gen 제네레이터는 각 행의 끝에 (도착 시각을 포함하는) datetime 객체를 추가한다.
- duration_gen 제네레이터는 (항해 시간을 포함하는) float 객체를 추가한다.

이 제네레이터들로 이뤄진 date_conversion( ) 함수의 출력 역시 제네레이터다. 따라서 for문에서 소비될 수 있고, 이 항목으로부터 리스트를 생성할 수도 있다.

예제 분석

제네레이터 함수의 인수 값은 데이터 컬렉션이거나 어떤 순회 가능한 객체일 수 있다. 제네레이터 함수 역시 순회 가능한 객체이므로, 제네레이터 함수들이 계속 이어지는 파이프라인을 작성할 수 있다.

각 제네레이터 함수는 입력받은 값을 조금 변경해 출력 값을 내보내는 변환 작업을 구현한다. 그리고 각 함수들을 제네레이터식으로 감싸는 것이다. 제네레이터 함수들은 충분히 서로 분리돼 있기 때문에, 구현 변경이 일어나도 전체 파이프라인에 영향을 미치지 않는다.

처리 작업은 점진적으로 이뤄진다. 각 제네레이터 함수는 한 개의 값을 반환할 때까지 실행되기 때문이다. 다음 문장을 보자.

```
for row in date_conversion(row_merge(data)):
    print(row[11])
```

앞서 여러 개의 제네레이터 함수들을 정의했으며, 다양한 기법을 사용했다.

- row_merge( )는 데이터 행을 반환하는 제네레이터 함수다. 입력 데이터에서 네 개의 행을 읽고 한 개로 병합한 후에 병합된 행을 반환한다. 새로운 행을 요구받을 때마다 입력 데이터로부터 다시 세 개의 행을 읽어서 한 개의 행을 반환한다.
- date_conversion( )은 여러 제네레이터들로 구성된 복합 제네레이터 함수다.
- skip_header_date( )는 한 개의 값을 반환한다. 입력된 이터레이터에서 두 개의 값을 읽어야 할 때가 있다. 입력 행의 열 0에 date 값이 있으면 그 행을 건너뛰고 row_merge( )로부터 새로운 행을 얻어오면서 두 번째 값을 읽어야 하기 때문이다. 이 경우 세 개의 행을 추가로 읽어서 한 개의 병합된 행을 출력해야 한다. 이 제네레이터 함수는 tail_gen 변수에 대입됐다.
- start_gen, end_gen, duration_gen 제네레이터식은 start_datetime( )과 end_

datetime() 함수를 입력받은 각 행에 적용해 좀 더 유용한 데이터를 포함하는 행을 반환한다.

마지막으로, for문은 date_conversion() 이터레이터의 next() 함수를 반복적으로 실행하면서 값을 수집한다. 결과 값이 얻어지기까지의 과정을 단계별로 설명하면 다음과 같다. 아주 작은 단위로 동작한다는 것에 주목하자. 각 단계별로 한 개의 작은 변경만 일어난다.

1. date_conversion() 함수의 결과 값은 duration_gen 객체였다. 이 함수가 어떤 값을 반환하기 위해서는 end_gen으로부터 행을 입력받아야 한다. 일단 행이 입력되면 duration() 함수를 적용해 행을 반환할 수 있다.
2. end_gen 표현식은 start_gen으로부터 행을 입력받아야 한다. 그런 다음 end_datetime() 함수를 적용해 행을 반환할 수 있다.
3. start_gen 표현식은 tail_gen으로부터 행을 입력받아야 한다. 그런 다음 start_datetime() 함수를 적용해 행을 반환할 수 있다.
4. tail_gen 표현식은 skip_header_date() 제네레이터 함수가 그대로 대입된다. 이 함수는 열 0의 값이 (열 헤더인) date가 아닌 행을 찾을 때까지 계속 행을 읽어들인다. 그래서 날짜가 아닌 한 개의 행을 반환한다. row_merge() 함수의 출력 값을 입력으로서 받는다.
5. row_merge() 함수는 패턴과 일치하는 구조의 행 컬렉션을 조립할 수 있을 때까지 입력 데이터로부터 행들을 읽어들인다. 처음에는 열 0에 텍스트가 들어있는 행을 반환하고, 그다음부터는 열 0에 텍스트가 들어있지 않은 행들을 반환한다. 이 함수에 입력되는 데이터는 미가공 상태인 리스트의 리스트 컬렉션이다.
6. row_merge() 함수 내부의 for문에서는 앞서 조립된 행 컬렉션을 처리한다. 이때 암묵적으로 행 컬렉션의 이터레이터가 생성되므로, row_merge() 함수의 본문에서 요구할 때 개별 행이 반환된다.

각 행들은 이처럼 단계별 파이프라인을 통과한다. 어떤 단계에서는 여러 행을 소비하면서 한 개의 결과 행을 반환하므로, 데이터의 구조가 변경된다. 나머지 단계들에서는 한 개의 값만을 입력받고 소비한다.

이번 예제는 각 항목들을 한 개의 긴 시퀀스로 연결하고 있는데, 각 항목은 위치에 의해 식별되기 때문에 파이프라인 내 단계들의 순서를 조금만 변경해도 항목의 위치가 바뀌게 된다. 이 문제를 개선하는 방법들은 나중에 살펴볼 것이다.

핵심은 모든 처리가 개별 행 단위로 이뤄진다는 점이다. 따라서 입력 데이터의 규모가 매우 클 경우에도 빠른 속도의 처리가 가능하다. 짧은 파이썬 프로그램으로 방대한 양의 데이터를 간단하고 빠르게 처리할 수 있는 장점이 있다.

부연 설명

서로 관련된 제네레이터 함수들을 일종의 합성 함수로 볼 수 있다. 다음과 같은 두 개의 독립된 함수가 있다고 하자.

$$y = f(x)$$
$$z = g(y)$$

두 번째 함수에 첫 번째 함수의 결과를 적용하는 방식으로 두 함수를 조합할 수 있다.

$$z = g(f(x))$$

하지만 이 방법은 함수 개수가 늘어날수록 쓰기 불편해진다. 코드 내의 여러 곳에서 이런 함수 쌍들을 사용하는 것은 DRY 원칙을 위반하는 것이다. 이렇게 복잡한 표현식을 여러 번 사용하는 것은 바람직하지 않다.

그 대신에 다음과 같이 합성 함수를 작성하는 것이 바람직하다.

$$z = (g \circ f)(x)$$

$(g \circ f)$ 함수는 두 개의 함수를 한 개의 새로운 합성 함수로 합친 것이다. 이제, 이 합성 함수를 통해 기능을 추가 및 변경할 수 있다.

date_conversion( ) 함수도 이러한 합성 함수라고 볼 수 있다. 여러 함수들로 이뤄지며, 각 함수는 컬렉션 내의 항목에 적용될 수 있기 때문이다. 어떤 변경이 필요할 경우, 해당 기능을 구현하는 짧은 함수를 작성한 후 date_conversion( ) 함수 내의 파이프라인에 적절히 삽입하면 된다.

사실, 파이프라인 내의 함수들은 조금 성격이 다른 두 종류의 함수로 구분된다. 타입 변환을 수행하는 함수가 있는 반면, 항해 시간 함수는 타입 변환이 아니고 날짜 변환의 결과에 기반해 별도의 계산을 수행한다. 만일 시간당 연료 사용량을 계산하고 싶다면 몇 개의 계산을 추가해야 하는데, 이때 추가되는 계산은 타입 변환에 해당되지 않는다.

따라서 data_conversion( )을 두 개의 부분으로 나누는 것이 바람직하다. 항해 시간과 연료 사용량을 계산하는 부분을 fuel_use( )라는 별도의 함수로 분리하는 것이다. 그리고 이 함수가 date_conversion( )을 감싸도록 한다.

이제 다음과 같이 작성할 수 있다.

```
for row in fuel_use(date_conversion(row_merge(data))):
    print(row[11]))
```

이제, 매우 짧으면서 서로 독립적인 함수들을 통해 정교한 계산 함수가 정의됐다. 따라서 다른 부분에 미치는 영향을 고민하지 않고 수정이 필요한 부분을 건드릴 수 있다.

리스트 대신에 네임스페이스 사용하기

단순 리스트로 데이터를 다루지 않음으로써 예제 프로그램을 개선할 수 있다. row[10]과 같이 위치로 항목을 지정해 계산을 수행하는 것은 잠재적으로 재앙을 일으키는 원인이 된다. 그 대신에 어떤 종류든 네임스페이스를 사용하는 것이 바람직하다.

우선 namedTuple을 사용할 수 있으며, '변경 불가능한 자료 구조를 사용해 알고리즘을 단순화하는 방법' 레시피에서 자세히 살펴볼 것이다.

SimpleNamespace를 사용하면 처리 작업을 더욱 단순화할 수 있다. SimpleNamespace는 변경 가능한 객체이므로 값을 변경할 수 있다. 객체의 값을 변경하는 것이 항상 좋은 방법은 아니다. 단순해지는 것은 좋지만, 상태 변경을 검사하는 테스트 코드를 작성하는 것은 다소 어렵기 때문이다.

다음의 make_namespace( ) 제네레이터 함수는 위치가 아니라 이름을 제공한다. 이 함수는 행들이 병합된 후, 그리고 다른 처리가 수행되기 전에 사용돼야 한다.

```
from types import SimpleNamespace

def make_namespace(merge_iter):
    for row in merge_iter:
        ns = SimpleNamespace(
            date = row[0],
            start_time = row[1],
            start_fuel_height = row[2],
            end_time = row[4],
            end_fuel_height = row[5],
            other_notes = row[7]
        )
        yield ns
```

이 함수가 반환하는 객체는 row[0]이 아니라 row.date와 같이 사용할 수 있다. 물론, 이로 인해 start_datetime( ), end_datetime( ), duration( ) 함수들의 정의도 수정해야 한다.

각 행을 나타내는 리스트를 변경하는 것이 아니라, 새로운 SimpleNamespace 객체를 반환하도록 함수 정의를 변경해야 한다. 예를 들어 duration( ) 함수는 다음과 같이 바뀌어야 한다.

```
def duration(row_ns):
    travel_time = row_ns.end_timestamp - row_ns.start_timestamp
    travel_hours = round(travel_time.total_seconds()/60/60, 1)
```

```
    return SimpleNamespace(
        **vars(row_ns),
        travel_hours=travel_hours
    )
```

이 함수는 (리스트 객체가 아니라) SimpleNamespace 객체로서 행을 처리하고 있다. 열 이름은 row[10]처럼 이해하기 어려운 이름이 아니라 row_ns.end_timestamp와 같이 명확한 이름으로 바뀌었다.

이전의 네임스페이스로부터 새로 SimpleNamespace를 생성하는 과정은 3단계로 이뤄진다.

1. vars( ) 함수를 사용해 SimpleNamespace 인스턴스 내부의 딕셔너리를 추출한다.
2. ** vars(row_ns) 객체를 사용해 이전 네임스페이스를 기반으로 새로운 네임스페이스를 생성한다.
3. travel_hours = travel_hours는 키워드 매개변수로서 새로운 객체를 로드할 값을 제공한다.

다음과 같이 기존의 네임스페이스를 수정한 후 이 객체를 반환하는 방법도 가능하다.

```
def duration(row_ns):
    travel_time = row_ns.end_timestamp - row_ns.start_timestamp
    row_ns.travel_hours = round(travel_time.total_seconds()/60/60, 1)
    return row_ns
```

이 방법은 좀 더 간단하다는 장점이 있지만, 상태 저장 객체를 관리하기가 어렵다는 단점이 따른다. 알고리즘을 수정할 때, 지연(또는 반응형) 계산이 제대로 수행되도록 속성 값을 적절한 순서로 설정하지 못하는 상황이 발생할 수 있다.

상태 저장 객체가 널리 쓰이기는 하지만, 두 가지 대안 중 하나라는 점을 항상 인식해야 한다. 변경 가능한 객체인 SimpleNamespace보다 변경 불가능한 객체인 namedtuple이 더 나은 선택일 수 있는 것이다.

참고 사항

- 제네레이터 함수에 대한 자세한 설명은 'yield문으로 제네레이터 함수를 작성하는 방법' 레시피를 참조한다.
- 연료 소비 데이터에 대한 자세한 설명은 4장의 '리스트 슬라이싱' 레시피를 참조한다.
- 여러 연산들을 결합하는 또 다른 방법은 '맵과 리듀스를 조합하는 방법' 레시피를 참조한다.

데이터 컬렉션에 변환 처리를 적용하는 방법

'yield문으로 제네레이터 함수를 작성하는 방법' 레시피에서는 제네레이터 함수를 작성하는 방법을 살펴봤다. 변환 작업과 입력 데이터라는 두 가지 요소를 조합한 예제를 사용했으며, 개략적으로 나타내면 다음과 같았다.

```
for item in source:
    new_item = some transformation of item
    yield new_item
```

이 템플릿은 제네레이터 함수를 작성할 때 반드시 따라야 하는 것이 아니고 단지 일반적인 패턴일 뿐이다. for문 내부에 변환 처리가 들어있는 것을 볼 수 있는데, for문이 상용구로서 널리 쓰이기는 하지만 이와 달리 변환 함수가 for문과 분리되도록 리팩터링을 할 수도 있다.

'제네레이터식을 조합해 사용하는 방법' 레시피에서는 start_datetime( ) 함수를 정의했었다. 이 함수는 입력 데이터 컬렉션의 두 개 열에 들어있는 문자열로부터 datetime 객체를 계산했다.

이 함수를 제네레이터 함수의 본문 내에서 다음과 같이 사용할 수 있다.

```
def start_gen(tail_gen):
    for row in tail_gen:
        new_row = start_datetime(row)
        yield new_row
```

start_gen( ) 함수는 start_datetime( ) 함수를 입력 데이터 tail_gen 내의 각 항목에 적용한다. 그리고 이 함수가 반환하는 결과 행은 다른 함수 혹은 for문에 의해 소비될 수 있다.

'제네레이터식을 조합해 사용하는 방법' 레시피에서는 이러한 변환 함수들을 대규모 데이터 컬렉션에 적용하는 다른 방법을 살펴본 바 있다. 제네레이터식을 사용했으며, 코드는 다음과 같았다.

```
start_gen = (start_datetime(row) for row in tail_gen)
```

start_datetime( ) 함수를 tail_gen 내의 각 항목에 적용하고 있다. 다른 함수 또는 for문은 (순회 가능 객체인) start_gen 내의 값을 소비할 수 있다.

사실, 제네레이터 함수와 (그보다 조금 짧은) 제네레이터 표현식은 구문이 조금 다를 뿐 본질적으로는 같은 것이다. 둘 다 수학의 조건제시법 표기에 대응되기 때문이다. 이 연산을 수학적으로 다음과 같이 기술할 수 있다.

$$s = [S(r) : r \in T]$$

S는 start_datetime( ) 함수고 T는 (값의 시퀀스인) tail_gen이다. 결과 시퀀스 s는 $S(r)$의 값이며, r은 집합 T의 요소다.

이처럼 제네레이터 함수와 제네레이터식은 유사한 상용구 코드를 갖고 있다. 단순화할 방법이 있을까?

준비

이번 예제에서는 'yield문으로 제네레이터 함수를 작성하는 방법' 레시피에서 사용했던 웹 로그 데이터를 다시 사용한다. 이 데이터의 date 문자열을 타임스탬프로 변환하고 싶다고 하자.

데이터는 다음과 같다.

```
>>> data = [
...     ('2016-04-24 11:05:01,462', 'INFO', 'module1', 'Sample Message One'),
...     ('2016-04-24 11:06:02,624', 'DEBUG', 'module2', 'Debugging'),
...     ('2016-04-24 11:07:03,246', 'WARNING', 'module1', 'Something might have
gone wrong')
... ]
```

다음과 같은 함수를 작성해 데이터를 변환할 수 있다.

```
import datetime
def parse_date_iter(source):
    for item in source:
        date = datetime.datetime.strptime(
            item[0],
            "%Y-%m-%d %H:%M:%S,%f")
        new_item = (date,)+item[1:]
        yield new_item
```

for문으로 source 입력 데이터의 각 항목을 검사한다. 열 0의 값은 date 문자열이며, datetime 객체로 변환된다. new_item은 datetime 객체 및 (열 1부터의) 나머지 항목들로부터 생성된다.

이 함수는 yield문을 사용해 결과를 반환하므로 제네레이터 함수다. 따라서 다음과 같이 for문에서 사용할 수 있다.

```
for row in parse_date_iter(data):
    print(row[0], row[3])
```

제네레이터 함수에 의해 생성된 값을 모은 후 그중에서 두 개를 출력할 것이다.

parse_date_iter() 함수는 두 개의 핵심 요소가 한 개의 함수에 합쳐진 것이며, 전체적인 개요는 다음과 같다.

```
for item in source:
    new_item = transformation(item)
    yield new_item
```

for문과 yield문은 특별히 언급할 것이 없으며, 이번 레시피의 관심 대상은 transformation() 함수다.

예제 구현

1. 한 개의 행에 적용되는 변환 함수를 작성한다. 제네레이터 함수가 아니므로 yield 문을 사용하지 않는다. 단지 컬렉션 내의 항목 하나를 수정할 뿐이다.

    ```
    def parse_date(item):
        date = datetime.datetime.strptime(
            item[0],
            "%Y-%m-%d %H:%M:%S,%f")
        new_item = (date,)+item[1:]
        return new_item
    ```

    이 함수는 문장, 표현식, map() 함수, 이렇게 세 가지 방법으로 사용될 수 있다. 우선, for... yield 패턴 문장 내에서 사용하는 방법이다.

    ```
    for item in collection:
        new_item = parse_date(item)
        yield new_item
    ```

    parse_date() 함수를 사용해 컬렉션 내의 각 항목들을 처리한다. 두 번째로, 제네레이터식을 사용하는 방법이다.

    ```
    (parse_date(item) for item in data)
    ```

각 항목에 parse_date( ) 함수를 적용하는 제네레이터식이다. 마지막으로 map( ) 함수를 사용할 수 있다.

2. 입력 데이터에 변환 처리를 적용하는 map( ) 함수를 작성한다.

```
map(parse_date, data)
```

parse_date 뒤에 ( )가 없음에 주목하자. 지금 바로 이 함수를 적용하는 것이 아니라, map( ) 함수에 객체의 이름을 제공해 순회 가능한 입력 데이터인 data에 parse_date( ) 함수를 적용하기 위한 것이다.
다음과 같이 map( ) 함수를 사용할 수 있다.

```
for row in map(parse_date, data):
    print(row[0], row[3])
```

map( ) 함수는 순회 가능한 데이터인 data의 각 항목에 parse_date( ) 함수를 적용하는 순회 가능 객체를 생성한다. 각 개별 항목들을 반환하기 때문에 제네레이터식이나 제네레이터 함수를 작성하지 않아도 된다.

예제 분석

map( ) 함수를 사용하면 상용구 코드를 작성하지 않아도 된다. map( ) 함수는 다음과 같이 정의할 수 있다.

```
def map(f, iterable):
    for item in iterable:
        yield f(item)
```

다음과 같이 정의할 수도 있다.

```
def map(f, iterable):
    return (f(item) for item in iterable)
```

둘 다 map( ) 함수의 핵심 기능을 요약하고 있다. 순회 가능한 입력 데이터에 어떤 함수를 적용할 때 매번 비슷한 코드를 작성하지 않아도 되는 장점이 있다.

부연 설명

이번 예제에서 map() 함수는 순회 가능 객체의 개별 항목에 (한 개의 매개변수를 취하는) 함수를 적용하기 위한 용도로 사용됐다. 이것 외에도 map() 함수는 더 많은 일을 할 수 있다.

다음 함수를 보자.

```
>>> def mul(a, b):
...     return a*b
```

그리고 두 개의 입력 데이터가 있다.

```
>>> list_1 = [2, 3, 5, 7]
>>> list_2 = [11, 13, 17, 23]
```

이 데이터 쌍에 다음과 같이 mul() 함수를 적용할 수 있다.

```
>>> list(map(mul, list_1, list_2))
[22, 39, 85, 161]
```

이런 방법으로 두 개의 시퀀스를 다양한 연산자를 사용해 한 개의 시퀀스로 합칠 수 있다. 예를 들어, zip() 내장 함수처럼 동작하는 맵을 작성할 수 있다.

맵은 다음과 같다.

```
>>> def bundle(*args):
...     return args
>>> list(map(bundle, list_1, list_2))
[(2, 11), (3, 13), (5, 17), (7, 23)]
```

bundle() 함수는 임의의 개수의 인수를 취해 한 개의 튜플을 생성하고 있다.

zip 함수를 사용해도 결과는 동일하다.

```
>>> list(zip(list_1, list_2))
[(2, 11), (3, 13), (5, 17), (7, 23)]
```

참고 사항

- '제네레이터식을 조합해 사용하는 방법' 레시피에서는 제네레이터들의 조합에 대해 살펴봤다. 제네레이터 함수로 작성된 맵 연산들로부터 합성 함수를 작성했으며, 필터 함수도 포함돼 있다.

부분 집합 선택하기: 세 가지 필터링 방법

'제네레이터식을 조합해 사용하는 방법' 레시피에서는 데이터에서 특정 행을 제외하는 제네레이터 함수를 다음과 같이 정의했다.

```
def skip_header_date(rows):
    for row in rows:
        if row[0] == 'date':
            continue
        yield row
```

조건이 `true`면(`row[0]`이 `date`면), `continue`문으로 인해 `for`문의 나머지 문장(이 경우에는 `yield row`)을 건너뛴다.

이 조건은 사실 두 개로 나눠 생각할 수 있다.

- `row [0] == 'date'`일 때: `yield`문을 건너뛰므로 해당 행은 반환되지 않는다.
- `row [0] != 'date'`일 때: `yield`문이 실행되므로 해당 행은 데이터를 소비하는 함수 또는 문장으로 전달된다.

이 조건을 나타내는 데 코드를 네 줄이나 작성하면 다소 장황해 보일 수 있다. `for...if...yield` 패턴은 상용구 코드며, 중요한 것은 조건뿐이기 때문이다.

좀 더 간결하게 코드를 작성할 방법은 없을까?

준비

대형 요트의 연료 소비량이 기록된 스프레드시트는 다음과 같다.

date(날짜)	engine on(엔진을 시동한 시각)	fuel height(연료 수위)
	engine off(엔진을 정지한 시각)	fuel height(연료 수위)
	Other notes(기타 메모)	
10/25/2013	08:24	29
	13:15	27
	calm seas — anchor solomon's island (잔잔한 바다 – 솔로몬 섬에 정박)	
10/26/2013	09:12	27
	18:25	22
	Choppy – anchor in jackson's creek (파도가 심함 – 잭슨 강에 정박)	

이 데이터에 대한 자세한 설명은 4장의 '리스트 슬라이싱' 레시피를 참조한다.

앞서 '제네레이터식을 조합해 사용하는 방법' 레시피에서 이 데이터를 재구성하기 위해 두 개의 함수를 정의했다. 첫 번째 함수는 세 개의 행 그룹을 여덟 개의 열을 갖는 한 개의 행으로 합쳤다.

```
def row_merge(source_iter):
    group = []
    for row in source_iter:
        if len(row[0]) != 0:
            if group:
                yield group
            group = row.copy()
        else:
            group.extend(row)
    if group:
        yield group
```

이것은 헤드-테일 알고리즘의 변형이다. len(row[0]) != 0이면 새로운 행 그룹의 헤더 행이므로 그 전의 그룹은 반환되고 group 변수의 값은 이 헤더 행에 기반한 새로운 리스트로 재설정된다. 이 리스트 객체를 나중에 변경하지 않도록 copy() 함수가 사용됐다. len(row[0]) == 0이면 테일 행이기 때문에 group 변수의 현재 값에 추가된다. 이런 처리 과정이 입력 데이터 전체에 수행되고 나면, 완전한 형태의 그룹이 생성되고 반환된다. 입력 데이터가 없는 예외적인 경우에는 최종적으로 반환되는 그룹도 없다.

이 함수를 사용해 읽기 힘들게 구성된 행을 유용한 정보를 포함하는 행으로 변환할 수 있다.

```
>>> from ch08_r02 import row_merge, log_rows
>>> pprint(list(row_merge(log_rows)))

[['date',
'engine on',
'fuel height',
'',
'engine off',
'fuel height',
'',
'Other notes',
''],
['10/25/13',
'08:24:00 AM',
'29',
'',
'01:15:00 PM',
'27',
 '',
"calm seas -- anchor solomon's island",
''],
['10/26/13',
'09:12:00 AM',
'27',
'',
'06:25:00 PM',
```

```
'22',
'',
"choppy -- anchor in jackson's creek",
'']]
```

출력 결과를 보면 첫 번째 행은 스프레드시트의 헤더인 것을 알 수 있다. 이 행을 건너뛰고 싶다. 필터를 통해 이 불필요한 행을 걸러내는 제네레이터식을 작성해보자.

예제 구현

1. 필터 결과를 검사하는 술어 함수를 작성한다. 거부 규칙을 먼저 작성하고, 통과 규칙은 이와 반대로 정의하는 순서를 따를 것이다.

```
def pass_non_date(row):
    return row[0] != 'date'
```

문장, 표현식, filter( ) 함수라는 세 가지 방법으로 이 함수를 사용할 수 있는데, for...if...yield 패턴의 문장에서 특정 행을 통과시키는 코드는 다음과 같다.

```
for item in collection:
    if pass_non_date(item):
        yield item
```

for문과 필터 함수를 사용해 데이터 컬렉션 내의 각 항목들을 처리하고 있다. 선택된 항목은 반환되고 그렇지 않은 항목은 거부된다.
두 번째로, 제네레이터식에서 이 함수를 사용할 수 있다.

```
(item for item in data if pass_non_date(item))
```

이 제네레이터식은 필터 함수인 pass_non_date( )를 각 항목에 적용한다. 마지막으로, filter( ) 함수에서 사용하는 방법을 알아보자.

2. filter( ) 함수로 이 함수를 입력 데이터에 적용한다.

```
filter(pass_non_date, data)
```

함수 이름인 pass_non_date를 filer( ) 함수에 제공했다. 함수 이름 뒤에 ( )를 붙이지 않는 것은 이 표현식이 pass_non_date 함수를 실행하는 것은 아니기 때문이다. filter( ) 함수는 인수로 제공받은 pass_non_date 함수를 (순회 가능한 객체인) data에 적용한다. 여기서 data는 데이터 컬렉션인데, 데이터 컬렉션뿐 아니라 (다른 제네레이터식의 결과 값과 같이) 어떤 순회 가능한 객체도 가능하다. 이 필터는 pass_non_date( ) 함수를 true로 만드는 항목은 통과시키고 그렇지 않은 항목은 거부한다.

이 함수를 다음과 같이 사용할 수 있다.

```
for row in filter(pass_non_date, row_merge(data)):
    print(row[0], row[1], row[4])
```

filter( ) 함수는 순회 가능한 객체를 생성하는데, 이 객체는 pass_non_date( ) 함수를 row_merge(data) 객체 내의 각 항목을 통과시키거나 거부하는 규칙으로서 사용한다. 열 0에 date가 들어있지 않은 행들은 반환한다.

예제 분석

filter( ) 함수를 사용하면 관습적인 상용구 코드를 작성하지 않아도 된다. filter( ) 함수는 다음과 같이 정의할 수 있다.

```
def filter(f, iterable):
    for item in iterable:
        if f(item):
            yield f(item)
```

아니면 다음과 같이 정의할 수도 있다.

```
def filter(f, iterable):
    return (item for item in iterable if f(item))
```

둘 다 filter( ) 함수의 핵심 기능을 요약하고 있다. 어떤 데이터는 통과시키고 어떤 데이터는 거부하는 것이다. 이렇게 하면, 순회 가능한 입력 데이터에 어떤 함수를 적용할 때 매번 비슷한 코드를 작성할 필요가 없는 장점이 있다.

부연 설명

통과 규칙을 간단히 정의하기 어려울 때는 먼저 거부 규칙부터 정의하는 편이 낫다. 예를 들어, 다음의 규칙이 더 이해하기 쉽다.

```
def reject_date(row):
    return row[0] == 'date'
```

거부 규칙은 여러 방법으로 사용할 수 있다. 다음의 for...if...continue...yield 패턴 문장을 보자. 거부된 행은 continue문으로 인해 건너뛰고 나머지 행들만 반환한다.

```
for item in collection:
    if reject_date(item):
        continue
    yield item
```

다음과 같이 변형할 수도 있다. '거부하지 않는다.'는 개념이 헛갈릴 수도 있지만, 이중 부정이라고 생각하면 이해하기 쉽다.

```
for item in collection:
    if not reject_date(item):
        yield item
```

다음과 같이 제네레이터식을 사용할 수도 있다.

```
(item for item in data if not reject_date(item))
```

하지만 거부 규칙을 filter() 함수와 함께 사용하기는 어렵다. filter() 함수는 통과 규칙과 함께 동작하도록 설계된 것이다.

filter() 함수에서 거부 규칙을 사용할 수 있는 두 가지 방법이 있다. 거부 규칙을 다른 표현식으로 감싸거나 itertools 모듈의 함수를 사용하는 것이다. 다른 표현식으로 감싸는 방법은 다시 두 가지로 나뉘는데, 첫 번째 방법은 거부 함수를 감싸서 통과 함수를 정의하는 것이다. 다음과 같이 정의할 수 있다.

```
def pass_date(row):
    return not reject_date(row)
```

이렇게 하면 거부 규칙을 작성한 후 filter() 함수에서 사용할 수 있다. 두 번째 방법은 람다 객체를 작성하는 것이다.

```
filter(lambda item: not reject_date(item), data)
```

람다 함수는 짧은 길이의 익명 함수며, 단 두 개의 요소(매개변수 목록과 한 개의 표현식)로 축약된 형태를 갖는다. 여기서는 람다 객체로 reject_date() 함수를 감싸면서 일종의 not_reject_date 함수를 작성했다.

itertools 모듈의 filterfalse() 함수를 사용하는 방법도 있다. filterfalse()를 임포트해 filter() 내장 함수 대신에 사용한다.

참고 사항

- '제네레이터식을 조합해 사용하는 방법' 레시피에서 이와 같은 함수를 제네레이터 조합의 일부로서 사용했다. 맵 및 필터 연산들을 제네레이터 함수로서 작성하고 이들을 조합해서 합성 함수를 정의했다.

데이터 컬렉션을 요약하는 방법: 리듀스

이번 장을 시작하면서 맵, 필터, 리듀스라는 세 가지 처리 패턴이 있다고 언급했었다. 맵에 대해서는 '데이터 컬렉션에 변환 처리를 적용하는 방법' 레시피에서, 필터에 대해서는 '부분 집합 선택하기: 세 가지 필터 방법' 레시피에서 예제를 통해 살펴봤다. 맵과 필터를 일반적인 연산으로서 정의하는 것은 별로 어렵지 않다.

맵은 데이터 컬렉션에 속한 요소들에 간단한 함수를 적용하는 것이다. $\{M(x): x \in C\}$는 함수 M을 데이터 컬렉션 C에 속한 항목 x에 적용함을 의미한다. 파이썬으로는 다음과 같이 작성할 수 있다.

```
(M(x) for x in C)
```

map( ) 내장 함수를 사용하면 더 간단하게 작성할 수 있다.

```
map(M, c)
```

필터는 데이터 컬렉션 내의 요소를 선택하는 함수를 사용하는 것이다. *{x: x ∈ C if F(x)}* 는 함수 *F*를 사용해 데이터 컬렉션 *C* 내의 항목 *x*를 통과시킬지 혹은 거부할지 판단한다. 파이썬으로는 다양한 방법으로 작성할 수 있으며 가장 간단한 것은 다음과 같다.

```
filter(F, c)
```

술어 함수 F( )를 컬렉션 c에 적용함을 의미한다.

세 번째 패턴은 리듀스(축약)다. '연산 처리 위주의 클래스를 설계하는 방법' 레시피와 '컬렉션 확장하기: 통계 값을 계산하는 리스트' 레시피에서 여러 통계 값을 계산하는 클래스들을 정의하면서 sum( ) 내장 함수를 주로 사용했었다. 총합 계산은 가장 일반적인 리듀스 패턴의 하나다.

총합 계산을 좀 더 일반화해 다양한 리듀스 연산을 작성할 방법이 있을까? 리듀스의 개념을 어떻게 일반화할 수 있을까?

준비

총합은 가장 많이 사용되는 리듀스 연산이다. 곱, 최솟값, 최댓값, 평균, 분산, 값의 개수 등도 리듀스에 포함된다.

컬렉션 *C*에 속한 값들을 모두 더하는 총합 함수를 수학적으로 정의하면 다음과 같다.

$$\sum_{c_i \in C} c_i = c_0 + c_1 + c_2 + \ldots + c_n$$

시퀀스 $C = c_0, c_1, c_2, \ldots, c_n$에 + 연산자를 삽입해 총합의 정의를 펼쳐놓았다. 이처럼 + 연산자를 '접는fold' 개념은 `sum( )` 내장 함수의 의미를 잘 보여주고 있다.

마찬가지로, 곱의 정의는 다음과 같다.

$$\prod_{c_i \in C} c_i = c_0 \times c_1 \times c_2 \times \ldots \times c_n$$

이번에도 시퀀스에 대해 어떤 접기를 수행했다. 접기를 통해 리듀스 연산을 펼치기 위해서는 두 개의 요소(이진 연산자와 기본값)가 필요하다. 총합의 경우에 이진 연산자는 +고 기본값은 0이며, 곱의 경우에 이진 연산자는 ×고 기본값은 1이다.

접기를 일반화하기 위해 고수준 함수 $F_{(\diamond,\bot)}$를 정의할 수 있다. 여기서 ◇는 연산자에 대한 자리 표시자고, ⊥는 기본값에 대한 자리 표시자다. 어떤 데이터 컬렉션 C에 대해 이 함수의 값은 다음의 재귀적 규칙으로 정의될 수 있다.

$$F_{(\diamond,\bot)}(C) = \begin{cases} \bot & \text{if } C = \varnothing \\ F_{(\diamond,\bot)}(C_{0..n-1}) \diamond C_{n-1} & \text{if } C \neq \varnothing \end{cases}$$

컬렉션 C가 비어있으면, 이 함수의 값은 기본값 ⊥이다. `sum( )`을 정의한다면 기본값은 0일 것이다. C가 비어있지 않다면, 컬렉션 내의 마지막 값을 제외한 모든 값의 접기 $F_{\diamond,\bot}(C_{0..n-1})$을 계산한다. 그런 다음, 이 접기의 결과 값과 컬렉션 내의 마지막 값 C_{n-1}에 연산자(예를 들면 덧셈)를 적용한다. `sum( )`일 경우 연산자는 +다.

$C_{0..n}$ 표기는 반개방 범위다. 인덱스 *0*부터 *n-1*까지의 값은 포함되지만, 인덱스 *n*에서의 값은 포함되지 않는다. 따라서 $C_{0..0}=\varnothing$이다. $C_{0..0}$ 범위에는 어떤 요소도 들어있지 않기 때문이다.

이 정의를 왼쪽 접기fold left 연산이라고 부르는데, 컬렉션의 왼쪽에서 오른쪽으로 연산이 수행되기 때문이다. 오른쪽 접기fold right 연산으로 변경할 수 있지만, `reduce( )` 함수는 왼쪽 접기 연산이기 때문에 굳이 바꿀 필요는 없다.

이번 레시피에서는 계승의 값을 계산할 수 있는 prod() 함수를 정의할 것이다.

$$n! = \prod_{1 \le x < n+1} x$$

n의 계승은 1과 n 사이의 모든 수를 곱한 값이다. 파이썬 표기법은 반개방 범위이므로 1 ≤ x 〈 n+1로 범위를 지정하는 것이 더 파이썬스럽다. 이 정의는 range() 내장 함수와 더 잘 어울린다.

접기 연산자를 사용하면 계승을 다음과 같이 정의할 수 있다. 곱셈 연산자 *와 기본값 1을 사용해 접기(또는 리듀스)를 정의한 것이다.

$$n! = \prod_{1 \le x < n+1} x = F_{\times,1}\left(i : 1 \le i < n+1\right)$$

접기의 개념은 reduce() 함수의 근간을 이루는 개념에 속한다. 이 개념을 알고리즘에 적용하면 많은 경우에 함수 정의를 단순화할 수 있다.

예제 구현

1. functools 모듈의 reduce() 함수를 임포트한다.

```
>>> from functools import reduce
```

2. 연산자를 선택한다. 합의 경우는 +고 곱의 경우는 *다. 여러 방법으로 정의할 수 있는데, 여기서는 길이가 긴 버전으로 작성하자. 다른 방법들은 나중에 설명할 것이다.

```
>>> def mul(a, b):
...     return a * b
```

3. 기본값을 선택한다. 합의 경우는 0이고 곱의 경우는 1이다. 곱을 계산하는 prod() 함수를 다음과 같이 정의할 수 있다.

```
>>> def prod(values):
...     return reduce(mul, values, 1)
```

4. (계승 값으로 축약될) 시퀀스를 정의한다.

   ```
   range(1, n + 1)
   ```

   다음과 같이 prod( ) 함수와 함께 사용한다.

   ```
   >>> prod(range(1, 5+1))
   120
   ```

계승 함수 정의는 다음과 같다.

```
>>> def factorial(n):
...     return prod(range(1, n+1))
```

52장 카드 덱을 배열하는 방법의 수는 다음과 같다. 이 값은 52!이다.

```
>>> factorial(52)
80658175170943878571660636856403766975289505440883277824000000000000
```

덱의 배열 방법은 정말로 많다는 것을 알 수 있다.

카드 다섯 장으로 구성되는 패는 몇 가지나 가능할까? 계승을 사용하는 이항 계산으로 구할 수 있다.

$$\binom{52}{5} = \frac{52!}{5!(52-5)!}$$

```
>>> factorial(52)//(factorial(5)*factorial(52-5))
2598960
```

약 260만 가지의 패가 존재할 수 있음을 알 수 있다(사실, 이항 계산을 매우 비효율적으로 수행했다).

예제 분석

reduce( ) 함수는 다음과 같이 정의된 것처럼 동작한다.

```
def reduce(function, iterable, base):
    result = base
    for item in iterable:
        result = function(result, item)
    return result
```

왼쪽에서 오른쪽 순서로 값을 차례로 처리한다. 순회 가능한 데이터 컬렉션에 대해 현재까지 계산된 결과 값과 그다음 항목에 이항 함수를 적용해 새로운 결과 값을 얻는다.

'파이썬의 스택 제한과 관련해 재귀 함수를 설계하는 방법' 레시피에서는 접기 연산을 재귀적으로 정의해 for문을 최적화하는 방법을 설명할 것이다.

부연 설명

리듀스 함수에는 이항 연산자를 제공해야 한다. 세 가지 방법으로 이항 연산자를 정의할 수 있는데, 이번 레시피에서는 완전한 함수 정의를 사용했다.

```
def mul(a, b):
    return a * b
```

다른 두 가지 방법 중 첫 번째는 람다 객체를 사용하는 것이다.

```
>>> add = lambda a, b: a + b
>>> mul = lambda a, b: a * b
```

람다 함수는 매개변수와 반환식이라는 두 개 필수 요소만을 갖는 익명 함수다. 내부에 문장이 없으며 한 개의 표현식만 존재한다. 여기서 표현식은 단지 연산자를 사용하고 있다.

람다 함수를 다음과 같이 사용할 수 있다.

```
>>> def prod2(values):
...     return reduce(lambda a, b: a*b, values, 1)
```

곱셈 함수를 람다 객체로서 제공하므로 별도의 함수를 정의할 필요가 없다.

마지막으로, operator 모듈에서 함수를 임포트할 수 있다.

```
from operator import add, mul
```

내장 산술 연산자들과 문제없이 동작할 것이다.

AND와 OR 논리 연산자를 사용하는 논리 리듀스는 산술 리듀스와는 조금 다르다. 논리 연산자는 단락 회로와 같다. 논리곱 리듀스and-redurce는 값이 false가 되면 처리를 중단시키며, 논리합 리듀스or-reduce는 값이 true가 되면 처리를 중단시킨다. any( )와 all( ) 내장 함수들은 이런 동작을 잘 구현하고 있다. 단락 회로의 특징은 reduce( ) 내장 함수로는 포착하기 어렵다.

최댓값과 최솟값

최댓값 또는 최솟값을 계산하기 위한 용도로 reduce( )를 어떻게 사용할 수 있을까? 기본값이 주어지지 않기 때문에 조금 복잡하다. 0이나 1을 기본값으로 사용할 수 없는데, 최솟값 또는 최댓값을 구하는 값의 범위를 벗어날 수 있기 때문이다.

또한 max( )와 min( ) 내장 함수는 빈 시퀀스에 대해 예외를 발생시켜야 하기 때문에 sum( )이나 reduce( ) 함수의 동작 방식과 딱 들어맞지는 않는다.

따라서 다음과 같이 함수를 직접 정의해서 사용해야 한다.

```
def mymax(sequence):
    try:
        base = sequence[0]
        max_rule = lambda a, b: a if a > b else b
```

```
        reduce(max_rule, sequence, base)
    except IndexError:
        raise ValueError
```

우선, 시퀀스의 첫 번째 값을 기본값으로서 선택한다. 그리고 이름이 max_rule인 람다 객체를 생성하는데, 이 객체는 두 개의 인수 값 중에서 큰 값을 선택하는 함수다. 그러고 나서 reduce( ) 함수는 이 기본값과 람다 객체를 사용해 컬렉션 내에서 가장 큰 값의 위치를 찾는다. 아무 값도 들어있지 않은 컬렉션일 경우 ValueError 예외가 발생하도록 IndexError 예외를 포착하고 있다.

이 함수는 reduce( ) 내장 함수를 기반으로 좀 더 정교한 최솟값 또는 최댓값 함수를 만들어내는 방법을 보여주고 있다. 이 함수의 장점은 데이터 컬렉션을 한 개의 값으로 리듀스할 때 상용구 코드인 for문을 대신할 수 있다는 점이다.

과도하게 사용하지 않도록 조심하기

(파이썬에서는 reduce( ) 함수라고 불리는) 접기 함수를 너무 자주 사용하면 프로그램 실행 속도가 느려질 수 있다. 알고리즘을 신중하게 고려하지 않은 채 단순히 reduce( ) 함수를 사용해서는 안 된다. 특히, 데이터 컬렉션 내부로 접히는 연산자는 덧셈 혹은 곱셈처럼 간단한 연산으로 제한돼야 한다. reduce( )를 사용하면 연산 복잡도가 $O(1)$에서 $O(n)$으로 바뀌기 때문이다.

리듀스 과정에 적용되는 연산자가 컬렉션을 정렬하는 연산을 포함할 경우 어떤 일이 일어날지 상상해보라. reduce( ) 함수 내에서 $O(n \log n)$ 복잡도의 연산이 수행되기 때문에 전체 복잡도는 $O(n^2 \log n)$이 될 것이다.

맵과 리듀스를 조합하는 방법

지금까지 맵, 필터, 리듀스 연산을 다음의 레시피에서 개별적으로 살펴봤다.

- '데이터 컬렉션에 변환 처리를 적용하는 방법' 레시피에서 map() 함수를 설명했다.
- '부분 집합 선택하기: 세 가지 필터링 방법' 레시피에서 filter() 함수를 설명했다.
- '데이터 컬렉션을 요약하는 방법: 리듀스' 레시피에서 reduce() 함수를 설명했다.

알고리즘을 구현하기 위해서는 여러 함수들을 함께 사용해야 할 때가 많다. 맵, 필터, 리듀스를 통해 데이터를 요약하는 값을 산출하는 것이다. 게다가 이터레이터와 제네레이터 함수는 중요한 한계를 갖고 있다. 바로 다음의 제약이 존재하기 때문이다.

이터레이터는 값을 한 번만 산출할 수 있다.

제네레이터 함수와 데이터 컬렉션으로부터 생성된 이터레이터는 데이터를 한 번만 산출하고, 이후에는 빈 시퀀스처럼 보일 것이다.

다음 예를 보자.

```
>>> typical_iterator = iter([0, 1, 2, 3, 4])
>>> sum(typical_iterator)
10
>>> sum(typical_iterator)
0
```

상수 리스트 객체에 iter() 함수를 직접 적용해 이터레이터를 생성했다. 그리고 sum() 함수가 typical_iterator 이터레이터의 값을 사용할 때 다섯 개의 값을 모두 소비했다. 그 다음에 다시 typical_iterator에 sum() 함수를 적용하니, 더 이상 소비할 수 있는 값이 없기 때문에 이터레이터는 빈 것으로 나온다.

이와 같은 1회성 제한은 맵, 필터, 리듀스 연산과 함께 제네레이터 함수를 사용할 때 주의가 필요함을 의미한다. 여러 번 리듀스를 하기 위해서는 중간 결과를 임시 저장해둬야 한다.

준비

'제네레이터식을 조합해 사용하는 방법' 레시피에서 여러 단계별로 나눠서 데이터를 처리하는 방법을 살펴봤다. 제네레이터 함수로 여러 행들을 합치고, 필터를 사용해 어떤 행은 결과 값에 포함시키지 않았다. 또한 날짜와 시간을 좀 더 유용한 정보로 변환하기 위해 몇 개의 맵 연산을 사용했다.

여기에 평균과 분산 값을 계산하는 두 개의 리듀스 변환을 추가하고자 한다. 이 통계 값들은 데이터에 대한 이해를 높이는 데 도움이 된다.

대형 요트의 연료 소비량이 기록된 스프레드시트는 다음과 같다.

date(날짜)	engine on(엔진을 시동한 시각)	fuel height(연료 수위)
	engine off(엔진을 정지한 시각)	fuel height(연료 수위)
	Other notes(기타 메모)	
10/25/2013	08:24	29
	13:15	27
	calm seas — anchor solomon's island (잔잔한 바다 – 솔로몬 섬에 정박)	
10/26/2013	09:12	27
	18:25	22
	Choppy – anchor in jackson's creek (파도가 심함 – 잭슨 강에 정박)	

데이터의 구조를 변경하고 헤더를 제외시키며 몇 개의 유용한 값을 계산하기 위한 일련의 연산들을 우선적으로 처리해야 한다.

예제 구현

1. 다음과 같이 사용할 수 있는 함수를 작성하려고 한다.

```
>>> round(sum_fuel(clean_data(row_merge(log_rows))), 3)
7.0
```

이러한 종류의 처리에 필요한 3단계 패턴은 다음과 같다. 이 3단계 과정은 리듀스의 여러 부분을 작성하기 위한 접근 방법을 정의하고 있다.

   1. 첫 번째로, 데이터 구조를 변환한다. 이를 가리켜 데이터를 정규화한다고 말한다. 여기서는 row_merge( ) 함수를 사용하며, 자세한 설명은 '제네레이터식을 조합해 사용하는 방법' 레시피를 참조한다.
   2. 두 번째로, 맵과 필터를 사용해 데이터를 정제하고 보충한다. clean_data( ) 함수로서 정의될 것이다.
   3. 마지막으로, sum_fuel( ) 함수로 데이터를 한 개의 합계 값으로 리듀스한다. 리듀스 변환으로 얻을 수 있는 통계 값은 매우 다양하다. 평균값이 대표적이며, 그 밖에도 수많은 리듀스 연산을 적용할 수 있을 것이다.

2. 필요하다면 자료 구조 정규화 함수를 정의한다. 거의 언제나 제네레이터 함수로 정의되는데, 구조 변경은 map( ) 함수를 적용할 수 없기 때문이다.

```
from ch08_r02 import row_merge
```

'제네레이터식을 조합해 사용하는 방법' 레시피에서도 봤듯이 이 제네레이터 함수는 한 번의 항해마다 세 개로 이뤄진 행들을 단 한 개의 행으로 재구성한다. 모든 열이 한 개의 행에 있어야 데이터를 다루기가 훨씬 쉽다.

3. 전체적인 데이터 정제 및 보충 함수를 정의한다. 이 함수는 맵과 필터 함수들의 조합이며, 각 함수들은 앞의 함수가 반환한 결과를 입력으로 받아서 새로운 결과를 반환한다.

```
def clean_data(source):
    namespace_iter = map(make_namespace, source)
    fitered_source = filter(remove_date, namespace_iter)
```

```
    start_iter = map(start_datetime, fitered_source)
    end_iter = map(end_datetime, start_iter)
    delta_iter = map(duration, end_iter)
    fuel_iter = map(fuel_use, delta_iter)
    per_hour_iter = map(fuel_per_hour, fuel_iter)
    return per_hour_iter
```

map( )과 filter( ) 함수마다 어떤 변환이나 계산을 수행하는 작은 함수들을 포함하고 있다.

4. 데이터 정제 및 유도에 사용되는 개별 함수들을 정의한다.

5. 병합된 행을 SimpleNamespace 객체로 변환한다. row[1] 대신에 start_time처럼 이해하기 쉬운 이름을 사용할 수 있다.

```
from types import SimpleNamespace
def make_namespace(row):
    ns = SimpleNamespace(
        date = row[0],
        start_time = row[1],
        start_fuel_height = row[2],
        end_time = row[4],
        end_fuel_height = row[5],
        other_notes = row[7]
    )
    return ns
```

입력 데이터의 선택된 열들을 사용해 SimpleNamspace 객체를 생성한다. 열 3과 열 6은 항상 길이가 0인 문자열 ''이므로 생략됐다.

6. 다음 함수는 헤더 행을 제거하기 위해 filter( ) 내에서 사용된다. 빈 행이나 오류 데이터를 포함하는 행도 제거하도록 기능을 확장할 수 있을 것이다. 오류 데이터는 가급적 빨리 제거하는 것이 바람직하다.

```
def remove_date(row_ns):
    return not(row_ns.date == 'date')
```

7. 사용하기 편리한 형태로 데이터를 변환한다. 먼저 문자열을 날짜로 변환하자. 다음의 timestamp( ) 함수는 서로 다른 열에 들어있는 date 문자열과 time 문자열을

datetime 인스턴스로 변환하며, 나중에 두 개의 함수 내에서 사용된다.

```
import datetime
def timestamp(date_text, time_text):
    date = datetime.datetime.strptime(date_text, "%m/%d/%y").date()
    time = datetime.datetime.strptime(time_text, "%I:%M:%S %p").time()
    timestamp = datetime.datetime.combine(date, time)
    return timestamp
```

이제 datetime 라이브러리를 사용해 쉽게 날짜를 계산할 수 있다. 특히 두 개 타임스탬프 값 간의 차이 값인 timedelta 객체는 (초 단위로) 두 날짜 간의 시간 값을 갖고 있다.

이 함수를 사용해 항해의 출발 시각과 도착 시각을 나타내는 타임스탬프를 다음과 같이 생성할 수 있다.

```
def start_datetime(row_ns):
    row_ns.start_timestamp = timestamp(row_ns.date, row_ns.start_time)
    return row_ns

def end_datetime(row_ns):
    row_ns.end_timestamp = timestamp(row_ns.date, row_ns.end_time)
    return row_ns
```

둘 다 SimpleNamespace 객체에 새로운 속성 값을 추가한 후 이 네임스페이스 객체를 반환하므로 map() 연산 내에서 사용될 수 있다. 변경 가능한 객체인 SimpleNamespace를 변경 불가능한 객체인 namedtuple()로 바꿔도 여전히 map() 연산 내에서 사용될 수 있다.

8. 항해 시간을 계산한다. 다음 함수는 출발 시각과 도착 시각이 계산된 다음에 실행돼야 한다.

```
def duration(row_ns):
    travel_time = row_ns.end_timestamp - row_ns.start_timestamp
    row_ns.travel_hours = round(travel_time.total_seconds()/60/60, 1)
    return row_ns
```

이 함수는 도착 시각과 출발 시각의 차이 값을 초 단위에서 시간 단위로 변환한다. 소수점 첫 번째 자리로 반올림될 것이며, 더 정밀한 계산은 굳이 필요 없다.

출발 시각과 도착 시각은 적어도 1분 이상 차이가 나며, 선장이 손목시계를 본 시점에 따라 달라진다. 어떤 경우에는 실제로 측정하지 않고 단순히 추정한 값일 때도 많다.

9. 분석에 필요한 다른 값들을 계산한다. 출발 시각과 도착 시각의 연료 수위를 부동소수점 수로 변환하고, 둘 간의 차이를 계산한다.

```
def fuel_use(row_ns):
    end_height = float(row_ns.end_fuel_height)
    start_height = float(row_ns.start_fuel_height)
    row_ns.fuel_change = start_height - end_height
    return row_ns

def fuel_per_hour(row_ns):
    row_ns.fuel_per_hour = row_ns.fuel_change/row_ns.travel_hours
    return row_ns
```

시간당 연료 소비량은 그 전의 모든 계산들이 끝난 뒤에야 계산될 수 있다. `travel_hours`는 (별도로 계산된) 출발 타임스탬프와 도착 타임스탬프로부터 계산된 값이다.

예제 분석

이번 레시피의 핵심은 공통 템플릿을 따르는 합성 연산을 작성하는 것이다.

1. 자료 구조를 정규화한다. 어떤 자료 구조의 데이터를 읽어서 다른 자료 구조로 반환하는 제네레이터 함수가 필요하다.
2. 필터 및 정제: 이번 예제처럼 간단한 필터가 필요할 때가 많다. 더 복잡한 필터는 나중에 살펴볼 것이다.
3. 맵 또는 지연 계산 프로퍼티를 통해 결과 데이터를 얻기: 지연 계산 프로퍼티를 갖는 클래스는 반응형 객체다. 입력 프로퍼티의 값이 바뀌면 지연 계산 프로퍼티의 값도 바뀐다.

어떤 경우에는 기본적인 사실과 다른 차원의 설명을 조합할 때도 있다. 참조 데이터를 검색하거나 부호화된 필드를 복원하는 경우가 이에 해당된다.

1-3의 단계들을 모두 마치고 나면 다양한 분석에 쓰일 수 있는 데이터가 만들어져 있는 상태다. 데이터 분석의 상당수는 리듀스 연산에 해당한다. 총 연료 사용량을 계산하는 예제는 이미 살펴봤으며, 다음의 예제도 마찬가지다.

```
from statistics import *
def avg_fuel_per_hour(iterable):
    return mean(row.fuel_per_hour for row in iterable)
def stdev_fuel_per_hour(iterable):
    return stdev(row.fuel_per_hour for row in iterable)
```

이 함수들은 mean() 함수와 stdev() 함수를 각 행의 fuel_per_hour 속성에 적용한다.

다음과 같이 사용할 수도 있다.

```
>>> round(avg_fuel_per_hour(
...     clean_data(row_merge(log_rows))), 3)
0.48
```

미가공 데이터를 정제 및 보충하기 위해 clean_data(row_merge(log_rows)) 파이프라인을 사용했다. 그러고 나서 이 데이터에 리듀스 연산을 적용해 원하는 값을 얻었다.

30인치 깊이의 연료 탱크가 60시간 정도의 항해를 충분히 버틸 수 있음을 알 수 있다. 연료 탱크를 가득 채운 상태에서 6노트의 속도로 항해하면 약 360해리를 갈 수 있다.

부연 설명

앞서도 언급했듯이, 한 개의 순회 가능한 데이터에 대해 한 번의 리듀스만 수행할 수 있다. 따라서 여러 평균값 또는 평균과 분산을 같이 계산하기 위해서는 조금 방법을 바꿔야 한다.

여러 요약 값들을 계산하려면, 반복적으로 요약될 수 있는 시퀀스 객체를 생성해야 한다.

```
data = tuple(clean_data(row_merge(log_rows)))
m = avg_fuel_per_hour(data)
s = 2*stdev_fuel_per_hour(data)
print("Fuel use {m:.2f} ±{s:.2f}".format(m=m, s=s))
```

정제 및 보충된 데이터로부터 튜플을 생성했다. 이 튜플은 순회 가능 객체를 생성하는데, 제네레이터 함수와 달리 이 순회 가능 객체를 여러 번 생성할 수 있다. 따라서 이 튜플 객체를 사용해 두 개의 요약 값을 계산할 수 있다.

이러한 설계는 입력 데이터에 변환 처리가 상당히 많이 적용돼야 한다. 맵, 필터, 리듀스 연산들을 조합한 데이터 변환 처리는 유연성이 매우 높다.

클래스를 새로 정의해서 문제를 해결할 수도 있다. 지연 계산 프로퍼티를 갖는 클래스를 설계함으로써 일종의 반응형 설계를 한 개의 코드 블록에 포함시킬 수 있다. 자세한 설명은 '프로퍼티로 지연 계산을 구현하는 방법' 레시피를 참조한다.

itertools 모듈의 tee() 함수를 사용하는 방법도 있다.

```
from itertools import tee
data1, data2 = tee(clean_data(row_merge(log_rows)), 2)
m = avg_fuel_per_hour(data1)
s = 2*stdev_fuel_per_hour(data2)
```

tee() 함수를 사용해, clean_data(row_merge(log_rows))가 반환한 순회 가능 객체의 클론을 두 개 생성했다. 이제 이 두 개의 클론을 사용해 평균 및 표준 편차를 계산할 수 있다.

참고 사항

- '제네레이터식을 조합해 사용하는 방법' 레시피에서 맵과 필터를 결합하는 방법을 살펴봤다.
- '프로퍼티로 지연 계산을 구현하는 방법' 레시피에서 지연 프로퍼티를 살펴봤다. 맵-리듀스 처리의 변형도 설명됐다.

'there exists' 처리를 구현하는 방법

지금까지 살펴본 패턴들은 모두 '*for all*(모든 항목에 대해)'이라는 수식어를 전제로 한다. 이 전제는 모든 변환 처리의 정의에 암묵적으로 들어있었다.

- 맵: 입력 데이터의 모든 항목들에 맵 연산을 적용한다. 명시적으로 나타내면 다음과 같다. $\{M(x)\ \forall\ x{:}\ x \in C\}$
- 필터: 입력 데이터의 모든 항목들에 대해 필터 함수의 결과가 `true`인 항목만 통과시킨다. 명시적으로 나타내면 다음과 같다. 컬렉션 C에 속한 모든 값 x에 대해 함수 $F(x)$가 `true`인 값만 얻는다. $\{x\ \forall\ x{:}\ x \in C \text{ if } F(x)\}$
- 리듀스: 입력 데이터의 모든 항목들에 대해 지정된 연산자와 기본값을 사용해 어떤 요약 값을 계산한다. 입력 데이터 컬렉션 혹은 순회 가능 객체의 모든 값에 대해 동작하는 재귀 함수로서 나타낼 수 있다.

$$F_{\Diamond,\bot}\left(C_{0..n}\right)=\begin{cases}\bot & \text{if } C=\varnothing \\ F_{\Diamond,\bot}\left(C_{0..n-1}\right)\Diamond C_{n-1} & \text{if } C\neq\varnothing\end{cases}$$

$C_{0..n}$은 파이썬의 반개방 표기법을 따른다. 인덱스 위치가 0인 값과 $n-1$인 값은 포함되지만, n인 값은 포함되지 않는다. 즉, C_n에는 값이 없다.

여기서 중요한 것은 $C_{0..n-1} \cup C_{n-1}=C$라는 점이다. 즉, 이 범위 내의 마지막 항목을 취할 때 손실되는 항목은 없다. 언제나 컬렉션 내의 모든 항목을 처리하는 것이다. 또한 항목 C_{n-1}이 두 번 처리되지 않는다. $C_{0..n-1}$ 범위에 속하지 않고, 독립 항목 C_{n-1}이다.

첫 번째 값이 조건과 일치하면 곧바로 중단되는 프로세스를 제네레이터 함수를 사용해 어떻게 작성할 수 있을까? 어떻게 *for all* 대신에 *there exists*를 따르는 논리 설계를 작성할 수 있을까?

준비

there exists, ∃를 구현하고자 한다. 조건을 만족하는 어떤 값이 존재하는지 검사하는 예제를 살펴보자.

어떤 숫자가 소수인지 합성수인지 알고 싶다고 하자. 소수가 아니라는 결론에 이르기 위해 그 숫자의 모든 약수를 알 필요는 없다. 약수가 한 개만 존재해도 그 숫자는 소수가 아니기 때문이다.

소수를 의미하는 술어 $P(n)$은 다음과 같이 정의할 수 있다.

$$P(n) = \neg \exists i: 2 \leq i < n \text{ if } n \bmod i = 0$$

어떤 숫자 n이 있을 때, n을 나눠서 떨어지는 (2와 n 사이의) 값 i가 존재하지 않는다면, n은 소수다. 반대 논리를 사용해 다음과 같이 바꿔서 나타낼 수 있다.

$$\neg P(n) = \exists i: 2 \leq i < n \text{ if } n \bmod i = 0$$

2와 n 사이에 n을 나눠서 떨어지는 값 i가 한 개라도 존재하면, n은 합성수다. 이 조건을 만족하는 모든 i 값을 알 필요는 없다. 술어를 만족하는 하나의 값만 존재하면 충분한 것이다.

조건을 만족하는 숫자가 발견되면 즉시 반복문에서 빠져나와도 된다. 따라서 `for`문과 `if`문 내부에 `break`문이 있어야 한다. 모든 값을 처리하는 것이 아니므로 `map()`, `filter()`, `reduce()` 등의 고계 함수를 그냥 사용할 수 없다.

예제 구현

1. 원하는 값이 발견될 때까지 계속 건너뛰는 제네레이터 함수 템플릿을 정의한다. 술어 조건을 만족하는 한 개의 값만 반환될 것이다.

```
def find_first(predicate, iterable):
    for item in iterable:
```

```
        if predicate(item):
            yield item
            break
```

2. 술어 함수를 정의한다. 간단한 람다 객체면 충분하다. 반복문에 연결된 변수와 그렇지 않은 변수를 다음과 같이 사용할 수 있다.

```
lambda i: n % i == 0
```

변수 n은 람다 객체에 대해서는 전역 변수지만, 함수 차원에서는 지역 변수다. n % i의 값이 0이면 i는 n의 약수이므로 n은 소수가 아니다.

3. 지정된 범위와 술어 조건을 갖는 람다 함수를 적용한다.

```
import math
def prime(n):
    factors = find_first(
        lambda i: n % i == 0,
        range(2, int(math.sqrt(n)+1)) )
    return len(list(factors)) == 0
```

순회 가능 객체인 factors에 항목이 들어있으면 n은 합성수고, 그렇지 않으면 소수다.

소수인지 여부를 판단하기 위해 2와 n 사이의 모든 숫자를 검사할 필요가 없다. $2 \le i < \sqrt{n}$ 범위 내의 i 값만 검사하면 된다.

예제 분석

find_first() 함수에 break문이 들어있으므로 입력받은 순회 가능 객체의 처리를 중단할 수 있다. for문의 실행이 중단되면 제네레이터는 함수 끝에 도달하고 정상적으로 반환한다.

이 제네레이터가 반환하는 값을 소비하는 프로세스에는 StopIteration 예외가 전달된다. 이 예외는 제네레이터가 더 이상 값을 반환하지 않을 것임을 의미한다. find_first() 함수가 이 예외를 발생시켜도 오류가 일어난 것은 아니며, 순회 가능 객체가 입력 값 처리를 마쳤다는 신호를 보내는 정상적인 방법이다.

이때 신호는 다음 두 가지 중 하나를 의미한다.

- 어떤 값이 반환됐다면 그 값은 n의 약수다.
- 아무 값도 반환되지 않았다면 n은 소수다.

이처럼 for문 내부에 break문을 둬서 루프를 조기에 벗어날 수 있도록 약간의 변경을 가한 것만으로 제네레이터 함수의 의미는 크게 달라진다. find_first() 제네레이터는 입력 데이터의 모든 값을 처리하는 것이 아니라, 술어가 true가 되자마자 처리를 중단하기 때문이다.

이것은 필터와 다르다. 필터의 경우에는 모든 입력 값이 소비된다. 반면에 break문을 사용한 for문의 조기 중단은 나머지 입력 값을 처리하지 않는다.

부연 설명

itertools 모듈에는 find_first() 함수를 대신해서 사용할 수 있는 함수가 들어있다. 바로 takewhile() 함수인데, 이 함수는 다른 술어 함수를 사용해 입력 데이터로부터 값을 계속 취한다. 술어 함수의 결과가 false면 곧바로 처리를 중단한다.

람다 표현식을 lambda i: n % i == 0이 아니라 lambda i: n % i != 0으로 바꾸면, 약수가 아닌 한 입력 값을 계속 취하다가 약수인 값이 들어올 때 takewhile() 프로세스가 종료될 것이다.

두 개의 예제를 살펴보자. 숫자 13이 소수인지 아닌지 검사하려고 하며, 범위 내의 숫자들을 확인해야 할 것이다. 또한 숫자 15도 소수 여부를 검사하려고 한다.

```
>>> from itertools import takewhile
>>> n = 13
>>> list(takewhile(lambda i: n % i != 0, range(2, 4)))
[2, 3]
>>> n = 15
>>> list(takewhile(lambda i: n % i != 0, range(2, 4)))
[2]
```

소수일 경우에는 모든 검사 값이 takewhile() 술어를 통과한다. 결과 값은 검사 범위 내에서 n의 약수가 아닌 숫자들의 리스트인데, 이 리스트의 값들과 범위 내의 값들이 같다면 n은 소수라고 판단할 수 있다. 13의 경우, 둘 다 [2, 3]이므로 13은 소수다.

합성수일 경우에는 일부 값만 takewhile() 술어를 통과한다. 2는 15의 약수가 아니지만, 3은 15의 약수이기 때문에 술어를 통과하지 못한다. 따라서 약수가 아닌 숫자들의 리스트 [2]는 검사 범위 내의 숫자 리스트 [2, 3]과 같지 않다.

지금까지의 설명을 종합해 다음과 같이 함수를 정의할 수 있다.

```
def prime_t(n):
    tests = set(range(2, int(math.sqrt(n)+1)))
    non_factors = set(
        takewhile(
            lambda i: n % i != 0,
            tests
        )
    )
    return tests == non_factors
```

두 개의 세트 객체인 tests와 non_factors가 내부적으로 사용되고 있다. 검사 범위 내의 값들이 전부 약수가 아니라면 이 숫자는 소수다. 앞서 find_first()를 사용했던 prime() 함수는 내부적으로 한 개의 리스트 객체만을 사용했으며, 이 리스트는 최대 한 개의 항목만 가졌으므로 메모리 사용량이 훨씬 적었다.

itertools 모듈

itertools 모듈에는 맵-리듀스 애플리케이션을 작성하는 데 도움이 되는 함수들이 다양하게 포함돼 있다.

- filterfalse(): filter() 내장 함수와 비슷하지만, filter() 함수의 술어 논리를 반대로 적용한다. 즉, 술어가 true인 항목을 거부한다.
- zip_longest(): zip() 내장 함수와 비슷하다. 하지만 zip() 함수가 가장 짧은 순

회 가능 객체가 소진됐을 때 병합 작업을 중지하는 반면, zip_longest() 함수는 가장 긴 순회 가능 객체와 대조할 수 있도록 (인수로서 제공된 값을) 가장 짧은 순회 가능 객체에 채워 넣는다.

- starmap(): map() 내장 함수의 알고리즘을 조금 수정한 함수다. map(function, iter1, iter2)를 실행할 경우 iter1과 iter2 객체의 항목이 function 함수에 위치 인수로서 전달되는 반면, starmap() 함수는 인수 값을 포함하는 튜플이 제공돼야 한다. 즉 다음과 같이 사용할 수 있다.

```
map = starmap(function, zip(iter1, iter2))
```

이 밖에도 많은 함수들이 제공된다.

- accumulate(): sum() 내장 함수의 변형이다. 최종 합계를 얻기 전에 계산되는 부분합이 반환된다.
- chain(): 순회 가능 객체들을 순서대로 조합한다.
- compress(): 입력 데이터로서 한 개의 이터레이터를, 입력 셀렉터로서 다른 한 개의 이터레이터를 사용한다. 셀렉터로부터 받은 값이 true면 해당 데이터 항목은 통과되고, 그렇지 않으면 거부된다. true-false 값을 기반으로 하는 항목 단위 필터라고 볼 수 있다.
- dropwhile(): 술어 조건이 true면 값을 거부하고, 일단 false가 되면 그 이후의 값들은 그냥 통과시킨다. takewhile() 함수의 설명을 참조하자.
- groupby(): 키 함수를 사용해 그룹 정의를 제어한다. 동일한 키 값을 갖는 항목들끼리 별도의 이터레이터 그룹으로 분류된다. 입력 데이터가 키 순서로 사전에 정렬돼 있어야 이 함수를 제대로 사용할 수 있다.
- islice(): 슬라이스 표현식과 비슷하지만, 리스트가 아니라 순회 가능 객체에 적용된다. list[1:]으로 리스트의 첫 번째 행을 제외시킬 수 있듯이, islice(iterable, 1)은 순회 가능 객체의 첫 번째 항목을 제외시킨다.
- takewhile(): 술어 조건이 true면 값을 통과시키고, false가 되면 즉시 처리를 중단한다. dropwhile()의 설명도 참조하자.

- tee( ): 한 개의 순회 가능 객체를 여러 클론(복제 객체)들로 분할한다. 각 클론별로 소비될 수 있기 때문에 한 개의 순회 가능 데이터에 여러 리듀스 연산을 수행할 수 있다.

부분 함수를 작성하는 방법

reduce( ), sorted( ), min( ), max( ) 등의 함수를 자세히 살펴보면, 항상 똑같은 인수들이 사용되는 것을 알 수 있다. 다음과 같이 reduce( ) 함수를 여러 곳에서 써야 할 경우를 예로 들어보자.

```
reduce(operator.mul, ..., 1)
```

reduce( )의 세 개 매개변수 중에서 단 한 개(순회 가능 객체)만 그때그때 다르다. 연산자와 기본값 인수는 실질적으로 operator.mul과 1로 고정된다.

따라서 다음과 같이 새로운 함수를 정의할 수 있다.

```
def prod(iterable):
    return reduce(operator.mul, iterable, 1)
```

하지만 굳이 이렇게 def와 return문을 사용해 매번 새로운 함수를 정의할 필요 없이, 파이썬이 제공하는 기능을 사용해 코딩을 단순화할 수 있다.

일부 매개변수가 미리 제공되는 함수를 어떻게 정의할 수 있을까?

지금 설명하고자 하는 내용(즉, 부분 함수)은 인수의 기본값을 제공하는 것과 다르다는 점에 주의하자. 부분 함수는 기본값을 재정의하는 수단이 아니다. 특정 매개변수가 미리 지정된 부분 함수는 필요한 만큼 많이 생성할 수 있다.

준비

통계 모델링에서는 표준 점수(z-점수라고도 부른다.)가 자주 사용된다. 표준 점수는 미가공 측정 값을 정규 분포와 쉽게 비교할 수 있도록 표준화된 값으로서, 서로 다른 단위로 측정된 값들 사이에 비교하기 쉽다는 장점이 있다.

계산식은 다음과 같다.

$$z = (x - \mu)/\sigma$$

x는 미가공 값, μ는 모집단의 평균, σ는 모집단의 표준 편차다. z의 평균은 0이고 표준 편차는 1이라는 특성 덕분에 사용하기 매우 편리하다.

표준 점수는 평균과 이례적으로 멀리 떨어진 특이점outlier을 찾는 용도로도 사용된다. z 값은 (대략) 99.7%가 −3과 +3 사이에 분포한다.

표준 점수를 구하는 함수는 다음과 같이 정의할 수 있다.

```
def standarize(mean, stdev, x):
    return (x-mean)/stdev
```

이 함수는 미가공 값인 x를 받아서 z-점수를 계산한다. 매개변수는 두 종류로 나뉜다.

- mean과 stdev는 실질적으로 고정된 값이다. 모집단의 평균과 표준분포는 바뀌지 않으며 standarize( ) 함수에 동일한 값이 반복적으로 제공된다.
- x의 값은 가변적이다.

다음과 같은 표본 데이터가 있다고 하자.

```
text_1 = '''10  8.04
8       6.95
13      7.58
...
5       5.68
'''
```

이 데이터를 숫자 쌍으로 변환하기 위해 두 개의 작은 함수를 정의하자. 첫 번째 함수는 텍스트 블록을 행 단위로 분할하고, 다시 각 행을 텍스트 항목 쌍으로 분할한다.

```
text_parse = lambda text: (r.split() for r in text.splitlines())
```

splitlines() 메소드는 행 시퀀스를 생성한다. 그리고 각 행은 r에 대입된다. r.split()는 두 개의 텍스트 블록을 각 행으로 분리한다.

list(text_parse(text_1))을 실행하면 다음과 같이 표시될 것이다.

```
[['10', '8.04'],
 ['8', '6.95'],
 ['13', '7.58'],
 ...
 ['5', '5.68']]
```

데이터의 사용 편의성을 높이기 위해 이 데이터를 보충할 필요가 있다. 문자열을 부동소수점 값으로 변환해보자. 이를 위해 각 항목으로부터 SimpleNamespace 인스턴스를 생성할 것이다.

```
from types import SimpleNamespace
row_build = lambda rows: (SimpleNamespace(x=float(x), y=float(y)) for x,y in
rows)
```

이 람다 객체는 각 행의 각 문자열 항목에 float() 함수를 적용해 SimpleNamespace 인스턴스를 생성한다. 이제, 작업 대상 데이터가 마련된다.

이 두 개의 람다 객체를 적용해 사용 편의성이 높은 데이터를 생성할 수 있다. text_1뿐 아니라 비슷한 text_2 데이터도 있다고 하자.

```
data_1 = list(row_build(text_parse(text_1)))
data_2 = list(row_build(text_parse(text_2)))
```

두 개의 텍스트 블록으로부터 데이터가 생성된다. 이 데이터는 위치 좌표 쌍을 포함하고 있다. SimpleNamespace 객체의 x와 y 속성이 이 데이터의 각 행에 대입돼 있다.

이 과정에서 types.SimpleNamespace의 인스턴스가 생성된다는 것에 주목하자. 화면 출력 시에 namespace 클래스가 사용된다. 그리고 변경 가능한 객체이기 때문에 표준 점수로 값을 변경할 수 있다.

data_1을 출력하면 결과는 다음과 같다.

```
[namespace(x=10.0, y=8.04), namespace(x=8.0, y=6.95),
namespace(x=13.0, y=7.58),
...,
namespace(x=5.0, y=5.68)]
```

x 속성의 표준 점수를 계산하는 예제를 작성해보자. 평균과 표준 편차를 먼저 계산하고, 계산된 값을 사용해 data_1과 data_2의 데이터를 표준화할 것이다. 코드는 다음과 같다.

```
import statistics
mean_x = statistics.mean(item.x for item in data_1)
stdev_x = statistics.stdev(item.x for item in data_1)

for row in data_1:
    z_x = standardize(mean_x, stdev_x, row.x)
    print(row, z_x)

for row in data_2:
    z_x = standardize(mean_x, stdev_x, row.x)
    print(row, z_x)
```

standardize( )를 실행할 때마다 mean_v1과 stdev_v1의 값을 제공한다면, 그다지 중요하지 않은 일로 알고리즘을 번거롭게 만드는 것과 같다. 특히 알고리즘이 복잡할 때 이러한 번거로움은 명료함보다는 혼란을 일으키기 쉽다.

예제 구현

인수 값들의 일부를 갖는 함수를 def문으로 새롭게 정의하지 않고, 다음의 두 가지 방법으로 부분 함수를 정의할 수 있다.

- functools 모듈의 partial( ) 함수를 사용한다.
- 람다 객체를 생성한다.

functools.partial() 사용하기

1. functools에서 partial 함수를 임포트한다.

   ```
   from functools import partial
   ```

2. partial( ) 함수를 사용해 객체를 생성하며, 함수 이름과 위치 인수를 제공해야 한다. 부분 함수 정의에 포함되지 않는 매개변수는 부분 함수가 실행될 때 반드시 제공돼야 한다.

   ```
   z = partial(standardize, mean_x, stdev_x)
   ```

3. 위치 매개변수 mean과 stdev의 값은 이미 제공했으며, 세 번째 위치 매개변수 x는 별도로 제공돼야 값이 계산될 수 있다.

람다 객체 생성하기

1. 고정된 매개변수들을 포함하는 람다 객체를 정의한다.

   ```
   lambda x: standardize(mean_v1, stdev_v1, x)
   ```

2. 람다 객체를 생성한다.

   ```
   z = lambda x: standardize(mean_v1, stdev_v1, x)
   ```

예제 분석

두 가지 방법 모두 z( )라는 이름의 객체(즉, 함수)를 생성한다. 이 함수는 위치 매개변수에 이미 mean_v1과 stdev_v1이 지정돼 있다. 어느 기법이든 다음과 같이 z( ) 함수를 사용할 수 있다.

```
for row in data_1:
    print(row, z(row.x))
for row in data_2:
    print(row, z(row.x))
```

각 데이터세트에 z( ) 함수를 적용했다. 일부 매개변수에 값이 이미 적용돼 있으므로 사용하기가 매우 쉽다.

각 행은 변경 가능한 객체이므로 다음과 같이 실행할 수도 있다.

```
for row in data_1:
    row.z = z(row.v1)
for row in data_2:
    row.z = z(row.v1)
```

새로운 속성 z가 z( ) 함수의 값을 갖도록 행을 변경했다. 복잡한 알고리즘에서는 이처럼 행 객체를 수정하면 코드를 단순화할 수 있다.

지금까지 설명한 두 개의 방법 간에는 다음과 같이 중요한 차이점이 있다.

- partial( ) 함수는 매개변수의 실제 값을 연결한다. 따라서 이미 사용된 변수에 어떤 변경이 일어나도, 이미 생성된 부분 함수의 정의에 영향을 미치지 않는다. z = partial(standardize(mean_v1, stdev_v1))을 작성한 후, mean_v1 또는 stdev_v1의 값을 변경해도 부분 함수 z( )에 영향을 미치지 않는다는 뜻이다.
- 람다 객체는 변수의 값이 아니라 값의 이름을 연결한다. 따라서 변수의 값이 나중에 변경되면 람다 객체도 다르게 동작한다. z = lambda x : standardize(mean_v1, stdev_v1, x)를 작성한 후 mean_v1 또는 stdev_v1의 값을 변경하면, 람다 객체 z( )가 사용하는 값도 변경된다.

값의 이름이 아니라 값 자체를 연결하도록 람다 객체를 수정할 수 있다.

```
z = lambda x, m=mean_v1, s=stdev_v1: standardize(m, s, x)
```

mean_v1과 stdev_v1의 값을 얻어서 람다 객체의 기본값으로 사용하고 있다. 이제 mean_v1과 stdev_v1의 값이 바뀌어도 람다 객체 z( )의 동작과는 관련이 없다.

부연 설명

부분 함수를 작성할 때 위치 인수뿐 아니라 키워드 인수도 제공할 수 있다. 키워드 인수를 문제없이 사용할 수 있을 때가 많지만, 가끔은 예상대로 동작하지 않을 수도 있다.

특히 reduce( ) 함수는 부분 함수를 쉽게 작성할 수 없다. 매개변수가 부분 함수 작성에 적합하지 않기 때문이다. reduce( ) 함수는 개념적으로 다음과 같이 정의된다. 이것은 실제 정의가 아니라 겉보기 정의다.

```
def reduce(function, iterable, initializer = None)
```

만일 이것이 실제 정의라면, 다음과 같이 사용할 수 있어야 한다.

```
prod = partial(reduce(mul, initializer = 1))
```

하지만 실제로는 이렇게 사용할 수 없다. reduce( )의 정의는 사실 이보다 복잡하기 때문이다. reduce( ) 함수는 이름을 갖는 키워드 인수를 허용하지 않는다. 따라서 람다 객체를 작성하는 방법을 사용할 수밖에 없다.

```
>>> from operator import mul
>>> from functools import reduce
>>> prod = lambda x: reduce(mul, x, 1)
```

람다 객체를 사용해 한 개의 매개변수만 갖는 prod( ) 함수를 정의했다. 이 함수는 두 개의 고정 매개변수와 한 개의 가변 매개변수로 reduce( ) 함수를 사용한다.

prod( ) 함수를 이처럼 정의하고 나면, 이 함수의 곱셈 계산에 의존하는 다른 함수들을 정의할 수 있다. 예를 들면 계승 함수는 다음과 같다.

```
>>> factorial = lambda x: prod(range(2,x+1))
>>> factorial(5)
120
```

factorial( ) 함수 정의에 prod( ) 함수가 사용되고 있으며, 두 개의 고정 매개변수 값으로 reduce( ) 함수를 사용하는 일종의 부분 함수라고 볼 수 있다. 이처럼 여러 함수들을 함께 사용해 한 개의 정교한 함수를 정의할 수 있다.

파이썬에서 함수는 객체다. 자금까지 함수가 다른 함수의 인수로서 사용되는 여러 경우들을 배웠는데, 다른 함수를 인수로서 받아들이는 함수를 가리켜 고계higher-order 함수라고 부른다.

또한 함수는 함수 객체를 결과 값으로서 반환할 수도 있다. 따라서 다음과 같은 함수를 작성할 수 있다.

```
def prepare_z(data):
    mean_x = statistics.mean(item.x for item in data_1)
    stdev_x = statistics.stdev(item.x for item in data_1)
    return partial(standardize, mean_x, stdev_x)
```

(x, y) 표본 데이터에서 *x* 속성의 평균 및 표준 편차는 이미 계산돼 있고 계산된 값들에 기반해 표준 점수를 구하는 부분 함수도 이미 작성돼 있다면, 이 함수의 결과 값으로 반환되는 함수를 데이터 분석에 사용할 수 있다.

```
z = prepare_z(data_1)
for row in data_2:
    print(row, z(row.x))
```

prepare_z( ) 함수에서 반환된 함수를 변수 z에 대입했다. 이 변수는 호출될 수 있는 객체다. 즉 z( ) 함수로서, 평균과 표준 편차를 사용해 표준 점수를 계산한다.

변경 불가능한 자료 구조를 사용해 알고리즘을 단순화하는 방법

객체지향 프로그래밍에서 객체는 상태를 저장할 수 있다. 6장과 7장에서 객체 및 상태와 관련된 기법들을 살펴봤으며, 객체의 상태를 변경하는 메소드는 객체지향 프로그래밍에서 중요한 역할을 맡는다.

'제네레이터식을 조합해 사용하는 방법' 레시피, '맵과 리듀스를 조합하는 방법' 레시피, '부분 함수를 작성하는 방법' 레시피에서도 상태 저장 함수형 프로그래밍 기법들을 다뤘다. `types.SimpleNamespace` 클래스가 생성하는 상태 저장 객체 덕분에 편리한 속성 이름을 사용할 수 있었다.

대부분의 경우에 속성 정의를 위해 딕셔너리dict 객체가 사용됐고, '__slots__로 객체를 최적화하는 방법' 레시피만 `__slots__` 정의에 의해 속성이 고정됐다.

딕셔너리 객체를 사용해 객체의 속성을 저장하는 방법은 다음과 같은 특징을 갖는다.

- 속성을 쉽게 추가하거나 제거할 수 있다. 이미 정의된 속성을 얻고 설정하는 것뿐만 아니라 새로운 속성을 생성할 수도 있다.
- 객체는 (꼭 필요한 것보다) 많은 양의 메모리를 사용한다. 딕셔너리가 해시 알고리즘을 사용해 키와 값을 찾기 때문이다. 일반적으로 해시 방식은 리스트나 튜플과 같은 자료 구조보다 많은 메모리를 필요로 한다. 데이터 크기가 아주 크다면 문제가 될 수 있다.

상태 저장 객체지향 프로그래밍에서 가장 문제시되는 것은 객체의 상태 변경이 분명하게 드러나도록 코드를 작성하는 것이 때때로 어렵다는 점이다. 그래서 상태 변경이 일어났음이 드러나도록 코드를 작성하는 대신에 완전히 새롭게 객체를 생성하면서 상태 정보가 매핑되도록 코딩하는 편이 훨씬 쉽다. 특히 파이썬의 타입 힌트 기능과 함께 사용하면 신뢰성 높고 테스트하기 쉬운 소프트웨어를 작성할 수 있다.

새로운 객체를 만들 때 데이터 항목과 계산 작업 간의 관계를 명시적으로 포착할 수 있다. `mypy` 프로젝트의 도구들은 타입 힌트를 분석해 알고리즘 내의 객체들이 올바르게 사용되고 있는지 확인할 수 있다.

아예 상태 저장 객체를 사용하지 않음으로써 메모리 소비량을 줄일 수도 있다. 다음과 같이 두 가지 방법이 가능하다.

- `__slots__`를 사용해 클래스를 정의한다. 자세한 설명은 '__slots__로 객체를 최적화하는 방법' 레시피를 참조한다. 변경 가능한 객체이기 때문에 속성에 새로운 값을 넣을 수 있다.
- 변경 불가능한 객체인 튜플 또는 네임드튜플을 사용한다. 자세한 설명은 '연산 처리를 거의 수행하지 않는 클래스를 설계하는 방법' 레시피를 참조한다. 변경 불가능한 객체이기 때문에 새로운 객체를 만들 수만 있고 기존 객체의 상태를 변경할 수 없다. 전체적인 메모리 사용량은 줄지만 새로 객체를 생성하는 비용도 함께 고려해야 한다.

변경 불가능한 객체는 변경 가능한 객체보다 실행 속도가 다소 빠르다. 속도보다 중요한 것은 알고리즘 설계 측면인데, (기존의 변경 불가능한 객체로부터) 새로운 변경 불가능한 객체를 생성하는 편이 상태 저장 객체를 사용하는 것보다 간단하고 테스트 및 디버그가 쉽다. 타입 힌트의 도움도 받을 수 있다.

준비

'제네레이터식을 조합해 사용하는 방법' 레시피와 "there exists' 처리를 구현하는 방법' 레시피에서 언급했듯이 제네레이터는 한 번만 처리될 수 있다. 두 번 이상 제네레이터를 처리해야 한다면, 순회 가능 객체 시퀀스를 리스트나 튜플과 같은 데이터 컬렉션으로 변환해야 한다.

이것은 몇 단계의 과정을 거쳐야 한다.

- 데이터 추출: 데이터베이스에 쿼리를 날리거나 .csv 파일을 읽어서 데이터를 가져온다. 행 혹은 제네레이터 함수를 반환하는 함수를 작성해 구현할 수 있다.

- 데이터 정제 및 필터: 입력받은 데이터를 한 번만 처리할 수 있는 제네레이터식들을 조합한다. 여러 개의 맵 또는 필터 연산들을 포함하는 함수를 작성해 구현할 수 있다.
- 데이터 보충: 마찬가지로, 한 번에 한 개의 행만 처리하는 제네레이터식들을 조합한다. 맵 연산들을 조합해 기존 데이터로부터 새로운 파생 데이터를 생성한다.
- 데이터 리듀스 또는 요약: 여러 개의 요약 값이 계산될 수 있다. 이를 위해서는 데이터 보충 단계의 결과 값이 (두 번 이상 처리될 수 있어야 하므로) 데이터 컬렉션 객체여야 한다.

데이터 보충과 데이터 요약 단계가 겹치기도 한다. '부분 함수를 작성하는 방법' 레시피처럼 요약 작업이 수행된 이후에 보충 작업이 수행되기도 한다.

데이터 보충 단계의 전략은 두 가지로 나눠서 생각할 수 있다.

- 변경 가능한 객체일 경우: 속성 값이 추가되거나 설정된다. 속성이 설정될 때 즉시 계산되도록 하고 싶으면 '설정 가능 프로퍼티로 속성 값을 갱신하는 방법' 레시피를 참조하고, 지연 계산 방식을 원한다면 '프로퍼티로 지연 계산을 구현하는 방법' 레시피를 참조한다. `types.SimpleNamespace`를 사용한 예제에서는 클래스 정의와 별도의 함수에서 계산을 수행하는 방법을 살펴봤다.
- 변경 불가능한 객체일 경우: 기존 객체로부터 새로운 객체가 생성된다. 튜플 객체거나 (`namedtuple()`에 의해 생성된) 네임드튜플 객체로서 크기가 작고 실행 속도가 빠르다. 내부 상태 정보를 관리하지 않으므로 구조가 간단하다.

텍스트 블록 내에 다음과 같은 데이터 컬렉션이 들어있다고 하자.

```
text_1 = '''10  8.04
8       6.95
13      7.58
...
5       5.68
'''
```

다음과 같이 데이터 추출get, 정제cleanse, 보충enrich의 3단계 프로세스를 구현하는 것이 이번 레시피의 목적이다.

```
data = list(enrich(cleanse(get(text))))
```

get() 함수는 텍스트 블록을 파싱해 데이터를 얻어온다. cleanse() 함수는 빈 행이나 사용 가치가 없는 데이터를 제거한다. enrich() 함수는 (cleanse() 함수를 통해) 정제된 데이터에 최종적인 계산을 수행한다. 이 파이프라인의 각 단계를 하나씩 살펴볼 것이다.

get() 함수는 순수한 텍스트 처리만을 수행하며 필터 작업은 최소한으로 제한된다.

```
from typing import *

def get(text: str) -> Iterator[List[str]]:
    for line in text.splitlines():
        if len(line) == 0:
            continue
        yield line.split()
```

타입 힌트를 작성하기 위해 typing 모듈을 임포트했다. 따라서 함수의 입력과 출력에 관한 명시적인 선언이 가능하다. get() 함수는 문자열 str을 입력받아 List[str]을 반환하며, 입력된 행들은 일련의 값으로 분해된다.

이 함수가 생성하는 행은 모두 값이 들어있고, 빈 행은 생성되지 않는다. 약간의 필터 변환이 수행되지만, 애플리케이션 수준의 필터 규칙이 적용되지는 않으며 데이터 직렬화와 관련된 기술적 문제일 뿐이다.

cleanse() 함수는 네임드튜플 데이터를 생성하는데, 데이터의 유효성을 확인하기 위한 여러 규칙들을 적용한다.

```
from collections import namedtuple

DataPair = namedtuple('DataPair', ['x', 'y'])

def cleanse(iterable: Iterable[List[str]]) -> Iterator[DataPair]:
```

```
    for text_items in iterable:
        try:
            x_amount = float(text_items[0])
            y_amount = float(text_items[1])
            yield DataPair(x_amount, y_amount)
        except Exception as ex:
            print(ex, repr(text_items))
```

이름이 DataPair고 두 개의 속성 x와 y를 갖는 네임드튜플 객체를 정의했다. 텍스트 값들이 부동소수점 숫자 자료형으로 적절히 변환되면 DataPair 인스턴스가 반환되고, 그렇지 않으면 오류 메시지가 표시될 것이다.

타입 힌트의 기술적인 세부 특징에 주의하자. yield문을 포함하는 함수는 이터레이터다. 공식적인 관계상 이터레이터는 일종의 순회 가능 객체이므로 이 함수를 순회 가능 객체처럼 사용할 수 있다.

여기서 추가로 정제 규칙을 적용할 수 있다. 예를 들면 assert문을 try문 내에 추가하는 것이다. 예상치 않았거나 유효하지 않은 데이터로 인해 예외가 발생하면 입력 행의 처리가 중단될 것이다.

지금까지 작성한 cleanse( )와 get( ) 함수 처리의 결과는 다음과 같다.

```
list(cleanse(get(text)))
The output looks like this:
[DataPair(x=10.0, y=8.04),
 DataPair(x=8.0, y=6.95),
 DataPair(x=13.0, y=7.58),
 ...,
 DataPair(x=5.0, y=5.68)]
```

이번 예제에서는 y 값을 기준으로 순서를 매길 것이다. 따라서 데이터를 먼저 정렬한 후, 정렬된 값을 y 값 순서 속성과 함께 반환해야 한다.

예제 구현

1. 순서 속성이 보충된 네임드튜플 객체를 정의한다.

```
RankYDataPair = namedtuple('RankYDataPair', ['y_rank', 'pair'])
```

네임드튜플 객체를 새로 정의하면서 원본 데이터 쌍을 포함시킨 것에 주목하자. 개별 필드를 복사하지 않고, 원본 객체를 통째로 집어넣은 것이다.

2. 데이터 보충 함수를 정의한다.

```
PairIter = Iterable[DataPair]
RankPairIter = Iterator[RankYDataPair]

def rank_by_y(iterable:PairIter) -> RankPairIter:
```

타입 힌트를 통해 이 함수에 입력돼야 할 타입과 이 함수가 반환할 타입을 분명히 드러냈다. 타입 힌트를 별도로 정의한 것은 길이가 더 짧을 뿐 아니라 다른 함수에서 재사용될 수 있기 때문이다.

3. 데이터 보충 함수의 본문을 작성한다. 순서를 매기기 위해서는 원본 데이터의 y 속성을 기준으로 데이터를 정렬해야 한다. 기존 객체로부터 새로운 객체를 생성하기 위해 RankYDataPair의 인스턴스를 반환할 것이다.

```
all_data = sorted(iterable, key=lambda pair:pair.y)
for y_rank, pair in enumerate(all_data, start=1):
    yield RankYDataPair(y_rank, pair)
```

enumerate() 함수는 각 값에 순서 번호를 매긴다. 시작 값이 1인 것은 통계 처리 시의 편의를 위한 것이며, 어떤 경우에는 0부터 시작하는 편이 나을 수도 있다.

함수의 전체 코드는 다음과 같다.

```
def rank_by_y(iterable: PairIter) -> RankPairIter:
    all_data = sorted(iterable, key=lambda pair:pair.y)
    for y_rank, pair in enumerate(all_data, start=1):
        yield RankYDataPair(y_rank, pair)
```

이 함수를 다른 표현식 내에서 사용함으로써 데이터를 얻어오고 정제하며 순서를 매길 수 있다. 타입 힌트를 작성했기 때문에 상태 저장 객체를 사용하는 것보다 의미가 명확히 드러난다. 또한 코드의 명료성을 크게 개선할 수 있을 때가 많다.

예제 분석

rank_by_y( ) 함수의 실행 결과는 원본 객체에 데이터 보충 함수의 실행 결과를 더한 객체다. rank_by_y( ), cleanse( ), get( ) 제네레이터 함수들을 조합해서 사용하는 예는 다음과 같다.

```
>>> data = rank_by_y(cleanse(get(text_1)))
>>> pprint(list(data))
[RankYDataPair(y_rank=1, pair=DataPair(x=4.0, y=4.26)),
 RankYDataPair(y_rank=2, pair=DataPair(x=7.0, y=4.82)),
 RankYDataPair(y_rank=3, pair=DataPair(x=5.0, y=5.68)),
 ...,
 RankYDataPair(y_rank=11, pair=DataPair(x=12.0, y=10.84))]
```

y 값을 기준으로 해서 오름차순으로 정렬돼 있다. 이처럼 보충된 데이터를 추가적인 분석과 계산에 사용할 수 있을 것이다.

새로운 객체를 생성하는 것이 기존 객체의 상태를 변경하는 것보다 때때로 알고리즘을 더 잘 나타낼 수 있다. 다만 주관적인 판단이 많이 개입된다.

게다가 파이썬이 제공하는 타입 힌트 기능은 새로운 객체를 생성하는 경우에 특히 효과적이다. 복잡한 알고리즘의 정확성을 보장하는 강력한 증거를 제공할 수 있기 때문이다. mypy를 사용하면 변경 불가능한 객체의 효용성을 더욱 높일 수 있는 것이다.

마지막으로, 변경 불가능한 객체를 사용하면 실행 속도가 다소 향상되기도 한다. 이를 위해서는 다음의 세 가지 특징을 함께 고려할 필요가 있다.

- 튜플은 크기가 작기 때문에 속도 향상에 도움이 된다.
- 객체 간의 관계를 관리하는 자료 구조인 객체 참조object reference는 크기가 매우 작기 때문에, 변경 불가능한 객체들이 서로 관계를 갖는 것이 한 개의 변경 가능한 객체보다 메모리를 덜 사용할 경우가 많다.
- 하지만 객체 생성은 비용이 많이 든다. 변경 불가능한 객체를 너무 많이 생성하면 이익보다 비용이 더 클 수도 있다.

처음 두 개의 특징으로 얻을 수 있는 메모리 절약 효과는 세 번째 특징으로 인한 비용과 균형을 이뤄야 한다. 메모리 절약으로 인한 성능 향상은 처리 속도에 제약을 가할 만큼 데이터 크기가 방대할 경우에 특히 두드러진다.

이번 예제처럼 데이터의 크기가 그다지 크지 않을 경우에는 객체 생성으로 인한 비용이 메모리 절약에 따른 이익과 큰 차이를 보이지 않는다. 하지만 데이터 크기가 커지면, 객체 생성 비용이 메모리 부족으로 인한 비용보다 적을 것이다.

부연 설명

get()과 cleanse() 함수는 비슷한 자료 구조인 Iterable[List[str]]과 Iterator[List[str]]을 참조한다. collections.abc 모듈을 보면, Iterable은 일반적인 정의고 Iterator는 Iterable의 특별한 경우임을 알 수 있다.

이 책에서 사용되는 mypy 버전인 mypy 0.2.0-dev는 yield문을 포함하는 함수를 Iterator로서 정의한다. 하지만 이후의 버전에서는 이와 같은 서브클래스 관계의 엄격한 검사가 완화될 수 있으며, 그렇게 되면 두 가지 경우에 한 개의 정의를 사용할 수 있을 것이다.

typing 모듈에는 namedtuple() 함수의 대안으로서 NamedTuple() 함수가 포함돼 있다. 이 함수는 튜플 내의 항목별로 타입을 지정할 수 있다.

예를 들면 다음과 같이 타입을 지정할 수 있다.

```
DataPair = NamedTuple('DataPair', [
        ('x', float),
        ('y', float)
    ]
)
```

typing.NamedTuple()은 collection.namedtuple()과 거의 비슷하게 사용할 수 있다. 다만, 타입을 지정하기 위해 (단순 리스트가 아니라) 2-튜플 리스트가 사용돼야 한다. 2-튜플은 이름과 타입 정의를 포함한다.

타입 정의는 NamedTuple 객체에 값이 제대로 채워졌는지를 mypy가 판단하는 데 사용된다. 또한 다른 프로그래머가 코드의 의미를 이해하고 적절하게 코드를 변경하는 데도 도움이 된다.

상태 저장 객체를 변경 불가능한 객체로 무조건 대체할 수 있는 것은 아니다. 리스트, 세트, 딕셔너리 등의 컬렉션은 변경 가능한 객체로 유지돼야만 한다. 다른 프로그래밍 언어에서는 이러한 컬렉션들을 변경 불가능한 뭔가로 대체할 수 있지만, 파이썬에서는 그렇지 않다.

yield from문으로 재귀 제네레이터 함수를 작성하는 방법

많은 알고리즘이 재귀를 사용해 우아하게 표현될 수 있다. '파이썬의 스택 제한과 관련한 재귀 함수 설계' 레시피에서는 재귀 함수를 사용해 함수 실행 횟수를 줄이는 최적화 기법을 살펴본 바 있다.

어떤 자료 구조는 재귀를 기본적으로 포함하고 있다. 특히 (XML과 HTML도 그렇지만) JSON 문서는 재귀 구조를 갖고 있다. JSON 문서 내의 복합 객체는 다른 복합 객체를 포함할 수 있기 때문이다.

이러한 종류의 자료 구조를 처리할 때 제네레이터를 사용하면 이점이 있다. 재귀적으로 동작하는 제네레이터를 어떻게 작성할 수 있을까? yield from문이 루프문 작성의 번거로움을 얼마나 줄여줄 수 있을까?

준비

정렬된 컬렉션 내에서 검색 조건과 일치하는 모든 값들을 찾는 방법을 살펴보자. JSON 문서는 주로 딕셔너리의 딕셔너리 및 리스트의 딕셔너리 자료 구조로 나타낸다. 물론, 실제로는 두 개의 수준으로 제한되지 않는다. 딕셔너리의 딕셔너리는 실제로는 딕셔너리의 딕셔너리의 딕셔너리의 ... 딕셔너리를 의미할 수 있다. 마찬가지로 리스트의 딕셔너리 역시 실제로는 리스트의 리스트의 리스트의 ... 딕셔너리를 의미할 수 있다. 재귀 구조이기 때문에 특정 키 또는 값을 찾기 위해서는 아래로 내려가면서 전체 구조를 대상으로 검색해야 한다.

다음과 같은 구조의 문서가 있다고 하자.

```
document = {
    "field": "value1",
    "field2": "value",
    "array": [
        {"array_item_key1": "value"},
        {"array_item_key2": "array_item_value2"}
    ],
    "object": {
        "attribute1": "value",
        "attribute2": "value2"
    }
}
```

field, field2, array, object라는 네 개의 키가 있으며, 각 키마다 서로 다른 자료 구조의 값이 연관돼 있다. 고유한 값도 있고 중복되는 값도 있으며, 중복 값이 존재하기 때문에 문서 내부의 모든 인스턴스들을 찾아야 한다.

알고리즘은 깊이-우선 검색이 사용되며, 목표 값을 식별하는 경로들의 리스트가 함수의 결과로서 반환돼야 한다. 각 경로는 필드 이름의 시퀀스 혹은 필드 이름과 인덱스 위치가 혼합된 시퀀스다.

위 문서에서 value라는 값은 다음의 세 곳에서 찾을 수 있다.

- ["array", 0, "array_item_key1"]: array라는 이름의 최상위 필드에서 시작해 리스트의 항목 0을 방문하고, array_item_key1이라는 이름의 필드를 방문한다.
- ["field2"]: value 값이 들어있는 한 개의 필드 이름만을 포함한다.
- ["object", "attribute1"]: object라는 이름의 최상위 필드에서 시작해 이 필드의 하위 필드인 attribute1을 방문한다.

find_value() 함수는 문서 전체를 훑으면서 목표 값을 찾는 모든 경로들을 반환한다. 개념적으로 작성한 코드는 다음과 같다.

```
def find_path(value, node, path=[]):
    if isinstance(node, dict):
        for key in node.keys():
            # find_value(value, node[key], path+[key])
            # 다수의 값을 반환해야 한다
    elif isinstance(node, list):
        for index in range(len(node)):
            # find_value(value, node[index], path+[index])
            # 다수의 값을 반환해야 한다
    else:
        # 기초 자료형
        if node == value:
            yield path
```

find_path() 함수는 세 가지 경우로 나눠서 노드를 처리한다.

- 노드가 딕셔너리인 경우 키의 값을 검사해야 한다. 키의 값은 어떤 타입도 가능하기 때문에 각 값에 대해 find_path() 함수를 재귀적으로 사용해야 한다. 일치하는 값들의 시퀀스가 반환된다.

- 노드가 리스트인 경우 인덱스 위치별로 항목을 검사해야 한다. 항목은 어떤 타입도 가능하기 때문에 각 값에 대해 `find_path()` 함수를 재귀적으로 사용해야 한다. 일치하는 항목들의 시퀀스가 반환된다.
- 노드가 기초primitive 자료형 값일 경우 목표 값과 비교해 서로 일치한다면 곧바로 반환한다. JSON 명세에는 유효한 기초 자료형들이 열거돼 있다.

두 가지 방법으로 재귀를 처리할 수 있다. 첫 번째는 다음과 같다.

```
for match in find_value(value, node[key], path+[key]):
    yield match
```

이 코드는 간단한 개념을 나타내고 있음에도 지나치게 많은 상용구 코드를 사용하는 것 같다. 두 번째 방법은 더 단순하면서 명료하다.

예제 구현

1. for문을 작성한다.

   ```
   for match in find_value(value, node[key], path+[key]):
       yield match
   ```

   디버깅 편의를 위해 for문의 본문에 `print()` 함수를 삽입하는 것도 좋다.

2. 이 for문이 제대로 동작하는 것을 확인했으면, 다음의 `yield from`으로 대체한다.

   ```
   yield from find_value(value, node[key], path+[key])
   ```

완전한 깊이-우선 검색 함수의 전체 코드는 다음과 같다.

```
def find_path(value, node, path=[]):
    if isinstance(node, dict):
        for key in node.keys():
            yield from find_path(value, node[key], path+[key])
    elif isinstance(node, list):
        for index in range(len(node)):
            yield from find_path(value, node[index], path+[index])
```

```
    else:
        if node == value:
            yield path
```

find_path( ) 함수의 실행 결과는 다음과 같다.

```
>>> list(find_path('array_item_value2', document))
[['array', 1, 'array_item_key2']]
```

find_path( ) 함수는 순회 가능한 객체이므로 여러 값들을 반환할 수 있다. 반환된 값들로부터 생성된 리스트는 한 개의 항목 ['array', 1, 'array_item_key2']만을 가지며, 이 항목은 일치하는 항목의 경로를 포함하고 있다.

그러고 나서 document['array'][1]['array_item_key2']를 사용해 참조 값을 찾을 수 있다.

value 값을 포함하는 모든 항목을 검색하면, 다음과 같은 리스트가 반환된다.

```
>>> list(find_value('value', document))
[['array', 0, 'array_item_key1'],
 ['field2'],
 ['object', 'attribute1']]
```

이 리스트는 세 개의 항목을 갖고 있다. 세 개 모두 목표 값인 value를 갖는 항목의 경로를 제공한다.

예제 분석

yield from X문은 다음 문장의 단축형이다.

```
for item in X:
    yield item
```

이 단축형을 사용하면 이터레이터처럼 동작하면서 여러 값들을 반환하는 재귀 알고리즘을 간결하게 작성할 수 있다.

`yield from` 단축형은 재귀 함수를 포함하지 않는 상황에서도 사용할 수 있다. 따라서 순회 가능한 객체가 결과 값으로서 반환될 때 `yield from`문을 사용하는 것은 전적으로 문제없는 사용법이다. 하지만 재귀 자료 구조를 유지하기 때문에 재귀 함수 작성을 대폭 단순화하는 장점이 두드러진다.

부연 설명

추가append 연산을 사용해 리스트를 조립하는 방법으로 함수를 정의할 수 있다. 그리고 이터레이터로 재작성함으로써 리스트 객체 생성으로 인한 오버헤드를 줄일 수 있다.

소인수의 집합을 다음과 같이 정의할 수 있다.

$$F(x) = \begin{cases} \{x\} & x\text{가 소수일 때} \\ \{n\} \cup F\left(\dfrac{x}{n}\right) & n\text{이 } x\text{의 인수(약수)일 때} \end{cases}$$

x가 소수면 자기 자신만이 이 집합에 포함된다. 소수가 아니면 x의 인수인 소수 n이 존재하므로, n부터 시작하며 x/n의 모든 인수를 포함하는 인수 집합을 조립할 수 있다. 소인수만 포함시키려면 n은 소수여야 한다. 오름차순으로 검색하면 합성 인수보다 먼저 소인수가 발견될 것이다.

두 가지 방법으로 이를 구현할 수 있다. 하나는 리스트 객체를 생성하는 것이고, 다른 하나는 인수들을 반환하는 것이다. 우선, 리스트를 생성하는 함수부터 살펴보자.

```
import math
def factor_list(x):
    limit = int(math.sqrt(x)+1)
    for n in range(2, limit):
        q, r = divmod(x, n)
        if r == 0:
            return [n] + factor_list(q)
```

```
    return [x]
```

factor_list( ) 함수는 $2 \le n < \sqrt{x}$ 범위 내의 숫자 *n*을 검색한다. 처음으로 발견된 *x*의 인수는 최소 인수며 소수다. 다만, 합성수도 검색하느라 시간이 낭비된다. 예를 들어 2와 3을 검사한 후에 (4와 6이 합성수임에도 불구하고) 4와 6도 검사할 것이다.

이 함수는 리스트 객체를 생성한다. 어떤 인수 n이 발견되면, n부터 시작하는 리스트가 생성될 것이다. 그리고 x//n 연산으로 얻어진 인수들이 리스트에 추가된다. x의 약수가 발견되지 않는다면 x는 소수이므로, x만 포함하는 리스트가 반환된다.

재귀 호출 부분을 yield from문으로 대체하면, 이 함수를 이터레이터로 재작성할 수 있다. 함수는 다음과 같을 것이다.

```
def factor_iter(x):
    limit = int(math.sqrt(x)+1)
    for n in range(2, limit):
        q, r = divmod(x, n)
        if r == 0:
            yield n
            yield from factor_iter(q)
            return
    yield x
```

숫자 *n*을 검색하는 부분은 재작성 이전과 다를 것이 없다. 발견된 인수는 반환되고, factor_iter( )가 재귀 호출되면서 다른 인수들도 계속 찾는다. 아무 인수도 발견되지 않으면 소수임을 의미하므로, 그 숫자만 반환된다.

이처럼 이터레이터를 사용하면 인수로부터 어떤 종류의 컬렉션이든 생성할 수 있다. 꼭 리스트를 생성해야 하는 것이 아니므로, collection.Counter 클래스를 사용해 멀티세트를 생성할 수도 있다. 다음 코드를 보자.

```
>>> from collections import Counter
>>> Counter(factor_iter(384))
```

```
Counter({2: 7, 3: 1})
```

이것은 다음 식을 보여준다.

$$384 = 2^7 \times 3$$

멀티세트는 인수 리스트보다 사용하기 쉬울 때가 많다.

참고 사항

- '파이썬의 스택 제한과 관련한 재귀 함수 설계' 레시피에서 재귀 함수의 핵심적인 설계 패턴을 설명한다. 또한 다른 방식으로 결과 값을 생성하는 대안적인 방법도 설명한다.

9 입출력, 물리적 포맷, 논리적 레이아웃

이번 장에서 살펴볼 레시피는 다음과 같다.

- `pathlib` 모듈을 사용해 파일명을 다루는 방법
- 컨텍스트 매니저로 파일을 읽고 쓰는 방법
- 이전 버전을 보존하면서 파일을 대체하는 방법
- CSV 모듈을 사용해 구분자를 갖는 파일을 읽는 방법
- 정규 표현식을 사용해 복잡한 포맷을 읽는 방법
- JSON 문서를 읽는 방법
- XML 문서를 읽는 방법
- HTML 문서를 읽는 방법
- CSV를 `DictReader`에서 네임드튜플 리더로 업그레이드하는 방법
- CSV를 `DictReader`에서 네임스페이스 리더로 업그레이드하는 방법
- 다중 컨텍스트를 사용해 파일을 읽고 쓰는 방법

소개

파일file이라는 용어는 맥락에 따라 여러 의미로 사용된다.

- 운영체제는 데이터 바이트들을 구성하는 수단으로서 파일 개념을 사용한다. 바이트들은 이미지를 나타낼 수도 있고 사운드, 단어, 실행 프로그램을 나타낼 수도 있다. 파일에 포함된 내용은 이처럼 다양할 수 있지만, 결국은 바이트들의 컬렉션에 지나지 않는다. 그리고 애플리케이션 소프트웨어는 바이트들이 무엇을 나타내는지 이해할 수 있다.

  운영체제 파일은 일반적으로 두 가지 종류가 있다.

  ◦ 블록 파일은 디스크 또는 SSDSolid State Drive와 같은 장치상에 존재한다. 바이트들의 블록 단위로 읽혀지며, 운영체제는 언제든지 파일 내의 특정 바이트를 탐색할 수 있다.

  ◦ 문자 파일은 네트워크 연결이나 컴퓨터에 부착된 키보드 등의 장치를 관리하기 위한 방법이다. 개별 바이트들의 스트림이라는 관점으로 볼 수 있으며, 바이트들이 도달하는 시점은 무작위이므로 바이트 스트림 내부를 앞으로 또는 뒤로 탐색할 방법은 없다.

- 파이썬 런타임이 사용하는 파일 자료 구조를 의미하기도 한다. 파이썬은 다양한 운영체제들의 파일 구현을 추상화한다. 어떤 파일을 열면, 운영체제의 파일 구현을 포함하는 파이썬 추상화와 디스크 등의 장치상에 존재하는 바이트들의 컬렉션 간에 바인딩이 일어난다.

- 파일은 파이썬 객체들의 컬렉션으로서 해석될 수도 있다. 이 관점에서 파일의 바이트들은 문자열이나 숫자와 같은 파이썬 객체를 나타낸다. 예를 들어 텍스트 문자열 파일은 매우 널리 쓰이며 사용하기도 쉽다. 유니코드 문자는 주로 UTF-8 방식을 통해 바이트로 인코딩되는데, UTF-8 이외에도 많은 인코딩 방식들이 존재한다. 파이썬의 `shelve`와 `pickle` 모듈은 더 복잡한 파이썬 객체들을 바이트로 인코딩할 수 있다.

파일과 관련해 직렬화serialization라는 용어가 자주 사용된다. 이것은 객체가 파일에 기록될 때 객체의 상태 정보가 일련의 바이트로 변환됨을 의미한다. 반대로, 바이트들로부터 객체가 복원되는 것은 역직렬화deserialization라고 한다. 직렬화와 역직렬화의 개념은 상태 표현과 관계 있는데, 일반적으로 개별 객체의 상태를 클래스 정의와는 별개로 직렬화하기 때문이다.

파일에 들어있는 데이터를 처리할 때는 다음 두 가지를 구분해야 한다.

- 데이터의 물리적 포맷: 어떤 파이썬 자료 구조가 파일 내의 바이트들로 인코딩됐는지를 가리킨다. 예를 들어 바이트들이 유니코드 텍스트를 나타내며, 이 텍스트는 CSV 혹은 JSON 문서일 수 있다. 일반적으로 파이썬 라이브러리를 통해 물리적 포맷을 다룬다.
- 데이터의 논리적 레이아웃: 데이터 내에 들어있는 열column 또는 JSON 필드 등의 세부 정보를 의미한다. 어떤 경우에는 열에 제목이 붙으며, 위치별로 다르게 해석돼야 하는 데이터도 있다. 구체적인 처리 방법은 애플리케이션 소프트웨어에 달려 있다.

물리적 포맷과 논리적 레이아웃 모두 파일의 데이터를 해석할 때 중요하다. 이번 장에서는 다양한 물리적 포맷을 다루는 레시피들을 볼 수 있다. 또한 논리적 레이아웃을 프로그램과 분리시키는 방법도 알아본다.

pathlib 모듈을 사용해 파일명을 다루는 방법

대부분의 운영체제는 파일의 경로를 계층적인 구조로 식별한다. 예를 들어 다음의 경로를 살펴보자.

/Users/slott/Documents/Writing/Python Cookbook/code

이 전체 경로의 각 요소는 다음과 같다.

- 맨 앞의 /는 이 경로가 절대 경로임을 의미하며, 파일시스템의 루트에서 시작한다. 윈도우의 경우에는 C:과 같은 문자가 앞에 추가로 붙어서 저장 장치별로 파일시스템을 구별한다. 반면에 리눅스와 맥 OS X는 모든 장치들을 하나의 커다란 파일시스템으로 취급한다.
- Users, slott, Documents, Writing, Python Cookbook, code는 파일시스템의 디렉터리(또는 폴더)를 나타낸다. 최상위에 Users 디렉터리가 있고, 그 아래에 slott 하위 디렉터리가 있다. 경로 내의 모든 이름에 대해 동일한 관계가 성립한다.
- 윈도우는 \를 사용해 이름을 구분하는 반면, 파이썬은 /를 사용한다. 하지만 경로 구분 문자는 내부적으로 자동 변환되기 때문에 이 문제를 처리하느라 신경 쓸 필요는 없다.

code가 어떤 종류의 객체를 나타내는지 알 수 있는 방법은 없다. 파일시스템 객체의 종류는 다양하다. code는 디렉터리일 수 있고, 평범한 데이터 파일일 수 있으며, 스트림 지향 장치로의 링크일 수도 있다. 어떤 종류의 파일시스템 객체를 나타내는지 알려주는 별도의 디렉터리 정보에 의존해야 한다.

맨 앞에 /가 없으면 (절대 경로가 아니라) 현재 디렉터리에 대한 상대적인 경로를 의미한다. 맥 OS X와 리눅스는 `cd` 명령어를 사용해 현재 작업 디렉터리를 지정할 수 있으며, 윈도우에서는 `chdir` 명령어가 동일한 역할을 한다. 운영체제에 로그인하면 자동으로 현재 작업 디렉터리로 이동하며, 셸 프롬프트에 표시되도록 설정할 수 있다.

특정 운영체제에 종속되지 않게 경로명을 사용하는 방법은 무엇일까? 자주 쓰이는 연산을 가급적 단순화하려면 어떻게 해야 할까?

준비

다음 두 개의 개념을 구분하는 것이 중요하다.

- 파일을 식별하는 경로
- 파일의 내용

경로path는 디렉터리들의 이름과 최종 파일명의 연속이다. 경로에 속한 파일명의 확장자를 통해 파일의 내용에 대한 정보를 알아낼 수 있으며, 디렉터리에는 파일명, 파일이 생성된 시각, 파일의 소유자, 사용 권한, 파일 크기 등의 정보가 포함된다. 하지만 파일의 내용은 이러한 디렉터리 정보 및 이름과는 별개다.

파일명의 확장자를 통해 파일의 물리적 포맷에 대한 힌트를 얻을 수도 있다. 예를 들어 .csv로 끝나는 파일은 행과 열로 구성된 텍스트 파일일 가능성이 높다. 하지만 이와 같은 관계는 절대적이지 않다. 파일의 확장자(접미어)는 힌트일 뿐이며 잘못된 정보일 수도 있기 때문이다.

파일의 내용이 두 개 이상의 이름을 갖기도 한다. 한 개의 파일에 둘 이상의 경로가 연결(링크)될 수 있기 때문이다. 파일의 내용에 대한 추가적인 경로를 제공하는 디렉터리 항목을 `ln` 명령어로 생성할 수 있다(윈도우의 경우는 `mklink` 명령어). 이것은 이름과 내용 간의 저수준 연결이기 때문에 하드 링크hard link라고 부른다.

하드 링크 대신에 소프트 링크soft link 또는 심볼릭 링크symbolic link가 사용되기도 한다. 소프트 링크는 간단히 말해 다른 파일을 가리키는 참조다. GUI에서는 일반적인 아이콘과 다른 아이콘을 사용해 소프트 링크를 나타낸다. 앨리어스 또는 바로가기가 바로 소프트 링크에 해당된다.

파이썬의 `pathlib` 모듈은 경로와 관련된 모든 종류의 처리를 수행할 수 있다. 이 모듈은 경로를 다음과 같이 구분한다.

- 순수 경로pure path는 실제 파일을 가리킬 수도 있고 그렇지 않을 수도 있다.
- 실체 경로concrete path는 실제 파일을 가리킨다.

이러한 구분이 존재하기 때문에 애플리케이션이 생성하거나 참조할 것으로 예상되는 파일에 대해 순수 경로를 생성할 수 있다. 또한 운영체제에 실제로 존재하는 파일에 대한 실체 경로도 생성할 수 있다. 애플리케이션은 순수 경로를 변환해 실체 경로를 생성할 수 있다.

pathlib 모듈은 리눅스와 윈도우의 경로 객체를 구별할 수 있다. 하지만 대부분의 경우 운영체제 수준의 세부적인 경로 처리 방식에 신경 쓸 필요가 없다. pathlib 모듈을 사용하는 한 가지 중요한 이유를 꼽으면 운영체제와 관계없이 동일한 방식으로 파일을 다룰 수 있다는 점이다. 굳이 PureLinuxPath 객체를 사용해야 하는 경우는 드물다.

이번 레시피의 예제들은 모두 다음 문장을 전제로 한다.

```
>>> from pathlib import Path
```

pathlib 모듈에서 Path 이외의 다른 클래스 정의를 임포트할 필요는 없다.

파일 혹은 디렉터리 이름은 argparse 모듈을 사용해 입력받을 수 있다. 자세한 설명은 5장의 'argparse로 명령행 입력을 받는 방법' 레시피를 참조하자. options 변수가 사용될 것이며, 이 변수는 각 예제의 입력 파일 혹은 디렉터리 이름을 포함한다.

예제를 설명하기 위해 다음과 같이 Namespace 객체를 사용해 인수를 파싱할 것이다.

```
>>> from argparse import Namespace
>>> options = Namespace(
...         input='/path/to/some/file.csv',
...      file1='/Users/slott/Documents/Writing/Python Cookbook/code/ch08_r09.py',
...      file2='/Users/slott/Documents/Writing/Python Cookbook/code/ch08_r10.py',
...   )
```

options 객체는 세 개의 인수를 갖고 있다. input은 순수 경로로서 반드시 실제 파일을 반영하지는 않지만, file1과 file2는 내 PC에 실제로 존재하는 파일의 실체 경로다. 이 options 객체는 argparse 모듈이 생성하는 명령행 옵션과 똑같이 동작한다.

예제 구현

지금부터 다양한 경로명 조작 방법들을 미니 레시피 형식으로 보여줄 것이다. 다음과 같은 조작 방법들이 설명된다.

- 입력받은 파일명으로부터 출력 파일명을 생성하기
- 형제 출력 파일들을 생성하기
- 디렉터리와 다수의 파일들을 생성하기
- 날짜를 비교해 최신 버전을 알아내기
- 파일을 제거하기
- 특정 패턴과 일치하는 모든 파일들을 찾기

입력 파일명의 확장자를 변경해 출력 파일명 만들기

입력 파일명의 확장자를 변경해 출력 파일명을 생성하는 단계는 다음과 같다.

1. 입력받은 파일명으로부터 Path 객체를 생성한다. Path 클래스는 문자열을 파싱해 경로의 각 요소를 알아낸다.

   ```
   >>> input_path = Path(options.input)
   >>> input_path
   PosixPath('/path/to/some/file.csv')
   ```

   이 예제는 맥 OS X가 설치된 내 맥북에서 실행 중이므로 PosixPath 클래스가 표시되고 있지만, 윈도우에서 실행된다면 WindowsPath 클래스가 표시될 것이다.

2. with_suffix() 메소드를 사용해 출력 파일에 대한 Path 객체를 생성한다.

   ```
   >>> output_path = input_path.with_suffix('.out')
   >>> output_path
   PosixPath('/path/to/some/file.out')
   ```

   Path 클래스가 파일명 파싱과 관련된 모든 처리를 알아서 해준다. with_suffix() 메소드 덕분에 직접 파일명을 파싱할 필요가 없다.

이름이 다른 형제 출력 파일들 생성하기

구별되는 이름을 갖는 형제 출력 파일들을 생성하는 단계는 다음과 같다.

1. 입력받은 파일명으로부터 Path 객체를 생성한다. Path 클래스는 문자열을 파싱해 경로의 각 요소를 알아낸다.

```
>>> input_path = Path(options.input)
>>> input_path
PosixPath('/path/to/some/file.csv')
```

   리눅스에서 실행돼 PosixPath 클래스가 표시되고 있지만, 윈도우에서 실행된다면 WindowsPath 클래스가 표시될 것이다.

2. 파일명으로부터 부모 디렉터리와 스템stem을 추출한다. 스템은 파일명에서 접미어를 제외한 부분을 가리킨다.

```
>>> input_directory = input_path.parent
>>> input_stem = input_path.stem
```

3. 원하는 출력 파일명을 조립한다. 여기서는 _pass를 추가한다. 예를 들어 입력 파일명이 file.csv면 출력 파일명은 file_pass.csv가 된다.

```
>>> output_stem_pass = input_stem+"_pass"
>>> output_stem_pass
'file_pass'
```

4. 전체 경로를 나타내는 Path 객체를 생성한다.

```
>>> output_path = (input_directory / output_stem_pass).with_suffix('.
csv')
>>> output_path
PosixPath('/path/to/some/file_pass.csv')
```

   / 연산자는 path의 요소들로부터 새로운 경로를 조립한다. 이 연산자가 사용되는 부분을 괄호 안에 넣은 것은 먼저 실행돼서 새로운 Path 객체가 생성되도록 하기 위해서다. input_directory 변수는 부모 디렉터리에 대한 Path 객체고, output_stem_pass는 단순한 문자열이다. / 연산자로 새로운 경로가 조립된 후에는 with_suffix ( ) 메소드로 특정 접미사가 지정된다.

디렉터리와 파일들 생성하기

한 개의 디렉터리와 여러 파일들을 생성하는 단계는 다음과 같다.

1. 입력받은 파일명으로부터 Path 객체를 생성한다. Path 클래스는 문자열을 파싱해 경로의 각 요소를 알아낸다.

   ```
   >>> input_path = Path(options.input)
   >>> input_path
   PosixPath('/path/to/some/file.csv')
   ```

   리눅스에서 실행돼 PosixPath 클래스가 표시되고 있지만, 윈도우에서 실행된다면 WindowsPath 클래스가 표시될 것이다.

2. 출력 디렉터리를 나타내는 Path 객체를 생성한다. 입력 파일과 부모 디렉터리가 같은 하위 디렉터리로서 생성할 것이다.

   ```
   >>> output_parent = input_path.parent / "output"
   >>> output_parent
   PosixPath('/path/to/some/output')
   ```

3. 이 Path 객체를 사용해 출력 파일의 이름을 생성한다. 출력 디렉터리 내의 파일은 접미어(확장자)를 제외한 나머지 이름이 입력 파일과 같다.

   ```
   >>> input_stem = input_path.stem
   >>> output_path = (output_parent / input_stem).with_suffix('.src')
   ```

   부모 디렉터리의 Path 객체 및 스템 문자열로부터 / 연산자를 사용해 새로운 Path 객체를 조립했다. 그리고 with_suffix() 메소드로 확장자를 지정했다.

날짜를 비교해 최신 버전 알아내기

날짜 비교를 통해 최신 버전의 파일을 알아내는 단계는 다음과 같다.

1. 입력받은 파일명으로부터 Path 객체를 생성한다. Path 클래스는 문자열을 파싱해 경로의 각 요소를 알아낸다.

```
>>> file1_path = Path(options.file1)
>>> file1_path
PosixPath('/Users/slott/Documents/Writing/Python Cookbook/code/ch08_r09.
py')
>>> file2_path = Path(options.file2)
>>> file2_path
PosixPath('/Users/slott/Documents/Writing/Python Cookbook/code/ch08_r10.
py')
```

2. Path 객체의 stat() 메소드를 사용해 파일에 설정된 타임스탬프를 얻어온다. 이 메소드가 반환하는 stat 객체의 st_mtime 속성에는 가장 최근의 변경 시각이 들어있다.

```
>>> file1_path.stat().st_mtime
1464460057.0
>>> file2_path.stat().st_mtime
1464527877.0
```

이 타임스탬프 값들은 초 단위며, 두 개의 값을 비교해 어느 것이 최신 파일인지 쉽게 알 수 있다.

datetime 모듈의 datetime 객체를 사용하면 더 이해하기 쉬운 타임스탬프를 생성할 수 있다.

```
>>> import datetime
>>> mtime_1 = file1_path.stat().st_mtime
>>> datetime.datetime.fromtimestamp(mtime_1)
datetime.datetime(2016, 5, 28, 14, 27, 37)
```

strftime() 메소드로 datetime 객체의 포맷을 지정하거나 isoformat() 메소드로 표준화된 출력을 제공할 수 있다. 이때 운영체제에 암묵적으로 적용된 시간대에 따른 시각이 표시될 수 있음에 주의하자. 따라서 타임스탬프를 생성한 서버상의 시각과 다른 타임스탬프 값이 출력될 수도 있다.

파일 제거하기

리눅스에서는 파일 삭제를 링크 해제unlinking라고 부른다. 한 개의 파일에 여러 링크가 존재할 수 있기 때문에 모든 링크가 제거돼야 실제로 데이터가 제거된다.

1. 입력받은 파일명으로부터 Path 객체를 생성한다. Path 클래스는 문자열을 파싱해 경로의 각 요소를 알아낸다.

```
>>> input_path = Path(options.input)
>>> input_path
PosixPath('/path/to/some/file.csv')
```

2. Path 객체의 unlink( ) 메소드로 디렉터리 엔트리를 제거한다. 이것이 마지막 엔트리라면 운영체제는 저장 공간을 회수할 것이다.

```
>>> try:
...         input_path.unlink()
... except FileNotFoundError as ex:
...         print("파일이 이미 삭제됐습니다")
파일이 이미 삭제됐습니다
```

제거할 파일이 존재하지 않으면 FileNotFoundError 예외가 발생한다. pass문으로 이 예외를 침묵시키는 편이 나은 경우도 있고, 경고 메시지를 출력하는 편이 나은 경우도 있다. 파일이 누락된 것은 심각한 오류의 존재를 의미할 수 있기 때문이다.

Path 객체의 rename( ) 메소드는 파일명을 바꿀 수 있다. symlink_to( ) 메소드는 소프트 링크를 생성하며, os.link( ) 함수는 운영체제 수준의 하드 링크를 생성한다.

특정 패턴과 일치하는 모든 파일들 찾기

특정 패턴과 일치하는 파일들을 찾는 단계는 다음과 같다.

1. 입력받은 파일명으로부터 Path 객체를 생성한다. Path 클래스는 문자열을 파싱해 경로의 각 요소를 알아낸다.

```
>>> directory_path = Path(options.file1).parent
>>> directory_path
PosixPath('/Users/slott/Documents/Writing/Python Cookbook/code')
```

2. Path 객체의 glob() 메소드로 특정 패턴과 일치하는 모든 파일들을 찾는다. 이 메소드의 기본 동작은 하위 디렉터리 전부를 탐색하지 않는다.

```
>>> list(directory_path.glob("ch08_r*.py"))
[PosixPath('/Users/slott/Documents/Writing/Python Cookbook/code/ch08_r01.
py'),
 PosixPath('/Users/slott/Documents/Writing/Python Cookbook/code/ch08_r02.
py'),
 PosixPath('/Users/slott/Documents/Writing/Python Cookbook/code/ch08_r06.
py'),
 PosixPath('/Users/slott/Documents/Writing/Python Cookbook/code/ch08_r07.
py'),
 PosixPath('/Users/slott/Documents/Writing/Python Cookbook/code/ch08_r08.
py'),
 PosixPath('/Users/slott/Documents/Writing/Python Cookbook/code/ch08_r09.
py'),
 PosixPath('/Users/slott/Documents/Writing/Python Cookbook/code/ch08_r10.
py')]
```

예제 구현

운영체제에서 경로는 디렉터리들의 연속이다(폴더는 디렉터리의 다른 이름이다). 예를 들어 /Users/slott/Documents/writing이라는 경로가 있다면, 루트 디렉터리 /는 Users 디렉터리를 포함하고 /Users는 slott 디렉터리를 포함하며, /Users/slott는 Documents 디렉터리를 포함하고 /Users/slott/Documents는 writing을 포함한다.

루트 디렉터리에서 목표 디렉터리까지의 탐색을 문자열로 간단하게 표현하는 경우도 있다. 하지만 이처럼 문자열로 단순하게 표현하면, 경로를 처리하기 위해 복잡한 문자열 파싱이 수반돼야 한다.

반면에 Path 클래스를 사용하면 순수 경로를 쉽게 조작할 수 있다. 순수 경로는 실제 파일시스템 자원을 반영할 수 있고, 그렇지 않을 수도 있다. Path 클래스로 가능한 조작은 다음과 같다.

- 부모 디렉터리를 알아낸다(루트 디렉터리부터의 모든 디렉터리 이름들을 추출할 수 있다).
- 최종 파일명과 최종 파일명에서의 스템 및 접미어를 추출할 수 있다.
- 접미어를 새 접미어로 바꾸거나, 이름 전체를 새로운 이름으로 바꾼다.
- 문자열을 Path 객체로 변환한다. 반대로 Path 객체를 문자열로 변환할 수도 있다. 문자열로 표현된 파일명을 선호하는 기능들도 다수 존재한다.
- (/ 연산자를 사용해) 기존 Path 객체와 문자열을 조립함으로써 새로운 Path 객체를 생성한다.

실체 경로는 실제 파일시스템 자원을 나타내며, 실체 경로일 경우 디렉터리 정보와 관련해 더 많은 조작이 가능하다.

- 어떤 종류의 디렉터리 엔트리인지 알아낼 수 있다. 일반 파일, 디렉터리, 링크, 소켓, 네임드 파이프, 블록 장치, 문자 장치 등 다양하다.
- 디렉터리의 세부 정보를 얻을 수 있다. 타임스탬프, 사용 권한, 소유자, 크기 등이 포함된다. 이 정보들을 수정할 수도 있다.
- 디렉터리 엔트리를 링크 해제(즉, 제거)할 수 있다.

pathlib 모듈은 디렉터리 엔트리에 대한 거의 모든 조작 기능을 제공한다. 다만, os 또는 os.path 모듈이 필요한 조작도 일부 있다.

부연 설명

이번 장에서는 파일을 나타낼 때 주로 Path 객체를 사용할 것이다. 가급적 문자열을 사용하지 않기 위해서다.

pathlib 모듈은 리눅스와 윈도우의 순수 경로 객체를 조금 다르게 취급한다. 대부분의 경우 경로 처리와 관련된 운영체제 수준의 세부 정보는 신경 쓰지 않아도 된다.

다만, 운영체제에 따라 다르게 순수 경로를 생성해야 하는 두 가지 경우는 다음과 같다.

- 프로그램 개발은 윈도우 PC에서 하고 웹 서비스 배포는 리눅스 서버에서 한다면 PureLinuxPath 객체를 사용할 필요가 있다. 리눅스 서버상에서의 실제 사용을 반영하는 테스트 케이스를 윈도우 개발 시스템에서 작성할 수 있다.
- 프로그램 개발은 맥 OS X(또는 리눅스) PC에서 하고 배포는 윈도우 서버에서 하는 경우에는 PureWindowsPath 객체를 사용할 필요가 있다.

실행 결과가 다음과 같다고 하자.

```
>>> from pathlib import PureWindowsPath
>>> home_path = PureWindowsPath(r'C:\Users\slott')
>>> name_path = home_path / 'filename.ini'
>>> name_path
PureWindowsPath('C:/Users/slott/filename.ini')
>>> str(name_path)
'C:\\Users\\slott\\filename.ini'
```

WindowsPath 객체를 표시할 때 (윈도우 표기법인) \ 문자가 아니라 (파이썬 표기법인) / 문자가 사용됐음에 주의하자. str( ) 함수를 사용하면 윈도우 표기법을 따르는 경로 문자열이 반환된 것을 볼 수 있다.

위 예제에서 WindowsPath가 아니라 Path 클래스를 사용했다면, (윈도우 운영체제가 아닐 수도 있는) 실행 환경의 표기법을 따르는 결과가 출력됐을 것이다. 하지만 PureWindowsPath를 사용했으므로, 실제 환경을 고려하지 않고 무조건 윈도우 표기법으로 표시된다.

참고 사항

- '이전 버전을 보존하면서 파일을 대체하는 방법' 레시피에서는 `Path` 클래스를 활용해 임시 파일을 생성한 후 이름을 바꾸는 방법으로 원래 파일을 대체하는 방법을 살펴볼 것이다.
- 5장의 'argparse로 명령행 입력을 받는 방법' 레시피에서는 `Path` 객체 생성에 사용되는 초기 문자열을 얻을 수 있는 일반적인 방법을 살펴봤다.

컨텍스트 매니저로 파일을 읽고 쓰는 방법

많은 프로그램들이 데이터베이스 연결, 네트워크 연결, 운영체제 파일과 같은 외부 자원에 대한 접근을 수행한다. 그리고 이러한 프로그램이 안정적으로 동작하기 위해서는 외부 자원과의 연결 관계를 안정적이고 명료하게 해제하는 것이 매우 중요하다.

예외가 발생해 중단되는 프로그램이라도 적절한 자원 해제는 가능하다. 버퍼링된 데이터를 파일에 기록한 후 파일을 닫으면 제대로 자원 해제가 이뤄진 것이다.

오랜 기간에 걸쳐 실행되는 서버에게는 적절한 자원 해제가 특히 중요한 이슈다. 웹 서버는 수많은 파일을 열고 닫는데, 각 파일이 제대로 닫히지 않으면 메모리에 불필요한 객체들이 남아서 웹 서비스의 가용 메모리가 줄어들기 때문이다. 가용 메모리의 감소는 물이 새듯이 서버의 동작을 방해하며, 결국은 서버를 재시작해야만 한다.

자원이 적절히 획득되고 해제되는지 어떻게 확인할 수 있을까? 자원 누수를 피하는 방법은 무엇일까?

준비

처리 비용이 많이 드는 중요한 자원 중 하나가 외부 파일이다. 뭔가를 기록하기 위한 목적으로 열려 있는 파일도 귀중한 자원이다. 애플리케이션의 목적은 어떤 유용한 결과를 파일 형태로 만들기 위한 것일 경우가 많다. 이때 애플리케이션은 운영체제의 파일 관련 자원을 깔끔하게 해제하는 것이 중요하다. 애플리케이션 내부에서 무슨 일이 발생하든, 버퍼의 내용을 파일에 기록한 후 파일을 정상적으로 닫아야 한다.

컨텍스트 매니저를 사용하면, 애플리케이션에서 사용 중인 파일이 적절하게 해제되는 것이 보장된다. 특히 처리 중에 예외가 발생해도 파일은 정상적으로 닫힌다.

이번 레시피에서는 디렉터리 내의 파일들에 대한 기본 정보를 수집하는 스크립트를 예제로서 사용할 것이다. 이 스크립트는 파일의 변경을 탐지할 수 있다. 이러한 기법은 파일이 대체됐을 때 특정 처리를 자동으로 실행할 수 있다.

먼저 파일의 이름, 수정 날짜, 크기, (파일 내의 바이트로부터 계산된) 체크섬을 갖는 요약 파일을 작성할 것이다. 그런 다음, 디렉터리를 조사해 이 요약 파일에 들어있는 기존 상태 정보와 비교할 것이다. 특정 파일의 세부 정보는 다음의 함수로 기술될 수 있다.

```
from types import SimpleNamespace
import datetime
from hashlib import md5

def file_facts(path):
    return SimpleNamespace(
        name = str(path),
        modified = datetime.datetime.fromtimestamp(
            path.stat().st_mtime).isoformat(),
        size = path.stat().st_size,
        checksum = md5(path.read_bytes()).hexdigest()
    )
```

이 함수는 path 매개변수로 전달받은 Path 객체로부터 상대 경로를 포함하는 파일명을 얻는다. resolve() 메소드를 사용하면 절대 경로명을 얻을 수도 있다. Path 객체의 stat() 메소드는 운영체제의 다양한 상태 정보를 반환한다. 그중 st_mtime은 파일을 가장 최근에 수정한 시간으로서 path.stat().st_mtime으로 얻을 수 있으며, 이 값을 사용해 datetime 객체가 생성된다. 그리고 isoformat() 메소드는 이 값을 ISO 표준 포맷으로 표시한다.

path.stat().st_size는 파일의 크기고, path.read_bytes()는 파일 내의 바이트들로서 md5 클래스에 전달돼 MD5 알고리즘을 사용한 체크섬이 생성된다. md5 객체의 hexdigest() 함수가 제공하는 체크섬 값은 단 한 개의 바이트만 바뀌어도 이를 알아낼 수 있다.

지금, 체크섬 탐지를 디렉터리 내의 여러 파일에 적용하고 싶다고 하자. 해당 디렉터리 내의 파일들이 빈번히 기록되는 경우, 우리의 분석 프로그램은 별도의 프로세스에 의해 기록 중인 파일을 읽으려고 시도하는 과정에서 입출력 예외를 일으키며 중단될 수 있다.

이번 레시피에서는 프로그램 충돌이 발생한 경우에도 파일이 정상적으로 닫힐 수 있도록 컨텍스트 매니저를 사용하는 방법을 제시한다.

예제 구현

1. 파일 경로를 다뤄야 하므로 Path 클래스를 임포트한다.

   ```
   from pathlib import Path
   ```

2. 출력 파일을 나타내는 Path 객체를 생성한다.

   ```
   summary_path = Path('summary.dat')
   ```

3. with문으로 파일 객체를 생성한 후 summary_file 변수에 대입한다. 이 파일 객체는 컨텍스트 매니저로서 사용된다.

   ```
   with summary_path.open('w') as summary_file:
   ```

   summary_file 변수는 출력 파일로서 사용되며, with문 내에서 예외가 발생해도 정상적으로 파일이 닫히고 운영체제 자원들도 해제될 것이다.

다음 코드는 작업 디렉터리 내의 파일들에 대한 정보를 요약 파일에 기록한다. with문 내에서 들여쓰기로 작성된다.

```
base = Path(".")
for member in base.glob("*.py"):
    print(file_facts(member), file=summary_file)
```

현재 작업 디렉터리를 나타내는 Path 객체가 생성된 후 base 변수에 저장된다. Path 객체의 glob() 메소드는 특정 패턴과 일치하는 모든 파일명을 생성하며, (앞서 소개했던) file_facts() 함수는 파일에 관한 정보를 포함하는 네임스페이스 객체를 생성한다. 그리고 각 요약 정보를 summary_file에 기록한다.

더 유용한 표기법으로 변환하는 코드는 생략했다. JSON 표기법으로 데이터를 직렬화하면, 후속 처리 작업이 다소 간단해진다.

with문이 끝나면 파일이 닫힌다. 이는 예외의 발생 여부에 관계없이 수행된다.

예제 분석

컨텍스트 매니저 객체와 with문을 함께 사용해 중요한 자원들을 관리할 수 있다. 파일 연결은 다소 비싼 자원인데, 애플리케이션과 운영체제 자원을 바인딩할 뿐 아니라 스크립트를 실행해 얻어지는 유용한 출력이기 때문이다.

with x:에서 객체 x가 컨텍스트 매니저다. 컨텍스트 매니저 객체는 두 개의 메소드에 응답한다. 이 두 개의 메소드는 컨텍스트 매니저 객체에 대한 with문에 의해 호출된다.

- x.__enter__()는 컨텍스트의 처음에 실행된다.
- x.__exit__(*details)는 컨텍스트의 마지막에 실행된다. __exit__() 메소드는 컨텍스트 내부에서 어떤 예외가 발생하더라도 실행이 보장된다. 예외에 관한 세부 정보가 __exit__ () 메소드에 인수로 전달되므로, 예외별로 컨텍스트 매니저가 다르게 동작하도록 작성할 수 있다.

파일 객체를 비롯한 몇몇 객체가 컨텍스트 프로토콜과 함께 동작하도록 설계됐다.

컨텍스트 매니저가 사용될 때 어떤 일이 일어나는지 순서대로 설명하면 다음과 같다.

1. summary_path.open('w')로 생성된 파일 객체가 summary_file 변수에 저장된다.
2. with 컨텍스트가 시작될 때 summary_file.__enter__()가 실행된다.

3. `with` 컨텍스트 내에서 처리 작업을 수행한다. 이번 예제의 경우, 파일에 행을 기록하는 처리 작업이 수행된다.
4. `with` 컨텍스트가 끝날 때 `summary_file.__exit__()`가 실행된다. 출력 파일이 닫히고, 모든 운영체제 자원이 해제된다.
5. `with` 컨텍스트 내에서 예외가 발생했는데 적절히 처리되지 않았다면, 파일이 정상적으로 닫히도록 예외를 다시 발생시킨다.

파일을 닫는 조작이 `with`문에 의해 자동으로 이뤄지며, 예외가 발생해도 '반드시' 수행되므로 자원 누수를 확실히 예방할 수 있다.

어떤 사람들은 '반드시'는 아니라고 주장한다. 그들은 컨텍스트 매니저가 정상적으로 동작할 수 없는 극도로 예외적인 상황을 찾는 것을 즐긴다. 예를 들어, 파이썬 런타임 환경에 통째로 장애가 일어나는 가능성을 전혀 배제할 수는 없으며, 이럴 때는 파이썬 언어가 제공하는 어떤 기능도 보장할 수 없다. 컨텍스트 매니저가 파일을 정상적으로 닫지 않았는데 운영체제는 파일을 닫았다면, 버퍼에 들어있던 최신 데이터가 손실될 수 있다. 운영체제에 장애가 일어나거나, 하드웨어가 멈추거나, 심지어 좀비들의 공격으로 컴퓨터가 파괴되는 더욱 희귀한 경우에도 컨텍스트 매니저는 파일을 정상적으로 닫지 못할 것이다.

부연 설명

데이터베이스 연결 및 네트워크 연결도 컨텍스트 매니저로서 동작할 수 있다. 컨텍스트 매니저는 연결이 정상적으로 닫히고 자원이 해제되는 것을 보장하기 때문이다.

입력 파일에 대해서도 컨텍스트 매니저를 사용할 수 있다. 사실, 파일 조작을 할 때는 반드시 컨텍스트 매니저를 사용하는 것이 바람직한 습관이다. 이번 장의 레시피 대부분도 파일과 컨텍스트 매니저를 함께 사용한다.

가끔은 컨텍스트 매니저를 객체에 추가해야 할 때가 있다. `contextlib` 모듈에는 `closing()`이라는 함수가 들어있는데, 이 함수는 객체의 `close()` 메소드를 호출한다.

컨텍스트 매니저 기능을 갖고 있지 않은 데이터베이스 연결을 이 함수로 감싸면, 컨텍스트 매니저를 객체에 추가하는 것과 같다.

```
from contextlib import closing
with closing(some_database()) as database:
    process(database)
```

`some_database()`는 데이터베이스 연결을 생성하는 함수다. 이 연결을 컨텍스트 매니저로서 바로 사용할 수는 없다. `closing()` 함수로 이 데이터베이스 연결을 감싸면서 컨텍스트 매니저 기능을 추가했다. 이제 데이터베이스가 언제나 정상적으로 닫힐 것임이 보장된다.

참고 사항

- 다중 컨텍스트에 대한 자세한 설명은 '다중 컨텍스트를 사용해 파일을 읽고 쓰는 방법' 레시피를 참조한다.

이전 버전을 보존하면서 파일을 대체하는 방법

`pathlib` 모듈은 다양한 파일명 조작을 지원한다. 'pathlib 모듈을 사용해 파일명을 다루는 방법' 레시피에서 디렉터리, 파일명, 파일 접미어를 관리하는 몇 가지 기법들을 살펴봤다.

파일을 처리할 때, '장애로부터 안전하게[fail-safe]' 출력 파일을 생성할 것이 요구되는 경우가 많다. 이것은 애플리케이션에 언제 혹은 어떻게 장애가 일어나든 장애 발생 직전의 파일이 보존돼야 한다는 뜻이다.

다음의 시나리오를 가정해보자.

1. 시간 t_0에 long_complex.py 애플리케이션이 어제 생성한 출력 파일 output.csv 파일이 존재하고 있다.

2. 시간 t_1에 long_complex.py 애플리케이션이 실행되기 시작한다. output.csv 파일을 덮어 쓰는데 이 작업은 t_3에 끝날 것으로 예상된다.
3. 그런데 시간 t_2에 장애가 발생해 애플리케이션 실행이 중단됐다. 부분적으로 생성된 output.csv 파일은 쓸모없다. 그런데 시간 t_0에 존재했던 output.csv 파일은 이미 덮어 쓰기가 됐으므로 사용할 수 없다.

물론 출력 파일의 복사본을 백업하는 방법도 있다. 하지만 손이 많이 가기 때문에 더 효율적인 방법을 고민해야 한다. 장애로부터 안전하게 파일을 생성하는 좋은 방법은 무엇일까?

준비

장애로부터 안전한 파일 생성이란 일반적으로 그 전의 파일을 덮어 쓰지 않는 것을 의미한다. 대신에, 애플리케이션은 새로 생성되는 출력 파일에 임시 이름을 부여하고, 출력 파일 생성이 성공적으로 완료된 이후 비로소 이름 변경을 통해 예전 파일을 대체한다.

이렇게 하는 것은 장애가 발생해도 이름 변경이 수행되기 전까지는 원래 파일을 남겨두기 위한 것이다. 이름 변경이 수행된 시점부터는 새로운 파일이 유효한 파일로서 인정된다.

이 문제를 해결하는 방법은 여러 가지가 있지만, 이번 레시피에서는 세 개의 파일을 사용하는 방법을 보여줄 것이다.

- 출력 파일 output.csv
- 임시 출력 파일 output.csv.tmp: 임시 파일의 이름은 다양한 방법으로 부여될 수 있다. ~ 또는 # 등의 문자를 파일명에 붙이기도 하고, /tmp 파일시스템에 저장함으로써 구분하기도 한다.
- 예전 버전의 파일 name.out.old: .old 파일은 출력 파일이 최종적으로 생성되는 과정에서 삭제된다.

예제 구현

1. Path 클래스를 임포트한다.

```
>>> from pathlib import Path
```

2. 예제용으로 다음의 Namespace 객체를 인수로서 사용한다.

```
>>> from argparse import Namespace
>>> options = Namespace(
...     target='/Users/slott/Documents/Writing/Python Cookbook/code/
output.csv'
... )
```

target 명령행 인수에 예제 값을 대입했다. 따라서 options 객체는 argparse 모듈이 생성한 옵션처럼 동작할 것이다.

3. 출력 파일을 나타내는 순수 경로 객체를 생성한다. 아직 출력 파일이 생성되지 않았으므로 순수 경로를 생성하는 것이다.

```
>>> output_path = Path(options.target)
>>> output_path
PosixPath('/Users/slott/Documents/Writing/Python Cookbook/code/output.
csv')
```

4. 임시 출력 파일을 나타내는 순수 경로 객체를 만든다.

```
>>> output_temp_path = output_path.with_suffix('.csv.tmp')
```

5. 임시 파일에 내용을 기록한다. 애플리케이션의 핵심 처리로서, 이번 예제에서는 단순히 한 개의 문자열을 기록할 뿐이다.

```
>>> output_temp_path.write_text("Heading1,Heading2\r\n355,113\r\n")
```

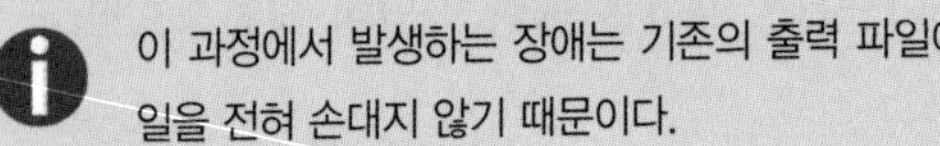

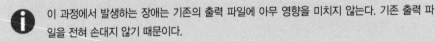

이 과정에서 발생하는 장애는 기존의 출력 파일에 아무 영향을 미치지 않는다. 기존 출력 파일을 전혀 손대지 않기 때문이다.

6. .old 파일을 제거한다.

```
>>> output_old_path = output_path.with_suffix('.csv.old')
>>> try:
...     output_old_path.unlink()
... except FileNotFoundError as ex:
...     pass # 이전 파일이 없음
```

이 시점에서 발생하는 장애도 기존의 출력 파일에 아무 영향을 미치지 않는다.

7. 기존 파일이 남아있다면 .old로 이름을 변경한다.

```
>>> output_path.rename(output_old_path)
```

이 시점 이후에 장애가 발생해도 .old 파일은 그대로 남는다. 따라서 복구 과정에서 이름을 변경함으로써 원본 파일을 복구할 수 있다.

8. 임시 파일이 새로운 출력 파일이 되도록 이름을 바꾼다.

```
>>> output_temp_path.rename(output_path)
```

9. 이제 이름 변경을 통해 임시 파일이 새로운 출력 파일이 됐다. 그리고 이전 상태로 복구해야 할 경우를 대비해서 .old 파일은 그대로 남아있다.

예제 분석

이번 예제는 세 번의 운영체제 동작, 한 번의 링크 해제, 그리고 두 번의 이름 변경을 포함한다. 그리고 .old 파일을 사용해 과거 상태로 복구될 수 있는 상황으로 마무리된다.

각 파일의 상태를 보여주는 타임라인은 다음과 같다. 버전 1은 변경 전, 버전 2는 변경 후를 나타낸다.

시간	연산	.csv.old	.csv	.csv.tmp
t_0		버전 0	버전 1	
t_1	쓰기	버전 0	버전 1	처리 중
t_2	닫기	버전 0	버전 1	버전 2
t_3	.csv.old를 제거		버전 1	버전 2
t_4	.csv를 .csv.old로 이름 변경	버전 1		버전 2
t_5	.csv.tmp를 .csv로 이름 변경	버전 1	버전 2	

다양한 시점에서 장애가 발생할 수 있지만, 어느 시점에서 발생하든 유효한 파일을 특정할 수 있다.

- .csv 파일이 존재한다면 이 파일이 현재 유효한 파일이다.
- .csv 파일이 존재하지 않는다면 .csv.old 파일이 백업 복사본이며 복구에 이용될 수 있다.

파일을 실제로 복사하는 동작이 수행되지 않기 때문에 실행 속도가 빠르고 높은 신뢰성을 보여줄 것이다.

부연 설명

출력 파일의 타임스탬프 값에 따라 별도의 디렉터리들이 생성되는 경우가 많다. 이런 상황 역시 pathlib 모듈은 우아하게 문제를 해결해준다. 예를 들어 이전 버전의 파일들을 다음의 아카이브 디렉터리에 저장해야 한다고 하자.

```
archive_path = Path("/path/to/archive")
```

그리고 임시 파일 또는 작업 파일은 다음과 같이 날짜별로 이름이 달라지는 하위 디렉터리에 저장된다.

```
import datetime
today = datetime.datetime.now().strftime("%Y%m%d_%H%M%S")
```

그러면 다음과 같이 작업 디렉터리를 정의할 수 있다.

```
working_path = archive_path / today
working_path.mkdir(parents=True, exists_ok=True)
```

mkdir() 메소드는 해당 경로의 디렉터리를 생성하는데, parents=True 인수로 인해 부모 디렉터리들도 모두 생성된다. 애플리케이션이 처음 실행될 때 편리할 것이며, exists_ok=True는 예외를 일으키지 않고 기존 디렉터리를 재사용한다.

parents=True가 기본값이 아니라는 점에 주의하자. 기본값은 parents=False며, 이 경우 부모 디렉터리가 생성되지 않는다. 따라서 필수 파일이 존재하지 않으므로 애플리케이션은 장애를 일으킬 것이다.

마찬가지로 exists_ok=True도 기본값이 아니다. 기본값이 사용될 경우, 디렉터리가 이미 존재하면 FileExistsError 예외가 발생한다. 따라서 디렉터리가 존재해도 예외가 발생하지 않도록 이렇게 인수를 제공한 것이다.

tempfile 모듈을 사용해서 임시 파일을 생성하는 것이 더 나을 때도 있다. 이 모듈을 사용하면, 생성되는 임시 파일들은 반드시 고유한 이름을 갖는다. 따라서 서버 프로세스는 파일명 충돌에 신경 쓰지 않으면서 임시 파일을 계속 생성할 수 있다.

참고 사항

- Path 클래스에 대한 자세한 설명은 'pathlib 모듈을 사용해 파일명을 다루는 방법' 레시피를 참조한다.
- 11장에서는 단위 테스트를 배우면서, 이번 레시피의 정상적인 동작을 보장하기 위한 테스트 코드 작성 방법들을 살펴볼 것이다.

CSV 모듈을 사용해 구분자 포함 파일을 읽는 방법

CSV는 매우 널리 쓰이는 데이터 포맷이다. CSV는 수많은 문자들 중에서 특히 쉼표를 구분자로서 사용하는 파일이라고 생각할 수 있다. 따라서 | 문자를 구분자로서 사용하는 CSV 파일도 가능하며, 이러한 일반화는 CSV 파일의 효용성을 더욱 높여준다.

CSV 포맷의 데이터를 어떻게 효율적으로 처리할 수 있을까?

준비

파일 내용의 요약을 스키마schema라고 부르며, 스키마의 두 가지 측면을 구별하는 것이 중요하다.

- 파일의 물리적 포맷: CSV 파일의 물리적 포맷은 CSV 파일이 텍스트를 포함한다는 것을 의미한다. 행을 구분하는 문자가 있고, 열을 구분하는 문자도 있다. 스프레드시트 프로그램들은 대체로 열 구분자로서 `,`를 사용하고 행 구분자는 `\r\n` 시퀀스를 사용한다. 하지만 다른 포맷도 가능하며, 열과 행 구분자는 쉽게 변경할 수 있다. 구분자들의 특정 조합을 가리켜 CSV 방언dialect이라고 부른다.
- 파일 내 데이터의 논리적 레이아웃: 데이터 열의 시퀀스를 의미한다. CSV 파일의 논리적 레이아웃을 다룰 때는 다음의 경우들을 나눠서 생각해야 한다.
  - 열 제목(머리글heading) 행이 존재한다. 이상적인 구성으로서 CSV 모듈의 동작 방식과 잘 부합하며, 파이썬 변수 이름을 머리로서 사용하는 것이 가장 좋다.
  - 머리글 행이 없지만 열 위치는 고정돼 있다. 이런 경우에는 파일을 열면서 머리글을 지정하면 된다.
  - 머리글 행이 없고 열 위치도 고정돼 있지 않다면 쉽게 해결할 수 없는 심각한 문제라고 할 수 있으며, 추가적인 스키마 정보가 필요할 것이다. 예를 들어 열 제목을 정의하는 목록이 별도로 제공되면 파일을 사용할 수 있을 것이다.
  - 머리글 행이 두 개 이상 존재한다. 이런 경우에는 머리글 행을 건너뛰는 처리를 위한 코드를 작성해야 한다. 또한 머리글 행을 좀 더 유용한 값으로 대체할

필요가 있다.

- 가장 어려운 경우는 파일이 1NF First Normal Form(제1정규형)가 아닐 때다. 1NF 데이터라면, 파일의 각 행은 다른 행에 대해 독립적이다. 하지만 1NF가 아니라면 1NF로 재배열하기 위한 제네레이터 함수를 작성해야 한다. 자료 구조를 정규화하는 방법에 대해서는 4장의 '리스트 슬라이싱' 레시피와 8장의 '제네레이터식을 조합해 사용하는 방법' 레시피를 참조한다.

항해 일지에 기록된 실시간 데이터를 포함하는 간단한 CSV 파일을 예제로서 사용할 것이다. 파일명은 waypoints.csv며, 데이터는 다음과 같다.

```
lat,lon,date,time
32.8321666666667,-79.9338333333333,2012-11-27,09:15:00
31.6714833333333,-80.93325,2012-11-28,00:00:00
30.7171666666667,-81.5525,2012-11-28,11:35:00
```

이 데이터에 있는 네 개 열의 포맷을 변경해 좀 더 유용한 정보로 만들어보자.

예제 구현

1. csv 모듈과 Path 클래스를 임포트한다.

```
import csv
from pathlib import Path
```

2. 데이터에서 다음의 사항들을 확인한다.
   - 열 구분자: 기본값은 `,`다.
   - 행 구분자: 윈도우와 리눅스 모두 `\r\n`이 주로 사용된다. 원래는 MS 엑셀MS Excel에서 사용하던 방식이었지만, 현재는 일반적으로 사용된다. 하지만 리눅스 표준인 `\n`도 파이썬은 문제없이 처리할 수 있다.
   - 머리글 행의 존재 여부. 머리글 행이 없다면 별도 제공 여부를 확인한다.

3. 파일을 나타내는 Path 객체를 생성한다.

```
data_path = Path('waypoints.csv')
```

4. 이 Path 객체를 사용해 with문에서 파일을 연다.

```
with data_path.open() as data_file:
```

with문에 대한 자세한 설명은 '컨텍스트 매니저로 파일을 읽고 쓰는 방법' 레시피를 참조한다.

5. 파일 객체로부터 CSV 리더[reader]를 생성한다. with문 내부에 들여쓰기로 작성해야 한다.

```
data_reader = csv.DictReader(data_file)
```

6. 행을 읽고 처리한다. with문 내부에 적절히 들여쓰기돼야 한다. 이번 예제에서의 처리는 단순히 출력하는 것뿐이다.

```
for row in data_reader:
    print(row)
```

다음과 같은 딕셔너리들이 출력될 것이다.

```
{'date': '2012-11-27',
 'lat': '32.8321666666667',
 'lon': '-79.9338333333333',
 'time': '09:15:00'}
```

딕셔너리로 변환되면서 키의 순서는 원래의 열 순서와 달라졌다. pprint 모듈의 pprint() 메소드를 사용하면 키가 알파벳순으로 정렬될 것이다. 이제 row['date']와 같은 형태로 데이터를 처리할 수 있다. 이처럼 이름을 사용해 열을 참조하면 위치를 사용해 참조할 때보다 훨씬 편리하다. row[0]이 무슨 정보를 나타내는지 금세 이해하기는 어렵다.

예제 분석

csv 모듈은 데이터 행을 서로 구분하고 행 내부의 열을 서로 구분하는 물리적 포맷 작업을 처리할 수 있다. 기본 규칙은 각 입력 행을 별도의 행으로 취급하고 열은 ,로 구분하는 것이다.

열 구분자가 데이터의 일부로서 포함돼 있을 경우는 어떻게 처리해야 할까? 다음과 같은 데이터가 있다고 하자.

```
lan,lon,date,time,notes
32.832,-79.934,2012-11-27,09:15:00,"breezy, rainy"
31.671,-80.933,2012-11-28,00:00:00,"blowing ""like stink"""
```

첫 번째 행의 notes 열에 열 구분자인 ,가 포함돼 있다. CSV 규칙은 열의 값을 따옴표로 묶도록 허용하는데, 기본적으로 따옴표 문자는 "다. 그리고 따옴표 쌍의 내부에 들어있는 구분자는 무시된다.

따옴표 쌍의 내부에 다시 따옴표를 포함시키려면, 따옴표를 두 번 사용해야 한다. 예를 들어 두 번째 데이터 행은 "blowing "like stink""에 따옴표 문자를 두 번 사용해 인코딩한 것이다. 이러한 규칙 덕분에 CSV 파일은 행 및 열 구분자뿐 아니라 어떤 문자 조합이든 나타낼 수 있다.

CSV 파일 내의 값은 언제나 문자열이다. 7331이라는 값은 숫자처럼 보여도, csv 모듈은 텍스트 문자열로서 처리할 뿐이다. 덕분에 단순하고 일관된 처리가 가능하지만, 사람의 입장에서는 다소 어색한 것이 사실이다.

데이터베이스 또는 웹 서버 등의 소프트웨어로부터 내보내기된 CSV 데이터는 다루기가 가장 쉽다. 데이터의 구조가 언제나 일관된 상태를 유지하기 때문이다.

반면에 데스크톱 PC에서 사람이 저장한 스프레드시트 문서 데이터일 경우, 해당 소프트웨어가 내부적으로 사용하는 데이터 표시 규칙이 데이터에 반영될 때가 많다. 예를 들어, PC 소프트웨어에서 날짜로 표시되는 데이터가 CSV 파일에서는 부동소수점 숫자로 나타나는 경우가 매우 흔하다.

이와 같은 날짜-숫자 변환 문제는 두 가지 해결책이 있다. 하나는 스프레드시트 문서에 날짜를 문자열로서 지정하기 위한 열을 추가하는 것이다. ISO 규칙을 사용해 날짜를 YYYY-MM-DD 포맷으로 나타내면 가장 좋다. 또 다른 해결책은 특정 기준일 이후 얼마나 시간이 지났는지를 초 단위로 나타내는 값을 사용하는 것이다. 기준일은 일반적으로 1900년 1월 1일 또는 1904년 1월 1일이다.

부연 설명

'맵과 리듀스를 조합하는 방법' 레시피에서 봤듯이, 입력 데이터를 정제하고 보충할 때는 여러 연산들이 조합된 파이프라인 처리 방식이 주로 사용된다. 이번 예제 데이터는 불필요한 행을 제거할 필요는 없지만, 좀 더 유용한 형태로 데이터 값을 변환할 필요는 있다.

데이터를 좀 더 유용한 형태로 변환하는 작업을 두 개의 부분으로 나눠서 수행할 수 있다. 먼저, 행 단위로 정제 작업을 수행하는 함수를 정의한다. 다음 함수는 행을 나타내는 딕셔너리 객체에 새로운 열을 추가한다.

```
import datetime
def clean_row(source_row):
    source_row['lat_n']= float(source_row['lat'])
    source_row['lon_n']= float(source_row['lon'])
    source_row['ts_date']= datetime.datetime.strptime(
        source_row['date'],'%Y-%m-%d').date()
    source_row['ts_time']= datetime.datetime.strptime(
        source_row['time'],'%H:%M:%S').time()
    source_row['timestamp']= datetime.datetime.combine(
        source_row['ts_date'],
        source_row['ts_time']
        )
    return source_row
```

새롭게 추가된 lat_n과 lon_n 열은 문자열이 아니라 부동소수점 숫자를 저장한다. 또 날짜와 시간을 파싱해서 datetime.date와 datetime.time 객체를 생성했으며, 날짜와 시간을 조합해서 생성한 타임스탬프 값을 timestamp 열에 대입했다.

이렇게 데이터 정제 및 보충을 수행하는 함수가 작성되고 나면, 이 함수를 입력 데이터의 각 행에 적용시킬 수 있다. map(clean_row, reader)를 사용할 수도 있고, 다음과 같이 루프를 포함하는 함수를 작성할 수도 있다.

```
def cleanse(reader):
    for row in reader:
        yield clean_row(row)
```

이 함수를 사용해 각 행으로부터 유용한 데이터를 얻을 수 있다.

```
with data_path.open() as data_file:
    data_reader = csv.DictReader(data_file)
    clean_data_reader = cleanse(data_reader)
    for row in clean_data_reader:
        pprint(row)
```

cleanse() 함수가 변환 파이프라인의 일부로서 삽입됐다. data_reader와 cleanse()만 파이프라인에 포함돼 있지만 지금은 이것으로 충분하다. 더 많은 계산을 수행하도록 애플리케이션이 확장됨에 따라 파이프라인의 길이도 늘어날 것이다.

정제 및 보충된 데이터 행의 모습은 다음과 같을 것이다.

```
{'date': '2012-11-27',
 'lat': '32.8321666666667',
 'lat_n': 32.8321666666667,
 'lon': '-79.9338333333333',
 'lon_n': -79.9338333333333,
 'time': '09:15:00',
 'timestamp': datetime.datetime(2012, 11, 27, 9, 15),
 'ts_date': datetime.date(2012, 11, 27),
 'ts_time': datetime.time(9, 15)}
```

새로 추가된 `lat_n`과 `lon_n` 열은 문자열이 아니라 숫자다. `timestamp` 열은 날짜-시간 값으로서 집결지[waypoint] 간의 이동 시간을 계산하는데 사용된다.

참고 사항

- 처리 파이프라인에 대한 자세한 설명은 '맵과 리듀스를 조합하는 방법' 레시피를 참조한다.
- 4장의 '리스트 슬라이싱' 레시피와 8장의 '제네레이터식을 조합해 사용하는 방법' 레시피에서 1NF 형태가 아닌 CSV 파일을 처리하는 방법을 자세히 설명한다.

정규 표현식을 사용해 복잡한 포맷을 읽는 방법

세상에는 CSV 파일처럼 우아한 규칙성을 가지지 않는 파일 포맷도 많다. 파싱하기 쉽지 않은 대표적인 파일 포맷 중 하나가 웹 서버 로그다. 로그 파일은 하나의 구분자 혹은 일관된 따옴표 규칙이 없는 복잡한 데이터를 포함할 때가 많다.

8장의 'yield문으로 제네레이터 함수를 작성하는 방법' 레시피에서 다뤘던 로그 파일에는 다음과 같은 행이 들어있었다.

```
[2016-05-08 11:08:18,651] INFO in ch09_r09: Sample Message One
[2016-05-08 11:08:18,651] DEBUG in ch09_r09: Debugging
[2016-05-08 11:08:18,652] WARNING in ch09_r09: Something might have gone wrong
```

이 파일에는 여러 가지 구두점이 사용됐다. 그리고 `csv` 모듈은 이런 복잡성을 처리할 수 없다.

이런 종류의 데이터를 마치 CSV 파일을 다루듯 단순하게 처리하려면 어떻게 해야 할까? 불규칙한 행들을 좀 더 규칙적인 자료 구조로 변환할 수 있을까?

준비

구조가 복잡한 파일을 파싱하려면 csv 모듈의 reader() 함수와 비슷한 역할을 수행할 리더 함수를 작성해야 한다. 어떤 경우에는 DictReader 클래스와 비슷하게 동작하는 클래스를 작성하는 것이 더 쉬울 때도 있다.

리더 함수는 한 개의 행을 (개별 필드들로 이뤄진) 딕셔너리 또는 튜플로 변환해야 한다. 이 작업을 수행하기 위해 re 패키지의 도움을 받을 수 있다.

우선, 입력 파일의 각 행을 파싱하는 정규 표현식을 개발해야 한다. 정규 표현식에 대한 자세한 설명은 1장의 '정규 표현식을 사용한 문자열 파싱' 레시피를 참조한다.

이번 예제에서 사용될 코드는 다음과 같다. 행의 각 요소를 나타내는 정규 표현식을 사용해 패턴 문자열을 정의한 것이다.

```
>>> import re
>>> pattern_text = (r'\[(\d+-\d+-\d+ \d+:\d+:\d+,\d+)\]'
...     '\s+(\w+)'
...     '\s+in'
...     '\s+([\w_\.]+):'
...     '\s+(.*)')
>>> pattern = re.compile(pattern_text)
```

우선, 날짜-시간 타임스탬프는 숫자, 하이픈, 콜론, 콤마로 구성되며 [와]로 둘러싸인다. 정규 표현식에서 [와]는 (이스케이프 문자를 사용해) \[와 \]로 나타내야 한다. 타임스탬프 뒤에는 심각성 정도를 의미하는 문자들이 위치한다. 그다음 in 문자는 무시해도 되기 때문에 데이터를 대조하기 위한 ()가 없다. 모듈 이름은 일련의 문자들이며, \w로 표현되고 있다(_와 .도 포함한다). 모듈 이름 뒤의 : 문자도 무시된다. 마지막으로, 로그 메시지가 온다. 정규 표현식 처리를 위해 대조돼야 하는 데이터는 ()로 감싸져 있다.

\s+는 공백 문자들을 건너뛴다. 예제 데이터는 구분자로서 한 개의 공백이 사용되고 있으나, \s+는 두 개 이상의 공백도 구분자로서 허용한다.

이 패턴을 적용한 예는 다음과 같다.

```
>>> sample_data = '[2016-05-08 11:08:18,651] INFO in ch09_r09: Sample Message
One'
>>> match = pattern.match(sample_data)
>>> match.groups()
('2016-05-08 11:08:18,651', 'INFO', 'ch09_r09', 'Sample Message One')
```

우선, 한 줄짜리 표본 데이터를 입력했다. 그리고 match 객체의 groups() 메소드는 추출하고자 하는 필드들을 반환한다. 패턴 문자열에서 단순히 (...) 대신에 (?P<name>)을 사용하면, 필드 이름을 포함하는 딕셔너리를 얻을 수 있다.

예제 구현

이번 레시피는 두 개의 부분으로 구성된다. 한 개의 행을 파싱하는 함수를 정의하는 부분과 이 함수를 사용해 입력받은 행을 파싱하는 부분이다.

파싱 함수 정의하기

파싱 함수를 다음의 단계를 거쳐서 정의한다.

1. 정규 표현식 객체를 정의한다.

```
import re
pattern_text = (r'\[(?P<date>\d+-\d+-\d+ \d+:\d+:\d+,\d+)\]'
    '\s+(?P<level>\w+)'
    '\s+in\s+(?P<module>[\w_\.]+):'
    '\s+(?P<message>.*)')
pattern = re.compile(pattern_text)
```

   (?P<name>...)은 필드에 이름을 부여한다. 그 결과 얻어지는 딕셔너리는 csv.DictReader의 결과와 같다.

2. 텍스트 행을 인수로 받는 함수를 정의한다.

```
def log_parser(source_line):
```

3. 정규 표현식을 적용해 대조 객체를 생성한 후 match 변수에 대입한다.

```
match = pattern.match(source_line)
```

4. match의 값이 None이면 패턴과 일치하지 않는 행이므로 그냥 건너뛴다. 디버깅을 위해 어떤 식으로든 기록을 남겨도 좋다. 또한 파싱이 불가능할 경우 예외를 발생시키면 바람직하다.

```
if match is None:
    raise ValueError(
        "Unexpected input {0!r}".format(source_line))
```

5. 입력 행의 개별 필드들로 구성되는 자료 구조를 반환한다.

```
return match.groupdict()
```

이 함수는 입력받은 행을 파싱한 후, 필드 이름과 값을 포함하는 딕셔너리를 반환한다.

파싱 함수 사용하기

1. csv 모듈을 임포트한다.

```
import csv
from pathlib import Path
```

2. 로그 파일을 나타내는 Path 객체를 생성한다.

```
data_path = Path('sample.log')
```

3. with문 내에서 로그 파일을 연다.

```
with data_path.open() as data_file:
```

> with문에 대한 자세한 설명은 '컨텍스트 매니저로 파일을 읽고 쓰는 방법' 레시피를 참조한다.

4. data_file 객체로부터 로그 파일 파서parser를 생성한다. 그리고 이 map() 함수를 사용해 이 파서를 입력 로그 파일의 각 행에 적용한다.

```
data_reader = map(log_parser, data_file)
```

5. 데이터 행을 읽어서 처리한다. 이번 예제는 단순히 출력 처리를 할 뿐이다.

```
for row in data_reader:
    pprint(row)
```

실행하면 다음과 같은 딕셔너리들이 표시될 것이다.

```
{'date': '2016-05-08 11:08:18,651',
 'level': 'INFO',
 'message': 'Sample Message One',
 'module': 'ch09_r09'}
{'date': '2016-05-08 11:08:18,651',
 'level': 'DEBUG',
 'message': 'Debugging',
 'module': 'ch09_r09'}
{'date': '2016-05-08 11:08:18,652',
 'level': 'WARNING',
 'message': 'Something might have gone wrong',
 'module': 'ch09_r09'}
```

이렇게 얻어진 딕셔너리 포맷의 데이터는 문자열 텍스트보다 활용도가 더 높다. 예를 들어 심각도를 기준으로 필터링하거나 모듈별로 메시지가 생성된 횟수를 포함하는 Counter 객체를 생성하는 등의 분석 작업을 더 효율적으로 수행할 수 있다.

예제 분석

이 로그 파일은 전형적인 제1정규형 구조를 갖고 있다. 데이터의 각 행은 독립적인 개체 혹은 이벤트를 나타내고, 속성 또는 열의 개수는 모든 행에서 동일하며, 모든 데이터가 원자적이다(원자적atomic이라는 말은 더 이상 유의미하게 분해될 수 없음을 의미한다). 하지만 CSV 파일과 달리 파싱을 위해서는 복잡한 정규 표현식이 필요하다.

이번 예제 로그 파일에서 타임스탬프는 많은 수의 요소들, 즉 년, 월, 일, 시, 분, 초, 밀리초로 이뤄져 있지만, 이 세부 요소들로 분해할 필요는 없다. 한 개의 datetime 객체로서 사용하면서 필요시에 세부 정보를 추출하는 것이 개별 필드들을 조립해 새로운 복합 데이터를 생성하는 것보다 효율적이기 때문이다.

로그가 복잡할 경우는 메시지 필드가 여러 유형일 수 있다. 이럴 때는 메시지 유형마다 별도의 패턴을 사용해 파싱해야 한다. 이 과정에서 로그 텍스트가 포맷이나 속성 개수 등의 측면에서 일관적이지 못하고 제1정규형에 해당하지 않는다는 사실이 드러나기도 한다.

이처럼 일관성이 떨어지는 데이터를 처리하려면 더 정교한 파서가 필요하다. 예를 들어 웹 서버 로그 파일의 다양한 정보 종류를 구분하기 위해 복잡한 필터 규칙이 필요할 수 있다. 행의 일부만 먼저 파싱하고, 나머지 부분을 파싱할 때 사용될 정규 표현식을 정의해야 할 수도 있다.

이번 레시피에서 사용된 map() 고계 함수는 log_parse() 함수를 입력 파일의 각 행에 적용했다. map() 함수를 통한 일대일 대응 덕분에 생성되는 데이터 객체의 개수가 로그 파일의 행 개수와 정확히 일치할 것임을 확신할 수 있다.

이번 레시피는 'CSV 모듈을 사용해 구분자를 갖는 파일을 읽는 방법' 레시피에서 사용한 패턴을 그대로 따랐다. 따라서 복잡한 로그를 읽는 것이나 간단한 CSV 파일을 읽는 것이나 거의 차이가 없다.

```
data_reader = csv.DictReader(data_file)
```

위 코드가 다음 코드로 바뀌었을 뿐이다.

```
data_reader = map(log_parser, data_file)
```

이처럼 구조가 비슷하기 때문에 분석 함수를 다양한 입력 파일 포맷에서 재사용할 수 있으며, 다양한 입력 데이터에 사용 가능한 도구 라이브러리를 작성할 수도 있다.

부연 설명

복잡한 파일을 읽을 때는 더 처리하기 쉬운 포맷으로 파일을 재작성할 때가 많다. 특히 CSV 포맷으로 저장하는 경우가 많다.

여러 개의 컨텍스트를 열고 사용한다는 점에서 '다중 컨텍스트를 사용해 파일을 읽고 쓰는 방법' 레시피에서 다룬 내용과 비슷한 점이 있다. 하나의 파일에서 데이터를 읽어 다른 파일에 기록하기 때문이다.

파일에 기록하는 프로세스는 다음과 같다.

```
import csv
data_path = Path('sample.log')
target_path = data_path.with_suffix('.csv')
with target_path.open('w', newline='') as target_file:
    writer = csv.DictWriter(
        target_file,
        ['date', 'level', 'module', 'message']
        )
    writer.writeheader()

    with data_path.open() as data_file:
        reader = map(log_parser, data_file)
        writer.writerows(reader)
```

우선, 출력 파일에 대한 CSV 라이터writer를 정의한다. 출력 파일의 경로인 `target_path`는 입력 파일의 경로 `data_path`와 (접미어가 .csv로 바뀐 것만 제외하고) 같다.

이 파일을 열 때, `newline=''` 옵션이 사용되므로 줄 바꿈 문자가 비활성화된다. 따라서 `csv.DictWriter` 클래스는 CSV 방언에 적합한 줄 바꿈 문자를 삽입할 수 있다.

그다음에는 출력 파일에 기록하기 위해 `DictWriter` 객체가 생성된다. 열 머리글의 순서가 제공되고 있는데, 이는 파일에 행을 기록할 때 사용되는 키의 순서와 일치해야 한다. 정규 표현식의 `(?P<name>...)`에서 `name`의 순서를 조사하면 일치 여부를 확인할 수 있다.

writeheader() 메소드는 열 제목을 출력 파일의 첫 번째 행에 기록한다. 열 제목이 있으면 사람이 더 쉽게 이해하기 때문이다. 이처럼 CSV 파일의 첫 번째 행은 어떤 데이터가 존재하는지 알려주는 일종의 스키마 정의로서 사용될 때가 많다.

입력 파일은 이전 레시피와 마찬가지 방식으로 열린다. csv 라이터의 writerows() 메소드에 reader() 제네레이터 함수를 제공하며, writerows() 메소드는 reader() 함수가 반환하는 데이터를 소비할 것이다. 즉, 열려 있는 파일에 들어있는 모든 행이 소비된다.

입력 파일 내의 모든 행이 처리되도록 여러분이 직접 for문을 작성할 필요는 없다. writerows() 함수가 빠짐없는 처리를 보장하기 때문이다.

출력 파일은 다음과 같을 것이다.

```
date,level,module,message
"2016-05-08 11:08:18,651",INFO,ch09_r09,Sample Message One
"2016-05-08 11:08:18,651",DEBUG,ch09_r09,Debugging
"2016-05-08 11:08:18,652",WARNING,ch09_r09,Something might have gone wrong
```

입력 파일의 복잡했던 포맷이 간단한 CSV 포맷으로 변환된 것을 볼 수 있다.

참고 사항

- 8장의 'yield문으로 제네레이터 함수를 작성하는 방법' 레시피에서 이 로그를 처리하는 다른 예제를 볼 수 있다.
- 'CSV 모듈을 사용해 구분자를 갖는 파일을 읽는 방법' 레시피에서 일반적인 설계 패턴을 사용한 다른 예제를 볼 수 있다.
- 'CSV를 DictReader에서 네임드튜플 리더로 업그레이드하는 방법' 레시피와 'CSV를 DictReader에서 네임스페이스 리더로 업그레이드하는 방법' 레시피에서 더욱 정교한 처리 기법들을 살펴볼 것이다.

JSON 문서를 읽는 방법

JSON 표기법은 데이터 직렬화에 매우 널리 사용된다. JSON에 대한 자세한 설명은 http://json.org를 참조하자. 파이썬의 `json` 모듈은 JSON 표기법으로 데이터를 직렬화하고 역직렬화할 수 있다.

JSON 문서는 자바스크립트 애플리케이션에서 널리 사용된다. 파이썬 기반의 서버와 자바스크립트 기반의 클라이언트 간에는 JSON 문서로 데이터를 교환하는 것이 일반적이다. 애플리케이션 계층에 속하므로 HTTP 프로토콜로 JSON 문서를 통해 서로 통신할 수 있다. 흥미롭게도 데이터 영속 계층도 HTTP 프로토콜과 JSON 표기법을 사용하기도 한다.

파이썬에서 `json` 모듈을 사용해 JSON 데이터를 파싱하려면 어떻게 해야 할까?

준비

요트 경주의 결과가 race_result.json이라는 파일에 저장돼 있다고 하자. 참가 팀, 경주 구간[leg], 팀별 순위에 대한 정보가 포함돼 있다.

보트가 출발하지 못했거나, 완주하지 못했거나, 경기에서 실격됐을 때는 `null` 값으로 표현된다. 이런 경우에는 최저 순위보다 1만큼 큰 순위가 부여된다. 예를 들어, 경주에 총 일곱 팀이 참가했다면 실격 팀은 8등으로 취급된다. 상당히 큰 페널티라고 할 수 있다.

데이터의 스키마는 다음과 같다. 전체적으로 두 개의 필드가 존재한다.

- `legs`: 문자열 배열이며, 출발 항구와 도착 항구로 구성된다.
- `teams`: 각 팀별 세부 정보를 갖는 객체들의 배열이다. 이 객체는 다음의 데이터 필드들을 포함한다.
    - `name`: 팀명을 나타내는 문자열
    - `position`: 팀 순위며, 정수 혹은 `null` 값으로 이뤄진 배열이다. `legs` 배열과 항목 순서가 같다.

데이터는 다음과 같다.

```
{
  "teams": [
    {
      "name": "Abu Dhabi Ocean Racing",
      "position": [
        1,
        3,
        2,
        2,
        1,
        2,
        5,
        3,
        5
      ]
    },
    ...
  ],
  "legs": [
    "ALICANTE - CAPE TOWN",
    "CAPE TOWN - ABU DHABI",
    "ABU DHABI - SANYA",
    "SANYA - AUCKLAND",
    "AUCKLAND - ITAJA\u00cd",
    "ITAJA\u00cd - NEWPORT",
    "NEWPORT - LISBON",
    "LISBON - LORIENT",
    "LORIENT - GOTHENBURG"
  ]
}
```

첫 번째 팀의 데이터만 표시했으며, 실제로 경주에는 일곱 개 팀이 참가했다.

이 JSON 데이터는 마치 (리스트를 내부에 포함하는) 파이썬 딕셔너리처럼 보인다. 이와 같은 유사성은 행복한 우연의 일치라고 볼 수 있다. JSON 문서로부터 파이썬 자료 구조를 쉽게 생성할 수 있기 때문이다.

모든 JSON 구조가 파이썬 객체로 대응되지는 않는다. 하지만 JSON 문서의 null 항목이 파이썬의 None 객체에 대응되는 점은 흥미롭다. 의미는 비슷하지만 구문은 다소 다르다.

문자열 중에 (실제 유니코드 문자 Í가 아니라) 이스케이프 시퀀스 \u00cd가 보인다. 128개 ASCII 문자 이외의 문자를 인코딩할 때 흔히 사용되는 기법이다.

예제 구현

1. json 모듈을 임포트한다.

```
>>> import json
```

2. 입력 파일을 나타내는 Path 객체를 정의한다.

```
>>> from pathlib import Path
>>> source_path = Path("code/race_result.json")
```

   json 모듈은 Path 객체를 직접 다룰 수 없다. 따라서 커다란 텍스트 블록으로서 읽어온 후 이 텍스트 객체를 처리할 것이다.

3. JSON 문서를 파싱해 파이썬 객체를 생성한다.

```
>>> document = json.loads(source_path.read_text())
```

source_path.read_text()는 Path 객체가 가리키는 파일을 읽는다. 그리고 json.loads() 함수에 제공해 파싱을 수행했다.

파싱이 끝나서 딕셔너리가 생성되면 그 내용을 볼 수 있다. 예를 들어, teams 필드는 각 팀에 관한 모든 정보를 갖고 있다. 배열이기 때문에 항목 0은 첫 번째 팀을 가리킨다.

각 팀별 데이터는 name과 position이라는 두 개의 키를 포함하는 딕셔너리 객체다. 다음과 같이 첫 번째 팀의 이름을 얻을 수 있다.

```
>>> document['teams'][0]['name']
'Abu Dhabi Ocean Racing'
```

경주 구간의 이름은 legs 필드로 알 수 있다.

```
>>> document['legs'][5]
'ITAJAÍ - NEWPORT'
```

입력 파일에 들어있던 \u00cd 이스케이프 시퀀스가 파싱을 거치면서 유니코드 문자 Í로 출력된 것을 볼 수 있다.

예제 분석

JSON은 JavaScript Object Notation의 약어인 만큼, 자바스크립트 프로그램은 JSON 문서를 쉽게 파싱할 수 있다. 자바스크립트가 아닌 다른 언어가 JSON 문서를 자체 자료 구조로 변환하려면 더 많은 수고가 요구된다.

JSON 문서는 세 종류의 자료 구조를 갖고 있다.

- 객체(파이썬 딕셔너리에 대응됨): JSON 구문은 파이썬의 {"key": "value"}와 비슷하다. 다만 파이썬과 달리 JSON은 문자열 인용 부호로서 "만 사용한다. 또한 JSON 표기법은 딕셔너리 값 끝에 여분의 , 문자를 허용하지 않는다. 이 점들만 제외하면 거의 똑같다.
- 배열(파이썬 리스트에 대응됨): JSON [items, ...] 구문은 파이썬 리스트와 비슷하다. 다만 배열 값의 끝에 여분의 , 문자를 허용하지 않는다.
- 기초primitive 자료형: 문자열, 숫자, true, false, null 이렇게 다섯 가지가 존재한다. 문자열은 "로 감싸지며 이스케이프 시퀀스가 사용되는 점에서 파이썬과 비슷하다. 숫자는 부동소수점 값의 규칙을 따른다. true, false, null은 상수로서 파이썬의 True, False, None에 대응된다.

이 밖의 다른 자료 구조에 대해서는 아무 규정도 없다. 따라서 구조가 복잡한 파이썬 객체를 JSON 표기법으로 직렬화하려면 먼저 더 간단한 자료 구조 표현으로 변환할 필요가 있다.

반대로, 단순한 JSON 표현으로부터 복잡한 파이썬 객체로 생성할 때도 추가적인 변환 작업이 필요하다. `json` 모듈에는 간단한 자료 구조에 추가 처리를 적용해 정교한 파이썬 객체를 생성할 수 있는 기능이 들어있다.

부연 설명

한 개의 파일은 일반적으로 한 개의 JSON 문서만 포함할 수 있다. JSON 표준은 한 개의 파일에 여러 JSON 문서를 나타낼 수 있는 쉬운 방법을 제공하지 않는다. 따라서 대용량의 웹 로그를 분석할 때 JSON은 그다지 좋은 선택이 아닐 수 있다.

또한 추가로 두 개의 문제를 해결해야 한다.

- 파일에 기록할 수 있도록 복잡한 객체를 직렬화하기
- 파일에서 읽어온 텍스트로부터 복잡한 객체를 역직렬화하기

파이썬 객체의 상태를 텍스트 문자열로 표현했다면 이것은 곧 객체를 직렬화한 것과 같다. 파이썬 객체를 파일에 저장하거나 다른 프로세스로 전송해야 할 때가 많은데, 이처럼 객체를 전송하기 위해서는 객체 상태를 표현해야 할 필요가 있다. 지금부터 직렬화와 역직렬화를 각각 살펴보자.

복잡한 자료 구조 직렬화하기

파이썬 자료 구조로부터 JSON 문서를 생성할 수 있다. 파이썬은 정교하고 유연한 언어이므로 JSON으로는 표현할 수 없는 자료 구조를 쉽게 작성할 수 있다.

JSON 포맷으로의 직렬화는 파이썬 객체가 `dict`, `list`, `str`, `int`, `float`, `bool`, `None` 등의 단순한 타입일 때 가장 효과적으로 이뤄진다. 이 점에 유의해 생성된 파이썬 객체는 직렬화 속도가 빠르고 다른 언어로 작성된 프로그램에서도 널리 사용될 수 있다.

이때 `set` 등의 클래스 정의를 사용하면 안 된다는 점에 주의하자. JSON 문서로의 손쉬운 변환을 염두에 둔다면 파이썬 객체를 딕셔너리 객체로 먼저 변환해야 한다.

예를 들어, 데이터를 분석해 다음과 같이 Counter 객체를 생성했다고 하자.

```
>>> import random
>>> random.seed(1)
>>> from collections import Counter
>>> colors = (["red"]*18)+(["black"]*18)+(["green"]*2)
>>> data = Counter(random.choice(colors) for _ in range(100))
Because this data is – effectively - a dict, we can serialize this very easily
into JSON:
>>> print(json.dumps(data, sort_keys=True, indent=2))
{
  "black": 53,
  "green": 7,
  "red": 40
}
```

데이터를 (키를 정렬해) JSON 표기법으로 표시했다. sort_keys=True 때문에 키가 정렬되며, 항상 일관된 순서로 필드들이 출력된다. indent=2는 {} 객체와 [] 배열을 두 칸 들여쓰기로 표시하므로 문서의 구조를 쉽게 파악할 수 있다.

다음과 같이 비교적 간단하게 이 데이터를 파일에 기록할 수 있다.

```
output_path = Path("some_path.json")
output_path.write_text(
    json.dumps(data, sort_keys=True, indent=2))
```

이 파일을 다시 읽어올 때 JSON load 연산으로 Counter 객체를 생성하는 것은 불가능하며 딕셔너리 객체만 생성할 수 있다. JSON 포맷이 단순 값으로 축약을 해버렸기 때문이다.

자주 쓰이지만 직렬화가 어려운 자료 구조로서 datetime.datetime을 들 수 있다. 이 객체에 직렬화를 시도하면 어떻게 되는지 알아보자.

```
>>> import datetime
>>> example_date = datetime.datetime(2014, 6, 7, 8, 9, 10)
>>> document = {'date': example_date}
```

한 개의 필드를 갖는 간단한 문서를 생성했으며, 이 필드의 값은 datetime 인스턴스다. JSON 직렬화를 시도하면 어떻게 될까?

```
>>> json.dumps(document)
Traceback (most recent call last):
  ...
TypeError: datetime.datetime(2014, 6, 7, 8, 9, 10) is not JSON serializable
```

직렬화될 수 없음을 알리며 TypeError 예외가 발생한다. 예외 발생을 예방하는 방법은 두 가지다. 하나는 직렬화하기 전에 먼저 데이터를 변환하는 것이고, 다른 하나는 JSON 직렬화 프로세스에 후크hook를 추가하는 것이다.

첫 번째 방법은 JSON으로 직렬화하기 전에 datetime 객체를 문자열로 변환한다.

```
>>> document_converted = {'date': example_date.isoformat()}
>>> json.dumps(document_converted)
'{"date": "2014-06-07T08:09:10"}'
```

ISO 날짜 포맷으로 직렬화될 수 있는 문자열을 생성했다. 애플리케이션은 이 문자열을 읽은 후에 다시 datetime 객체로 변환할 수 있다.

두 번째 방법은 직렬화 프로세스에서 자동으로 사용되는 기본 함수를 제공한다. 이 함수는 안전하게 직렬화될 수 있는 뭔가로 복잡한 객체를 변환해야 한다. 주로 문자열과 숫자를 포함하는 간단한 딕셔너리로 변환할 때가 많으며, 간단한 문자열로 변환하기도 한다.

```
>>> def default_date(object):
...     if isinstance(object, datetime.datetime):
...         return example_date.isoformat()
...     return object
```

default_date() 함수는 datetime 객체에 특수한 변환 규칙을 적용해 문자열 객체를 반환한다. 이 문자열 객체는 json.dumps() 함수에 의해 직렬화될 수 있다.

이 함수를 dumps() 함수의 default 매개변수에 제공한다.

```
>>> document = {'date': example_date}
>>> print(
...     json.dumps(document, default=default_date, indent=2))
{
  "date": "2014-06-07T08:09:10"
}
```

실제로 애플리케이션에서 이 함수를 활용하려면, 해당 애플리케이션에서 JSON으로 직렬화하고자 하는 파이썬 객체들을 처리할 수 있도록 기능을 확장해야 할 것이다. 직렬화해야 할 자료 구조가 많은 경우에는 객체마다 일일이 직렬화하기보다 좀 더 일반적인 해결책이 필요해진다. 이럴 때는 객체 상태의 세부 표현과 타입 힌트를 함께 포함시킬 수 있는 다양한 설계 패턴들을 활용할 수 있다.

복잡한 자료 구조 역직렬화하기

JSON 딕셔너리로부터 파이썬 객체로 역직렬화할 때도 후크를 사용할 수 있다. 이 후크의 이름은 object_hook이며, json.loads( )가 실행되는 동안에 JSON 딕셔너리로부터 다른 뭔가를 생성해야 할지 판단하는 데 사용된다.

다음의 함수는 객체를 인수로 받아서 파이썬 객체를 새로 생성하거나 그대로 반환한다.

```
>>> def as_date(object):
...     if 'date' in object:
...         return datetime.datetime.strptime(
...             object['date'], '%Y-%m-%dT%H:%M:%S')
...     return object
```

이 함수는 인수로 제공받은 객체에 date라는 필드가 있는지 검사하고, 만일 존재하면 이 객체는 datetime 객체로 바뀐다.

이 함수를 다음과 같이 json.loads( )에 제공할 수 있다.

```
>>> source= '''{"date": "2014-06-07T08:09:10"}'''
>>> json.loads(source, object_hook=as_date)
datetime.datetime(2014, 6, 7, 8, 9, 10)
```

입력 데이터는 date를 포함하는 JSON 문서며 json.loads() 함수로 파싱된다. 결과로 얻어진 파이썬 객체는 JSON 문서 내에 들어있던 문자열 값으로부터 생성됐다.

이처럼 날짜를 다루는 것은 그다지 이상적인 방법이 아니다. date 필드 한 개만 갖고 날짜 객체라 판단하는 것은 이 as_date() 함수를 더 복잡한 객체의 역직렬화에 사용할 때 문제를 일으킬 수 있다.

좀 더 일반적인 해결책은 $date처럼 고유하면서 파이썬스럽지 않은 필드를 사용하면서, 이 특수한 인디케이터가 객체의 유일한 키라고 확인하는 것이다. 이렇게 두 가지 기준이 모두 만족될 경우에만 객체를 특수하게 처리하는 것이다.

클래스를 설계할 때부터 직렬화 관련 메소드를 추가하는 것도 좋다. 예를 들어 일관된 직렬화가 이뤄지도록 클래스에 to_json() 메소드를 포함시키는 것이다. 이 메소드는 클래스 정보를 제공함으로써 (계산을 통해 값이 얻어지는) 파생 속성의 직렬화를 막을 수 있다. 이와 비슷하게 from_json() 메소드를 추가하는 것도 고려할 만하다. 이 메소드는 딕셔너리 객체가 실제로 특정 클래스의 인스턴스인지 결정하기 위해 사용된다.

참고 사항

- 'HTML 문서를 읽는 방법' 레시피에서는 HTML 입력으로부터 이 데이터를 추출하는 방법을 보여준다.

XML 문서를 읽는 방법

XML 마크업 언어는 데이터를 구조화하는 용도로 널리 사용된다. 자세한 설명은 http://www.w3.org/TR/REC-xml/를 참조한다. 파이썬은 XML 문서 파싱에 사용할 수 있는 라이브러리들을 포함하고 있다.

마크업 언어라는 용어는 문서의 논리 구조를 정의하는 `<tag>`와 `</tag>` 태그 쌍으로 문서 내용을 '마크mark, 표시'한다는 뜻이다. 따라서 XML 파일은 문서 내용과 마크업 텍스트를 합친 것이다.

마크업이 일반 텍스트와 섞여 있기 때문에 추가적인 구문 규칙이 필요하다. 일반 텍스트에 < 문자를 허용하려면 혼란을 피하기 위해 XML 문자 개체 참조를 사용해야 한다. < 대신에 <를 사용하며 >는 >, &는 &, "는 "을 대신한다.

다음과 같은 XML 문서가 있다고 하자.

```
<team><name>Team SCA</name><position>...</position></team>
```

일반적으로는 문서 구조를 분명히 드러내기 위해 \n과 공백 문자가 추가된다.

```
<team>
    <name>Team SCA</name>
    <position>...</position>
</team>
```

문서 내용은 태그로 둘러싸이며, 문서 전체적으로는 하나의 크고 중첩된 컨테이너 컬렉션을 형성한다. 다른 관점에서 보면 XML 문서는 트리 구조다. 루트 태그의 아래에는 다른 태그들 및 그 태그들 내에 포함된 문서 내용이 존재할 것이다. 태그 사이의 공백 문자는 무시된다.

XML 문서 구조를 정규 표현식으로 파싱하기는 매우 어렵다. 중첩 구문을 처리하려면 더욱 정교한 파서가 필요하다.

XML-SAX와 Expat 파싱에 사용되는 두 개의 바이너리 라이브러리가 있다. 파이썬은 이 라이브러리를 이용할 수 있도록 `xml.sax`와 `xml.parsers.expat` 모듈을 제공한다.

`xml.etree` 모듈에도 정교한 도구들이 포함돼 있다. 이번 레시피에서는 이 모듈에 들어 있는 `ElementTree` 클래스를 사용해 XML 문서를 파싱하고 분석하는 데 집중할 것이다.

`xml.etree` 모듈로 XML 데이터를 어떻게 파싱할 수 있을까?

준비

요트 경주의 결과가 race_result.json이라는 파일에 저장돼 있다고 하자. 참가 팀, 경주 구간[leg], 팀별 순위에 대한 정보가 포함돼 있다.

보트가 출발하지 못했거나 완주하지 못했거나 경기에서 실격됐을 때는 `null` 값으로 표현된다. 이런 경우에는 최저 순위보다 1만큼 큰 순위가 부여된다. 예를 들어, 경주에 총 일곱 팀이 참가했다면 실격 팀은 8등으로 취급된다. 상당히 큰 페널티라고 할 수 있다.

루트 태그인 `<results>`의 스키마는 다음과 같다.

- `<legs>` 태그 아래에는 개별 `<leg>` 태그들이 포함된다. `<leg>` 태그는 경주 구간의 출발 항구와 도착 항구를 포함하고 있다.
- `<teams>` 태그 아래에는 개별 `<team>` 태그들이 포함된다. `<team>` 태그는 팀별 세부 정보를 포함하며, 다시 다음의 태그들로 구성된다.
    - `<name>` 태그는 팀 이름이다.
    - `<position>` 태그는 `<leg>` 태그들을 포함한다. `<leg>` 태그는 경주 구간별로 해당 팀의 순위를 보여준다. `<leg>` 태그의 부여된 번호는 `<legs>` 태그에서 정의된 것과 일치한다.

데이터는 다음과 같다.

```
<?xml version="1.0"?>
<results>
```

```
<teams>
        <team>
                <name>
                        Abu Dhabi Ocean Racing
                </name>
                <position>
                        <leg n="1">
                                1
                        </leg>
                        <leg n="2">
                                3
                        </leg>
                        <leg n="3">
                                2
                        </leg>
                        <leg n="4">
                                2
                        </leg>
                        <leg n="5">
                                1
                        </leg>
                        <leg n="6">
                                2
                        </leg>
                        <leg n="7">
                                5
                        </leg>
                        <leg n="8">
                                3
                        </leg>
                        <leg n="9">
                                5
                        </leg>
                </position>
        </team>
        ...
</teams>
<legs>
...
```

```
    </legs>
</results>
```

첫 번째 팀의 데이터만 보여줬으며, 실제로는 총 일곱 개의 팀이 경주에 참가했다.

XML 표기법에서 데이터는 두 곳에서 나타날 수 있다. 첫 번째는 태그 사이로서 예를 들어 `<name>Abu Dhabi Ocean Racing</name>`에서 태그는 `<name>`이고 `<name>`과 `</name>` 사이의 텍스트가 이 태그의 값이다.

두 번째는 태그의 속성이다. 예를 들면 `<leg n="1">`에서 태그는 `<leg>`고, 이 태그는 값이 1인 속성 n을 갖고 있다. 태그가 가질 수 있는 속성의 개수에는 제한이 없다.

결국, `<leg>` 태그는 속성 n으로 주어지는 레그 번호와 태그 내부의 텍스트로 주어지는 순위 정보를 둘 다 갖는다. 일반적으로 중요 데이터는 태그 내부에, 보충 데이터는 속성으로서 주어진다. 다만 언제나 명확하게 구분되는 것은 아니다.

XML은 혼합 내용 모델mixed content model을 허용한다. XML과 텍스트를 섞어 사용할 수 있으며 이때 텍스트는 XML 태그의 내부와 외부에 모두 위치할 수 있다. 다음 예를 보자.

```
<p>This has <strong>mixed</strong> content.</p>
```

어떤 텍스트는 `<p>` 태그 내부에 있고, `<strong>` 태그 내부에 있는 텍스트도 있다. 즉, `<p>` 태그의 내용은 텍스트와 (자체적으로 텍스트를 갖고 있는) 태그의 혼합이다.

이번 예제에서는 `xml.etree` 모듈을 사용해 데이터를 파싱할 것이다. 파일에서 데이터를 읽은 후에 파서에 제공하며, 결과로 얻어지는 문서는 다소 복잡할 것이다.

지금까지 이번 예제 데이터에 대한 정형적인 스키마 정의를 제공하지 않았으며 DTDDocument Type Definition 역시 제공하지 않았다. 이것은 XML이 기본적으로 혼합 내용 모델임을 의미한다. 또한 이 XML 구조를 스키마 또는 DTD 기준으로 검증하는 것도 불가능하다.

예제 구현

1. xml.etree와 pathlib 모듈이 필요하다.

```
>>> import xml.etree.ElementTree as XML
>>> from pathlib import Path
```

   키보드 입력의 편의를 위해 ElementTree를 XML로 이름을 변경했다. ET로 변경해도 좋을 것이다.

2. 입력 문서의 위치를 나타내는 Path 객체를 정의한다.

```
>>> source_path = Path("code/race_result.xml")
```

3. 입력 파일을 파싱해 ElementTree 버전의 문서를 생성한다.

```
>>> source_text = source_path.read_text (encoding = 'UTF-8')
>>> document = XML.fromstring (source_text)
```

XML 파서는 Path 객체를 그냥 사용할 수 없으므로, Path 객체에서 텍스트를 먼저 읽고 그 다음에 텍스트를 파싱했다.

이제 이 문서에서 원하는 데이터를 검색할 수 있다. find() 메소드를 사용해 특정 태그가 처음 나타난 인스턴스를 찾아보자.

```
>>> teams = document.find('teams')
>>> name = teams.find('team').find('name')
>>> name.text.strip()
'Abu Dhabi Ocean Racing'
```

먼저 <teams> 태그를 찾고, 그 안에서 <team> 태그의 첫 번째 인스턴스를 찾은 후, 다시 그 안에서 처음 나타나는 <name> 태그를 검색해 팀 이름을 얻었다.

혼합 내용 모델이기 때문에 내용에 들어있는 \n, \t, 공백 문자들은 그대로 보존된다. 이러한 문자들은 필요가 없기 때문에 strip() 메소드를 사용해 유의미한 내용 앞뒤의 불필요한 문자들을 제거했다.

예제 분석

XML 파서 모듈들은 XML 문서를 DOM 기반의 상당히 복잡한 객체들로 변환한다. etree 모듈의 경우는 태그와 텍스트를 나타내는 Element 객체들부터 문서를 생성하다.

XML은 PI[Processing Instruction](처리 명령)와 주석도 포함할 수 있지만 XML 처리 애플리케이션은 일반적으로 이것들을 무시한다.

XML 파서는 두 개의 운영 레벨에서 작업을 수행한다. 하위 레벨에서는 이벤트를 인식한다. 파서가 발견하는 이벤트에는 요소 시작, 요소 끝, 주석 시작, 주석 끝, 텍스트, 유사한 어휘 객체 등이 있다. 상위 레벨에서는 이벤트를 사용해 Element 객체들을 생성한다.

Element 객체는 태그, 텍스트, 속성, 테일[tail]을 포함한다. 태그는 <tag>의 이름이고, 속성은 태그 이름 뒤에 오는 필드다. <leg n="1">일 경우 태그 이름은 leg고 속성은 n이다. XML에서 모든 값은 문자열이다.

텍스트는 태그의 시작과 끝 사이에 포함된다. 따라서 <name>Team SCA</name>의 경우, <name> 태그를 나타내는 Element 객체의 text 속성 값은 Team SCA다.

태그에는 테일 속성도 있다.

```
<name>Team SCA</name>
<position>...</position>
```

</name> 태그의 뒤, 그리고 <position> 태그의 앞에는 \n 문자가 있다. 이것이 <name> 태그의 테일이다. 테일의 값은 혼합 내용 모델에서 중요할 수도 있다. 혼합 내용 모델이 아닐 경우에 테일의 값은 일반적으로 공백 문자다.

부연 설명

XML 문서를 파이썬 딕셔너리로 쉽게 변환할 수 없기 때문에 문서 내용을 검색할 수 있는 편리한 수단이 필요하다. ElementTree 모듈은 (XML 문서 내의 위치를 지정하는) XPath XML Path Language를 부분적으로 구현한 검색 기법을 제공한다. XPath 표기법은 상당한 유연성을 제공한다.

XPath 질의는 find() 및 findall() 메소드와 함께 사용된다. 모든 이름을 검색하는 방법은 다음과 같다.

```
>>> for tag in document.findall('teams/team/name'):
...     print(tag.text.strip())
Abu Dhabi Ocean Racing
Team Brunel
Dongfeng Race Team
MAPFRE
Team Alvimedica
Team SCA
Team Vestas Wind
```

먼저 최상위 <teams> 태그를 찾고, 그 아래 <team> 태그를 찾고, 다시 그 아래 <name> 태그를 찾는다. 이렇게 중첩 태그 구조를 전부 검색한다.

속성 값도 마찬가지로 검색할 수 있다. 예를 들면 팀별로 특정 구간에서 어떤 성적을 냈는지 쉽게 찾을 수 있다. 이 데이터는 각 팀의 <position> 태그 아래에 있는 <leg> 태그에 있다.

또한 <leg> 태그의 속성 n은 경주 구간 번호를 나타낸다. 이를 사용해 XML 문서로부터 특정 데이터를 추출하는 방법은 다음과 같다.

```
>>> for tag in document.findall("teams/team/position/leg[@n='8']"):
...     print(tag.text.strip())
3
5
```

```
7
4
6
1
2
```

8번 구간에서 팀별 순위를 보여주기 위해, <leg n="8"> 태그를 찾아 그 태그 내의 텍스트를 화면에 표시했다. 결과 값을 팀 이름과 대조해보면, SCA 팀이 1등으로 들어왔고 Dongfeng Race 팀이 마지막으로 들어왔음을 알 수 있다.

참고 사항

- 'HTML 문서를 읽는 방법' 레시피에서는 HTML 입력 파일로부터 이 데이터를 어떻게 추출했는지 볼 수 있다.

HTML 문서를 읽는 방법

웹에 존재하는 수많은 콘텐츠들은 주로 HTML 마크업으로 제공되고 있다. 그리고 웹 브라우저는 HTML 데이터를 화면에 멋지게 보여준다. 화면에 보이는 웹 페이지로부터 유의미한 콘텐츠를 추출하려면 어떻게 HTML을 파싱해야 할까?

표준 라이브러리 `html.parser` 모듈은 그다지 유용하지 않다. 저수준의 어휘 검색 정보를 제공할 뿐, 웹 페이지를 나타내는 고수준의 자료 구조를 제공하지 않기 때문이다.

대신에 Beautiful Soup이라는 이름의 모듈을 사용해 HTML 페이지를 파싱할 것이다. 이 모듈은 PyPI에서 얻을 수 있으며, https://pypi.python.org/pypi/beautifulsoup4를 참조하자.

이 모듈을 사용하려면 다운로드하고 설치해야 한다. `pip` 명령으로 쉽게 다운로드와 설치를 끝낼 수 있다.

다음과 같이 입력하면 된다.

```
pip install beautifulsoup4
```

맥 OS X와 리눅스의 경우에는 sudo 명령으로 설치 권한을 먼저 얻어야 한다.

```
sudo pip install beautifulsoup4
```

패스워드를 묻는 메시지가 나타나면 루트root 권한이 있는 사용자의 패스워드를 입력해야 한다.

여러분이 혹시 둘 이상의 파이썬 버전을 사용 중이라면, pip 버전을 지정해야 한다. 예를 들어 파이썬 3.5를 사용 중이라면 다음과 같이 입력해야 한다.

```
sudo pip3.5 install beautifulsoup4
```

파이썬 3.5와 호환되는 pip가 실행될 것이다.

준비

Volvo Ocean Race.html 파일에 볼보 오션레이스 대회의 결과가 들어있다고 가정하자. 이 파일은 레이싱 참가 팀, 레이싱 구간, 구간별 팀 순위를 포함하고 있다. 이 대회의 공식 웹사이트에서 긁어온 파일이며, 브라우저로 열면 화면에 멋지게 표시된다.

HTML은 XML과 매우 유사하다. 문서의 내용들은 데이터의 구조와 표현을 나타내는 <tag> 마크로 둘러싸인다. HTML은 XML보다 먼저 세상에 나왔으며, XML과 HTML에 모두 호환되는 XHTML 표준도 있다. 하지만 HTML을 파싱할 때는 기존의 HTML을 처리할 수 있어야 하며, 심지어 잘못된 구조를 갖고 있는 HTML도 처리할 수 있어야 한다. 잘못된 구조의 HTML은 웹에서 얻은 데이터의 분석을 어렵게 만드는 요인 중 하나다.

HTML 페이지는 상당한 오버헤드를 포함한다. 눈에 보이지 않는 메타데이터뿐 아니라, 방대한 양의 스크립트 코드와 스타일시트도 포함할 때가 많기 때문이다. 게다가 광고성 정보가 들어있을 때도 있다. 일반적으로 HTML 페이지의 전체적인 구조는 다음과 같다.

```
<html>
    <head>...</head>
    <body>...</body>
</html>
```

<head> 태그에는 자바스크립트 라이브러리와 CSS 문서에 대한 링크가 포함될 수 있다. 이 기능들은 웹 페이지에서 사용자와의 상호작용을 가능케 하고 내용의 표현 방법을 정의하는 데 사용된다.

대부분의 내용은 <body> 태그 내에 들어있다. 많은 웹 페이지들이 대량의 복잡한 내용들을 제공한다. 웹 페이지 설계는 정교한 예술의 영역이며, 대부분의 브라우저에서 내용을 보는 데 문제가 없도록 설계된다. 하지만 웹 페이지상의 데이터 추적은 어려운 일이다. 웹 페이지는 자동화 도구의 처리 편의성보다 사람의 눈에 어떻게 보일지에 중점을 두고 설계되기 때문이다.

이번 예제의 경우, 경주 순위가 <table> 태그에 들어있으므로 쉽게 찾을 수 있다. <table> 태그의 전반적인 구조는 다음과 같다.

```
<table>
    <thead>
        <tr>
            <th>...</th>
            ...
        </tr>
    </thead>
    <tbody>
        <tr>
            <td>...</td>
            ...
        </tr>
        ...
    </tbody>
</table>
```

<thead> 태그에는 테이블의 열 제목들이 들어있다. 테이블 행을 나타내는 태그 <tr> 한 개가 있고, 그 아래 <th>에 내용이 들어있다. 내용은 두 개의 부분으로 나뉘는데, 첫 번째 부분은 경주 구간의 번호고, 두 번째 부분은 속성으로 자바스크립트 함수에서 사용될 값이다. 이 속성 값은 마우스 포인터가 열 제목 위를 지나갈 때 화면에 표시된다. 자바스크립트 함수가 구간 이름을 화면에 표시하기 때문이다.

<tbody> 태그에는 경주 구간별로 팀 이름과 순위가 포함된다. 테이블 행(<tr> 태그)은 팀별 세부 정보를 포함하며 팀 이름, 그래픽, 최종 순위가 테이블의 세 개 열(<td> 태그)에 각각 표시된다. 나머지 열에는 특정 구간별 팀 순위가 들어있다.

요트 경주의 규칙을 설명하기 위해 테이블의 일부 셀에 메모가 들어있다. 이 메모는 셀의 값에 대한 보충적인 데이터를 제공하기 위해 태그의 속성으로서 포함돼 있다. 경주 팀이 출발하지 않았거나, 완주하지 않았거나, 중도 포기하는 경우도 있기 때문이다.

다음은 이 HTML의 <tr> 태그 중 하나다.

```
<tr class="ranking-item">
    <td class="ranking-position">3</td>
    <td class="ranking-avatar">
   <img src="..."> </td>
    <td class="ranking-team">Dongfeng Race Team</td>
    <td class="ranking-number">2</td>
    <td class="ranking-number">2</td>
    <td class="ranking-number">1</td>
    <td class="ranking-number">3</td>
    <td class="ranking-number" tooltipster data-title="..."></td>
    <td class="ranking-number">1</td>
    <td class="ranking-number">4</td>
    <td class="ranking-number">7</td>
    <td class="ranking-number">4</td>
    <td class="ranking-number total">33<span class="asterix">*</span></td>
</tr>
```

<tr> 태그의 class 속성은 행의 스타일을 정의한다. class 속성에 정의된 스타일 규칙은 CSS에 들어있다. class 속성 덕분에 우리의 예제 애플리케이션은 관련 내용을 쉽게 찾

을 수 있다.

<td> 태그도 셀의 스타일을 정의하는 class 속성을 갖고 있으며, 셀이 의미하는 것이 무엇인지 명시적으로 드러내기 위한 용도로 쓰였다.

data-title 속성을 갖는 셀은 내용이 들어있지 않다. 이 속성은 자바스크립트 함수가 셀에 추가 정보를 표시하는 데 사용된다.

예제 구현

1. bs4와 pathlib 모듈이 필요하다.

```
>>> from bs4 import BeautifulSoup
>>> from pathlib import Path
```

   bs4 모듈에서는 BeautifulSoup 클래스만 임포트했다. 이 클래스는 HTML 문서의 파싱과 분석에 필요한 모든 기능을 제공한다.

2. 입력 문서를 나타내는 Path 객체를 정의한다.

```
>>> source_path = Path("code/Volvo Ocean Race.html")
```

3. HTML로부터 생성된 자료 구조를 soup 변수에 대입한다.

```
>>> with source_path.open(encoding='utf8') as source_file:
...     soup = BeautifulSoup(source_file, 'html.parser')
```

여기서는 컨텍스트 매니저를 사용해 파일에 접근하고 있지만, 컨텍스트 매니저 없이 그냥 source_path.read_text(encodig='utf8')으로 내용을 읽어도 된다. 그렇게 해도 문제없이 동작할 것이다.

이제 soup 변수에 저장된 자료 구조를 통해 필요한 내용을 찾을 수 있다. 다음 코드는 경주 구간에 대한 세부 정보를 추출한다.

```
def get_legs(soup)
    legs = []
```

```
    thead = soup.table.thead.tr
    for tag in thead.find_all('th'):
        if 'data-title' in tag.attrs:
            leg_description_text = clean_leg(tag.attrs['data-title'])
            legs.append(leg_description_text)
    return legs
```

soup.table.thead.tr은 첫 번째 <table> 태그를 찾고, 그 아래에서 첫 번째 <thead> 태그를 찾으며, 다시 그 아래에서 첫 번째 <tr> 태그를 찾는다. 그리고 이 <tr> 태그는 thead 변수에 대입됐다. 그다음에는 findall() 함수를 실행해 이 컨테이너 내의 모든 <th> 태그들을 찾는다.

<th> 태그의 속성들 중에서 data-title 속성을 찾는다. 이 속성의 값은 구간 이름이며, 구간 이름을 포함하는 부분은 다음과 같다.

```
<th tooltipster data-title="...">LEG 1</th>
```

data-title 속성 값은 그 안에 HTML 마크업을 추가로 포함하고 있다. 하지만 HTML 표준이 아니기 때문에 BeautifulSoup 파서는 이 HTML 마크업들을 검색하지 않는다.

파싱해야 할 분량이 얼마 되지 않기 때문에 그 부분만 파싱하기 위한 soup 객체를 생성한다.

```
def clean_leg(text):
    leg_soup = BeautifulSoup(text, 'html.parser')
    return leg_soup.text
```

data-title 속성 값만으로 BeautifulSoup 객체를 생성한다. 이 객체에는 <strong> 태그에 대한 정보와 텍스트가 들어있다. 그리고 태그 정보 없이 텍스트만 얻기 위해 text 속성을 사용했다.

예제 분석

BeautifulSoup 클래스는 HTML 문서를 DOM 기반의 복잡한 객체로 변환한다. 그리고 이 객체의 구조는 Tag, NavigableString, Comment 클래스의 인스턴스로부터 만들어질 것이다.

일반적으로 웹 페이지에서 관심을 갖는 대상은 문자열을 포함하는 태그들이다. Tag와 NavigableString 클래스의 객체가 이에 해당된다.

Tag 객체는 태그의 이름, 문자열, 속성 정보를 갖는다. 태그 이름은 <와 > 사이에 있는 단어고, 속성은 태그 이름 뒤에 오는 필드로서 <td class="ranking-number">1</td>의 경우 태그 이름은 td, 속성은 class다. 속성의 값은 일반적으로 문자열이지만, 가끔은 문자열의 목록일 때도 있다. 문자열 값은 태그로 둘러싸인 내용이며 위 예제에서는 아주 짧은 값, 즉 1이다.

HTML은 혼합 내용 모델이다. 이 말은 태그가 텍스트뿐 아니라 자식 태그도 포함할 수 있다는 뜻이다. 또한 텍스트는 자식 태그의 내부와 외부 어디에도 위치할 수 있다. 자식 태그들과 텍스트는 자유롭게 섞여서 사용될 수 있다.

HTML의 특징 중 하나는 줄 바꿈 문자만을 포함하는 작은 텍스트 블록이 자주 사용된다는 점이다. 다음 코드를 보자.

```
<tr>
    <td>Data</td>
</tr>
```

<tr> 태그는 세 개의 자식 객체를 갖고 있다. 이 자식 객체들을 화면에 표시하면 다음과 같다.

```
>>> example = BeautifulSoup('''
...     <tr>
...         <td>data</td>
...     </tr>
```

```
... ''', 'html.parser')
>>> list(example.tr.children)
['\n', <td>data</td>, '\n']
```

두 개의 줄 바꿈 문자를 볼 수 있다. 이 문자들은 <td> 태그의 피어peer로서 파서에 의해 보존된다. 자식 태그를 둘러싸는 이동 가능navigable 텍스트이기 때문이다.

BeautifulSoup 파서는 또 다른 저수준 프로세스를 사용하는데, 바로 html.parser 내장 모듈이다. 다른 대안들도 있지만 html.parser가 가장 쉽고 광범위하게 사용할 수 있다. 다른 대안들에 대해 알고 싶으면, Beautiful Soup 문서에서 특정 웹 파싱 문제를 해결하는 데 사용 가능한 저수준 파서들의 목록을 읽을 수 있다.

저수준 파서는 이벤트를 인식한다. 이벤트에는 요소 시작, 요소 끝, 주석 시작, 주석 끝, 텍스트, 유사한 어휘 객체 등이 포함된다. 그리고 고수준 파서는 이벤트를 사용해 Beautiful Soup 문서의 다양한 객체들을 생성할 수 있다.

부연 설명

Beautiful Soup의 Tag 객체들은 문서의 계층 구조를 나타낸다. 태그들 간의 관계는 다음과 같다.

- [document] 루트 컨테이너만 제외하고 모든 태그에게는 부모 태그가 있다. <html> 태그가 루트 컨테이너의 유일한 자식 태그일 경우가 많다.
- parents 속성은 태그의 모든 부모들을 반환하는 제네레이터며, 계층 구조를 따라 해당 태그에 이르기까지의 경로와 같다.
- 모든 Tag 객체는 자식 태그를 가질 수 있다. <img/>나 <hr/>처럼 자식 태그를 갖지 않는 태그들도 있다. children 속성은 태그의 자식을 반환하는 제네레이터다.
- 태그는 여러 수준의 자식 태그들을 가질 수 있다. 예를 들어 <html> 태그는 문서 전체를 후손들로 가진다. children 속성은 직접 자식만을 반환하는 반면에 descendants 속성은 자식 태그 및 그 이하의 모든 자식 태그들을 반환한다.

- 태그는 형제 태그를 가질 수 있다. 형제 태그는 동일한 컨테이너 내에 속하는 다른 태그를 의미한다. 태그에는 순서가 정의되므로 next_sibling과 previous_sibling 속성을 사용해 형제 태그들을 차례로 방문할 수 있다.

문서의 구조가 단순할 경우 id 또는 class 속성으로 간단히 원하는 데이터를 찾을 수 있다. class 속성을 사용하는 검색 예는 다음과 같다.

```
>>> ranking_table = soup.find('table', class_="ranking-list")
```

class 속성을 검색하기 위해 class_가 사용된 것에 주의하자. 문서 전체가 주어진 경우, 위와 같은 검색은 임의의 <table class="ranking-list"> 태그를 찾는 것이므로 웹 페이지 내에서 이 조건을 만족하는 처음으로 발견된 테이블이 반환될 것이다. 하지만 이번 예제의 경우 이 조건을 만족하는 테이블은 한 개뿐이므로 이처럼 속성을 사용하는 검색이 웹 페이지상의 다른 테이블과 구별하는 데 도움이 된다.

다음은 이 <table> 태그의 부모 태그들이다.

```
>>> list(tag.name for tag in ranking_table.parents)
['section', 'div', 'div', 'div', 'div', 'body', 'html', '[document]']
```

<table> 태그의 부모 태그들 이름만을 출력했다. <section> 태그를 감싸는 네 개의 중첩 <div> 태그가 있음에 주목하자. 각 <div> 태그마다 내용과 스타일을 정의하는 class 속성 값이 다를 가능성이 높다.

[document]는 HTML의 모든 태그들을 포함하는 BeautifulSoup 컨테이너다. 실제 태그가 아니라 최상위 <html> 태그의 컨테이너임을 강조하기 위해 다른 것들과 구분되게 표시된다.

참고 사항

- 'JSON 문서를 읽는 방법' 레시피와 'XML 문서를 읽는 방법' 레시피도 비슷한 예제 데이터를 사용한다. HTML 페이지를 긁어온 데이터를 예제로서 사용했다.

CSV를 DictReader에서 네임드튜플 리더로 업그레이드하는 방법

CSV 포맷의 파일에서 데이터를 읽어올 때는 일반적으로 다음의 두 가지 중에서 하나를 선택할 수 있다.

- `csv.reader()`를 사용하면, 각 행은 (열 값들을 포함하는) 한 개의 리스트로 변환된다.
- `csv.DictReader`를 사용하면, 각 행은 한 개의 딕셔너리가 된다. 기본적으로 첫 번째 행의 내용이 딕셔너리의 키가 되지만, 원한다면 키로 사용될 값들의 목록을 별도로 제공할 수도 있다.

어느 것을 사용하든, 행 내부의 데이터를 참조할 때 다소 복잡해 보이는 구문을 사용해야 하는 단점이 있다. `csv.reader()`를 사용하면 `row[2]`와 같이 참조해야 하는데 무엇을 가리키는지 이해하기가 어렵다. `DictReader`를 사용하면 `row['date']`와 같이 참조할 수 있는데, 의미하는 바는 더욱 분명하지만 많은 키보드 타이핑을 필요로 한다.

실제 스프레드시트 데이터의 열 이름은 길이가 아주 길 때도 많다. `row['Total of all locations excluding franchisees']`를 키보드로 입력해야 한다면 전혀 즐겁지 않을 것이다.

이처럼 복잡한 구문을 간단하게 대체하려면 어떻게 해야 할까?

준비

스프레드시트를 다루는 프로그램의 가독성을 개선하기 위해 네임드튜플namedtuple 객체를 사용할 수 있다. .csv 파일에 들어있는 무의미한 열 이름 대신에 의미를 이해하기 쉬운 이름을 namedtuple로 정의해 사용하는 것이다.

게다가 열 참조 구문이 더 깔끔해진다. row[0] 이외에 row.date로도 date 열을 참조할 수 있기 때문이다.

열 이름(그리고 열의 자료형)은 데이터를 정의하는 스키마의 일부분이다. 열 제목을 포함하는 CSV 파일의 첫 행은 이 파일의 스키마지만, 속성 이름만 알 수 있고 자료형은 알 수 없기 때문에 무조건 문자열로 처리해야 하는 제약이 있다.

따라서 스프레드시트의 행에 외부적으로 스키마를 지정하면 다음과 같은 장점이 있다.

- 유의미한 이름을 제공할 수 있다.
- 필요 시 데이터 변환을 적절히 수행할 수 있다.

요트 항해 일지에서 가져온 실시간 데이터를 포함하는 단순한 CSV 파일을 살펴보자. 파일명은 waypoints.csv고, 데이터는 다음과 같다.

```
lat,lon,date,time
32.8321666666667,-79.9338333333333,2012-11-27,09:15:00
31.6714833333333,-80.93325,2012-11-28,00:00:00
30.7171666666667,-81.5525,2012-11-28,11:35:00
```

네 개의 열로 이뤄졌는데, 두 개는 경유지의 위도와 경도고 나머지 두 개는 날짜와 시간이다. 그다지 좋은 구성이 아니기 때문에 데이터 정제 단계를 거칠 것이다.

이 데이터의 열 제목은 파이썬 변수 이름으로 곧바로 사용될 수 있다. 현실 세계에서는 이런 경우가 드물지만, 어쨌든 덕분에 작업이 다소 간단해진다. 다른 경우들도 나중에 살펴볼 것이다.

이번 레시피의 핵심은 데이터를 namedtuple 객체로서 저장하는 방법이다.

예제 구현

1. 필요한 모듈 및 클래스 정의를 임포트한다. 이번에는 collections, csv, pathlib 모듈이 필요하다.

```
from collections import namedtuple
from pathlib import Path
import csv
```

2. 실제 데이터에 대조될 namedtuple 객체를 정의한다. 이 객체의 이름은 Waypoint로서 데이터를 구성하는 네 개의 열에 해당하는 속성 이름을 제공한다. 여기서는 속성 이름이 데이터의 열 이름과 완전히 똑같지만 꼭 그래야 할 필요는 없다.

```
Waypoint = namedtuple('Waypoint', ['lat', 'lon', 'date', 'time'])
```

3. CSV 데이터를 나타내는 Path 객체를 정의한다.

```
waypoints_path = Path('waypoints.csv')
```

4. 파일 처리를 위한 컨텍스트를 생성한다.

```
with waypoints_path.open() as waypoints_file:
```

5. CSV 데이터를 읽을 리더를 정의한다. 이 리더를 미가공raw 리더라고 부를 것이다. 결국은 8장의 '제네레이터식을 조합해 사용하는 방법' 레시피의 데이터 정제 및 필터 기법들을 사용할 것이기 때문이다.

```
raw_reader = csv.reader(waypoints_file)
```

6. 입력 데이터로부터 Waypoint 객체를 생성하는 제네레이터를 정의한다.

```
waypoints_reader = (Waypoint(*row) for row in raw_reader)
```

이 waypoints_reader 제네레이터식을 사용해 데이터 행을 처리할 수 있다.

```
for row in waypoints_reader:
    print(row.lat, row.lon, row.date, row.time)
```

waypoints_reader 객체에는 열 제목 행도 포함된다. 이 행은 꼭 필요하지 않으므로, 나중에 필터를 통해 제거하는 방법을 살펴볼 것이다.

(Waypoint(*row) for row in raw_reader)는 row 튜플의 각 값을 Waypoint 함수의 위치 인수로 확장한다. CSV 파일의 열 순서가 namedtuple 정의의 속성 순서와 같기 때문에 이런 처리가 가능하다.

itertools 모듈을 사용하는 방법도 가능하다. starmap() 함수를 사용할 수 있는데, starmap(Waypoint, raw_reader)는 raw_reader의 튜플을 Waypoint 함수의 위치 인수로서 확장하기 때문이다. 다만, map() 함수는 사용할 수 없다는 점에 주의하자. map() 함수는 함수가 한 개의 인수만을 취한다고 가정하는데, 이번 예제는 네 개의 항목을 포함하는 row 튜플이 Waypoint 함수의 단일 인수로서 사용되는 것이 아니기 때문이다. 네 개의 항목을 네 개의 위치 인수에 따로따로 제공해야 한다.

예제 분석

이번 레시피의 구성은 다음과 같다. 첫 번째로, csv 모듈을 사용해 데이터의 행과 열을 파싱하는 핵심 작업을 수행했다. 'CVS 모듈을 사용해 구분자 포함 파일을 읽는 방법' 레시피의 방법을 활용했다.

그다음으로, 예제 데이터에 대한 최소한의 스키마를 제공하는 namedtuple을 정의했다. 이 스키마는 그다지 자세하지 않고 단지 열 이름의 시퀀스를 제공할 뿐이다. 이 스키마를 통해 특정 열에 접근하는 구문을 단순화할 수 있다.

마지막으로, 제너레이터 함수 내에 csv 리더를 넣어서 각 행별로 namedtuple 객체를 생성했다. 기본 처리 방식을 살짝 변형한 것으로서, 후속 프로그래밍이 좀 더 간편해진다.

row[2] 또는 row['date']가 아니라 row.date로 특정 열을 참조할 수 있기 때문이다. 이 덕분에 복잡한 알고리즘의 표현을 좀 더 단순화할 수 있다.

부연 설명

입력 데이터는 두 가지 문제가 아직 남아있다. 첫 번째로, 헤더 행이 함께 들어있는데 이 행을 제거하기 위한 필터가 필요하다. 두 번째로, 데이터가 모두 문자열 타입인데 일부 열은 타입을 변환할 필요가 있다. 지금부터 이 문제들을 해결하는 방법을 알아보자.

불필요한 헤더 행을 삭제하기 위해 일반적으로 다음의 두 가지 기법을 사용할 수 있다.

- 이터레이터를 사용해 첫 번째 항목을 버린다. 개념적으로 작성한 코드는 다음과 같다.

  ```
  with waypoints_path.open() as waypoints_file:
      raw_reader = csv.reader(waypoints_file)
      waypoints_iter = iter(waypoints_reader)
      next(waypoints_iter)  # 헤더
      for row in waypoints_iter:
          print(row)
  ```

  미가공 CSV 리더로부터 이터레이터 객체 waypoints_iter를 생성하고 있다. next() 함수는 이 리더에서 한 개의 항목을 건너뛰고, 나머지 항목들은 데이터 행을 생성하는 데 사용된다. itertools.islice() 함수를 사용할 수도 있다.
- 제네레이터를 작성하거나 filter() 함수를 사용해 특정 행을 제외할 수 있다.

  ```
  with waypoints_path.open() as waypoints_file:
      raw_reader = csv.reader(waypoints_file)
      skip_header = filter(lambda row: row[0] != 'lat', raw_reader)
      waypoints_reader = (Waypoint(*row) for row in skip_header)
      for row in waypoints_reader:
          print(row)
  ```

필터링된 제네레이터 skip_header를 미가공 CSV 리더로부터 생성하고 있다. 이 필터는 row[0] != 'lat' 식을 사용해 헤더 행인지 데이터 행인지 결정한 후, 데이터 행은 통과시키고 헤더 행은 거부한다.

이제 두 번째 문제인 자료형 변환 문제를 살펴보자. 8장의 '변경 불가능 자료 구조로 복잡한 알고리즘을 단순화하는 방법' 레시피의 예제를 따라 미가공 데이터로부터 새로운 namedtuple 객체를 생성해보자.

```
Waypoint_Data = namedtuple('Waypoint_Data', ['lat', 'lon', 'timestamp'])
```

이 시점이 되면, Waypoint라는 원래 이름이 적절하지 않다는 것이 명확해진다. 따라서 Waypoint 튜플의 역할을 분명히 드러내기 위해 이름을 변경하기 위한 코드 리팩터링이 필요하다. 이름 변경 등의 리팩터링은 애플리케이션 설계가 발전함에 따라 수시로 해야 하는데, 이번 예제에서의 이름 변경은 독자 여러분에게 맡기기로 한다. 타입 변환을 수행하기 위해서는 Waypoint의 필드들을 개별적으로 처리하는 함수가 필요하다. 여기서는 위도와 경도 값에 float() 함수를 적용해 부동소수점 수로 변환한다. 또 날짜 값은 신중한 파싱이 요구된다.

날짜와 시간을 각각 변환하는 코드는 다음과 같다. 날짜 또는 시간 문자열을 날짜 또는 시간 값으로 변환하는 표현식을 사용하는 두 개의 람다 객체를 볼 수 있다.

```
import datetime
parse_date = lambda txt: datetime.datetime.strptime(txt, '%Y-%m%d').date()
parse_time = lambda txt: datetime.datetime.strptime(txt,'%H:%M:%S').time()
```

이 람다 객체들을 사용해 Waypoint 객체로부터 Waypoint_data 객체를 생성할 수 있다.

```
def convert_waypoint(waypoint):
    return Waypoint_Data(
        lat = float(waypoint.lat),
        lon = float(waypoint.lon),
        timestamp = datetime.datetime.combine(
            parse_date(waypoint.date),
            parse_time(waypoint.time)
        )
    )
```

일련의 함수들을 적용해 기존 자료 구조로부터 새로운 자료 구조를 생성했다. 위도와 경도 값은 float() 함수를 사용해 변환됐고, 날짜와 시간 값은 datetime 클래스의 combine() 메소드에서 parse_date 및 parse_time 람다 객체를 사용해 datetime 객체로 변환됐다.

이제 입력 데이터를 처리하는 좀 더 완전한 처리 파이프라인을 다음과 같이 구축할 수 있다.

```
with waypoints_path.open() as waypoints_file:
    raw_reader = csv.reader(waypoints_file)
    skip_header = filter(lambda row: row[0] != 'lat', raw_reader)
    waypoints_reader = (Waypoint(*row) for row in skip_header)
    waypoints_data_reader = (convert_waypoint(wp) for wp in waypoints_reader)
        for row in waypoints_data_reader:
            print(row.lat, row.lon, row.timestamp)
```

헤더를 건너뛰기 위한 필터 함수, Waypoint 객체를 생성하는 제네레이터, Waypoint_Data 객체를 만드는 또 다른 제네레이터가 차례로 추가됐다. 덕분에 for문의 본문에서는 간단하고 사용하기 쉬운 자료 구조를 사용할 수 있게 됐다. row[0] 또는 row['lat'] 대신에 row.lat를 참조하는 것이다.

제네레이터 함수는 지연 계산 방식이라는 점에 주목하자. 결과 값을 반환하기 위해 꼭 필요한 것만 가져온다. 따라서 제네레이터 함수 파이프라인은 적은 메모리로도 대용량의 파일을 처리할 수 있다.

참고 사항

- 'CSV를 DictReader에서 네임스페이스 리더로 업그레이드하는 방법' 레시피에서는 이번 레시피와 동일한 작업을 변경 가능한 자료 구조인 SimpleNamespace를 사용해 처리한다.

CSV를 DictReader에서 네임스페이스 리더로 업그레이드하는 방법

CSV 포맷의 파일에서 데이터를 읽어올 때는 일반적으로 다음의 두 가지 중에서 하나를 선택할 수 있다.

- `csv.reader()`를 사용하면, 각 행은 (열 값들을 포함하는) 한 개의 리스트로 변환된다.
- `csv.DictReader`를 사용하면, 각 행은 한 개의 딕셔너리가 된다. 기본적으로, 첫 번째 행의 내용이 딕셔너리의 키가 된다. 키로 사용될 값들의 목록을 별도로 제공할 수도 있다.

어느 경우라도 행 내부의 데이터를 참조하기 위해 복잡한 구문을 사용해야 하는 단점이 있다. `csv.reader()`의 경우 `row[2]`와 같이 참조해야 하는데 의미가 너무 모호하다. `DictReader`를 사용한 경우 `row['date']`로 참조할 수 있는데, 의미는 다소 명확하지만 키보드 타이핑을 많이 요구한다.

실제 스프레드시트 데이터의 열 이름은 길이가 아주 길 때도 많다. `row['Total of all locations excluding franchisees']`를 키보드로 입력해야 한다면 전혀 즐겁지 않을 것이다.

이처럼 복잡한 구문을 간단하게 대체하려면 어떻게 해야 할까?

준비

열 이름(그리고 열의 자료형)은 데이터를 정의하는 스키마의 일부분이다. 열 제목을 포함하는 CSV 파일의 첫 행은 이 파일의 스키마지만, 속성 이름만 알 수 있고 자료형은 알 수 없기 때문에 무조건 문자열로 처리해야 하는 제약이 있다.

따라서 스프레드시트의 행에 외부적으로 스키마를 지정하면 다음과 같은 장점이 있다.

- 유의미한 이름을 제공할 수 있다.
- 필요 시 데이터 변환을 적절히 수행할 수 있다.

데이터 품질과 정제 처리를 정의하는 스키마를 사용할 수도 있다. 하지만 이것은 상당히 정교한(그리고 복잡한) 작업이 될 수 있다. 이번 레시피에서는 열 이름과 데이터 변환을 위한 용도로만 스키마의 사용을 제한할 것이다.

요트 항해 일지에서 가져온 실시간 데이터를 포함하는 단순한 CSV 파일을 살펴보자. 파일명은 waypoints.csv고, 데이터는 다음과 같다.

```
lat,lon,date,time
32.8321666666667,-79.9338333333333,2012-11-27,09:15:00
31.6714833333333,-80.93325,2012-11-28,00:00:00
30.7171666666667,-81.5525,2012-11-28,11:35:00
```

네 개의 열로 이뤄졌는데, 두 개는 경유지의 위도와 경도고 나머지 두 개는 날짜와 시간이다. 그다지 좋은 구성이 아니기 때문에 데이터 정제 단계를 거칠 것이다.

이 데이터의 열 제목은 파이썬 변수 이름으로 즉시 사용될 수 있다. 덕분에 작업이 다소 간단해진다. 하지만 열 제목이 없거나, 있더라도 열 제목이 유효한 파이썬 변수로 사용될 수 없다면 적절한 이름으로 변환하는 작업을 해야 할 것이다.

예제 구현

1. 필요한 모듈 및 정의들을 임포트한다. 이번 예제에서는 types, csv, pathlib이다.

```
from types import SimpleNamespace
from pathlib import Path
import csv
```

2. 데이터를 나타내는 Path 객체를 정의한다.

```
waypoints_path = Path('waypoints.csv')
```

3. 파일 처리를 위한 컨텍스트를 생성한다.

```
with waypoints_path.open() as waypoints_file:
```

4. CSV 데이터를 읽어올 리더를 정의한다. 이 리더는 미가공 리더라고 부를 것이다. 결국은 8장의 '제네레이터식을 조합해 사용하는 방법' 레시피의 데이터 정제 및 필터 기법들을 사용할 것이기 때문이다.

   ```
   raw_reader = csv.DictReader(waypoints_file)
   ```

5. 딕셔너리 객체를 SimpleNamespace 객체로 변환하는 제네레이터를 정의한다.

   ```
   ns_reader = (SimpleNamespace(**row) for row in raw_reader)
   ```

   일반적 클래스인 SimpleNamespace를 사용하고 있다. 더 특정한 클래스를 사용할 필요가 있다면 SimpleNamespace 클래스를 애플리케이션에 특화된 전용 클래스로 대체할 수 있을 것이다. 이때 __init__ 메소드는 스프레드시트의 열 이름과 일치하는 키워드 매개변수를 사용해야 한다.

이제 이 제네레이터식으로 데이터 행을 처리할 수 있다.

```
for row in ns_reader:
    print(row.lat, row.lon, row.date, row.time)
```

예제 분석

이번 레시피의 구성은 다음과 같다. 첫 번째로, csv 모듈을 사용해 데이터의 행과 열을 파싱하는 핵심 작업을 수행했다. 'CSV 모듈을 사용해 구분자를 갖는 파일을 읽는 방법' 레시피의 방법을 활용했다. CSV 파일 포맷은 각 행마다 콤마로 구분되는 텍스트 열을 포함하고 있다. 열 내에 콤마를 허용하기 위해 따옴표를 사용하는 규칙이 존재하는데, 이와 같은 규칙들은 csv 모듈에 모두 구현돼 있으므로 직접 파서를 작성할 필요가 없다.

두 번째로, 제네레이터 함수 내에 csv 리더를 넣어서 각 행별로 SimpleNamespace 객체를 생성했다. 기본 처리 방식을 살짝 변형한 것으로서, 후속 프로그래밍이 좀 더 간편해진다. row[2] 또는 row['date']가 아니라 row.date로 특정 열을 참조할 수 있기 때문이다. 따라서 복잡한 알고리즘의 표현을 좀 더 단순화할 수 있다.

부연 설명

두 가지 문제가 아직 남아있다. 이 문제들을 해결할지 여부는 데이터 및 그 용도에 달려있다.

- 파이썬 변수로 직접 사용될 수 없는 열 이름을 어떻게 처리할 것인가?
- 텍스트에서 파이썬 객체로 어떻게 변환할 것인가?

행 단위로 데이터를 변환하고 열 이름 변경도 처리할 수 있는 함수를 작성해 이 문제들을 우아하게 해결할 수 있다.

```
def make_row(source):
    return SimpleNamespace(
        lat = float(source['lat']),
        lon = float(source['lon']),
        timestamp = make_timestamp(source['date'], source['time']),
    )
```

이 함수는 실질적으로 원래 스프레드시트 데이터의 스키마 정의로서, 다음의 중요한 정보를 제공하고 있다.

- SimpleNamespace의 속성 이름
- 입력 데이터 변환
- 최종 결과로 매핑되는 원래의 열 이름

우리의 목표는 변환 함수의 각 행이 조금 전에 보여준 것과 비슷하도록 보장하기 위한 헬퍼 혹은 지원 함수를 정의하는 것이다. 이 함수의 각 행은 하나의 열을 완전히 명세하며, 게다가 파이썬 표기법으로 작성된다.

이 함수를 ns_reader문에서 SimpleNamespace 대신에 사용하면, 이제 모든 변환 작업이 한 곳으로 집중된다.

```
ns_reader = (make_row(row) for row in raw_reader)
```

make_row() 함수는 내부적으로 make_timestamp() 함수를 호출하고 있는데, 이 make_timestamp() 함수는 두 개의 열을 입력받아서 한 개의 datetime 객체로 변환한다.

```
import datetime
make_date = lambda txt: datetime.datetime.strptime(
    txt, '%Y-%m-%d').date()
make_time = lambda txt: datetime.datetime.strptime(
    txt, '%H:%M:%S').time()

def make_timestamp(date, time):
    return datetime.datetime.combine(
            make_date(date),
            make_time(time)
        )
```

타임스탬프 생성은 3단계를 거친다. 처음 2단계는 람다 객체를 생성하는 것이 전부일 만큼 아주 간단하다. datetime.date와 datetime.time 객체를 생성하기 위한 텍스트 변환이 이뤄진다. 이때 strptime() 메소드를 사용해 날짜와 시간 문자열을 파싱하고 해당 객체를 반환한다.

3단계 역시 람다 객체로 작성할 수 있었지만, 길이가 꽤 길어지므로 def문으로 함수를 정의하는 편이 더 낫다. datetime의 combine() 메소드를 사용해 날짜와 시간을 한 개의 객체로 합치고 있다.

참고 사항

- 'CSV를 DictReader에서 네임드튜플 리더로 업그레이드하는 방법' 레시피는 이번 레시피와 동일한 작업을 SimpleNamespace가 아닌 (변경 불가능한 자료 구조인) namedtuple을 사용해 처리한다.

다중 컨텍스트를 사용해 파일을 읽고 쓰는 방법

데이터를 다른 포맷으로 변환해야 하는 상황은 자주 발생한다. 예를 들어, 복잡한 웹 로그 데이터를 더 간단한 포맷으로 변환하고 싶다고 하자.

복잡한 웹 로그 포맷에 대한 자세한 설명은 '정규 표현식을 사용해 복잡한 포맷을 읽는 방법' 레시피를 참조한다. 정규식을 사용한 파싱은 한 번만 수행하고자 한다.

파싱이 수행된 후에는 'CSV를 DictReader에서 네임드튜플 리더로 업그레이드하는 방법' 또는 'CSV를 DictReader에서 네임스페이스 리더로 업그레이드하는 방법' 레시피처럼 더 간단한 파일 포맷으로 작업하고 싶다. CSV 파일을 읽고 파싱할 때는 `csv` 모듈을 이용하면 물리적 포맷과 관련된 번거로움을 피할 수 있다.

데이터를 다른 포맷으로 변환하기 위해서는 어떻게 해야 할까?

준비

데이터 파일을 현재의 포맷에서 다른 포맷으로 변환한다는 것은 곧 프로그램이 읽기용 컨텍스트와 쓰기용 컨텍스트를 별도로 열어야 함을 의미한다. 파이썬의 `with` 컨텍스트는 파일의 정상적인 닫기와 관련 OS 자원의 해제를 보장하므로, 이러한 다중 컨텍스트를 쉽게 사용할 수 있다.

웹 로그 파일을 사용할 때 자주 발생하는 문제를 살펴보자. 입력 데이터의 포맷은 8장의 'yield문으로 제네레이터 함수를 작성하는 방법' 레시피와 이번 장의 '정규 표현식을 사용해 복잡한 포맷을 읽는 방법' 레시피에서 이미 다뤘다. 데이터 행은 다음과 같다.

```
[2016-05-08 11:08:18,651] INFO in ch09_r09: Sample Message One
[2016-05-08 11:08:18,651] DEBUG in ch09_r09: Debugging
[2016-05-08 11:08:18,652] WARNING in ch09_r09: Something might have gone wrong
```

이 데이터는 처리하기가 쉽지 않다. 파싱을 위한 정규 표현식이 복잡할 뿐 아니라, 데이터의 크기가 크다면 실행 속도도 느리다.

이 로그 데이터 행의 각 요소를 파싱하기 위한 정규 표현식의 패턴은 다음과 같다.

```
import re
pattern_text = (r'\[(?P<date>\d+-\d+-\d+ \d+:\d+:\d+,\d+)\]'
    '\s+(?P<level>\w+)'
    '\s+in\s+(?P<module>[\w_\.]+):'
    '\s+(?P<message>.*)')
pattern = re.compile(pattern_text)
```

이 복잡한 정규식은 네 개의 부분으로 이뤄져 있다.

- 날짜-시간 스탬프는 []로 둘러싸여 있으며 숫자, 하이픈, 콜론, 콤마를 포함할 수 있다. ?P<date> 접두어에 의해 date라는 이름이 부여된다.
- 심각도 레벨은 일련의 문자들이다. ?P<level> 접두어에 의해 level이라는 이름이 부여된다.
- 모듈은 _와 .을 포함하는 일련의 문자들이다. in과 a : 사이에 위치하며, module 이름이 부여된다.
- 행의 나머지 부분은 메시지다. ?P<message>에 의해 message라는 이름이 부여된다.

공백 문자(\s+)도 포함하지만 () 그룹으로 포착되지 않으며 그냥 무시된다.

이 정규식으로 생성된 match 객체의 groupdict() 메소드는 각 행의 이름과 값을 포함하는 딕셔너리를 반환한다. csv 리더와 똑같은 방식으로 동작하기 때문에 복잡한 데이터를 처리하는 공통 프레임워크를 제공한다.

이 객체를 로그 데이터의 각 행을 순회하는 함수 내에서 사용할 것이다. 다음 함수는 정규식을 적용해 그룹별로 딕셔너리를 반환한다.

```
def extract_row_iter(source_log_file):
    for line in source_log_file:
```

```
        match = log_pattern.match(line)
        if match is None:
            # 경고 메시지를 출력
            continue
        yield match.groupdict()
```

이 함수는 입력 파일의 각 행별로 정규 표현식을 적용한다. 패턴과 일치하면 관련 필드들을 포착하고, 그렇지 않으면 오류 메시지를 표시한 후 (continue문을 사용해) for문 본문의 나머지 부분을 건너뛴다.

패턴과 일치한 딕셔너리들은 yield문에 의해 반환된다. 각 딕셔너리는 네 개의 필드 및 로그로부터 포착된 값을 포함할 것이다. 모두 텍스트이기 때문에 자료형 변환 작업이 추가로 필요하다.

csv 모듈의 DictWriter 클래스를 사용하면 다양한 데이터 요소들이 깔끔하게 구분돼 있는 CSV 파일을 생성할 수 있다. 이렇게 만들어진 CSV 파일을 사용하면 원래의 미가공 데이터보다 훨씬 쉽고 빠르게 데이터를 처리할 수 있다.

예제 구현

1. 이번 레시피는 세 개의 모듈을 필요로 한다.

```
import re
from pathlib import Path
import csv
```

2. 다음 패턴은 플라스크Flask 웹 서버의 로그를 나타낸다. 다른 웹 서버 로그 또는 플라스크에 다른 포맷을 사용한다면 패턴도 바뀌어야 한다.

```
log_pattern = re.compile(
    r"\[(?P<timestamp>.*?)\]"
    r"\s(?P<levelname>\w+)"
    r"\sin\s(?P<module>[\w\._]+):"
    r"\s(?P<message>.*)")
```

3. 다음 함수는 일치하는 행을 나타내는 딕셔너리를 반환한다. 정규식 패턴을 적용하고 있으며, 일치하지 않는 행은 그냥 건너뛰고 일치하는 행이 발견되면 딕셔너리를 반환한다.

```
def extract_row_iter(source_log_file):
    for line in source_log_file:
        match = log_pattern.match(line)
        if match is None: continue
        yield match.groupdict()
```

4. 결과 로그 파일을 나타내는 Path 객체를 정의한다.

```
summary_path = Path('summary_log.csv')
```

5. 이제, 결과 컨텍스트를 열 수 있다. with문을 사용하므로 스크립트 내에서 예외 상황이 발생해도 파일은 정상적으로 닫힌다.

```
with summary_path.open('w') as summary_file:
```

6. 딕셔너리를 바탕으로 CSV 파일에 기록하고 있으므로 csv.DictWriter를 정의한다. with문 내에서 네 칸 들여쓰기로 작성하고, 입력 딕셔너리로부터 예상되는 키들을 인수로 제공해야 한다. 이에 따라 결과 파일 내의 열 순서가 정의될 것이다.

```
writer = csv.DictWriter(summary_file, ['timestamp', 'levelname',
'module', 'message']) writer.writeheader()
```

7. 로그 파일이 위치하는 디렉터리를 나타내는 Path 객체를 정의한다. 이번 예제에서는 로그 파일이 스크립트와 동일한 디렉터리에 위치하지만, 실제로는 이런 경우가 드물기 때문에 환경 변수를 사용하는 편이 훨씬 낫다.

```
source_log_dir = Path('.')
```

os.environ.get('LOG_PATH', '/var/log')로 환경 변수를 사용할 수 있다.

8. Path 객체의 glob() 메소드를 사용해 이름이 일치하는 모든 파일들을 찾는다.

```
for source_log_path in source_log_dir.glob('*.log'):
```

이번에도 환경 변수 또는 명령행 매개변수로부터 패턴 문자열을 가져오는 편이 더 낫다.

9. 입력 파일을 읽기 위한 컨텍스트를 정의한다. 컨텍스트 매니저를 사용하므로 입력 파일의 정상적인 종료 및 자원 해제를 보장할 수 있다. with문과 for문에서 각각 들여써야 하므로 총 여덟 칸만큼 들여쓰기로 작성해야 한다. 처리할 파일의 수가 많을 때는 들여쓰기에 특히 주의해야 한다.

```
with source_log_path.open() as source_log_file:
```

10. writerows() 메소드를 사용해 extract_row_iter() 함수로부터 받은 유효 행들을 기록한다. with문과 for문 내부에 들여쓰기로 작성하며, 이는 핵심 처리 부분에 해당한다.

```
writer.writerows(extract_row_iter(source_log_file))
```

11. 요약을 출력할 수 있다. 외부 with문과 for문 내부에 들여쓰기로 작성한다. with문의 처리 내용을 요약해서 보여준다.

```
print('Converted', source_log_path, 'to', summary_path)
```

예제 분석

파이썬은 둘 이상의 컨텍스트 매니저도 문제없이 다룰 수 있다. with문의 중첩에 제한이 없고 각 with문마다 별도의 컨텍스트 객체를 관리할 수 있기 때문이다.

열려 있는 파일은 컨텍스트 객체가 될 수 있으므로, 파일을 열 때 with문으로 감싸서 정상적인 파일의 종료와 운영체제 자원의 해제를 보장하는 것이 바람직하다.

Path 객체는 파일시스템 내에서의 위치를 나타내고 있으므로, 입력 파일의 이름을 바탕으로 출력 파일의 이름을 생성하거나 나중에 파일명을 바꾸기가 어렵지 않다. 자세한 설명은 'pathlib 모듈을 사용해 파일명을 다루는 방법' 레시피를 참조한다.

두 개의 연산이 결합된 제네레이터 함수를 사용했는데, 하나는 입력 텍스트를 개별 필드들로 매핑하고, 다른 하나는 패턴과 일치하지 않는 입력 텍스트를 제외하는 필터다. map()과 filter() 함수를 사용하면 편리할 것이다.

하지만 정규식을 사용해 패턴을 대조하면 매핑과 필터를 분리하기가 쉽지 않다. 정규 표현식이 어떤 입력 행과 일치하지 않을 수 있는데, 이것은 필터가 매핑 속에 섞이는 효과를 가져온다. 따라서 제네레이터 함수를 사용하는 것이 바람직하다.

csv 라이터의 writerows() 메소드는 이터레이터 객체를 매개변수로 받을 수 있으므로, 제네레이터 함수를 csv 라이터에 쉽게 제공할 수 있다. 라이터는 제네레이터가 반환하는 객체를 소비할 것이다. 파일이 매우 클 때는 메모리에 다 올릴 수 없으므로 이런 처리 방식이 효과적이다. 필요한 만큼만 읽어와서 전체 데이터 행을 생성할 수 있다.

부연 설명

로그 파일의 전체 행 개수, 패턴이 일치하지 않아 건너뛴 행의 개수, 정상 처리된 행의 개수와 같은 요약 값이 필요할 때가 많다.

하지만 제네레이터를 사용하면 이런 값을 추적하기가 쉽지 않다. 제네레이터는 수많은 데이터 행을 반환하기 때문이다. 어떻게 요약 값도 반환하도록 할 수 있을까?

해결책은 제네레이터의 매개변수로서 변경 가능한 객체를 제공하는 것이다. 가장 바람직한 것은 collections.Counter의 인스턴스다. 이 객체는 유효한 레코드와 유효하지 않은 레코드의 개수를 셀 수 있으며, 특정 값이 몇 번 나타났는지도 셀 수 있다. 또한 제네레이터와 메인 프로그램이 이 객체를 공유하면 개수 정보를 로그에 기록할 수도 있다.

다음 코드는 텍스트를 딕셔너리 객체로 변환하는 맵-필터 함수다. 기능이 추가됐음을 강조하기 위해 함수 이름을 counting_extract_row_iter()로 바꿨다.

```
def counting_extract_row_iter(counts, source_log_file):
    for line in source_log_file:
        match = log_pattern.match(line)
        if match is None:
            counts['non-match'] += 1
            continue
        counts['valid'] += 1
```

```
            yield match.groupdict()
```

(Counter 타입 객체인) counts라는 인수를 추가로 함수에 제공하고 있다. 정규 표현식과 일치하지 않는 행이 발견되면 키가 non-match인 값을 증가시키고, 일치하는 행이 발견되면 키가 vaild인 값을 증가시킨다. 따라서 처리된 행의 개수를 알려주는 요약 값을 얻을 수 있다.

전체적인 스크립트 코드는 다음과 같다.

```
summary_path = Path('summary_log.csv')
with summary_path.open('w') as summary_file:

    writer = csv.DictWriter(summary_file,
    ['timestamp', 'levelname', 'module', 'message'])
    writer.writeheader()

    source_log_dir = Path('.')
    for source_log_path in source_log_dir.glob('*.log'):
        counts = Counter()
        with source_log_path.open() as source_log_file:
            writer.writerows(
                counting_extract_row_iter(counts, source_log_file)
                )

        print('Converted', source_log_path, 'to', summary_path)
        print(counts)
```

스크립트에서 세 곳을 조금 수정했다.

- 입력받은 로그 파일을 처리하기 직전에 Counter 객체를 새로 생성한다.
- 이 객체를 counting_extract_row_iter() 함수에 제공한다. 이 함수는 행을 처리하면서 카운터의 값을 갱신한다.
- 로그 파일 처리가 끝난 후에 카운터의 값을 출력한다. 출력 결과는 그리 예쁘지 않지만 중요한 정보를 포함하고 있다.

출력 결과는 다음과 같을 것이다.

```
Converted 20160612.log to summary_log.csv
Counter({'valid': 86400})
Converted 20160613.log to summary_log.csv
Counter({'valid': 86399, 'non-match': 1})
```

summary_log.csv가 얼마나 많은 행을 포함하는지 볼 수 있다. 또한 20160613.log 파일에 문제가 있다는 것도 알 수 있다.

지금까지의 설명을 확장하면, 입력 파일 처리가 끝났을 때 개별 입력 파일들의 카운터를 전부 합해서 한 개의 결과 값을 얻는 것도 가능하다. + 연산자를 사용해 여러 카운터 객체들을 합치면 전체 합을 얻을 수 있기 때문이다. 세부 구현은 독자 여러분을 위한 연습 문제로서 남겨둔다.

참고 사항

- 컨텍스트에 대한 자세한 설명은 '컨텍스트 매니저로 파일을 읽고 쓰는 방법' 레시피를 참조한다.

10 통계 프로그래밍과 선형 회귀

이번 장에서 살펴볼 레시피들은 다음과 같다.

- 내장 통계 라이브러리를 사용하는 방법
- 카운터에 포함된 값들의 평균
- 상관계수를 계산하는 방법
- 회귀 매개변수를 계산하는 방법
- 자기 상관관계를 계산하는 방법
- 데이터의 무작위성을 확인하기: 귀무가설
- 이상치를 찾아내는 방법
- 1-패스로 다수의 변수를 분석하는 방법

소개

데이터 분석과 통계 처리는 최근의 프로그래밍 언어에서 중요한 응용 분야에 속한다. 이는 매우 광범위한 주제를 아우르며, 파이썬 생태계는 정교한 데이터 탐색, 분석, 의사 결정 기능을 제공하는 수많은 패키지들을 제공하고 있다.

파이썬의 내장 라이브러리와 자료 구조로 할 수 있는 기초적인 통계 계산을 살펴볼 것이다. 그리고 상관관계를 계산하는 방법과 회귀 모델을 만드는 방법도 알아본다.

또한 무작위성의 개념과 귀무가설에 대해서도 살펴볼 것이다. 데이터가 정말로 측정 가능한 통계적 효과를 포함하고 있는지 확인하는 것은 매우 중요하다. 자칫 무의미한 노이즈 분석에 귀중한 계산 능력을 낭비할 수 있기 때문이다.

몇 가지 최적화 기법들도 다룰 것이다. 최적화는 계산 결과를 신속하게 얻는 데 도움이 된다. 대규모 데이터세트에 비효율적으로 설계된 알고리즘을 적용하는 것은 비생산적인 시간 낭비일 뿐이다.

내장 통계 라이브러리를 사용하는 방법

탐색적 데이터 분석EDA, Exploratory Data Analysis은 대체로 데이터에 대한 요약 정보를 얻는 작업을 포함한다. 많이 쓰이는 요약 값들의 종류는 다음과 같다.

- 중심 경향: 평균값, 최빈값, 중앙값 등은 데이터세트 중심의 특징을 드러낼 수 있다.
- 극값extrema: 최솟값과 최댓값이 중심 값들만큼 중요할 때도 있다.
- 분산: 분산과 표준 편차는 데이터의 흩어진 정도를 설명하는 데 사용된다. 분산 값이 크면 데이터가 넓게 분포됐음을 의미하고, 분산 값이 작으면 데이터가 중심 값 주변에 모여 있음을 의미한다.

이러한 기초적인 기술 통계 값들을 파이썬으로 계산하려면 어떻게 해야 할까?

준비

통계 분석용으로 사용하기 위한 간단한 데이터를 살펴보자. anscombe.json이라는 이름의 데이터 파일은 네 개의 *(x, y)* 쌍을 포함하는 JSON 문서다.

이 데이터를 다음과 같이 읽을 수 있다.

```
>>> from pathlib import Path
>>> import json
>>> from collections import OrderedDict
>>> source_path = Path('code/anscombe.json')
>>> data = json.loads(source_path.read_text(), object_pairs_hook=OrderedDict)
```

데이터 파일을 나타내는 Path 객체를 정의한 후 이 객체를 사용해 데이터 파일로부터 텍스트를 읽었다. json.loads()는 이 텍스트를 사용해 JSON 데이터로부터 파이썬 객체를 생성했다.

object_pairs_hook 매개변수는 dict 클래스가 아니라 OrderedDict 클래스를 사용할 것임을 지정하고 있다. OrderedDict 클래스가 사용되므로 JSON 문서 내의 항목 순서가 유지된다.

다음과 같이 데이터를 조사할 수 있다.

```
>>> [item['series'] for item in data]
['I', 'II', 'III', 'IV']
>>> [len(item['data']) for item in data]
[11, 11, 11, 11]
```

이 JSON 문서는 키 값이 I, II, III, IV인 하위 문서들로 이뤄져 있다. 각 하위 문서마다 두 개의 필드 series와 data를 갖고 있으며, data는 관측 값들의 목록이다. 각 관측 값은 한 쌍의 값으로 이뤄져 있다.

데이터는 다음과 같다.

```
[
  {
    "series": "I",
    "data": [
      {
        "x": 10.0,
        "y": 8.04
```

```
    },
    {
      "x": 8.0,
      "y": 6.95
    },
    ...
  ]
},
...
]
```

딕셔너리의 리스트 자료 구조로서 전형적인 JSON 문서다. 각 딕셔너리는 (키가 series인) 계열 이름과 (키가 data인) 데이터 값들을 포함하고 있다. 데이터 값은 리스트로서, 리스트 내에는 다시 x와 y 값을 포함하는 딕셔너리 항목들이 들어있다.

이 자료 구조에서 특정 계열을 찾는 방법들은 다음과 같다.

- for...if...return문

  ```
  >>> def get_series(data, series_name):
  for s in data:
      if s['series'] == series_name:
          return s
  ```

  for문을 사용해 data 내의 계열을 조사한다. 'series' 키에 대한 값은 그 계열의 이름이다. if문에서는 계열 이름을 인수로 전달받은 이름과 비교하고, 처음으로 일치하는 항목을 반환한다. 일치하는 것이 없으면 None이 반환된다.
  이제, 다음과 같이 데이터에 접근할 수 있다.

  ```
  >>> series_1 = get_series(data, 'I')
  >>> series_1['series']
  'I'
  >>> len(series_1['data'])
  11
  ```

- filter() 함수를 사용해 일치하는 항목을 모두 찾고, 그중에서 첫 번째 항목을 선택한다.

```
>>> def get_series(data, series_name):
...     name_match = lambda series: series['series'] == series_name
...     series = list(filter(name_match, data))[0]
...     return series
```

이 함수는 data에서 각 계열을 조사한다. 키가 'series'고 계열 이름을 값으로서 갖는 딕셔너리 항목을 찾으면 되므로, name_match 람다 객체는 찾고자 하는 이름과 계열 이름을 비교해 일치하는 것을 모두 반환한다. 그리고 이 결과를 사용해 리스트 객체를 생성한다. 모든 키의 값이 고유하다면 첫 번째 항목이 곧 유일한 항목이다. 원하는 이름을 찾을 수 없으면 IndexError 예외가 발생할 것이다.

이제 다음과 같이 데이터에 접근할 수 있다.

```
>>> series_2 = get_series(data, 'II')
>>> series_2['series']
'II'
>>> len(series_2['data'])
11
```

- 제네레이터식을 사용할 수도 있다. 이 제네레이터 식은 필터처럼 일치하는 것을 모두 찾은 뒤, 결과 중에서 첫 번째 것을 선택한다.

```
>>> def get_series(data, series_name):
...     series = list(
...         s for s in data
...             if s['series'] == series_name
...         )[0]
...     return series
```

이 제네레이터식은 data에서 각 계열을 조사한다. 키가 'series'고 계열 이름을 값으로서 갖는 딕셔너리 항목을 찾으면 되는데, 찾고자 하는 이름과 계열 이름을 (람다 객체나 함수가 아니라) s['series'] == series_name 표현식으로 비교한 후 일치하는 것을 모두 통과시킨다. 이 결과를 사용해 리스트 객체를 생성하고, 리스트의 첫 번째 항목이 반환된다. 원하는 이름을 찾을 수 없으면 IndexError 예외가 발생할 것이다.

이제 다음과 같이 데이터에 접근할 수 있다.

```
>>> series_3 = get_series(data, 'III')
>>> series_3['series']
'III'
>>> len(series_3['data'])
11
```

- 8장의 ''there exists' 처리를 구현하는 방법' 레시피에 비슷한 처리 예제가 있었다. 계열 선택이 끝난 후에는 이 계열로부터 변수도 선택해야 한다. 제네레이터 함수 또는 제네레이터식을 사용할 수 있다.

```
>>> def data_iter(series, variable_name):
...     return (item[variable_name] for item in series['data'])
```

키 값이 data인 항목에는 관측 값 데이터가 들어있다. 각 데이터는 다시 두 개의 키 x와 y를 포함하는 딕셔너리다. data_iter( ) 함수는 이 두 개의 변수 중에서 하나를 선택하며, 이 함수가 반환하는 값들은 세부 분석에 이용될 수 있다.

```
>>> s_4 = get_series(data, 'IV')
>>> s_4_x = list(data_iter(s_4, 'x'))
>>> len(s_4_x)
11
```

계열 IV를 선택한 후, 계열 IV의 관측 값들로부터 변수 x를 선택했다. 실행 결과를 보면 이 계열에 11개의 관측 값이 있다는 것을 알 수 있다.

예제 구현

1. 평균값과 중간값을 계산하기 위해 statistics 모듈을 임포트하고 사용한다.

```
>>> import statistics
>>> for series_name in 'I', 'II', 'III', 'IV':
...     series = get_series(data, series_name)
...     for variable_name in 'x', 'y':
```

```
...         samples = list(data_iter(series, variable_name))
...         mean = statistics.mean(samples)
...         median = statistics.median(samples)
...         print(series_name, variable_name, round(mean,2), median)
I x 9.0 9.0
I y 7.5 7.58
II x 9.0 9.0
II y 7.5 8.14
III x 9.0 9.0
III y 7.5 7.11
IV x 9.0 8.0
IV y 7.5 7.04
```

get_series( )와 data_iter( ) 함수를 사용해 특정 계열의 변수로부터 표본 값을 선택한 후, mean( )과 median( ) 함수로 평균과 중앙값을 계산한다. 중앙값은 여러 방법으로 계산할 수 있다.

2. collections 모듈을 사용해서 최빈값을 계산한다.

```
>>> import collections
>>> for series_name in 'I', 'II', 'III', 'IV':
...     series = get_series(data, series_name)
...     for variable_name in 'x', 'y':
...         samples = data_iter(series, variable_name)
...         mode = collections.Counter(samples).most_common(1)
...         print(series_name, variable_name, mode)
I x [(4.0, 1)]
I y [(8.81, 1)]
II x [(4.0, 1)]
II y [(8.74, 1)]
III x [(4.0, 1)]
III y [(8.84, 1)]
IV x [(8.0, 10)]
IV y [(7.91, 1)]
```

get_series( )와 data_iter( ) 함수를 사용해 특정 계열의 변수로부터 표본 값을 선택한 후, Counter 객체로 최빈값을 계산한다. 이 연산은 빈도수를 표시하는 막대그래프(히스토그램)를 얻는 것과 같다. most_common( ) 메소드는 데이터 값과 그 값의 빈도수를 모두 보여주기 때문이다.

statistics 모듈의 mode() 함수를 사용할 수도 있다. 이 함수의 장점은 명확한 최빈값이 없을 때 예외를 발생시키는 것이다. 반면에 최빈값이 여럿일 경우에 추가 정보를 제공하지 않는 단점이 있다.

3. 극값은 내장 함수인 min()과 max() 함수를 사용하면 된다.

```
>>> for series_name in 'I', 'II', 'III', 'IV':
...     series = get_series(data, series_name)
...     for variable_name in 'x', 'y':
...         samples = list(data_iter(series, variable_name))
...         least = min(samples)
...         most = max(samples)
...         print(series_name, variable_name, least, most)
I x 4.0 14.0
I y 4.26 10.84
II x 4.0 14.0
II y 3.1 9.26
III x 4.0 14.0
III y 5.39 12.74
IV x 8.0 19.0
IV y 5.25 12.5
```

get_series()와 data_iter() 함수를 사용해 특정 계열의 변수로부터 표본 값을 선택한다. 이후 내장 함수 max()와 min()이 극값들을 반환한다.

4. 분산(그리고 표준 편차)을 계산할 때도 statistics 모듈을 사용할 수 있다.

```
>>> import statistics
>>> for series_name in 'I', 'II', 'III', 'IV':
...     series = get_series(data, series_name)
...     for variable_name in 'x', 'y':
...         samples = list(data_iter(series, variable_name))
...         mean = statistics.mean(samples)
...         variance = statistics.variance(samples, mean)
...         stdev = statistics.stdev(samples, mean)
...         print(series_name, variable_name,
...            round(variance,2), round(stdev,2))
I x 11.0 3.32
I y 4.13 2.03
II x 11.0 3.32
```

```
II y 4.13 2.03
III x 11.0 3.32
III y 4.12 2.03
IV x 11.0 3.32
IV y 4.12 2.03
```

get_series( )와 data_iter( ) 함수를 사용해 특정 계열의 변수로부터 표본 값을 선택한 후, statistics 모듈의 variance( )와 stdev( ) 함수로 분산 및 표준 편차를 계산한다.

예제 분석

이 함수들은 파이썬 표준 라이브러리 중에서도 매우 자주 사용되는 함수들이며, 다음과 같이 세 종류로 구분할 수 있다.

- min( )과 max( )는 내장 함수다.
- collections 모듈의 Counter 클래스는 빈도수 막대그래프를 생성할 수 있다. 이로부터 최빈값을 얻을 수 있다.
- statistics 모듈의 mean( ), median( ), mode( ), variance( ), stdev( ) 등은 다양한 기술 통계 값을 얻을 수 있다.

data_iter( )가 제네레이터 함수라는 점에 주목하자. 이 함수의 결과 값은 한 번만 사용할 수 있으므로, 기본적으로 한 개의 통계 요약 값을 계산하는 경우에만 제대로 동작한다.

두 개 이상의 요약 값을 계산하려면 제네레이터의 결과 값들을 어떤 컬렉션에 저장해둬야 한다. 이번 예제의 data_iter( )는 이를 위해 리스트 객체를 생성하고 있다.

부연 설명

data는 변경 가능한 객체인 딕셔너리들이며, 각 딕셔너리는 두 개의 키 series와 data를 갖고 있다. 이 딕셔너리에 통계 요약 값을 추가하면, 분석이나 출력 용도로 사용할 때 좋다.

이를 처리하기 위한 함수를 다음과 같이 작성하자.

```
def set_mean(data):
    for series in data:
        for variable_name in 'x', 'y':
            samples = data_iter(series, variable_name)
            series['mean_'+variable_name] = statistics.mean(samples)
```

각 계열별로 data_iter() 함수를 사용해 개별 표본 값들을 추출한 후, 이 표본들에 mean() 함수를 적용해 평균값을 얻었다. 그리고 다시 series 객체에 저장되는데, 이때 mean, _ 문자, variable_name을 합친 문자열 키가 사용된다.

이 함수는 상용구 코드를 많이 사용하고 있다. 중앙값, 최빈값, 최솟값, 최댓값을 구할 때 똑같은 코드가 매번 반복되고 있다. mean()이 아닌 다른 함수를 사용할 때, 변경해야 할 코드는 다음 두 곳뿐이다.

- 추가될 요약 값에 대한 키
- 선택된 표본 값에 대해 호출될 함수

함수 이름은 제공할 필요가 없다. 함수 객체로부터 이름을 추출할 수 있기 때문이다.

```
>>> statistics.mean.__name__
'mean'
```

따라서 다양한 함수들을 표본 값에 적용할 수 있는 고계 함수를 다음과 같이 작성할 수 있다.

```
def set_summary(data, function):
    for series in data:
        for variable_name in 'x', 'y':
            samples = data_iter(series, variable_name)
            series[function.__name__+'_'+variable_name] = function(samples)
```

특정한 함수 mean()을 임의의 파이썬 함수와 연결될 수 있는 매개변수 function으로 대체했다. 매개변수로서 제공된 함수가 data_iter()의 결과에 적용돼 얻어지는 통계 요약 값은 함수 이름, _ 문자, variable_name을 합친 문자열 키와 함께 딕셔너리에 추가된다.

이 고계 함수 set_summary( ) 함수는 다음과 같이 사용된다.

```
for function in statistics.mean, statistics.median, min, max:
    set_summary(data, function)
```

이제 mean( ), median( ), max( ), min( )으로 계산된 네 개의 통계 요약이 갱신될 것이다. 임의의 파이썬 함수를 사용할 수 있으므로, 이 함수들 이외에 sum( ) 등의 다른 함수들도 사용할 수 있다.

statistics.mode( )는 최빈값이 두 개 이상일 때 예외를 발생시키므로, 예외를 포착해 유의미한 결과를 저장하는 try: 블록이 필요할 수 있다. 또한 예외를 전파시켜서 관련 함수들에 데이터가 의심스럽다고 알리는 것이 바람직하다.

이제, 변경된 데이터는 다음과 같을 것이다.

```
[
  {
    "series": "I",
    "data": [
      {
        "x": 10.0,
        "y": 8.04
      },
      {
        "x": 8.0,
        "y": 6.95
      },
      ...
    ],
    "mean_x": 9.0,
    "mean_y": 7.500909090909091,
    "median_x": 9.0,
    "median_y": 7.58,
    "min_x": 4.0,
    "min_y": 4.26,
```

```
    "max_x": 14.0,
    "max_y": 10.84
  },
  ...
]
```

변경된 문서를 파일에 저장하기 위해 pathlib을 사용하는 방법은 다음과 같다.

```
target_path = source_path.parent / (source_path.stem+'_stats.json')
target_path.write_text(json.dumps(data, indent=2))
```

원래 파일과 동일한 위치에 새로운 파일이 생성된다. 원래의 파일명과 스템은 같지만, _stats 문자열과 .json 접미사가 추가된다.

카운터에 포함된 값들의 평균

statistics 모듈의 함수들은 개별 표본 데이터를 대상으로 계산을 수행한다. 하지만 가끔은 그룹별로 구분돼 있는 데이터를 처리해야 할 때가 있다. 예를 들어 단순 리스트가 아니라 collections.Counter 객체를 처리할 때는 단순한 값이 아니라 (값, 빈도수) 쌍을 처리해야 한다.

(값, 빈도수) 쌍에 통계적 처리를 어떻게 해야 할까?

준비

평균의 일반적인 정의는 모든 값의 합을 값의 개수로 나눈 것이다. 다음과 같이 나타낼 수 있다.

$$\mu_C = \frac{\sum_{c_i \in C} c_i}{n}$$

C는 개별 값들의 시퀀스로서 $C=\{c_0, c_1, c_2,...,c_n\}$이다. 평균 μ_C는 이 값들의 총합을 값의 개수 n으로 나눈 것이다.

이 정의를 더 일반화해서 나타내면 다음과 같다.

$$S(C) = \sum_{c_i \in C} c_i$$

$$n(c) = \sum_{c_i \in C} 1$$

$S(C)$는 모든 값들의 총합이고, $n(C)$는 (각각의 값 대신에) 1을 모두 더했을 때의 총합이다. 실질적으로 $S(C)$는 c_i^1의 총합이고 $n(C)$는 c_i^0의 총합이다. 제네레이터식을 사용해 이를 쉽게 구현할 수 있다.

이러한 정의는 여러 곳에서 재사용할 수 있다. 특히, 다음과 같이 평균 μ_C를 정의할 수 있다.

$$\mu_C = S(C)/n(C)$$

이러한 일반적인 정의들을 그룹별로 구분돼 있는 데이터에 대한 통계 계산을 수행하는데 이용해보자. `Counter` 객체는 값과 빈도수 쌍을 포함하고 있으며 다음과 같이 나타낼 수 있다.

$$F = \{c_0: f_0, c_1: f_1, c_2: f_2, \ldots c_m: f_m\}$$

값 c_i와 빈도수 f_i가 쌍을 이룬다. 이제 $\hat{S}(F)$와 $\hat{n}(F)$를 다음과 같이 정의할 수 있다.

$$\hat{S}(F) = \sum_{c_i : f_i \in F} f_i \times c_i$$

$$\hat{n}(F) = \sum_{c_i : f_i \in F} f_i \times 1$$

$\hat{S}(F)$는 빈도수와 값의 곱의 총합이고 $\hat{n}(F)$는 빈도수의 총합이다. 모자 기호 ^은 이 함수들이 단순한 값이 아니라 (값, 빈도수) 쌍에 적용됨을 의미한다.

이번 레시피는 이것을 파이썬으로 구현하기 위해 다음의 Counter 객체를 사용할 것이다.

```
>>> from collections import Counter
>>> raw_data = [8, 8, 8, 8, 8, 8, 8, 19, 8, 8, 8]
>>> series_4_x = Counter(raw_data)
```

이 데이터는 '내장 통계 라이브러리를 사용하는 방법' 레시피에서 가져온 것이며, Counter 객체를 화면에 출력하면 다음과 같다.

```
>>> series_4_x
Counter({8: 10, 19: 1})
```

각각의 값과 그 빈도수를 함께 볼 수 있다.

예제 구현

1. Counter 객체의 총합을 정의한다.

```
>>> def counter_sum(counter):
...     return sum(f*c for c,f in counter.items())
```

이 함수는 다음과 같이 사용할 수 있다.

```
>>> counter_sum(series_4_x)
99
```

2. 카운터 내 값들의 개수를 정의한다.

```
>>> def counter_len(counter):
...     return sum(f for c,f in counter.items())
```

이 함수는 다음과 같이 사용할 수 있다.

```
>>> counter_len(series_4_x)
11
```

3. 이 두 개의 함수를 조합해 그룹별로 구분된 데이터의 평균을 계산할 수 있다.

```
>>> def counter_mean(counter):
...     return counter_sum(counter)/counter_len(counter)
>>> counter_mean(series_4_x)
9.0
```

예제 분석

카운터는 일종의 딕셔너리다. 이 딕셔너리의 키는 실제로 카운트되는 데이터 값이고 값은 해당 데이터 값이 나타나는 빈도수다. Counter 객체의 items() 메소드는 데이터 값과 빈도수 정보를 반환한다.

$\hat{S}(F)$와 $\hat{n}(F)$의 정의는 제네레이터식으로서 작성됐다. 파이썬은 수학적 정형성을 따르도록 설계됐기 때문에 파이썬 코드와 수학 공식은 상당히 직접적으로 대응된다.

부연 설명

분산(그리고 표준 편차)을 계산하려면 두 가지를 변경해야 한다. 빈도수 분포의 평균 μ_F를 다음과 같이 정의할 수 있다.

$$\mu_F = \sum_{c_i : f_i \in F} f_i \times c_i$$

c_i는 Counter 객체인 F의 키고, f_i는 빈도수로서 해당 키에 대한 값이다.

분산 VAR_F는 평균 μ_F를 사용해 다음과 같이 정의될 수 있다.

$$VAR_F = \frac{\sum_{c_i : f_i \in F} f_i \times (c_i - \mu_F)^2}{\left(\sum_{c_i : f_i \in F} f_i\right) - 1}$$

데이터 값 c_i와 평균 μ_F 간의 차이를 제곱한 후 빈도수 f_i로 곱한다. 이렇게 구한 값들의 총합을 $\hat{n}(F)$에서 1을 뺀 값으로 나눈다.

표준 편차 σ_F는 분산의 제곱근이다.

$\sigma_F = \sqrt{\text{VAR}_F}$

이렇게 얻어지는 표준 편차는 수학적으로 매우 안정적이다. 결과를 얻기 위해 데이터를 두 번 훑어야 하지만(즉, 2-패스로 계산해야 하지만), 경계 케이스edge case에도 정확한 결과를 얻을 수 있으므로 2-패스 계산의 비용을 감수할 만하다.

평균 μ_F를 사용하지 않고 표준 편차를 계산하는 방법도 있다. 이 방법은 수학적으로는 다소 불안정한데, 데이터 값의 제곱의 합, 값의 합, 값의 개수를 별도로 계산한다.

$$n = \sum_{c_i:f_i \in F} f_i$$

$$VAR_F = \frac{1}{n-1} \times \left(\sum_{c_i:f_i \in F} f_i \times c_i^2 - \frac{\left(\sum_{c_i:f_i \in F} f_i \times c_i \right)^2}{n} \right)$$

이 공식에서는 값의 제곱의 총합 $\hat{S}^2(F) = \sum_{c_i:f_i \in F} f_i \times c_i^2$ 이 추가로 계산돼야 한다.

```
>>> def counter_sum_2(counter):
...     return sum(f*c**2 for c,f in counter.items())
```

$\hat{n}(F)$, $\hat{S}(F)$, $\hat{S}^2(F)$를 구하는 함수가 모두 정의되고 나면, 이제 분산을 구하는 함수를 다음과 같이 정의할 수 있다.

```
>>> def counter_variance(counter):
...     n = counter_len(counter)
...     return (counter_sum_2(counter)-(counter_sum(counter)**2)/n)/(n-1)
```

counter_variance( ) 함수는 수학 공식과 거의 비슷하다. 다만, 최적화를 위해 *1/(n-1)*의 위치를 변경했다.

counter_variance( ) 함수를 사용해 표준 편차를 계산할 수 있다.

```
>>> import math
>>> def counter_stdev(counter):
...     return math.sqrt(counter_variance(counter))
```

이 함수의 사용 예는 다음과 같다.

```
>>> counter_variance(series_4_x)
11.0
>>> round(counter_stdev(series_4_x), 2)
3.32
```

Counter 객체의 elements( ) 메소드를 사용하는 방법도 있다. 사용법은 간단하지만, 중간 자료 구조가 생성되는 단점이 있다.

```
>>> import statistics
>>> statistics.variance(series_4_x.elements())
11.0
```

elements( ) 메소드를 사용해 카운터 내의 모든 요소들을 포함하는 확장 리스트를 생성했다. 그리고 이 리스트로부터 통계 요약 값을 계산할 수 있다. 다만 Counter 객체의 크기가 클 경우, 이 리스트 역시 상당히 많은 메모리를 차지할 수 있다는 점에 주의해야 한다.

참고 사항

- 6장의 '연산 처리 위주의 클래스를 설계하는 방법' 레시피에서는 이 주제를 조금 다른 관점에서 바라봤다. 복잡한 자료 구조를 숨기는 것이 목적이었기 때문이다.
- '1-패스로 다수의 변수를 분석하는 방법' 레시피에서는 효율성과 관련된 고려 사항들을 다룰 것이며, 1-패스 내로 여러 합계 값을 계산하는 방법들을 살펴본다.

상관계수를 계산하는 방법

'내장 통계 라이브러리를 사용하는 방법' 레시피와 '카운터에 포함된 값들의 평균' 레시피를 통해 데이터를 요약하는 통계 값을 얻는 방법들을 살펴봤다. 특히 분산, 극값, 중앙값을 계산하는 방법을 다뤘다.

두 개 데이터세트 간의 상관관계 역시 널리 사용되는 통계 요약 값 중 하나다. 하지만 이 기능은 파이썬의 표준 라이브러리에 내장돼 있지 않다.

상관관계 계산에 널리 사용되는 측정 기준의 하나로서 피어슨의 r[Pearson's r]이 있다. r 값은 −1과 +1 사이며, 두 개의 데이터가 서로 연관될 확률을 나타낸다.

r 값이 0이면 두 개의 데이터는 임의적이다. 0.95라면 95%의 값들은 상관관계가 있고 5%의 값은 상관관계가 없다는 뜻이다. −0.95는 95%의 값이 역의 상관관계가 있음을 의미한다. 즉, 한 변수의 값이 증가하면 다른 변수의 값은 감소한다.

두 개 데이터세트의 상관관계는 어떻게 계산할 수 있을까?

준비

피어슨 r은 다음과 같이 나타낼 수 있다.

$$r_{xy} = \frac{n\sum x_i y_i - \sum x_i \sum y_i}{\sqrt{n\sum x_i^2 - \left(\sum x_i\right)^2}\sqrt{n\sum y_i^2 - \left(\sum y_i\right)^2}}$$

이 공식을 보면, 데이터세트 내 여러 부분들의 요약 값이 사용되고 있다. Σ 연산자들은 모두 파이썬 `sum()` 내장 함수로 구현할 수 있다.

'내장 통계 라이브러리를 사용하는 방법' 레시피에서 사용했던 예제 데이터를 재사용하자. 이 데이터는 다음과 같이 읽어올 수 있다.

```
>>> from pathlib import Path
>>> import json
>>> from collections import OrderedDict
>>> source_path = Path('code/anscombe.json')
>>> data = json.loads(source_path.read_text(),
...     object_pairs_hook=OrderedDict)
```

데이터 파일의 경로를 나타내는 Path 객체를 정의한 후, 이 객체를 사용해 데이터 파일로부터 텍스트를 읽어온다. json.loads()는 이 텍스트를 사용해 파이썬 객체를 생성한다.

object_pairs_hook 매개변수는 dict 클래스가 아니라 OrderedDict 클래스를 사용할 것임을 지정하고 있다. OrderedDict 클래스가 사용되므로 JSON 문서 내의 항목 순서가 유지된다.

다음과 같이 데이터를 조사할 수 있다.

```
>>> [item['series'] for item in data]
['I', 'II', 'III', 'IV']
>>> [len(item['data']) for item in data]
[11, 11, 11, 11]
```

이 JSON 문서는 키 값이 I, II, III, IV인 하위 문서들로 이뤄져 있다. 각 하위 문서마다 두 개의 필드 series와 data를 갖고 있으며, data는 관측 값들의 목록이다. 각 관측 값은 한 쌍의 값으로 이뤄져 있다.

데이터는 다음과 같다.

```
[
  {
    "series": "I",
    "data": [
      {
        "x": 10.0,
        "y": 8.04
      },
      {
```

```
        "x": 8.0,
        "y": 6.95
      },
      ...
    ]
  },
  ...
]
```

이 데이터세트는 네 개의 계열을 포함하고 있다. 각 계열은 딕셔너리의 리스트 자료 구조로 표현되며, 이 딕셔너리는 x와 y 키를 갖는다.

예제 구현

1. 값을 구해야 하는 합계 계산식들을 확인한다. 다음의 합계들을 구해야 한다.
    - $\sum x_i, y_i$
    - $\sum x_i$
    - $\sum y_i$
    - $\sum x_i^2$
    - $\sum y_i^2$
    - $n = \sum_{x_i \in X} 1 = \sum_{y_i \in Y} 1$

    카운트 n은 입력 데이터세트 내의 데이터 개수만큼 1을 더한 총합으로서 정의할 수 있으며, x_i° 또는 y_i°로도 나타낼 수 있다.
2. math 모듈에서 sqrt( ) 함수를 임포트한다.

    ```
    from math import sqrt
    ```

3. 총합 계산식들을 포함하는 함수를 정의한다.

    ```
    def correlation(data):
    ```

4. sum( ) 내장 함수를 사용해 다양한 합계들을 구한다. 조금 전에 정의한 함수의 본문에 들여쓰기로 작성해야 하며, data 매개변수의 값(특정 계열의 값 시퀀스)들을 사용할 것이다. 입력 데이터는 x와 y라는 두 개의 키를 갖고 있어야 한다.

```
sumxy = sum(i['x']*i['y'] for i in data)
sumx = sum(i['x'] for i in data)
sumy = sum(i['y'] for i in data)
sumx2 = sum(i['x']**2 for i in data)
sumy2 = sum(i['y']**2 for i in data)
n = sum(1 for i in data)
```

5. 계산으로 얻어진 합계 값들을 바탕으로 r 값을 계산한다. 들여쓰기에 주의해야 하며, 들여쓰기에 대한 자세한 설명은 3장을 참조한다.

```
r = (
    (n*sumxy - sumx*sumy)
    / (sqrt(n*sumx2-sumx**2)*sqrt(n*sumy2-sumy**2))
    )
return r
```

이제, 다음과 같이 각 계열의 상관관계를 계산할 수 있다.

```
for series in data:
    r = correlation(series['data'])
    print(series['series'], 'r=', round(r, 2))
```

출력 결과는 다음과 같다.

```
I r = 0.82
II r = 0.82
III r = 0.82
IV r = 0.82
```

네 개의 계열 모두 거의 동일한 상관계수를 갖고 있다. 이것은 계열들이 서로 관련이 있음을 의미하는 것이 아니라, 각 계열에서 *x* 값 중 82%가 *y* 값을 예측한다는 것을 의미한다. 각 계열마다 11개의 값을 포함하고 있으므로, 82%면 약 아홉 개를 예측할 수 있다.

예제 분석

공식이 다소 복잡해 보이지만, 결국은 여러 합계 값들을 구한 후 이를 조합해 최종 값을 구하는 것이다. 합계 값을 구하는 문장은 파이썬으로 간결하게 작성할 수 있다.

수학에서 전체 총합은 다음과 같이 나타낸다.

$$\sum_{x \in D} x$$

파이썬으로는 다음과 같이 작성할 수 있다.

```
sum(item['x'] for item in data)
```

피어슨 R 값을 구하는 공식을 시각적으로 조금 단순화해보자. $\sum_{x \in D} x$ 를 $S(x)$로 대체하면 계산 공식이 눈에 더 잘 들어온다.

$$\frac{nS(xy) - S(x)S(y)}{\sqrt{nS(x^2) - S(x)^2}\sqrt{nS(y^2) - S(y)^2}}$$

그런데 이처럼 피어슨 R 값을 구하는 것은 계산 효율성 측면에서 그다지 좋지 않다. 각 합계 값을 구할 때마다 데이터를 읽어야 하므로 무려 여섯 번이나(즉, 6-패스로) 데이터를 처리해야 하기 때문이다. 하지만 일종의 개념 증명proof of concept으로서는 좋은 구현이다. 프로그램이 제대로 동작한다는 것을 보여줄 수 있기 때문이다. 이는 단위 테스트 작성과 처리 최적화를 위한 알고리즘 개선의 출발점 역할도 할 수 있다.

부연 설명

조금 전에 다뤄진 피어슨 R 계산 알고리즘은 의미가 분명하지만 처리 효율성은 좋지 않다. 더 효율적인 버전은 데이터를 한 번에 처리할 수 있다. 이렇게 하려면 데이터를 한 번만 조사하도록 for문을 작성할 필요가 있다. for문의 본문에서 다양한 합계 계산들을 한 번에 처리하는 것이다.

이렇게 최적화된 알고리즘은 다음과 같다.

```
sumx = sumy = sumxy = sumx2 = sumy2 = n = 0
for item in data:
    x, y = item['x'], item['y']
    n += 1
    sumx += x
    sumy += y
    sumxy += x * y
    sumx2 += x**2
    sumy2 += y**2
```

결과 값 변수들을 0으로 초기화한다. 그리고 부분 합계가 계산될 때마다 이 변수들에 그 값을 누적한다. 이 알고리즘은 데이터 값을 한 번만 사용하기 때문에 입력 데이터가 순회 가능 객체라면 문제없이 동작할 것이다.

이렇게 계산해서 얻어지는 r의 값은 이전과 달라지지 않는다.

중요한 것은 이 알고리즘의 원래 버전과 1-패스로 모든 요약 값을 계산하도록 최적화된 개선 버전 간의 유사성이다. 두 버전 간의 분명한 대칭성은 다음의 두 가지 사항을 검증하는 데 도움이 된다.

- 원래 버전은 약간 복잡한 공식과 일치한다.
- 개선 버전은 원래 버전 및 복잡한 공식과 일치한다.

이러한 대칭성을 적절히 생성된 테스트 케이스와 조합함으로써 알고리즘의 정상적인 구현 여부를 확인할 수 있다.

회귀 매개변수를 계산하는 방법

두 개의 변수 간에 어떤 종류의 관계가 있음을 알았으면, 그다음 할 일은 독립 변수의 값으로부터 종속 변수의 값을 추정하는 방법을 정하는 것이다. 현실 세계의 데이터는 중심 추세의 주위로 무작위 오차를 발생시키는 다양한 요인들이 존재한다. 이러한 오차가 최소화되는 관계를 식으로 나타내는 것이 우리의 목표다.

변수 간의 관계 중에서 가장 단순한 것이 선형 관계다. 선형 관계에서는 데이터 포인트들이 그래프상의 어떤 직선 주변에 모이는 경향이 있다. 로그 값을 계산하거나 제곱 계산을 수행해 선형 모델로 만들기도 하고, 더 복잡한 경우에는 다항식이 사용된다.

두 개 변수 사이의 선형 회귀 매개변수(혹은 회귀 계수)를 어떻게 계산할 수 있을까?

준비

선형 관계에서 추정되는 직선은 다음 식으로 나타낼 수 있다.

$$\hat{y} = \alpha x + \beta$$

독립 변수 x의 값이 주어지면, 종속 변수 $\hat{y}$의 추정 또는 예측 값은 α와 β 매개변수로부터 계산된다.

추정 $\hat{y}$ 값과 실제 y 값 간 오차들의 총합이 최소화되도록 하는 α와 β의 값을 찾는 것이 목표다. β는 다음과 같이 계산된다.

$$\beta = r_{xy}(\sigma_x/\sigma_y)$$

r_{xy}는 상관계수며, 자세한 설명은 '상관계수를 계산하는 방법' 레시피를 참조한다. σ_x는 x의 표준 편차로서 `statistics` 모듈로 계산할 수 있다.

α의 계산식은 다음과 같다.

$$\alpha = \mu_y - \beta\mu_x$$

μ_x는 x의 평균으로서 역시 statistics 모듈로 계산할 수 있다.

이번에도 '내장 통계 라이브러리를 사용하는 방법' 레시피와 동일한 예제 데이터를 사용한다. 이 데이터를 다음과 같이 읽을 수 있다.

```
>>> from pathlib import Path
>>> import json
>>> from collections import OrderedDict
>>> source_path = Path('code/anscombe.json')
>>> data = json.loads(source_path.read_text(),
...     object_pairs_hook=OrderedDict)
```

데이터 파일의 경로를 나타내는 Path 객체를 정의한 후, 이 객체를 사용해 데이터 파일로부터 텍스트를 읽어온다. json.loads( )는 이 텍스트를 사용해 파이썬 객체를 생성한다.

object_pairs_hook는 dict 클래스가 아니라 OrderedDict 클래스를 사용하도록 지정하고 있다. 따라서 문서 내에서 항목들의 원래 순서가 그대로 유지된다.

다음과 같이 데이터를 조사할 수 있다.

```
>>> [item['series'] for item in data]
['I', 'II', 'III', 'IV']
>>> [len(item['data']) for item in data]
[11, 11, 11, 11]
```

이 JSON 문서는 키 값이 I, II, III, IV 등인 하위 문서들로 이뤄져 있다. 각 하위 문서마다 두 개의 필드 series와 data를 갖고 있으며, data는 관측 값들의 목록이다. 각 관측 값은 한 쌍의 값으로 이뤄져 있다.

데이터는 다음과 같다.

```
[
  {
    "series": "I",
    "data": [
      {
        "x": 10.0,
        "y": 8.04
      },
      {
        "x": 8.0,
        "y": 6.95
      },
      ...
    ]
  },
  ...
]
```

이 데이터세트에는 네 개의 계열이 있는데, 각 계열은 딕셔너리의 리스트 자료 구조다. 그리고 계열 내의 항목들은 키가 x와 y인 딕셔너리다.

예제 구현

1. correlation( ) 함수와 statistics 모듈을 임포트한다.

    ```
    from ch10_r03 import correlation
    import statistics
    ```

2. 회귀 모델을 생성할 함수인 regression( )을 정의한다.

    ```
    def regression(data):
    ```

3. 필요한 값들을 계산한다.

    ```
    m_x = statistics.mean(i['x'] for i in data)
    m_y = statistics.mean(i['y'] for i in data)
    ```

```
s_x = statistics.stdev(i['x'] for i in data)
s_y = statistics.stdev(i['y'] for i in data)
r_xy = correlation(data)
```

4. β와 α 값을 계산한다.

```
b = r_xy * s_y/s_x
a = m_y - b * m_x
return a, b
```

이 regression( ) 함수를 사용해 다음과 같이 회귀 매개변수를 계산할 수 있다.

```
for series in data:
    a, b = regression(series['data'])
    print(series['series'], 'y=', round(a, 2), '+', round(b,2), '*x')
```

x 값으로부터 추정되는 y 값을 예측하는 수식이 화면에 출력될 것이다.

```
I y= 3.0 + 0.5 *x
II y= 3.0 + 0.5 *x
III y= 3.0 + 0.5 *x
IV y= 3.0 + 0.5 *x
```

어느 계열이든 $\hat{y} = 3 + \frac{1}{2}x$ 다. 이 추정식은 y의 실제 값을 매우 잘 예측하는 것 같다.

예제 분석

α와 β를 구하는 공식은 그다지 복잡하지 않다. β를 구하는 공식은 두 개의 표준 편차와 상관계수를 사용하고, α를 구하는 공식은 β 값과 두 개의 평균값을 사용한다. 다들 이전 레시피에서 다뤄진 내용이며, 상관관계를 계산하는 부분만 다소 복잡하다.

가급적 기존의 기능들을 활용해 새로운 기능을 구축하는 것은 애플리케이션 설계에 핵심이 된다. 테스트 케이스의 범위가 넓어지므로 알고리즘이 좀 더 광범위하게 사용(그리고 테스트)될 수 있기 때문이다.

'상관계수를 계산하는 방법' 레시피에서 설명했던 최적화 여부는 이번에도 문제가 된다. 평균, 표준 편차, 상관계수를 계산하기 위해 데이터를 총 다섯 번(5-패스로) 조사해야 한다.

하지만 일종의 개념 증명으로서 알고리즘이 제대로 동작한다는 것은 보여줄 수 있다. 또 단위 테스트를 만들기 위한 시작점으로서의 역할도 한다. 일단 알고리즘의 정상 동작이 확인되고 나면, 최적화를 위한 코드 리팩터링을 수행하는 편이 좋다.

부연 설명

지금까지 소개한 알고리즘은 이해하기 쉽지만 비효율적이다. 좀 더 효율적인 버전은 데이터를 1-패스로 처리할 수 있다. 이렇게 하려면 전체 데이터를 한 번만 읽는 for문을 작성해야 한다. for문의 본문에서는 다양한 합계 값들과 (합계 값을 사용해서 계산되는) 평균 및 표준 편차 등의 값들도 계산해야 한다.

```
sumx = sumy = sumxy = sumx2 = sumy2 = n = 0
for item in data:
    x, y = item['x'], item['y']
    n += 1
    sumx += x
    sumy += y
    sumxy += x * y
    sumx2 += x**2
    sumy2 += y**2
m_x = sumx / n
m_y = sumy / n
s_x = sqrt((n*sumx2 - sumx**2)/(n*(n-1)))
s_y = sqrt((n*sumy2 - sumy**2)/(n*(n-1)))
r_xy = (n*sumxy - sumx*sumy) / (sqrt(n*sumx2-sumx**2)*sqrt(n*sumy2sumy**2))
b = r_xy * s_y/s_x
a = m_y - b * m_x
```

결과 값이 저장되는 변수들을 0으로 초기화하고, data 항목의 값을 이 변수에 누적시킨다. 데이터 값이 한 번만 사용하므로, 입력 데이터가 순회 가능한 객체라면 문제없이 동작할 것이다.

이렇게 계산된 r_xy의 값은 앞의 예제에서와 똑같다. α 및 β, a 및 b의 값도 마찬가지다. 이처럼 이전 버전에서와 결과가 같으므로, 전체 데이터를 한 번만 읽도록 최적화한 버전에 오류가 없음을 확신할 수 있다.

자기 상관관계를 계산하는 방법

데이터 분석을 할 때, 주기적으로 반복되는 특징을 갖는 데이터가 가끔 주어진다. 이처럼 데이터가 자기 자신과 상관관계가 있는 것을 자기 상관관계autocorrelation라고 부른다. 계절의 순환이나 밀물–썰물처럼 가시적인 외부 영향이 있다면 발생 주기가 분명하지만, 이와 달리 간격을 분명히 특정하기 어려운 데이터도 있다.

'상관계수를 계산하는 방법' 레시피에서는 두 개 데이터세트 간의 상관관계를 측정하는 방법을 살펴봤다.

주기적으로 반복되는 데이터가 주어졌을 때, 앞서 배운 상관관계 함수를 이용해 자기 상관관계를 계산할 수 있을까?

준비

자기 상관관계는 곧 시간차 T에 걸친 상관관계를 의미한다. $r_{xx}(T)$로 나타낼 수 있으며, 시간차가 T일 때 x와 x 사이의 상관관계라는 의미다.

상관관계 함수 $R(x, y)$가 주어졌다고 하자. 이 함수는 두 개의 시퀀스 $[x_0, x_1, x_2, \ldots]$와 $[y_0, y_1, y_2, \ldots]$를 비교해, 두 시퀀스 간의 상관계수를 반환한다.

$$r_{xy} = R([x_0, x_1, x_2, \ldots], [y_0, y_1, y_2, \ldots])$$

시간차를 인덱스로서 사용함으로써 자기 상관관계를 나타낼 수 있다.

$$r_{xx}(T) = R([x_0, x_1, x_2, \ldots], [x_{0+T}, x_{1+T}, x_{2+T}, \ldots])$$

시간 T만큼 서로 떨어진 x 값들 사이의 상관관계를 계산했다. T=0이면 모든 항목들은 자기 자신과 비교되며, 따라서 상관관계는 $r_{xx}(0)=1$이다.

이번 예제에서는 계절적 신호가 숨어있다고 의심되는 데이터를 사용할 것이다. http://www.esrl.noaa.gov/gmd/ccgg/trends/에서 데이터의 설명을 볼 수 있으며, 미가공 데이터 파일은 ftp://ftp.cmdl.noaa.gov/ccg/co2/trends/co2_mm_mlo.txt에서 다운로드할 수 있다.

이 파일에서 #으로 시작하는 행은 전문preamble이므로, 데이터를 처리할 때는 제외시켜야 한다. 8장의 '부분 집합 선택하기: 세 가지 필터링 방법' 레시피의 방법을 사용해 불필요한 행을 제거할 것이다.

그 외의 행은 일곱 개의 열로 구성되며, 열 구분자는 공백 문자다. 9장의 'CSV 모듈을 사용해 구분자를 갖는 파일을 읽는 방법' 레시피의 방법을 사용해 CSV 데이터를 읽어올 것이다. 다만 이번에는 (콤마가 아니라) 공백 문자가 되는 점이 다르다. CSV 데이터를 읽어온 결과를 직접 사용하기는 다소 불편하므로, 9장의 'CSV를 DictReader에서 네임스페이스 리더로 업그레이드하는 방법' 레시피에서 설명한 대로 데이터 값을 적절히 변환하면서 네임스페이스를 생성할 것이다. 우선, CSV 모듈을 임포트했었다.

```
import csv
```

두 개의 함수를 사용해 데이터 파일의 물리적 포맷을 처리할 것이다. 첫 번째 함수는 필터로서, 주석 행을 걸러내는 역할을 한다. 반대 관점에서 보면, 주석이 아닌 행을 통과시킨다.

```
def non_comment_iter(source):
    for line in source:
        if line[0] == '#':
            continue
        yield line
```

non_comment_iter() 함수는 입력 데이터를 순회하면서 #으로 시작하는 행을 거부한다. 다른 행들은 그대로 통과시킨다.

non_comment_iter() 함수는 유효한 데이터 행을 처리하는 CSV 리더를 작성하는 데 사용될 것이다. 완전한 CSV 리더를 작성하려면 데이터 열과 CSV 세부 정보를 정의하기 위한 몇 가지 추가 설정이 필요하다.

```
def raw_data_iter(source):
    header = ['year', 'month', 'decimal_date', 'average',
              'interpolated', 'trend', 'days']
    rdr = csv.DictReader(source,
        header, delimiter=' ', skipinitialspace=True)
    return rdr
```

raw_data_iter() 함수는 일곱 개의 열 헤더를 정의한다. 또한 열 구분자는 공백 문자며 각 열의 앞에 있는 공백들은 건너뛸 수 있다고 지정한다. 이 함수에는 이미 non_comment_iter() 함수를 거치면서 주석 행이 제거된 데이터가 입력돼야 한다.

이 함수가 반환하는 값은 키가 일곱 개인 딕셔너리 형태의 행이다. 예를 들면 다음과 같다.

```
[{'average': '315.71', 'days': '-1', 'year': '1958', 'trend': '314.62', 'decimal_
date': '1958.208', 'interpolated': '315.71', 'month': '3'},
 {'average': '317.45', 'days': '-1', 'year': '1958', 'trend': '315.29', 'decimal_
date': '1958.292', 'interpolated': '317.45', 'month': '4'},
```

모두 문자열 타입이므로 정제 및 변환을 거쳐야 한다. 다음의 정제 함수는 제네레이터식 내에서 사용되며, SimpleNamespace 객체를 생성한다(따라서 SimpleNameSpace를 임포트해야 한다).

```
from types import SimpleNamespace
def cleanse(row):
    return SimpleNamespace(
        year= int(row['year']),
        month= int(row['month']),
        decimal_date= float(row['decimal_date']),
```

```
        average= float(row['average']),
        interpolated= float(row['interpolated']),
        trend= float(row['trend']),
        days= int(row['days'])
    )
```

이 함수는 딕셔너리 내의 값들에 타입 변환 함수를 적용하면서 딕셔너리 행을 SimpleNamespace 객체로 변환한다. 부동소수점 숫자에는 float() 함수가, 정수 항목에는 int() 함수가 사용된다.

이 정제 함수를 미가공 데이터의 각 행에 적용하기 위해 다음과 같은 제네레이터식을 작성한다.

```
cleansed_data = (cleanse(row) for row in raw_data)
```

데이터의 각 행에 cleanse() 함수가 적용된다. row는 raw_data_iter()가 반환한 행이다.

cleanse() 함수를 각 행에 적용했으므로 다음과 같은 데이터가 얻어진다.

```
[namespace(average=315.71, days=-1, decimal_date=1958.208,
    interpolated=315.71, month=3, trend=314.62, year=1958),
 namespace(average=317.45, days=-1, decimal_date=1958.292,
    interpolated=317.45, month=4, trend=315.29, year=1958),
...
```

이 데이터는 다루기 쉽다. 이름으로 필드를 쉽게 구별할 수 있고, 데이터의 값은 파이썬의 내부 자료 구조로 변환됐기 때문이다.

지금까지 작성한 함수들을 다음과 같이 조합할 수 있다.

```
def get_data(source_file):
    non_comment_data = non_comment_iter(source_file)
    raw_data = raw_data_iter(non_comment_data)
    cleansed_data = (cleanse(row) for row in raw_data)
    return cleansed_data
```

get_data( ) 함수는 제네레이터 함수와 제네레이터식들의 조합이며, 입력 데이터의 각 행을 반환하는 이터레이터를 반환한다. non_comment_iter( ) 함수는 (주석이 아닌) 한 개의 행을 반환할 만큼의 행을 읽으며, raw_data_iter( ) 함수는 CSV 행을 파싱해 한 개의 데이터 행을 갖는 딕셔너리를 반환한다.

cleansed_data 제네레이터식은 미가공 데이터의 각 딕셔너리에 cleanse( ) 함수를 적용하고, 그 결과 사용하기 편리한 SimpleNamespace 자료 구조로 변환된다.

이 제네레이터는 개별 변환 단계들을 한 개의 변환 파이프라인으로 연결한다. 앞으로의 변경은 이 파이프라인을 기준으로 한다. 필터를 파이프라인에 추가할 수도 있고, 파이프라인 내의 기존 파싱 또는 정제 함수를 다른 함수로 대체할 수도 있다.

get_data ( ) 함수를 사용하기 위한 컨텍스트는 다음과 같다.

```
source_path = Path('co2_mm_mlo.txt')
with source_path.open() as source_file:
    for row in get_data(source_file):
        print(row.year, row.month, row.average)
```

입력 데이터를 열고 이 파일을 get_data( ) 함수에 제공한다. 이 함수는 통계 처리에 적합한 형태로 각 행을 반환할 것이다.

예제 구현

1. ch10_r03 모듈에서 correlation( ) 함수를 임포트한다.

   ```
   from ch10_r03 import correlation
   ```

2. 입력 데이터로부터 시계열 데이터 항목을 얻어온다.

   ```
   co2_ppm = list(row.interpolated
       for row in get_data(source_file))
   ```

   여기서 사용되는 데이터는 보간된 값이다. 평균 데이터를 사용하려고 할 때, 보고 간격reporting gap이 존재하면 이 간격이 없는 구간을 찾아야만 한다. 하지만 보간된 데이터는 값이 채워져 있기 때문에 바로 사용할 수 있다.

리스트 객체를 생성한 것은 요약 값을 구하는 연산을 두 번 이상 수행할 것이기 때문이다.

3. 시간차 T별로 상관관계를 계산한다. 이번 예제에서는 1부터 20까지의 시간차에 대해 상관관계를 계산할 것이다. 이 데이터는 월별 데이터이기 때문에 T=12가 가장 높은 상관관계를 가질 것으로 추측할 수 있다.

```
for tau in range(1,20):
    data = [{'x':x, 'y':y}
for x,y in zip(co2_ppm[:-tau], co2_ppm[tau:])]
    r_tau_0 = correlation(data[:60])
    print(tau, r_tau_0)
```

'상관계수를 계산하는 방법' 레시피에서 소개했던 correlation() 함수는 두 개의 키 x와 y를 갖는 딕셔너리를 입력받으므로, 먼저 할 일은 딕셔너리 배열을 생성하는 것이다. 이를 위해 zip() 함수를 사용해 두 개의 데이터 시퀀스를 합쳤다.

- co2_ppm[:-tau]
- co2_ppm[tau:]

zip() 함수는 두 개의 슬라이스에 들어있는 값들을 합친다. 첫 번째 슬라이스는 맨 앞에서 시작되고, 두 번째 슬라이스는 tau 위치에서 시작된다. 일반적으로 두 번째 시퀀스가 더 짧으며, 시퀀스의 끝에 도달하면 zip() 함수는 처리를 중단한다.

zip() 함수의 인수로 co2_ppm[:-tau]가 사용된 것은 시퀀스 끝부분에 있는 항목 중 일부를 건너뛰기 때문이다. 두 번째 시퀀스의 시작 부분에서 생략된 항목의 수와 동일한 개수만큼 건너뛸 것이다.

처음 60개의 값을 사용해 시간차 값별로 자기 상관관계를 계산했다. 이 데이터는 월별 데이터로서, 다음의 결과를 보면 1년 주기로 상관관계가 매우 강한 것을 알 수 있다. 굵은 글씨로 강조해 표시했다.

```
r_{xx}(τ= 1) =  0.862
r_{xx}(τ= 2) =  0.558
r_{xx}(τ= 3) =  0.215
r_{xx}(τ= 4) = -0.057
r_{xx}(τ= 5) = -0.235
r_{xx}(τ= 6) = -0.319
r_{xx}(τ= 7) = -0.305
r_{xx}(τ= 8) = -0.157
r_{xx}(τ= 9) =  0.141
r_{xx}(τ=10) =  0.529
r_{xx}(τ=11) =  0.857
r_{xx}(τ=12) =  0.981
r_{xx}(τ=13) =  0.847
r_{xx}(τ=14) =  0.531
r_{xx}(τ=15) =  0.179
r_{xx}(τ=16) = -0.100
r_{xx}(τ=17) = -0.279
r_{xx}(τ=18) = -0.363
r_{xx}(τ=19) = -0.349
```

T=12일 때 $r_{xx}(12)$ = .981이다. 데이터의 거의 모든 부분 집합에서 이와 비슷하게 높은 자기 상관관계를 확인할 수 있으며, 이는 곧 데이터가 연간 단위의 주기성을 갖고 있음을 보여준다.

예제 데이터세트는 총 58년에 걸쳐 약 700개의 표본을 포함하고 있다. 전체 기간에 걸쳐서 계절적 변동 신호는 그리 명확하지 않다는 것이 밝혀졌으며, 이는 연간보다도 더 긴 주기의 장기 신호가 있음을 의미한다.

이 다른 신호는 더 복잡한 뭔가의 존재를 암시하며, 5년 이상의 시간 척도를 단위로 하는 추가적인 분석이 요구된다.

예제 분석

배열 슬라이싱의 개념은 파이썬의 장점 중 하나다. 4장의 '리스트 슬라이싱' 레시피에서 리스트를 슬라이싱하는 개념을 배웠는데, 자기 상관관계를 계산할 때 배열 슬라이싱을 활용하면 데이터의 두 개 부분 집합을 쉽게 비교할 수 있다.

이 알고리즘의 핵심은 다음과 같다.

```
data = [{'x':x, 'y':y}
    for x,y in zip(co2_ppm[:-tau], co2_ppm[tau:])]
```

co2_ppm 시퀀스의 두 개 슬라이스에 zip()을 적용해서 얻어지는 (x,y) 쌍으로 임시 객체인 data가 생성된다. correlation() 함수는 이 data 객체를 사용해 상관관계를 계산할 수 있다.

부연 설명

비슷한 슬라이싱 기법을 사용하면 데이터세트 전체에서 12개월 주기성을 반복적으로 관찰할 수 있다. 이번 예제에서는 다음 문장을 사용했다.

```
r_tau_0 = correlation(data[:60])
```

전체 699개의 표본 데이터 중에서 처음 60개를 사용했다. 하지만 슬라이스의 시작 위치와 크기를 다양하게 바꿔보면 데이터 전체에 주기성이 존재함을 확인할 수 있다.

12개월 데이터의 변동을 보여주는 모델을 만들어보자. 순환 주기가 있으므로 사인[sin] 함수가 모델을 나타내기에 가장 적합한 함수일 것이다. 다음과 같이 식을 세울 수 있다.

$$\hat{y} = A\ sin(f(x-\varphi)) + K$$

사인 함수의 평균값은 0이므로, K가 12개월 평균이 된다. $f(x\text{-}\varphi)$ 함수는 개월 수를 $-2\pi \leq f(x - \varphi) \leq 2\pi$ 범위 내의 적절한 값으로 변환한다. $f(x) = 2\pi((x\text{-}6)/12)$와 같은 함수가 적

절할 것이다. 마지막으로, *A*는 특정 월의 최솟값 및 최댓값과 일치하도록 데이터를 조정하는 역할을 한다.

장기 모델

이번에 구축한 모델은 흥미롭지만 연간 변동보다 긴 장기 추세를 파악하지 못한다. 장기 추세를 파악하려면 12개월 평균값의 시퀀스를 한 개의 값으로 축약할 필요가 있는데, 중앙값 또는 평균값으로 축약할 수 있다.

다음의 제네레이터식으로 12개월 평균값의 시퀀스를 생성할 수 있다.

```
from statistics import mean, median
monthly_mean = [
    {'x': x, 'y': mean(co2_ppm[x:x+12])}
        for x in range(0,len(co2_ppm),12)
]
```

이 제네레이터가 생성하는 딕셔너리들은 회귀 함수가 필요로 하는 x와 y 항목을 갖고 있다. x는 연월을 나타내는 값으로서 범위는 0부터 696까지고, y는 12개월간의 평균값이다.

회귀 계산은 다음과 같이 수행된다.

```
from ch10_r04 import regression
alpha, beta = regression(monthly_mean)
print('y=', alpha, '+x*', beta)
```

이를 통해 다음과 같은 식으로 표현되는 직선이 얻어진다.

$$\hat{y} = 307.8 + 0.1276 \times x$$

x 값은 데이터에서 몇 번째 월인지 나타내며, 시작 월은 1958년 3월이므로 1968년 3월이라면 x의 값은 120이다. 따라서 연간 평균 이산화탄소 ppm 값은 y=323.1로 계산되는데, 이 해의 실제 평균값은 323.27이었다. 매우 비슷한 값이라고 말할 수 있다.

이 모델에서 r^2의 값은 0.98인데, r^2은 방정식이 얼마나 실제 데이터와 부합하는지 보여주는 값이다. 이 상승 기울기는 장기적으로 계절적 변동을 지배하는 신호다.

참고 사항

- '상관계수를 계산하는 방법' 레시피에서 서로 다른 계열 간에 상관관계를 계산하는 함수를 소개했다.
- '회귀 매개변수를 계산하는 방법' 레시피에서 회귀 매개변수를 결정하기 위한 추가 배경지식을 설명했다.

데이터의 무작위성을 확인하기: 귀무가설

통계학의 중요한 질문으로서 귀무가설과 대체가설이 있다. 두 개의 데이터세트 S1과 S2가 있다고 하자. 이 데이터에 대해 두 가지 가설을 세울 수 있다.

- 귀무가설: 두 데이터 간의 차이는 사소한 무작위 효과일 뿐이며, 유의미한 차이는 없다.
- 대체가설: 통계적으로 유의미한 차이가 존재한다. 유의 수준은 일반적으로 5%다.

두 데이터 간의 차이가 순전히 무작위인지 아니면 유의미한지 판단하기 위해서는 데이터를 어떻게 평가해야 할까?

준비

통계에 대한 배경지식을 충분히 갖고 있는 독자라면 통계 이론을 활용해 표본의 표준 편차를 계산하고 두 개의 분포 간에 유의미한 차이가 있는지 판단할 수 있다. 통계에 약하지만 프로그래밍에 능숙하다면 통계 이론의 도움을 받지 않고도 약간의 코딩 작업으로 비슷한 결과를 얻을 수 있다.

서로 다른 데이터세트 간에 유의미한 차이가 있는지 혹은 단순한 무작위 변동인지 판단할 수 있는 방법들은 다양하다. 상세한 시뮬레이션을 제공할 수도 있다. 파이썬에 내장된 난수 발생기를 사용하면 무작위한 현실 세계의 사건을 반영하는 데이터를 얻을 수 있으며, 시뮬레이션 결과와 실제 측정된 데이터를 비교해 동일성 여부를 판단할 수 있기 때문이다.

하지만 시뮬레이션 기법은 충분히 합리적이어야 한다. 예를 들어, 카지노 게임에서의 이산discrete 사건은 쉽게 시뮬레이션할 수 있으며, 쇼핑몰 사이트의 장바구니에 들어있는 구매 예정 항목도 역시 어렵지 않다. 그러나 정확하게 시뮬레이션하기가 어려운 현상들도 존재한다.

시뮬레이션할 수 없는 경우에는 다양한 리샘플링resampling 기법들을 활용할 수 있다. 데이터를 섞거나(셔플링), 부트스트래핑하거나, 교차 검증하는 등의 기법이 해당된다. 이런 기법들을 사용할 때는 무작위 효과를 찾기 위해 데이터를 사용한다.

'자기 상관관계를 계산하는 방법' 레시피의 예제 데이터에서 세 개의 부분 집합을 비교해 보자. 두 개는 인접한 두 개 연도의 데이터고, 나머지 한 개는 이와 동떨어진 어느 연도의 데이터다. 매년마다 12개의 표본 값이 있으며, 이들 그룹의 평균값은 다음과 같이 쉽게 계산할 수 있다.

```
>>> from ch10_r05 import get_data
>>> from pathlib import Path
>>> source_path = Path('code/co2_mm_mlo.txt')
>>> with source_path.open() as source_file:
...     all_data = list(get_data(source_file))
>>> y1959 = [r.interpolated for r in all_data if r.year == 1959]
>>> y1960 = [r.interpolated for r in all_data if r.year == 1960]
>>> y2014 = [r.interpolated for r in all_data if r.year == 2014]
```

세 개 연도의 데이터 부분 집합을 해당 연도의 값들을 포함하는 리스트로서 생성했다. 다음과 같이 각 연도별로 평균값을 계산할 수 있다.

```
>>> from statistics import mean
>>> round(mean(y1959), 2)
```

```
315.97
>>> round(mean(y1960), 2)
316.91
>>> round(mean(y2014), 2)
398.61
```

세 개의 값이 모두 다르지만, 1959년과 1960년의 차이는 단순 무작위 변동이고 1959년과 2014년의 차이는 통계적으로 유의미하다는 가설을 세울 수 있다.

이 데이터에 대해 다음과 같이 셔플링(혹은 순열) 기법을 적용할 수 있다.

1. 1959년의 측정 값 평균과 1960년의 측정 값 평균의 차이는 *316.91-315.97=0.94* 다. 이 값을 T_{obs}라고 하자.
2. 연도 구분 없이 나열된 각각의 순열에 대해
   - 두 개의 부분 집합 *A*와 *B*를 만든다.
   - 평균값의 차이 *T*를 계산한다.
   - T_{obs}보다 큰 *T*의 개수와 T_{obs}보다 작은 *T*의 개수를 센다.

이렇게 얻은 두 가지 경우의 개수는 관측 값의 차이가 가능한 모든 차이들과 어떻게 비교되는지 보여준다. 데이터세트의 크기가 크다면 상당히 많은 수의 조합이 존재한다. 24개의 표본에서 12개를 취하는 조합의 개수는 다음 공식으로 얻을 수 있다.

$$\binom{n}{k} = \frac{n!}{k! \times (n-k!)}$$

n=24, k=12면 계산 결과는 다음과 같다.

```
>>> from ch03_r07 import fact_s
>>> def binom(n, k):
...     return fact_s(n)//(fact_s(k)*fact_s(n-k))
>>> binom(24, 12)
2704156
```

270만 가지가 넘는 조합이 존재한다. itertools 모듈의 combinations() 함수를 사용해 이 부분 집합들을 생성할 수 있는데, 5분(320초) 이상 시간이 걸릴 것이다.

무작위로 생성된 부분 집합을 사용하는 방법도 있다. 270,156개의 무작위 표본을 생성하는 데 약 35초가 걸리며, 전체의 10% 표본만으로도 두 개의 표본이 통계적으로 유사하고 귀무가설이 참인지, 아니면 통계적으로 유의미한 차이가 있는지 판단하기에 충분하다.

예제 구현

1. random과 statistics 모듈을 사용해야 한다. shuffle() 함수는 표본을 무작위로 섞고, mean() 함수는 평균을 계산한다.

```
import random
from statistics import mean
```

단순히 두 개의 표본 간에 관측된 차이보다 큰 경우와 작은 경우의 수를 세는 방법도 있지만, 여기서는 Counter 객체를 생성하고 −0.001에서 +0.001까지의 범위를 2,000 단계로 나눠서 차이 값을 수집할 것이다. 차이 값들이 정규 분포에 가까움을 보여주기 위해서다.

```
collection from import Counter
```

2. 두 개의 표본 데이터세트를 입력받는 함수를 정의한다. 이 두 표본 데이터세트를 조합한 후 이로부터 무작위로 부분 집합을 생성할 것이다.

```
def randomized(s1, s2, limit=270415):
```

3. 평균값의 차이인 T_{obs}를 계산한다.

```
T_obs = mean(s2)-mean(s1)
print( "T_obs = m_2-m_1 = {:.2f}-{:.2f} = {:.2f}".format(
    mean(s2), mean(s1), T_obs)
)
```

4. Counter 객체를 초기화한다.

```
counts = Counter()
```

5. 두 개의 표본데이터를 합쳐서 universe 변수에 대입한다. 두 개의 리스트를 연결하면 된다.

```
universe = s1 + s2
```

6. 대규모 리샘플링을 수행하기 위해 for문을 사용한다. 270,415개를 리샘플링하는 데 35초 정도 걸릴 것이다. 계산의 정확도와 속도 간의 균형을 맞추기 위해 부분 집합의 크기를 조정해도 좋다. 대부분의 처리 작업은 이 for 루프 안에서 이뤄진다.

```
for resample in range(limit):
```

7. 데이터를 섞는다.

```
random.shuffle(universe)
```

8. 원래의 데이터세트와 크기가 일치하는 두 개의 부분 집합을 선택한다.

```
a = universe[:len(s2)]
b = universe[len(s2):]
```

리스트 인덱스의 동작 방식을 이해하고 있으므로 두 개의 리스트가 universe를 서로 중복되는 값이 없도록 완전히 분리한다고 확신할 수 있다. len(s2)가 첫 번째 리스트에 포함돼 있지 않으므로 이 슬라이스는 모든 항목들을 분명하게 분리한다.

9. 평균값 간의 차이를 계산한다. 이 값을 1,000배로 증가시킨 뒤 정수로 변환해 빈도수 분포 변수를 누적시킨다.

```
delta = int(1000*(mean(a) - mean(b)))
counts[delta] += 1
```

이처럼 델타 값의 히스토그램을 생성하는 대신에, T_{obs}보다 큰 값과 작은 값의 개수를 세는 방법도 있다. 하지만 히스토그램은 데이터가 통계적으로 정규 분포임을 시각적으로 쉽게 확인할 수 있는 장점이 있다.

10. for 루프가 끝난 후에 T_{obs}보다 큰 것과 작은 것의 개수가 각각 몇 개인지 보여준다. 둘 중에서 하나라도 5% 미만이라면 통계적으로 유의미한 차이라고 볼 수 있다.

```
T = int(1000*T_obs)
below = sum(v for k,v in counts.items() if k < T)
above = sum(v for k,v in counts.items() if k >= T)

print( "below {:,} {:.1%}, above {:,} {:.1%}".format(
    below, below/(below+above),
    above, above/(below+above)))
```

1959년과 1960년의 데이터에 다음과 같이 randomized( ) 함수를 실행하면

```
print("1959 v. 1960")
randomized(y1959, y1960)
```

결과는 다음과 같다.

```
1959 v. 1960
T_obs = m_2-m_1 = 316.91-315.97 = 0.93
below 239,457 88.6%, above 30,958 11.4%
```

데이터 중에서 11%는 T_{obs}보다 크고 88%는 T_{obs}보다 작다. 정상적인 통계적 잡음 영역 내에 있다고 말할 수 있다.

반면에 1959년과 2014년의 데이터에 대해 동일하게 실행하면 다음과 같은 결과를 얻을 수 있다.

```
1959 v. 2014
T_obs = m_2-m_1 = 398.61-315.97 = 82.64
below 270,414 100.0%, above 1 0.0%
```

270,415개의 표본 중 단 한 개만이 T_{obs}보다 크다. 따라서 1959년부터 2014년까지의 차이는 3.7×10^{-6}의 확률로 통계적으로 유의미하다.

예제 분석

270만 개의 조합을 모두 계산하면 정확한 답을 얻을 수 있다. 하지만 그보다는 무작위 부분 집합을 사용하는 편이 훨씬 속도가 빠르다. 파이썬의 난수 발생기는 매우 훌륭해서 무작위로 생성된 부분 집합들이 골고루 분포됐다고 보장할 수 있다.

조금 전에는 두 개의 기법을 사용해 데이터의 무작위 부분 집합을 계산했다.

1. `random.shuffle(u)`로 전체 데이터를 임의로 섞었다(셔플링).
2. `a, b = u[x:], u[:x]`와 비슷한 코드로 전체 데이터를 분할했다(파티셔닝).

그리고 각 부분 집합의 평균값 계산에는 `statistics` 모듈이 사용된다. 셔플링, 파티셔닝, 평균값 계산을 1-패스로 완료하는 좀 더 효율적인 알고리즘을 정의할 수도 있다. 다만, 이 효율적인 알고리즘은 히스토그램 생성을 생략한다.

앞서 `1000`을 곱해 각 차이 값을 −1,000부터 +1,000 범위의 값으로 변환했었다.

```
delta = int(1000*(mean(a) - mean(b)))
```

이 문장 덕분에 `Counter` 객체를 사용해 빈도수 분포를 계산할 수 있는데, 차이 값들이 대부분 0이다. 이는 정규 분포에서 기대되는 바와 같으며, 난수 생성 및 셔플링 알고리즘에 어떤 숨겨진 편향bias도 없다는 것을 확인할 수 있다.

`Counter` 객체를 사용하지 않고, 단순히 T_{obs}보다 큰 값과 작은 값을 셀 수도 있다. 이를 수행하는 가장 간단한 코드는 다음과 같다.

```
if mean(a) - mean(b) > T_obs:
    above += 1
```

평균값의 차이 중에서 T_{obs}보다 큰 것의 개수를 센다. `below=limit-above` 식을 사용하면 반대 경우의 개수도 셀 수 있으며, 둘 간의 비율도 간단히 계산할 수 있다.

부연 설명

무작위 부분 집합의 평균을 계산하는 방식을 변경함으로써 처리 속도를 조금 높일 수 있다.

어떤 숫자 집합 P가 주어졌을 때, 다음과 같이 두 개의 분리된 부분 집합 A와 B를 생성할 수 있다.

$$(A \cup B = P) \wedge (A \cap B = \emptyset)$$

A와 B의 합집합은 전체 집합 P와 같고 A와 B의 교집합은 공백 집합이므로, 어떤 값도 누락되지 않는다.

전체 합계 S_p는 한 번에 계산될 수 있다.

$$S_p = \Sigma P$$

그러면 부분 집합 A에 대해서만 S_A를 계산해도 된다.

$$S_A = \Sigma A$$

부분 집합 B의 합계는 단순히 뺄셈만 하면 되기 때문이다. 따라서 B의 합계를 계산하기 위해 많은 계산 비용을 들일 필요가 없다.

A와 B의 크기 N_A와 N_B는 상수이므로, 평균값 μ_A와 μ_B도 쉽게 계산할 수 있다.

$$\mu_A = (S_A/N_A)$$

$$\mu_B = (S_p\text{-}S_A)/N_B$$

이를 반영해 리샘플링 루프의 코드를 조금 변경해야 한다.

```
a_size = len(s1)
b_size = len(s2)
s_u = sum(universe)
for resample in range(limit):
    random.shuffle(universe)
    a = universe[:len(s1)]
```

```
s_a = sum(a)
m_a = s_a/a_size
m_b = (s_u-s_a)/b_size
delta = int(1000*(m_a-m_b))
counts[delta] += 1
```

s_a 값만 계산하면, 무작위 리샘플링에 드는 시간이 절약된다. 다른 부분 집합 B의 합계는 전체 집합의 합계에서 s_a를 빼기만 하면 되기 때문이다. 또한 mean( ) 함수를 사용하지 말고, 합계 값을 (상수 값인) 각 부분 집합의 크기로 나눠서 평균값을 직접 계산할 수 있다.

이와 같은 최적화는 신속한 통계적 의사 결정에 도움이 된다. 리샘플링을 사용하면 복잡한 통계 이론에 의존할 필요가 없다. 기존 데이터를 리샘플링함으로써, 표본이 귀무가설을 충족시키는지 아니면 예상을 벗어나므로 대체 가설이 필요한지 결정할 수 있다.

참고 사항

- 이번 장의 프로세스는 다른 통계적 의사 결정에도 적용될 수 있다. '회귀 매개변수를 계산하는 방법' 레시피와 '자기 상관관계를 계산하는 방법' 레시피가 이에 포함된다.

이상치를 찾아내는 방법

통계 데이터 속에는 이상치outlier로 분류할 수 있는 데이터 값이 포함될 수 있다. 이상치는 다른 표본들과 동떨어진 값으로서, 불량 데이터일 수도 있고 새로운 발견을 의미할 수도 있다. 이상치는 본질적으로 드물게 발생된다.

이상치는 데이터 수집 과정에서의 단순 실수일 수 있다. 소프트웨어 버그일 수 있고, 측정 장치가 정밀하게 조정되지 않은 탓일 수도 있다. 서버에 장애가 발생하면 해석 불가능한 로그 항목이 생기기도 하고, 사용자의 잘못된 데이터 입력으로 타임스탬프 오류가 발생할 수도 있다.

반면에 탐지하기 어려운 어떤 신호의 존재를 의미할 수 있다. 새롭거나 희귀한 값 혹은 탐지 장치의 정밀한 조정 범위 외부의 값일 수 있다. 웹 로그의 경우, 애플리케이션의 새로운 유스케이스나 새로운 유형의 해킹 시도가 시작됐음을 알리는 신호일 수 있다.

이상치일 가능성이 높은 데이터 값을 찾아서 분류하려면 어떻게 해야 할까?

준비

이상치를 쉽게 찾는 방법은 Z-점수로 정규화하는 것이다. Z-점수는 측정 값과 측정된 평균값의 차이를 표준 편차로 나눈 값이다.

$$Z_i = (x_i - \mu_x)/\sigma_x$$

μ_x는 변수 x의 평균값이고 σ_x는 표준 편차다. `statistics` 모듈을 사용해 이 값들을 계산할 수 있다.

다만, Z-점수는 표본 개수의 제한 때문에 잘못된 결론으로 이어질 수 있다. 그래서 NIST 엔지니어링 및 통계 핸드북의 1.3.5.17절은 다음 규칙을 사용해 이상치를 찾도록 권장한다.

$$M_i = 0.6745(x_i - \tilde{x})/MAD$$

MAD[Median Absolute Deviation]가 표준 편차 대신에 사용되고 있는데, MAD는 표본 x_i와 모집단의 중앙값 x 간 편차의 절대값의 중앙값이다.

$$MAD = median(x_i - \tilde{x} : x_i \in X)$$

확대 계수 0.6745는 3.5보다 큰 M_i 값이 이상치로서 식별되도록 조정한다. 이 식이 분산 계산식과 비슷하다는 점에 주목하자. 분산을 계산할 때 평균값이 사용되는 것처럼 MAD는 중앙값을 사용한다. 0.6745는 이상치 탐색에 적절한 값으로 여러 문헌에서 인용되고 있다.

'내장 통계 라이브러리를 사용하는 방법' 레시피의 예제 데이터를 이번에도 사용할 것이다. 이 데이터는 비교적 일관된 데이터세트와 상당한 이상치를 포함하는 데이터세트를 모두 갖고 있다. 이 데이터는 네 개의 *(x, y)* 쌍 계열을 포함하는 JSON 문서다.

다음과 같이 데이터를 읽을 수 있다.

```
>>> from pathlib import Path
>>> import json
>>> from collections import OrderedDict
>>> source_path = Path('code/anscombe.json')
>>> data = json.loads(source_path.read_text(),
...     object_pairs_hook=OrderedDict)
```

데이터 파일의 경로를 나타내는 Path 객체를 정의한 후, 이 객체를 사용해 데이터 파일로부터 텍스트를 읽어온다. json.loads()는 이 텍스트를 사용해 파이썬 객체를 생성한다.

object_pairs_hook는 dict 클래스가 아니라 OrderedDict 클래스를 사용하도록 지정한다. OrderedDict 클래스가 사용되므로 항목들의 원래 순서가 그대로 유지된다.

다음과 같이 데이터를 조사할 수 있다.

```
>>> [item['series'] for item in data]
['I', 'II', 'III', 'IV']
>>> [len(item['data']) for item in data]
[11, 11, 11, 11]
```

이 JSON 문서는 키 값이 I, II, III, IV 등인 하위 문서들로 이뤄져 있다. 각 하위 문서마다 두 개의 필드 series와 data를 갖고 있으며, data는 관측 값들의 목록이다. 각 관측 값은 한 쌍의 값으로 이뤄져 있다.

예제 구현

1. statistics 모듈을 임포트한다. 중앙값 계산에 필요하기 때문이다. 또한 itertools 모듈의 compress( )와 filterfalse( ) 함수도 사용할 것이다.

```
import statistics
import itertools
```

2. absdev( ) 매핑 함수를 정의한다. 이 함수는 입력받은 중앙값을 그대로 사용하거나 표본의 중앙값을 실제로 계산한다. 그러고 나서 중앙값으로부터의 절대 편차 값들을 제공하는 제네레이터를 반환한다.

```
def absdev(data, median=None):
    if median is None:
        median = statistics.median(data)
    return (
        abs(x-median) for x in data
    )
```

3. median_absdev( ) 리듀싱 함수를 정의한다. 이 함수는 절대 편차 값 시퀀스의 중앙값을 찾고, 이상치 탐지에 사용되는 MAD 값을 계산한다. 이때 중앙값을 계산할 수 있고, 이미 계산된 중앙값을 입력받을 수도 있다.

```
def median_absdev(data, median=None):
    if median is None:
        median = statistics.median(data)
    return statistics.median(absdev(data, median=median))
```

4. 수정된 Z-점수 매핑 함수인 z_mod( )를 정의한다. 이 함수는 데이터세트의 중앙값을 계산하고, 이 중앙값을 사용해 MAD를 계산한다. 그리고 편차 값을 기반으로 수정된 Z-점수를 계산한다. 반환되는 값은 수정 Z-점수에 대한 이터레이터다. 데이터를 반복적으로 읽기 때문에 입력 값은 순회 가능한 컬렉션이 아니라 시퀀스 객체여야 한다.

```
def z_mod(data):
    median = statistics.median(data)
    mad = median_absdev(data, median)
    return (
        0.6745*(x - median)/mad for x in data
    )
```

여기서는 상수 0.6745를 사용했지만, 이 값을 변경할 수 있도록 매개변수로 지정할 수도 있다. 예컨대 def z_mod(data, threshold=0.6745)와 같이 함수를 정의할 수 있다.

흥미롭게도 MAD 값이 0일 수도 있는데, 대부분의 값이 중앙값에서 벗어나지 않을 경우 그렇게 된다. 절반 이상의 데이터가 동일한 값을 가질 때 중앙값 절대 편차는 0이 된다.

5. 수정된 Z-점수 매핑 함수 z_mod()를 사용해 이상치를 찾는 필터를 정의한다. 3.5 이상의 값은 모두 이상치로 분류될 수 있다. 그리고 통계 요약 값을 계산할 때, 이상치를 포함시킬 수도 있고 포함시키지 않을 수도 있다. itertools 모듈의 compress() 함수는 불리언 선택자 값의 시퀀스를 사용해 z_mod() 계산 결과를 바탕으로 원래 데이터 시퀀스의 항목을 선택할 수 있다.

```
def pass_outliers(data):
    return itertools.compress(data, (z >= 3.5 for z in z_mod(data)))

def reject_outliers(data):
    return itertools.compress(data, (z < 3.5 for z in z_mod(data)))
```

pass_outliers() 함수는 이상치만 통과시키고, reject_outliers() 함수는 이상치가 아닌 값만 통과시킨다. 데이터를 화면에 표시할 때, 전체 데이터세트와 함께 이상치가 제외된 전체 데이터세트를 보여주는 경우가 많다.

이러한 함수는 일반적으로 입력 데이터 매개변수를 다중 참조하기 때문에 순회 가능 객체가 아닌 시퀀스 객체가 제공돼야 한다. 리스트와 튜플은 시퀀스 객체에 속한다.

pass_outliers()는 이상치를 찾아내므로 의심스러운 데이터 값 식별에 편리하며, reject_outliers()는 이상치를 고려 대상에서 제외한 데이터를 제공할 수 있다.

예제 분석

변환 처리가 이뤄지는 단계는 다음과 같이 요약될 수 있다.

1. 모집단 중앙값을 계산한다(리듀싱).
2. 각 값을 모집단 중앙값으로부터의 절대 편차로 변환한다(매핑).
3. MAD를 계산한다(리듀싱).
4. 모집단 중앙값과 MAD를 사용해 각 값을 수정 Z-점수로 변환한다(매핑).
5. 수정 Z-점수를 바탕으로 결과 값을 필터링한다.

각 변환 단계를 처리하는 함수들을 일일이 정의했다. 하지만 8장에서 배운 내용을 응용하면, 함수의 길이를 줄이고 map()과 filter() 내장 함수를 사용해 이 과정을 구현할 수도 있다.

하지만 reduce() 내장 함수를 사용해 중앙값 계산을 정의하는 것은 불가능하다. 중앙값을 계산하려면 데이터를 작은 부분 집합들로 재귀적으로 분할하는 알고리즘을 사용해야 하며, 이러한 부분 집합들 중 하나가 중앙값을 가지기 때문이다.

이 알고리즘을 표본 데이터에 적용하는 방법은 다음과 같다.

```
for series_name in 'I', 'II', 'III', 'IV':
    print(series_name)
    series_data = [series['data']
        for series in data
            if series['series'] == series_name][0]

    for variable_name in 'x', 'y':
        variable = [float(item[variable_name])
        for item in series_data]
        print(variable_name, variable, end=' ')
        try:
            print( "outliers", list(pass_outliers(variable)))
        except ZeroDivisionError:
            print( "Data Appears Linear")
    print()
```

입력 데이터의 각 계열을 순회한다. series_data 계산은 입력 데이터로부터 한 개의 계열을 추출한다. 각 계열은 두 개의 변수 x와 y를 포함한다. 그리고 pass_outliers() 함수를 사용해 이상치를 찾는다.

except 절은 ZeroDivisionError 예외를 처리한다. 이 예외는 아주 이상한 데이터를 만났을 때 z_mod() 함수가 발생시킨다. 이처럼 이상한 데이터의 예는 다음과 같다.

```
x [8.0, 8.0, 8.0, 8.0, 8.0, 8.0, 8.0, 19.0, 8.0, 8.0, 8.0] Data Appears Linear
```

절반 이상이 동일한 값이다. 이 값(즉, 8.0)이 중앙값으로 간주되며, 중앙값으로부터의 절대 편차가 0이므로 MAD도 0이 된다. 이 데이터는 일반적인 통계적 잡음을 반영하지 않는 것처럼 보이므로 이상치의 존재는 의심스럽다.

이 데이터는 일반적인 모델을 적용하기에 어울리지 않으며, 다른 종류의 분석이 적용돼야 한다. 이처럼 데이터 자체의 속성 때문에 이상치의 존재를 거부해야 할 때가 있다.

부연 설명

이번 예제에서는 itertools.compress()로 이상치를 통과시키거나 거부했지만, filter()와 itertools.filterfalse() 함수를 사용할 수도 있다. compress() 대신 filter()를 사용하는 방법과 더불어, compress() 사용을 최적화하는 방법도 살펴보자.

앞서 pass_outliers와 reject_outliers의 함수 정의는 비슷했다. 이러한 설계는 핵심 프로그램 논리의 불필요한 복제로서 DRY 원칙을 위반한다. 이 함수들의 정의는 다음과 같다.

```
def pass_outliers(data):
    return itertools.compress(data, (z >= 3.5 for z in z_mod(data)))

def reject_outliers(data):
    return itertools.compress(data, (z < 3.5 for z in z_mod(data)))
```

pass_outliers()와 reject_outliers()의 차이점은 매우 사소하다. 표현식의 부등호가 서로 반대며, 하나는 >=이고 다른 하나는 <다. 이런 차이를 사소한 부분으로 치부해서는 안 된다. 복잡한 프로그램에서는 논리식이 반대로 바뀔 때 코드에 설계 오류가 발생하기 쉽기 때문이다.

필터 규칙 중 하나를 다음과 같이 추출할 수 있다.

```
outlier = lambda z: z >= 3.5
```

그러면, compress() 함수 사용을 다음과 같이 수정함으로써 논리식이 반대임을 명시적으로 코드에 나타낼 수 있다.

```
def pass_outliers(data):
    return itertools.compress(data, (outlier(z) for z in z_mod(data)))

def reject_outliers(data):
    return itertools.compress(data, (not outlier(z) for z in z_mod(data)))
```

이처럼 필터 규칙을 별도의 람다 객체 또는 함수 정의로 추출하면, 비슷한 코드를 반복적으로 작성하지 않아도 된다. 또한 논리식이 반대임이 더욱 분명하게 드러나므로 각 함수가 적절한 동작을 수행하는지 훨씬 쉽게 비교할 수 있다.

filter() 함수를 사용하기 위해서는 처리 파이프라인을 크게 바꿔야 한다. filter()는 고계 함수로서 각 미가공 값에 대한 true/false 결과를 반환하는 의사 결정 함수를 필요로 하기 때문이다. 이를 위해 수정 Z-점수 계산과 의사 결정 임계 값을 합쳐야 한다. 의사 결정 함수는 다음 식을 계산해야 한다.

$$\phi(n) = \frac{1}{2}\left[1 + erf\left(\frac{n}{\sqrt{2}}\right)\right]$$

이 식을 계산하는 이유는 각 x_i 값에 대해 이상치 상태를 판단하기 위한 것이다. 이 함수는 모집단의 중앙값과 MAD 값도 입력받아야 하므로, 다음과 같이 조금 복잡해진다.

```
def outlier(mad, median_x, x):
    return 0.6745*(x - median_x)/mad >= 3.5
```

이 outlier() 함수는 filter() 함수와 함께 사용되면 이상치를 통과시킬 수 있고, itertools.filterfalse()와 함께 사용되면 이상치를 거부하고 이상치를 제외한 부분 집합을 생성할 수 있다.

이 outlier() 함수를 사용하려면 다음과 같은 함수를 작성해야 한다.

```
def pass_outliers2(data):
    population_median = median(data)
    mad = median_absdev(data, population_median)
    outlier_partial = partial(outlier, mad, population_median)
    return filter(outlier_partial, data)
```

이 함수는 먼저 population_median과 mad를 계산한다. 그리고 이 두 개의 값을 사용해 부분 함수 outlier_partial()을 생성한다. 이 부분 함수는 처음 두 개의 위치 매개변수 mad와 population_median에 이미 값이 바인딩돼 있으므로 개별 데이터들만 추가로 입력받으면 된다.

outlier_partial()와 filter()가 수행하는 작업은 다음의 제네레이터식과 같다.

```
return (
    x for x in data if outlier(mad, population_median, x)
)
```

이 표현식이 itertools 모듈의 compress() 함수보다 뚜렷한 장점을 갖고 있지는 않다. 다만 filter() 함수에 익숙한 프로그래머에게는 이쪽이 편할 것이다.

참고 사항

- 이상치를 탐지하는 방법에 대한 자세한 설명은 http://www.itl.nist.gov/div898/handbook/eda/section3/eda35h.htm을 참조하자

1-패스로 다수의 변수를 분석하는 방법

분석 대상인 변수가 둘 이상인 데이터를 분석해야 할 때가 자주 있다. 이러한 데이터는 그리드(격자)에 값을 채워 넣은 것으로써 시각화할 수 있다. 행은 특정 결과를 나타내고, 한 개의 행을 구성하는 열에는 변수가 저장되는 것이다.

열 기준으로 데이터를 처리하는 경우, (열에 들어있는) 각 변수를 독립적으로 처리해야 한다. 따라서 각 행을 여러 차례 방문해야 한다. 반대로 행을 기준으로 데이터를 처리하는 경우는 각 행의 모든 변수들을 한 번에 처리한다.

변수를 기준으로 처리할 경우의 장점은 처리 파이프라인이 간단하다는 것이다. 변수마다 한 개의 파이프라인이 정의되므로 파이프라인의 수가 늘어나지만, 각 파이프라인은 `statistics` 모듈의 함수를 공동으로 재사용할 수 있다.

반면에 데이터세트가 대용량일 경우 미가공 데이터를 읽어오는 데 시간이 오래 걸린다는 단점이 있다. 실제로 데이터를 읽어오는 시간이 통계 분석의 대부분을 차지할 때가 많다. I/O 비용이 너무 높기 때문에 대용량 데이터세트에 대한 접근 속도를 높이기 위해 하둡Hadoop과 같은 특수한 시스템이 개발됐을 정도다.

데이터를 한 번만(1-패스로) 읽으면서 다양한 기술 통계 값들을 계산하려면 어떻게 해야 할까?

준비

통계 분석의 대상이 되는 변수는 여러 범주로 분류될 수 있다. 통계학자들은 일반적으로 다음과 같이 변수의 범주를 분류한다.

- 연속 실숫값 데이터: 주로 부동소수점 값이다. 단위가 잘 정의돼 있고, 측정 장치의 정확도에 따라 값의 정밀도가 제한된다.
- 이산 또는 범주형 데이터: 한정된 도메인 내의 선택된 값만 취할 수 있다. 어떤

경우에는 사전에 도메인의 값들을 열거할 수 있는 반면, 또 다른 경우에는 도메인 값을 발견해야 한다.

- 서수 데이터: 순위 또는 순서를 나타낸다. 일반적으로 서수 값은 숫자며, 실제로 측정된 값이 아니기 때문에 이 숫자에 대해 통계 요약 값을 계산하지 않는다. 단위도 존재하지 않는다.
- 계수(카운트) 데이터: 개별 결과들의 횟수를 나타낸다. 평균으로 나타내지는 경우도 있다.

변수들은 서로 독립적일 수 있고, 다른 변수에 의존할 수도 있다. 분석 초기 단계에는 변수들 간의 의존성을 알지 못할 수도 있다. 데이터 분석의 목적 중 하나는 바로 변수들 간의 종속성을 발견하는 것이다. 이러한 종속성을 모델화하기 위한 소프트웨어가 사용되기도 한다.

각 변수들은 속성을 고려해 개별적으로 취급돼야 한다. 예를 들어 무조건 부동소수점 값으로 취급해서는 안 된다는 뜻이다. 변수들 간의 차이점을 올바르게 인식하면 계층적인 클래스 정의를 작성할 수 있다. 각 서브클래스는 변수의 고유한 특징을 포함한다.

전반적으로 다음과 같은 두 가지 설계 패턴이 존재한다.

- 조기(즉시) 계산: 가급적 빨리 요약 값을 계산한다. 계산을 위해 데이터를 많이 누적할 필요가 없다.
- 지연(늦은) 계산: 가급적 늦게 요약 값을 계산한다. 데이터를 누적해야 하며 프로퍼티를 사용해야 한다.

대용량 데이터세트일 경우에는 두 방식이 혼합될 때가 많다. 간단한 요약 값들은 즉시 계산하고, 프로퍼티를 사용해 최종 결과는 늦게 계산하는 것이다.

'내장 통계 라이브러리를 사용하는 방법' 레시피의 표본 데이터 일부를 사용할 것이며, 이 데이터 계열에는 두 개의 변수가 들어있다. 변수의 이름은 x와 y고 둘 다 실숫값이다. y 변수는 x 변수에 의존하므로, 상관관계 및 회귀 모델이 적용된다.

다음과 같이 데이터를 읽어올 수 있다.

```
>>> from pathlib import Path
>>> import json
>>> from collections import OrderedDict
>>> source_path = Path('code/anscombe.json')
>>> data = json.loads(source_path.read_text(),
...     object_pairs_hook=OrderedDict)
```

데이터 파일의 경로를 나타내는 Path 객체를 정의한 후, 이 객체를 사용해 데이터 파일로부터 텍스트를 읽어온다. json.loads()는 이 텍스트를 사용해 파이썬 객체를 생성한다.

object_pairs_hook는 dict 클래스가 아니라 OrderedDict 클래스를 지정하고 있다. OrderedDict 클래스가 사용되므로 항목들의 원래 순서가 그대로 유지된다.

다음과 같이 데이터를 조사할 수 있다.

```
>>> [item['series'] for item in data]
['I', 'II', 'III', 'IV']
>>> [len(item['data']) for item in data]
[11, 11, 11, 11]
```

이 JSON 문서는 키 값이 I, II, III, IV 등인 하위 문서들로 이뤄져 있다. 각 하위 문서마다 두 개의 필드 series와 data를 갖고 있으며, data는 관측 값들의 목록이다. 각 관측 값은 한 쌍의 값으로 이뤄져 있다.

예제 구현

1. 변수를 분석하는 클래스를 정의한다. 이 클래스는 모든 변환 및 정제 작업을 처리할 것이다. 이를 위해 조기 계산과 지연 계산이 둘 다 사용된다. 즉, 데이터 요소들이 입력될 때마다 즉시 합계와 계수를 갱신하고, 평균과 표준 편차는 나중에 계산될 것이다.

```
import math
class SimpleStats:
    def __init__(self, name):
        self.name = name
        self.count = 0
        self.sum = 0
        self.sum_2 = 0
    def cleanse(self, value):
        return float(value)
    def add(self, value):
        value = self.cleanse(value)
        self.count += 1
        self.sum += value
        self.sum_2 += value*value
    @property
    def mean(self):
        return self.sum / self.count
    @property
    def stdev(self):
        return math.sqrt(
            (self.count*self.sum_2self.sum**2)/(self.count*(self.
count-1))
            )
```

count(계수), sum(합계), sum_2(제곱합) 변수들을 먼저 정의했다. 필요하다면 다른 요약 값들도 추가로 정의할 수 있다. 중앙값이나 최빈값을 계산하기 위해서는 개별 값들을 누적해야 하며 지연 계산 방식을 따른다.

2. 입력받은 열을 처리하기 위한 인스턴스를 정의한다. SimpleStats 클래스의 인스턴스 두 개를 생성할 것이다. 이번 레시피의 변수 두 개는 매우 비슷하기 때문에 한 개의 클래스만으로 충분하다.

```
x_stats = SimpleStats('x')
y_stats = SimpleStats('y')
```

3. 열 제목을 통계 계산 객체로 매핑한다. 열 이름이 제공되지 않으면 열 인덱스를 사용해야 한다. 이번 예제의 경우 계산 객체의 순서는 열의 순서와 일치한다.

```
column_stats = {
    'x': x_stats,
    'y': y_stats
}
```

4. 행을 처리하는 함수를 정의한다. 행을 구성하는 각 열을 나타내는 통계 계산 객체가 사용된다.

```
def analyze(series_data):
    x_stats = SimpleStats('x')
    y_stats = SimpleStats('y')
    column_stats = {
        'x': x_stats,
        'y': y_stats
    }
    for item in series_data:
        for column_name in column_stats:
            column_stats[column_name].add(item[column_name])
    return column_stats
```

외부 for문은 각 행을 차례로 처리하고, 내부 for문은 행을 구성하는 각 열을 차례로 처리한다. 따라서 행을 기준으로 처리하는 방식이다.

5. 통계 계산 객체로부터 얻어진 결과 값 또는 요약 값을 화면에 표시한다.

```
column_stats = analyze(series_data)
for column_key in column_stats:
    print(' ', column_key,
        column_stats[column_key].mean,
        column_stats[column_key].stdev)
```

분석 함수를 데이터 계열에 적용했다. 통계 요약 값들을 포함하는 딕셔너리가 반환될 것이다.

예제 분석

이번 레시피에서는 특정 유형의 열에 대해 정제, 필터링, 통계 계산을 수행하는 클래스를 작성했다. 여러 종류의 열이 주어진다면 클래스 정의도 다양하게 필요할 것이다. 중요한 것은 관련 클래스들로 이뤄진 계층 구조를 쉽게 만들 수 있다는 점이다.

분석 대상인 열마다 이 클래스의 인스턴스를 생성한다. 이번에 사용된 SimpleStats 클래스는 간단한 부동소수점 값을 갖는 열에 적합하도록 설계됐다. 이산 또는 서수 데이터에 맞는 클래스는 별도로 설계돼야 한다.

이 클래스에서 외부로 드러나는 함수는 add( ) 메소드다. 개별 데이터 값들이 이 메소드에 입력되며, mean과 stddev 프로퍼티들은 각각 평균과 표준 편차를 계산한다.

이 클래스의 cleanse( ) 메소드는 데이터 변환을 처리한다. 유효하지 않은 데이터가 입력될 경우, 예외를 발생시키는 대신에 필터링하도록 기능을 확장할 수도 있다. 더 복잡한 데이터 변환을 처리하려면 이 메소드를 재정의해야 한다.

통계 처리 객체들을 포함하는 컬렉션이 생성됐다. 이번 예제에서는 컬렉션에 포함된 두 개 항목이 모두 SimpleStats 클래스의 인스턴스지만, 현실 세계에서는 대체로 더 많은 클래스들이 요구되므로 통계 처리 객체의 컬렉션은 더 복잡해진다.

이 컬렉션은 데이터의 각 행에 적용된다. for문은 매핑의 키를 사용하는데, 이 키는 열의 이름으로서 각 열의 데이터를 이에 대응되는 통계 처리 객체와 연관시킨다.

지연 계산해야 하는 통계 요약 값들이 있다. 예를 들어, 이상치를 찾기 위해서는 일반적으로 중앙값, 중앙값에서의 절대 편차, 이러한 절대 편차의 중앙값이 모두 계산돼야 한다. '이상치를 찾아내는 방법' 레시피를 참조하자. 최빈값을 계산하려면 모든 데이터 값을 Counter 객체에 누적해야 한다.

부연 설명

이번 레시피에서는 열이 서로 완전히 독립적이라고 암묵적으로 가정했다. 하지만 여러 개의 열을 합쳐서 추가적인 데이터 항목을 도출해야 할 경우가 있다. 이번 예제에 적용한다면, SimpleStats 클래스의 다른 인스턴스를 가리키는 참조를 포함하도록 클래스 정의가 복잡해져야 한다. 또한 열의 처리 순서가 각 열 간의 의존 관계를 따라야 한다.

8장의 '제네레이터식을 조합해 사용하는 방법' 레시피에서 봤듯이 처리 파이프라인에는 데이터 보충과 파생 값 계산 등도 포함될 수 있으며, 열의 처리 순서는 이런 점들 때문에 더욱 제약을 받는다. 이 문제를 처리하는 한 가지 방법은 관련 있는 다른 객체에 대한 참조를 제공하는 것이다. 따라서 다음에 설명하는 것처럼 클래스 정의가 조금 복잡해진다.

우선, 날짜 열과 시간 열을 구분해서 처리하도록 두 개의 클래스를 정의할 것이다. 그리고 이 둘을 합쳐서 타임스탬프 열을 생성할 것이다.

다음 클래스는 날짜 열만을 처리한다.

```
class DateStats:
    def cleanse(self, value):
        return datetime.datetime.strptime(date, '%Y-%m-%d').date()
    def add(self, value):
        self.current = self.cleanse(value)
```

DateStats 클래스는 add() 메소드를 구현한다. 이는 데이터를 정제하고 현재의 값을 유지한다. 시간 열에 대해서도 비슷하게 클래스를 정의할 수 있다.

```
class TimeStats:
    def cleanse(self, value):
        return datetime.datetime.strptime(date, '%H:%M:%S').time()
    def add(self, value):
        self.current = self.cleanse(value)
```

TimeStats 클래스 역시 add() 메소드만 구현한다. 입력 데이터를 정제하고 현재 값을 유지하는 점은 동일하다.

DateStats와 TimeStats 클래스의 결과에 의존하는 클래스는 다음과 같다. DateStats와 TimeStats 객체의 current 속성을 사용해 현재 값들을 얻어온다.

```
class DateTimeStats:
    def __init__(self, date_column, time_column):
        self.date_column = date_column
        self.time_column = time_column
    def add(self, value=None):
        date = self.date_column.current
        time = self.time_column.current
        self.current = datetime.datetime.combine(date, time)
```

이 DateTimeStats 클래스는 두 객체의 결과를 조합하므로, DateStats 클래스의 인스턴스와 TimeStats 클래스의 인스턴스가 둘 다 있어야 한다. 이 두 객체들의 current 속성으로부터 현재 값을 얻을 수 있기 때문이다.

DateTimeStats의 add() 메소드 구현에 value 매개변수가 사용되지 않는 것에 주목하자. value를 인수로서 입력받는 것이 아니고, 두 개의 다른 객체로부터 값을 얻어온다. 따라서 두 개의 다른 열이 (계산되는 값을 포함하는 열보다) 먼저 처리돼야 한다.

현재 값이 존재하는지 확인하기 위해 각 행을 처리할 때 추가 코드가 작성돼야 한다. 기본적인 날짜와 시간 처리는 특정 열로 매핑된다.

```
date_stats = DateStats()
time_stats = TimeStats()
column_stats = {
    'date': date_stats,
    'time': time_stats
}
```

이 column_stats 매핑은 각 데이터 행에 두 개의 기초 데이터 정제 연산을 적용하는 데 사용된다. 하지만 기초 데이터가 준비된 후에 파생 데이터도 계산해야 한다.

따라서 다음과 같이 코드를 작성해야 한다.

```
datetime_stats = DateTimeStats(date_stats, time_stats)
derived_stats = {
    'datetime': datetime_stats
}
```

date_stats와 time_stats라는 두 개의 통계 처리 객체에 의존하는 DateTimeStats의 인스턴스를 생성했다. 이 객체의 add( ) 메소드는 두 개의 객체로부터 현재 값을 가져온다. 필요하다면 (계산을 통해 값이 얻어지는) 다른 열도 이 매핑에 추가할 수 있다.

이 derived_stats 매핑은 요약 값을 계산하고 분석하는 통계 처리 연산에 사용될 수 있다. 전체 루프는 2단계로 나눠진다.

```
for item in series_data:
    for column_name in column_stats:
        column_stats[column_name].add(item[column_name])
    for column_name in derived_stats:
        derived_stats[column_name].add( )
```

먼저 입력 데이터에 존재하는 열에 대해 통계 값을 계산하고, 그다음에는 계산을 통해 값이 구해지는 열에 대한 통계 값을 계산한다. 두 개의 매핑만 사용하도록 깔끔하게 구성돼 있으며, 다른 클래스를 사용하고 싶으면 column_stats와 derived_stats 매핑의 내용을 변경한다.

map() 사용하기

for문을 사용해 통계 객체를 열에 적용하는 방법 대신에 제네레이터식을 사용할 수 있으며, 심지어 map( ) 함수를 사용할 수도 있다. map( ) 함수에 대한 자세한 설명은 8장의 '맵과 리듀스를 조합하는 방법' 레시피를 참조하자.

다음과 같은 데이터 컬렉션이 주어졌다고 하자.

```
data_gathering = {
    'x': lambda value: x_stats.add(value),
    'y': lambda value: y_stats.add(value)
}
```

객체 대신에 객체의 add( ) 메소드를 데이터 값에 적용하는 함수를 정의했다.

이러한 컬렉션이 주어지면, 다음과 같이 제네레이터식을 사용할 수 있다.

```
[data_gathering[k](row[k]) for k in data_gathering)]
```

data_gathering[k] 함수를 행에 들어있는 값 k에 적용하고 있다.

참고 사항

- 이번 레시피의 내용과 관련해서 6장의 '연산 처리 위주의 클래스를 설계하는 방법' 레시피와 '프로퍼티로 지연 계산을 구현하는 방법' 레시피를 살펴보면 도움이 될 것이다.

11 테스트

이번 장에서 살펴볼 레시피들은 다음과 같다.

- 닥스트링을 테스트에 활용하는 방법
- 예외를 발생시키는 함수를 테스트하는 방법
- `doctest`와 관련된 문제들을 해결하는 방법
- 테스트 모듈과 패키지를 별도로 생성하는 방법
- `unittest` 테스트와 `doctest` 테스트를 함께 사용하는 방법
- 날짜 또는 시간과 관련된 테스트
- 무작위성을 포함하는 테스트
- 외부 자원을 모방하는 방법

소개

테스트는 실제로 동작하는 소프트웨어를 만들어내려면 꼭 거쳐야 하는 과정이다. 다음 문구는 테스트의 중요성을 가장 잘 표현하고 있다.

> 자동화된 테스트가 불가능하다면 그 기능은 존재하지 않는 것이나 마찬가지다.

이 문구는 켄트 벡Kent Beck의 『Extreme Programming Explained: Embrace Change』(Addison-Wesley Professional, 1999)에서 발췌한 것이다.

테스트는 다음과 같이 구분할 수 있다.

- 단위 테스트: 독립적인 소프트웨어 단위(함수, 클래스, 모듈)에 적용된다. 다른 소프트웨어 단위와 분리해 테스트한다.
- 통합 테스트: 소프트웨어 단위들이 정상적으로 통합되는지 확인한다.
- 시스템 테스트: 애플리케이션이나 애플리케이션들이 서로 연관된 시스템을 테스트한다. 소프트웨어 컴포넌트들이 전체적으로 정상 동작하는지 확인하는 작업이며, 소프트웨어를 인수해도 되는지 판단한다.
- 성능 테스트: 소프트웨어 단위가 성능 목표를 만족하는지 확인한다. 메모리, 스레드, 파일 디스크립터 등의 자원에 대한 연구가 포함된다. 소프트웨어가 시스템 자원을 적절히 사용하는지 확인하는 것이 목적이다.

파이썬은 두 개의 테스트용 프레임워크를 내장하고 있다. 하나는 `>>>` 프롬프트를 포함하는 닥스트링 예제 코드를 조사하는 것이며, `doctest` 도구라고 부른다. 단위 테스트에 널리 사용되며, 간단한 통합 테스트에도 사용될 수 있다.

다른 하나는 `unittest` 모듈의 클래스 정의들을 사용하는 방법이다. 이 모듈의 `TestCase` 클래스는 주로 단위 테스트용으로 설계된 것이지만 통합 및 성능 테스트에도 적용될 수 있다.

물론 두 개의 프레임워크를 함께 사용할 수도 있다. 동시 사용을 허용하는 기능들을 포함하고 있기 때문이다. 특히 `unittest` 패키지의 테스트 적재 프로토콜을 활용해 모든 테스트 코드를 병합하는 경우가 많다.

`nose2`나 `py.test` 등의 도구를 사용해 테스트 검색을 자동화하거나, 테스트 케이스 범위를 추가할 수도 있다. 이러한 도구들은 특히 복잡한 애플리케이션에서 활용도가 높다.

이번 장에서는 주로 Given-When-Then 스타일로 테스트 케이스를 나타낼 것이다.

- Given: 최초의 상태 또는 컨텍스트
- When: 어떤 동작의 수행이 요청됨
- Then: 테스트 중인 컴포넌트는 어떤 결과 또는 상태 변경이 예상됨

닥스트링을 테스트에 활용하는 방법

파이썬은 고맙게도 모든 모듈, 클래스, 함수, 메소드 정의에 닥스트링(또는 문서화 문자열)을 포함하고 있다. 덕분에 많은 도구들이 닥스트링으로부터 유용하고 유익한 문서화를 생성할 수 있다.

문서화 문자열의 중요한 요소 중 하나가 예제 코드다. 예제 코드는 일종의 단위 테스트 케이스 역할을 한다. 예제 코드는 단위, 요청, 응답을 보여주므로, Given-When-Then 테스트 모델과도 잘 어울린다.

예제 코드를 테스트 케이스로 어떻게 전환할 수 있을까?

준비

간단한 클래스 정의와 함수 정의를 살펴보자. 이 클래스와 함수는 테스트에 사용될 예제 코드를 포함하는 문서화 문자열을 포함할 것이다.

두 숫자의 이항 계수를 계산하는 함수를 작성한다고 하자. 이 함수는 n개 중에서 k개를 선택하는 조합의 개수를 반환한다. 예를 들어, 52장의 카드에서 5장을 고르는 경우의 수는 다음과 같이 계산된다.

$$\binom{n}{k} = \frac{n!}{k! \times (n - k!)}$$

이 식을 계산하는 함수를 다음과 같이 작성할 수 있다.

```
from math import factorial
def binom(n: int, k: int) -> int:
    return factorial(n) // (factorial(k) * factorial(n-k))
```

이 함수는 간단한 계산을 수행하고 값을 반환한다. 내부 상태를 갖지 않기 때문에 상대적으로 테스트하기 쉬우며, 단위 테스트 도구를 보여주는 예제로서 사용되기에 적합하다.

평균값과 중앙값을 지연 계산하는 클래스도 살펴보자. 이 클래스는 최빈값 계산을 위해 내부적으로 Counter 객체를 사용한다.

```
from statistics import median
from collections import Counter

class Summary:

    def __init__(self):
        self.counts = Counter()

    def __str__(self):
        return "mean = {:.2f}\nmedian = {:d}".format(
        self.mean, self.median)

    def add(self, value):
        self.counts[value] += 1

    @property
    def mean(self):
        s0 = sum(f for v,f in self.counts.items())
        s1 = sum(v*f for v,f in self.counts.items())
        return s1/s0

    @property
    def median(self):
        return median(self.counts.elements())
```

add( ) 메소드는 이 객체의 상태를 변경한다. 이처럼 상태 변경이 일어나기 때문에 Summary 클래스의 인스턴스가 어떻게 동작하는지 보여주기 위해 정교한 예제 코드를 작성할 필요가 있다.

예제 구현

이번 레시피는 두 가지 경우를 나눠서 설명한다. 하나는 상태 저장이 없는 경우로서 binom( ) 함수를 예제로 사용한다. 다른 하나는 상태 저장이 있는 경우로서 Summary 클래스를 예제로 사용할 것이다.

1. 문서화 문자열에 예제 코드를 포함시킨다.
2. doctest 모듈을 프로그램으로서 실행한다. 방법은 두 가지다.
   - 명령 프롬프트에서 다음과 같이 입력한다.

     ```
     $ python3.5 -m doctest code/ch11_r01.py
     ```

     예제 코드가 테스트를 통과하면 아무것도 출력되지 않는다. -v 옵션을 사용하면 테스트를 통과하더라도 세부 메시지가 출력될 것이다.
   - __name__ == '__main__'을 포함시킨다. doctest 모듈을 임포트해서 testmod( ) 함수를 실행한다.

     ```
     if __name__ == '__main__':
         import doctest
         doctest.testmod()
     ```

     예제 코드가 테스트를 통과하면 아무것도 출력되지 않는다. testmod( ) 함수 호출 시에 verbose=1 인수를 제공하면 테스트를 통과하더라도 세부 메시지가 출력될 것이다.

상태 비저장 함수에 대한 예제 코드

1. 먼저 요약 문장을 작성한다.

```
'''이진 계수를 계산한다.
크기가 *k*인 그룹에서 *n*의 가능한 조합의 수를 보여준다.
```

2. 매개변수 정의를 포함시킨다.

```
:param n: 모집단의 크기
:param k: 각 부분집합의 크기
```

3. 반환 값 정의를 포함시킨다.

```
:returns: 가능한 모든 조합의 개수
```

4. >>> 프롬프트에서 함수를 사용할 때의 예제를 포함시킨다.

```
>>> binom(52, 5)
2598960
```

5. 문서화 문자열을 종료한다.

```
'''
```

상태 저장 객체에 대한 예제 코드 작성하기

1. 클래스의 문서화 문자열에 요약문을 작성한다.

```
'''요약 통계를 계산한다.

'''
```

   빈 줄에 예제 코드를 넣을 것이다.

2. 메소드의 문서화 문자열을 작성한다. 먼저 add( ) 메소드다.

```
def add(self, value):
    '''요약될 값을 추가한다.
    :param value: 컬렉션에 새로운 값을 추가한다.
    '''
    self.counts[value] += 1
```

3. 그다음은 mean( ) 메소드다.

```
@property
def mean(self):
    '''컬렉션의 평균을 계산한다.
    :return: 실수 자료형 평균값
    '''
    s0 = sum(f for v,f in self.counts.items())
    s1 = sum(v*f for v,f in self.counts.items())
    return s1/s0
```

median( ) 등의 다른 함수들에 대해서도 마찬가지로 문서화 문자열을 작성한다.

4. 클래스의 문서화 문자열에 두 개의 예제 코드를 추가한다. 첫 번째 예제는 add( ) 메소드다. 이 메소드는 값을 반환하지 않지만 객체의 상태를 변경한다. mean( ) 메소드는 이 상태를 외부로 드러낸다.

```
>>> s = Summary()
>>> s.add(8)
>>> s.add(9)
>>> s.add(9)
>>> round(s.mean, 2)
8.67
>>> s.median
9
```

round( )를 사용해 반올림한 것은 부동소수점 숫자를 그대로 표시할 경우 운영체제별로 다르게 표시될 수 있기 때문이다. doctest를 실행하면 테스트를 통과하므로 화면에 아무것도 표시되지 않는다.

두 번째 예제는 __str__( ) 메소드가 반환하는 결과를 보여준다.

```
>>> print(str(s))
mean = 8.67
median = 9
```

뭔가 제대로 동작하지 않으면 어떤 일이 일어날까? 예를 들어, 예상 결과 값을 의도적으로 오답으로 바꾼 다음에 doctest를 실행하면 다음과 같은 출력이 표시된다.

```
***********************************************************************
File "__main__", line ?, in __main__.Summary
Failed example:    s.medianExpected:
    10
Got:
    9
***********************************************************************
1 items had failures:
    1 of   6 in __main__.Summary
***Test Failed*** 1 failures.TestResults(failed=1, attempted=9)
```

어디서 오류가 발생했는지 알 수 있다. 예제 코드에서 예상했던 값과 실제로 계산된 값이 어떻게 다른지 보여준다.

예제 분석

doctest 모듈의 메인 프로그램(그리고 몇 개의 함수들)은 파이썬 파일에서 >>>를 검색한다. 모듈 검색 함수 testmod( )는 현재 모듈뿐 아니라 임의의 임포트된 모듈을 검색할 수 있다.

이 함수는 >>> 문자 패턴 및 명령의 실행 결과를 포함하는 텍스트 블록을 찾는다.

그리고 doctest 파서는 이 텍스트 블록으로부터 테스트 케이스 객체를 생성한다. 세 가지 경우로 나눌 수 있다.

- 응답 텍스트 없음: Summary 클래스의 add( ) 메소드가 이런 경우에 해당된다.
- 한 줄짜리 응답 텍스트: binom( ) 함수와 mean( ) 메소드가 이 경우에 해당된다.
- 두 줄 이상의 응답 텍스트: 후속 >>> 프롬프트 또는 빈 줄에 의해 구분될 수 있다. str( ) 메소드가 이 경우에 해당된다.

doctest 모듈은 >>> 프롬프트를 포함하는 행을 실행해서 실제 결과 값과 예상 결과 값을 비교한다. 비교 방법은 아주 간단한 텍스트 대조며, 특별한 주석이 사용된 것이 아닌 한 실제 결과와 예상 결과는 정확히 일치해야 한다.

이처럼 간단한 비교가 가능하기 위해서는 소프트웨어를 설계할 때 지켜야 하는 조건이 있다. >>> 프롬프트에서 실행할 수 있도록 함수와 클래스를 설계해야 하는 것이다. 문서화 문자열의 예제 코드에 복잡한 객체를 포함시키지 말고, 대화식 실행이 가능할 정도로 설계의 단순성이 유지돼야 한다. >>> 프롬프트에서 실행 가능하도록 소프트웨어 설계의 단순성을 유지하는 것은 여러모로 도움이 될 때가 많다.

결과 비교를 매우 단순하게 수행하기 때문에 화면 표시를 할 때는 약간의 고민이 필요할 수 있다. 평균값을 소수점 두 번째 자리로 반올림했음에 주목하자. 부동소수점 값의 표시가 플랫폼마다 조금씩 다르기 때문이다.

맥 OS X의 파이썬 3.5.1은 `8.666666666666666`을 표시하는 반면, (역시 맥 OS X의) 파이썬 2.6.9는 `8.6666666666666661`을 표시한다. 둘 다 소수점 16자리며 약 48비트로 표현된다.

예제 코드 비교와 관련된 문제점들에 대한 자세한 설명은 'doctest와 관련된 문제들을 해결하는 방법' 레시피를 참조한다.

부연 설명

테스트 시에 신경 써야 할 사항 중 하나가 경계 케이스edge case다. 경계 케이스란 극단적인 값이 계산에 사용되는 경우를 의미한다. 예를 들어, 이항 함수는 다음과 같이 두 개의 경계 케이스가 있다.

$$\binom{n}{0} = \binom{n}{n} = 1$$

경계 케이스를 예제 코드에 추가하면 구현의 정확성을 보장할 수 있다. `binom()` 예제 코드에 다음과 같이 경계 케이스를 추가할 수 있다.

```
def binom(n: int, k: int) -> int:
    '''이진 계수를 계산한다.
```

```
    *n*개 중에서 *k*개를 취할 때 가능한
    모든 조합의 수를 보여준다.

    :param n: 모집단의 크기
    :param k: 부분 집합의 크기

    :returns: 모든 조합의 수

    >>> binom(52, 5)
    2598960
    >>> binom(52, 0)
    1
    >>> binom(52, 52)
    1
    '''
    return factorial(n) // (factorial(k) * factorial(n-k))
```

어떤 경우에는 유효 범위 바깥의 값을 테스트할 필요가 있다. 다만 이런 경우는 문서화 문자열에 넣지 않는 것이 바람직하다. 정상적인 경우와 비정상적인 경우를 함께 포함시키는 것은 가독성을 떨어뜨리기 때문이다.

__test__라는 이름의 전역 변수에도 문서화 문자열의 테스트 케이스를 포함시킬 수 있다. 이 변수는 매핑 객체여야 하는데, 키는 테스트 케이스의 이름이고 값은 doctest 예제 코드다. 그리고 삼중 따옴표로 묶여야 한다.

하지만 문서화 문자열 내에 들어있지 않기 때문에 help() 내장 함수를 실행해도 화면에 표시되지 않는다. 소스 코드로부터 문서화를 생성하는 다른 도구들도 마찬가지다.

실제 사용 예는 다음과 같다.

```
 __test__ = {
'GIVEN_binom_WHEN_0_0_THEN_1':
'''
>>> binom(0, 0)
1
''',
}
```

매핑 키는 들여쓰기되지 않았지만 매핑 값은 네 개의 공백만큼 들여쓰기됐다. 따라서 키와 값이 쉽게 구분되고 찾기도 편리하다.

`doctest` 프로그램은 이 테스트 케이스를 발견하면 전체 테스트 집합에 포함시킨다. 따라서 테스트용으로 쓰일 수 있지만, 문서화 수단으로서의 역할은 하지 못한다.

참고 사항

- '예외를 발생시키는 함수를 테스트하는 방법' 레시피와 'doctest와 관련된 문제들을 해결하는 방법' 레시피에서 `doctest`와 관련된 두 가지 기법을 추가로 살펴볼 것이다. 이 기법들은 예외가 포함하는 추적 메시지의 객체 ID가 프로그램 실행 시마다 달라지기 때문에 중요하다.

예외를 발생시키는 함수를 테스트하는 방법

파이썬은 고맙게도 모든 모듈, 클래스, 함수, 메소드 정의에 문서화 문자열을 포함하고 있으며, 덕분에 많은 도구들이 닥스트링으로부터 유용하고 유익한 문서화를 생성할 수 있다.

문서화 문자열의 중요한 요소 중 하나가 예제 코드다. 예제 코드는 일종의 단위 테스트 케이스가 되기 때문이다. `doctest`는 예상 결과와 실제 결과를 문자열 그대로 비교한다.

하지만 예제 코드에서 발생한 예외가 보여주는 추적 메시지는 항상 똑같지는 않다. 테스트가 실행되는 상황별로 매번 다른 객체 ID 또는 행 번호가 포함될 수 있기 때문이다. 따라서 단순한 문자열 비교 규칙은 예외가 발생한 경우에는 적절하지 않다.

예외 처리 및 추적 메시지를 적절한 테스트 케이스로 변환하려면 어떻게 해야 할까?

준비

간단한 클래스 및 함수 정의를 살펴보자. 이 클래스와 함수는 테스트에 사용될 예제 코드를 포함하는 문서화 문자열을 포함한다.

두 숫자의 이항 계수를 계산하는 함수가 있다고 하자. 이 함수는 *n*개 중에서 *k*개를 취할 수 있는 조합의 개수를 반환한다. 예를 들어, 52장의 카드에서 5장을 고르는 경우의 수는 다음과 같이 계산된다.

$$\binom{n}{k} = \frac{n!}{k! \times (n - k!)}$$

이 식을 계산하는 함수는 다음과 같이 작성할 수 있다.

```
from math import factorial
def binom(n: int, k: int) -> int:
    '''
    이진 계수를 계산한다.
    *n*개 중에서 *k*개를 취할 때 가능한
    모든 조합의 수를 보여준다.

    :param n: 모집단의 크기
    :param k: 부분 집합의 크기

    :returns: 모든 조합의 수
    >>> binom(52, 5)
    2598960
    '''
    return factorial(n) // (factorial(k) * factorial(n-k))
```

이 함수는 간단한 계산을 수행하고 값을 반환한다. 이제, 예상 범위 밖의 값이 입력됐을 때를 대비해서 __test__ 전역 변수에 테스트 케이스들을 추가해보자.

예제 구현

1. __test__ 전역 변수를 작성한다.

```
__test__ = {

}
```

테스트 케이스를 삽입하기 위해 의도적으로 공간을 남겨뒀다.

2. 테스트 케이스별로 예제 코드의 이름과 자리 표시자를 지정한다.

```
__test__ = {
'GIVEN_binom_WHEN_wrong_relationship_THEN_error':
'''
    여기에 예제 코드를 작성한다.
''',
}
```

3. doctest 지시어인 IGNORE_EXCEPTION_DETAIL을 포함시킨다. '여기에 예제 코드를 작성한다.'를 대체한다.

```
>>> binom(5, 52) # doctest : + IGNORE_EXCEPTION_DETAIL
```

지시어는 # doctest:로 시작한다. +로 활성화되고, -로 비활성화된다.

4. 조금 전에 작성한 >>> 문에 이어서 실제 추적 메시지를 작성한다. 이 메시지 역시 '여기에 예제 코드를 작성한다.'를 대체한다.

```
Traceback (most recent call last):
  File
"/Library/Frameworks/Python.framework/Versions/3.5/lib/python3.5/
doctest.py",
line 1320, in __run
    compileflags, 1), test.globs)
  File "<doctest
__main__.__test__.GIVEN_binom_WHEN_wrong_relationship_THEN_error[0]>",
line 1, in <module>
    binom(5, 52)
  File "/Users/slott/Documents/Writing/Python Cookbook/code/ch11_r01.py",
```

```
line 24, in binom
    return factorial(n) // (factorial(k) * factorial(n-k))
ValueError: factorial() not defined for negative values
```

5. File...로 시작하는 세 개의 행은 무시된다. ValueError: 행은 테스트가 예상대로 예외를 생성하는지 확인한다.

전체 코드는 다음과 같다.

```
__test__ = {
'GIVEN_binom_WHEN_wrong_relationship_THEN_error': '''
    >>> binom(5, 52)  # doctest: +IGNORE_EXCEPTION_DETAIL
    Traceback (most recent call last):
      File
  "/Library/Frameworks/Python.framework/Versions/3.5/lib/python3.5/doctest.py ",
line 1320, in __run
        compileflags, 1), test.globs)
      File "<doctest
  __main__.__test__.GIVEN_binom_WHEN_wrong_relationship_THEN_error[0]>", line 1,
in <module>
        binom(5, 52)
        File "/Users/slott/Documents/Writing/Python Cookbook/code/ch11_r01.py",
line 24, in binom
        return factorial(n) // (factorial(k) * factorial(n-k))
    ValueError: factorial() not defined for negative values
'''
}
```

이제 다음의 명령을 사용해 전체 모듈의 기능을 테스트할 수 있다.

```
python3.5 -R -m doctest ch11_r01.py
```

예제 분석

doctest 파서의 지시어들은 테스트 동작을 수정하는 목적으로 사용된다. 이 지시어들은 테스트 동작을 수행하는 코드에 특별한 주석으로서 포함된다.

예외를 포함하는 테스트를 다루는 두 가지 방법이 있다.

- # doctest: +IGNORE_EXCEPTION_DETAIL 지시어와 함께 추적 메시지 전체를 지정한다. 추적 메시지의 세부 정보들은 무시되고 마지막 행만 예상 결과와 대조된다. 따라서 실제 오류를 복사해 문서화에 쉽게 붙여 넣을 수 있다.
- # doctest: +ELLIPSIS 지시어를 사용해 추적 메시지 일부를 ....로 대체할 수 있다. 역시 세부 정보들은 무시되고 실제 오류를 포함하는 마지막 행에 초점을 맞춘다.

두 번째 방법을 사용할 경우, 다음과 같이 테스트 케이스를 포함시킬 수 있다.

```
'GIVEN_binom_WHEN_negative_THEN_exception':
'''
    >>> binom(52, -5)  # doctest: +ELLIPSIS
    Traceback (most recent call last):
    ...
     ValueError: factorial() not defined for negative values
''',
```

이 테스트 케이스는 +ELLIPSIS 지시어를 사용하고 있다. 추적 메시지의 세부 정보는 불필요하므로 ....로 대체됐다. 실제 발생한 예외 메시지와 예상됐던 예외 메시지를 정확히 대조하는 데 필요한 부분은 그대로 남아있다.

doctest는 첫 행과 마지막 행 사이의 내용은 전부 무시할 것이다. 일반적으로 테스트할 때 가장 중요한 부분은 마지막 행이다. 중간 텍스트들은 테스트가 실행된 상황에 따라 달라지기 때문이다.

부연 설명

몇 가지 중요한 doctest 지시어들은 다음과 같다.

- +ELLIPSIS: 세부 정보를 ....로 바꾼다. 따라서 예상 결과를 일반화할 수 있다.
- +IGNORE_EXCEPTION_DETAIL: 예상 결과에 추적 메시지 전체를 포함시킨다. 메시지의 대부분은 무시되며 마지막 행만 검사된다.
- +NORMALIZE_WHITESPACE: 이 플래그를 사용하면 예상 결과에서 공백을 유연하게 사용할 수 있다. 가독성을 높이기 위해 여러 행으로 나누거나 파이썬 표준 규칙과는 조금 다르게 간격을 가질 수 있다.
- +SKIP: 테스트를 건너뛴다. 미래의 버전용으로 설계된 테스트에 대해 이 지시어가 사용되곤 한다. 기능이 완전히 구현되지 않았음에도 향후의 개발 진행을 위해 포함된 테스트에 대해 이 지시어가 사용된다.
- +DONT_ACCEPT_TRUE_FOR_1: 파이썬 2 버전과의 호환성을 위한 지시어다. 파이썬 언어는 True와 False 값이 추가되기 전에는 1과 0을 대신 사용했었는데, 이 지시어가 사용되면 doctest의 알고리즘은 예상 결과와 실제 결과를 비교할 때 이 구식 스키마를 존중해 True와 1을 대조할 것이다. 명령행에서도 -o DONT_ACCEPT_TRUE_FOR_1을 사용해 이 지시어를 사용할 수 있다. 한 번 이 방식이 지정되면 이후의 모든 테스트에 공통적으로 적용된다.
- +DONT_ACCEPT_BLANKLINE: 원칙적으로, 빈 행이 오면 예제 코드가 끝난다. 따라서 예제 코드의 결과에 빈 행이 포함될 경우, 특수한 구문인 <blankline>이 사용돼야 한다. 이 구문은 빈 행이 나타나도 예제 코드가 끝나지 않게 된다. 하지만 아주 드물게, 예상 결과에 <blankline> 문자열 자체가 포함되는 경우가 있는데, 이럴 때는 <blankline>이 공백 행을 나타내는 것이 아니라 문자열 그 자체를 나타내고 있음을 가리키기 위해 이 지시어를 사용할 수 있다. doctest 모듈 자체에 대한 테스트 코드를 작성할 때 아마도 필요할 것이다.

이 지시어들은 testmod() 또는 testfile() 함수를 실행할 때 optionsflags 매개변수로서 제공될 수 있다.

참고 사항

- doctest에 대한 기본적인 설명은 '닥스트링을 테스트에 활용하는 방법' 레시피를 참조한다.
- doctest 지시어를 필요로 하는 다른 특수한 경우들에 대해서는 'doctest와 관련된 문제들을 해결하는 방법' 레시피를 참조한다.

doctest와 관련된 문제들을 해결하는 방법

파이썬은 고맙게도 모든 모듈, 클래스, 함수, 메소드 정의에 문서화 문자열을 포함하고 있다. 덕분에 수많은 도구들이 문서화 문자열을 사용해서 유용한 정보를 풍부하게 포함하는 문서화를 생성할 수 있다.

문서화 문자열의 중요한 요소 중 하나가 예제 코드다. 예제 코드는 일종의 단위 테스트 케이스가 되기 때문이다. doctest는 예상 결과와 실제 결과를 문자열 그대로 비교한다. 하지만 참조될 때마다 값이 달라지는 객체들이 있다.

예를 들어, 객체의 해시 값은 무작위로 생성된다. 따라서 세트 항목들의 순서 또는 딕셔너리 키의 순서는 일정하지 않다. 이 경우, 테스트 케이스 예제의 결과를 작성할 때 다음의 방법들을 사용할 수 있다.

- 무작위 생성을 감안해 테스트를 작성한다. 정렬된 자료 구조로의 변환을 수행하는 코드가 포함될 때가 많다.
- PYTHONHASHSEED 환경 변수에 특정 값을 지정한다.
- 해시 무작위 생성을 비활성화하기 위해 -R 옵션과 함께 파이썬을 실행한다.

딕셔너리 키나 세트 항목의 순서는 상대적으로 단순한 문제고, 다음과 같이 좀 더 복잡한 문제들도 고려해야 할 때가 많다.

- id( )와 repr( ) 함수가 드러내는 내부 객체 ID의 값에 어떤 보장도 할 수 없다.
- 부동소수점 값은 플랫폼에 따라 다를 수 있다.
- 현재 날짜와 시간은 테스트 케이스에서 의미가 없다.
- 기본 시드를 사용하는 난수는 예측하기 어렵다.
- 운영체제 자원이 존재하지 않거나 적절한 상태가 아닐 수 있다.

처음 두 개의 문제는 이번 레시피에서 해결 방안을 설명하고, 현재 날짜와 시간 문제 및 난수 문제는 '날짜 또는 시간과 관련된 테스트' 레시피와 '무작위성을 포함하는 테스트' 레시피에서 각각 다룰 것이다. 마지막으로 운영체제 자원과 관련된 문제는 '외부 자원을 모방하는 방법' 레시피에서 해결책이 제시될 것이다.

doctest 예제를 사용하기 위해서는 예상 결과와 실제 결과가 정확히 일치해야만 한다. 그렇다면 무작위로 생성되는 해시 값 또는 부동소수점 수 구현을 포함하는 doctest 예제 코드를 제대로 작성하기 위해서는 어떻게 해야 할까?

준비

'CSV 모듈을 사용해 구분자를 갖는 파일을 읽는 방법' 레시피에서는 csv 모듈이 입력 행마다 매핑 객체를 생성하면서 데이터를 읽어오는 것을 배웠다. 이때 예제 데이터로서 사용된 것은 항해 일지를 나타내는 CSV 파일이었으며 이 파일의 이름은 waypoints.csv였다.

DictReader 클래스는 다음과 같은 행을 생성했다.

```
{
 'date': '2012-11-27',
 'lat': '32.8321666666667',
 'lon': '-79.9338333333333',
 'time': '09:15:00'}
```

이러한 결과가 생성될 경우, doctest를 사용하기가 매우 곤란하다. (해시가 무작위로 생성되므로) 딕셔너리 키의 순서가 매번 달라지기 때문이다.

딕셔너리를 포함하는 doctest 예제 코드를 실제로 작성해보면, 다음과 같은 문제를 자주 접할 수 있다.

```
Failed example:
    next(row_iter)
Expected:
    {'date': '2012-11-27', 'lat': '32.8321666666667',
    'lon': '-79.9338333333333', 'time': '09:15:00'}
Got:
    {'lon': '-79.9338333333333', 'time': '09:15:00',
    'date': '2012-11-27', 'lat': '32.8321666666667'}
```

예상 결과와 실제 결과가 정확히 일치함에도 불구하고 딕셔너리 표현은 그렇지 않다. 키의 순서가 다르기 때문이다.

이번 레시피에서는 부동소수점 수를 반환하는 다음의 함수도 사용한다.

$$\phi(n) = \frac{1}{2}\left[1 + erf\left(\frac{n}{\sqrt{2}}\right)\right]$$

표준 Z-점수에 대한 누적 확률 밀도 함수로서, 어떤 변수를 정규화하면 이 변수에 대한 Z-점수의 평균은 0, 표준 편차는 1이 된다. 정규화된 Z-점수에 대한 자세한 설명은 8장의 '부분 함수를 작성하는 방법' 레시피를 참조한다.

이 함수는 모집단 중에서 특정 Z-점수보다 작은 값의 비율을 알려준다. 예를 들어 $\Phi(0)=0.5$다. 즉, 모집단의 절반이 0 이하의 Z-점수를 가진다.

이 함수를 테스트할 때, 예제 코드는 다소 복잡한 처리를 필요로 한다. 부동소수점 수의 정밀도와 관련된 문제를 고려해야 하기 때문이다.

예제 구현

먼저 매핑 키와 세트 항목 순서에 관련된 문제를 살펴보고, 그다음에 부동소수점 수와 관련된 문제를 다룬다.

매핑 또는 세트와 관련된 doctest 예제 코드 작성하기

1. 필요한 라이브러리를 임포트하고 함수를 정의한다.

```
import csv
def raw_reader(data_file):
    """
    파일로부터 데이터를 읽는다.

    :param data_file: 처리 대상 데이터를 포함하는 파일
    :returns: 딕셔너리 행을 순회하는 이터레이터

    Example:

    """
    data_reader = csv.DictReader(data_file)
    for row in data_reader:
        yield row
```

   예제 코드를 문서화 문자열에 포함시켰다.

2. 실제 데이터 파일을 io 패키지의 StringIO 클래스의 인스턴스로 대체한다. 값이 바뀌지 않는 표본 데이터를 예제 코드에 제공하기 위한 것이다.

```
>>> from io import StringIO
>>> mock_file = StringIO('''lat,lon,date,time
... 32.8321,-79.9338,2012-11-27,09:15:00
... ''')
>>> row_iter = iter(raw_reader(mock_file))
```

3. 다음 코드가 테스트 케이스가 된다. 키의 순서가 제각각이라서 제대로 동작하지 않을 것이다. 하지만 그다지 어렵지 않게 개선할 수 있다.

```
>>> row = next(row_iter)
>>> row
{'time': '09:15:00', 'lat': '32.8321', etc. }
```

이하의 출력은 테스트 실행 시마다 달라지므로 생략됐다.

키의 순서를 고정시키려면 다음과 같이 코드를 작성해야 한다.

```
>>> sorted(row.items())  # doctest: +NORMALIZE_WHITESPACE
[('date', '2012-11-27'), ('lat', '32.8321'),
('lon', '-79.9338'), ('time', '09:15:00')]
```

이제 일관된 순서로 정렬된다.

부동소수점 수와 관련된 doctest 예제 코드 작성하기

1. 필요한 라이브러리를 임포트하고 함수를 정의한다.

```
from math import *
    def phi(n):
    """
    표준 정규 분포에 대한 누적 분포 함수

    :param n: 표준 편차의 수
    :returns: n 이하 값들의 누적 비율

    Examples:
    """
    return (1+erf(n/sqrt(2)))/2
```

문서화 문자열에 예제 코드를 넣기 위한 공간을 남겨뒀다.

2. 각 예제마다 round( )를 명시적으로 사용한다.

```
>>> round(phi(0), 3)
0.399
>>> round(phi(-1), 3)
0.242
>>> round(phi(+1), 3)
0.242
```

반올림하는 것은 플랫폼별로 다른 부동소수점 구현 때문에 결과가 틀린 것처럼 보이지 않도록 하기 위해서다.

예제 분석

해시는 무작위로 생성되므로 딕셔너리에 사용되는 해시 키를 예측할 수는 없다. 해시 무작위 생성은 보안상 중요하며, 서비스 거부DoS, Denial-of-Service 공격에 도움이 된다. 자세한 설명은 http://www.ocert.org/advisories/ocert-2011-003.html을 참조한다.

순서가 고정되지 않은 딕셔너리 키를 사용할 수 있는 두 가지 방법이 있다.

- 각 키마다 별도의 테스트 케이스를 작성한다.

```
>>> row['date']
'2012-11-27'
>>> row['lat']
'32.8321'
>>> row['lon']
'-79.9338'
>>> row['time']
'09:15:00'
```

- 순서가 고정된 자료 구조로 변환한다. `row.items()` 함수는 키, 값 쌍의 순회 가능 시퀀스를 반환하며, 여기에 `sorted()` 함수를 사용해 순서를 고정할 수 있다.

```
>>> sorted(row.items())
```

키가 순서대로 정렬된 리스트가 반환될 것이다. 따라서 테스트 실행 시마다 언제나 같은 값을 생성할 수 있다.

대부분의 부동소수점 구현은 충분히 일관적이지만, 부동소수점 수의 마지막 몇 비트가 어떤 값을 가질지는 보장할 수 없다. 53비트가 전부 동일한 값이리라 믿기보다는 문제 해결에 충분한 자릿수로 반올림하는 편이 훨씬 낫다.

대부분의 최신 프로세서에서 부동소수점 값은 32비트 또는 64비트 값이다. 32비트 값은 일곱 자리의 10진수이므로, 여섯 자리가 넘지 않도록 반올림하는 것이 무난하다.

여섯 자리로 반올림하는 것이 round(x, 6)을 사용함을 의미하지는 않는다. round( ) 함수는 자릿수를 보존하지 않는다. 즉 소수점 이하 자릿수로 반올림하며, 소수점 왼쪽의 자릿수는 고려하지 않는다. 10^{12} 수준에서 소수점 이하 여섯 자리까지 반올림하면 18자리가 되는데, 32비트 값으로는 너무 많다. 10^{-7} 수준에서 소수점 이하 여섯 자리까지 반올림하면 값은 0이 된다.

부연 설명

세트 객체를 다룰 때도 항목의 순서에 주의를 기울여야 한다. 일반적으로 sorted( )를 사용해 세트를 리스트로 변환하면서 순서를 지정할 수 있다.

파이썬에서 딕셔너리 객체는 놀라울 정도로 많은 곳에서 사용된다.

- **를 사용해 인수 값들의 딕셔너리를 함수에 제공할 수 있다. 인수의 순서는 보장할 수 없다.
- vars( ) 함수를 사용해 지역 변수 또는 객체 속성으로부터 딕셔너리를 생성할 때, 딕셔너리 내 항목들의 순서는 보장할 수 없다.
- 클래스 정의의 인트로스펙션introspection 기능을 사용하는 프로그램을 작성할 때, 메소드들은 클래스 수준의 딕셔너리 객체 내에 정의된다. 따라서 메소드의 순서를 예측할 수 없다.

신뢰할 수 없는 테스트 케이스가 있을 때 그 이유를 찾아보면, 딕셔너리가 사용되는 것이 원인일 때가 많다. 테스트가 무작위로 통과하거나 혹은 실패한다면 해시 무작위화에 기반한 결과 값 생성이 원인일 가능성이 높다. 이 문제를 해결하려면 키를 추출한 후 정렬할 필요가 있다.

또는 다음과 같은 명령행 옵션을 사용해 테스트를 실행하는 것도 한 가지 방법이다.

```
python3.5 -R -m doctest ch11_r03.py
```

ch11_r03.py에 대해 doctest가 실행될 때, 해시 무작위 생성이 해제될 것이다.

참고 사항

- '날짜 또는 시간과 관련된 테스트' 레시피를 참조한다. 특히 now( ) 메소드에 주의하자.
- '무작위성을 포함하는 테스트' 레시피에서는 random 모듈을 포함한 코드를 테스트하는 방법을 설명한다.

테스트 모듈과 패키지를 별도로 생성하는 방법

문서화 문자열의 예제 코드를 사용해 어떤 종류의 단위 테스트도 수행할 수 있다. 하지만 이 방법은 매우 지루한 반복 작업을 수반할 때가 자주 있다.

이럴 때, unittest 모듈을 사용하면 단순 예제보다 한 차원 높은 테스트를 할 수 있다. 이 모듈에는 테스트 케이스를 클래스로서 정의한 TestCase 클래스가 포함돼 있는데, TestCase의 서브클래스를 생성함으로써 매우 복잡하고 정교한 테스트 코드를 작성 가능하기 때문이다. 또한 동일한 테스트를 doctest보다 좀 더 간단하게 실행할 수 있을 때가 많다.

unittest 모듈은 문서화 문자열의 외부에 존재하는 테스트들을 패키지로 묶을 수도 있다. 이것은 문서화 문자열에 포함시키기에 적합하지 않은 경계 케이스의 테스트에 유용하다. 원칙적으로 doctest의 테스트 케이스들은 가장 일반적인 유스케이스(정상 경로happy path라고도 부름)로 한정되고, 그 밖의 테스트 케이스들에 대해서는 unittest를 사용하는 것이 일반적이다.

unittest 모듈을 사용해 어떻게 더욱 정교한 테스트 코드를 작성할 수 있을까?

준비

하나의 테스트는 Given-When-Then이라는 세 개의 요소로 구성된 이야기라고 볼 수 있다.

- Given: 초기 상태 또는 상황
- When: 어떤 동작이 요청됨
- Then: 테스트 중인 컴포넌트에 어떤 결과 또는 상태 변화가 예상됨

`TestCase` 클래스는 이러한 Given-When-Then 구조를 정확히 따르지 않고 두 개 부분으로 이뤄지므로, Given-When-Then 구조의 3요소를 `TestCase` 클래스에 어떻게 할당할지 고민하며 테스트를 설계해야 한다.

- `setUp()` 메소드는 테스트 케이스의 Given 요소를 반드시 구현해야 한다. 추가로, When 요소도 구현할 수 있다.
- `runTest()` 메소드는 Then 요소를 반드시 구현해야 한다. 추가로 When 요소도 구현할 수 있다. Then 요소의 결과 또는 상태 변화가 제대로 일어났는지 확인하기 위해 `TestCase` 클래스가 제공하는 확증assertion 메소드들이 사용된다.

어디에 When 요소를 구현할지는 재사용과 밀접한 관련이 있다. 대부분의 경우 When 요소에서 요청되는 동작은 다양하며, Then 요소와 결합해 하나의 정확한 연산을 정의한다. Given 요소는 `setUp()` 메소드에 구현되는 것이 일반적이며 `TestCase`의 서브클래스들에서 공유될 수 있다. 그리고 각 서브클래스는 When과 Then 요소를 구현한 자신만의 고유한 `runTest()` 메소드를 갖는다.

When 요소는 공통적인 부분과 테스트 케이스별로 달라지는 부분으로 분할되기도 한다. 이런 경우에는 When 요소의 일부는 `setUp()` 메소드에, 다른 일부는 `runTest()` 메소드에 정의된다.

이번 레시피에서는 몇 가지 기초적인 기술 통계 값을 계산하도록 설계된 클래스를 위한 테스트 코드를 작성할 것이다. 앞서 doctest 예제 코드보다 훨씬 크기가 큰 표본 데이터가 사용되며, 2~3개 정도가 아니라 수천 개의 데이터 포인트를 사용할 것이다.

지금 테스트하고자 하는 클래스 정의의 개요는 다음과 같다. 메소드들만 표시했으며, 나머지 코드는 '닥스트링을 테스트에 활용하는 방법' 레시피에서와 동일하다. 세부 구현은 모두 생략했으며, 단지 메소드 이름만 나열된 개요에 불과하다는 것에 주의하자.

```
from statistics import median
from collections import Counter

class Summary:
    def __init__(self):
        pass

    def __str__(self):
        '''두 줄 이상의 텍스트 요약을 반환한다.'''

    def add(self, value):
        '''요약될 값을 추가한다.'''

    @property
    def count(self):
        '''표본의 개수'''

    @property
    def mean(self):
        '''컬렉션의 평균'''

    @property
    def median(self):
        '''컬렉션의 중앙값'''
        return median(self.counts.elements())

    @property
    def mode(self):
        '''컬렉션의 항목들을 빈도수 내림차순으로 반환한다.
        '''
```

세부 구현에 신경 쓰지 않으므로 일종의 블랙박스 테스트라고 할 수 있다. 즉, 이 코드는 블랙박스다. 내부가 보이지 않는 것이다. 조금 전의 코드에서 세부 구현을 생략한 것도 이 점을 강조하기 위해서다.

이번 테스트의 목적은 수천 개의 표본 데이터를 사용해도 클래스가 정상 동작하는지 확인하는 것이다. 또 충분히 빠른 속도로 동작하는지도 확인하고 싶다. 따라서 이번 테스트는 단위 테스트이자 성능 테스트다.

예제 구현

1. 테스트 코드를 실제 동작하는 코드와 같은 모듈에 포함시킬 것이다. 테스트와 실제 코드를 함께 묶는 doctest의 패턴을 따르는 것이다. 테스트 클래스를 생성하기 위해 unittest 모듈을 사용한다.

   ```
   import unittest
   import random
   ```

   random 모듈은 입력 데이터를 무작위로 섞기 위한 것이다.

2. unittest.TestCase의 서브클래스를 생성한다. 테스트의 목적을 드러내는 이름을 이 서브클래스에 붙인다.

   ```
   class GIVEN_Summary_WHEN_1k_samples_THEN_mean(unittest.TestCase):
   ```

   이름이 아주 길다. 하지만 unittest가 TestCase의 서브클래스들을 자동으로 검색하기 때문에 이 긴 이름을 두 번 이상 입력할 필요는 없다.

3. Given 요소를 구현하는 setUp() 메소드를 정의한다. 테스트를 처리하는 컨텍스트가 생성된다.

   ```
   def setUp(self):
       self.summary = Summary()
       self.data = list(range(1001))
       random.shuffle(self.data)
   ```

   값이 0부터 1,000까지인 1,001개의 표본 데이터 컬렉션을 생성했다. 평균값은

500이고, 이 값은 중앙값이기도 하다. 데이터를 무작위 순서로 섞는다.

4. 테스트의 When 요소를 구현하는 runTest() 메소드를 정의한다. 이 메소드는 상태 변경을 수행한다.

```
def runTest(self):
    for sample in self.data:
        self.summary.add(sample)
```

5. 테스트의 Then 요소를 구현하는 확증 메소드들을 추가한다. 이 메소드들의 이름은 assert로 시작하며, 상태 변경이 제대로 이뤄졌는지 확인한다.

```
self.assertEqual(500, self.summary.mean)
self.assertEqual(500, self.summary.median)
```

6. 실행 편의를 위해 main 섹션을 추가한다.

```
if __name__ == "__main__":
    unittest.main()
```

이로써 명령행에서 테스트 코드를 실행할 수 있다.

예제 분석

이번 레시피는 unittest 모듈의 여러 기능들을 사용했다.

- TestCase 클래스는 한 개의 테스트 케이스를 정의한다. 이 클래스의 setUp() 메소드는 소프트웨어 단위를 생성하며, 요청을 생성하기도 한다. 요청을 수행하고 응답을 검사하려면 적어도 한 개의 runTest() 메소드가 있어야 한다.
  테스트 집합을 생성하는 데 필요하다면, 하나의 파일 내에 얼마든지 많은 수의 클래스 정의를 작성해도 된다. 간단한 클래스는 테스트 케이스가 몇 개에 불과하지만, 복잡한 모듈일 경우에는 수십 또는 수백 개에 이르는 테스트 케이스가 작성된다.
- unittest.main() 함수는 몇 가지 작업을 수행한다.
  - TestSuite 객체를 생성한다. 이 객체는 모든 TestCase 객체들을 포함할 것이다.

- 기본 로더로 모듈을 조사해 TestCase 인스턴스를 모두 찾는다. 그리고 이 인스턴스들은 TestSuite로 적재된다. 이 과정을 수정하거나 확장해서 사용할 때가 많다.
- TestSuite를 실행하고 결과를 화면에 표시한다.

이 모듈을 실행하면 다음과 같은 출력이 표시된다.

```
.----------------------------------------------------------------------
Ran 1 test in 0.005s

OK
```

테스트를 통과할 때마다 . 문자가 표시된다. 이것은 테스트가 진행 중임을 알려준다. - 행 아래에는 테스트 실행 횟수 및 실행 시간이 표시된다. 실패 또는 예외가 발생했다면 결과 표시에 반영될 것이다.

마지막으로, 모든 테스트를 통과했으면 OK가 표시되고, 아니면 어떤 테스트가 실패했는지 보여준다.

테스트가 실패하도록 코드를 수정하고 다시 실행해보면 다음과 같은 화면 표시를 볼 수 있다.

```
F
======================================================================
FAIL: runTest (__main__.GIVEN_Summary_WHEN_1k_samples_THEN_mean)
----------------------------------------------------------------------
Traceback (most recent call last):
  File "/Users/slott/Documents/Writing/Python Cookbook/code/ch11_r04.py", line 
24, in runTest
  self.assertEqual(501, self.summary.mean)
AssertionError: 501 != 500.0
 ----------------------------------------------------------------------
Ran 1 test in 0.004s
FAILED (failures=1)
```

테스트를 통과하면 . 문자가 표시되는 것과 달리, 실패하면 F가 표시된다. 그리고 어느 테스트가 실패했는지 알려주는 추적 메시지가 표시된다. 일부러 테스트가 실패하도록 예상 평균값을 501로 변경했으며, 이는 실제 평균값인 500.0과 다르다.

최종적으로 테스트 실패를 요약하는 FAILED 메시지가 표시된다. 이 메시지는 테스트 집합 전체적으로 테스트에 실패한 이유도 포함한다(failures = 1).

부연 설명

이번 예제의 runTest() 메소드는 두 개의 Then 조건을 갖고 있다. 하나가 실패하면 테스트는 바로 중단되고, 다른 조건은 실행되지도 못한다.

이것은 이번 테스트 설계의 약점이다. 첫 번째 테스트가 실패하면, 전체 진단 정보를 얻지 못하기 때문이다. 따라서 runTest() 메소드의 assert문들은 서로 독립적으로 실행되지 않도록 설계하는 편이 좋다. 의존 관계를 갖도록 assert문들을 작성하면, 한 번의 테스트 실패가 발생해도 모든 진단 정보들을 제공할 수 있기 때문이다. 이것은 코드의 단순함과 세부 진단 정보의 풍부함 간에 상충 관계가 있다고 말할 수 있다.

좀 더 자세한 진단 정보를 얻고 싶을 때는 다음과 같이 두 가지 선택이 가능하다.

- runTest() 대신에 사용될 테스트 메소드들을 작성한다. 이름이 test_로 시작하는 메소드들을 작성하고, runTest() 메소드는 제거하는 것이다. 기본 테스트 로더는 setUp() 메소드를 실행한 후, 각 test_ 메소드를 별도로 실행한다.
- GIVEN_SUMARY_WHEN_1k_samples_THEN_mean 클래스의 서브클래스들을 작성한다. 각 서브클래스는 별도의 조건을 가지며, setUp() 메소드는 공통이므로 상속될 것이다.

첫 번째 방법을 따를 경우에 테스트 클래스는 다음과 같은 모습을 갖게 된다.

```
class GIVEN_Summary_WHEN_1k_samples_THEN_mean_median(unittest.TestCase):

    def setUp(self):
        self.summary = Summary()
        self.data = list(range(1001))
        random.shuffle(self.data)
        for sample in self.data:
            self.summary.add(sample)

    def test_mean(self):
        self.assertEqual(500, self.summary.mean)

    def test_median(self):
        self.assertEqual(500, self.summary.median)
```

setUp() 메소드는 Given과 When 조건을 포함하며, 두 개의 Then 조건들은 각각 test_mean()과 test_median() 메소드로 변경됐다. runTest() 메소드는 없다.

각 테스트가 별도로 실행되기 때문에, 평균값 계산에 관련된 오류 보고와 중앙값 계산에 관련된 오류 보고가 별도로 표시될 것이다.

다른 확증 메소드들

TestCase 클래스는 Then 조건의 일부로서 사용될 수 있는 다양한 확증 메소드들을 정의하고 있다. 그중에서 널리 사용되는 것들은 다음과 같다.

- assertEqual()과 assertNotEqual() 메소드는 == 연산자를 사용해 실제 값과 예상 값을 비교한다.
- assertTrue()와 assertFalse() 메소드는 불리언 표현식을 필요로 한다.
- assertIs()와 assertIsNot() 메소드는 두 개의 인수가 동일 객체에 대한 참조인지 판단한다.
- assertIsNone()과 assertIsNotNone() 메소드는 입력받은 값을 None과 비교한다.
- assertIsInstance()와 assertNotIsInstance() 메소드는 isinstance() 함수를 사용해 입력받은 값이 입력받은 클래스(또는 클래스의 튜플)에 속하는지 판단한다.

- assertAlmostEquals( )와 assertNotAlmostEquals( ) 메소드는 입력받은 값을 소수점 이하 일곱 자리로 반올림한 후 서로 같은지 비교한다.
- assertRegex( )와 assertNotRegex( ) 메소드는 정규 표현식을 사용해 입력받은 문자열을 비교한다. 정규 표현식의 search( ) 메소드를 사용해 문자열을 대조한다.
- assertCountEqual( ) 메소드는 두 개의 시퀀스를 비교해 (순서와 상관없이) 동일 요소들을 포함하는지 판단한다. 딕셔너리 키와 세트를 비교할 때 유용하게 쓰일 수 있다.

이 밖에도 많은 확증 메소드들이 제공된다. 예외, 경고, 로그 메시지를 탐지하는 방법을 제공하는 것도 있고, 타입별로 비교 기능을 제공하는 것도 있다.

예를 들어 Summary 클래스의 mode 메소드는 리스트를 반환하므로, assertListEqual( ) 메소드를 사용해 결과를 비교할 수 있다.

```
class GIVEN_Summary_WHEN_1k_samples_THEN_mode(unittest.TestCase):

    def setUp(self):
        self.summary = Summary()
        self.data = [500]*97
        # 903개의 요소를 추가로 생성한다. 각 항목의 값은 곧 빈도수다
        for i in range(1,43):
            self.data += [i]*i
        random.shuffle(self.data)
        for sample in self.data:
            self.summary.add(sample)

    def test_mode(self):
        top_3 = self.summary.mode[:3]
        self.assertListEqual([(500,97), (42,42), (41,41)], top_3)
```

먼저 1,000개의 값을 생성한다. 그중에서 97개는 숫자 500의 복사본이고 나머지 903개는 1부터 42 사이에 있는 숫자의 복사본이다. 이 숫자들의 규칙은 간단하다. 즉, 빈도수가 곧 값이다. 규칙이 간단하기 때문에 결과를 쉽게 확인할 수 있다.

setUp() 메소드는 데이터를 임의의 순서로 섞고, add() 메소드는 Summary 객체를 생성한다.

test_mode() 메소드가 사용됐는데, 다른 Then 조건들을 포함시키고 싶으면 이 메소드 내에 작성하면 된다. 이번 예제에서는 mode에서 처음 세 개의 값을 조사해 값의 분포가 예상대로인지 확인했다. assertListEqual() 메소드는 두 개의 리스트 객체를 비교해 둘 중 하나라도 리스트 객체가 아니면 인수가 예상했던 타입이 아니라는 오류 메시지를 표시한다.

테스트 코드를 별도 디렉터리에 저장하기

이번 레시피에서는 TestCase 클래스 정의를 테스트 중인 코드와 동일한 모듈에서 관리했다. 작은 규모의 프로젝트에서는 이 방법이 편리하다. 테스트 클래스와 관련된 모든 것을 하나의 모듈 파일에서 찾을 수 있기 때문이다.

하지만 대규모 프로젝트에서는 테스트 파일들을 별도의 디렉터리에 두는 것이 일반적이다. 테스트 규모가 매우 커져서 애플리케이션 코드보다 테스트 코드가 더 길어지는 경우도 많다.

테스트 디렉터리를 별도로 분리한 경우, unittest 프레임워크에 포함된 검색 애플리케이션을 활용하는 것이 좋다. 이 애플리케이션은 테스트 파일들이 위치하는 디렉터리 내의 모든 파일들을 검색할 수 있다. 예를 들어 이름이 test*.py 패턴인 파일들만 검색할 수 있을 것이다. 테스트 모듈에 언제나 간단하면서 일관된 이름을 사용하면, 그만큼 간단한 명령만으로 테스트 파일의 위치를 찾을 수 있다.

unittest 로더는 이 디렉터리 내의 각 모듈에서 TestCase 클래스의 서브클래스들을 찾는다. 그리고 이렇게 발견된 클래스들의 컬렉션이 TestSuite가 된다. 운영체제의 명령행에서 다음과 같이 이 작업을 수행할 수 있다.

```
$ python3 -m unittest discover -s tests
```

tests 디렉터리 내의 모든 테스트 케이스를 검색할 것이다.

참고 사항

- 'unittest 테스트와 doctest 테스트를 함께 사용하는 방법' 레시피에서 unittest와 doctest를 조합하는 방법을 설명할 것이다. 그리고 '외부 자원을 모방하는 방법' 레시피에서는 외부 객체를 가짜로 만들어 사용하는 방법을 소개한다.

unittest 테스트와 doctest 테스트를 함께 사용하는 방법

대부분의 프로젝트에서 unittest와 doctest를 함께 사용한다. doctest 예제 코드에 대한 자세한 설명은 '닥스트링을 테스트에 활용하는 방법' 레시피를, unittest 예제 코드에 대한 자세한 설명은 '테스트 모듈과 패키지를 별도로 생성하는 방법' 레시피를 참조하자.

doctest 예제는 모듈, 클래스, 메소드, 함수에 작성되는 문서화 문자열의 핵심이다. unittest 테스트 케이스는 대체로 별도의 tests 디렉터리에 위치하며, 파일명은 test_*.py 패턴을 따르는 경우가 많다.

이러한 다양한 테스트 케이스를 한 개의 패키지로 결합하려면 어떻게 해야 할까?

준비

'문서화 문자열을 테스트에 활용하는 방법' 레시피의 예제 코드를 다시 사용하자. 통계 요약 값을 계산하는 Summary 클래스를 위한 테스트 케이스를 작성하면서, 문서화 문자열에 예제 코드를 포함시켰었다.

클래스는 다음과 같이 시작했다.

```
class Summary:
    '''통계 요약 값을 계산한다.

    >>> s = Summary()
    >>> s.add(8)
```

```
>>> s.add(9)
>>> s.add(9)
>>> round(s.mean, 2)
8.67
>>> s.median
9
>>> print(str(s))
mean = 8.67
median = 9
'''
```

문서화 문자열 예제에 집중하기 위해 메소드들은 기재하지 않았다.

'테스트 모듈과 패키지를 별도로 생성하는 방법' 레시피에서는 unittest.TestCase 클래스의 서브클래스를 정의해 Summary 클래스에 테스트 케이스를 추가했는데, 이 서브클래스의 정의는 다음과 같았다.

```
class GIVEN_Summary_WHEN_1k_samples_THEN_mean_median(unittest.TestCase):

    def setUp(self):
        self.summary = Summary()
        self.data = list(range(1001))
        random.shuffle(self.data)
        for sample in self.data:
            self.summary.add(sample)

    def test_mean(self):
        self.assertEqual(500, self.summary.mean)

    def test_median(self):
        self.assertEqual(500, self.summary.median)
```

처음에 Summary 객체가 생성되는 부분은 Given 요소에 해당한다. 그리고 Summary 객체에 몇 개의 값을 추가하는 것은 When 요소라고 볼 수 있다. 마지막으로, 두 개의 test_ 메소드들은 Then 요소를 구현하는 것이다.

프로젝트의 폴더 구조는 일반적으로 다음과 같은 형태를 갖는다.

```
git-project-name/
    statstools/
        summary.py
    tests/
        test_summary.py
```

최상위 폴더 git-project-name은 소스 코드 저장소에서 사용되는 프로젝트 이름이며, 여기서는 깃[Git]을 사용 중이지만 다른 도구들도 물론 사용 가능하다.

최상위 디렉터리에는 대규모 파이썬 프로젝트에서 공통적으로 사용되는 파일들이 존재한다. 예를 들면 프로젝트에 대한 설명을 포함하는 README.rst, 패키지 추가 설치를 위해 pip와 함께 사용되는 requirements.txt, 표준 라이브러리에 패키지를 설치하는 setup.py 등이 해당된다.

statstools 디렉터리는 summary.py 모듈 파일을 포함하고 있다. 이 파일은 흥미롭고 유용한 기능을 제공하는 모듈이 들어있다. 이 모듈은 닥스트링 주석이 곳곳에서 사용된다.

tests 디렉터리에는 다른 모듈 파일인 test_summary.py가 있다. 이 파일에는 `unittest` 테스트 케이스가 들어있으며, test_summary.py라는 이름은 테스트 케이스를 자동 검색할 수 있도록 test_*.py 패턴을 따르고 있다.

이제, 이러한 테스트 케이스들을 한 개의 포괄적인 테스트 집합으로 합치고자 한다.

이번 예제에서는 summary 같은 멋진 이름 대신에 ch11_r01이라는 건조한 이름을 사용할 것이다. 실제 프로젝트에서는 일반적으로 더 유의미한 이름이 사용되지만, 이 책 전체의 구성과 일치시키기 위해 부득이하게 무미건조한 이름을 사용하기로 한다.

예제 구현

1. 이번 예제에서는 `unittest` 테스트 케이스가 테스트 대상 코드와 별개의 파일에 들어있다. 즉, ch11_r01 파일과 test_ch11_r01 파일이 사용된다.
   `doctest` 테스트를 사용하기 위해 `doctest` 모듈을 임포트한다. `doctest` 예제 코

드를 TestCase 클래스와 합쳐서 포괄적인 테스트 집합을 생성하는 것이 이번 레시피의 목적이다.

```
import unittest
import doctest
```

unittest.TestCase 클래스의 서브클래스들이 이미 정의돼 있다고 가정한다. 따라서 테스트 집합에 테스트들을 추가하는 작업을 곧바로 시작할 수 있다.

2. 테스트 중인 모듈을 임포트한다. 이 모듈은 doctest 문자열을 포함하고 있다.

```
import ch11_r01
```

3. load_tests 프로토콜을 구현하기 위해 다음의 함수를 테스트 모듈에 포함시킨다.

```
def load_tests(loader, standard_tests, pattern):
    return standard_tests
```

함수 이름이 load_tests여야 테스트 로더가 이 함수를 발견할 수 있다.

4. doctest 테스트를 통합하려면 추가로 로더가 필요하다. doctest.doctestSuite 클래스를 사용해 테스트 집합을 생성할 것이다. 테스트들은 standard_tests 매개변수 값으로서 테스트 집합에 추가될 것이다.

```
def load_tests(loader, standard_tests, pattern):
    dt = doctest.DocTestSuite(ch11_r01)
    standard_tests.addTests(dt)
    return standard_tests
```

loader 인수는 현재 사용 중인 테스트 케이스 로더다. 그리고 standard_tests 인수는 기본적으로 적재되는 테스트들이다. 일반적으로는 TestCase 클래스의 모든 서브클래스들이 된다. pattern 인수는 로더에 제공되는 값이다.

이제, TestCase 클래스의 서브클래스들과 unittest.main() 함수를 추가하면 unittest.TestCase와 doctest 예제 코드를 포괄하는 테스트 모듈을 생성할 수 있다.

다음 코드를 추가한다.

```
if __name__ == "__main__":
    unittest.main()
```

모듈이 실행되고, 이어서 테스트들이 실행될 것이다.

예제 분석

unittest.main()이 실행될 때 테스트 로더는 현재의 모듈에서만 테스트 케이스를 찾을 수 있다. TestCase의 모든 서브클래스들이 검색되는데, 이 클래스들은 load_tests() 함수에 (standard_tests 인수를 통해) 표준 테스트로서 제공된다.

이 표준 테스트 집합에 doctest 모듈에 의해 생성되는 테스트들을 추가하기 위해, 애플리케이션 모듈(ch11_r01)을 임포트한 후 DocTestSuite를 사용해 이 모듈로부터 테스트 집합을 생성했다.

load_tests() 함수는 unittest 모듈에 의해 자동으로 사용된다. 이 함수는 입력받은 테스트 집합에 대해 다양한 작업을 할 수 있는데, 이번 예제에서는 테스트 집합에 다른 테스트들을 추가하는 작업을 수행했다.

부연 설명

어떤 경우에는 모듈의 구성이 매우 복잡해져서 두 개 이상의 테스트 모듈이 필요할 때가 있다. 이럴 때는 tests/test_module_feature.py와 같은 이름을 사용해 기능feature별로 별도의 테스트 모듈이 있음을 나타낼 수 있다.

이와 달리, 밀접한 관련을 갖는 다수의 모듈들에 대한 테스트들을 포함하는 한 개의 테스트 모듈이 사용될 때도 있다. 다수의 모듈로 구성되는 패키지가 있을 때, 이 패키지 내의 모든 모듈에 대한 테스트는 한 개의 테스트 모듈로 구성하는 것이다.

이처럼 다수의 모듈을 결합할 때는 load_tests() 함수 내에 다수의 테스트 집합이 생성될 필요가 있다. 함수의 본문은 다음과 같을 것이다.

```
def load_tests(loader, standard_tests, pattern):
    for module in ch11_r01, ch11_r02, ch11_r03:
```

```
        dt = doctest.DocTestSuite(module)
        standard_tests.addTests(dt)
    return standard_tests
```

ch11_r01, ch11_r02, ch11_r03 모듈의 doctest를 통합하고 있다.

참고 사항

- doctest에 관한 자세한 설명은 '문서화 문자열을 테스트에 활용하는 방법' 레시피를 참조한다. unittest에 관한 자세한 설명은 '테스트 모듈과 패키지를 별도로 생성하는 방법' 레시피를 참조한다.

날짜 또는 시간과 관련된 테스트

많은 애플리케이션들이 datetime.datetime.now()를 사용해 타임스탬프를 생성한다. 하지만 단위 테스트를 할 때 이 함수의 결과 값은 근본적으로 예측 불가능하다. 이를 의존성 주입 문제dependency injection problem라고 하는데, 이 문제는 테스트할 때만 다른 것으로 대체돼야 하는 클래스가 애플리케이션 내에 들어있음을 의미한다.

이 문제를 해결하는 한 가지 방법은 now()와 utcnow() 함수를 사용하지 않고, 대신에 타임스탬프를 반환하는 팩토리 함수를 작성한 후 테스트 시에는 특정 값을 반환하는 다른 함수로 이 팩토리 함수를 대체한다. 정교한 애플리케이션에서 now() 메소드를 전혀 사용하지 않을 수는 없기 때문이다.

datetime 클래스를 직접 사용하지 않고, 대신에 datetime 클래스를 감싸는 클래스와 모듈을 설계하는 방법도 있다. 이 래퍼wrapper 클래스는 now()에 대해 특정 값을 반환하며, 테스트 시에만 사용된다. 하지만 이 방법은 꽤 복잡해 보인다.

datetime 타임스탬프를 어떻게 다루는 것이 좋을까?

준비

json 파일을 생성하는 간단한 함수가 있다고 하자. 이 파일은 이름에 생성 날짜와 시간이 포함된다. 예를 들면 다음과 같은 이름의 파일을 생성한다.

extract_20160704010203.json

이러한 명명 규칙은 거의 쉬지 않고 계속 실행되는 서버용 애플리케이션에서 자주 사용된다. 파일명만으로 로그 이벤트를 쉽게 찾을 수 있기 때문이며, 서버에서 수행되는 작업을 추적하는 데 많은 도움이 된다.

다음의 함수를 사용해 이러한 파일을 생성할 수 있다.

```
import datetime
import json
from pathlib import Path

def save_data(some_payload):
    now_date = datetime.datetime.utcnow()
    now_text = now_date.strftime('extract_%Y%m%d%H%M%S')
    file_path = Path(now_text).with_suffix('.json')
    with file_path.open('w') as target_file:
        json.dump(some_payload, target_file, indent=2)
```

문제는 이 함수가 utcnow( )를 사용하고 있다는 점이다. utcnow( ) 함수를 사용하지 않고 그 대신에 타임스탬프를 인수로서 입력받도록 코드 설계를 변경할 수 있으며, 이와 같은 설계 변경이 적합한 해결책이 될 수도 있다. 하지만 좀 더 편리한 다른 대안도 있다.

datetime 모듈의 모의mock(가짜) 버전을 만들고, 실제 버전 대신에 이 모의 버전을 사용하도록 컨텍스트를 수정patch하는 것이다. 따라서 datetime 클래스에 대한 모의 클래스 정의를 작성해야 하며, 이 모의 클래스에는 특정 값을 반환하도록 설계된 가짜 utcnow( ) 메소드가 들어있다.

테스트 중에 파일이 새로 생성되기 때문에 운영체제에 미치는 파급 효과를 고려해야 한다. 동일한 이름의 파일이 이미 존재하면 어떻게 해야 할까? 예외를 발생시켜야 할까? 혹은 파일명 뒤에 특정 접미어를 추가해야 할까? 어떻게 대처할지에 따라 추가적인 테스트 케이스가 필요해진다.

- 이름 충돌이 없을 경우: setUp() 메소드는 이전의 테스트 결과 파일을 모두 제거한다. tearDown() 메소드에 테스트 종료 후 파일을 제거하는 코드를 추가할 수도 있다.
- 이름 충돌이 있을 경우: setUp() 메소드는 별도 파일을 생성한다. tearDown() 메소드에 테스트 종료 후 파일을 제거하는 코드를 추가할 수도 있다.

이번 레시피는 파일명 중복이 문제가 되지 않는다고 가정할 것이다. 새로 생성되는 파일은 기존 파일을 아무 경고 없이 그냥 덮어 쓸 것이다. 구현하기 쉬울 뿐 아니라, 1초 이내의 간격으로 파일을 생성할 필요가 없는 한 실제 운영 환경에서도 별 문제가 없기 때문이다.

예제 구현

1. 이번 예제에서는 unittest 테스트 케이스들이 테스트 중인 코드와 동일한 모듈이라고 가정한다. unittest와 unittest.mock 모듈을 임포트한다.

   ```
   import unittest
   from unittest.mock import *
   ```

   단순히 unittest 모듈을 임포트했다. 따라서 이 모듈의 기능을 사용하려면 unittest.으로 이름을 한정해야 한다. 반면에 unittest.mock의 이름은 모두 임포트했기 때문에 한정자 없이도 사용할 수 있다. 이 모듈의 기능들을 자주 사용할 것이므로 일일이 한정자를 붙이는 번거로움을 피하기 위한 것이다.
2. 테스트 대상 코드를 포함시킨다. 앞서의 레시피와 동일하다.
3. 기초 코드를 작성한다. 클래스 정의 한 개, 그리고 테스트 실행에 사용될 메인 스크립트가 있다.

```
class GIVEN_data_WHEN_save_data_THEN_file(unittest.TestCase):
    def setUp(self):
        '''GIVEN conditions for the test.'''

    def runTest(self):
        '''WHEN and THEN conditions for this test.''''

if __name__ == "__main__":
    unittest.main()
```

문서화 문자열 테스트가 포함되지 않기 때문에 load_tests() 함수는 정의하지 않았다.

4. setUp() 메소드는 여러 부분으로 구성된다.

  - 처리 대상 표본 데이터

    ```
    self.data = {'primes': [2, 3, 5, 7, 11, 13, 17, 19]}
    ```

  - datetime 모듈을 흉내 내는 모의 객체. 이 객체는 테스트 중인 소프트웨어 단위에서 사용되는 기능을 똑같이 제공한다. Mock 모듈은 datetime 클래스에 대한 Mock 클래스 정의를 포함한다. 이 클래스의 가짜 utcnow() 메소드는 언제나 같은 응답을 반환한다.

    ```
    self.mock_datetime = Mock(
        datetime = Mock(
            utcnow = Mock(
                return_value = datetime.datetime(2017, 7, 4, 1, 2, 3)
            )
        )
    )
    ```

  - 위와 같이 datetime 객체가 입력될 때, 예상되는 파일명은 다음과 같다.

    ```
    self.expected_name = 'extract_20170704010203.json'
    ```

  - Given 조건을 설정하기 위한 추가 작업이 필요하다. 이전의 테스트 실행 시에 생성된 파일이 재사용되지 않도록 이전 버전의 파일은 모두 제거한다.

    ```
    self.expected_path = Path(self.expected_name)
    if self.expected_path.exists():
      self.expected_path.unlink()
    ```

5. runTest( ) 메소드는 두 개의 요소를 포함한다.

- When 구현: __main__ 모듈에서 datetime 객체를 참조할 때, self.mock_datetime 객체를 대신 참조하도록 수정(패치)한다. 이렇게 수정된 컨텍스트하에서 요청을 실행한다.

```
with patch('__main__.datetime', self.mock_datetime):
    save_data(self.data)
```

- Then 구현: 예상 파일을 열고 내용을 불러온 다음, 결과가 입력 데이터와 일치하는지 확인한다. 그리고 확증 메소드로 확인한다. 파일이 존재하지 않으면 IOError 예외가 발생한다.

```
with self.expected_path.open( ) as result_file:
    result_data = json.load(result_file)
self.assertDictEqual(self.data, result_data)
```

예제 분석

unittest.mock 모듈에는 이번 레시피에서 사용한 아주 유용한 두 가지 기능이 포함돼 있다. 바로 Mock 클래스와 patch( ) 함수다.

Mock 클래스의 인스턴스를 생성할 때는 결과 객체의 메소드와 속성을 반드시 제공해야 한다. 키워드 인수로서 제공된 값은 결과 객체의 속성으로서 저장된다. 단순 값은 객체의 속성이 되고, Mock 객체에 기반하는 값은 메소드 함수가 된다.

return_value(또는 side_effect) 키워드 인수 값을 제공하면서 Mock의 인스턴스를 생성하는 것은 곧 호출 가능한 객체를 생성하는 것이다. 다음은 단순 함수처럼 동작하는 Mock 객체의 예다.

```
>>> from unittest.mock import *
>>> dumb_function = Mock(return_value=12)
>>> dumb_function(9)
12
```

```
>>> dumb_function(18)
12
```

모의 객체인 dumb_function은 단순히 12를 반환하는 호출 가능 객체(즉, 함수)처럼 동작한다. 결과가 단순하고 예측 가능하므로 단위 테스트 시에 매우 편리하다.

이 객체의 더 중요한 기능은 다음과 같다.

```
>>> dumb_function.mock_calls
[call(9), call(18)]
```

dumb_function이 호출 내역을 추적하고 있음을 알 수 있다. 그리고 확증 메소드로 개별 호출 내역을 확인할 수 있다. 예를 들어, assert_called_with() 메소드는 가장 최근의 호출을 검사한다.

```
>>> dumb_function.assert_called_with(18)
```

가장 최근의 호출이 dumb_function(18)이라면 아무 메시지도 표시되지 않는다. 하지만 그렇지 않다면 AssertionError 예외가 발생되고 unittest 모듈이 이 예외를 포착해 테스트 실패로서 등록한다.

다음과 같이 더 자세하게 검사할 수도 있다.

```
>>> dumb_function.assert_has_calls( [call(9), call(18)] )
```

이 확증문은 호출 내역 전체를 검사한다. 그리고 call() 함수를 사용해서 함수 호출 시에 제공됐던 인수들을 기술한다.

patch() 함수는 모듈 컨텍스트 내의 어떤 참조든 수정할 수 있다. 이번 예제는 현재 실행 중인 __main__ 모듈 내의 정의를 수정했지만, 임포트된 다른 모듈에 대해서도 이러한 작업을 해야 할 때가 많다. 테스트 중인 모듈 컨텍스트 내의 참조를 수정하는 것은 매우 중요한 기능이다.

부연 설명

이번 예제에서 작성한 datetime 모듈의 모의 객체는 기능이 매우 제한적이었다.

이 모의 객체는 이름이 datetime인, Mock 클래스의 인스턴스만을 포함한다. 일반적으로 단위 테스트의 모의 클래스는 어떤 객체를 반환하는 함수처럼 동작하는데, 이번 예제의 경우 Mock 객체를 반환하고 있다.

datetime 클래스 대신에 사용되는 모의 객체는 utcnow( )라는 한 개의 속성만 갖고 있다. 그리고 return_value라는 특수한 키워드를 사용해 특정 datetime 인스턴스가 반환되도록 했다. 이 패턴을 두 개 이상의 속성이 함수처럼 동작하도록 확장할 수 있는데, 다음 코드는 utcnow( )와 now( )를 둘 다 모방하고 있다.

```
self.mock_datetime = Mock(
    datetime = Mock(
        utcnow = Mock(
            return_value = datetime.datetime(2017, 7, 4, 1, 2, 3)
        ),
        now = Mock(
            return_value = datetime.datetime(2017, 7, 4, 4, 2, 3)
        )
    )
)
```

두 개의 모의 메소드 utcnow( )와 now( )는 각각 별도의 datetime 객체를 생성하므로 값을 서로 구분할 수 있다. 따라서 단위 테스트의 동작을 더 쉽게 확인할 수 있다.

모의 객체들이 모두 setUp( ) 메소드에서 생성된 것에 주목하자. setUp( ) 메소드는 patch( ) 함수보다 훨씬 먼저 실행된다. setUp( ) 메소드에서는 datetime 클래스를 사용할 수 있지만, with 컨텍스트에서는 datetime 클래스를 사용할 수 없으며 Mock 객체로 대체된다.

단위 테스트 중에 utcnow( ) 함수가 제대로 사용되는지 확인하기 위해 다음과 같은 확증문을 사용할 수 있다.

```
self.mock_datetime.datetime.utcnow.assert_called_once_with()
```

이 문장은 self.mock_datetime 모의 객체를 조사한다. 이 모의 객체 내의 datetime 속성을 들여다보고, 다시 그 안의 utcnow 속성을 조사해 utcnow()가 인수 값 없이 한 번만 호출됐는지 확인한다.

save_data() 함수가 utcnow()를 제대로 호출하지 못하면, 이 확증문은 이 사실을 탐지한다. 이때 인터페이스의 양쪽을 모두 테스트하는 것이 중요하다. 따라서 이 테스트는 두 개 부분으로 이뤄진다.

- 모의 datetime의 결과 값이 테스트 중인 소프트웨어 단위에서 제대로 사용됐는지 여부
- 테스트 중인 소프트웨어 단위가 모의 datetime 객체에 적절한 요청을 보냈는지 여부

어떤 경우에는 사용하면 안 되는 메소드가 호출됐는지 여부를 확인해야 할 때가 있다. 다음 확증문을 사용해 이를 확인할 수 있다.

```
self.assertFalse(self.mock_datetime.datetime.called)
```

이런 종류의 확인은 리팩터링할 때 주로 필요하다. 이번 예제의 경우 예전 버전은 now() 메소드를 사용했던 것을 리팩터링을 통해 utcnow() 메소드로 대체했다면, now() 메소드가 더 이상 사용되지 않는 것이 확실한지 확인해야 할 것이다.

참고 사항

- '테스트 모듈과 패키지를 별도로 생성하는 방법' 레시피에서 unittest 모듈의 기본적인 사용법에 대한 자세한 설명을 볼 수 있다.

무작위성을 포함하는 테스트

많은 애플리케이션들이 random 모듈을 사용해 난수를 생성하거나 임의의 순서로 값을 저장한다. 또한 통계적 기법 중에는 데이터의 무작위 혼합 혹은 부분 집합 생성을 반복 수행하는 것들이 많다. 이러한 알고리즘을 테스트할 때는 기본적으로 그 결과를 예측할 수 없다.

random 모듈을 사용하는 애플리케이션에서 의미 있는 단위 테스트가 가능하도록 예측 가능성을 확보하려면 다음 두 가지 방법을 사용할 수 있다.

- 시드seed를 특정 값으로 설정한다. 널리 쓰이는 방법이며 이 책에서도 여러 번 사용했었다.
- unittest.mock을 사용해 random 모듈을 무작위성이 훨씬 덜한 뭔가로 대체한다.

무작위성을 포함하는 알고리즘을 어떻게 테스트할 수 있을까?

준비

주어진 표본 데이터세트를 사용해서 평균값 또는 중앙값 등의 통계적 측정 값을 계산한 후에 전체 모집단에 대해 이러한 통계적 측정 값을 추정할 때가 많다. 이때 부트스트래핑bootstrapping이라는 기법이 사용된다.

부트스트래핑은 표본 데이터를 반복적으로 다시 추출(리샘플링resampling)한다. 추출할 때마다 통계 요약 값이 다르게 계산되며, 반복적으로 얻어진 값들을 바탕으로 전체 모집단에 대한 통계적 분포를 추정한다.

리샘플링 알고리즘의 정상 동작을 확인하기 위해서는 리샘플링 시의 무작위성을 제거해야 한다. random.choice() 함수를 (무작위로 동작하지 않는) 다른 버전으로 대체함으로써 미리 계획된 데이터를 반복 추출할 수 있다. 그리고 이때 알고리즘의 정상 동작이 확인되면 무작위 버전도 정상 동작할 것이라 신뢰할 수 있다.

다음 리샘플링 함수가 제대로 동작할지 검증해야 한다고 하자.

```
def resample(population, N):
    for i in range(N):
        sample = random.choice(population)
        yield sample
```

이 함수를 사용해 부분 집합들을 생성하고, (평균값과 같은) 통계 요약 값을 계산한 후 특정 값이 얻어진 횟수를 Counter 객체에 누적시킬 것이다. 전체적인 리샘플링 과정은 다음과 같다.

```
mean_distribution = Counter()
for n in range(1000):
    subset = list(resample(population, N))
    measure = round(statistics.mean(subset), 1)
    mean_distribution[measure] += 1
```

resample() 함수는 1,000번 실행된다. 그때마다 데이터 부분 집합이 생성되고 해당 부분 집합의 평균값이 계산되며, 특정 값이 계산된 횟수는 mean_distribution 객체에 저장된다.

mean_distribution을 막대그래프로 그려보면, 모집단의 분포를 유의미하게 추정할 수 있다. 모집단의 평균값으로서 가장 확률이 높은 값을 알 수 있기 때문이다.

예제 구현

1. 테스트 클래스의 전체적인 개요를 정의한다.

```
class GIVEN_resample_WHEN_evaluated_THEN_fair(unittest.TestCase):
    def setUp(self):

    def runTest(self):

if __name__ == "__main__":
```

```
    unittest.main()
```

모듈을 쉽게 테스트할 수 있도록 unittest.main()을 포함시켰다. IDLE과 같은 도구에서 작업할 때 편리하기 때문이다. 코드를 변경하고 나서 F5 키를 눌러서 즉시 테스트할 수 있다.

2. random.choice() 함수의 모의 버전을 정의한다. 모의 데이터세트인 self.data와 모의 응답이 choice() 함수에 제공될 것이다.

```
self.expected_resample_data. self.data = [2, 3, 5, 7, 11, 13, 17, 19]
self.expected_resample_data = [23, 29, 31, 37, 41, 43, 47, 53]
self.mock_random = Mock(
    choice = Mock(
        side_effect = self.expected_resample_data
    )
)
```

side_effect 속성으로 choice() 함수를 정의했다. 이 함수는 입력받은 시퀀스로부터 한 번에 하나씩 값을 반환한다. 입력 시퀀스와 다른 여덟 개의 가짜 값을 제공했으므로 choice() 함수의 출력을 쉽게 구별할 수 있다.

3. When과 Then 요소를 정의한다. __main__ 모듈이 random 모듈을 참조하는 부분을 다른 것으로 대체한 후에 테스트 결과가 예상대로인지, choice() 함수가 여러 번 호출됐는지 확인한다.

```
with patch('__main__.random', self.mock_random):
    resample_data = list(resample(self.data, 8))

self.assertListEqual(self.expected_resample_data, resample_data)
self.mock_random.choice.assert_has_calls( 8*[call(self.data)] )
```

예제 분석

Mock 클래스의 인스턴스를 생성할 때는 이 객체의 메소드와 속성을 제공해야 한다. 이 객체에 키워드 인수가 제공된다면, 이 인수의 값은 객체의 속성으로서 저장될 것이다.

Mock의 인스턴스를 생성할 때 side_effect 키워드 인수가 제공된다면, 이것은 곧 호출 가능 객체를 생성하는 것과 같다. 이 호출 가능 객체는 Mock 객체가 호출될 때마다 side_effect 리스트로부터 값을 반환한다.

다음 코드는 아주 단순한 함수처럼 동작하는 Mock 객체의 예다.

```
>>> from unittest.mock import *
>>> dumb_function = Mock(side_effect=[11,13])
>>> dumb_function(23)
11
>>> dumb_function(29)
13
>>> dumb_function(31)
Traceback (most recent call last):
  ... (traceback details omitted)
StopIteration
```

먼저, Mock 객체를 생성하고 dumb_function 변수에 이를 대입했다. 이 객체의 side_effect 속성은 두 개의 서로 다른 값을 포함하는 리스트며, 이 값들은 나중에 반환될 값들이다.

그리고 서로 다른 인수 값을 사용해 dumb_function()을 두 번 실행했다. side_effect 리스트의 다음 값이 반환되며, 세 번째 실행했을 때는 StopIteration 예외가 발생되며 테스트에 실패한다.

이런 방법으로 함수 또는 메소드가 부적절하게 사용되는 경우 이를 탐지하는 테스트 코드를 작성할 수 있다. 함수가 너무 많이 호출되면 예외가 발생할 것이기 때문이다. 그 밖의 부적절한 함수 사용이 있을 때는 Mock 객체에게 허용되는 다양한 확증 메소드들을 통해 탐지할 수 있다.

부연 설명

random 모듈의 다른 기능들도 무작위로 동작하지 않는 모의 객체로 쉽게 대체할 수 있다. 예를 들면 shuffle() 함수를 특정 순서로 동작하는 다른 함수로 대체할 수 있을 것이다.

다음과 같이 코드를 작성하면 된다.

```
self.mock_random = Mock(
    choice = Mock(
        side_effect = self.expected_resample_data
    ),
    shuffle = Mock(
        return_value = self.expected_resample_data
    )
)
```

이 가짜 `shuffle()` 함수는 서로 다른 값들을 반환하며, 어떤 프로세스가 `random` 모듈을 적절히 사용 중인지 확인할 수 있다.

참고 사항

- 4장의 '세트의 메소드와 연산자' 레시피와 '딕셔너리를 만드는 방법: 삽입과 갱신' 레시피, 5장의 'cmd를 사용해 명령행 애플리케이션을 작성하는 방법' 레시피에서 난수 생성기에 특정 시드 값을 입력해 예측 가능한 값을 생성하는 방법이 설명된다.
- 6장의 '클래스를 사용해 데이터와 연산을 캡슐화하는 방법' 레시피, '연산 처리 위주의 클래스를 설계하는 방법' 레시피, '__slots__로 객체를 최적화하는 방법' 레시피, '프로퍼티로 지연 계산을 구현하는 방법' 레시피에서는 다른 대안들도 소개되고 있다.
- 7장의 '확장과 래핑 간의 비교' 레시피, '다중 상속을 통한 관심사 분리' 레시피, '덕 타이핑을 사용하는 방법' 레시피, '객체를 정렬할 수 있는 클래스를 작성하는 방법' 레시피, '정렬된 컬렉션을 정의하는 방법' 레시피도 참조하자.

외부 자원을 모방하는 방법

'날짜 또는 시간과 관련된 테스트' 레시피와 '무작위성을 포함하는 테스트' 레시피에서는 비교적 단순한 객체들을 흉내 냈었다. '날짜 또는 시간과 관련된 테스트' 레시피에서의 모의 객체는 상태 비저장 객체였으며 한 개의 값만 반환했다. '무작위성을 포함하는 테스트' 레시피의 모의 객체는 상태가 변경되지만, 이 상태 변경은 입력받는 인수와 관련이 없었다.

이처럼 간단한 테스트의 경우에는 일련의 요청들이 객체에 제공된다. 주의 깊게 계획된 상태 변경 시퀀스에 기반해 모의 객체가 생성되므로, 테스트 케이스는 객체의 내부 상태 변경을 정확히 추적할 것이다. 이런 테스트를 화이트박스whitebox 테스트라고 부르는데, 테스트 대상 객체의 세부 구현을 알아야 테스트 시퀀스 및 모의 객체를 정의할 수 있기 때문이다.

하지만 어떤 경우에는 미리 정의된 상태 변경 시퀀스가 테스트 시나리오에 포함되지 않을 수도 있다. 또한 테스트 중인 소프트웨어 단위가 예측하기 어려운 순서로 실행되기도 한다. 이렇게 세부 구현을 알지 못한 상태에서 이뤄지는 테스트를 가리켜 블랙박스blackbox 테스트라고 부른다.

내부 상태를 유지하면서 변경하기도 하는 정교한 모의 객체를 어떻게 생성할 수 있을까?

준비

상태 정보를 갖는 RESTful 웹 서비스 요청을 모방하는 예제를 알아보자. 엘라스틱Elastic 데이터베이스의 API를 사용할 것인데, 엘라스틱에 대한 자세한 정보는 http://www.elastic.co/를 참조하자. 엘라스틱 데이터베이스는 간단한 RESTful 웹 서비스를 사용할 수 있는데, 이 웹 서비스들을 쉽게 모방할 수 있으므로 단위 테스트하기에 편리하다.

이번 레시피에서는 RESTful API를 사용해 레코드를 생성하는 함수를 테스트할 것이다. RESTRepresentational State Transfer는 HTTP 프로토콜을 사용해 서로 다른 프로세스 간에 객체의 상태 표현을 전송하는 기술이다. 예를 들어, 데이터베이스 레코드를 생성하려면 클라이언트는 HTTP `POST` 요청에 객체 상태 표현을 담아서 데이터베이스 서버로 전송한다. 객체 상태 표현에는 JSON 표기법이 주로 쓰인다.

이 함수를 테스트할 때는 `urllib.request` 모듈의 어떤 부분을 모방할 필요가 있다. `urlopen()` 함수를 다른 것으로 대체해 데이터베이스 동작을 시뮬레이션해야 하기 때문이다. 외부 자원 요청은 값이 비싸거나 속도가 느릴 때가 많으므로, 이런 방식으로 웹 서비스에 의존하는 함수를 테스트하면 편리하다.

우리의 애플리케이션에서 엘라스틱 검색 API를 사용하는 방법은 다음 두 가지다.

- 노트북 PC 혹은 서버에 엘라스틱 데이터베이스를 설치한다. JDK[Java Developer Kit]를 먼저 설치하고 그다음에 ElasticSearch 소프트웨어를 설치해야 한다. 하지만 자세히 설명하지는 않을 것인데, 잠시 후에 더 간단한 방법을 설명하기 때문이다. ElasticSearch 소프트웨어를 설치하고 나면, 다음 URL에서 객체를 생성하고 접근할 수 있다.
  http://localhost:9200/eventlog/event/
  요청 객체는 내부적으로 많은 데이터 항목들을 사용할 것이다. 이때 보안 및 인증용의 HTTP 헤더는 필요하지 않다.
- http://orchestrate.io 등의 호스팅 서비스를 사용한다. 소프트웨어를 설치하는 것이 아니라, 호스팅 서비스에 가입한 후 API 키를 받는 방법이다. API 키는 이미 정의된 애플리케이션에 대한 접근을 허가하며, 한 개의 애플리케이션 내에 다수의 컬렉션을 생성할 수 있다. 이번 예제에서는 추가로 소프트웨어를 설치할 일이 없기 때문에 이 방법이 예제 진행에 더 편리하다.
  원격 서버의 객체를 사용하기 위한 URL은 다음과 같다.
  https://api.orchestrate.io/v0/eventlog/

요청 객체는 다양한 HTTP 헤더들을 통해 호스트에 정보를 보낼 수 있다. 이제 서비스의 세부 사항들을 살펴보자.

생성되는 문서의 데이터 내용은 다음과 같다.

```
{
    "timestamp": "2016-06-15T17:57:54.715",
    "levelname": "INFO",
    "module": "ch09_r10",
    "message": "Sample Message One"
}
```

이 JSON 문서는 어떤 로그 항목이며, 전에 예제로 사용했던 sample.log 파일에서 가져온 것이다. 이 문서는 데이터베이스의 `eventlog` 인덱스에 저장될 특정 이벤트 유형의 인스턴스라고 볼 수 있다. 네 개의 속성은 모두 문자열 값을 갖는다.

9장의 '정규 표현식을 사용해 복잡한 포맷을 읽는 방법' 레시피에서는 로그 파일을 파싱하는 방법을 배웠다. 그리고 '다중 컨텍스트를 사용해 파일을 읽고 쓰는 방법' 레시피에서는 로그 레코드를 CSV 파일에 기록했었다. 이번 예제에서는 엘라스틱 데이터베이스를 사용해 클라우드 저장 공간에 로그 레코드를 저장해볼 것이다.

entrylog 컬렉션에 엔트리 문서 생성하기

데이터베이스의 `entrylog` 컬렉션에 엔트리 문서를 생성해보자. HTTP `POST` 요청을 전송해 새로운 항목을 생성할 것이다. `201 Created` 응답이 돌아오면, 데이터베이스가 새로운 항목을 정상적으로 생성했음을 의미한다.

`orchestrate.io` 데이터베이스 서비스를 사용하려면 각 요청마다 기본 URL을 포함해야 한다. 이 URL은 다음과 같은 문자열로 정의할 수 있다.

```
service = "https://api.orchestrate.io"
```

`https`는 SSL[Secure Socket Layer]을 사용해 클라이언트와 서버 간의 데이터 보안을 강화한다. 호스트 이름은 `api.orchestrate.io`다. 모든 요청은 이 기본 서비스 정의에 바탕한 URL을 포함할 것이다.

HTTP 요청에 포함되는 헤더는 다음과 같다.

```
headers = {
    'Accept': 'application/json',
    'Content-Type': 'application/json',
    'Authorization': basic_header(api_key, '')
}
```

Accept 헤더는 예상되는 응답의 종류고, Content-Type 헤더는 콘텐츠를 표현하는 표기법을 가리킨다. 여기서는 객체 상태를 JSON 표기법으로 표현하도록 데이터베이스에게 지시하고 있다.

Authorization 헤더는 API 키가 전송되는 방법을 지정한다. 이 헤더의 값은 조금 복잡한 문자열인데, 다음과 같이 API 키 문자열 코드를 인코딩하는 것이 가장 쉽다.

```
import base64
def basic_header(username, password):
    combined_bytes = (username + ':' + password).encode('utf-8')
    encoded_bytes = base64.b64encode(combined_bytes)
    return 'Basic ' + encoded_bytes.decode('ascii')
```

사용자 이름과 패스워드를 한 개의 문자열로 결합한 후, UTF-8 인코딩 방식을 사용해 바이트 스트림으로 인코딩한다. base64 모듈은 출력 바이트 스트림을 생성하는데, 이 출력 스트림에서는 네 개의 바이트가 세 개의 입력 바이트를 구성하는 비트들을 포함한다. 이 바이트들은 알파벳 중에서 선택된다. 이 값은 다시 'Basic' 키워드와 함께 유니코드 문자로 변환되며, Authorization 헤더와 함께 사용될 수 있다.

RESTful API를 사용하기 위해서는 Request 객체를 생성하는 것이 가장 간단한 방법이다. Request 클래스는 urllib.request 모듈에 정의돼 있다. Request 객체는 데이터, URL, 헤더를 조립하고 특정 HTTP 메소드를 지정한다. 다음 코드는 Request 인스턴스를 생성하고 있다.

```
data_document = {
    "timestamp": "2016-06-15T17:57:54.715",
```

```
    "levelname": "INFO",
    "module": "ch09_r10",
    "message": "Sample Message One"
}

headers={
    'Accept': 'application/json',
    'Content-Type': 'application/json',
    'Authorization': basic_header(api_key, '')
}

request = urllib.request.Request(
    url=service + '/v0/eventlog',
    headers=headers,
    method='POST',
    data=json.dumps(data_document).encode('utf-8')
)
```

Request 객체는 네 개의 요소를 갖고 있다.

- url 매개변수는 기본 URL+(컬렉션 이름인)/v0/eventlog를 합친 문자열이다. v0는 버전 정보로서 요청 시마다 제공돼야 한다.
- headers 매개변수는 Authorization 헤더를 포함하는데, 이 헤더에는 애플리케이션 접근을 허가하는 API 키가 들어있다.
- method 매개변수가 POST이므로 데이터베이스에 새로운 객체를 생성할 것이다.
- data 매개변수는 저장될 문서를 가리킨다. 파이썬 객체를 JSON 문자열로 변환한 후, UTF-8 방식으로 유니코드 문자를 바이트로 인코딩하고 있다.

일반적인 응답 객체

웹 서비스는 요청을 전송하는 부분과 응답을 수신하는 부분으로 나뉜다. urlopen() 함수는 Request 객체를 인수로 받은 뒤 데이터베이스 서버에 요청을 전송한다. 데이터베이스 서버로 수신되는 응답은 세 개의 요소를 포함한다.

- 상태 정보: 숫자 코드와 설명 문자열이 모두 포함된다. 예를 들어 문서가 정상적으로 생성됐을 때 응답 코드는 201이고 문자열은 CREATED다. 응답 코드가 200이고 문자열이 OK일 경우도 많다.
- 응답 객체도 헤더를 포함한다. 문서 생성 요청에 대한 응답 객체의 헤더들은 다음과 같다.

  ```
  [
    ('Content-Type', 'application/json'),
    ('Location', '/v0/eventlog/12950a87ef024e43/refs/8e50b6bfc50b2dfa'),
    ('ETag', '"8e50b6bfc50b2dfa"'),
    ...
    ]
  ```

  Content-Type 헤더는 JSON 표기법이 사용됐음을 가리키며, Location 헤더는 생성된 객체를 조회할 수 있는 URL이다. ETag 헤더는 객체의 현재 상태를 나타내는 해시 값이며, 객체의 로컬 복사본을 저장하는 데 쓰인다. 다른 헤더들은 ...으로 대신했다.
- 응답 객체에 본문이 포함될 수도 있다. 본문이 있을 경우, 데이터베이스로부터 조회된 JSON 문서일 것이다. 응답 객체의 read() 메소드를 사용해 본문을 읽을 수 있다. 본문 길이가 매우 클 수도 있는데, Content-Length 헤더를 통해 정확한 바이트 개수를 알 수 있다.

데이터베이스에 접근하는 클라이언트 클래스

데이터베이스 접근을 위한 클래스를 정의해보자. 클래스는 다수의 연산들을 위한 컨텍스트 및 상태 정보를 제공할 수 있다. 엘라스틱 데이터베이스에 접근하는 클래스는 요청 헤더 딕셔너리를 한 번만 생성하고, 이후에는 이 딕셔너리 객체를 재사용한다.

데이터베이스 클라이언트 클래스의 핵심만 살펴보자. 이 클래스는 앞으로 여러 레시피에서 사용될 것이다. 전체적인 클래스 정의는 다음과 같다.

```
class ElasticClient:
    service = "https://api.orchestrate.io"
```

클래스 변수 service는 프로토콜과 호스트 이름을 갖는다. 초기화 메소드 __init__()에서 생성된 헤더들은 다양한 데이터베이스 연산에서 사용될 수 있다.

```
def __init__(self, api_key, password=''):
    self.headers = {
        'Accept': 'application/json',
        'Content-Type': 'application/json',
        'Authorization': ElasticClient.basic_header(api_key, password),
    }
```

이 메소드는 API 키를 입력받아 HTTP의 기본적인 권한 부여 방식에 의존하는 헤더들을 생성한다. orchestrate 서비스는 패스워드를 요구하지 않지만, 예제로 사용될 단위 테스트 케이스에서 사용자 이름과 패스워드가 사용되기 때문에 여기서는 패스워드를 포함시켰다.

기본 권한 부여를 생성하는 메소드는 다음과 같다.

```
@staticmethod
def basic_header(username, password=''):
    """
    >>> ElasticClient.basic_header('Aladdin', 'OpenSesame')
    'Basic QWxhZGRpbjpPcGVuU2VzYW1l'
    """
    combined_bytes = (username + ':' + password).encode('utf-8')
    encoded_bytes = base64.b64encode(combined_bytes)
    return 'Basic ' + encoded_bytes.decode('ascii')
```

이 함수는 사용자 이름과 패스워드를 조합해 Authorization 헤더의 값을 생성한다. orchestrate.io 서비스에서 사용자 이름은 API 키고, 패스워드는 길이가 0인 문자열 '' 이다. API 키는 서비스 최초 등록 시에 부여된다. orchestrate.io의 무료 서비스는 합리적인 개수의 트랜잭션과 불편하지 않을 만한 규모의 데이터베이스를 제공한다.

문서화 문자열에 포함된 단위 테스트 케이스는 결과가 정확함을 확인하기 위한 것이다. 테스트 케이스는 HTTP 기본 인증을 설명하는 위키피디아 페이지에서 가져왔다.

마지막으로, 데이터 항목을 데이터베이스의 eventlog 컬렉션에 적재하는 메소드다.

```
def load_eventlog(self, data_document):
    request = urllib.request.Request(
        url=self.service + '/v0/eventlog',
        headers=self.headers,
        method='POST',
        data=json.dumps(data_document).encode('utf-8')
    )

    with urllib.request.urlopen(request) as response:
        assert response.status == 201, "Insertion Error"
        response_headers = dict(response.getheaders())
        return response_headers['Location']
```

이 함수가 생성하는 Request 객체는 네 개의 필수 정보인 URL, HTTP 헤더, 메소드 문자열, 인코딩된 데이터를 포함한다. 데이터는 JSON 문자열로서 인코딩되고 JSON 문자열은 다시 UTF-8 방식을 사용해 바이트로 인코딩된다.

urlopen() 함수 실행은 요청 객체를 전송하고 응답 객체를 조회한다. 이 객체는 with 컨텍스트 매니저로서 응답 처리 중에 예외가 발생해도 자원의 정상적인 해제가 보장된다.

POST 메소드의 응답 코드가 201이면 정상이고, 다른 코드가 응답됐다면 문제가 발생한 것이다. assert문으로 상태 코드를 검사하고 있는데, Expected 201 status, got {}.format(response.status)와 같은 메시지를 제공하는 편이 더 나을 수도 있다.

그다음에는 헤더들을 검사해 Location 헤더의 값을 얻는다. 이 값은 생성된 객체의 위치를 찾을 수 있는 URL을 제공한다.

예제 구현

1. 데이터베이스 접근 모듈을 작성한다. 이 모듈은 ElasticClient 클래스 정의를 포함해야 하며, 이 클래스가 필요로 하는 다른 몇 가지 정의들도 포함할 것이다.

2. 이번 레시피는 unittest와 doctest를 둘 다 사용해 통합 테스트 집합을 생성할 것이다. unitTest.mock의 Mock 클래스와 json 모듈을 사용하며, 테스트 중인 소프트웨어 단위와 별도로 존재하므로 (테스트 대상 클래스 정의를 포함하는) ch11_r08_load도 임포트해야 한다.

```
import unittest
from unittest.mock import *
import doctest
import json
import ch11_r08_load
```

3. 테스트 케이스의 전체적인 프레임워크는 다음과 같다. setUp()과 runTest() 메소드의 본문은 앞으로 채워나갈 것이다. 이 클래스의 이름은 ElasticClient의 인스턴스가 주어졌고(Given), load_eventlog() 함수가 호출될 때(When) RESTful API 요청이 생성된다(Then)는 뜻이다.

```
class GIVEN_ElasticClient_WHEN_load_eventlog_THEN_request(unittest.
TestCase):

    def setUp(self):

    def runTest(self):
```

4. setUp() 메소드의 첫 번째 부분은 urlopen() 함수와 비슷한 응답을 제공하는 모의 컨텍스트 매니저다.

```
def setUp(self):
    # 컨텍스트 관리자 객체 자체
    self.mock_context = Mock(
        __exit__ = Mock(return_value=None),
        __enter__ = Mock(
            side_effect = self.create_response
        ),
    )

    # 컨텍스트를 반환하는 urlopen() 함수
    self.mock_urlopen = Mock(
```

```
        return_value = self.mock_context,
    )
```

urlopen()이 반환하는 값은 컨텍스트 매니저처럼 동작하는 응답 객체다. 이 객체를 모방하는 가장 좋은 방법은 모의 컨텍스트 매니저를 반환하는 것이다. 모의 컨텍스트 매니저의 __enter__() 메소드는 실제로 응답 객체를 생성하는 작업을 수행한다. 이때 side_effect 속성의 값인 self.create_response는 __enter__() 메소드 호출로 인한 결과 값을 생성하기 위해 호출되는 헬퍼helper 함수로서, 아직 정의되지 않았으며 조금 뒤에 살펴볼 것이다.

5. setUp() 메소드의 두 번째 부분은 가짜 데이터를 적재한다.

```
# 테스트 문서
self.document = {
    "timestamp": "2016-06-15T17:57:54.715",
    "levelname": "INFO",
    "module": "ch09_r10",
    "message": "Sample Message One"
}
```

여기서는 간단한 데이터를 사용하고 있지만, 복잡한 테스트라면 대규모의 순회 가능한 컬렉션 객체를 모의 데이터로서 사용해야 할 것이다.

6. 응답 객체처럼 동작하는 모의 객체를 생성하는 create_response() 메소드는 다음과 같다. 복잡한 응답 객체를 모방할 수 있도록 별도의 함수로서 정의한 것이다.

```
def create_response(self):
     self.database_id = hex(hash(self.mock_urlopen.call_args[0][0].data))
[2:]
    self.location = '/v0/eventlog/{id}'.format(id=self.database_id)
    response_headers = [
        ('Location', self.location),
        ('ETag', self.database_id),
        ('Content-Type', 'application/json'),
    ]
    return Mock(
        status = 201,
        getheaders = Mock(return_value=response_headers)
    )
```

self.mock_urlopen.call_args는 이 Mock 객체에 대한 가장 최근의 호출을 조사한다. 이 호출의 인수는 위치 인수와 키워드 인수의 튜플이다. 첫 번째 [0] 인덱스는 튜플에서 위치 인수 값을 선택하고, 두 번째 [0] 인덱스는 첫 번째 위치 인수 값을 선택한다. 이 객체가 데이터베이스에 적재될 것이다. hex() 함수가 반환하는 값은 0x 접두어를 포함하는 문자열이며, 이 접두어는 버려질 것이다.

더 복잡한 테스트 환경이라면 데이터베이스와 더욱 비슷해 보이는 응답 객체를 생성하기 위해 데이터베이스에 적재된 객체들의 임시 저장소cache를 관리해야 할 것이다.

7. runTest() 메소드는 테스트 대상에 대한 참조를 모의 객체에 대한 참조로 변경한다. ch11_r08_load의 urllib.request 및 urlopen() 함수에 대한 참조를 찾은 후에 이를 mock_urlopen으로 대체한다.

```
def runTest(self):
    with patch('ch11_r08_load.urllib.request.urlopen', self.mock_
urlopen):
        client = ch11_r08_load.ElasticClient('Aladdin', 'OpenSesame')
        response = client.load_eventlog(self.document)

    self.assertEqual(self.location, response)

    call_request = self.mock_urlopen.call_args[0][0]
    self.assertEqual(
        'https://api.orchestrate.io/v0/eventlog', call_request.full_url)
    self.assertDictEqual(
        {'Accept': 'application/json',
         'Authorization':
         'Basic QWxhZGRpbjpPcGVuU2VzYW1l',
         'Content-type': 'application/json'
        },
         call_request.headers)
    self.assertEqual('POST', call_request.method)
    self.assertEqual(
        json.dumps(self.document).encode('utf-8'), call_request.data)
    self.mock_context.__enter__.assert_called_once_with()
    self.mock_context.__exit__.assert_called_once_with(None, None, None)
```

먼저 클라이언트 객체를 생성하도록 규정하는 ElasticClient의 규칙을 따르고 있다. API 키 대신에 사용자 이름과 패스워드를 사용해 Authorization 헤더에 값을 제공한다. load_eventlog( )가 반환하는 결과 값은 응답 객체와 비슷한 객체로서 값이 적절한지 확인하는 데 사용된다.

이러한 상호작용들은 모두 모의 객체를 통해 이뤄진다. 그리고 확증 메소드들을 사용해 요청 객체가 제대로 생성됐는지 확인한다. 이 테스트는 요청 객체의 네 개 속성을 조사하며, 컨텍스트가 제대로 사용됐는지도 확인한다.

8. 이 unittest 테스트들을 ch11_r08_load의 닥스트링에 들어있는 테스트 예제 코드들과 조합하기 위해 load_tests( ) 함수도 정의한다.

```
def load_tests(loader, standard_tests, pattern):
    dt = doctest.DocTestSuite(ch11_r08_load)
    standard_tests.addTests(dt)
    return standard_tests
```

9. 마지막으로, 전체 테스트 집합을 실행할 main( ) 프로그램을 작성한다. 테스트 모듈을 독립형 스크립트로서 쉽게 실행할 수 있다.

```
if __name__ == "__main__":
    unittest.main()
```

예제 분석

이번 레시피에서는 unittest와 doctest의 여러 기능들을 조합해 테스트 케이스를 생성했다. 이 기능들은 다음과 같다.

- 컨텍스트 매니저를 생성하기
- 부수 효과side-effect 기능을 사용해 동적 상태 저장 테스트를 생성하기
- 복잡한 객체를 모방하기
- load_tests( ) 프로토콜을 사용해 doctest와 unittest 테스트 케이스들을 조합하기

지금부터 이 기능들을 하나씩 살펴보자.

컨텍스트 매니저 생성하기

컨텍스트 매니저 프로토콜은 어떤 객체를 다른 계층 속으로 감싸 넣는다. 자세한 설명은 '컨텍스트 매니저로 파일을 읽고 쓰는 방법' 레시피와 '다중 컨텍스트를 사용해 파일을 읽고 쓰는 방법' 레시피를 참조하자. 모방해야 하는 핵심 기능은 __enter__()와 __exit__() 메소드다.

모의 컨텍스트 매니저의 패턴은 다음과 같다.

```
self.mock_context = Mock(
    __exit__ = Mock(return_value=None),
    __enter__ = Mock(
        side_effect = self.create_response
        # 또는
        # return_value = some_value
    ),
)
```

보다시피, 컨텍스트 매니저 객체가 두 개의 속성을 갖고 있다. __exit__()는 한 번만 실행되며, True가 반환되면 예외가 발생하지 않은 것이고 None 또는 False가 반환되면 예외가 전파될 것이다.

__enter__() 메소드는 with문의 내부에서 대입된 객체를 반환한다. 이번 예제에서는 side_effect 속성을 사용했으므로 동적으로 결과 값이 계산될 수 있다.

__enter__() 메소드를 사용하지 않고, return_value 속성의 값을 고정시켜서 매번 동일한 컨텍스트 매니저 객체를 제공하는 방법도 있다. 또한 side_effect를 포함하는 시퀀스를 제공할 수도 있다. 이럴 경우는 메소드가 호출될 때마다 시퀀스 내의 다른 객체가 반환될 것이다.

동적 상태 저장 테스트 생성하기

테스트에 사용되는 객체들이 정적인 고정 객체일 때는 setUp() 메소드에 모의 응답을 정의하면 된다. 하지만 테스트 수행 중에 객체의 상태가 변경돼야 한다면, Mock 객체의 side_effect 속성을 사용해 상태 변경을 추적할 수 있다.

이번 예제에서 side_effect 속성은 create_response() 메소드를 사용해 동적 응답을 생성했다. side_effect가 참조하는 함수는 어떤 작업이든 할 수 있다. 따라서 복잡한 응답을 계산하기 위해 동적 상태 정보를 갱신할 수도 있다.

여기서 주의할 점이 있다. 테스트 케이스가 복잡해지면, 테스트 그 자체로 인해 버그가 생기기 쉽다. 테스트 케이스를 테스트하는 메타 테스트를 작성할 필요가 없도록, 테스트 케이스는 최대한 단순하게 유지하는 것이 바람직하다.

테스트가 실제로 실패할 수 있는지 확인하는 것도 중요하다. 일부 테스트는 부주의한 동어 반복을 포함하기도 한다. self.assertEqual(4, 2+2)는 불필요한 검사일 뿐이다. 실제로 테스트 대상인 소프트웨어 단위를 테스트 중인지 확인하려면, 코드를 일부러 누락시키거나 버그를 주입했을 때 테스트가 실패하는지 직접 봐야 한다.

복잡한 객체 모방하기

urlopen()이 반환하는 응답 객체에는 수많은 속성과 메소드들이 들어있다. 이번 레시피에서 사용된 것은 그중 일부에 불과하다.

이번에 사용했던 것은 다음과 같다.

```
return Mock(
    status = 201,
    getheaders = Mock(return_value=response_headers)
)
```

두 개의 속성을 갖는 Mock 객체를 생성했다.

- status 속성은 단순한 숫자 값이다.
- getheaders 속성은 Mock 객체와 return_value 인수를 사용해서 메소드 함수를 생성했다. 이 함수는 동적인 response_headers 값을 반환한다.

response_headers 객체의 값은 (키, 값) 쌍으로 구성된 2-튜플들의 시퀀스다. 따라서 쉽게 딕셔너리로 변환할 수 있다.

```
response_headers = [
    ('Location', self.location),
    ('ETag', self.database_id),
    ('Content-Type', 'application/json'),
]
```

세 개의 헤더 Location, ETag, Content-Type에 값을 대입했다. 테스트 케이스에 따라서는 다른 헤더들이 필요할 수도 있지만, 불필요한 헤더들은 굳이 포함시키지 않는 것이 중요하다. 헛갈려서 테스트 자체의 버그를 초래할 수 있기 때문이다.

데이터베이스의 ID와 위치는 다음 계산으로 얻을 수 있다.

```
hex(hash(self.mock_urlopen.call_args[0][0].data))[2:]
```

self.mock_urlopen.call_args는 테스트 케이스에 제공된 인수를 조사한다. call_args 속성의 값은 위치 인수와 키워드 인수로 구성되는 2-튜플이다. 위치 인수 자체도 역시 튜플이다. 따라서 call_args[0]은 위치 인수고, call_args[0][0]은 첫 번째 위치 인수가 된다. 이것은 데이터베이스에 적재될 문서다.

많은 파이썬 객체들이 해시 값을 가진다. 이번 예제의 경우 json.dumps() 함수가 생성하는 문자열 객체의 해시 값은 매우 큰 숫자며, 이 숫자의 16진수 표현은 0x 접두어가 앞에 붙은 문자열이 된다. 하지만 [2:] 슬라이스 때문에 접두어는 버려진다. 자세한 설명은 1장의 '변경 불가능 객체인 문자열을 재작성하는 방법' 레시피를 참조하자.

load_tests 프로토콜 사용하기

복잡한 모듈은 일반적으로 다수의 클래스 정의와 함수 정의를 포함한다. 모듈 전체적으로 문서화 문자열이 필요하고, 각각의 클래스와 함수도 문서화 문자열을 필요로 한다. 또한 클래스에 포함된 메소드 역시 문서화 문자열을 필요로 한다. 이 문서화 문자열들은 모듈, 클래스, 함수, 메소드에 관한 핵심적인 정보들을 제공한다.

문서화 문자열은 예제 코드도 포함할 수 있다. 그리고 이 예제 코드는 `doctest` 모듈에 의해 테스트될 수 있다. 자세한 설명은 '문서화 문자열을 테스트에 활용하는 방법' 레시피를 참조하자. 문서화 문자열 예제를 사용한 테스트를 `unittest` 테스트 케이스와 함께 사용할 수도 있다. 자세한 설명은 'unittest 테스트와 doctest 테스트를 함께 사용하는 방법' 레시피를 참조한다.

부연 설명

`unittest` 모듈은 통합 테스트를 구성할 때도 사용된다. 통합 테스트는 모의(가짜) 객체를 사용하지 않고 실제 외부 서비스를 사용하는 것이다. 외부 서비스는 속도가 느리거나 비용이 많이 들기 때문에, 단위 테스트가 모두 끝나고 소프트웨어의 정상 동작을 확신한 후에 통합 테스트를 시작하는 것이 일반적이다.

`orchestrate.io` 서비스에서 실제 애플리케이션과 테스트 애플리케이션을 각각 작성 중이라고 가정하자. 두 개의 API 키가 제공될 것이며, 테스트 키는 실제 데이터의 사용자에게 문제를 일으키지 않으면서 데이터베이스를 초기 상태로 재설정하는 데 사용하고자 한다.

이때 `unittest`의 `setUpModule()`과 `tearDownModule()` 함수를 사용할 수 있다. `setUpModule()` 함수는 모듈 파일 내의 어떤 테스트보다도 먼저 실행되므로 데이터베이스를 특정 상태로 쉽게 설정할 수 있기 때문이다.

`tearDownModule()` 함수는 데이터베이스를 제거할 수 있으며, 테스트 중에 생성된 불필요한 자원을 제거할 때 유용할 것이다. 하지만 디버깅 목적으로 자원을 일부러 남겨두기도

하므로, `tearDownModule()` 함수는 `setUpModule()` 함수보다 덜 자주 쓰인다.

참고 사항

- '날짜 또는 시간과 관련된 테스트' 레시피와 '무작위성을 포함하는 테스트' 레시피에서 다양한 기법들을 볼 수 있다.
- 9장의 '정규 표현식을 사용해 복잡한 포맷을 읽는 방법' 레시피에서는 로그 파일을 파싱하는 방법을 보여준다. '다중 컨텍스트를 사용해 파일을 읽고 쓰는 방법' 레시피에서는 로그 레코드를 CSV 파일에 기록하는 방법을 보여준다.
- 문자열의 일부를 대체하는 방법에 대해서는 1장의 '변경 불가능 객체인 문자열을 재작성하는 방법' 레시피를 참조한다.
- `doctest`에 대한 자세한 설명은 '닥스트링을 테스트에 활용하는 방법' 레시피를 참조한다. `doctest`와 `unittest`를 함께 사용하는 방법은 'unittest 테스트와 doctest 테스트를 함께 사용하는 방법' 레시피에서 볼 수 있다.

12 웹 서비스

이번 장에서 살펴볼 레시피들은 다음과 같다.

- WSGI로 웹 서비스를 구현하는 방법
- 플라스크 프레임워크를 사용하는 방법
- 질의 문자열을 파싱하는 방법
- `urllib`으로 REST 요청을 생성하는 방법
- URL 경로를 파싱하는 방법
- JSON 요청을 파싱하는 방법
- 웹 서비스 인증을 구현하는 방법

소개

웹 서비스를 제공하기 위해서는 서로 관련된 다수의 문제들을 해결해야 한다. 반드시 준수해야 하는 프로토콜들이 존재하고, 각 프로토콜마다 고유한 설계 고려 사항들이 있기 때문이다. 웹 서비스의 핵심은 HTTP를 정의하는 다양한 표준들이다.

HTTP는 클라이언트와 서버라는 두 부분으로 이뤄진다.

- 클라이언트는 서버에 요청을 보낸다.
- 서버는 클라이언트에게 응답을 되돌려 보낸다.

클라이언트와 서버 간의 관계는 비대칭적이다. 서버는 다수의 클라이언트로부터 동시 다발적으로 보내지는 요청들을 처리해야 한다. 클라이언트가 보내는 요청들은 비동기적으로 서버에 도착하기 때문에 서버는 특정 사용자가 보낸 요청들을 다른 요청들과 구별하기 쉽지 않다. 특정 사용자의 세션session을 유지하기 위해 사용자의 상태를 추적하는 세션 토큰(또는 쿠키)을 사용하도록 서버를 설계해야 한다.

HTTP 프로토콜은 유연하고 확장성이 좋다. HTTP의 가장 흔한 용도는 웹 페이지 형태로 콘텐츠를 제공하는 것이다. 웹 페이지는 일반적으로 HTML 문서며 그래픽, 스타일시트, 자바스크립트 코드에 대한 링크를 포함할 수 있다. 9장의 'HTML 문서를 읽는 방법' 레시피에서 HTML을 파싱하는 방법을 살펴본 적이 있다.

웹 페이지 콘텐츠는 다시 두 종류의 콘텐츠로 나뉜다.

- 정적 콘텐츠는 결국 다운로드된 파일이다. GUnicorn, NGINGX, Apache HTTPD와 같은 프로그램들은 정적 파일을 안정적으로 서비스할 수 있다. URL은 파일에 대한 경로를 정의하고, 서버는 파일을 브라우저로 다운로드한다.
- 동적 콘텐츠는 필요할 때 애플리케이션에 의해 생성된다. 이번 장에서는 요청에 대한 응답으로서 파이썬 애플리케이션이 HTML(또는 그래픽)을 생성하는 방법을 보여줄 것이다.

HTTP는 웹 서비스를 제공하는 용도로도 널리 쓰인다. 이때 HTTP 요청과 응답은 HTML이 아닌 다른 포맷으로 데이터를 교환한다. 주로 사용되는 포맷 중 하나가 JSON이며, 9장의 'JSON 문서를 읽는 방법' 레시피에서 JSON 문서를 다루는 방법을 배웠었다.

웹 서비스는 HTTP를 사용해 동적 콘텐츠를 제공하는 한 가지 방법이라고 볼 수 있다. 클라이언트는 JSON 포맷의 문서를 준비하고, 서버의 파이썬 애플리케이션 역시 JSON 포맷으로 응답 문서를 생성한다.

웹 서비스는 특정 용도에 초점을 맞추기도 한다. 서비스와 데이터베이스 영속성을 단일 패키지로 묶을 수 있는데, NGINX 기반의 웹 인터페이스와 몽고DB[MongoDB] 또는 엘라스틱[Elastic]을 함께 사용하는 서버가 이런 예에 속한다. 이 전체 패키지(웹 서비스+DB 영속성)를 가리켜 마이크로서비스[microservice]라고 부른다.

웹 서비스에 의해 교환되는 문서는 객체 상태의 표현을 인코딩한 것이다. 자바스크립트로 작성된 클라이언트 애플리케이션이 객체 상태를 서버로 전송할 수 있고, 파이썬으로 작성된 서버 애플리케이션도 객체 상태 표현을 클라이언트로 전송할 수 있다. 이를 가리켜 REST[Representational State Transfer]라고 하며, REST 원칙을 따르는 서비스를 RESTful 서비스라고 부른다.

HTML 또는 JSON 포맷으로 HTTP를 사용하는 것은 여러 변환 함수들을 조합하는 방법으로 설계할 수 있다. 요청과 응답 간의 관계는 다음과 같이 나타낼 수 있다.

```
response = F(request, persistent state)
```

즉, 응답[response]은 요청[request]과 (서버 데이터베이스에 저장된) 영속 상태[persistent state]를 바탕으로 함수 `F(r,s)`에 의해 생성된다고 볼 수 있다.

이 핵심 서비스를 변환 함수들이 감싸는 형태로 웹 서비스를 설계한다. 예를 들어, 요청을 보낸 사용자가 데이터베이스 상태를 변경할 권한이 있는지 확인하는 함수(`auth`)가 핵심 서비스를 감싸는 것을 다음과 같이 작성할 수 있다.

```
response = auth(F(request, persistent state))
```

사용자의 신원을 인증하는 함수(`user`)가 다시 권한 확인 프로세스를 감싸고, 응답을 JSON 포맷으로 변환하기 위한 함수(`JSON`)가 이 모든 과정을 감싸도록 할 수 있다. 이러한 계층적 구조는 핵심 서비스들에 일관된 동작 방식을 보장한다. 전체 프로세스는 다음과 같이 나타낼 수 있다.

```
response = JSON( user( auth( F(request, persistent state) ) ) )
```

이와 같은 설계 방식은 변환 함수들의 파이프라인과 잘 어울리며, 많은 프로토콜과 규칙을 사용해 유효한 응답을 생성하는 웹 서비스를 설계할 때의 가이드라인이기도 하다.

좋은 RESTful 구현이 이뤄지려면 서비스에 대한 정보를 많이 제공해야 한다. 웹 서비스 정보를 제공하는 한 가지 방법은 OpenAPI 명세를 사용하는 것인데, OpenAPI(스웨거 Swagger) 명세에 대한 자세한 설명은 http://swagger.io/specification/를 참조한다.

OpenAPI 명세의 핵심은 JSON 스키마로 작성돼 있다. JSON 스키마에 대한 자세한 설명은 http://json-schema.org를 참조한다.

OpenAPI의 기본 개념은 다음과 같다.

1. 웹 서비스로 전송되는 요청과 웹 서비스에서 제공하는 응답을 모두 JSON 명세로 작성한다.
2. 이 명세를 고정된 URL(대체로 /swagger.json)에서 제공한다. 클라이언트는 이 URL에 질의함으로써 서비스의 세부 동작 방식을 알 수 있다.

스웨거 문서 작성은 쉬운 일이 아니다. `swagger-spec-validator` 프로젝트의 도움을 받는 편이 바람직하며, https://pypi.python.org/pypi/swagger-spec-validator를 참조하자. 이 패키지는 어떤 스웨거 명세가 OpenAPI의 요구 사항을 만족하는지 확인하는 데 쓰인다.

이번 장에서는 RESTful 웹 서비스를 생성하고 정적 또는 동적 콘텐츠를 제공하는 여러 방법들을 살펴볼 것이다.

WSGI로 웹 서비스를 구현하는 방법

대부분의 웹 애플리케이션은 여러 계층으로 구성되는데, 대체로 다음 세 개의 계층으로 구분된다.

- 프레젠테이션 계층은 외부에 가시적으로 드러내는 보이는 뷰view로서 모바일 장치 또는 웹사이트상에서 실행되는 부분이다.
- 애플리케이션 계층은 주로 웹 서비스로서 구현되며, 웹 또는 모바일 프레젠테이션 계층을 지원하는 역할을 수행한다.
- 영속성 계층은 한 개의 세션 혹은 한 명의 사용자로부터의 다중 세션상에서 데이터 및 트랜잭션 상태의 유지를 담당한다. 애플리케이션 계층을 지원하는 역할을 수행한다.

파이썬 기반의 웹사이트 또는 웹 서비스 애플리케이션은 WSGIWeb Services Gateway Interface 표준을 준수한다. 이 표준은 Apache HTTPD, NGINX, GUnicorn 등의 프론트엔드 웹 서버가 동적 콘텐츠를 제공할 때의 일관된 동작을 정의하고 있다.

파이썬에는 다양한 RESTful API 프레임워크들이 포함돼 있다. 그중에서도 플라스크Flask가 유명하므로, '플라스크 프레임워크를 사용하는 방법' 레시피에서 자세히 살펴볼 것이다. 하지만 플라스크 등의 프레임워크가 반드시 필요하지는 않으며, WSGI의 핵심 기능만으로도 웹 서비스를 제공하기에 충분할 때도 있다.

WSGI 표준을 따르는 계층적 구조의 애플리케이션을 어떻게 작성할 수 있을까?

준비

WSGI 표준은 웹 애플리케이션들을 조립할 수 있도록 전체적인 프레임워크를 정의한다. 독립적으로 실행되는 애플리케이션을 다른 애플리케이션과 쉽게 연결 가능하도록 정의할 수 있으므로, 전체 웹사이트는 래퍼 객체들이 조립돼 만들어진다는 개념이다.

WSGI는 웹 서버 개발을 위한 뼈대며, 정교하기보다는 최소한의 표준을 제공할 뿐이다. '플라스크 프레임워크를 사용하는 방법' 레시피에서는 WSGI보다 정교한 프레임워크인 플라스크를 사용해 설계를 단순화하는 방법들을 살펴본다.

웹 서비스의 본질은 HTTP 요청과 응답이다. 서버는 요청을 수신하고 응답을 작성한다. HTTP 요청에 포함되는 데이터는 다음과 같다.

- URL은 자원을 가리킨다. http://www.example.com:8080/?query#fragment라는 URL의 각 부분은 다음과 같다.
  - http:은 프로토콜이며 :으로 끝난다.
  - www.example.com은 호스트로서, //가 앞에 오며 포트 번호가 포함되기도 한다(여기서는 포트 번호가 8080).
  - 자원에 도달하기 위한 경로: 여기서는 단순히 / 문자다. 어떤 형태든 경로는 반드시 존재해야 하며 /보다 길 때가 많다.
  - 질의 문자열: 앞에 ?가 온다. 여기서는 단순히 query 키며 이 키에 대응되는 값은 없다.
  - 프래그먼트 식별자: 앞에 #이 오며, 여기서는 fragment다. 특정 태그의 `id` 값으로서 웹 브라우저는 이 태그로 화면을 스크롤한다.

  이러한 URL 요소들은 대부분 선택적이다. 질의 문자열(또는 프래그먼트)을 활용해 요청에 대한 포맷 정보를 추가적으로 제공할 수 있다.

WSGI 표준은 URL을 파싱해 각 부분마다 별도의 키를 지정한다.

- 메소드: HTTP 메소드는 `HEAD`, `OPTIONS`, `GET`, `POST`, `PUT`, `DELETE`다.
- 요청 헤더: 헤더에는 HTTP 요청을 지원하기 위한 추가적인 정보가 포함된다. 예를 들면 콘텐츠의 유형을 정의하는 용도로 자주 사용된다.
- 첨부되는 콘텐츠: HTML 폼에서 입력되는 내용 또는 업로드 파일 등이 포함된다.

HTTP 응답은 여러 면에서 HTTP 요청과 유사하다. 헤더와 본문으로 이뤄지며, 헤더에는 클라이언트가 콘텐츠를 화면에 제대로 표시하는 데 필요한 세부 정보(예를 들면 인코딩 방식

등)가 포함된다. 서버 세션이 유지돼야 할 경우에는 요청 및 응답 헤더에 쿠키가 포함된다.

WSGI는 좀 더 정교한 대규모 애플리케이션을 조립하는 컴포넌트 애플리케이션 작성을 위한 것이다. WSGI 애플리케이션은 잘못된 요청, 권한 없는 사용자, 인증되지 않은 사용자 등으로부터 다른 애플리케이션을 보호하는 래퍼 객체로서 동작한다. 이를 위해 WSGI 애플리케이션은 공통의 표준 정의를 따라야 하며, 다음과 같은 시그니처를 포함하는 함수 또는 호출 가능한 객체여야 한다.

```
def application(environ, start_response):
    start_response('200 OK', [('Content-Type', 'text/plain')])
    return iterable_strings
```

`environ` 매개변수는 요청 정보를 포함하는 딕셔너리로서 HTTP 세부 정보, 운영체제 컨텍스트, WSGI 서버 컨텍스트를 모두 포함한다. `start_response` 매개변수는 함수다. 그리고 이 함수는 응답 상태와 헤더 정보를 제공하며 응답 본문을 반환하기 전에 실행돼야 한다.

WSGI 애플리케이션 함수는 HTTP 응답의 본문을 반환한다. 이 응답 본문은 일반적으로 문자열 시퀀스 혹은 문자열을 순회하는 객체다. 각 WSGI 애플리케이션은 HTTP 응답을 서버에서 클라이언트로 부분별로 쪼갠 후 보내고, (WSGI 애플리케이션을 포함하는) 컨테이너 애플리케이션은 이를 조립해서 HTTP 응답을 생성하는 개념이라고 할 수 있다.

WSGI 애플리케이션들은 모두 호출 가능한 함수이므로 WSGI 애플리케이션을 조립해 대규모 애플리케이션을 쉽게 구축할 수 있다. 일반적으로 웹 서버는 인증, 권한 부여, 표준 헤더, 감사 로깅, 성능 모니터링 등을 처리하는 다수의 WSGI 컴포넌트를 포함할 수 있다. 이런 기능들은 콘텐츠가 무엇이든 상관없이 보편적으로 웹 애플리케이션 또는 RESTful 서비스가 가져야 할 기능들이다.

덱이나 카드를 선택하는 기능을 제공하는 간단한 웹 서비스를 예제로서 살펴보자. 6장의 '__slots__로 객체를 최적화하는 방법' 레시피에서 정의했던 `Card` 클래스를 그대로 사용할 것이다. 다음의 `Card` 클래스는 카드의 숫자[rank]와 무늬[suit] 정보를 포함한다.

```
class Card:
    __slots__ = ('rank', 'suit')
        def __init__(self, rank, suit):
            self.rank = int(rank)
            self.suit = suit
        def __repr__(self):
            return ("Card(rank={self.rank!r}, "
             "suit={self.suit!r})").format(self=self)
        def to_json(self):
            return {
                "__class__": "Card",
                'rank': self.rank,
                'suit': self.suit}
```

트럼프 카드를 정의하는 클래스를 정의했다. 이 클래스의 인스턴스는 rank와 suit라는 두 개의 속성을 가지며, 해시와 비교 메소드들의 정의는 생략했다. 7장의 '객체를 정렬할 수 있는 클래스를 작성하는 방법' 레시피에서 몇 개의 특수한 메소드들을 정의했지만, 이번 레시피에서는 굳이 필요하지 않기 때문이다.

to_json() 메소드는 JSON 포맷으로의 직렬화를 위해 Card 객체의 상태를 딕셔너리 표현으로서 반환한다. JSON 포맷에서 Card 객체로의 역직렬화를 구현하려면 object_hook 함수가 필요하지만, 이번 레시피에서는 굳이 필요하지 않기 때문에 생략했다.

Card 인스턴스의 컨테이너 역할을 할 Deck 클래스도 정의해야 한다. Deck 클래스의 인스턴스는 카드를 배분하는 상태 저장 객체로서, Card 인스턴스를 생성할 수 있다. 클래스 정의는 다음과 같다.

```
import random

class Deck:
    SUITS = (
        '\N{black spade suit}',
        '\N{white heart suit}',
        '\N{white diamond suit}',
        '\N{black club suit}',
```

```
    )

    def __init__(self, n=1):
        self.n = n
        self.create_deck(self.n)

    def create_deck(self, n=1):
        self.cards = [
            Card(r,s)
                for r in range(1,14)
                    for s in self.SUITS
                        for _ in range(n)
        ]
        random.shuffle(self.cards)
        self.offset = 0

    def deal(self, hand_size=5):
        if self.offset + hand_size > len(self.cards):
            self.create_deck(self.n)
        hand = self.cards[self.offset:self.offset+hand_size]
        self.offset += hand_size
        return hand
```

create_deck() 메소드는 52가지(= 13개의 숫자 × 네 가지 무늬) 카드 조합을 생성한다. 카드 무늬는 ♣, ◇, ♡, ♠ 문자로 각각 정의되는데, \N{} 이스케이프 시퀀스를 사용하는 유니코드 문자를 사용하고 있다.

Deck 인스턴스를 생성할 때 n 값이 지정되면 52장 카드 덱의 복사본을 n개만큼 생성한다. 이 멀티 덱은 카드 섞는 시간을 줄여서 게임 속도를 높이고 싶을 때 사용된다. Card 인스턴스들의 시퀀스가 생성된 후에는 random 모듈을 사용해 카드를 섞는다. 반복 테스트 케이스를 생성하고 싶다면 이때 시드의 값을 항상 같은 값으로 지정해야 한다.

deal() 메소드는 self.offset 값을 사용해 카드 배분의 시작 위치를 결정한다. 이 값은 0부터 시작하며, 카드 한 장을 배분할 때마다 1씩 증가한다. hand_size 인수는 다음 번 패에 몇 장의 카드를 배분할지 결정한다. 그리고 self.offset의 값을 hand_size 값만큼 증가시켜서 각 카드가 한 번만 배분되도록 한다.

이 클래스를 사용해 Card 객체를 생성하는 예는 다음과 같다.

```
>>> from ch12_r01 import deck_factory
>>> import random
>>> import json

>>> random.seed(2)
>>> deck = Deck()
>>> cards = deck.deal(5)
>>> cards
[Card(rank=4, suit='♠'), Card(rank=8, suit='♡'),
 Card(rank=3, suit='♡'), Card(rank=6, suit='♡'),
 Card(rank=2, suit='♣')]
```

의미 있는 테스트가 가능하도록 특정 시드 값을 사용했다. Deck()으로 한 개의 덱을 생성한 후, 이 덱에서 (다섯 장의 카드로 구성되는) 한 개의 패를 배분했다.

웹 서비스의 일부로서 사용하려면 JSON 포맷으로 생성해야 한다. 다음은 그 예다.

```
>>> json_cards = list(card.to_json() for card in deck.deal(5))
>>> print(json.dumps(json_cards, indent=2, sort_keys=True))
    [
      {
        "__class__": "Card",
        "rank": 2,
        "suit": "\u2662"
      },
      {
        "__class__": "Card",
         "rank": 13,
         "suit": "\u2663"
      },
      {
        "__class__": "Card",
        "rank": 7,
        "suit": "\u2662"
```

```
    },
    {
      "__class__": "Card",
      "rank": 6,
      "suit": "\u2662"
    },
    {
      "__class__": "Card",
      "rank": 7,
      "suit": "\u2660"
    }
  ]
```

deck.deal(5)는 덱에서 다섯 장의 카드를 골라서 한 개의 패를 배분한다. list(card.to_json() for card in deck.deal(5))는 Card 객체의 to_json() 메소드를 사용해 딕셔너리 표현으로 객체를 반환한다. 그리고 이 딕셔너리의 리스트는 JSON 포맷으로 직렬화된다. sort_keys=True는 반복 가능한 테스트 케이스를 생성하기 위한 것으로서 RESTful 웹 서비스 자체를 위한 것은 아니다.

예제 구현

1. 필요한 모듈과 객체를 다음과 같이 임포트한다. HTTPStatus 클래스는 HTTP 상태 코드를 포함하며, json 모듈은 JSON 응답 생성에 필요하다. os 모듈은 난수 시드 초기화에 사용된다.

```
from http import HTTPStatus
import json
import os
import random
```

2. Card와 Deck 클래스를 임포트하거나 정의한다. 가급적 별도의 모듈로서 정의하는 편이 바람직한데, 기초적인 기능들을 웹 서비스 환경의 외부에 두고 테스트하는 편이 낫기 때문이다. 웹 서비스는 기존의 정상 동작하는 소프트웨어를 감싼다는 개념이다.

3. 모든 세션에서 공유되는 객체를 생성한다. deck의 값은 모듈 수준의 전역 변수다.

```
random.seed(os.environ.get('DEAL_APP_SEED'))
deck = Deck()
```

os 모듈을 사용해 환경 변수를 검사하고 있다. DEAL_APP_SEED 환경 변수가 정의돼 있으면 이 값을 난수 생성기에 입력하고, 그렇지 않으면 random 모듈의 내장 함수가 사용된다.

4. WSGI 애플리케이션을 함수로서 정의한다. 이 함수는 한 개의 카드 패를 배분한 후 Card 객체의 정보를 JSON 포맷으로서 생성해서 요청에 응답한다.

```
def deal_cards(environ, start_response):
    global deck
    hand_size = int(environ.get('HAND_SIZE', 5))
    cards = deck.deal(hand_size)
    status = "{status.value} {status.phrase}".format(
      status=HTTPStatus.OK)
    headers = [('Content-Type', 'application/json;charset=utf-8')]
    start_response(status, headers)
    json_cards = list(card.to_json() for card in cards)
    return [json.dumps(json_cards, indent=2).encode('utf-8')]
```

deal_cards() 함수는 deck에서 카드 패를 배분한다. HAND_SIZE 환경 변수가 정의돼 있으면 그 값을 패의 카드 개수로서 사용하고, 그렇지 않으면 기본값인 5를 사용한다. deck 전역 객체는 카드 배분을 실제로 수행한다.
응답 상태는 HTTP OK 상태를 나타내는 숫자 코드와 텍스트를 포함하는 문자열이며, 그 뒤에 헤더가 올 수 있다. 여기서 사용된 Content-Type 헤더는 포맷이 JSON이고 utf-8로 인코딩됐음을 클라이언트에게 알리고 있다. 마지막으로, JSON 문서가 반환된다.

5. 시연과 디버깅의 편의를 위해 WSGI 애플리케이션을 실행하는 서버를 생성한다. 여기서는 wsgiref 모듈의 서버를 사용할 것이다. Werkzeug에 괜찮은 서버들이 정의돼 있으며, GUnicorn 서버는 더 좋다.

```
from wsgiref.simple_server import make_server
httpd = make_server('', 8080, deal_cards)
httpd.serve_forever()
```

서버가 실행되면, 브라우저에서 http://localhost:8080/를 열 때 다섯 장의 카드 묶음이 표시될 것이다. 새로 고칠 때마다 다른 카드 묶음을 볼 수 있다.

이런 식으로 동작할 수 있는 것은 브라우저에서 URL을 입력하면 최소한의 헤더들만 갖는 GET 요청이 실행되기 때문이다. 이 WSGI 애플리케이션은 특정 헤더를 요구하지 않으며 어떤 HTTP 메소드에도 응답하므로 결과가 반환되는 것이다.

현재의 덱에서 선택돼 배분된 다섯 장의 카드를 나타내는 JSON 문서가 반환되며, 각 카드는 클래스 이름인 Card, rank, suit로 표현된다.

```
[
  {
    "__class__": "Card",
    "suit": "\u2663",
    "rank": 6
  },
  {
    "__class__": "Card",
   "suit": "\u2662",
    "rank": 8
  },
  {
    "__class__": "Card",
    "suit": "\u2660",
    "rank": 8
  },
  {
    "__class__": "Card",
    "suit": "\u2660",
    "rank": 10
  },
  {
    "__class__": "Card",
    "suit": "\u2663",
   "rank": 11
  }
]
```

자바스크립트를 활용하면 각 카드를 그래픽으로 처리하면서 카드의 배분을 애니메이션으로 처리하는 멋진 웹 페이지를 작성할 수 있을 것이다.

예제 분석

WSGI 표준은 웹 서버와 애플리케이션 간의 인터페이스를 정의하며, Apache HTTPD CGI[Common Gateway Interface]를 기반으로 한다. CGI는 원래 셸 스크립트나 별도의 바이너리를 실행하기 위한 것이었는데, WSGI는 이 오래된 기술을 현대식으로 개선한 것이다.

WSGI 표준은 다양한 정보들을 포함할 수 있는 환경 변수들의 딕셔너리를 정의한다.

- 다음의 딕셔너리 키들은 파싱과 데이터 변환을 거친 후의 HTTP 요청을 반영한다.
  - REQUEST_METHOD: HTTP 요청 메소드(GET, POST 등)
  - SCRIPT_NAME: URL 경로의 앞부분. 일반적으로 애플리케이션 객체 또는 함수 이름과 같다.
  - PATH_INFO: URL 경로의 나머지 부분. 자원의 위치를 지정한다. 이번 예제에서는 경로를 파싱하지 않았다.
  - QUERY_STRING: URL에서 ? 다음에 오는 부분
  - CONTENT_TYPE: HTTP 요청에 포함된 Content-Type 헤더의 값
  - CONTENT_LENGTH: HTTP 요청에 포함된 Content-Length 헤더의 값
  - SERVER_NAME과 SERVER_PORT: 서버 이름 및 포트 번호
  - SERVER_PROTOCOL: 클라이언트가 요청을 보낼 때 사용하는 프로토콜의 버전. 일반적으로 HTTP/1.0 또는 HTTP/1.1 등의 값을 갖는다.
- HTTP 헤더들: 키 값이 HTTP_로 시작하며, 모두 대문자다.

서버가 유의미한 HTTP 응답을 생성하기 위해서는 HTTP 요청 이외에도 추가 정보들이 필요하다. 이러한 정보는 일반적으로 두 가지로 분류될 수 있다.

- OS 환경: 서비스가 실행될 때 이미 정의돼 있는 환경 변수들은 서버에 설정 정보를 제공한다. 정적 콘텐츠들이 위치하는 디렉터리 경로, 사용자 인증에 필요한 정보 등 다양한 정보를 제공할 수 있다.
- WSGI 서버 컨텍스트: `wsgi.`으로 시작하며 소문자로만 구성된다. WSGI 표준을 준수하는 서버의 내부 상태에 대한 추가 정보들이 포함된다. 특히, 파일 업로드와 로깅과 관련된 두 개의 객체가 많이 사용된다.
    - `wsgi.input`: 파일과 유사한 객체며, HTTP 요청 본문의 바이트를 이 객체로부터 읽어들인다. `Content-Type` 헤더의 값을 바탕으로 해석해야 한다.
    - `wsgi.errors`: 역시 파일과 유사한 객체며, 오류 출력이 기록된다. 서버의 로그에 해당된다.

WSGI 함수의 반환 값은 시퀀스 객체 또는 순회 가능 객체다. 순회 가능 객체를 사용하면 대용량의 문서를 부분별로 나눠서 조립할 수 있으며 다수의 작은 버퍼들을 통해 다운로드할 수도 있다.

이번 예제의 WSGI 애플리케이션은 요청 경로를 확인하지 않으므로 임의의 경로를 사용해 한 개의 패를 구성하는 카드들을 조회할 수 있다. 좀 더 정교한 애플리케이션이라면 경로를 파싱해 한 개의 패를 구성하는 카드의 개수 또는 패를 배분하는 덱의 크기 등을 결정할 수 있을 것이다.

부연 설명

웹 서비스는 공통적으로 사용되는 다수의 컴포넌트들이 연결돼 계층 구조를 이룬 것이라고 볼 수 있다. WSGI 표준이 정의하는 규격화된 인터페이스 덕분에 이와 같은 재사용을 쉽게 적용할 수 있다.

최근의 웹 서비스 애플리케이션들은 동적 콘텐츠의 생성 및 보호에 많은 노력을 기울이고 있는데, 이를 구현할 때 두 가지 중 하나를 선택할 수 있다.

- 하나의 애플리케이션에 다수의 if문을 작성한다.
- 보안 문제와 콘텐츠 구성을 분리하는 공통 래퍼를 작성한다

래퍼는 결과를 직접 생성하지 않는 WSGI 애플리케이션이며, 결과를 생성하는 작업은 다른 WSGI 애플리케이션으로 넘긴다.

예를 들어, HTTP 응답이 JSON 포맷인지 확인하는 래퍼가 필요하다고 하자. 이 래퍼는 애플리케이션 관점의 JSON과 사람 관점의 HTML을 구별한다.

애플리케이션의 유연성을 높이려면 함수 대신에 호출 가능 객체를 사용하는 편이 낫다. 다양한 애플리케이션과 래퍼들을 훨씬 유연하게 구성할 수 있기 때문이다. JSON 필터의 개념을 호출 가능 객체와 결합해보자.

이 객체의 개요는 다음과 같다.

```
class JSON_Filter:
    def __init__(self, json_app):
        self.json_app = json_app
    def __call__(self, environ, start_response):
        return json_app(environ, start_response)
```

이 클래스 정의로부터 호출 가능한 객체를 생성한 후, 이 객체로 다른 애플리케이션 json_app을 감쌀 것이다.

다음과 같이 이 클래스를 사용할 수 있다.

```
json_wrapper = JSON_Filter(deal_cards)
```

원래의 WSGI 애플리케이션인 deal_cards()를 감싸고 있다. 이제 이 json_wrapper 객체를 WSGI 애플리케이션으로서 사용할 수 있다. 서버가 json_wrapper(environ, start_response)를 호출하면 __call__() 메소드가 실행되고, 이 메소드는 deal_cards() 함수에게 요청을 전달한다.

더 완벽한 래퍼 애플리케이션의 코드는 다음과 같다. 이 래퍼는 HTTP Accept 헤더에

json 문자열이 들어있는지 검사하고, 질의 문자열에서 ?$format=json을 검사해 HTTP 요청이 JSON 포맷인지 확인한다. 이 클래스의 인스턴스는 원래의 WSGI 애플리케이션 deal_cards()를 참조하도록 설정한다.

```
from urllib.parse import parse_qs
class JSON_Filter:
    def __init__(self, json_app):
        self.json_app = json_app
    def __call__(self, environ, start_response):
        if 'HTTP_ACCEPT' in environ:
            if 'json' in environ['HTTP_ACCEPT']:
                environ['$format'] = 'json'
                return self.json_app(environ, start_response)
        decoded_query = parse_qs(environ['QUERY_STRING'])
        if '$format' in decoded_query:
            if decoded_query['$format'][0].lower() == 'json':
                environ['$format'] = 'json'
                return self.json_app(environ, start_response)
        status = "{status.value}
{status.phrase}".format(status=HTTPStatus.BAD_REQUEST)
        headers = [('Content-Type', 'text/plain;charset=utf-8')]
        start_response(status, headers)
        return ["Request doesn't include ?$format=json or Accept
header".encode('utf-8')]
```

__call__() 메소드는 Accept 헤더와 질의 문자열을 검사한다. json이라는 문자열이 HTTP Accept 헤더 값에 들어있으면 해당 애플리케이션이 실행되고, 이 래퍼가 사용한 헤더 정보를 포함하도록 환경 변수를 갱신한다.

HTTP Accept 헤더가 없거나 JSON 포맷의 응답이 요청되지 않았으면, 이번에는 질의 문자열을 검사한다. 이것은 일종의 보험이며, 브라우저에서 보내는 헤더는 변경하기 어렵다는 점에서 쓸모가 있다. 즉, 질의 문자열은 Accept 헤더의 대안으로서 브라우저 친화적인 방법이라고 할 수 있다. parse_qs() 함수는 질의 문자열을 딕셔너리로 변환하는데, 질의 문자열에 $format 키가 들어있으면 그 값이 json 문자열을 포함하는지 검사한다. 포함돼 있다면, 질의 문자열에 들어있는 포맷 정보로 환경 변수를 갱신한다.

어느 경우든 래퍼가 감싸고 있는 애플리케이션을 호출할 때 환경 변수가 갱신된다. 래퍼에 감싸진 함수는 WSGI 환경 변수에서 포맷 정보만 확인하면 된다. 래퍼 객체는 추가적인 변경 없이 응답을 반환한다.

JSON 포맷의 응답이 요청되지 않으면 간단한 텍스트 메시지와 함께 `400 BAD REQUEST` 응답이 전송된다. 질의를 받아들일 수 없는 이유에 대한 정보가 포함될 것이다.

이 `JSON_Filter` 래퍼 클래스 정의를 다음과 같이 사용할 수 있다.

```
json_wrapper = JSON_Filter(deal_cards)
httpd = make_server('', 8080, json_wrapper)
```

`deal_cards()`에서 서버를 생성하는 대신에, `deal_cards()` 함수를 참조하는 `JSON_Filter` 클래스의 인스턴스를 생성했다. 동작상의 차이점은 없으며, 다만 Accept 헤더 또는 http://localhost:8080/?$format=json과 같은 URL이 필요하다는 점만 다르다.

이번 예제에는 다소 용법상의 문제가 있다. GET 메소드가 서버의 상태를 변경하고 있는데, 이는 일반적으로 바람직하지 않다.

웹 브라우저상에서는 오류를 제대로 구분하기가 어렵다. 디버깅 도구가 없기 때문에 `print()` 함수와 로그 메시지가 디버깅에 꼭 필요하다. 특히 `sys.stderr` 표준 오류로의 출력이 매우 중요하다. 플라스크를 사용하면 디버깅하기가 더 쉬운데, '플라스크 프레임워크를 사용하는 방법' 레시피에서 자세히 설명할 것이다.

HTTP는 `GET`, `POST`, `PUT`, `DELETE` 등의 메소드를 지원한다. 일반적으로 이 메소드들은 데이터베이스의 CRUD 연산에 대응된다. Create는 `POST`, Retrieve는 `GET`, Update는 `PUT`, Delete는 `DELETE` 메소드에 대응되므로, `GET` 연산으로 데이터베이스의 상태를 변경하는 것은 좋지 않다.

즉, GET 메소드는 멱등적Idempotent이어야 한다. POST, PUT, DELETE 연산 없이 GET 메소드만 계속 사용된다면 항상 같은 결과가 반환돼야 한다. 하지만 이번 예제는 GET을 실행할 때마다 다른 결과가 반환되고 있다. GET 메소드로 카드를 배분하는 것은 용법상 문제가 있음을 의미한다.

이번 예제처럼 기초적인 애플리케이션에서는 그리 중요하지 않지만, 대규모의 복잡한 웹 애플리케이션이라면 중요하게 고려해야 할 점이다. 카드 배분 서비스는 멱등적이지 않으므로 GET이 아니라 POST 메소드가 사용되는 것이 바람직하다.

웹 브라우저 사용의 편의를 위해 이번 레시피는 WSGI 애플리케이션에서 이 부분을 검사하지 않았다.

참고 사항

- 파이썬으로 다양한 RESTful API 프레임워크를 사용할 수 있는데, 그중 플라스크에 대한 자세한 설명은 '플라스크 프레임워크를 사용하는 방법' 레시피에서 볼 수 있다.
- WSGI 표준에 대한 자세한 정보는 다음 세 곳에서 확인할 수 있다.
  - PEP 3333: https://www.python.org/dev/peps/pep-3333/를 참조한다.
  - 파이썬 표준 라이브러리: `wsgiref` 모듈은 표준 라이브러리의 레퍼런스 구현이다.
  - Werkzeug 프로젝트: http://werkzeug.pocoo.org를 참조한다. WSGI 유틸리티들을 포함하는 외부 라이브러리로서, WSGI 애플리케이션 구현에 널리 사용된다.
- 웹 서비스를 위한 JSON 포맷에 대한 자세한 설명은 http://docs.oasis-open.org/odata/odata-json-format/v4.0/odata-json-format-v4.0.html을 참조한다.

플라스크 프레임워크를 사용하는 방법

'WSGI로 웹 서비스를 구현하는 방법' 레시피에서는 파이썬 표준 라이브러리에 들어있는 WSGI 컴포넌트들을 사용해 RESTful API와 마이크로서비스를 구축하는 방법을 살펴봤다. 하지만 이 방법은 수많은 공통적인 경우들을 일일이 프로그램으로 작성해줘야 하는 번거로움이 따른다.

웹 애플리케이션 프로그래밍의 공통 부분들을 단순화해 상용구 코드 사용을 줄이려면 어떻게 해야 할까?

준비

우선, 플라스크 프레임워크를 환경 변수에 추가해야 한다. pip를 사용해 플라스크 및 관련 프로젝트들(itsdangerous, Jinja2, click, MarkupSafe, Werkzeug)의 최신 버전을 설치한다.

설치 과정은 다음과 같다.

```
slott$ sudo pip3.5 install flask
Password:
Collecting flask
  Downloading Flask-0.11.1-py2.py3-none-any.whl (80kB)
    100% |████████████████████████████████| 81kB
3.6MB/s
Collecting itsdangerous>=0.21 (from flask)
  Downloading itsdangerous-0.24.tar.gz (46kB)
    100% |████████████████████████████████| 51kB
8.6MB/s
Requirement already satisfied (use —upgrade to upgrade): Jinja2>=2.4 in /Library/
Frameworks/Python.framework/Versions/3.5/lib/python3.5/sitepackages (from flask)
Collecting click>=2.0 (from flask)
  Downloading click-6.6.tar.gz (283kB)
    100% |████████████████████████████████| 286kB
4.0MB/s
Collecting Werkzeug>=0.7 (from flask)
```

```
  Downloading Werkzeug-0.11.10-py2.py3-none-any.whl (306kB)
    100% |████████████████████████████████| 307kB
3.8MB/s Requirement already satisfied (use —upgrade to upgrade): MarkupSafe in /
Library/Frameworks/Python.framework/Versions/3.5/lib/python3.5/sitepackages (from
Jinja2>=2.4->flask)
Installing collected packages: itsdangerous, click, Werkzeug, flask
  Running setup.py install for itsdangerous ... done
  Running setup.py install for click ... done
Successfully installed Werkzeug-0.11.10 click-6.6 flask-0.11.1
itsdangerous-0.24
```

Jinja2와 MarkupSafe는 이미 설치돼 있다. 미설치 요소들은 pip에 의해 다운로드 및 설치되며, 윈도우에서는 sudo 명령이 필요 없다.

플라스크는 웹 서비스 애플리케이션 작성을 크게 단순화한다. 한 개의 복잡한 (WSGI 호환) 함수 또는 호출 가능 객체 대신에 여러 함수들을 포함하는 한 개의 모듈을 작성하고 각 함수는 특정 URL 경로 패턴을 처리할 수 있기 때문이다.

'WSGI로 웹 서비스를 구현하는 방법' 레시피의 카드 배분 함수들을 다시 예제로 사용하자. Card 클래스는 트럼프 카드를 정의하고, Deck 클래스는 카드들로 이뤄지는 덱을 정의한다.

플라스크가 URL 파싱을 알아서 처리해주므로, 훨씬 쉽게 정교한 웹 서비스를 구축할 수 있다. 다음과 같은 경로를 정의할 것이다.

/dealer/hand/?cards=5

이 경로는 세 개의 중요한 정보를 포함하고 있다.

- 첫 번째 부분인 /dealer/는 전체 웹 서비스다.
- 그다음 부분 hand/는 특정 자원을 가리킨다. 여기서는 카드 패다.
- 질의 문자열 ?cards=5는 cards 매개변수를 정의한다. 이것은 패의 크기며, 한 개의 패는 1장부터 52장까지 가능하다. 이 범위를 벗어난 값이 사용되면 유효하지 않은 질의이므로 상태 코드 400이 반환된다.

예제 구현

1. flask 패키지로부터 핵심 정의들을 임포트한다. Flask 클래스는 전반적인 애플리케이션을 정의하고, request 객체는 현재의 웹 요청을 포함한다.

   ```
   from flask import Flask, request, jsonify, abort
   from http import HTTPStatus
   ```

   jsonify() 함수는 플라스크의 view 함수가 생성한 JSON 포맷 객체를 반환한다. abort() 함수는 HTTP 오류 상태를 반환한 후 요청에 대한 처리를 끝낸다.

2. Card와 Deck 클래스를 임포트한다. 별도의 모듈로부터 임포트하는 것이 바람직하다. 웹 서비스 환경 외부에서 모든 기능을 테스트할 수 있기 때문이다.

   ```
   from ch12_r01 import Card, Deck
   ```

   카드를 섞기 위해 random 모듈도 필요하다.

   ```
   import random
   ```

3. Flask 객체를 생성한다. 이 객체는 웹 서비스 애플리케이션이며, 이름을 dealer로 지정한 후 전역 변수 dealer에 대입한다.

   ```
   dealer = Flask('dealer')
   ```

4. 애플리케이션 내에서 사용될 객체들을 생성한다. 이 객체들은 dealer 객체에 속성으로서 대입될 것이다. 플라스크의 내부 속성과 충돌하지 않도록 고유한 이름을 부여해야 한다. 모듈 수준의 전역 변수를 사용하는 방법도 있다.
   상태 저장 전역 객체는 멀티스레드 환경에서 동작할 수 있어야 한다. 그렇지 않다면 명시적으로 스레딩을 비활성화해야 한다.

   ```
   import os
   random.seed(os.environ.get('DEAL_APP_SEED'))
   deck = Deck()
   ```

   이번 레시피의 Deck 클래스는 멀티스레드 환경에서의 안전한 동작이 보장되지 않으므로 싱글스레드 서버를 사용할 것이다. deal() 메소드는 threading 모듈의 Lock 클래스를 사용해 배타적 잠금을 정의함으로써 동시 스레드 환경에서의 안전한 작업을 보장할 것이다.

5. 특정 요청을 수행하는 뷰 함수의 경로(URL 패턴)를 정의한다. 함수 바로 앞에 위치하는 데코레이터며, 플라스크 애플리케이션에 함수를 연결할 것이다.

```
@dealer.route('/dealer/hand/')
```

6. 데이터를 조회하거나 애플리케이션 상태를 갱신하는 뷰 함수를 정의한다. 이번 예제에서는 두 기능을 모두 수행한다.

```
def deal():
    try:
        hand_size = int(request.args.get('cards', 5))
        assert 1 <= hand_size < 53
    except Exception as ex:
        abort(HTTPStatus.BAD_REQUEST)
    cards = deck.deal(hand_size)
    response = jsonify([card.to_json() for card in cards])
    return response
```

플라스크는 URL에서 ?에 이어지는 문자열(즉, 질의 문자열)을 파싱해 `request.args` 값을 생성한다. 따라서 클라이언트 애플리케이션 혹은 브라우저는 ?cards=13과 같은 질의 문자열을 사용해 이 값을 설정할 수 있다. 이 문자열은 13장의 카드로 이뤄진 패를 배분할 것이다.

질의 문자열에 지정된 패의 크기 값이 부적절하면, `abort()` 함수는 처리를 끝내고 HTTP 상태 코드 `400`을 반환한다. 이는 요청이 받아들여지지 않았음을 의미하며, 추가 설명이 없는 최소한의 응답이다.

애플리케이션이 실제로 수행하는 작업은 `cards = dealer.deck.deal(hand_size)` 한 문장에 다 들어있다. 이 문장은 기존에 존재하는 기능을 웹 프레임워크로 감싸는 것에 불과하므로, 기존 기능들은 웹 애플리케이션 없이도 테스트될 수 있다.

`jsonify()` 함수는 응답 객체를 생성한다. 응답 본문은 JSON 포맷으로 표현되는 파이썬 객체다. 응답에 헤더가 추가돼야 한다면 `response.headers` 값에 이를 반영한다.

7. 서버를 실행하는 메인 프로그램을 정의한다.

```
if __name__ == "__main__":
    dealer.run(use_reloader=True, threaded=False, debug=True)
```

debug=True 옵션은 플라스크 로그 파일과 웹 브라우저에 풍부한 디버깅 정보를 제공하기 위한 것이다. 서버 실행 후 브라우저에서 http://localhost:5000/를 열면 다섯 장의 카드들을 볼 수 있다. 새로 고칠 때마다 다른 카드들이 나타날 것이다.

이 코드가 동작하는 것은 브라우저에서 URL을 입력할 때 최소한의 헤더만 갖는 GET 요청이 실행되기 때문이다. 이 WSGI 애플리케이션은 특정 헤더를 요구하지 않고 모든 HTTP 메소드에 응답하므로 결과를 반환할 것이다.

다섯 장의 카드를 포함하는 JSON 문서가 결과 값으로서 반환된다. 각 카드는 클래스 이름(Card), rank, suit 정보를 갖고 있다.

```
[
  {
    "__class__": "Card",
    "suit": "\u2663",
    "rank": 6
  },
  {
    "__class__": "Card",
    "suit": "\u2662",
    "rank": 8
  },
  {
    "__class__": "Card",
    "suit": "\u2660",
    "rank": 8
  },
  {
    "__class__": "Card",
    "suit": "\u2660",
    "rank": 10
```

```
  },
  {
    "__class__": "Card",
    "suit": "\u2663",
    "rank": 11
  }
]
```

다섯 장을 초과하는 카드를 보고 싶으면 URL을 수정하면 된다. 예를 들어 http://127.0.0.1:5000/dealer/hand/?cards=13을 입력하면 (13장의 카드가 한 개의 패를 구성하는) 브리지 게임의 카드 패가 반환될 것이다.

예제 분석

플라스크 애플리케이션은 다수의 뷰 함수를 갖는 애플리케이션 객체다. 이번 예제에서 뷰 함수는 `deal()`뿐이지만, 실용적인 애플리케이션은 수많은 뷰 함수들을 갖고 있는 경우가 대부분이다. 한 개의 웹사이트가 많은 수의 애플리케이션을 포함하고, 각 애플리케이션은 다시 많은 수의 뷰 함수를 포함하는 것이다.

플라스크에서 경로route는 URL 패턴과 뷰 함수 간의 매핑이며, 뷰 함수가 사용하는 매개변수들을 포함하는 경로를 정의할 수 있다.

`@flask.route` 데코레이터는 각 경로와 뷰 함수를 플라스크 애플리케이션 인스턴스에 추가한다. 이때 뷰 함수는 경로 패턴을 기반으로 애플리케이션에 연결된다.

`Flask` 객체의 `run()` 메소드는 다음의 처리들을 수행한다. 다음 설명은 플라스크의 동작을 세부적으로 정확히 기술하지는 않지만 단계별로 대략적인 개요를 보여준다.

- HTTP 요청을 대기한다. 플라스크는 WSGI 표준을 따르므로 HTTP 요청은 딕셔너리 형태로 도착한다. WSGI에 대한 자세한 설명은 'WSGI로 웹 서비스를 구현하는 방법' 레시피를 참조한다.
- 플라스크의 `Request` 객체를 생성한다. 이 객체는 모든 URL 요소들, 질의 문자열,

첨부 문서 등 HTTP 요청과 관련된 모든 정보들을 포함한다.

- 플라스크는 요청 경로와 일치하는 경로가 있는지 검색을 시작한다.
  - 경로가 발견되면, 해당되는 뷰 함수가 실행된다. 뷰 함수는 `Response` 객체를 생성하고 반환한다.
  - 경로를 찾지 못하면 `404 NOT FOUND` 응답이 자동으로 전송된다.
- 응답을 전송하기 위해 상태 정보와 헤더를 준비하는 WSGI 패턴이 생성된다. 뷰 함수에서 반환된 `Response` 객체는 바이트 스트림으로서 제공된다.

플라스크 애플리케이션은 웹 서비스를 제공하기 쉽도록 수많은 메소드들을 포함할 수 있다. 이러한 메소드 중 일부는 요청 또는 세션과 암묵적으로 연결되는 독립형 함수로서 외부에 드러날 수 있다. 따라서 뷰 함수 작성이 더 간단해진다.

부연 설명

'WSGI로 웹 서비스를 구현하는 방법' 레시피에서는 HTTP 요청에 특정 값이 포함돼 있는지 확인하는 테스트 코드로 애플리케이션을 감쌌었다. 이때 확인했던 것은 다음 두 가지다.

- Accept 헤더에 `json`이 들어있는지 여부
- 질의 문자열에 `$format=json`이 들어있는지 여부

복잡한 RESTful 애플리케이션 서버를 작성 중이라면 모든 뷰 함수에 이러한 테스트를 적용하되, 각 함수마다 테스트 코드를 입력하지 않아도 되는 방법이 있으면 좋을 것이다.

'WSGI로 웹 서비스를 구현하는 방법' 레시피의 WSGI 애플리케이션을 플라스크 애플리케이션과 조합해 복합 애플리케이션을 구축해도 되지만, 플라스크만 사용해도 충분히 가능하다. 사실, 순수 플라스크 솔루션이 더 간단하기 때문에 더 나은 방법이다.

`@flask.route` 데코레이터는 이미 배웠지만, 이 밖에도 요청과 응답 처리 과정을 정의할 수 있는 다양한 데코레이터들을 사용할 수 있다. 예를 들어 도착 중인 요청에 테스트를 적

용하기 위해 `@flask.before_request` 데코레이터를 사용할 수 있다. 이 데코레이터가 적용되는 함수는 요청이 처리되기 전에 호출된다.

```
@dealer.before_request
def check_json():
    if 'json' in request.headers.get('Accept'):
        return
    if 'json' == request.args.get('$format'):
        return
    return abort(HTTPStatus.BAD_REQUEST)
```

`@flask.before_request` 데코레이터가 값을 반환하지 않으면(또는 None을 반환하면) 처리가 계속 진행될 것이다. 즉, 경로를 검사하고 뷰 함수를 실행한다.

여기서는 Accept 헤더에 `json`이 포함되거나 `$format` 질의 매개변수가 `json`이면 이 함수는 `None`을 반환한다. 따라서 요청 처리를 계속하기 위해 뷰 함수를 찾는 작업이 진행될 것이다.

만일 `@flask.before_request` 데코레이터가 어떤 값을 반환한다면, 이 값이 최종 결과며 요청 처리는 중단된다. 여기서는 `check_json()` 함수가 `abort()` 응답을 반환하면 처리가 중단된다. `abort()` 응답이 플라스크 애플리케이션의 최종 응답이 되며, 오류 메시지를 쉽게 반환할 수 있다.

브라우저의 주소 창을 사용해 다음과 같은 URL을 입력해보자.

http://127.0.0.1:5000/dealer/hand/?cards=13&$format=json

13장의 카드 패가 반환되며, 응답 포맷은 JSON이라고 명시적으로 요청하고 있다. `$format`에 다른 값을 넣거나 아예 생략하면 어떤 결과가 얻어지는지 다양하게 시도해보라.

이번 예제에서 GET 메소드는 서버의 상태를 변경하고 있는데, 일반적으로 좋지 않은 사용법이다.

HTTP는 데이터베이스 CRUD 작업에 대응되는 메소드들을 지원한다. Create는 POST, Retrieve는 GET, Update는 PUT, Delete는 DELETE에 대응된다.

GET 메소드는 멱등적인 것이 바람직하다. POST, PUT, DELETE 없이 GET 메소드가 계속 사용될 경우, 언제나 같은 결과가 반환돼야 한다는 뜻이다. 하지만 이번 예제에서는 GET 메소드가 매번 다른 결과를 반환하고 있다. 카드 배분은 멱등적이지 않기 때문에 POST 메소드가 사용되는 것이 바람직하다.

브라우저 사용 편의를 위해 이번 예제의 플라스크 경로에서는 메소드를 검사하지 않았다. 하지만 바람직한 경로 데코레이터는 다음과 같다.

```
@dealer.route('/dealer/hand/', methods=['POST'])
```

이렇게 하면 서비스가 동작 중인지 브라우저로 확인하기가 어렵다. 'urllib으로 REST 요청을 생성하는 방법' 레시피에서 클라이언트를 생성한 후 POST 메소드로 전환하는 방법을 살펴볼 것이다.

참고 사항

- 웹 서비스에 대한 자세한 설명은 'WSGI로 웹 서비스를 구현하는 방법' 레시피를 참조한다.
- 플라스크에 대한 자세한 설명은 http://flask.pocoo.org/docs/0.11/를 참조한다.
- 플라스크 프레임워크에 대해 더 많이 배우고 싶다면 https://www.packtpub.com/web-development/learning-flask-framework를 참조한다. 또한 https://www.packtpub.com/web-devolpmetn/mattrrng-flask에서 플라스크를 숙달하기 위한 더 많은 정보를 볼 수 있다.

질의 문자열을 파싱하는 방법

URL은 복잡한 객체다. 최소한 여섯 개의 정보를 포함하며, 선택적인 요소들을 사용해 더 많은 정보를 포함할 수도 있다.

예를 들어, http://127.0.0.1:5000/dealer/hand/?cards=13&$format=json은 다음의 필드들을 포함하고 있다.

- http는 프로토콜이다. https는 여기에 암호화된 소켓을 사용한 보안 연결이 추가된다.
- 127.0.0.1은 책임자authority 혹은 네트워크 위치라고 부른다. 이 IP 주소(127.0.0.1)는 로컬 호스트localhost를 가리키는 루프백 주소라고도 한다. localhost라고 쓰면 이 IP 주소로 매핑된다.
- 5000은 포트 번호로서, 책임자에 속한다.
- /dealer/hand/는 자원을 가리키는 경로다.
- cards=13&$format=json은 질의 문자열로서 ? 문자에 의해 경로와 구분된다.

질의 문자열은 꽤 복잡할 때가 있다. 공식적인 표준은 아니지만, 질의 문자열이 같은 키를 반복 사용하는 경우가 있는데 실제로도 종종 쓰인다. 예를 들어 다음의 질의 문자열은 유효하다(다만 헛갈리기는 한다).

?cards=13&cards=5

`cards` 키가 반복적으로 사용됐으며, 웹 서비스는 13장짜리 카드 패와 다섯 장짜리 카드 패를 제공할 것이다.

[나는 카드 패의 크기가 가변적인 카드 게임이 실제로 있는지는 모른다. 예제를 위한 예제라고 이해해주길 바란다.]

이처럼 한 개의 키가 반복적으로 사용될 수 있기 때문에 URL 질의 문자열과 파이썬 딕셔너리 간의 1:1 매핑은 불가능하다. 이 문제점에 대한 해결책은 여러 가지다.

- 딕셔너리 키가 리스트와 쌍을 이루게 한다. 리스트는 여러 값들을 포함할 수 있기 때문이다. 하지만 이 방법은 키가 반복적으로 사용되지 않는 경우(실제로는 이것이 일반적이다.)에도 불필요하게 리스트를 사용하므로 비효율적이다. `urllib.parse`의 `parse_qs()` 메소드를 통해 구현될 수 있다.
- 각 키를 한 번만 저장한다. 첫 번째(또는 마지막) 값만 유지되고 다른 값들은 모두 제거된다. 끔찍한 방법이다.
- 딕셔너리 대신에 (키, 값) 쌍의 리스트로서 질의 문자열을 파싱한다. 키 중복이 가능하며, 일반적인 경우(즉 모든 키가 고유한 경우)에는 리스트를 딕셔너리로 변환할 수 있다. `urllib.parse`의 `parse_qsl()`에 의해 구현될 수 있다.

질의 문자열을 처리하는 더 나은 방법이 있을까? 모든 키가 고유한 경우에는 딕셔너리처럼 동작하고 그렇지 않은 경우에는 키 중복이 허용되는 정교한 자료 구조를 사용할 수 있을까?

준비

플라스크는 Werkzeug 프로젝트를 기반으로 한다. `pip`로 플라스크를 설치할 때 Werkzeug 툴킷도 함께 설치될 것이다. Werkzeug는 질의 문자열 처리에 편리한 자료 구조를 제공한다.

복잡한 질의 문자열을 사용할 수 있도록 '플라스크 프레임워크를 사용하는 방법' 레시피의 예제를 수정해보자. 둘 이상의 패를 처리하는 두 번째 경로를 추가할 것이다. 패의 크기는 질의 문자열에서 중복 키를 사용해 지정될 것이다.

예제 구현

1. '플라스크 프레임워크를 사용하는 방법' 레시피에서 작성한 웹 애플리케이션에 새로운 뷰 함수를 추가할 것이다.

2. 특정 요청을 수행하는 뷰 함수의 경로(URL 패턴)를 정의한다. 함수 바로 앞에 위치하는 데코레이터로서 함수를 플라스크 애플리케이션에 연결한다.

```
@dealer.route('/dealer/hands/')
```

3. 이 경로로 보내진 요청에 응답하는 뷰 함수를 정의한다.

```
def multi_hand():
```

4. get() 메소드나 [] 구문을 사용해, 고유한 키의 값을 추출하는 코드를 뷰 함수 내에 작성한다. 일반적인 경우에는 굳이 리스트를 사용하지 않고 값을 반환하기 위한 것이다.

5. 키가 반복적으로 사용되는 경우에는 getlist() 메소드를 사용한다. 이 메소드는 (여러 값을 포함하는) 리스트를 반환한다. 다음의 뷰 함수는 ?card=5&card=5 질의 문자열을 검색해 다섯 장짜리 카드 패 두 개를 배분한다.

```
try:
    hand_sizes = request.args.getlist('cards', type=int)
    if len(hand_sizes) == 0:
        hand_sizes = [13,13,13,13]
    assert all(1 <= hand_size < 53 for hand_size in hand_sizes)
except Exception as ex:
    dealer.logger.exception(ex)
    abort(HTTPStatus.BAD_REQUEST)

hands = [deck.deal(hand_size) for hand_size in hand_sizes]
response = jsonify(
    [
        {'hand':i,
         'cards':[card.to_json() for card in hand]
        } for i, hand in enumerate(hands)
    ]
)
return response
```

이 함수는 질의 문자열에서 cards 키들을 모두 얻어온다. 그 값이 모두 1~52 범위의 정수라면 유효하므로 결과를 반환한다. 그렇지 않으면 13장짜리 카드 패가 네 개 배분될 것이다.

응답 객체는 JSON 포맷으로서, 패의 ID와 패를 구성하는 카드들을 포함하는 딕셔너리다.

6. 서버를 실행하는 메인 프로그램을 정의한다.

```
if __name__ == "__main__":
    dealer.run(use_reloader=True, threaded=False)
```

서버가 실행되면 브라우저에서 다음 URL을 연다.

http://localhost:5000/?cards=5&cards=5&$format=json

다음과 같이 다섯 장짜리 카드 패 두 개를 포함하는 JSON 문서가 응답 객체로서 반환된다. 자료 구조를 강조하기 위해 일부 세부 정보는 생략했다.

```
[
  {
    "cards": [
      {
        "__class__": "Card",
        "rank": 11,
        "suit": "\u2660"
      },
      {
        "__class__": "Card",
        "rank": 8,
        "suit": "\u2662"
      },
      ...
    ],
    "hand": 0
  },
  {
    "cards": [
      {
        "__class__": "Card",
        "rank": 3,
        "suit": "\u2663"
```

```
      },
      {
        "__class__": "Card",
        "rank": 9,
        "suit": "\u2660"
      },
      ...
    ],
    "hand": 1
  }
]
```

웹 서비스가 질의 문자열을 파싱하기 때문에 질의 문자열에 패의 크기를 추가하는 것은 아무 문제가 없다. '플라스크 프레임워크를 사용하는 방법' 레시피처럼 $format=json도 포함돼 있다.

@dealer.before_request 데코레이터의 check_json() 함수가 구현돼 있다면 $format 키가 있어야 한다. 이 함수가 구현되지 않았다면 $format 키는 그냥 무시된다.

예제 분석

Werkzeug 프로젝트의 Multidict 클래스는 매우 편리하다. 파이썬의 기본 딕셔너리를 확장한 자료 구조로서, 특정 키에 둘 이상의 서로 다른 값이 허용된다.

사실, collections 모듈의 defaultdict 클래스를 사용해도 이번 예제의 목적을 달성할 수 있다. defaultdict(list)를 사용할 수 있기 때문이다. 하지만 이 방법의 문제는 (리스트에 한 개의 항목만 들어있을 때조차도) 언제나 키의 값으로서 리스트가 사용된다는 점이다.

Multidict 클래스의 장점은 get() 메소드의 변형들이 제공된다는 것이다. get() 메소드는 중복 키가 있다면 첫 번째 값을, 모두 고유한 키라면 그 값을 반환한다. 기본 매개변수도 있으며, 파이썬의 dict 내장 클래스의 get() 메소드에 대응된다.

반면에 getlist() 메소드는 중복 키가 가질 수 있는 값들을 모두 포함하는 리스트를 반환한다. 이 메소드는 Multidict 클래스만 제공하며, 복잡한 질의 문자열 파싱에 유용하게 쓸 수 있다.

질의 문자열의 유효성을 검증할 때, 항목을 한 개씩 꺼내서 검증하는 경우가 많다. pop()과 poplist() 메소드를 사용할 수 있으며, 이 메소드들은 Multidict 클래스에서 키를 제거한다. 유효한 키들을 전부 검사한 후에도 키가 남아있다면 구문 오류로 간주되며, abort(HTTPStatus.BAD_REQUEST)가 요청을 거부한다.

부연 설명

질의 문자열의 구문 규칙은 간단하다. 한 개 이상의 키, 값 쌍을 포함하며, 키와 값은 =로 구분된다. 키, 값 쌍을 구분하는 문자는 &다. 그리고 또 하나의 중요한 규칙이 있는데, 키와 값은 반드시 인코딩돼야 한다는 것이다.

URL 인코딩 규칙은 특정 문자들이 HTML 개체로 대체될 것을 요구한다. 이를 퍼센트 인코딩이라고 하는데, 예를 들어 질의 문자열의 값에 &를 넣을 때는 %26으로 인코딩해야 한다. 이 인코딩의 예는 다음과 같다.

```
>>> from urllib.parse import urlencode
>>> urlencode( {'n':355,'d':113} )
'n=355&d=113'
>>> urlencode( {'n':355,'d':113,'note':'this&that'} )
'n=355&d=113&note=this%26that'
```

this&that이 this&26that으로 인코딩됐다.

퍼센트 인코딩 규칙이 적용돼야 하는 문자들의 목록은 다음과 같다. 이 목록은 RFC3986의 2.2절 '예약된 문자' 절에서 볼 수 있다.

```
! * ' ( ) ; : @ & = + $ , / ? # [ ] %
```

일반적으로 웹 페이지 내의 자바스크립트 코드가 질의 문자열의 인코딩을 처리하는데, 파이썬으로 API 클라이언트를 작성하고 있다면 `urlencode()` 함수로 질의 문자열 인코딩을 처리해야 한다. 디코딩은 플라스크가 자동으로 해준다.

질의 문자열의 길이에는 제한이 있다. Apache HTTPD의 경우, `LimitRequestLine` 매개변수의 기본값은 `8190`이며, URL의 전체 길이도 이 값으로 제한된다.

OData 명세(http://docs.oasis-open.org/odata/odata/v4.0/)는 웹 서비스가 다음의 질의 옵션들을 지원할 것을 권장한다.

- 어떤 개체 또는 개체 컬렉션을 식별하는 URL은 `$expand`와 `$select` 옵션을 사용할 수 있다. `$expand`는 질의가 추가적인 세부 정보를 제공할 것임을 의미하고, `$select`는 개체 컬렉션을 선택하는 기준을 지정한다.
- 컬렉션을 식별하는 URL은 `$filter`, `$search`, `$orderby`, `$count`, `$skip`, `$top` 옵션을 지원하는 것이 바람직하다. 이 옵션들은 한 개의 항목을 반환하는 URL에서는 의미가 없다. `$filter`와 `$search` 옵션은 데이터 검색 조건을 지정하고, `$orderby` 옵션은 결과 값의 정렬 순서를 지정한다.

`$count` 옵션은 질의를 근본적으로 변경한다. 항목 자체 대신에 항목의 개수를 반환하기 때문이다.

`$top`과 `$skip` 옵션은 데이터 내부를 이동할 수 있다. `$top` 옵션은 웹 페이지에 표시될 결과 값의 수를 제한하며, `$skip` 옵션은 어느 페이지를 표시할지 지정한다. 예를 들어, `$top=20$skip=40`은 결과 값의 세 번째 페이지를 표시한다. 40개의 항목을 건너뛴 후 그다음 20개 항목을 한 페이지에 표시하기 때문이다.

일반적으로 모든 URL에서는 `$format` 옵션으로 결과 값의 포맷을 지정하는 것이 바람직하다. JSON이 널리 쓰이지만 CSV나 XML 포맷으로 출력할 수도 있기 때문이다.

참고 사항

- '플라스크 프레임워크를 사용하는 방법' 레시피에서 플라스크를 사용하는 웹 서비스의 기초를 볼 수 있다.
- 'urllib으로 REST 요청을 생성하는 방법' 레시피에서 복잡한 질의 문자열을 생성하는 클라이언트 애플리케이션의 작성 방법을 볼 수 있다.

urllib으로 REST 요청을 생성하는 방법

웹 애플리케이션은 두 개의 핵심 부분으로 구성된다.

- 클라이언트: 사용자의 웹 브라우저, 스마트폰 앱 등이 해당된다. 심지어 웹 서버도 다른 웹 서버의 클라이언트가 될 수 있다.
- 서버: 이번 장의 'WSGI로 웹 서비스를 구현하는 방법', '플라스크 프레임워크를 사용하는 방법', '질의 문자열을 파싱하는 방법', 'JSON 요청을 파싱하는 방법', ' 웹 서비스 인증을 구현하는 방법' 레시피에서 설명하는 웹 서비스와 자원을 제공하는 역할을 한다.

브라우저 기반의 클라이언트는 주로 자바스크립트로 작성되고, 모바일 앱의 경우 안드로이드 기기는 자바, iOS 기기는 스위프트와 오브젝티브 C가 주로 사용된다.

어떻게 파이썬으로 RESTful API 클라이언트를 작성할 수 있을까?

준비

'WSGI로 웹 서비스를 구현하는 방법', '플라스크 프레임워크를 사용하는 방법', '질의 문자열을 파싱하는 방법' 레시피를 바탕으로 구축된 웹 서버의 동작을 기술하는 명세는 다음과 같이 작성할 수 있다.

```
{
  "swagger": "2.0",
  "info": {
    "title": "dealer",
    "version": "1.0"
  },
  "schemes": ["http"],
  "host": "127.0.0.1:5000",
  "basePath": "/dealer",
  "consumes": ["application/json"],
  "produces": ["application/json"],
  "paths": {
    "/hands": {
      "get": {
        "parameters": [
          {
            "name": "cards",
            "in": "query",
            "description": "number of cards in each hand",
            "type": "array",
            "items": {"type": "integer"},
            "collectionFormat": "multi",
            "default": [13, 13, 13, 13]
          }
        ],
        "responses": {
          "200": {
            "description":
          "one hand of cards for each `hand` value in the query string"
          }
        }
      }
    },
    "/hand": {
      "get": {
        "parameters": [
          {
            "name": "cards",
            "in": "query",
```

```
            "type": "integer",
            "default": 5
          }
        ],
        "responses": {
          "200": {
            "description":
            "One hand of cards with a size given by the `hand` value in the query
string“
          }
        }
      }
    }
  }
}
```

이 문서는 파이썬의 urllib 모듈을 사용해 어떻게 이 웹 서비스를 요청할지에 대한 지침을 제공하고 있다. 또한 예상되는 응답이 무엇인지도 기술하고 있으므로 응답을 어떻게 다룰지에 대한 지침을 함께 제공한다.

이 명세는 기초 URL을 정의하고 있는데, 특히 다음의 세 개 필드가 이 정보를 제공한다.

```
"schemes": ["http"],
"host": "127.0.0.1:5000",
"basePath": "/dealer",
```

produces와 consumes 필드는 HTTP 헤더들을 생성하고 검증하는 데 필요한 정보를 제공한다. Content-Type 헤더는 서버가 사용하는 MIME[Multipurpose Internet Mail Extensions] 타입이어야 하고, Accept 헤더 역시 서버가 생성하는 MIME 타입이어야 한다. 이번 예제에서는 둘 다 application/json 타입을 사용할 것이다.

세부 서비스들의 정의는 paths 섹션에서 제공된다. 예를 들어 /hands 경로는 둘 이상의 패에 대한 요청을 생성하는 방법의 세부 사항들을 포함한다. 이 세부 경로는 basePath에 접미어로 붙는다.

HTTP GET 메소드에서 사용될 매개변수들이 제공되는데, 예를 들어 cards 매개변수는 정수 개의 카드를 제공하며 반복적으로 사용될 수 있다.

명세에 기술된 응답은 반드시 응답 객체에 포함된다. 여기서는 HTTP 상태 코드가 200이고 응답 본문은 최소한의 설명을 포함한다. 응답에 대해 좀 더 정형적인 스키마를 정의할 수도 있지만 이번 예제에서는 생략한다.

예제 구현

1. urllib 컴포넌트들을 임포트한다. URL 요청을 생성하고, 질의 문자열과 같은 복잡한 객체를 조립하기 위해 urllib.request와 urllib.parse 모듈이 필요할 것이다. 예상되는 응답 포맷이 JSON이므로 json 모듈도 필요하다.

```
import urllib.request
import urllib.parse
import json
```

2. 질의 문자열을 정의한다. 이번 예제에서는 전부 고정된 값이지만, 복잡한 애플리케이션에서 일부는 고정 값이고 일부는 사용자 입력에 의존한다.

```
query = {'hand': 5}
```

3. 전체 URL의 각 부분을 조립하는 질의를 사용한다.

```
full_url = urllib.parse.ParseResult(
    scheme="http",
    netloc="127.0.0.1:5000",
    path="/dealer" + "/hand/",
    params=None,
    query=urllib.parse.urlencode(query),
    fragment=None
)
```

ParseResult 객체에 URL의 각 부분들이 저장되고 있다. 사용되지 않는 URL 부분에 대해서는 명시적으로 None 값을 지정해야 한다.

(이렇게 부분별로 나눠서 지정하지 않고) http://127.0.0.1:5000/dealer/hand/?cards=5와 같이 전체 URL을 한 번에 나타내는 방법도 있지만, 이렇게 하면 나중에 변경하기가 쉽지 않다. 간결한 메시지로서는 유용하지만, 관리하고 테스트하기 쉬운 유연한 프로그램에는 적합하지 않다.

반면에 여기서 사용된 `ParseResult` 객체의 생성자는 URL의 각 부분별로 값을 명시적으로 제공할 수 있다. 복잡한 애플리케이션일 경우, URL의 각 부분들은 JSON 스웨거 명세의 분석을 바탕으로 생성된다.

4. `Request` 인스턴스를 생성한다. 여러 부분들을 조립해 URL을 생성하고, HTTP 메소드도 명시적으로 지정한다(브라우저는 대체로 GET을 기본값으로 사용한다). 헤더들도 명시적으로 제공할 수 있다.

```
request = urllib.request.Request(
    url = urllib.parse.urlunparse(full_url),
    method = "GET",
    headers = {
        'Accept': 'application/json',
    }
)
```

HTTP Accept 헤더는 서버가 생성하고 클라이언트가 받아들일 MIME 타입 결과 값을 기술한다. HTTP `Content-Type` 헤더는 서버가 사용하고 클라이언트 스크립트가 제공할 요청을 기술한다.

5. 응답을 처리할 컨텍스트를 연다. `urlopen()` 함수는 HTTP 프로토콜의 복잡성을 처리하면서, 응답으로 처리될 객체를 생성한다.

```
with urllib.request.urlopen(request) as response:
```

6. 응답의 속성들 중에서 다음 세 개가 특히 중요하다.

```
print(response.status)
print(response.headers)
print(json.loads(response.read().decode("utf-8")))
```

`status`는 최종 상태 코드로서 정상적인 요청일 경우 `200`이다. `headers`는 응답에 속하는 헤더들을 모두 포함한다. 이 속성을 사용하면, 예를 들어 `response.`

headers['ContentType']이 application/json인지 검사할 수 있다.

response.read()는 서버로부터 다운로드된 바이트들이다. 이 바이트들을 디코딩해 유니코드 문자를 얻을 수 있는데 주로 utf-8 인코딩이 사용된다. json.loads()는 JSON 문서로부터 파이썬 객체를 생성한다.

실행 결과는 다음과 같다.

```
200
Content-Type: application/json
Content-Length: 367
Server: Werkzeug/0.11.10 Python/3.5.1
Date: Sat, 23 Jul 2016 19:46:35 GMT

[{'suit': '♠', 'rank': 4, '__class__': 'Card'},
 {'suit': '♡', 'rank': 4, '__class__': 'Card'},
 {'suit': '♣', 'rank': 9, '__class__': 'Card'},
 {'suit': '♠', 'rank': 1, '__class__': 'Card'},
 {'suit': '♠', 'rank': 2, '__class__': 'Card'}]
```

정상적인 동작임을 가리키는 상태 코드 200과 네 개의 헤더가 보인다. 마지막으로, 배분된 카드들의 정보를 포함하는 딕셔너리 배열이 표시됐다.

Card 객체를 다시 조립하려면 더 영리한 JSON 파서가 필요하다. 9장의 'JSON 문서를 읽는 방법' 레시피를 참조하자.

예제 분석

다음과 같이 단계별로 요청 객체를 생성했다.

1. 질의 데이터는 처음에 키와 값으로 구성된 간단한 딕셔너리였다.
2. urlencode() 함수가 질의 데이터를 (인코딩된) 질의 문자열로 변환했다.
3. URL은 ParseResult 객체 내에 각 부분별로 저장된 덕분에 세밀하게 값을 설정할 수 있었다. 이번 예제에서는 URL의 각 부분이 모두 고정된 값을 갖고 있었지만, 경로 부분과 질의 부분이 모두 동적인 값을 갖는 경우도 있다.

4. URL, 메소드, 헤더들의 딕셔너리를 조립해 요청 객체를 생성했다. 이번 예제에서는 요청 본문에 별도의 문서가 첨부되지 않았지만, 파일이 업로드되거나 복잡한 문서가 첨부되는 경우에는 `Request` 객체에 세부 정보가 함께 제공된다.

이와 같은 단계별 구축은 간단한 애플리케이션에서 굳이 필요하지 않다. URL에 상수 문자열을 그냥 사용하는 편이 낫다. 반면에 매우 복잡한 애플리케이션이라면, 중간 결과들을 디버깅 도구로 출력하면서 요청 객체가 정상적으로 생성 중인지 확인해야 한다.

단계별 구축의 또 다른 장점은 단위 테스트가 쉽다는 점이다. 자세한 설명은 11장을 참조하자. 웹 클라이언트는 요청 구축과 요청 처리로 나뉠 수 있는데, 요청 구축은 모든 요소들이 제대로 설정됐는지 테스트할 필요가 있고, 요청 처리는 더미dummy 결과 값을 사용하면 원격 서버로 실제로 연결하지 않고도 테스트할 수 있다.

부연 설명

사용자 인증은 웹 서비스에서 중요한 부분을 차지한다. 사용자와의 상호작용이 강조되는 HTML 기반 웹사이트에서 사용자들은 서버가 한 번의 세션 내에 일어나는 (오랜 시간에 걸친) 일련의 트랜잭션들을 이해할 것으로 기대한다. 사용자가 (일반적으로 사용자 이름과 패스워드 조합을 사용해) 인증을 한 번만 받으면, 서버는 이 사용자가 로그아웃하거나 세션이 만료될 때까지 그 인증 정보를 사용한다.

RESTful 웹 서비스의 경우에는 세션 개념이 없다. 모든 요청이 별개로 처리되며, 서버는 장시간에 걸쳐 실행되는 트랜잭션의 상태를 관리할 것으로 기대되지 않는다. 이것은 클라이언트 애플리케이션의 몫으로 이동한다. 즉 클라이언트가 요청 객체를 생성할 때, 동일 트랜잭션으로서 표현되도록 문서를 생성해야 한다.

RESTful API에서는 각 요청마다 인증 정보를 포함시킬 수 있으며, 나중에 '웹 서비스 인증을 구현하는 방법' 레시피에서 이에 대해 살펴볼 것이다. 일단 지금은 헤더를 통해 추가 정보를 제공하는 방법을 살펴보자. 작성 중인 RESTful 클라이언트 스크립트에 잘 어울리는 방식이다.

인증 정보를 웹 서버에 제공하는 방법은 여러 가지다.

- HTTP `Authorization` 헤더를 사용할 수 있다. 클라이언트는 각 요청마다 사용자 이름과 패스워드 정보를 제공할 수 있다.
- API-Key 등의 이름을 갖는 완전히 새로운 헤더를 만들어 사용하기도 한다. 이 헤더의 값은 요청자에 대한 정보를 인코딩한 복잡한 문자열이다.
- `X-Auth-Token`과 같은 이름의 헤더를 만들어 사용하기도 한다. 최초 요청 객체에 사용자 이름과 패스워드 자격 증명이 포함돼 서버에 전송되고, 응답 객체에는 후속 API 요청들에 사용될 문자열(즉, 토큰)이 포함돼 클라이언트에 전송되는 방식의 다단계 연산에 이 토큰이 사용될 수 있다. 토큰의 유효 기간은 일반적으로 짧게 설정되며, 만료되면 다시 갱신돼야만 한다.

일반적으로 사용자 인증에는 SSL Secure Socket Layer 프로토콜이 요구되므로, URL에 `https` 스킴scheme을 사용한다. SSL 프로토콜을 사용하려면 서버는(가끔은 클라이언트도) 인증서를 갖고 있어야 한다. 인증서는 암호화된 소켓 쌍을 설정하기 위한 클라이언트와 서버 간의 협상 과정에서 사용된다.

앞에서 설명한 인증 기법들은 공통적인 특징이 있다. 헤더에 추가 정보를 포함시켜서 보내는 것이다. 다만, 사용되는 헤더 및 포함되는 정보는 조금씩 다르다. 가장 단순한 경우는 다음과 같다.

```
request = urllib.request.Request(
    url = urllib.parse.urlunparse(full_url),
    method = "GET",
    headers = {
        'Accept': 'application/json',
        'X-Authentication': 'seekrit password',
    }
)
```

`X-Authentication` 헤더에 패스워드가 들어있을 것을 요구하는 웹 서비스 요청이다. '웹 서비스 인증을 구현하는 방법' 레시피에서는 인증 기능을 웹 서버에 둘 것이다.

OpenAPI 명세

많은 서버들이 고정된 표준 URL 경로 /swagger.json에 OpenAPI 명세를 파일로서 제공한다. OpenAPI 명세는 과거에는 스웨거Swagger라고 불렸기 때문에 파일명에 흔적이 남아있는 것이다.

다음과 같은 방법으로 웹사이트의 OpenAPI 명세를 얻을 수 있다.

```
swagger_request = urllib.request.Request(
    url = 'http://127.0.0.1:5000/dealer/swagger.json',
    method = "GET",
    headers = {
        'Accept': 'application/json',
    }
)

from pprint import pprint
with urllib.request.urlopen(swagger_request) as response:
    swagger = json.loads(response.read().decode("utf-8"))
    pprint(swagger)
```

이 명세를 사용해 서비스 또는 자원들의 세부 정보를 알 수 있다. 명세에 포함된 기술 정보를 사용하면 URL, 질의 문자열, 헤더를 생성할 수도 있다.

서버에 스웨거 추가하기

이번 장에서 구축 중인 간단한 웹 서버에 OpenAPI 스웨거 명세를 제공하기 위한 한 개의 뷰 함수를 추가할 것이다. swagger.json에 대한 요청에 응답하도록 `ch12_r03.py` 모듈을 조금 수정해야 한다.

OpenAPI 명세 정보를 다루는 방법들은 다음과 같다.

1. 별도의 파일을 사용하는 방법이며, 이번 레시피에서 사용하는 방법이기도 하다. 필요한 콘텐츠를 매우 쉽게 제공할 수 있다.
   다음의 뷰 함수는 파일을 전송한다. 물론, 파일명은 swagger.json이어야 한다.

```
from flask import send_file
@dealer.route('/dealer/swagger.json')
def swagger():
    response = send_file('swagger.json', mimetype='application/json')
    return response
```

이 방법의 단점은 명세가 구현 모듈과 별개로 존재한다는 점이다.

2. 모듈 내에 텍스트로서 명세를 포함시킨다. 예를 들면 모듈 자체의 닥스트링에 명세를 제공하는 것이다. 중요한 문서화를 두기에 더 적합한 위치지만, 모듈 수준에서 테스트 케이스를 포함시키기가 어려워진다.

   다음의 뷰 함수는 JSON 포맷이라고 가정하면서 모듈의 닥스트링을 전송한다.

```
from flask import make_response
@dealer.route('/dealer/swagger.json')
def swagger():
    response = make_response(__doc__.encode('utf-8'))
    response.headers['Content-Type'] = 'application/json'
    return response
```

   이 방법은 JSON 포맷인지 확인하기 위해 닥스트링의 구문을 검사해야 한다는 단점이 따른다. 또 모듈 구현이 실제로 명세에 부합하는지도 검증해야 한다.

3. 파이썬 명세 객체를 생성한 후, 이 객체를 JSON으로 인코딩하고 전송한다. 뷰 함수가 specification 객체를 전송할 것인데, 이 파이썬 객체는 JSON 포맷으로 직렬화될 수 있어야 한다.

```
from flask import make_response
import json
@dealer.route('/dealer/swagger.json')
def swagger3():
    response = make_response(
        json.dumps(specification, indent=2).encode('utf-8'))
    response.headers['Content-Type'] = 'application/json'
    return response
```

어느 방법을 사용하든 정형적인 명세의 이점들은 다음과 같다.

1. 클라이언트 애플리케이션은 명세를 다운로드해 처리 방법을 세부적으로 조정할 수 있다.
2. 예제가 포함돼 있다면 명세는 클라이언트와 서버 모두에 대한 일련의 테스트 케이스가 된다.
3. 서버 애플리케이션은 명세에 포함된 세부 정보들을 이용해 유효성 검사 규칙, 기본값, 기타 세부 설정을 제공할 수 있다.

참고 사항

- '질의 문자열을 파싱하는 방법' 레시피에서 웹 서비스의 핵심을 소개한다.
- '웹 서비스 인증을 구현하는 방법' 레시피는 웹 서비스에 인증을 추가해 서비스의 보안을 강화하는 방법을 설명한다.

URL 경로를 파싱하는 방법

URL은 복잡한 객체다. 최소한 여섯 개의 정보를 포함하며, 선택적인 값을 추가로 포함할 수도 있다.

http://127.0.0.1:5000/dealer/hand/player_1?$format=json URL이 있을 때, 이 URL을 구성하는 부분들은 다음과 같다.

- http는 스킴scheme이고, https는 여기에 암호화된 소켓을 사용해 보안을 강화한 것이다.
- 127.0.0.1은 책임자autority라고 부르는데 네트워크 위치라는 용어가 더 일반적으로 사용된다. 이 IP 주소는 로컬호스트를 가리키는 루프백 주소며, localhost라고 쓰면 이 IP 주소로 매핑된다.
- 5000은 포트 번호며 책임자의 일부다.
- /dealer/hand/player_1은 자원의 경로다.
- $format=json은 질의 문자열이다.

자원 경로는 상당히 복잡해질 수 있다. RESTful 웹 서비스는 경로 정보를 사용해 자원들의 그룹, 개별 자원, 자원들 간의 관계를 식별한다.

어떻게 복잡한 경로를 파싱할 수 있을까?

준비

대부분의 웹 서비스는 자원에 대한 접근 방법을 제공한다. 'WSGI로 웹 서비스를 구현하는 방법', '플라스크 프레임워크를 사용하는 방법', '질의 문자열을 파싱하는 방법' 레시피에서 자원은 카드 패 또는 패들이었는데, 사실은 다소 오해의 소지가 있었다.

실제로는 두 종류의 자원이 있었기 때문이다.

- 카드 덱은 하나 이상의 패를 무작위로 생성하기 위해 섞을 수 있다.
- 카드 패는 요청에 대한 중간 단계의 응답으로서 취급됐다.

더 헛갈렸던 점은 패를 생성할 때 `POST`가 아니라 `GET` 메소드가 사용됐던 것이다. 원래 `GET` 요청은 서버의 상태를 변경하지 않을 것으로 누구나 기대하기 때문이다.

단순한 탐색 등의 경우에만 `GET` 요청을 이렇게 사용하는 것이 좋다. 브라우저가 `GET` 요청을 생성할 수 있기 때문에 웹 서비스 설계의 특정 부분만 탐색하기에는 좋은 방법이기 때문이다.

재설계를 통해 `Deck` 클래스의 무작위 인스턴스를 명시적으로 접근할 수 있다. 덱의 기능 중 하나가 패이기 때문에, `Deck`은 일종의 컬렉션이고 `Hands`는 이 컬렉션 내의 자원이라는 관점으로 설계할 수 있다.

- `/dealer/decks`: `POST` 요청이 덱 객체를 새로 생성한다. 이 요청에 대한 응답은 덱을 고유하게 식별할 수 있다.
- `/dealer/deck/{id}/hands`: 이 자원에 대한 `GET` 요청은 `{id}` 덱에서 패를 얻어온다. 패를 구성하는 카드 개수는 질의 문자열을 통해 전달될 것이다. 질의 문자열

의 `$top` 옵션은 패의 개수를 제한할 수 있고, `$skip` 옵션은 일부 패를 건너뛰고 그다음 패를 위해 카드를 얻어올 수 있다.

이와 같은 질의가 수행되기 위해서는 API 클라이언트가 필요하다. 브라우저에서 수행하기는 쉽지 않으며, 크롬 브라우저의 포스트맨Postman 플러그인을 사용하면 가능하다. 'urllib으로 REST 요청을 생성하는 방법' 레시피를 바탕으로, 클라이언트가 복잡한 API를 처리할 수 있도록 개선해보자.

예제 구현

이번 레시피는 서버와 클라이언트로 나눠서 살펴보자.

서버

1. '질의 문자열을 파싱하는 방법' 레시피와 같은 예제를 사용하되, 뷰 함수만 변경할 것이다.

   ```
   from flask import Flask, jsonify, request, abort, make_response
   from http import HTTPStatus
   dealer = Flask('dealer')
   ```

2. 필요한 모듈을 임포트한다. 카드를 섞은 후의 덱에 고유한 키를 부여하기 위해 `uuid` 모듈이 필요하다.

   ```
   import uuid
   ```

   Werkzeug 툴킷의 `BadRequest` 응답도 사용한다. 자세한 오류 메시지를 제공할 수 있기 때문이다. 잘못된 요청이 왔을 때 단순히 `abort(400)`을 사용하는 것보다 조금 낫다.

   ```
   from werkzeug.exceptions import BadRequest
   ```

3. 전역 상태를 정의한다. 덱 컬렉션과 난수 생성기가 포함된다. 테스트 편의를 위해 특정 시드 값을 지정한다.

```
import os
import random
random.seed(os.environ.get('DEAL_APP_SEED'))
decks = {}
```

4. 특정 요청을 수행하는 뷰 함수의 경로(URL 패턴)를 정의한다. 함수 바로 앞에 위치하는 데코레이터로서, 플라스크 애플리케이션에 함수를 연결한다.

```
@dealer.route('/dealer/decks', methods=['POST'])
```

덱 자원을 정의하고, POST 요청만 처리하도록 제한했다. 이는 의미론 관점에서 범위를 좁히기 위한 것이다. POST 요청은 이 URL이 서버에 뭔가 새로운 것을 생성할 것임을 의미하기 때문이다. 이번 예제의 경우, 덱 컬렉션 내에 새로운 인스턴스를 생성한다.

5. 이 자원을 지원하는 뷰 함수를 정의한다.

```
def make_deck():
    id = str(uuid.uuid1())
    decks[id]= Deck()
    response_json = jsonify(
        status='ok',
        id=id
    )
    response = make_response(response_json, HTTPStatus.CREATED)
    return response
```

uuid1() 함수는 현재 호스트와 무작위 시드 값이 주입된 시퀀스 제네레이터를 바탕으로 보편적으로 고유한 ID를 생성한다. 이 ID를 문자열로 나타내면 93b8fc06-5395-11e6-9e73-38c9861bf556과 같이 매우 긴 16진수 문자열이 된다. 이 문자열은 덱의 새 인스턴스를 생성할 때 키로서 사용된다. 응답은 다음의 두 개 필드를 포함하는 JSON 문서다.

- 아무 문제가 없으면 status 필드는 ok다. 또한 경고나 오류를 포함하는 다른 상태 정보를 제공할 수도 있다.
- id 필드는 방금 생성된 덱의 ID 문자열이 저장된다. 서버는 동시에 여러 게임을 실행하면서 각 게임을 덱 ID로 구별할 수 있다.

make_response( ) 함수는 응답을 생성할 때 HTTP 상태 정보로 (기본값인 200 OK 대신에) 201 CREATED를 사용한다. 201 CREATED는 서버의 상태를 변경하는 점에서 차이가 있다.

6. 매개변수를 필요로 하는 경로를 정의한다. 이번 예제에서는 카드가 배분될 덱의 ID가 경로에 포함된다.

```
@dealer.route('/dealer/decks/<id>/hands', methods=['GET'])
```

<id>가 있으므로 단순한 고정 경로가 아니라 경로 템플릿이 된다. 플라스크는 / 문자를 파싱하고 <id> 필드를 분리할 것이다.

7. 템플릿과 일치하는 매개변수를 갖는 뷰 함수를 정의한다. 템플릿에 <id>가 포함돼 있으므로 뷰 함수도 역시 id라는 매개변수를 갖는다.

```
def get_hands(id):
    if id not in decks:
        dealer.logger.debug(id)
        return make_response(
            'ID {} not found'.format(id), HTTPStatus.NOT_FOUND)
    try:
        cards = int(request.args.get('cards',13))
        top = int(request.args.get('$top',1))
        skip = int(request.args.get('$skip',0))
        assert skip*cards+top*cards <= len(decks[id].cards), \
            "$skip, $top, and cards larger than the deck"
    except ValueError as ex:
        return BadRequest(repr(ex))
    subset = decks[id].cards[skip*cards:(skip+top)*cards]
    hands = [subset[h*cards:(h+1)*cards] for h in range(top)]
    response = jsonify(
        [
            {'hand':i, 'cards':[card.to_json() for card in hand]}
             for i, hand in enumerate(hands)
        ]
    )
    return response
```

id 매개변수의 값이 덱 컬렉션의 키 값 중 하나가 아니면 404 NOT FOUND 응답이 생성된다. abort() 함수 대신에 BadRequest를 사용해 자세한 오류 메시지를 포함시키고 있다.

질의 문자열에서 $top, $skip, cards의 값들도 추출한다. 이번 예제에서는 이 값들이 모두 정수이므로 int() 함수가 사용됐다. 질의 매개변수에 대해 기초적인 유효성 검사를 수행하고 있지만, 실제로는 추가적인 검사가 요구된다. 독자 여러분은 가능한 모든 잘못된 매개변수들을 고려해 검사를 수행해야 한다.

subset 변수는 배분되는 덱의 부분 집합이다. $skip만큼 카드를 건너뛴 다음에 덱을 시작하고, 나머지 카드 중에서 $top개의 카드만을 포함시키기 때문이다. hands 시퀀스는 이 부분 집합을 $top개의 패로 나누며, 각 패는 cards를 포함할 것이다. 이 시퀀스는 jsonify() 함수를 통해 JSON 포맷으로 변환된 후 반환된다.

기본 상태 정보가 200 OK인데, 이번 질의가 멱등적인 GET 요청이기 때문이다. 즉, 모든 질의에 대해 동일한 카드들이 반환된다.

8. 서버를 실행하는 메인 프로그램을 정의한다.

```
if __name__ == "__main__":
    dealer.run(use_reloader=True, threaded=False)
```

클라이언트

'urllib으로 REST 요청을 생성하는 방법' 레시피의 클라이언트 모듈과 비슷하다.

1. RESTful API를 사용하기 위한 핵심 모듈들을 임포트한다.

```
import urllib.request
import urllib.parse
import json
```

2. 새로운 덱을 생성할 POST 요청을 단계별로 수행한다. ParseResult 객체를 생성해 URL 부분들을 정의한 후, 한 개의 문자열로 합칠 것이다.

```
full_url = urllib.parse.ParseResult(
    scheme="http",
```

```
        netloc="127.0.0.1:5000",
        path="/dealer" + "/decks",
        params=None,
        query=None,
        fragment=None
    )
```

3. URL, 메소드, 헤더로부터 Request 객체를 생성한다.

```
request = urllib.request.Request(
    url = urllib.parse.urlunparse(full_url),
    method = "POST",
    headers = {
        'Accept': 'application/json',
    }
)
```

기본 메소드인 GET은 이번 예제에 적합하지 않다.

4. 요청을 보내고 응답 객체를 처리한다. 디버깅을 위해 상태 및 헤더 정보를 출력하는 것이 좋다. 상태 코드가 201인지 확인하면 충분하다.
응답 객체는 JSON 포맷으로 직렬화된 파이썬 딕셔너리로서 상태 코드와 ID라는 두 개 필드를 포함한다. 먼저 상태 코드가 ok인지 확인한 후, id 필드의 값을 사용한다.

```
with urllib.request.urlopen(request) as response:
    # print(response.status)
    assert response.status == 201
    # print(response.headers)
    document = json.loads(response.read().decode("utf-8"))

print(document)
assert document['status'] == 'ok'
id = document['id']
```

많은 RESTful API가 위치 헤더를 제공한다. 위치 헤더는 생성된 객체로 링크되는 URL 값을 갖는다.

5. URL 경로에 ID를 삽입하고 질의 문자열 인수를 제공해 URL 객체를 생성한다. 질의 문자열을 나타내는 딕셔너리를 생성한 후, `ParseResult` 객체를 사용해 URL을 조립하는 방법을 사용한다.

```
query = {'$top': 4, 'cards': 13}

full_url = urllib.parse.ParseResult(
    scheme="http",
    netloc="127.0.0.1:5000",
    path="/dealer" + "/decks/{id}/hands".format(id=id),
    params=None,
    query=urllib.parse.urlencode(query),
    fragment=None
)
```

`/decks/{id}/hands/".format(id=id)`는 URL 경로에 `id` 값을 삽입한다. `"/".join(["", "decks", id, "hands", ""])`으로도 같은 동작을 수행할 수 있다. 빈 문자열이 사용된 것은 `"/"`가 시작과 끝에 나타나도록 강제하기 위한 것이다.

6. 전체 URL, 메소드, 표준 헤더로부터 `Request` 객체를 생성한다.

```
request = urllib.request.Request(
    url = urllib.parse.urlunparse(full_url),
    method = "GET",
    headers = {
        'Accept': 'application/json',
    }
)
```

7. 요청을 보내고 응답을 처리한다. 응답이 `200 OK`인지 확인한다. 응답을 파싱하면 패에 속하는 카드들의 세부 정보를 얻을 수 있다.

```
with urllib.request.urlopen(request) as response:
    # print(response.status)
    assert response.status == 200
    # print(response.headers)
    cards = json.loads(response.read().decode("utf-8"))

print(cards)
```

지금까지의 코드를 실행하면 새로운 덱 인스턴스가 생성된 후, 13장짜리 카드 패 네 개를 배분할 것이다. 질의 문자열은 패의 개수와 패에 속하는 카드의 개수를 정의한다.

예제 분석

서버가 두 개의 경로를 정의했는데, 하나는 컬렉션의 공통 패턴을 따르는 것이고, 다른 하나는 컬렉션의 특정 인스턴스를 따르는 것이다. 컬렉션 경로를 복수형인 `decks`로 정의했는데, 이는 CRUD 연산이 컬렉션 내의 인스턴스들을 생성하는 데 주로 사용된다는 것을 의미한다.

이번 예제에서 Create 연산은 /dealer/decks 경로의 `POST` 메소드로 구현된다. Retrieve 연산을 지원하고 싶으면, /dealer/decks 경로의 `GET` 메소드를 처리하는 뷰 함수를 추가로 작성하면 된다. 덱 컬렉션 내의 모든 덱 인스턴스들이 드러날 것이다.

Delete 연산이 지원된다면 /dealer/decks의 `DELETE` 메소드를 사용할 수 있다. (`PUT` 메소드를 사용해야 하는) Update 연산은 무작위로 덱을 생성하는 이번 예제의 서버와 어울리지 않는 것 같다.

/dealer/decks 컬렉션 내의 특정 덱은 /dealer/decks/〈id〉 경로로 식별할 수 있다. `GET` 메소드를 사용하면 특정 덱에서 다수의 카드 패를 얻어올 수 있다.

Create, Update, Delete 연산은 이번 예제의 덱 객체에서 그다지 중요하지 않다. 덱 객체가 일단 생성되면 클라이언트 애플리케이션은 이 덱에서 다양한 패를 얻어올 수 있다.

덱 슬라이싱

카드 배분 알고리즘은 카드 덱을 몇 개의 슬라이스로 나눈다. 덱 D의 크기는 패 h의 개수 및 패에 속하는 카드 c의 개수와 관련 있다. 즉, 패의 개수와 패에 속하는 카드의 개수 c의 곱은 덱의 크기보다 클 수 없다.

$$h \times c \leq D$$

카드 게임에서 플레이어에게 카드를 배분할 때는 한 번에 c개의 카드를 나눠주지 않고 한 번에 한 장씩 플레이어별로 돌아가면서 나눠주는 것이 일반적이다. 이것은 일종의 카드 섞기라고 볼 수 있으며, 다음과 같이 나타낼 수 있다.

$$H_n = \{ D_{n+h\times i} : 0 \leq i < c \}$$

$H_{n=0}$ 패에 속하는 카드들은 $H_0 = \{D_0, D_h, D_{2h}, \ldots, D_{c\times h}\}$, $H_{n=1}$ 패에 속하는 카드들은 $H_1 = \{D_1, D_{1+h}, D_{1+2h}, \ldots, D_{1+c\times h}\}$ ...가 된다. 이런 식으로 카드를 배포하는 것이 단순히 플레이어마다 c개씩 묶음으로 카드를 배포하는 것보다 더 공정하기 때문이다.

하지만 이번 예제의 파이썬 프로그램은 굳이 이런 번거로운 계산을 하지 않아도 된다. 그냥 묶음으로 카드를 배분하기 때문에 계산도 쉽다.

$$H_n = \{ D_{n\times c+1} : 0 \leq i < c \}$$

따라서 $H_{n=0}$ 패에 속하는 카드들은 $H_0 = \{D_0, D_1, D_2, \ldots, D_{c-1}\}$, $H_{n=1}$에 속하는 카드들은 $H_1 = \{D_c, D_{c+1}, D_{c+2}, \ldots, D_{2c-1}\}$...가 된다. 덱이 무작위로 생성되기 때문에 이렇게 해도 공정성에 문제가 없으며, 파이썬의 리스트 슬라이싱을 사용할 수 있으므로 구현하기도 어렵지 않다. 슬라이싱에 대한 자세한 설명은 4장의 '리스트 슬라이싱' 레시피를 참조한다.

클라이언트 사이드

클라이언트 쪽에서 처리되는 트랜잭션은 RESTful 요청들의 시퀀스다.

1. 우선 swagger.json에 `GET` 요청을 보내서 서버의 명세를 얻어온다. 다음과 같이 간단하게 얻어올 수 있다.

```
with urllib.request.urlopen('http://127.0.0.1:5000/dealer/swagger.json')
as response
    swagger = json.loads(response.read().decode("utf-8"))
```

2. 그다음에는 새로운 Deck 인스턴스를 생성하기 위한 POST 요청이 전송돼야 한다. 이를 위해서는 Request 객체를 생성해 POST 메소드를 설정할 필요가 있다.

3. 그런 다음, Deck 인스턴스에 GET 요청을 보내서 카드 패를 얻어온다. URL 문자열을 조금 변경하면 된다. 문자열보다는 개별 필드들의 컬렉션으로서 URL을 다루는 편이 좀 더 일반적인 방법이기는 하다.

RESTful 애플리케이션의 오류를 처리하는 두 가지 방법은 다음과 같다.

- 요청 자원을 찾지 못한 경우 abort(HTTPStatus.NOT_FOUND)와 같은 상태 응답을 사용한다.
- 유효하지 않은 요청에 대해 make_response(message, HTTPStatus.BAD_REQUEST)를 사용한다. message에 세부 정보를 포함시킬 수 있다.

403 Forbidden처럼 세부 정보를 제공하지 않는 편이 나은 상태 코드도 있다. 특히 인증과 관련된 문제라면 자세한 정보를 제공하는 것은 오히려 바람직하지 않으며, 이럴 경우 abort(HTTPStatus.FORBIDDEN)으로 충분하다.

부연 설명

서버에 추가하면 좋을 만한 기능들을 살펴보자.

- Accept 헤더에서 JSON 포맷인지 검사하기
- 스웨거 명세를 제공하기

RESTful API 요청과 다른 요청을 구분하기 위해서는 일반적으로 헤더를 사용한다. Accept 헤더에 MIME 타입을 제공함으로써 JSON 콘텐츠에 대한 요청과 사용자 지향 콘텐츠에 대한 요청을 구별할 수 있다.

@dealer.before_request 데코레이터를 사용해 요청 종류에 따라 필터링하는 함수를 삽입할 수 있다. 이 필터 함수는 다음의 조건을 바탕으로 RESTful API 요청을 구별한다.

- Accept 헤더에 json을 포함하는 MIME 타입이 포함된다. 일반적으로 MIME 문자열은 application/json이다.
- 추가로, swagger.json 파일을 위한 예외를 만들 수 있다. 다른 지표와 상관없이 RESTful API 요청으로서 처리될 것이다.

다음은 이 필터를 구현하는 코드다.

```
@dealer.before_request
def check_json():
    if request.path == '/dealer/swagger.json':
        return
    if 'json' in request.headers.get('Accept', '*/*'):
        return
    return abort(HTTPStatus.BAD_REQUEST)
```

400 BAD REQUEST 응답을 반환하며, 자세한 정보는 제공하지 않는다. 자세한 오류 메시지 제공은 세부적인 서버 구현을 노출할 수 있으므로 보안상 바람직하지 않다. 그래도 자세한 메시지가 필요하다면 abort()를 make_response()로 대체하면 된다.

스웨거 명세 제공하기

RESTful API는 제공하는 서비스들에 대한 OpenAPI 명세를 제공하는 것이 바람직하다. OpenAPI 명세는 일반적으로 /swagger.json 경로에 있지만, 반드시 파일 형태로 제공된다는 의미는 아니다. 오히려 스웨거 2.0 명세를 따르는 JSON 포맷의 인터페이스 명세를 제공하는 중심 위치라고 볼 수 있다.

앞서 /swagger.json 경로를 정의한 후 이 경로에 swagger3() 함수를 연결했었다. 이 함수는 전역 객체 specification을 JSON 포맷으로 생성한다.

```
@dealer.route('/dealer/swagger.json')
def swagger3():
    response = make_response(json.dumps(specification, indent=2).encode('utf-8'))
    response.headers['Content-Type'] = 'application/json'
    return response
```

specification 객체의 개요는 다음과 같다. 앞에서는 전체 구조를 강조하기 위해 세부 정보들을 ...로 나타냈었는데, 실제로는 다음과 같은 세부 정보들을 포함한다.

```
specification = {
    'swagger': '2.0',
    'info': {
        'title': '''Python Cookbook\nChapter 12, recipe 5.''',
        'version': '1.0'
    },
    'schemes': ['http'],
    'host': '127.0.0.1:5000',
    'basePath': '/dealer',
    'consumes': ['application/json'],
    'produces': ['application/json'],
    'paths': {
        '/decks': {...}
        '/decks/{id}/hands': {...}
    }
}
```

두 개의 경로가 두 개의 @dealer.route 데코레이터에 대응된다. 서버를 설계할 때 우선 스웨거 명세를 갖고 시작한 후, 명세를 만족하도록 코드를 작성하는 방법이 편리한 이유다.

구문이 조금 다른 점에 주의하자. 플라스크는 /decks/<id>/hands인 반면에 OpenAPI 명세는 /decks/{id}/hands다. 이 때문에 그냥 파이썬과 스웨거 문서 간에 복사-붙여넣기를 하면 안 된다.

다음은 /decks 경로로서, 질의 문자열로부터 입력받는 매개변수를 볼 수 있다. 또한 201 응답의 세부 정보에 덱의 ID가 포함된 것도 알 수 있다.

```
'/decks': {
  'post': {
    'parameters': [
      {
        'name': 'size',
        'in': 'query',
```

```
          'type': 'integer',
          'default': 1,
              'description': '''number of decks to build and shuffle'''
        }
      ],
      'responses': {
        '201': {
          'description': '''Create and shuffle a deck. Returns a unique deck id.''',
          'schema': {
            'type': 'object',
            'properties': {
              'status': {'type': 'string'},
             'id': {'type': 'string'}
            }
          }
        },
      '400': {
        'description': '''Request doesn't accept a JSON response'''
      }
    }
}
```

/decks/{id}/hands 경로도 구조가 비슷하다. 질의 문자열로부터 입력받는 매개변수들을 정의하고, 다양한 응답도 정의한다. 200 응답은 카드를 제대로 찾은 것이고, 404 응답은 ID 값을 찾을 수 없음을 의미한다.

각 경로의 매개변수들은 자세히 싣지 않았고, 덱의 구조 역시 세부 정보를 생략했다. 대략적인 개요만 설명하면 다음과 같다.

- swagger 키의 값은 2.0이어야 한다.
- info 키는 아주 많은 정보를 제공할 수 있다. 이번 예제에서는 최소한의 필수 정보만을 포함하고 있다.
- schemes, host, basePath 필드는 이 서비스에 사용되는 URL의 공통 요소들을 정의한다.
- consumes 필드는 요청 객체의 Content-Type 헤더에 들어있어야 할 값을 기술한다.

- produces 필드는 요청 객체의 Accept 헤더와 응답 객체의 Content-Type 헤더가 가져야 할 값을 기술한다.
- paths 필드는 서버상에서 응답을 제공하는 경로들을 나타낸다. 위 예에서는 /decks와 /decks/{id}/hands 경로가 사용되고 있다.

swagger3( ) 함수는 이 파이썬 객체를 JSON 포맷으로 변환한 후 반환한다. swagger.json 파일이 다운로드된 것처럼 구현하며, RESTful API 서버가 제공하는 자원들의 명세가 포함돼 있다.

스웨거 명세 사용하기

조금 전에 클라이언트 사이드를 작성하면서, URL에 간단한 리터럴 값을 사용했다. 예제는 다음과 같았다.

```
full_url = urllib.parse.ParseResult(
    scheme="http",
    netloc="127.0.0.1:5000",
    path="/dealer" + "/decks",
    params=None,
    query=None,
    fragment=None
)
```

이 필드 중 일부를 스웨거 명세로부터 얻어올 수도 있다. 예를 들어, netloc 및 path의 앞부분을 specification['host']와 specification['basePath']로 지정하는 것이다. 이처럼 스웨거 명세를 사용하면 프로그램의 유연성을 높일 수 있다.

스웨거 명세는 서버 설계자의 의사 결정을 지원하는 도구를 위한 것이며, API 테스트의 자동화가 진정한 목적이다. 특히, 클라이언트 애플리케이션 작성에 도움이 되도록 자세한 예제들을 포함할 때가 많다.

참고 사항

- 'urllib으로 REST 요청을 생성하는 방법' 레시피와 '질의 문자열을 파싱하는 방법' 레시피에서 RESTful 웹 서비스에 대한 다른 예제들을 볼 수 있다.

JSON 요청을 파싱하는 방법

웹 서비스는 새로운 영속 객체를 생성하거나 기존의 영속 객체를 갱신하라는 요청을 포함할 수 있다. 이러한 작업을 수행하기 위해서는 클라이언트로부터 입력을 받아야 한다.

RESTful 웹 서비스는 일반적으로 JSON 포맷으로 입출력을 수행한다. JSON 포맷에 대한 자세한 설명은 9장의 'JSON 문서를 읽는 방법' 레시피를 참조한다.

웹 클라이언트에서 JSON 입력을 파싱하려면 어떻게 해야 할까? 입력 값을 쉽게 검증하는 방법은 무엇일까?

준비

'질의 문자열을 파싱하는 방법' 레시피의 플라스크 애플리케이션에 사용자 등록 기능을 추가해보자. 플레이어는 카드를 요청할 수 있는 자원이며, 이 자원에 대해 CRUD 연산을 수행할 수 있다.

- 클라이언트는 /players 경로에 `POST` 요청을 보내서 플레이어를 추가할 수 있다. 플레이어에 대한 설명을 담은 문서가 포함될 것인데, 웹 서비스는 문서의 유효성을 검사해 유효한 것으로 판단되면 `Player` 영속 인스턴스를 생성해야 한다. 응답 객체에는 플레이어에게 할당된 ID가 포함될 것이다. 문서가 유효하지 않은 경우에는 문제점을 설명하는 세부 정보가 응답에 포함된다.
- 클라이언트는 /players 경로에 `GET` 요청을 보내서 플레이어들의 목록을 얻을 수 있다.

- 클라이언트는 /players/〈id〉 경로에 GET 요청을 보내서 특정 플레이어의 세부 정보를 얻을 수 있다.
- 클라이언트는 /players/〈id〉 경로에 PUT 요청을 보내서 특정 플레이어의 세부 정보를 갱신할 수 있다. POST 요청과 마찬가지로 유효성 검사를 위한 문서가 포함돼야 한다.
- 클라이언트는 /players/〈id〉 경로에 DELETE 요청을 보내서 특정 플레이어를 제거할 수 있다.

'질의 문자열을 파싱하는 방법' 레시피에서와 마찬가지로, 클라이언트 사이드와 서버 사이드를 별도로 구현할 것이다. 다만, 서버는 POST와 GET 요청만 처리할 것이다. PUT과 DELETE 연산은 독자를 위한 연습으로 남겨둔다.

JSON 유효성 검사기는 https://pypi.python.org/pypi/jsonschema/2.5.1을 사용할 것이다. 이 프로그램은 매우 쓸 만하다. 스웨거 명세 검사기도 많은 도움이 될 것이다. https://pypi.python.org/pypi/swagger-spec-validator를 참조하자.

swagger-spec-validator 패키지를 설치하면 jsonschema 프로젝트의 최신 복사본도 설치된다. 화면에 나타나는 설치 과정은 다음과 같다.

```
MacBookPro-SLott:pyweb slott$ pip3.5 install swagger-spec-validator
Collecting swagger-spec-validator
  Downloading swagger_spec_validator-2.0.2.tar.gz
Requirement already satisfied (use —upgrade to upgrade):
    jsonschema in /Library/.../python3.5/site-packages
    (from swagger-spec-validator)
Requirement already satisfied (use —upgrade to upgrade):
    setuptools in /Library/.../python3.5/site-packages
    (from swagger-spec-validator)
Requirement already satisfied (use —upgrade to upgrade):
    six in /Library/.../python3.5/site-packages
    (from swagger-spec-validator)
Installing collected packages: swagger-spec-validator
 Running setup.py install for swagger-spec-validator ... done
Successfully installed swagger-spec-validator-2.0.2
```

pip 명령을 사용해 swagger-spec-validator 패키지를 설치했다. jsonschema, setuptools, six는 이미 설치돼 있음도 확인했다.

--upgrade 옵션이 필요할 수도 있다. (최초 설치가 아니라) 업그레이드를 할 때는 pip install jsonschema --upgrade와 같이 명령하면 된다. 현재 설치된 jsonschema의 버전이 2.5.0 이전이라면 업그레이드가 필요하다.

예제 구현

스웨거 명세, 서버, 클라이언트 이렇게 세 부분으로 나눠서 살펴보자.

스웨거 명세

1. 스웨거 명세의 개요는 다음과 같다.

```
specification = {
    'swagger': '2.0',
    'info': {
        'title': '''Python Cookbook\nChapter 12, recipe 6.''',
        'version': '1.0'
    },
    'schemes': ['http'],
    'host': '127.0.0.1:5000',
    'basePath': '/dealer',
    'consumes': ['application/json'],
    'produces': ['application/json'],
    'paths': {
        '/players': {...},
        '/players/{id}': {...},
    }
    'definitions': {
        'player: {..}
    }
}
```

첫 번째 필드는 RESTful 웹 서비스에서 항상 있어야 하는 것이고, paths와 definitions 필드는 URL 및 서비스를 구성하는 스키마 정의들로 채워진다.

2. 새로 생성하고자 하는 플레이어의 유효성을 검사하기 위한 스키마 정의는 다음과 같다. 이 스키마를 specification 정의 안에 배치한다.

```
'player': {
    'type': 'object',
    'properties': {
        'name': {'type': 'string'},
        'email': {'type': 'string', 'format': 'email'},
        'year': {'type': 'integer'},
        'twitter': {'type': 'string', 'format': 'uri'}
    }
}
```

타입은 객체고, 이 객체는 네 개의 속성을 가진 것으로 정의됐다.

- 이름(name)은 문자열 타입이다.
- 이메일 주소(email)는 특정 포맷의 문자열이다.
- 트위터(twitter) URL도 특정 포맷의 문자열이다.
- 연도(year)는 숫자 자료형이다.

JSON 스키마 명세에 정의된 포맷들이 사용됐다. email과 url은 그중에서도 널리 사용되는 것이며, date-time, hostname, ipv4, ipv6, uri 등도 자주 사용된다. 스키마 정의에 대한 자세한 설명은 http://json-schema.org/documentation.html을 참조한다.

3. 새로운 플레이어를 생성하거나 전체 플레이어 목록을 얻어올 때 사용되는 /players 경로는 다음과 같다.

```
'/players': {
    'post': {
        'parameters': [
                {
                    'name': 'player',
                    'in': 'body',
                    'schema': {'$ref': '#/definitions/player'}
```

```
            },
        ],
        'responses': {
            '201': {'description': 'Player created', },
            '403': {'description': 'Player is invalid or a duplicate'}
        }
    },
    'get': {
        'responses': {
            '200': {'description': 'All of the players defined so far'},
        }
    }
},
```

두 개의 메소드 post와 get이 정의됐다. post 메소드는 player라는 매개변수를 갖는데, 이 매개변수는 요청 본문이며 앞서 정의된 플레이어 스키마를 따른다. get 메소드는 매개변수가 없고, 응답 객체의 구조도 정의하지 않는다.

4. 특정 플레이어에 관한 세부 정보를 얻는 경로의 정의는 다음과 같다.

```
'/players/{id}': {
    'get': {
        'parameters': [
            {
                'name': 'id',
                'in': 'path',
                'type': 'string'
            }
        ],
        'responses': {
            '200': {
                'description': 'The details of a specific player',
                'schema': {'$ref': '#/definitions/player'}
            },
            '404': {'description': 'Player ID not found'}
        }
    }
},
```

이 경로는 'URL 경로를 파싱하는 방법' 레시피에서와 비슷하다. `player` 키가 URL에 제공되며, 플레이어 ID가 유효할 때의 응답이 세부적으로 정의됐다. 응답 객체는 앞서 정의된 플레이어 스키마를 따른다.

이 명세는 서버에 속하므로 `@dealer.route('/swagger.json')` 경로에 정의된 뷰 함수를 통해 얻을 수 있다. 이 명세 문서를 포함하는 파일을 생성하는 것이 가장 간단하다.

서버

1. '질의 문자열을 파싱하는 방법' 레시피의 플라스크 애플리케이션을 그대로 사용하되, 뷰 함수만 변경할 것이다.

```
from flask import Flask, jsonify, request, abort, make_response
from http import HTTPStatus
```

2. 필수적인 라이브러리들을 임포트한다. 유효성 검사를 위해 JSON 스키마가 필요하고, URL에서 외부 식별자로 사용될 해시 문자열을 계산해야 한다.

```
from jsonschema import validate
from jsonschema.exceptions import ValidationError
import hashlib
```

3. 애플리케이션과 데이터베이스를 생성한다. 전역 변수를 사용할 것이지만, 대규모 애플리케이션이라면 데이터베이스 서버에 이 정보를 저장하는 편이 바람직하다.

```
dealer = Flask('dealer')
players = {}
```

4. `players` 컬렉션에 기록하기 위한 경로를 정의한다.

```
@dealer.route('/dealer/players', methods=['POST'])
```

5. 입력 문서를 파싱하고 유효성 검사를 수행한 후, `player` 영속 객체를 생성하는 함수를 정의한다.

```
def make_player():
    document = request.json
    player_schema = specification['definitions']['player']
    try:
        validate(document, player_schema)
    except ValidationError as ex:
        return make_response(ex.message, 403)

    id = hashlib.md5(document['twitter'].encode('utf-8')).hexdigest()
    if id in players:
        return make_response('Duplicate player', 403)

    players[id] = document

    response = make_response(
        jsonify(
            status='ok',
            id=id
        ),
        201
    )
    return response
```

이 함수는 4단계 설계를 따르고 있다.

- 입력 문서의 유효성을 검사한다. 스키마는 스웨거 명세의 일부로서 정의된다.
- 키를 생성하고 그 값이 고유한지 확인한다. 데이터로부터 계산돼 얻어진 값이다. uuid 모듈을 사용해 고유한 키를 생성하는 방법도 있다.
- 데이터베이스에 영속 객체를 생성한다. 단 한 개의 문장 players[id] = document로 객체가 생성되고 있다. 이미 기능이 구현된 클래스 및 함수를 바탕으로 RESTful API를 조립하기 때문에 가능한 일이다.
- 응답 문서를 생성한다.

6. 서버를 운영하는 메인 프로그램을 정의한다.

```
if __name__ == "__main__":
    dealer.run(use_reloader=True, threaded=False)
```

플레이어들(혹은 개별 플레이어)의 정보를 보여주는 메소드를 여기에 추가할 수 있다. 'URL 경로를 파싱하는 방법' 레시피의 설계를 그대로 따르면 된다. 잠시 후에 살펴보자.

클라이언트

'URL 경로를 파싱하는 방법' 레시피의 클라이언트 모듈과 비슷하다.

1. RESTful API를 다루기 위해 필요한 모듈들을 임포트한다.

```
import urllib.request
import urllib.parse
import json
```

2. `ParseResult` 객체를 사용해 URL의 각 부분을 별도로 생성한다. 나중에 한 개의 문자열로 합칠 것이다.

```
full_url = urllib.parse.ParseResult(
    scheme="http",
    netloc="127.0.0.1:5000",
    path="/dealer" + "/players",
    params=None,
    query=None,
    fragment=None
)
```

3. JSON 포맷의 문서로 직렬화돼 서버에 기록될 객체를 생성한다. swagger.json을 통해 이 문서의 스키마를 얻을 수 있다. `document`는 네 개의 필수 속성을 갖고 있다.

```
document = {
    'name': 'Xander Bowers',
    'email': 'x@example.com',
    'year': 1985,
    'twitter': 'https://twitter.com/PacktPub'
}
```

4. URL, 문서, 메소드, 헤더를 결합해 요청 객체를 생성한다. `urlunparse()` 함수가 URL의 각 부분들을 한 개의 문자열로 합친다. `Content-Type` 헤더는 JSON 포맷의 텍스트 문서를 서버로 전송 중이라고 알려준다.

```
request = urllib.request.Request(
    url = urllib.parse.urlunparse(full_url),
    method = "POST",
    headers = {
        'Accept': 'application/json',
        'Content-Type': 'application/json;charset=utf-8',
    },
    data = json.dumps(document).encode('utf-8')
)
```

`charset` 옵션은 유니코드 문자열로부터 바이트를 생성할 때 사용되는 인코딩 방식을 지정한다. `utf-8` 인코딩이 기본값이므로 이 옵션을 반드시 포함시킬 필요는 없다. 혹시 다른 인코딩 방식이 사용된다면 이 옵션이 꼭 필요하다.

5. 요청 객체를 전송하고 응답 객체를 처리한다. 디버깅을 위해 `status`와 `header` 정보를 출력하는 것이 좋다. `status`가 `201 CREATED`인지만 확인하면 된다.

```
with urllib.request.urlopen(request) as response:
    # print(response.status)
    assert response.status == 201
    # print(response.headers)
    document = json.loads(response.read().decode("utf-8"))

print(document)
assert document['status'] == 'ok'
id = document['id']
```

응답 문서에 두 개의 필드가 예상대로 들어있는지만 확인했다.

이 클라이언트에 다른 질의도 포함시킬 수 있다. 예를 들면 플레이어 전부 혹은 특정 플레이어를 조회할 수 있을 것이다. 'URL 경로를 파싱하는 방법' 레시피의 설계를 따르면 어렵지 않게 구현할 수 있다.

예제 분석

플라스크는 수신된 문서를 자동으로 파싱한다. 따라서 request.json만으로 플라스크의 내장 JSON 파서를 활용할 수 있다.

입력 문서가 JSON 포맷이 아니면 플라스크는 `400 BAD REQUEST` 응답을 반환한다. 서버 애플리케이션은 요청 객체의 `json` 속성을 참조해 이를 판단하는데, 이때 `try`문을 사용해 `400 BAD REQUEST` 응답 객체를 포착한 후 이를 변경하거나 다른 응답을 반환할 수 있다.

`jsonschema` 패키지는 입력 문서의 유효성을 검사하고, JSON 문서의 여러 요소들을 확인할 수 있다.

- JSON 문서의 타입이 스키마의 타입과 일치하는지 검사한다. 이번 예제에서 스키마의 타입은 `object`였는데 JSON 구조에서는 `{}`에 해당된다.
- 스키마에 정의되고 JSON 문서에 존재하는 속성별로, JSON 문서 내의 값이 스키마 정의와 일치하는지 확인한다. 즉, 정의돼 있는 JSON 타입 중 하나에 해당해야 한다. 포맷, 범위, 배열 요소의 개수 등과 같은 다른 유효성 검사 규칙이 있다면 이런 제약 조건들도 함께 검사된다. 스키마의 모든 수준에 걸쳐서 재귀적으로 검사가 진행된다.
- 필수 필드들이 있다면, 이 필드들이 실제로 문서 내에 존재하는지 검사한다.

이번 레시피에서는 스키마의 세부 사항을 최소한으로 유지했다. 필수 속성 목록은 이번 예제에서는 생략했지만 자주 쓰이는 것이다. 또 속성에 대해 더 자세한 설명을 제공하는 것도 좋다. 예를 들어 연도는 최소한 `1900` 이상이어야 한다.

이번 예제에서는 데이터베이스 갱신도 최소한으로 유지했다. 데이터베이스 삽입 연산은 훨씬 복잡한 처리를 요구할 때가 많으며, 데이터베이스 클라이언트는 데이터베이스 서버에 연결해 서버의 상태를 변경하는 명령을 실행해야 한다. 사실, 데이터베이스 처리는 최소한으로 유지하는 것이 바람직하다. 애플리케이션의 세부 정보를 별도의 모듈에서 가져와 RESTful API 자원으로서 제공할 수 있기 때문이다.

대규모 애플리케이션이라면 플레이어와 관련된 데이터베이스 처리를 담당할 `player_db` 모듈을 작성하는 편이 좋다. 이 모듈은 모든 클래스 및 함수 정의를 포함하고, `player` 객체의 세부 스키마 정의도 제공해야 한다. RESTful API 서비스는 이러한 클래스, 함수, 스키마 명세를 가져와서 외부에 노출시킬 것이다.

부연 설명

스웨거 명세는 응답 문서의 예제를 포함할 수 있다. 이 예제는 여러 면에서 유용하다.

- 응답에 속하는 문서의 샘플을 먼저 설계하는 것이 일반적이다. 문서를 설명하는 스키마 명세를 작성하는 것은 어려운 일이지만, 스키마 유효성 검사기는 명세가 문서와 일치하는지 확인하는 데 많은 도움이 된다.
- 명세가 완성되면 그다음에는 서버 사이드 프로그램을 작성한다. 스키마 예제 문서를 활용하면 단위 테스트 작성에 유용하다.
- 스웨거 명세의 사용자는 클라이언트를 설계하고 클라이언트 사이드 프로그램을 위한 단위 테스트를 작성하는 데 구체적인 응답 예제를 이용할 수 있다.

다음 코드는 서버가 유효한 스웨거 명세를 갖고 있는지 확인한다. 예외가 발생한다면 스웨거 문서가 없는 것이거나 문서가 스웨거 스키마를 따르지 않는 것이다.

```
from swagger_spec_validator import validate_spec_url
validate_spec_url('http://127.0.0.1:5000/dealer/swagger.json')
```

Location 헤더

`201 CREATED` 응답의 상태 정보에는 새로 생성된 레코드에 할당된 키 값이 들어있다.

`201 CREATED` 응답은 이외에도 `Location` 헤더를 포함하는 것이 일반적이다. 이 헤더는 생성된 문서를 복구할 때 사용될 수 있는 URL을 제공하는데, 이번 예제의 경우 다음과 비슷한 URL이 된다.

http://127.0.0.1:5000/dealer/players/75f1bfbda3a8492b74a33ee28326649c

Location 헤더는 클라이언트에 의해 저장될 수 있다. 전체 URL은 URL 템플릿과 값으로부터 URL을 생성하는 것보다 좀 더 간단하다.

서버는 다음과 같이 이 헤더를 생성할 수 있다.

```
response.headers['Location'] = url_for('get_player', id=str(id))
```

플라스크의 url_for() 함수를 사용하고 있다. 이 함수는 뷰 함수의 이름 및 URL 경로로부터 전달된 매개변수를 입력받는다. 그리고 뷰 함수의 경로를 사용해 전체 URL을 구성할 것이다. 현재 실행 중인 서버에 대한 모든 정보가 포함되며, 이 헤더가 삽입된 후 response 객체가 반환된다.

추가 자원들

플레이어 리스트에 대한 요청에 응답할 수 있다면 좋을 것이다. 데이터를 JSON 문서로 단순 변환하는 최소한의 구현은 다음과 같다.

```
@dealer.route('/dealer/players', methods=['GET'])
def get_players():
    response = make_response(jsonify(players))
    return response
```

$top과 $skip 질의 옵션을 지원해 플레이어 목록을 이동할 수 있으면 더 좋을 것이다. $filter 옵션도 플레이어의 일부에 대한 검색을 구현하는 데 유용하다.

모든 플레이어에 대한 질의에 응답하는 것뿐 아니라 개별 플레이어를 반환하는 메소드도 구현하는 것이 좋다. 이러한 종류의 뷰 함수는 다음 코드처럼 간단할 때가 많다.

```
@dealer.route('/dealer/players/<id>', methods=['GET'])
def get_player(id):
    if id not in players:
        return make_response("{} not found".format(id), 404)
```

```
response = make_response(
    jsonify(
        players[id]
    )
)
return response
```

입력받은 ID가 데이터베이스에 저장된 키 중 하나인지 확인한다. 데이터베이스에서 찾을 수 없으면 해당 문서는 JSON 포맷으로 변환된 후 반환된다.

특정 플레이어에 대한 질의

데이터베이스에서 특정 값을 찾기 위한 클라이언트 처리 코드는 다음과 같으며, 여러 단계를 거쳐야 한다.

1. 우선, 특정 플레이어의 URL을 생성한다.

   ```
   id = '75f1bfbda3a8492b74a33ee28326649c'
   full_url = urllib.parse.ParseResult(
       scheme="http",
       netloc="127.0.0.1:5000",
       path="/dealer" + "/players/{id}".format(id=id),
       params=None,
       query=None,
       fragment=None
   )
   ```

   URL의 각 부분들을 조립해 URL을 생성하고 있다. 여러 필드들을 포함하는 ParseResult 객체가 사용됐다.

2. URL이 준비되면 이제 Request 객체를 생성할 수 있다.

   ```
   request = urllib.request.Request(
       url = urllib.parse.urlunparse(full_url),
       method = "GET",
       headers = {
           'Accept': 'application/json',
       }
   )
   ```

3. request 객체가 생성됐으므로, 요청을 보내고 응답을 받을 수 있다. 응답 상태 코드가 200인지 확인하고, 그럴 경우 응답 본문을 파싱해 해당 플레이어를 설명하는 JSON 문서를 얻어온다.

```
with urllib.request.urlopen(request) as response:
    assert response.status == 200
    player= json.loads(response.read().decode("utf-8"))
print(player)
```

존재하지 않는 플레이어면 urlopen() 함수는 예외를 발생시킨다. 예외가 발생할 경우, try문으로 403 NOT FOUND 예외를 포착할 수 있다.

예외 처리

모든 클라이언트 요청에 적용되는 일반적인 패턴은 다음과 같으며, 명시적으로 try문을 포함하고 있다.

```
try:
    with urllib.request.urlopen(request) as response:
        # print(response.status)
        assert response.status == 201
        # print(response.headers)
        document = json.loads(response.read().decode("utf-8"))

    # 문서를 처리한다

except urllib.error.HTTPError as ex:
    print(ex.status)
    print(ex.headers)
    print(ex.read())
```

예외는 실제로 두 가지 종류가 있다.

- 하위 수준의 예외: 서버에 연결할 수 없음을 나타내는 예외로서 ConnectionError 예외가 대표적인 예다. 이 예외는 OSError 예외의 서브클래스다.
- urllib 모듈의 HTTPError 예외: HTTP 프로토콜은 제대로 동작하지만, 서버로부

터 받은 응답이 성공을 나타내는 상태 코드가 아닐 경우다. 성공을 나타내는 코드는 200-299 범위의 값이다.

- HTTPError 예외는 정상적인 응답 객체와 비슷한 속성들을 포함한다. 즉 상태, 헤더, 본문을 포함한다.

HTTPError 예외가 서버로부터의 예상 응답 중 하나일 때도 있다. 이런 경우 오류나 문제를 의미하는 것은 아니고, 단순히 또 다른 유의미한 상태 코드일 뿐이다.

참고 사항

- URL 처리의 다른 예는 'URL 경로를 파싱하는 방법' 레시피를 참조한다.
- 'urllib으로 REST 요청을 생성하는 방법' 레시피에서 질의 문자열 처리에 관한 다른 예제를 볼 수 있다.

웹 서비스 인증을 구현하는 방법

보안은 보편적인 이슈다. 애플리케이션의 모든 부분에서 보안을 고려해야 하기 때문이다. 보안을 구현할 때는 두 개의 개념을 구분해야 한다.

- 인증Authentication: 클라이언트는 자신이 누구인지에 대한 증거를 제공해야 한다. 서명된 인증서도 좋고, 사용자 이름 + 패스워드 조합과 같은 자격 증명일 수도 있다. 사용자 소유의 휴대전화로 전송된 문자 메시지가 함께 사용되기도 한다. 웹 서버는 이 인증의 유효성을 검사해야 한다.
- 권한 부여Authorization: 서버는 책임 영역을 정의하고 이를 사용자 그룹에 할당해야 한다. 그리고 개별 사용자는 권한 그룹의 구성원으로서 정의돼야 한다.

사용자 개개인마다 권한을 부여하는 것이 기술적으로 불가능하지는 않지만, 웹사이트 또는 애플리케이션의 규모가 커지고 변경이 빈번히 일어나게 되면 관리하기가 매우 불편하다. 그룹별로 보안을 정의하는 것이 더 쉬우며, 처음에는 그룹에 한 명의 사용자만 포함되기도 한다.

애플리케이션 소프트웨어는 권한 부여와 관련된 의사 결정 방법을 구현해야 한다. 플라스크의 경우, 권한 부여는 뷰 함수에서 정한다. 사용자에서 그룹, 그룹에서 뷰 함수로의 연결이 어떤 특정 사용자에게 허용되는 자원을 정의한다.

애매하게도 HTTP의 `Authorization` 헤더는 인증 자격 증명을 제공한다. 헤더의 이름이 그 목적과 일치하지 않기 때문에 헷갈리기 쉽다.

다양한 방법으로 웹 클라이언트에서 웹 서버로 인증 정보를 제공할 수 있으며, 그중 중요한 것들은 다음과 같다.

- 인증서: CA[Certificate Authority]에 대한 참조와 디지털 서명을 포함한다. SSL[Secure Socket Layer]로 교환되며, 상호 인증을 위해 클라이언트와 서버 모두 인증서를 가져야 하는 경우가 있고 서버만 인증서를 갖는 경우도 있다. `https` 체계에서는 대체로 서버만 인증서를 가지며, 서버는 클라이언트의 인증서를 검증하지 않는다.
- API 키 또는 토큰: 단순한 고정 키로서, 패스워드처럼 외부에 공개돼서는 안 된다.
- 사용자 이름과 패스워드: 사용자 이름과 패스워드로 사용자를 식별할 수 있다. 이메일 주소 또는 문자 메시지 인증과 함께 사용되기도 한다.
- 서드파티 인증: OpenID와 같은 외부 인증 서비스로서, OpenAPI에 대한 자세한 설명은 http://openid.net을 참조한다. 콜백 URL을 포함하기 때문에 OpenID 공급자는 알림 정보를 반환할 수 있다.

사용자 정보가 웹 서버에 로드되는 방법도 보안상 이슈가 되곤 한다. 셀프 서비스 방식의 웹사이트에서 사용자는 최소한의 연락처 정보만을 제공하고 콘텐츠에 대한 접근 권한을 부여받는다.

하지만 셀프 서비스 방식을 사용하지 않는 웹사이트도 많다. 사용자에게 접근을 허용하기 전에 신중하게 신원을 검사한다. 데이터 또는 서비스 접근에 대한 계약서와 수수료도 고려돼야 한다. 회사 차원에서 직원용 라이선스를 구매한 후, 정해진 사용자들만 웹 서비스 접근을 허용하기도 한다.

이번 레시피는 셀프 서비스 애플리케이션을 작성하며, 사용자 목록이 처음에 존재하지 않는다. 따라서 신규 사용자를 생성하는 웹 서비스는 인증 없이도 접근할 수 있고, 다른 서비스들은 인증된 사용자만 접근할 수 있다.

준비

`Authorization` 헤더를 사용해 HTTP 기반의 인증을 구현해보자. 두 가지 방식이 있다.

- HTTP 기본 인증: 사용자 이름과 패스워드 조합을 사용한다. 클라이언트와 서버 간의 트래픽을 암호화하기 위해 SSL 프로토콜을 사용한다.
- HTTP 다이제스트 인증: 클라이언트는 사용자 이름, 패스워드, 임시 문자열을 바탕으로 생성된 해시 값으로 인증을 시도한다. 이 값이 서버가 계산한 해시 값과 일치하면 해시 계산에 사용된 바이트가 동일하므로 유효한 패스워드로 인정된다. SSL이 필요 없다.

SSL은 웹 서버 인증용으로 널리 쓰이며 보안성을 인정받기 때문에 HTTP 기본 인증을 사용해도 된다. 기본 인증 방식은 RESTful API 처리를 크게 단순화할 수 있는데, 요청 객체에 `Authorization` 헤더가 포함되며 클라이언트와 서버 간에는 보안 소켓을 사용할 수 있기 때문이다.

SSL 설정하기

인증서 획득과 설정에 관한 자세한 설명은 파이썬 프로그래밍의 범주를 벗어난다. OpenSSL 패키지가 제공하는 자체 서명 인증서 생성 도구를 활용하자. 자체 서명 인증서를 사용하면 보안 서버를 구성할 수 있다. 코모도 그룹Comodo Group이나 시만텍Symantec 등의 CA는 운영체제 벤더나 모질라 재단 등 광범위하게 인정되는 신뢰할 만한 인증서를 제공한다.

OpenSSL로 인증서를 생성하는 과정은 2단계로 나뉜다.

1. 비밀 키 파일을 생성한다. 운영체제의 명령행 프롬프트에서 다음 명령을 수행한다.

```
slott$ openssl genrsa 1024 > ssl.key
Generating RSA private key, 1024 bit long modulus
.......++++++
..........................++++++
e is 65537 (0x10001)
```

   openssl genrsa 1024 명령으로 비밀 키 파일이 생성됐다. 이 파일은 ssl.key라는 이름으로 저장됐다.

2. 이 파일을 사용해 인증서를 생성하기 위해 다음 명령을 실행한다.

```
slott$ openssl req -new -x509 -nodes -sha1 -days 365 -key ssl.key > ssl.
cert
```

   인증서 생성에 필요한 정보를 입력하도록 메시지가 표시될 것이다. 입력해야 할 값은 DN[Distinguished Name]이라고 불리는 것인데, 꽤 많은 필드가 있지만 일부는 입력하지 않아도 된다. 일부 필드는 기본값을 갖고 있다. .을 입력하면 해당 필드는 빈칸으로 남는다.

```
Country Name (2 letter code) [AU]:US
State or Province Name (full name) [Some-State]:Virginia
Locality Name (eg, city) []:
Organization Name (eg, company) [Internet Widgits Pty Ltd]:ItMayBeAHack
Organizational Unit Name (eg, section) []:Common Name (e.g. server FQDN
or YOUR name) []:Steven F. Lott
Email Address []:
```

   openssl req -new -x509 -nodes -sha1 -days 365 -key ssl.key 명령으로 생성된 비밀 인증서 파일이 ssl.cert에 저장됐다. 이 인증서는 비공개 서명이므로 CA가 없다. 따라서 제한된 기능만 제공한다.

이렇게 2단계로 생성된 ssl.cert와 ssl.key 파일을 사용해 서버의 보안을 강화하는 방법을 지금부터 알아보자.

사용자와 자격 증명

사용자가 사용자 이름 및 패스워드를 제공할 수 있으려면 관련 정보가 서버에 저장돼 있어야 한다. 사용자 자격 증명과 관련해 다음과 같은 매우 중요한 규칙이 있다.

절대로 자격 증명을 저장해서는 안 된다.

평문 텍스트로 패스워드를 저장하는 것은 명백히 보안 사고를 향한 지름길이다. 심지어, 암호화된 패스워드도 저장해서는 안 된다. 패스워드 암호화에 사용된 키가 알려지면 모든 사용자 ID가 누출될 것이기 때문이다.

패스워드를 저장하지 않으면 어떻게 사용자의 패스워드를 확인할 수 있을까?

해답은 패스워드 대신 해시를 저장하는 것이다. 패스워드가 처음 생성됐을 때 서버는 이 패스워드의 해시 값을 저장한다. 그 후 사용자가 패스워드를 입력할 때마다 서버는 그 값의 해시 값을 계산한 후 기존에 저장된 값과 비교된다. 두 개의 값이 일치하면 패스워드는 정확한 것으로 인정된다. 이런 방식이 사용되는 것은 해시 값으로부터 패스워드를 복원하기가 지극히 어렵기 때문이다.

처음에 패스워드의 해시 값을 생성하는 과정은 3단계로 이뤄진다.

1. 무작위로 `salt` 값을 생성한다. 일반적으로 `os.urandom()`이 반환하는 16바이트가 사용된다.
2. `salt`와 패스워드를 함께 사용해 해시 값을 생성한다. 일반적으로 `hashlib` 모듈이 사용되며, 그중에서도 `hashlib.pbkdf2_hmac()`가 사용된다. 해시 알고리즘은 `md5`나 `sha224` 등이 사용된다.
3. 다이제스트 이름, `salt`, 해시된 바이트를 저장한다. 이것들을 조합한 `md5$salt$hash`와 같은 문자열이 사용되기도 한다. 여기서 `md5`는 상수고 `$`는 알고리즘 이름, `salt`, `hash`를 구분한다.

패스워드를 검사할 때도 비슷한 과정을 거친다.

1. 사용자 이름을 입력받으면 이 사용자 이름에 대한 (저장돼 있는) 해시 문자열을 찾는다. 이 문자열은 다이제스트 알고리즘 이름, `salt`, `hash` 이렇게 세 부분으로 구성돼 있다. 각 요소는 `$`로 구분된다.
2. `salt` 값과 사용자가 입력한 패스워드를 사용해 해시 값을 계산한다.
3. 계산된 해시 값이 서버에 저장돼 있는 해시 값과 일치하면 다이제스트 알고리즘과 `salt`도 일치한다고 인정할 수 있다. 따라서 패스워드도 일치한다고 간주한다.

사용자 정보와 해시 변환된 패스워드를 관리하는 간단한 클래스를 정의할 것이다. 플라스크의 `g` 객체는 요청을 처리하는 중에 사용자 정보를 저장할 수 있다.

플라스크의 뷰 함수 데코레이터

인증 검사를 처리하는 방법들은 다음과 같다.

- 모든 경로의 보안 요구 사항이 같다면, `@dealer.before_request` 함수를 사용해 모든 `Authorization` 헤더를 검증한다. 승인되지 않은 사용자가 새로 사용자 이름 및 패스워드 자격 증명을 생성할 수 있도록 /swagger.json 및 셀프서비스 경로에 약간의 예외 처리가 필요하다.
- 인증이 필요한 경로와 그렇지 않은 경로가 구분된다면, 인증이 필요한 경로에만 데코레이터를 도입하는 것이 효과적이다.

파이썬 데코레이터는 다른 함수를 감싸면서 기능을 확장하는 함수다. 데코레이터 함수의 핵심은 다음과 같다.

```
from functools import wraps
def decorate(function):
    @wraps(function)
    def decorated_function(*args, **kw):
        # 사전 처리
        result = function(*args, **kw)
        # 사후 처리
```

```
        return result
    return decorated_function
```

기존 함수 function을 새로운 함수 decorated_function으로 대체하는 것이 핵심이다. 기존 함수는 원래대로 동작하되, 그 앞과 뒤에 추가적인 처리로 장식하는 개념이다.

플라스크를 사용하는 이번 예제에서는 다음과 같이 @route 데코레이터 뒤에 새로운 데코레이터를 추가할 것이다.

```
@dealer.route('/path/to/resource')
@decorate
def view_function():
    return make_result('hello world', 200)
```

@decorate 데코레이터로 view_function()을 감싸고 있다. 데코레이터를 사용하면 사용자 인증을 비롯한 다양한 처리가 가능해진다.

예제 구현

네 부분으로 나눠서 알아보자.

- User 클래스를 정의하기
- 뷰 데코레이터를 정의하기
- 서버를 생성하기
- 예제 클라이언트를 생성하기

User 클래스 정의하기

이 클래스는 사용자를 정의하기 위해 필요한 정보들을 포함한다.

1. 패스워드 생성 및 검사에 필요한 모듈을 임포트한다.

```
import hashlib
import os
import base64
```

User 객체를 직렬화하기 위해 json 모듈도 필요하다.

2. User 클래스를 정의한다.

```
class User:
```

3. 패스워드 생성 및 검사에 사용될 두 개의 상수를 정의한다.

```
DIGEST = 'sha384'
ROUNDS = 100000
```

다이제스트 알고리즘은 SHA-384로서, 이 알고리즘은 64바이트 값을 사용한다. 그리고 PBKDF2[Password-Based Key Derivation Function 2] 알고리즘을 100,000회 반복해서 실행한다.

4. 사용자 생성은 JSON 문서를 사용한다. **를 사용하는 키워드 인수 값으로 변환될 수 있는 딕셔너리 구조다.

```
def __init__(self, **document):
    self.name = document['name']
    self.year = document['year']
    self.email = document['email']
    self.twitter = document['twitter']
    self.password = None
```

패스워드를 바로 설정하지 않는 것에 주의하자. 패스워드는 사용자 문서 생성과는 별도로 설정할 것이다.

사용자가 속하는 그룹 등의 추가적인 인증 정보는 생략했다. 또한 패스워드 변경이 요구된다는 표시도 생략했다.

5. 패스워드의 해시 값을 계산하는 알고리즘을 정의한다.

```
def set_password(self, password):
    salt = os.urandom(30)
    hash = hashlib.pbkdf2_hmac(
```

```
        self.DIGEST, password.encode('utf-8'), salt, self.ROUNDS)
    self.password = '$'.join(
        [self.DIGEST,
         base64.urlsafe_b64encode(salt).decode('ascii'),
         base64.urlsafe_b64encode(hash).decode('ascii')
        ]
    )
```

os.urandom()으로 무작위 salt 값을 생성한 후, 다이제스트 알고리즘, 패스워드, salt 값을 사용해 해시 값을 생성했다. PBKDF2 알고리즘의 반복 횟수를 가리키는 상수 값도 사용됐다.

해시 계산은 유니코드 문자가 아니라 바이트 단위로 동작한다는 점에 주의하자. 여기서는 utf-8 방식을 사용해 패스워드를 바이트로 인코딩했다.

다이제스트 알고리즘의 이름, salt, 인코딩된 해시 값을 합쳐서 문자열을 조립했다. URL에 적용해도 문제없는 base64 인코딩 방식(urlsafe_base64encode)을 사용했기 때문에 해시로 변환된 패스워드를 쉽게 표시할 수 있다. 이 방식은 A-Z, a-z, 0-9, -, _만 사용하므로 모든 종류의 데이터베이스에 이 문자열을 저장할 수 있다.

urlsafe_b64encode()가 생성한 것은 바이트 문자열이기 때문에 유니코드 문자로 나타내려면 디코딩해야 한다. base64는 64개의 표준 ASCII 문자만 사용하기 때문에 ASCII 방식으로 디코딩하고 있다.

6. 패스워드 해시 값을 검사하는 알고리즘을 정의한다.

```
def check_password(self, password):
    digest, b64_salt, b64_expected_hash = self.password.split('$')
    salt = base64.urlsafe_b64decode(b64_salt)
    expected_hash = base64.urlsafe_b64decode(b64_expected_hash)
    computed_hash = hashlib.pbkdf2_hmac(
        digest, password.encode('utf-8'), salt, self.ROUNDS)
    return computed_hash == expected_hash
```

패스워드 해시 값을 digest, salt, expected_hash로 분해했다. base64로 인코딩된 값이므로 디코딩해야 원래 바이트를 복원할 수 있다.

해시 값 계산은 유니코드 문자가 아니라 바이트 단위로 동작한다는 점에 주의하자. utf-8 방식으로 패스워드를 바이트로 인코딩했고, hashlib.pbkdf2_hmac()의 계산 결과를 예상 결과와 비교한다. 일치한다면 정확한 패스워드가 입력된 것으로 간주된다.

다음은 이 클래스의 사용 예를 보여준다.

```
>>> details = {'name': 'xander', 'email': 'x@example.com',
...     'year': 1985, 'twitter': 'https://twitter.com/PacktPub' }
>>> u = User(**details)
>>> u.set_password('OpenSesame')
>>> u.check_password('opensesame')
False
>>> u.check_password('OpenSesame')
True
```

이 테스트 케이스를 클래스의 닥스트링에 포함시키면 된다. 테스트 케이스에 대한 자세한 설명은 11장의 '닥스트링을 테스트에 활용하는 방법' 레시피를 참조한다.

좀 더 복잡한 애플리케이션이라면 (개별 사용자뿐 아니라) 사용자 컬렉션 클래스도 정의해야 한다. 이때 사용자 검색과 삽입의 속도를 높이기 위해 데이터베이스가 사용되기도 한다.

뷰 데코레이터 정의하기

1. functools로부터 @wraps 데코레이터를 임포트한다. 새로 생성하는 데코레이터 함수가 원래의 함수와 같은 이름 및 닥스트링을 갖도록 하기 때문이다.

```
from functools import wraps
```

2. 패스워드를 검사하면서 Authorization 헤더의 값을 분해할 때 base64 모듈이 필요하다. 전역 g 객체를 사용해 오류를 보고하고 플라스크 처리 컨텍스트를 갱신해야 한다.

```
import base64
from flask import g
from http import HTTPStatus
```

3. 데코레이터를 정의한다. 모든 데코레이터는 다음과 같이 구성되는데, 여기서 '실제 처리를 수행' 부분을 실제 코드로 대체할 것이다.

```
def authorization_required(view_function):
    @wraps(view_function)
    def decorated_function(*args, **kwargs):
        실제 처리를 수행
    return decorated_function
```

4. 다음과 같이 단계별로 헤더를 검사한다. 어떤 문제가 발생하면 상태 코드 401 UNAUTHORIZED가 반환되면서 처리는 중단될 것이다. 해커가 알고리즘을 알아내지 못하도록, 문제의 원인이 달라도 항상 같은 상태 코드가 반환된다.

```
if 'Authorization' not in request.headers:
    abort(HTTPStatus.UNAUTHORIZED)
kind, data = request.headers['Authorization'].split()
if kind.upper() != 'BASIC':
    abort(HTTPStatus.UNAUTHORIZED)
credentials = base64.decode(data)
username, _, password = credentials.partition(':')
if username not in user_database:
    abort(HTTPStatus.UNAUTHORIZED)
if not user_database[username].check_password(password):
    abort(HTTPStatus.UNAUTHORIZED)
g.user = user_database[username]
return view_function(*args, **kwargs)
```

검사를 통과하기 위해서는 여러 조건이 모두 만족돼야 한다.

- Authorization 헤더가 존재해야 한다.
- 헤더에 기본 인증 방식이 지정돼야 한다.
- base64로 인코딩된 username:password 문자열을 포함해야 한다.
- 사용자 이름은 기존에 존재하는 것이어야 한다.
- 패스워드로부터 계산된 해시 값이 예상 해시 값과 일치해야 한다.

이 중 하나라도 실패하면 401 UNAUTHORIZED 응답이 반환될 것이다.

서버 생성하기

'JSON 요청을 파싱하는 방법' 레시피에서 다룬 서버와 거의 비슷하지만 몇 가지 중요한 변경점이 있다.

1. 자체 서명 인증서를 생성하거나 CA로부터 인증서를 구입한다. 이번 예제에서는 두 개의 파일 ssl.cert와 ssl.key를 가정한다.
2. 서버 구축에 필요한 모듈을 임포트한다. 또한 `User` 클래스 정의도 임포트한다.

```
from flask import Flask, jsonify, request, abort, url_for
from ch12_r07_user import User
from http import HTTPStatus
```

3. `@authorization_required` 데코레이터 정의를 포함시킨다.
4. 인증이 필요 없는 경로를 정의한다. 이는 신규 사용자 생성 시에 사용될 것이다. 이와 비슷한 뷰 함수가 앞서 'JSON 요청을 파싱하는 방법' 레시피에서 정의된 바 있다. 패스워드 프로퍼티가 필요한데, 이 프로퍼티는 해시 생성에 사용되는 평문 텍스트다. 평문 패스워드는 어디에도 저장되지 않으며, 오직 해시만 저장된다.

```
@dealer.route('/dealer/players', methods=['POST'])
def make_player():
    try:
        document = request.json
    except Exception as ex:
        # JSON 문서가 아님
        # 에러 메시지를 세부적으로 수정할 수 있음
        raise
    player_schema = specification['definitions']['player']
    try:
        validate(document, player_schema)
    except ValidationError as ex:
        return make_response(ex.message, 403)

    id = hashlib.md5(document['twitter'].encode('utf-8')).hexdigest()
    if id in user_database:
        return make_response('Duplicate player', 403)
```

```
    new_user = User(**document)
    new_user.set_password(document['password'])
    user_database[id] = new_user

    response = make_response(
        jsonify(
            status='ok',
            id=id
        ),
        201
    )
    response.headers['Location'] = url_for('get_player', id=str(id))
    return response
```

사용자 생성과 별개로 패스워드가 설정되며, 다수의 사용자를 한꺼번에 로드하는 애플리케이션의 패턴을 따른다. 각 사용자마다 임시 패스워드를 제공하고, 이후 로그인할 때 즉시 변경해야 한다.

각 사용자에게 암호화된 ID가 부여된 점에 주목하자. 이 ID는 사용자의 트위터 계정을 16진수로 변환한 다이제스트로부터 계산된다. 이런 방식이 흔하지는 않지만 높은 유연성을 갖고 있다.

사용자가 직접 자신의 사용자 이름을 선택할 수 있도록 허용하려면, 이를 요청 문서에 포함시켜야 한다. 그러면 계산된 ID 대신에 이 사용자 이름으로 ID를 생성할 수 있다.

5. 인증이 필요한 경로를 정의한다. 이와 비슷한 뷰 함수가 앞서 'JSON 요청을 파싱하는 방법' 레시피에서 정의된 바 있다. 이번에는 `@authorization_required` 데코레이터를 사용한다.

```
@dealer.route('/dealer/players/<id>', methods=['GET'])
@authorization_required
def get_player(id):
    if id not in user_database:
        return make_response("{} not found".format(id), 404)

    response = make_response(
        jsonify(
```

```
            players[id]
        )
    )
    return response
```

다른 루트들도 대부분 @authorization_required 데코레이터를 가질 것이다. 다만 /swagger.json 경로에는 굳이 필요 없다.

6. ssl 모듈에는 ssl.SSLContext 클래스가 정의돼 있다. 이 컨텍스트 객체를 앞서 생성된 자체 서명 인증서와 비밀 키 파일로 로드한다. 이후 플라스크 객체의 run() 메소드가 이 객체를 사용한다. URL 스킴이 http://127.0.01:5000에서 https://127.0.0.1:5000으로 바뀔 것이다.

```
import ssl
ctx = ssl.SSLContext(ssl.PROTOCOL_SSLv23)
ctx.load_cert_chain('ssl.cert', 'ssl.key')
dealer.run(use_reloader=True, threaded=False, ssl_context=ctx)
```

예제 클라이언트 생성하기

1. 자체 서명된 인증서를 사용하는 SSL 컨텍스트를 생성한다.

```
import ssl
context = ssl.create_default_context(ssl.Purpose.SERVER_AUTH)
context.check_hostname = False
context.verify_mode = ssl.CERT_NONE
```

이 컨텍스트는 urllib 요청과 함께 사용될 수 있으며, 인증서에 CA 서명이 없어도 개의치 않고 넘어간다.

이 컨텍스트를 사용해 스웨거 명세를 가져오는 방법은 다음과 같다.

```
with urllib.request.urlopen(swagger_request, context=context) as
response:
    swagger = json.loads(response.read().decode("utf-8"))
    pprint(swagger)
```

2. 신규 플레이어 인스턴스를 생성하는 URL을 만든다. 반드시 `https`를 사용해야 한다는 것에 주의하자. `ParseResult` 객체를 구축해 URL의 각 부분을 개별적으로 지정한다.

```
full_url = urllib.parse.ParseResult(
    scheme="https",
    netloc="127.0.0.1:5000",
    path="/dealer" + "/players",
    params=None,
    query=None,
    fragment=None
)
```

3. JSON 문서로 직렬화될 파이썬 객체를 생성한다. 이 스키마는 'JSON 요청을 파싱하는 방법' 레시피에서와 비슷하다. 평문 텍스트 속성이 한 개 추가된 것만 다르다.

```
password. document = {
    'name': 'Hannah Bowers',
    'email': 'h@example.com',
    'year': 1987,
    'twitter': 'https://twitter.com/PacktPub',
    'password': 'OpenSesame'
}
```

SSL 계층은 암호화된 소켓을 사용하므로, 이처럼 평문 텍스트로 패스워드를 보내도 된다.

4. URL, 문서, 메소드, 헤더를 합쳐서 `Request` 객체를 생성한다. `urlunparse()`는 URL의 각 부분들을 한 개의 문자열로 합친다. `Content-Type` 헤더는 JSON 포맷으로 텍스트 문서를 보낼 것이라고 서버에게 알린다.

```
request = urllib.request.Request(
    url = urllib.parse.urlunparse(full_url),
    method = "POST",
    headers = {
        'Accept': 'application/json',
        'Content-Type': 'application/json;charset=utf-8',
```

```
    },
    data = json.dumps(document).encode('utf-8')
)
```

5. 이 문서를 기록해 신규 플레이어를 생성한다.

```
try:
    with urllib.request.urlopen(request, context=context) as response:
        # print(response.status)
        assert response.status == 201
        # print(response.headers)
        document = json.loads(response.read().decode("utf-8"))

    print(document)
    assert document['status'] == 'ok'
    id = document['id']
except urllib.error.HTTPError as ex:
    print(ex.status)
    print(ex.headers)
    print(ex.read())
```

문제가 발생하지 않는다면 201 상태 응답이 수신되고 사용자가 새로 생성된다. 응답 객체에는 사용자 ID와 상태 코드가 포함된다.

이미 같은 이름의 사용자가 존재하거나 문서가 스키마와 일치하지 않는다면 HTTPError 예외가 발생한다. 이 메시지에 자세한 오류 메시지를 포함시킬 수 있다.

6. 이 사용자 ID와 이미 알고 있는 패스워드를 함께 사용해 Authorization 헤더를 만들 수 있다.

```
import base64
credentials = base64.b64encode(b'75f1bfbda3a8492b74a33ee28326649c:OpenSe
same')
```

Authorization 헤더의 값은 두 개의 단어로 이뤄지는 b"BASIC"+credentials다. BASIC 단어는 필수며, credential은 username:password 문자열을 base64로 인코딩한 것이다. 이번 예제에서 사용자 이름은 사용자 생성 시에 부여된 ID다.

7. 모든 플레이어를 질의하는 URL이다. ParseResult 객체를 사용해 URL의 각 부분을 개별적으로 지정한다.

```
full_url = urllib.parse.ParseResult(
    scheme="https",
    netloc="127.0.0.1:5000",
    path="/dealer" + "/players",
    params=None,
    query=None,
    fragment=None
)
```

8. URL, 메소드, 헤더를 한 개의 Request 객체로 합친다. 사용자 이름과 패스워드를 base64로 인코딩한 Authorization 헤더를 포함하고 있다.

```
request = urllib.request.Request(
    url = urllib.parse.urlunparse(full_url),
    method = "GET",
    headers = {
        'Accept': 'application/json',
        'Authorization': b"BASIC " + credentials
    }
)
```

9. Request 객체를 사용해 질의를 생성하고 urllib으로 응답을 처리한다.

```
request.urlopen(request, context=context) as response:
    assert response.status == 200
    # print(response.headers)
    players = json.loads(response.read().decode("utf-8"))

pprint(players)
```

예상되는 상태 코드는 200이다. 응답 본문은 플레이어 목록을 포함하는 JSON 문서다.

예제 분석

이번 레시피는 세 부분으로 구성됐다.

- SSL을 사용하는 보안 채널을 제공: SSL을 사용하기 때문에 사용자 이름과 패스워드를 직접 교환할 수 있다. 복잡한 HTTP 다이제스트 인증 대신에 HTTP 기본 인증 방식을 사용할 수 있다. 웹 서비스에서 사용되는 다양한 인증 방식들이 있지만, 대부분 SSL을 사용한다.
- 널리 쓰이는 방식으로 패스워드 해시 값을 계산: 패스워드를 어떤 형태로든 저장하는 것은 보안상 위험하다. 따라서 평문 패스워드든 암호화된 패스워드든 직접 저장하는 대신에 패스워드와 `salt` 문자열로부터 계산된 해시 값만을 저장한다. 해시 값으로부터 패스워드를 복원하는 것은 거의 불가능하다.
- 데코레이터를 사용: 인증이 필요한 경로와 그렇지 않은 경로를 구별한다. 상당히 유연한 웹 서비스를 작성할 수 있다.

모든 경로가 인증을 필요로 한다면 패스워드 검사 알고리즘을 `@dealer.before_request` 데코레이터 함수에 추가함으로써 모든 인증 검사를 중앙 집중화할 수 있다. 이는 사용자와 패스워드 해시 값을 정의하기 위해 별도의 관리 프로세스가 필요할 것임을 의미한다.

여기서 핵심은 서버의 보안 검사가 `@authorization_required` 데코레이터만 있으면 된다는 점이다. 뷰 함수에 이 데코레이터가 존재하는지 확인하는 것은 매우 쉽다.

부연 설명

이 서버의 권한 부여 규칙은 간단하다.

- 대부분의 경로는 사용자 인증이 필요하다. 뷰 함수에 `@authorization_required` 데코레이터로 구현하면 된다.
- /dealer/swagger.json에 대한 `GET` 요청과 /dealer/players에 대한 `POST` 요청은 사용자 인증이 필요 없다. 따라서 데코레이터를 추가하지 않았다.

이번 예제보다 훨씬 복잡한 권한, 그룹, 사용자들로 구성되는 시스템을 작성해야 할 때가 많다. 최소 권한의 원칙은 사용자들을 그룹별로 분리하되 각 그룹은 목표 달성이 가능할 만큼 가급적 적은 수의 권한을 가져야 한다는 것이다.

이 원칙을 따르려면, 신규 사용자를 생성할 수는 있지만 RESTful 웹 서비스는 접근할 수 없는 관리자 그룹이 필요하게 된다. 반대로 일반 사용자는 웹 서비스에 접근할 수 있지만 사용자를 새로 추가할 수는 없다.

관리자 그룹을 추가하기 위해 데이터 모델을 조금 변경해야 한다. 사용자 그룹을 정의한 후, 사용자를 이 그룹에 지정한다.

```
class Group:
    '''A collection of users.'''
    pass

administrators = Group()
players = Group()
```

그룹 소속 여부 검사를 포함하도록 User의 서브클래스를 정의한다.

```
class GroupUser(User):
    def __init__(self, *args, **kw):
        super().__init__(*args, **kw)
        self.groups = set()
```

GroupUser 클래스의 인스턴스를 생성할 때 이 인스턴스를 특정 그룹에 지정할 수 있다.

```
u = GroupUser(**document)
u.groups = set(players)
```

이제, 인증된 사용자의 groups 속성을 검사하도록 데코레이터를 확장할 수 있다. 매개변수가 있는 데코레이터는 매개변수가 없을 때보다 더 복잡하다.

```
def group_member(group_instance):
    def group_member_decorator(view_function):
        @wraps(view_function)
```

```
        def decorated_view_function(*args, **kw):
            # 패스워드를 검사하고 사용자를 확인
            if group_instance not in g.user.groups:
                abort(HTTPStatus.UNAUTHORIZED)
            return view_function(*args, **kw)
        return decorated_view_function
    return group_member_decorator
```

먼저, 매개변수를 포함하는 구체적인 데코레이터가 정의된다. 이 group_member_decorator 데코레이터는 뷰 함수를 감싼다. Authorization 헤더를 파싱하고 GroupUser 인스턴스를 찾은 후 그룹 소속 여부를 검사할 것이다.

'# 패스워드를 검사하고 사용자를 확인' 자리에는 Authorization 헤더를 검사하는 함수를 둬야 한다. @authorization_required 데코레이터의 핵심 기능을 추출한 독립형 함수를 이 위치에 두면 될 것이다.

이 데코레이터를 다음과 같이 사용할 수 있다.

```
@dealer.route('/dealer/players')
@group_member(administrators)
def make_player():
    etc.
```

이렇게 하면 개별 뷰 함수가 갖는 권한의 범위가 좁아지므로, 이 RESTful 웹 서비스가 최소 권한의 원칙을 준수하도록 보장할 수 있다.

명령행 인터페이스 작성하기

특별한 관리자 권한을 갖는 웹사이트에는 초기 관리자 역할을 할 사용자를 생성하는 방법이 제공돼야 한다. 이 사용자는 (관리자가 아닌) 나머지 사용자들을 생성할 수 있는데, 주로 웹 서버상에서 직접 CLI 애플리케이션을 실행하는 방법을 사용한다.

플라스크는 RESTful 웹 서비스 환경 외부에서 실행돼야 하는 명령을 정의하는 데코레이터로 이 기능을 지원한다. @dealer.cli.command()로 명령행에서 실행되는 명령을 정의할 수 있다. 예를 들어 초기 관리자를 불러오는 명령이나 어떤 목록에서 사용자들을 불러오는 명령을 정의할 수 있을 것이다.

getpass 모듈을 사용하면, 화면에 표시되는 일 없이 관리자가 초기 패스워드를 입력할 수 있다. 사용자는 사이트의 자격 증명이 안전하게 처리되고 있다는 믿음을 갖게 될 것이다.

Authorization 헤더 생성하기

HTTP Authorization 헤더를 사용하는 웹 서비스는 다음 두 가지 방법 중 하나로 지원할 수 있다.

- 자격 증명을 사용해 Authorization 헤더를 생성한 후, 요청 객체에 포함시킨다. username:password 문자열을 base64로 인코딩한 값을 제공할 필요가 있으며, 이는 비교적 간단하다는 이점이 따른다.
- urllib 모듈을 사용해 Authorization 헤더를 자동으로 제공한다.

```
from urllib.request import HTTPBasicAuthHandler, HTTPPasswordMgrWithDefa
ultRealm
auth_handler = urllib.request.HTTPBasicAuthHandler(
    password_mgr=HTTPPasswordMgrWithDefaultRealm)
auth_handler.add_password(
    realm=None,
    uri='https://127.0.0.1:5000/',
    user='Aladdin',
    passwd='OpenSesame')
password_opener = urllib.request.build_opener(auth_handler)
```

HTTPBasicAuthHandler의 인스턴스를 생성한 후, 사용자 이름과 패스워드들로 채웠다. 다수의 사이트에서 데이터를 수집하는 애플리케이션이라면 두 개 이상의 자격 증명들이 추가될 수 있을 것이다.

with urllib.request.urlopen(request) as response: 대신에 이제 with password_opener(request) as response:를 사용할 수 있다. Authorization 헤더가 password_opener 객체에 의한 요청에 추가됐기 때문이다.

이 방법은 상대적으로 유연하다는 장점이 있다. 별 어려움 없이 `HTTPDigestAuthHandler`로 전환할 수 있고, 사용자 이름과 패스워드를 추가로 지정할 수도 있기 때문이다.

영역realm 정보는 다소 헛갈리는 개념이다. 영역은 다수의 URL을 포함하는 컨테이너다. 서버는 인증이 필요할 때 `401` 상태 코드로 응답하는데, 이 응답의 `Authenticate` 헤더는 자격 증명이 속해야 하는 영역의 이름을 포함한다. 한 개의 영역 내에 여러 개의 사이트 URL이 들어있기 때문에 영역 정보는 거의 변경되지 않는다. `HTTPBasicAuthHandler`는 영역과 URL 정보를 사용해 응답에 포함돼야 할 사용자 이름과 패스워드를 선택한다.

단지 영역 문자열이 무엇인지 확인하기 위해서만 연결을 시도하고 `401` 응답의 헤더를 출력하는 코드를 작성해야 할 때가 있다. 영역 문자열을 알아야 `HTTPBasicAuthHandler`를 생성할 수 있기 때문이다. 또 다른 방법은 일부 브라우저에서 제공하는 개발자 모드를 사용하는 것이다. 헤더를 조사해 `401` 응답의 세부 정보를 볼 수 있다.

참고 사항

- 서버의 SSL을 설정하기 위해서는 CA가 서명한 인증서를 사용할 필요가 있다. 인증서 체인chain이 사용되는데, 이 체인에는 서버의 인증서부터 시작해서 인증서 발급 기관들의 인증서가 차례로 들어있다.
- 웹 서비스를 구현할 때는 GUnicorn, NGINX 등의 서버가 많이 사용된다. 이 서버들은 HTTP와 HTTPS에 관련된 이슈들을 처리해주기 때문에 편리하며, 복잡한 인증서 체인과 묶음도 처리할 수 있다.
- 자세한 설명은 http://docs.gunicorn.org/en/stable/settings.html#ssl과 http://nginx.org/en/docs/http/configuring_https_servers.html을 참조한다.

13 애플리케이션 통합

이번 장에서 살펴볼 레시피들은 다음과 같다.

- 설정 파일을 찾는 방법
- YAML 설정 파일을 사용하는 방법
- 파이썬 설정 파일을 사용하는 방법
- 네임스페이스로서 클래스를 사용하는 설정 방법
- 통합하기 쉬운 스크립트를 설계하는 방법
- `logging` 모듈을 사용해 제어용 출력을 생성하는 방법
- 두 개의 애플리케이션을 하나로 합치는 방법
- 커맨드 디자인 패턴을 사용해 애플리케이션들을 합치는 방법
- 통합 애플리케이션에서 인수와 설정을 관리하는 방법
- 명령행 인터페이스 애플리케이션들을 통합하는 방법
- 파이썬 래퍼 프로그램을 작성하고 결과 값을 검사하는 방법
- 파이썬으로 작성되지 않은 애플리케이션을 단계별로 실행하는 방법

소개

파이썬이 제공하는 폭넓은 라이브러리를 사용하면 수많은 컴퓨팅 자원을 다양한 방법으로 접근할 수 있다. 덕분에 파이썬 프로그램은 컴포넌트들을 통합해서 정교한 복합 애플리케이션을 작성하는 데 상당한 강점을 갖고 있다.

5장의 'argparse로 명령행 입력을 받는 방법' 레시피와 'cmd를 사용해 명령행 애플리케이션을 작성하는 방법' 레시피에서는 상위 수준(메인main) 애플리케이션 스크립트를 작성하는 기법을 소개했다. 그리고 9장에서는 파일시스템 입출력을 알아봤고, 12장에서는 클라이언트로부터 요청을 받는 메인 애플리케이션인 서버를 작성하는 방법을 배웠다.

이 모든 예제들이 파이썬 애플리케이션 프로그래밍의 여러 기법들을 보여줬다. 그 밖에도 유용한 파이썬 기법들을 꼽아보면 다음과 같다.

- 파일로부터 설정을 읽어와서 처리할 수 있다. 5장의 'argparse로 명령행 입력을 받는 방법' 레시피에서 명령행 인수를 파싱하는 방법을 배웠고, '운영체제의 환경 설정을 사용하는 방법' 레시피에서도 몇 가지 설정 방법들을 살펴봤다. 이번 장에서는 설정 파일을 다루는 방법들을 알아볼 것이다. 설정 파일은 상대적으로 오랫동안 바뀌지 않는 설정 정보를 저장하는 데 쓰이며, 다양한 포맷이 사용될 수 있다.
    - INI 파일 포맷. `configparser` 모듈이 사용한다.
    - YAML 파일 포맷. 사용하기 매우 편리하지만, 파이썬 배포판에 들어있지 않은 모듈을 추가로 설치해야 한다. 'YAML 설정 파일을 사용하는 방법' 레시피에서 자세히 설명할 것이다.
    - Properties 파일 포맷. 자바 언어에서 널리 쓰이지만, 파이썬에서도 별 어려움 없이 다룰 수 있다. 파이썬 스크립트와 구문상 비슷한 점이 많다.
    - 파이썬 스크립트의 경우, 대입문을 사용하면 Properties 파일과 매우 비슷하므로 `compile()`과 `exec()` 메소드를 사용하면 매우 쉽게 처리할 수 있다. '파이썬 설정 파일을 사용하는 방법' 레시피에서 설명할 것이다.

   ○ 파이썬 모듈의 클래스 정의에 설정 정보만을 포함시키고, `import`문으로 이 정의를 임포트해서 사용하는 방법도 있다. '네임스페이스로서 클래스를 사용하는 설정 방법' 레시피에서 자세히 설명할 것이다.

- 이번 장에서는 더 크고 정교한 애플리케이션으로 합쳐질 수 있는 애플리케이션들을 설계하는 방법을 살펴볼 것이다.
- 특히, 통합 애플리케이션으로 인한 복잡성을 살펴보고, 명령행 파싱 등의 일부 기능을 한 곳으로 모으는 방법도 알아본다.
- 6장과 7장에서 배운 몇 가지 개념들을 확장하고, 커맨드 디자인 패턴의 개념을 파이썬 프로그램에 적용할 것이다.

설정 파일을 찾는 방법

많은 애플리케이션들이 설정 옵션을 계층적으로 관리한다. 특정 버전에 기본으로 적용되는 설정도 있고, 서버 범위로 적용되는 설정도 있으며, 사용자별로 적용되는 설정도 있다. 심지어 특정 실행 시에만 적용되는 설정도 있다.

이러한 설정 매개변수들을 파일에 기록해두면 관리하기가 편리하다. 리눅스의 경우, /etc 디렉터리에 시스템 범위의 설정을 저장하고 사용자별 개인 설정은 사용자의 홈 디렉터리 (대체로 ~사용자 이름)에 저장되는 것이 일반적이다.

어떻게 다양한 설정 파일들의 계층을 지원할 수 있을까?

준비

카드 패를 사용자에게 배분하는 웹 서비스를 예로 들어보자. 앞서 12장의 여러 레시피에서 예제로 사용됐던 것을 기본으로 사용하되, 설정 매개변수들을 파일시스템으로부터 가져오는 부분에 집중할 것이다.

이번 예제는 bash 셸을 사용한다고 가정한다. bash 셸은 설정 파일을 다음의 순서대로 찾는다.

1. 먼저 /etc/profile 파일을 읽는다.
2. 다음의 파일들을 순서대로 읽어온다.
   1. ~/.bash_profile
   2. ~/.bash_login
   3. ~/.profile

POSIX 호환 운영체제에서 ~ 문자는 사용자의 홈 디렉터리를 의미한다. 홈 디렉터리는 `HOME` 환경 변수의 값으로 정의되며, 파이썬의 `pathlib` 모듈이 알아서 처리해준다.

몇 가지 방법으로 프로그램의 설정 매개변수를 저장할 수 있다.

- 설정 매개변수를 클래스 정의에 포함시키면, 매우 유연할 뿐 아니라 파이썬 구문을 사용할 수 있다는 장점이 있다. 상속을 이용해 기본값을 포함시킬 수도 있다. 반면에 매개변수가 여러 곳에서 입력될 때는 별다른 장점이 없다. 클래스 정의를 변경하기가 쉽지 않기 때문이다.
- 매핑 매개변수일 경우에는 `ChainMap` 컬렉션을 사용할 수 있다. 입력되는 위치가 서로 다른 다수의 딕셔너리들을 검색할 수 있다.
- `SimpleNamespace` 인스턴스의 경우, `types` 모듈이 이 클래스를 제공한다. 이는 변경 가능 객체며 여러 곳으로부터 값을 입력받을 수 있다.
- `argparse` 모듈이 반환하는 `Namespace` 인스턴스는 명령행에서 입력받은 옵션을 반영하기 때문에 편리하다.

bash 셸이 기본적으로 두 개의 설정 파일을 사용하므로, 애플리케이션 범위의 설정 값을 포함시키면 결국 세 개의 레벨에서 설정 정보가 존재하게 된다. `collections` 모듈의 `ChainMap` 클래스를 사용하면 이와 같은 설정 정보들을 우아하게 처리할 수 있다.

지금부터 설정 파일을 파싱하고 처리하는 다양한 방법들을 살펴보자. 이번 레시피의 목적을 위해 load_config_file()이라는 함수가 정의돼 있다고 가정할 것이다. 이 함수는 파일 내용으로부터 설정 매핑 객체를 불러오는 역할을 한다.

```
def load_config_file(config_file):
    '''설정 파일의 내용을 포함하는 설정 매핑 객체를 불러온다.

    :param config_file: 파일과 비슷한 객체로서 읽어올 수 있음
    :returns: 설정 매개변수 값을 포함하는 매핑
    '''
    # 세부 사항 생략
```

이 함수를 구현하는 방법은 나중에 설명한다. 'YAML 설정 파일을 사용하는 방법' 레시피와 '파이썬 설정 파일을 사용하는 방법' 레시피에서 각각 별도로 구현할 것이다.

pathlib 모듈을 사용하면 이런 처리를 쉽게 할 수 있다. 이 모듈의 Path 클래스는 운영체제상의 파일에 관한 세부 정보들을 제공하기 때문이다. 더 자세한 설명은 9장의 'pathlib 모듈을 사용해 파일명을 다루는 방법' 레시피를 참조한다.

선택 옵션이 많은 이유

설정 파일 체계를 설계할 때 자주 들게 되는 의문이 있다. 왜 이렇게 선택지가 많을까? 딱 두 곳을 지정하면 안 될까?

이 질문에 대한 답은 상황에 따라 다르다. 완전히 새로 애플리케이션을 작성 중일 때는 선택지가 정확히 두 개로 제한된다. 하지만 오래된 애플리케이션을 대체 중일 경우, 기존 위치가 아닌 새로운 위치를 사용하면서 동시에 기존 위치도 지원해야 할 때가 많다. 이런 식으로 몇 번 애플리케이션을 개선하다 보면 설정 파일의 위치가 많아지게 된다.

리눅스 배포판별로 다른 위치가 사용되기도 한다. 윈도우에서 다른 경로가 사용될 것임은 말할 나위도 없다.

예제 구현

1. Path 클래스와 ChainMap 클래스를 임포트한다.

```
from pathlib import Path
from collections import ChainMap
```

2. 설정 파일을 얻어오는 함수를 정의한다.

```
def get_config( ):
```

3. 위치별로 경로를 정의한다. 이 경로는 파일시스템과 관련이 없기 때문에 순수 경로다. 현재로서는 잠재적인 파일의 이름일 뿐이다.

```
system_path = Path('/etc/profile')
home_path = Path('~').expanduser( )
local_paths = [home_path/'.bash_profile',
    home_path/'.bash_login',
    home_path/'.profile']
```

4. 애플리케이션의 기본값을 설정한다.

```
configuration_items = [
    dict(
        some_setting = 'Default Value',
        another_setting = 'Another Default',
        some_option = 'Built-In Choice',
    )
]
```

5. 각 설정 파일은 키에서 값으로의 매핑이다. 매핑 객체들은 하나의 리스트를 형성하며, 이 리스트는 최종적으로 ChainMap 객체가 된다. 설정 파일들을 불러오면서 매핑 객체의 리스트를 조립하고, 설정 파일이 모두 불러온 후에는 리스트 항목들의 순서를 반대로 뒤집을 것이다.

6. (만일 있다면) 시스템 범위의 설정 파일을 불러온다.

```
if system_path.exists( ):
    with system_path.open( ) as config_file:
        configuration_items.append(config_file)
```

7. 다른 위치들도 순회하면서 설정 파일을 찾는다. 그리고 처음 발견된 파일을 불러온다.

```
for config_path in local_paths:
    if config_path.exists():
        with config_path.open() as config_file:
            configuration_items.append(config_file)
        break
```

if-break문으로 인해 파일이 처음 발견된 후 순회가 중단된다. 이것은 루프의 기본 용법인 For All(조건을 만족하는 모든 값에 대해)을 There Exists(조건을 만족하는 어떤 값에 대해)로 변경시킨다. 더 자세한 설명은 2장의 'break문으로 인한 문제 발생을 예방하는 방법' 레시피를 참조한다.

8. 리스트의 순서를 역으로 바꿔서 최종적으로 ChainMap 객체를 생성한다. 순서를 바꾸는 것은 로컬 파일을 먼저 검색하고 그다음에 시스템 설정, 마지막으로 애플리케이션 설정을 검색하기 위해서다.

```
configuration = ChainMap(*reversed(configuration_items))
```

9. 이 설정 매핑 객체를 반환한다.

```
return configuration
```

configuration 객체를 평범한 매핑 객체와 똑같이 사용할 수 있다. 딕셔너리의 모든 연산들을 지원한다.

예제 분석

객체지향 언어의 가장 큰 장점 중 하나는 객체들의 컬렉션을 쉽게 생성할 수 있다는 점이다. 이번 예제에서 생성한 것은 파일시스템 Path 객체의 컬렉션이다.

9장의 'pathlib 모듈을 사용해 파일명을 다루는 방법' 레시피에서 배웠듯이, Path 객체의 resolve() 메소드는 순수 경로로부터 실체 경로를 생성해 반환한다. 이번 예제의 exists() 메소드는 실체 경로를 생성할 수 있는지 판단한다. 그리고 파일을 열 때 사용되는 open( ) 메소드는 순수 경로를 해석해 이와 연관된 파일을 연다.

4장의 '딕셔너리를 만드는 방법: 삽입과 갱신' 레시피에서는 딕셔너리의 기본적인 사용법을 배웠다. 그리고 이번 예제에서는 여러 개의 딕셔너리를 하나의 체인으로 결합했다. 체인에 속한 첫 번째 딕셔너리에서 키가 발견되지 않으면 그다음 딕셔너리가 검사된다. 이 기법은 각각의 매핑 키에 기본값을 편리하게 지정할 수 있다.

다음 코드는 ChainMap 객체를 수동으로 생성하고 있다.

```
>>> from collections import ChainMap
>>> config = ChainMap(
...     {'another_setting': 2},
...     {'some_setting': 1},
...     {'some_setting': 'Default Value',
...      'another_setting': 'Another Default',
...      'some_option': 'Built-In Choice'})
```

세 개의 매핑으로부터 config 객체가 조립됐다. 첫 번째 매핑은 ~/.bash_login과 같은 로컬 파일에서 얻어오는 설정이고, 두 번째 매핑은 /etc/profile 파일에서 얻어오는 시스템 범위의 설정이다. 마지막은 애플리케이션 범위의 기본값이다.

실제로 이 객체의 값을 조회하면 다음과 같은 결과가 출력된다.

```
>>> config['another_setting']
2
>>> config['some_setting']
1
>>> config['some_option']
'Built-In Choice'
```

해당 키가 config 객체 내에서 처음으로 발견된 경우의 값이 출력된 것을 볼 수 있다. 따라서 애플리케이션 수준의 기본 설정보다 시스템 수준의 설정이, 그리고 시스템 수준의 설정보다 로컬 설정이 우선적으로 반환된다.

부연 설명

11장의 '외부 자원을 모방하는 방법' 레시피에서는 실수로 파일을 지우지 않는 단위 테스트를 작성하기 위해 외부 자원을 모방하는 방법을 살펴봤다. 이번 레시피의 코드 역시, Path 클래스를 모방함으로써 파일시스템 자원을 모방할 필요가 있다. 단위 테스트 코드를 어떻게 작성할 수 있을지 알아보자. 테스트 클래스의 개요는 다음과 같다.

```
import unittest
from unittest.mock import *

class GIVEN_get_config_WHEN_load_THEN_overrides(unittest.TestCase):
    def setUp(self):

    def runTest(self):
```

단위 테스트 템플릿으로서 사용될 상용구 코드다. Path 객체를 모방하는 것은 다소 복잡한데, 관련되는 객체들의 수가 많기 때문이다. 어떤 객체들이 생성되는지를 설명하면 다음과 같다.

1. Path 클래스를 호출해 경로 객체를 생성한다. 테스트 과정에서 두 개의 Path 객체가 생성되므로 side_effect 기능을 사용해 개별적으로 반환할 수 있다. 이때 단위 테스트 중인 코드 내에서의 순서와 같도록 주의해야 한다.

```
self.mock_path = Mock(
    side_effect = [self.mock_system_path, self.mock_home_path]
)
```

2. system_path 값에 대해 (Path 객체의) exists( ) 메소드가 호출된다. 실체 파일이 존재하는지 판단하기 위한 것이다. 그다음에는 파일을 열어서 내용을 읽어오기 위한 함수 호출이 실행된다.

```
self.mock_system_path = Mock(
    exists = Mock(return_value=True),
    open = mock_open( )
)
```

3. home_path 값에 대해 expanduser( ) 메소드가 호출된다. ~ 문자를 홈 디렉터리로 대체하기 위한 것이다.

```
self.mock_home_path = Mock(
    expanduser = Mock(
        return_value = self.mock_expanded_home_path
    )
)
```

4. ~ 문자가 홈 디렉터리로 대체된 home_path 값에 / 연산자를 사용해 세 개의 디렉터리를 생성한다.

```
self.mock_expanded_home_path = MagicMock(
    __truediv__ = Mock(
        side_effect = [self.not_exist, self.exist, self.exist]
    )
)
```

5. 단위 테스트를 수행하기 위해 첫 번째 경로는 존재하지 않는 것으로 정했다. 또한 나머지 두 개는 둘 다 존재하지만 그중에서 하나만 읽고자 한다. 두 번째 것은 무시될 것이다.
   - 존재하지 않는 경로에 대해서는 다음 코드를 사용한다.

     ```
     self.not_exist = Mock(
         exists = Mock(return_value=False) )
     ```

   - 존재하는 경로일 때는 좀 더 복잡하다.

     ```
     self.exist = Mock( exists = Mock(return_value=True), open = mock_
     open( ) )
     ```

     또한 Mock 모듈의 mock_open( ) 메소드를 통한 파일 처리도 신경 써야 한다. 컨텍스트 매니저로서 사용 중인 파일의 모든 세부 정보를 처리해야 하기 때문에 다소 복잡해진다. with문에 __enter__( )와 __exit__( ) 메소드가 필요하며, mock_open( ) 메소드가 이를 처리한다.

이러한 모의 객체들을 역순으로 조립해야 한다. 따라서 모든 변수들은 사용되기 전에 미리 생성된다. 다음의 setUp( ) 메소드는 객체들을 올바른 순서로 보여준다.

```
def setUp(self):
    self.mock_system_path = Mock(
        exists = Mock(return_value=True),
        open = mock_open()
    )
    self.exist = Mock(
        exists = Mock(return_value=True),
        open = mock_open()
    )
    self.not_exist = Mock(
        exists = Mock(return_value=False)
    )
    self.mock_expanded_home_path = MagicMock(
        __truediv__ = Mock(
            side_effect = [self.not_exist, self.exist, self.exist]
        )
    )
    self.mock_home_path = Mock(
        expanduser = Mock(
            return_value = self.mock_expanded_home_path
        )
    )
    self.mock_path = Mock(
        side_effect = [self.mock_system_path, self.mock_home_path]
    )
    self.mock_load = Mock(
        side_effect = [{'some_setting': 1}, {'another_setting': 2}]
    )
```

경로 조작을 위한 Mock 객체들 외에 다른 Mock 객체가 마지막에 추가된 것을 볼 수 있다. 이 mock_load 객체는 load_config_file( ) 함수가 할 일을 대신하는 역할을 한다. 단위 테스트와 경로 처리가 분리되도록 side_effect 속성을 사용해 두 개의 서로 다른 값을 반환하며, 따라서 두 번 호출될 것으로 예상할 수 있다.

경로 검색이 예상대로 수행되는지 확인하는 테스트 코드의 일부는 다음과 같다. 테스트가 시작될 때, get_config() 함수를 테스트하기 위한 수정 컨텍스트를 생성하기 위해 두 번의 patch() 함수가 적용된다.

```
def runTest(self):
    with patch('__main__.Path', self.mock_path), \
    patch('__main__.load_config_file', self.mock_load):
   config = get_config()
    # print(config)
    self.assertEqual(2, config['another_setting'])
    self.assertEqual(1, config['some_setting'])
    self.assertEqual('Built-In Choice', config['some_option'])
```

첫 번째 patch() 호출은 Path 클래스를 self.mock_path로 대체하고, 두 번째 patch() 호출은 load_config_file() 함수를 self.mock_load 함수로 대체한다. 이 함수는 두 개의 설정 문서를 반환할 것이다. 어느 경우든, 수정되는 컨텍스트는 현재 모듈인 __main__이다. 하지만 단위 테스트 코드가 별도의 모듈에 있다면 테스트 대상 모듈이 임포트되고 그 모듈의 이름이 사용될 것이다.

다음과 같이 self.mock_load의 호출 내역을 조사해 load_config_file()이 제대로 호출됐는지 검사할 수 있다. 설정 파일별로 각각 호출돼야 한다.

```
self.mock_load.assert_has_calls(
    [
        call(self.mock_system_path.open.return_value.__enter__.return_value),
        call(self.exist.open.return_value.__enter__.return_value)
    ]
)
```

먼저 self.mock_system_path가 호출되는지 확인했다. 호출이 연쇄적으로 일어나는 것에 주목하자. Path()가 Path 객체를 반환하고 있다. Path 객체의 open() 메소드는 컨텍스트로서 사용될 값을 반환해야 한다. 컨텍스트의 __enter__() 메소드는 load_config_file() 함수에 의해 사용될 것이다.

그리고 다른 경로도 exists( ) 메소드가 True를 반환하는지 확인했다. 다음 코드는 파일명이 제대로 생성됐는지 검사한다.

```
self.mock_expanded_home_path.assert_has_calls(
    [call.__truediv__('.bash_profile'),
    call.__truediv__('.bash_login'),
    call.__truediv__('.profile')]
)
```

__truediv__( ) 메소드는 / 연산자의 구현이며, 호출될 때마다 서로 다른 Path 인스턴스가 생성된다. Path 객체가 두 번만 사용됐음을 다음과 같이 확인할 수 있다. 한 번은 '/etc/profile', 다른 한 번은 '~'이다.

```
self.mock_path.assert_has_calls(
    [call('/etc/profile'), call('~')]
)
```

두 개의 파일이 모두 exists( ) 메소드에 대해 True를 반환하지만, 그중에서 한 개만 검사된다는 점에 주의하자. 일단 한 개가 발견되면 나머지 한 개는 무시될 것이기 때문이다. 다음 코드는 한 번만 검사됐음을 확인한다.

```
self.exist.assert_has_calls( [call.exists()] )
```

그리고 다음 코드는 발견된 파일이 전체 컨텍스트 매니저 시퀀스에 걸쳐서 사용됨을 확인한다.

```
self.exist.open.assert_has_calls(
    [call(), call().__enter__(), call().__exit__(None, None, None)]
)
```

우선 self.exist 객체의 open( ) 메소드를 호출한다. 그리고 이 메소드가 반환하는 컨텍스트는 __enter__( ) 메소드와 __exit__( ) 메소드를 실행한다. __enter__( ) 메소드의 반환 값을 읽어서 설정 파일 내용을 얻어온다는 것은 이미 설명했다.

참고 사항

- 'YAML 설정 파일을 사용하는 방법' 레시피와 '파이썬 설정 파일을 사용하는 방법' 레시피에서 load_config_file( ) 함수를 구현하는 방법들을 살펴볼 것이다.
- 11장의 '외부 자원을 모방하는 방법' 레시피에서 (이번 레시피처럼) 외부 자원과 상호작용하는 함수를 테스트하는 방법을 살펴본 바 있다.

YAML 설정 파일을 사용하는 방법

파이썬은 애플리케이션 입력과 설정 파일을 함께 묶을 수 있는 방법들을 다양하게 제공한다. 이번 레시피에서는 YAML 포맷으로 파일을 기록하는 방법을 알아보자. YAML 파일은 우아하고 단순하다.

세부 설정 정보를 어떻게 YAML 표기법으로 나타낼 수 있을까?

준비

파이썬은 YAML 파서를 내장하고 있지 않다. 따라서 pip를 사용해 pyyaml 프로젝트를 라이브러리에 추가할 필요가 있다. 설치 과정은 다음과 같다.

```
MacBookPro-SLott:pyweb slott$ pip3.5 install pyyaml
Collecting pyyaml
  Downloading PyYAML-3.11.zip (371kB)
    100% |████████████████████████████████| 378kB 2.5MB/s
Installing collected packages: pyyaml
  Running setup.py install for pyyaml ... done
Successfully installed pyyaml-3.11
```

YAML 구문은 들여쓰기로 문서 구조를 우아하게 표현할 수 있다. YAML 파일에 포함된 설정 정보의 예는 다음과 같다.

```
query:
  mz:
    - ANZ532
    - AMZ117
    - AMZ080
url:
  scheme: http
  netloc: forecast.weather.gov
  path: /shmrn.php
description: >
  Weather forecast for Offshore including the Bahamas
```

이 문서는 http://forecast.weather.gov/shmrn.php?mz=ANZ532와 비슷한 URL들의 명세라고 볼 수 있다. 스킴, 네트워크 위치, 기본 경로, 질의 문자열로부터 URL을 조립하는 데 필요한 정보들을 포함하며, yaml.load( ) 함수는 이 YAML 문서를 불러와서 다음과 같은 파이썬 자료 구조를 생성할 수 있다.

```
{'description': 'Weather forecast for Offshore including the Bahamas\n',
 'query': {'mz': ['ANZ532', 'AMZ117', 'AMZ080']},
 'url': { 'netloc': 'forecast.weather.gov',
        'path': 'shmrn.php',
        'scheme': 'http'}}
```

이 딕셔너리의 딕셔너리 자료 구조는 질의 대상인 URL들을 명세하고 있으며, 이 URL들은 날씨 예보를 생성하는 데 사용될 것이다.

앞서 배운 '설정 파일을 찾는 방법' 레시피의 방법을 바탕으로 설정 파일들의 위치를 검사할 것이다. 매우 유연한 방법이므로 다양한 플랫폼에서 호환성이 높은 애플리케이션을 작성하는 데 많은 도움이 된다.

이번 레시피에서는 앞서 생략했던 load_config_file( )의 실제 구현을 다룰 것이다. 이 함수의 템플릿은 다음과 같았다.

```
def load_config_file(config_file):
    '''설정 파일의 내용을 포함하는 설정 매핑 객체를 불러온다.
```

```
    :param config_file: 파일과 비슷한 객체로서 읽어올 수 있음
    :returns: 설정 매개변수 값을 포함하는 매핑
    '''
    # 세부 사항 생략
```

예제 구현

1. yaml 모듈을 임포트한다.

```
import yaml
```

2. yaml.load() 함수를 사용해 YAML 문서를 불러온다.

```
def load_config_file(config_file):
    '''설정 파일의 내용을 포함하는 설정 매핑 객체를 불러온다.

    :param config_file: 파일과 비슷한 객체로서 읽어올 수 있음
    :returns: 설정 매개변수 값을 포함하는 매핑
    '''
    document = yaml.load(config_file)
return document
```

예제 분석

YAML 구문은 http://yaml.org에 정의돼 있다. YAML은 JSON과 비슷한 자료 구조를 좀 더 유연하고 사용자 친화적으로 나타내는 것이 목적이다. JSON은 (더 일반적인) YAML 구문의 특별한 경우라고도 볼 수 있다.

JSON 표기법에서는 공백과 줄 바꿈 문자가 중요하지 않다. 문서의 구조를 보여주는 가시적인 구두점 문자가 있기 때문이다. 반면에 YAML의 일부 구현에서는 줄 바꿈 문자와 들여쓰기가 문서의 구조를 나타낸다. 따라서 YAML 파일을 다룰 때는 공백과 줄 바꿈 문자의 처리에 많은 주의를 기울여야 한다.

JSON 구문의 주요 자료 구조는 다음과 같다.

- 시퀀스: `[item, item, ...]`
- 매핑: `{key: value, key: value, ...}`
- 스칼라 값
  - 문자열: `"value"`
  - 숫자: `3.1415926`
  - 리터럴: `true`, `false`, `null`

JSON 구문은 YAML의 스타일 중에서 플로우 스타일flow style에 해당한다. 플로우 스타일에서는 문서의 구조가 명시적인 인디케이터를 통해 표시된다. 구조를 나타내기 위해 `{...}`과 `[...]`가 필요하기 때문이다.

또 다른 YAML 스타일로서 블록 스타일block style이 있다. 블록 스타일에서는 문서의 구조가 줄 바꿈과 들여쓰기로 표현된다. 또한 문자열을 따옴표로 꼭 감싸지 않아도 된다. 이 스타일에 대해 자세히 알아보자.

- 블록 시퀀스: 시퀀스에 속하는 모든 행마다 앞에 -가 붙는다. 불릿bullet 리스트처럼 보이기 때문에 읽기가 쉽다. 그 예를 들면 다음과 같다.

  ```
  zoneid:
    - ANZ532
    - AMZ117
    - AMZ080
  ```

  이 설정 값을 불러오면, 다음과 같은 파이썬 딕셔너리가 생성될 것이다.

  ```
  {zoneid: ['ANZ532', 'AMZ117', 'AMZ080']}
  ```

- 블록 매핑: 키-값(`key: value`) 매핑으로 키와 특정 스칼라 값을 연관시킬 수 있다. 어떤 행에 키(`key:`)만 있으면 그다음 행에는 값이 들여쓰기로 작성된다. 예는 다음과 같다.

```
url:
  scheme: http
  netloc: marine.weather.gov
```

이 설정은 다음과 같은 파이썬 딕셔너리를 생성할 것이다.

```
{'url': {'scheme': 'http', 'netloc': 'marine.weather.gov'}}
```

?와 :을 사용하면 키와 값을 명시적으로 구분해 표시할 수도 있다. 이로써 매우 긴 문자열이나 복잡한 객체가 키로 사용될 때 가독성을 높일 수 있다.

```
? scheme
: http
? netloc
: marine.weather.gov
```

이처럼 명시적인 키와 값의 구분은 여러 가지로 활용할 수 있다.

- 문자열의 길이가 짧을 경우, 문자열을 따옴표로 감싸지 않고 그냥 사용한다. 그러면 YAML 규칙은 이 문자열 앞뒤의 공백 문자들을 제외하고 문자열을 인식할 것이다. 이번 레시피의 예제들은 모두 이를 전제로 하고 있다.
- JSON과 똑같은 방식으로 문자열에 따옴표를 사용할 수 있다.
- 문자열의 길이가 길 경우, |를 앞에 붙인다. | 뒤의 공백 문자와 줄 바꿈 문자는 그대로 유지된다.

YAML 규칙은 > 접두어도 허용한다. 이 접두어는 많은 수의 단어들을 한 개의 텍스트 문자열로서 처리할 수 있다. 즉, 줄 바꿈 문자를 공백 문자로 취급하는 것이다. 긴 줄 텍스트에서 널리 쓰인다.

어느 경우든, 텍스트에 속하는 부분을 결정하는 것은 들여쓰기를 했는지 여부다.

- 가끔은 값이 모호할 때가 있다. 22102라는 우편번호가 있다면, 이 값은 문자열로서 해석돼야 하지만 YAML 규칙은 숫자 값으로 해석한다. 물론 인용 부호를 사용해도 되지만, 그보다는 앞에 `!!str` 태그를 붙여서 자료형을 명시적으로 지정할 수

있다. 예를 들어 !!str 22102라고 쓰면 이 숫자들은 문자열 객체로서 취급된다.

부연 설명

JSON에 없는 YAML만의 특징들은 다음과 같다.

- 주석을 사용할 수 있다. 기호는 #이며, 행 단위로 적용된다. 그리고 어디든 위치할 수 있다. JSON은 주석을 허용하지 않는다.
- 문서 시작 위치를 --로 지정할 수 있다. 이 기호를 사용하면 많은 수의 객체들을 한 개의 YAML 파일에 포함시킬 수 있다. 반면에 JSON은 한 개의 파일에 한 개의 객체만을 포함할 수 있으므로, 다수의 객체를 사용하고 싶을 때는 파싱 알고리즘이 복잡해진다. 반면에 YAML은 명시적인 문서 구분자를 허용하므로 파싱 알고리즘도 매우 간단하다.
- 두 개의 문서를 포함하는 YAML 파일은 다음과 같다.

```
>>> import yaml
>>> yaml_text = '''
... --
... id: 1
... text: "Some Words."
... --
... id: 2
... text: "Different Words."
... '''
>>> document_iterator = iter(yaml.load_all(yaml_text))
>>> document_1 = next(document_iterator)
>>> document_1['id']
1
>>> document_2 = next(document_iterator)
>>> document_2['text']
'Different Words.'
```

- yaml_text는 두 개의 YAML 문서를 포함하고 있으며, 각 문서는 --로 시작한다. load_all() 함수는 한 번에 한 개씩 문서를 불러오는 이터레이터다. 애플리케이

션은 이 이터레이터가 반환하는 값들을 순회하면서 각 문서를 처리한다.

- 문서의 끝을 표시할 수 있다. ... 행이 문서의 끝이다.
- 키에 복잡한 객체를 사용할 수 있다. JSON에서 키는 문자열, 숫자, true, false, null 등의 스칼라 값만 가능한 반면, YAML에서는 매우 복잡한 매핑 키도 허용된다.
- 이와 관련해 중요한 점은 파이썬에서 매핑 키는 변경 불가능한 객체로서 해시 가능해야 한다는 점이다. 따라서 매핑 키 객체는 변경 불가능한 객체(주로 튜플)로 변환돼야 하며, 이를 위해서는 좀 더 복잡한 로컬 태그를 사용해야 한다. 다음은 그 예다.

```
>>> yaml.load('''
... ? !!python/tuple ["a", "b"]
... : "value"
... ''')
{('a', 'b'): 'value'}
```

- ?와 :으로 매핑의 키와 값을 표시하고 있는데, 키가 복잡한 객체이기 때문이다. !!python/tuple 태그 때문에 (원래대로 리스트가 아니라) 튜플이 생성된다. ["a", "b"]는 플로우 타입의 YAML 값이다.
- JSON은 세트 자료 구조를 사용할 수 없지만, YAML은 !!set 태그를 사용해 (단순한 시퀀스가 아니라) 세트를 생성할 수 있다. 세트 내의 항목들에는 ? 접두어가 붙는다(대응되는 값이 없는 매핑 키로서 간주되기 때문).
- !!set 태그는 세트 컬렉션 내의 값과 들여쓰기 폭이 동일하다는 점에 주의하자. 다음 예의 경우 data_values의 딕셔너리 키 내부에서 들여쓰기되고 있다.

```
>>> import yaml
>>> yaml_text = '''
... document:
...     id: 3
...     data_values:
...       !!set
...       ? some
...       ? more
...       ? words
```

```
... '''
>>> some_document = yaml.load(yaml_text)
>>> some_document['document']['id']
3
>>> some_document['document']['data_values'] == {'some', 'more', 'words'}
True
```

- !!set 태그는 그 뒤에 오는 시퀀스를 (기본값인 리스트가 아니라) 세트 객체로 바꾼다. 따라서 파이썬 세트 객체인 {'some', 'more', 'words'}가 반환된 것을 볼 수 있다.
- 파이썬의 변경 가능 객체 규칙이 세트 항목에 적용돼야 하므로, 리스트로 이뤄진 세트를 생성하는 것은 불가능하다. 리스트는 해시 값을 가질 수 없기 때문이다. !!python/tuple 태그를 사용하면 튜플의 세트를 생성할 수 있다.
- 2-튜플로 이뤄진 리스트를 생성함으로써 정렬된 매핑 객체를 구현할 수 있다. yaml 모듈이 알아서 OrderedDict 객체를 생성해주지는 않는다.

```
>>> import yaml
>>> yaml_text = '''
... !!omap
... - key1: string value
... - numerator: 355
... - denominator: 113
... '''
>>> yaml.load(yaml_text)
[('key1', 'string value'), ('numerator', 355), ('denominator', 113)]
```

- 추가적인 세부 정보 없이 곧바로 OrderedDict 객체를 생성할 수는 없다. 다음 YAML 코드는 OrderedDict 인스턴스를 생성한다.

```
!!python/object/apply:collections.OrderedDict
args:
    -   !!omap
        -   key1: string value
        -   numerator: 355
        -   denominator: 113
```

- `!!python/object/apply` 태그를 지원하기 위해 `args` 키워드가 꼭 있어야 한다. 여기서는 한 개의 위치 매개변수만 사용되고 있는데, (키, 값) 시퀀스로부터 생성된 `!!omap` 태그다.
- 파이썬의 거의 모든 객체가 YAML 태그로 생성될 수 있다. `__init__()` 메소드만 있으면 YAML 직렬화를 통해 생성 가능하기 때문이다.

  다음의 간단한 클래스 정의를 보자.

```
class Card:
    def __init__(self, rank, suit):
        self.rank = rank
        self.suit = suit
    def __repr__(self):
        return "{rank} {suit}".format_map(vars(self))
```

  두 개의 위치 매개변수를 사용하고 있으며, 이 객체를 YAML로 기술하면 다음과 같다.

```
!!python/object/apply:__main__.Card
kwds:
    rank: 7
    suit: ♣
```

  `kwds` 키는 `Card` 생성자 함수에 두 개의 키워드 인수를 제공한다. YAML 파일은 UTF-8로 작성된 텍스트 파일이기 때문에 유니코드 문자 ♣를 문제없이 사용할 수 있다.

- `!!`로 시작하는 로컬 태그 이외에 YAML은 `tag:`를 사용하는 URI 태그도 지원한다. 따라서 전역적으로 고유한 URL 기반의 자료형 명세가 가능하며, 다양한 상황에서 YAML 문서를 쉽게 처리할 수 있다.

  URI 태그는 네트워크 위치, 날짜, 기타 세부 정보를 포함하며, 실제 예는 다음과 같다.

```
!<tag:www.someapp.com,2016:rules/rule1>
```

참고 사항

- '설정 파일을 찾는 방법' 레시피에서는 다수의 파일시스템 위치에서 설정 파일을 찾는 방법을 설명했으며 애플리케이션 기본 설정, 시스템 범위의 설정, 사용자별 설정을 별도의 파일에 저장해 사용하는 방법을 볼 수 있다.

파이썬 설정 파일을 사용하는 방법

파이썬은 애플리케이션의 입력 값과 설정 파일을 다양한 방법으로 묶을 수 있다. 파이썬은 우아하고 단순하기 때문에 파이썬 표기법으로 설정 파일을 효과적으로 기록할 수 있다.

많은 패키지들이 설정 매개변수를 제공할 때 별도 모듈에 포함된 대입문을 사용한다. 플라스크가 특히 이런 방법을 사용하는데, 앞서 12장에서 '플라스크 프레임워크를 사용하는 방법' 레시피를 비롯한 여러 레시피들에서 살펴본 바 있다.

파이썬 표기법으로 세부 설정들을 어떻게 나타낼 수 있을까?

준비

파이썬의 대입문은 매우 우아하다. 아주 단순하고, 가독성이 좋으며, 유연성도 높다. 이러한 대입문을 사용해 별도 모듈로부터 설정 값을 임포트할 수 있다. 이 모듈의 이름을 settings.py와 같이 부르면, 이 파일이 설정 매개변수와 관련된 모듈임을 쉽게 알 수 있다.

파이썬은 임포트된 모듈을 전역 싱글턴 객체로 취급하기 때문에 애플리케이션의 여러 부분들이 `import settings`문을 사용해 전역 설정 매개변수 값을 동일하게 사용할 수 있다.

하지만 간혹 여러 개의 설정 파일 중에서 특정한 것을 선택해야 할 때가 있다. 이럴 경우에는 `import`보다 유연한 설정 파일 불러오기 기법이 필요해진다.

다음과 같이 텍스트 파일로 된 정의를 제공하고 싶다고 하자.

```
''' 바하마를 포함하는 해변의 기상 예보
'''
query = {'mz': ['ANZ532', 'AMZ117', 'AMZ080']}
url = {
  'scheme': 'http',
  'netloc': 'forecast.weather.gov',
  'path': '/shmrn.php'
}
```

이것은 파이썬 구문이다. 두 개의 매개변수 query와 url이 있다. query의 값은 딕셔너리로서 키는 mz고 키에 대응되는 값은 문자열 시퀀스다.

http://forecast.weather.gov/shmrn.php?mz=ANZ532와 비슷한 URL을 명세한 것이다.

앞서 배운 '설정 파일을 찾는 방법' 레시피의 방법을 바탕으로 설정 파일들의 위치를 검사할 것이다. 매우 유연한 방법이므로 다양한 플랫폼에서 호환성이 높은 애플리케이션을 작성하는 데 많은 도움이 된다.

이번 레시피에서는 앞서 load_config_file()을 구현하는 과정에서 생략했던 부분을 채워 넣을 것이다. 이 함수의 템플릿은 다음과 같다.

```
def load_config_file(config_file):
    '''설정 파일의 내용을 포함하는 설정 매핑 객체를 불러온다.

    :param config_file: 파일과 비슷한 객체로서 읽어올 수 있음
    :returns: 설정 매개변수 값을 포함하는 매핑
    '''
    # 세부 사항 생략
```

예제 구현

조금 전의 템플릿 코드에서 '# 세부 사항 생략' 부분을 대체하는 코드를 작성해보자.

1. compile() 내장 함수를 사용해 설정 파일 내의 코드를 컴파일한다. 이 함수는 입력 텍스트 및 텍스트가 들어있는 파일명을 인수로 받아야 한다. 파일명은 추적 메시지를 생성하기 위해 필요하다.

```
code = compile(config_file.read(), config_file.name, 'exec')
```

2. 가끔 파일이 아닌 위치에서 코드를 읽어올 때가 있는데, 이때는 파일명 대신에 <string>과 같은 이름을 제공해야 한다.
3. compile() 함수가 생성한 코드 객체를 실행한다. 두 개의 컨텍스트가 필요한데, 전역 컨텍스트는 기존에 임포트된 모듈 및 __builtins__ 모듈을 제공하고, 로컬 컨텍스트에서는 새로운 변수가 생성된다.

```
locals = {}
exec(code, {'__builtins__':__builtins__}, locals)
return locals
```

4. 스크립트의 최상위 레벨(주로 if __name__ == "__main__" 조건문 내)에서 코드가 실행되면 전역 컨텍스트와 로컬 컨텍스트가 동일하다. 반면에 함수, 메소드, 클래스 정의 내에서 실행되면 로컬 컨텍스트와 전역 컨텍스트는 별개다.
5. locals 객체를 생성한 것은 임포트된 대입문이 전역 변수에 의도치 않은 변경을 가하지 않도록 보장하기 위한 것이다.

예제 분석

파이썬 언어의 세부 명세, 즉 구문과 의미가 compile()과 exec() 함수에 구현돼 있다. 어떤 스크립트를 실행할 때는 실질적으로 다음의 프로세스가 실행된다.

1. 텍스트를 읽는다. compile() 함수로 이 텍스트를 컴파일해 코드 객체를 생성한다.
2. exec() 함수를 사용해 이 코드 객체를 실행한다.

__pycache__ 디렉터리에 코드 객체가 들어있으므로, 변경이 일어나지 않은 텍스트는 다시 컴파일될 필요가 없다. 그리고 이것은 프로세스에 아무 영향도 미치지 않는다.

exec() 함수는 파이썬이 전역 변수와 지역 변수를 다루는 방법을 반영하고 있다. 두 개의 네임스페이스가 이 함수에 제공되는데, 실행 중인 스크립트는 globals() 함수와 locals() 함수를 통해 이 네임스페이스들에 접근할 수 있다.

이번 레시피에서는 두 개의 딕셔너리를 사용했다.

- 전역 객체들의 딕셔너리. 이 변수들은 global 문장을 통해 접근할 수 있으며, (임포트된 모듈은 언제나 전역 객체이므로) 임포트된 모듈에 대한 접근을 제공하는 것이 주된 용도다. __builtins__ 모듈이 자주 제공되며, 다른 모듈들이 추가될 경우도 있다.
- 지역 변수들의 딕셔너리. 대입문을 사용해 내용을 갱신할 수 있다. 이 로컬 딕셔너리는 settings 모듈 내에서 생성된 변수들을 포착할 수 있다.

부연 설명

이번 레시피의 설정 파일은 name=value 형태의 문장들로 이뤄져 있다. 이런 문장은 파이썬의 대입문 구문을 직접 사용할 수 있다.

대입문 이외에도 파이썬 프로그래밍의 모든 기능을 활용할 수 있지만, 이로 인해 얻는 점과 잃는 점이 있다는 것에 주의해야 한다.

설정 파일 내에서 어떤 파이썬 문장도 사용할 수 있지만, 이로 인해 파일 구조와 처리는 복잡해진다. 지나치게 복잡해지면 이 파일은 설정 파일이 아니라 애플리케이션의 주요 부분이 돼버릴 것이다. 정교한 기능들은 애플리케이션 프로그래밍으로 해결해야 하며, 설정 값을 이리저리 건드려서 해결하려고 하면 안 된다. 파이썬 애플리케이션에 소스 파일이 포함되기 때문에 이렇게 돼버리는 경우를 종종 볼 수 있다.

단순 대입문 이외에 설정 파일에 포함시키면 좋은 기법은 if문을 사용한 분기 문장이다. 특정 런타임 환경에서만 사용되는 기능을 위한 설정을 포함시키고 싶을 때가 있는데, platform 패키지를 사용해 이를 구현할 수 있다.

platform 패키지와 if문을 사용하는 예제 코드는 다음과 같다.

```
import platform
if platform.system() == 'Windows':
    tmp = Path(r"C:\TEMP")
else:
    tmp = Path("/tmp")
```

이 코드가 동작하기 위해서는 patform과 Path가 전역 딕셔너리에 포함돼 있어야 한다. `__builtins__` 이외에 다른 변수들을 추가하면 된다.

서로 관련 있는 설정들을 묶어주는 처리를 추가하는 것도 좋다. 예를 들어 하나의 애플리케이션에 다수의 파일들이 관련돼 있다고 하자. 이럴 경우 다음과 같은 설정 파일을 작성하면 도움이 될 수 있다.

```
base = Path('/var/app/')
log = base/'log'
out = base/'out'
```

애플리케이션은 log와 out의 값을 사용한다. 반면에 base의 값은 다른 두 개의 위치가 동일 디렉터리에 있는지 확인하는 용도로만 사용된다.

지금까지 설명한 내용을 추가하면 load_config_file() 함수를 다음과 같이 수정할 수 있다. 다음 구현은 추가적인 모듈 및 전역 클래스들을 포함하고 있다.

```
from pathlib import Path
import platform
def load_config_file_path(config_file) -> dict:
    code = compile(config_file.read(), config_file.name, 'exec')
    globals = {'__builtins__': __builtins__,
        'Path': Path, 'platform': platform}
    locals = {}
    exec(code, globals, locals)
    return locals
```

`Path`와 `platform`을 포함시킨 것은 `import`문 없이 설정 파일을 작성하기 위한 것이며, 설정 값을 준비하고 유지하기에 좀 더 편리하다.

참고 사항

- 한 개의 설정 파일을 여러 파일시스템 위치에서 검색하는 방법은 '설정 파일을 찾는 방법' 레시피에서 확인할 수 있다.

네임스페이스로서 클래스를 사용하는 설정 방법

파이썬은 애플리케이션의 입력 값과 설정 파일을 다양한 방법으로 묶을 수 있다. 파이썬은 우아하고 단순하기 때문에 파이썬 표기법으로 설정 파일을 효과적으로 기록할 수 있다.

많은 프로젝트들이 클래스 정의를 사용해서 설정 매개변수를 제공한다. 클래스 계층 구조를 사용하면 상속 기법을 통해 매개변수 구성을 단순화할 수 있기 때문이다. 특히 플라스크가 이 방법을 사용하는데, 플라스크에 관한 자세한 설명은 12장의 '플라스크 프레임워크를 사용하는 방법' 레시피를 참조한다.

파이썬 클래스 표기법으로 설정 세부 정보를 어떻게 표현할 수 있을까?

준비

파이썬은 클래스 속성을 우아하게 표현할 수 있다. 파이썬 표현은 단순하고 읽기 쉬우며 유연하다. 따라서 파이썬 애플리케이션의 설정 매개변수를 변경하기 위한 정교한 설정 언어를 신속하고 신뢰성 있게 정의할 수 있다.

이 설정 언어는 클래스 정의를 기반으로 하므로, 한 개의 모듈 내에 다수의 설정 방법들을 효과적으로 묶을 수 있다. 애플리케이션은 이 모듈을 불러온 후 그중에서 상황에 맞는 클래스 정의를 선택하면 된다.

다음과 같은 클래스 정의가 있다고 하자.

```
class Configuration:
    """
    바하마를 포함하는 해변의 기상 예보
    """
    query = {'mz': ['ANZ532', 'AMZ117', 'AMZ080']}
    url = {
      'scheme': 'http',
      'netloc': 'forecast.weather.gov',
      'path': '/shmrn.php'
}
```

이 Configuration 클래스를 settings 모듈에 포함시키면, 애플리케이션은 다음 문장을 사용해 이 클래스에 포함된 설정 값을 사용할 수 있다.

```
from settings import Configuration
```

이 기법은 고정된 클래스 및 파일 이름을 사용하므로 유연성이 부족해 보이지만, 실제로는 오히려 사용하기 편리할 때가 많다. 복잡한 설정 파일을 지원할 수 있는 다른 방법들은 다음과 같다.

- PYTHONPATH 환경 변수를 사용해 설정 모듈의 위치를 열거한다.
- 다중 상속과 믹스인 패턴을 사용해 기본값, 시스템 범위 설정, 로컬 설정을 하나의 클래스 정의로 조합한다.

이 기법들은 파이썬의 모듈 검색 규칙을 그대로 따르기 때문에 편리하다. 다시 말해, 설정 파일을 찾기 위한 알고리즘을 직접 고안하지 않아도 된다.

이번 레시피에서는 앞서 load_config_file()을 정의할 때 생략했던 부분을 채워 넣을 것이다. 이 함수의 템플릿은 다음과 같다.

```
def load_config_file(config_file):
    '''설정 파일의 내용을 포함하는 설정 매핑 객체를 불러온다.
```

```
:param config_file: 파일과 비슷한 객체로서 읽어올 수 있음
:returns: 설정 매개변수 값을 포함하는 매핑
'''
# 세부 사항 생략
```

예제 구현

조금 전의 템플릿 코드에서 '# 세부 사항 생략' 부분을 대체하는 코드를 작성할 것이다.

1. compile() 내장 함수를 사용해 설정 파일 내의 코드를 컴파일한다. 이 함수는 입력 텍스트 및 이 텍스트를 포함하는 파일명을 인수로 받아야 한다. 파일명은 추적 메시지를 생성하기 위해 필요하다.

   ```
   code = compile(config_file.read(), config_file.name, 'exec')
   ```

2. compile() 함수가 생성한 코드 객체를 실행한다. 두 개의 컨텍스트가 필요한데, 전역 컨텍스트는 기존에 임포트된 모듈 및 __builtins__ 모듈을 제공하고, 로컬 컨텍스트에서는 새로운 변수가 생성된다.

   ```
   globals = { '__builtins__':__builtins__,
               'Path': Path,
               'platform': platform}
   locals = {}
   exec(code, globals, locals)
   return locals['Configuration']
   ```

3. 실행된 모듈에 의해 설정된 로컬 컨텍스트의 Configuration 클래스만이 반환된다. 다른 변수는 모두 무시될 것이다.

예제 분석

파이썬 언어의 세부 명세(즉, 구문과 의미)들이 compile() 함수와 exec() 함수 내에 들어있다. exec() 함수는 파이썬이 전역 변수와 지역 변수를 다루는 방법을 그대로 반영한다. 이 함수에 두 개의 네임스페이스가 전달되는데, 전역 네임스페이스는 __builtins__ 모듈을

비롯한 클래스와 모듈을 포함한다.

로컬 네임스페이스에는 새로운 클래스가 생성된다. 이 네임스페이스는 __dict__ 속성을 갖고 있으므로 딕셔너리 메소드들을 통해 접근할 수 있다. 따라서 클래스의 이름을 사용해 클래스를 추출할 수 있다. 애플리케이션 전체에 걸쳐 사용될 클래스 객체가 반환된다.

클래스 속성에는 어떤 종류의 객체도 저장할 수 있다. 이번 예제에서는 매핑 객체가 사용됐다. 하지만 클래스 수준에서 속성을 생성하는 것에는 아무 제한도 없다.

class문 내부에서 계산을 수행할 수 있으므로, 이를 이용해 다른 속성으로부터 유도되는(계산되는) 속성을 새로 생성할 수도 있다. if문, for문 등의 다양한 문장을 통해 속성 값을 생성할 수 있다.

부연 설명

클래스 정의를 사용한다는 것은 곧 상속 기능을 이용해 각종 설정 값을 구성할 수 있다는 뜻이다. Configuration 클래스의 서브클래스들을 정의하면서 각 서브클래스는 애플리케이션 내에서 상황별로 사용되도록 구성하는 것이다. 예를 들면 다음과 같이 클래스를 정의할 수 있다.

```
class Configuration:
    """
    일반 설정
    """
    url = {
      'scheme': 'http',
      'netloc': 'forecast.weather.gov',
      'path': '/shmrn.php'
    }

class Bahamas(Configuration):
    """
    바하마를 포함하는 해변의 기상 예보
    """
```

```
    query = {'mz': ['AMZ117', 'AMZ080']}

class Cheaspeake(Configuration):
    """
    Cheaspeake 만의 기상 예보
    """
    query = {'mz': ['ANZ532']}
```

애플리케이션은 settings 모듈 내의 클래스들 중에서 적절한 것을 골라 사용해야 한다. 이때 운영체제의 환경 변수나 명령행 인수 등을 클래스 지정에 사용할 수 있을 것이다. 예를 들면 다음과 같이 애플리케이션을 실행할 수 있다.

```
python3 some_app.py -c settings.Chesapeake
```

settings 모듈에서 Chesapeake 클래스를 찾은 다음, 이 클래스에 들어있는 설정 값을 바탕으로 처리가 계속된다. 다만 이렇게 처리되기 위해서는 load_config_file()을 조금 변경해야 한다.

여러 클래스 중에서 한 개를 고를 수 있도록 매개변수를 추가로 제공해야 한다.

```
import importlib
def load_config_module(name):
    module_name, _, class_name = name.rpartition('.')
    settings_module = importlib.import_module(module_name)
    return vars(settings_module)[class_name]
```

모듈을 직접 컴파일하고 실행하는 대신에 importlib 모듈을 사용하고 있다. 이 모듈은 import문의 용법을 구현하는데, 요청받은 모듈을 임포트하고 컴파일하고 실행한다. 그리고 그 결과가 settings_module 변수에 대입된다.

그다음에는 모듈 변수들의 값을 직접 들여다보고 어느 값이 요청받은 클래스인지 선택할 수 있다. vars() 내장 함수는 모듈, 클래스, 심지어 지역 변수로부터 내부 딕셔너리를 추출한다.

이제 이 함수를 다음과 같이 사용할 수 있다.

```
>>> configuration = load_config_module('settings.Chesapeake')
>>> configuration.__doc__.strip()
'Weather for Cheaspeake Bay'
>>> configuration.query
{'mz': ['ANZ532']}
>>> configuration.url['netloc']
'forecast.weather.gov'
```

settings 모듈에 들어있는 Cheaspeake 설정 클래스를 찾고 있다.

설정 정보 표현

이런 식으로 클래스를 사용할 경우의 단점 중 하나는 화면에 표시되는 클래스에 대한 정보가 부족하다는 점이다. configuration 클래스를 화면에 출력하면 다음과 같다.

```
>>> print(configuration)
<class 'settings.Chesapeake'>
```

이 결과는 거의 쓸모없다. 아주 약간의 정보를 제공할 뿐, 디버깅에는 너무 불충분하다.

vars() 함수를 사용하면 더 많은 정보를 표시할 수 있다. 하지만 지역 변수만 표시되고, 상속받은 변수는 표시되지 않는다.

```
>>> pprint(vars(configuration))
mappingproxy({ '__doc__': '\\n    Weather for Cheaspeake Bay\\n    ',
               '__module__': 'settings',
               'query': {'mz': ['ANZ532']}})
```

조금 낫지만, 아직도 완전하지는 않다.

모든 설정 값을 표시하려면 좀 더 정교한 작업이 필요하다. 이 클래스에 __repr__() 메소드를 그냥 정의해봐야 소용없다. 클래스 내에 정의된 메소드는 그 클래스의 인스턴스에 적용되는 것이지 클래스 자체에 적용되지는 않기 때문이다.

우리가 생성하는 클래스 객체는 모두 type 내장 클래스의 인스턴스다. 따라서 메타클래스를 사용해 type 클래스의 동작을 수정함으로써 __repr__() 메소드가 모든 부모 클래스들을 대상으로 속성을 검색하도록 구현할 수 있다.

다음과 같이 type 내장 클래스의 __repr__() 메소드를 확장함으로써 설정 정보의 표시를 개선할 수 있다.

```
class ConfigMetaclass(type):
    def __repr__(self):
        name = (super().__name__ + '('
            + ', '.join(b.__name__ for b in super().__bases__) + ')')
        base_values = {n:v
            for base in reversed(super().__mro__)
                for n, v in vars(base).items()
                    if not n.startswith('_')}
        values_text = ['    {0} = {1!r}'.format(name, value)
            for name, value in base_values.items()]
        return '\n'.join(["class {}:".format(name)] + values_text)
```

부모 클래스인 type의 __name__ 속성이 클래스 이름으로 사용된다. 기본 클래스들의 이름도 포함되므로, 클래스 이름을 통해 이 설정 클래스의 상속 계층을 쉽게 파악할 수 있다.

base_values의 값은 모든 기본 클래스들의 속성 값들을 사용해 조립된다. 각 클래스는 MRO[Method Resolution Order](메소드 변환 순서)의 역방향 순서로 조사된다. 모든 속성 값들을 MRO의 역방향 순서로 불러온다는 것은 곧 기본 설정 값들이 먼저 불려오고 그다음에 서브클래스의 값으로 오버라이딩된다는 뜻이다.

_ 접두어가 없는 이름들은 포함되고, _ 접두어가 있는 이름들은 그냥 무시된다.

이렇게 얻어진 결과 값을 사용해 클래스 정의와 비슷해 보이는 텍스트 표현이 생성된다. 원래의 클래스 코드 그 자체는 아니지만, 원래의 클래스 정의를 기반으로 만들어진 텍스트다.

다음의 Configuration 클래스 및 그 서브클래스는 이 ConfigMetaClass 메타클래스를 사용한다. Configuration 클래스는 메타클래스를 통합하며 설정 매개변수에 기본값을 제공하고, 그 서브클래스인 Customized 클래스는 특정 환경 혹은 컨텍스트만의 고유한 값으로 설정 매개변수를 확장한다.

```
class Configuration(metaclass=ConfigMetaclass):
    unchanged = 'default'
    override = 'default'
    feature_override = 'default'
    feature = 'default'

class Customized(Configuration):
    override = 'customized'
    feature_override = 'customized'
```

이처럼 파이썬의 다중 상속에서 비롯되는 장점을 충분히 활용해 Configuration 클래스 정의를 구축하면 서로 별개의 기능들을 위한 설정들을 한 개의 설정 객체로 합칠 수 있다.

참고 사항

- 클래스 정의에 대한 자세한 설명은 6장과 7장을 참조한다.

통합하기 쉬운 스크립트를 설계하는 방법

대규모의 애플리케이션들은 실제로 그보다 작은 애플리케이션들이 긴밀히 연결된 것이다. 그래서 기업용 애플리케이션 시장에서는 애플리케이션 시스템이라는 용어가 자주 사용된다. 애플리케이션 시스템은 개별 명령행 애플리케이션 프로그램들로 구성될 때가 많다.

대규모의 복잡한 애플리케이션은 다수의 명령들을 포함하는 경우가 많다. 예를 들어 깃[Git] 애플리케이션은 git pull, git commit, git push 등의 수많은 명령들을 포함한다. 이는 서로 별개의 애플리케이션들이 모여서 한 개의 깃 애플리케이션 시스템을 구성하는 것이라고 볼 수 있다.

처음에 몇 개의 파이썬 스크립트 파일들을 포함하는 어떤 애플리케이션을 작성했다고 하자. 애플리케이션의 규모가 커짐에 따라 기존의 여러 스크립트들을 합쳐서 새로운 통합 스크립트를 작성할 필요가 생기기 마련이다. 혹은 반대로 기존의 애플리케이션을 분할해서 새로운 구조를 갖춰야 할 수도 있다.

향후의 확장성에 대비해 유연한 구조를 가질 수 있도록 스크립트를 설계하려면 어떻게 해야 할까?

준비

파이썬 스크립트를 설계할 때는 다음 기능들을 구별해서 접근해야 한다.

- 입력받는 방법들은 다음과 같다.
  - 명령행 인터페이스와 환경 변수로부터 상당히 동적인 값을 입력받을 수 있다. 입력 값이 매우 자주 바뀌는 경우에 사용된다. 5장의 'argparse를 사용한 명령행 입력' 레시피를 참조한다.
  - 파일로부터 설정 옵션을 입력받을 수 있다. 설정 값은 그리 자주 바뀌지는 않는다. 이번 장의 '설정 파일을 찾는 방법', 'YAML 설정 파일을 사용하는 방법', '파이썬 설정 파일을 사용하는 방법' 레시피를 참조한다.
  - 임의의 입력 파일을 읽어올 수 있다. 9장의 'CSV 모듈을 사용해 구분자를 갖는 파일을 읽는 방법', '정규 표현식을 사용해 복잡한 포맷을 읽는 방법', 'JSON 문서를 읽는 방법', 'XML 문서를 읽는 방법', 'HTML 문서를 읽는 방법' 레시피를 참조한다.
- 출력을 산출하는 방법도 다양하다.
  - 감사, 제어, 모니터링을 지원하는 로그 생성 및 기타 기능을 이용할 수 있다. 'logging 모듈을 사용해 제어용 출력을 생성하는 방법' 레시피에서 자세히 설명할 것이다.

    ◦ 애플리케이션의 원래 목적을 위한 출력을 생성할 수 있다. 입력 값을 파싱할 때 사용되는 라이브러리 모듈을 똑같은 방법으로 사용해 출력 파일에 기록할 수 있다.
- 애플리케이션의 실질적인 핵심 처리 작업은 입력 파싱이나 출력 포매팅을 위한 고려 사항들과는 별개인 핵심 기능을 가리키며, 파이썬 자료 구조만 사용할 수 있다.

이와 같은 관심사 분리separation of concerns는 (아무리 단순하더라도) 애플리케이션이 다수의 함수들로 설계돼야 함을 의미한다. 그리고 이처럼 분리된 함수들을 조합해 하나의 완전한 스크립트로 만드는 것이다. 이런 설계 사상은 입출력을 핵심 처리 부분과 분리시킨다. 핵심 처리 부분은 자주 재사용되지만, 입출력과 관련된 포맷은 자주 바뀌기 때문에 변경에 유연한 구조여야 한다.

두 개의 주사위를 굴려서 나오는 값들의 시퀀스를 생성하는 애플리케이션을 예로 들어보자. 주사위 굴리기의 규칙은 기본적으로 크랩스 게임의 규칙을 따른다.

1. 처음 두 개의 주사위를 굴리는 것을 최초come out 굴리기라고 부른다.
    1. 두 개의 주사위 합이 2, 3, 12일 경우 즉시 손실이 확정된다. 이러한 시퀀스는 한 개의 값을 가지며, 예를 들면 `[(1, 1)]`이다.
    2. 두 개의 주사위 합이 7일 경우 즉시 이익이 확정된다. 이러한 시퀀스 역시 한 개의 값을 가지며, 예를 들면 `[(3, 4)]`이다.
2. 그 밖의 다른 합이 나올 때는 포인트가 설정된다. 시퀀스는 포인트를 설정한 굴리기 값부터 시작해서 합이 7인 굴리기가 나올 때까지, 혹은 최초 설정된 포인트와 같은 합이 나올 때까지 계속된다.
    1. 합이 7이 될 때까지 굴리는 경우 시퀀스의 예는 `[(3, 1), (3, 2), (1, 1),1. (5, 6), (4, 3)]`이다. 합이 7이 되는 경우는 손실이 확정된다.
    2. 최초 설정된 포인트와 같은 합이 나올 때까지 굴리는 경우의 예는 `[(3, 1), (3, 2), (1, 1), (5, 6), (1, 3)]`이다. 이 경우는 이익이 확정되며, 굴리기 횟수는 최소 두 번이고 최대 횟수는 제한이 없다.

시퀀스의 길이가 제각각인 것을 알 수 있다. 어떤 것은 짧고 어떤 것은 길기 때문에 YAML 파일을 사용하기에 적합한 애플리케이션이라고 할 수 있다.

결과 값은 두 개의 요소에 영향을 받는다. 하나는 생성되는 표본의 개수고, 다른 하나는 난수 생성기에 시드 값을 지정하는 방법이다. 테스트 편의를 위해서는 항상 같은 시드 값을 사용하는 편이 낫다.

예제 구현

1. 결과 표시를 두 가지 영역으로 나눠서 설계할 것이다.
    1. 처리 작업을 수행하지 않고 결과 객체만 표시하는 함수(혹은 클래스)
    2. 디버깅, 모니터링, 감사, 기타 제어를 위한 로깅. 로깅은 애플리케이션의 다른 부분에서도 필요로 하는 공통 관심사이기 때문이다.

    이번 예제는 두 개의 결과를 출력한다. 하나는 주사위 굴리기 시퀀스들이고, 다른 하나는 처리에 문제가 없었음을 보여주기 위한 추가 정보다. 주사위 합이 나온 횟수를 화면에 보여줌으로써 주사위 시뮬레이션의 공정성을 입증하기 위한 것이다.

    주사위 굴리기 시퀀스는 파일에 기록돼야 하므로 write_dice( ) 함수에는 이터레이터가 매개변수로서 제공된다. 다음의 write_dice( ) 함수는 여러 값들을 순회하면서 그 값을 YAML 파일에 기록한다.

```
def write_rolls(output_path, roll_iterator):
    face_count = Counter()
    with output_path.open('w') as output_file:
        for roll in roll_iterator:
            output_file.write(
                yaml.dump(
                    roll,
                    default_flow_style=True,
                    explicit_start=True))
                for dice in roll:
```

```
                face_count[sum(dice)] += 1
    return face_count
```

모니터링 및 제어 출력에는 처리 작업 제어에 사용된 입력 매개변수들이 포함돼야 한다. 또한 주사위 시뮬레이션의 공정성을 보여주기 위한 카운트 값도 표시될 필요가 있다.

```
def summarize(configuration, counts):
    print(configuration)
    print(counts)
```

2. 애플리케이션의 핵심 처리 부분을 한 개의 함수처럼 보이도록 설계(혹은 리팩터링)한다.
   1. 모든 입력은 매개변수다.
   2. 모든 출력은 return 혹은 yield문으로 반환된다. return문은 한 개의 결과를 반환하고, yield문은 여러 결과 값들의 시퀀스를 반환한다.

   이번 예제의 핵심 기능은 일련의 값들을 반환하는 제네레이터 함수로서 쉽게 구현할 수 있다. 출력 함수는 이 이터레이터를 사용해 결과를 출력할 수 있다.

```
def roll_iter(total_games, seed=None):
    random.seed(seed)
    for i in range(total_games):
        sequence = craps_game()
        yield sequence
```

이 함수는 craps_game() 함수를 사용해 요청받은 수만큼의 표본 데이터를 생성한다. 각 표본은 1회의 크랩스 게임 중에 굴려진 모든 주사위 굴리기 값들을 보여준다. face_count 카운터는 합계 값을 누적함으로써 시뮬레이션이 정상 동작 중임을 확인하는 용도로 쓰인다.

craps_game() 함수는 크랩스 규칙에 따라 한 번 이상 발생한 주사위 굴리기의 시퀀스를 반환한다. 이 시퀀스는 한 번의 크랩스 게임 중에 발생한 모든 주사위 굴리기로 이뤄지며, 이 함수에 대해서는 나중에 자세히 설명할 것이다.

3. 입력 값을 얻어오는 것과 관련된 모든 기능을 한 개의 함수(혹은 클래스)로 리팩터링한다. 이 함수는 환경 변수, 명령행 인수, 설정 파일 등 다양한 위치로부터 입력 값을 받을 수 있다. 두 개 이상의 파일명을 입력받는 것도 가능하다.

```
def get_options(argv):
    parser = argparse.ArgumentParser()
    parser.add_argument('-s', '--samples', type=int)
    parser.add_argument('-o', '--output')
    options = parser.parse_args(argv)

    options.output_path = Path(options.output)

    if "RANDOMSEED" in os.environ:
        seed_text = os.environ["RANDOMSEED"]
        try:
            options.seed = int(seed_text)
        except ValueError:
            sys.exit("RANDOMSEED={0!r} invalid".format(seed_text))
        else:
            options.seed = None
        return options
```

이 함수는 명령행 인수를 입력받을 뿐 아니라 환경 변수들을 포함하는 os.environ 컬렉션도 검사한다.

인수 파서는 --samples와 --output 옵션을 파싱한다. argparse의 기능을 활용해 인수 값의 자료형도 검사한다.

output_path의 값은 --output 옵션의 값으로부터 생성된다. 그리고 RANDOMSEED 환경 변수의 값을 검증한 후 options 네임스페이스에 저장한다. options 객체는 모든 인수들의 값을 한 곳에 저장하는 용도로 쓰이고 있다.

4. main() 함수를 작성한다. 이 함수는 앞서 언급한 세 개의 요소들을 통합해 최종적으로 스크립트를 생성한다.

```
def main():
    options = get_options(sys.argv[1:])
    face_count = write_rolls(options.output_path,
```

```
roll_iter(options.samples, options.seed))
    summarize(options, face_count)
```

- 애플리케이션의 각 요소(핵심 처리, 입력, 출력)들이 한 곳으로 모였다. 명령행 인수와 환경 변수를 파싱하며, 카운터 값도 생성한다.
  roll_iter() 함수는 핵심 처리가 이뤄지는 부분이다. 다양한 옵션 값들을 입력받으며, 주사위 굴리기 시퀀스를 반환한다.

roll_iter() 함수가 반환한 값들은 write_rolls() 메소드에 의해 수집된 후 지정된 출력 파일에 기록된다. 제어용 출력은 별도의 파일에 의해 기록되기 때문에 핵심 출력 파일에는 영향을 미치지 않으면서 그 내용을 변경할 수 있다.

예제 분석

실행 결과의 출력은 다음과 같이 표시된다.

```
slott$ python3 ch13_r05.py --samples 10 --output=x.yaml
Namespace(output='x.yaml', output_path=PosixPath('x.yaml'), samples=10,
seed=None)
Counter({5: 7, 6: 7, 7: 7, 8: 5, 4: 4, 9: 4, 11: 3, 10: 1, 12: 1})
slott$ more x.yaml
--- [[5, 4], [3, 4]]
--- [[3, 5], [1, 3], [1, 4], [5, 3]]
--- [[3, 2], [2, 4], [6, 5], [1, 6]]
--- [[2, 4], [3, 6], [5, 2]]
--- [[1, 6]]
--- [[1, 3], [4, 1], [1, 4], [5, 6], [6, 5], [1, 5], [2, 6], [3, 4]]
--- [[3, 3], [3, 4]]
--- [[3, 5], [4, 1], [4, 2], [3, 1], [1, 4], [2, 3], [2, 6]]
--- [[2, 2], [1, 5], [5, 5], [1, 5], [6, 6], [4, 3]]
--- [[4, 5], [6, 3]]
```

처음에 명령행에서 표본의 개수를 10개로, 출력 파일의 이름을 x.yaml로 지정했다. 그 다음 줄의 제어용 출력 결과는 옵션들의 값을 단순히 보여주며, 명령행 매개변수의 값과 options 객체 내의 값을 볼 수 있다.

제어용 출력에는 10개의 표본에서 얻어진 카운트 값도 포함돼 있다. 6, 7, 8이 다른 값들보다 많이 나오고 3이나 12 같은 값은 적게 나왔다는 점에서 시뮬레이션이 공정했음을 확신할 수 있다.

여기서 관심사가 분리돼 있다는 점이 중요하다. 애플리케이션에서 이뤄지는 처리는 세 가지로 나눌 수 있다.

- 입력: 명령행 인수와 환경 변수로부터 입력되는 매개변수들이 한 개의 함수 `get_options()`에 의해 수집되고 있다. 이 함수는 입력 값을 다양한 위치로부터 수집하며, 설정 파일도 여기에 포함된다.
- 출력: 기본 출력은 `write_rolls()` 함수가 담당한다. 이와 달리 제어용 출력은 `Counter` 객체에 카운터 값들을 누적하고 그 결과를 최종적으로 기록하는 방법으로 이뤄진다.
- 핵심 처리: 애플리케이션의 필수적인 처리 부분은 `roll_iter()` 함수 내에 들어있다. 이 함수는 다양한 상황에서 재사용될 수 있다.

이와 같은 설계의 목적은 핵심이 되는 `roll_iter()` 함수를 다른 부분들과 분리하는 것이다. 다른 애플리케이션이 다른 명령행 옵션이나 출력 포맷을 사용하더라도, 이 핵심 처리 부분은 재사용될 가능성이 높기 때문이다.

예를 들어 주사위 굴리기 시퀀스를 사용해 통계적 분석을 수행하는 또 다른 애플리케이션이 있다고 하자. 이 애플리케이션은 주사위 합마다 카운트를 계산하고 최종적으로 승리 혹은 패배 결과를 포함한다. 앞서 설계한 애플리케이션을 `generator.py`, 지금 새로 설계하는 애플리케이션을 `overview_stats.py`라고 하자.

이 두 개의 애플리케이션을 사용해 주사위 굴리기를 생성하고 통계적 분석을 수행한 후, 이 두 기능을 한 개의 애플리케이션으로 합치기로 했다고 하자. 각 애플리케이션의 코드는 요소별로 분리돼 있기 때문에 이들을 재배치해 새로운 애플리케이션을 작성하는 것은 그리 어렵지 않다. 다음 두 개의 `import`문으로 시작하는 새로운 애플리케이션을 구축할 수 있다.

```
from generator import roll_iter, craps_rules
from stats_overview import summarize
```

이 새 애플리케이션은 기존의 두 애플리케이션에 어떤 변경도 가하지 않고 구축할 수 있다. 새로운 기능이 도입된다고 해서 기존의 애플리케이션이 바뀌지는 않는다.

더 중요한 사실은 코드를 복사 후 붙여넣기하는 번거로운 작업이 불필요하다는 점이다. 기존에 동작 중인 애플리케이션을 임포트하고 있으므로, 기존 애플리케이션에서 버그를 수정하면 새로운 애플리케이션에서도 역시 버그가 수정된다.

복사 후 붙여넣기를 통한 재사용은 기술적으로 부채(빚)와 다름없다. 따라서 가급적 코드를 복사 및 붙여넣기하지 말자.

부연 설명

앞서 생략했던 craps_rules() 함수의 세부 구현을 살펴보자. 이 함수는 한 번의 크랩스 게임을 구성하는 주사위 굴리기들의 시퀀스를 생성한다. 주사위 굴리기는 한 번에 끝날 수도 있고, 무한히 많은 횟수만큼 주사위를 굴려야 할 수도 있다. 약 98%의 크랩스 게임은 13번 이내로 주사위를 굴리면 끝난다고 한다.

크랩스 게임의 규칙은 두 주사위의 합에 크게 의존한다. 주사위의 윗면에 나온 숫자가 중요하기 때문에 다음과 같이 두 개의 속성을 갖는 네임드튜플 자료 구조를 사용한다.

```
Roll = namedtuple('Roll', ('faces', 'total'))
def roll(n=2):
    faces = list(random.randint(1, 6) for _ in range(n))
    total = sum(faces)
    return Roll(faces, total)
```

roll() 함수는 각 주사위에서 나온 숫자와 그 합으로 이뤄진 시퀀스를 갖는 namedtuple 인스턴스를 반환한다. 이제 craps_game() 함수는 한 번의 크랩스 게임에 사용되는 규칙들을 빠짐없이 구현할 수 있다.

```
def craps_game():
    come_out = roll()
    if come_out.total in [2, 3, 12]:
        return [come_out.faces]
    elif come_out.total in [7, 11]:
        return [come_out.faces]
    elif come_out.total in [4, 5, 6, 8, 9, 10]:
        sequence = [come_out.faces]
        next = roll()
        while next.total not in [7, come_out.total]:
            sequence.append(next.faces)
            next = roll()
        sequence.append(next.faces)
        return sequence
    else:
        raise Exception("Horrifying Logic Bug")
```

craps_game() 함수는 크랩스 게임의 규칙을 구현하고 있다. 처음 굴린 주사위 합이 2, 3, 12면 경기가 바로 끝나므로(패배) 시퀀스에는 한 개의 값만 들어간다. 처음 굴린 주사위 합이 7 혹은 11일 때도 경기가 바로 끝나므로(승리) 이번에도 시퀀스에는 한 개의 값만 들어간다. 나머지 값들이 나온 경우 그 값이 포인트로서 설정된다. 그리고 주사위 합으로 다시 이 포인트 값이 나오거나 7이 나올 때까지 게임이 계속되므로 시퀀스에도 계속 값이 추가된다.

클래스 계층 구조로서 설계하기

roll_iter(), roll(), craps_game()들은 밀접한 관계를 갖고 있으므로 한 개의 클래스 정의로 캡슐화하는 편이 더 나을 수 있다. 이 함수들의 기능을 모두 포함하는 클래스 정의는 다음과 같다.

```
class CrapsSimulator:
    def __init__(self, seed=None):
        self.rng = random.Random(seed)
        self.faces = None
        self.total = None

    def roll(self, n=2):
        self.faces = list(self.rng.randint(1, 6) for _ in range(n))
        self.total = sum(self._faces)

    def craps_game(sel):
        self.roll()
        if self.total in [2, 3, 12]:
            return [self.faces]
        elif self.total in [7, 11]:
            return [self.faces]
        elif self.total in [4, 5, 6, 8, 9, 10]:
            point, sequence = self.total, [self.faces]
            self.roll()
            while self.total not in [7, point]:
                sequence.append(self.faces)
                self.roll()
            sequence.append(self.faces)
            return sequence
        else:
            raise Exception("Horrifying Logic Bug")

    def roll_iter(total_games):
        for i in range(total_games):
            sequence = self.craps_game()
            yield sequence
```

이 클래스의 초기화 함수는 자체적으로 난수 생성기를 포함하고 있다. 시드 값을 입력받을 수 있고, 내부 알고리즘이 시드 값을 선택할 수도 있다. `roll()` 메소드는 `self.total`과 `self.faces` 인스턴스 변수들을 설정한다.

`craps_game()` 메소드는 한 번의 크랩스 게임 중에 주사위 굴리기 시퀀스를 생성한다.

roll() 메소드와 두 개의 인스턴스 변수 self.total, self.faces를 사용해 주사위의 상태를 추적한다.

roll_iter() 메소드는 크랩스 게임들의 시퀀스를 생성한다. 이 메소드의 시그니처가 roll_iter() 메소드와 똑같지 않다는 점에 주의하자. 이 클래스에서는 난수 생성을 위한 시드 값 지정과 게임 생성 알고리즘이 분리돼 있기 때문이다.

CrapsSimulator 클래스를 사용하도록 main() 함수를 수정하는 작업은 독자 여러분에게 맡기기로 한다. 메소드 이름들이 원래의 함수 이름과 비슷하기 때문에 그리 복잡한 작업은 아닐 것이다.

참고 사항

- argparse를 사용하는 명령행 입력에 대해서는 5장의 'argparse로 명령행 입력을 받는 방법' 레시피를 참조한다.
- 설정 파일을 추적하는 방법에 대해서는 '설정 파일을 찾는 방법' 레시피를 참조한다.
- 로깅에 대해서는 'logging 모듈을 사용해 제어용 출력을 생성하는 방법' 레시피를 참조한다.
- 이번 레시피의 디자인 패턴을 따르는 애플리케이션들을 합치는 방법에 대해서는 '두 개의 애플리케이션을 하나로 합치는 방법' 레시피를 참조한다.

logging 모듈을 사용해 제어용 출력을 생성하는 방법

조금 전에 '통합하기 쉬운 스크립트를 설계하는 방법' 레시피에서는 애플리케이션을 세 가지 요소로 나눠서 설계했었다.

- 입력을 수집
- 출력을 생성

- 입력과 출력을 연결하는 핵심 처리

애플리케이션이 생성할 수 있는 출력 결과는 다양하다.

- 사용자가 의사 결정을 내리거나 행동을 취하는 데 도움을 주는 출력 결과
- 프로그램이 정상적으로 동작을 완료했는지 확인하기 위한 제어 정보
- 데이터베이스 내에서의 상태 변경을 추적하기 위한 감사 정보
- 애플리케이션이 제대로 동작하지 않은 이유를 포함하는 에러 메시지

이처럼 다양한 출력 결과들을 전부 `print()` 함수에 넣어서 표준 출력으로 표시하는 것은 그다지 좋은 방법이 아니다. 한 개의 스트림에 너무 많은 출력 결과가 섞여서 헛갈리기 쉽기 때문이다.

운영체제는 표준 출력과 표준 오류라는 두 가지 출력 파일을 제공한다. 파이썬에서는 이들을 각각 `sys` 모듈의 `sys.stdout`과 `sys.stderr`로 접근할 수 있다. `print()` 함수는 기본적으로 `sys.stdout`에 기록하지만 제어, 감사, 에러 메시지는 `std.stderr`로 기록하도록 변경할 수 있다. 그리고 이렇게 하는 것이 분명히 올바른 접근 방식이다.

파이썬이 제공하는 `logging` 패키지는 보조적인 출력들을 별도의 파일로 보낼 수 있다. 또 출력 결과를 포매팅하고 필터링할 수도 있다.

`logging` 모듈을 효과적으로 사용하려면 어떻게 해야 할까?

준비

'통합하기 쉬운 스크립트를 설계하는 방법' 레시피에서는 크랩스 카드 게임의 시뮬레이션 결과를 포함하는 YAML 파일을 생성하는 애플리케이션을 작성했다. 이번 레시피에서는 이 시뮬레이션 결과를 사용해 통계적 요약 값을 계산하는 애플리케이션을 작성해보자. 이 애플리케이션을 `overbiew_stat.py`라고 부를 것이다.

핵심 처리, 입력, 출력을 분리하는 패턴을 따르기 때문에 main() 함수는 다음과 같을 것이다.

```
def main():
    options = get_options(sys.argv[1:])
    if options.output is not None:
        report_path = Path(options.output)
        with report_path.open('w') as result_file:
            process_all_files(result_file, options.file)
    else:
        process_all_files(sys.stdout, options.file)
```

이 함수는 다양한 위치로부터 설정 옵션을 입력받는다. 출력 파일의 이름이 주어지면 with 문을 사용해 출력 파일을 생성한 후, 명령행 인수로 입력받은 파일들을 처리해 통계 요약 값을 기록한다.

출력 파일의 이름이 지정되지 않은 경우 sys.stdout 파일에 기록한다. 따라서 화면에 표시될 것이며, 운영체제의 명령행에서 > 연산자를 사용하면 파일로 리다이렉트할 수 있다.

process_all_files() 함수를 사용하고 있으며, 이 함수는 명령행 인수에 지정된 입력 파일들을 순회하면서 통계 값을 수집한다. 실제 코드는 다음과 같다.

```
def process_all_files(result_file, file_names):
    for source_path in (Path(n) for n in file_names):
        with source_path.open() as source_file:
            game_iter = yaml.load_all(source_file)
            statistics = gather_stats(game_iter)
            result_file.write(
                yaml.dump(dict(statistics), explicit_start=True)
            )
```

순회 가능한 객체인 file_name에 들어있는 각 파일에 gather_stats() 함수를 적용하고 있다. 그리고 그 결과를 result_file에 기록한다.

여기서는 핵심 처리 부분과 출력 부분이 혼합돼 있다는 점에서 이상적인 설계로 볼 수 없다. 이 결점을 해결하는 방법은 '두 개의 애플리케이션을 하나로 합치는 방법' 레시피에서 다룰 것이다.

핵심 처리는 gather_stats() 함수에서 수행된다. 인수로서 제공받은 파일로부터 게임 결과를 입력받고 이로부터 통계 요약 값을 계산한다. 계산된 요약 객체는 화면에 표시되거나 (이번 예제처럼) YAML 파일에 추가될 것이다.

```
def gather_stats(game_iter):
    counts = Counter()
    for game in game_iter:
        if len(game) == 1 and sum(game[0]) in (2, 3, 12):
            outcome = "loss"
        elif len(game) == 1 and sum(game[0]) in (7, 11):
            outcome = "win"
        elif len(game) > 1 and sum(game[-1]) == 7:
            outcome = "loss"
        elif len(game) > 1 and sum(game[0]) == sum(game[-1]):
            outcome = "win"
        else:
            raise Exception("Wait, What?")
        event = (outcome, len(game))
        counts[event] += 1
    return counts
```

이 함수는 네 개의 게임 종료 규칙 중에서 어느 것이 주사위 굴리기 시퀀스에 적용됐는지 알아낸다. 우선, process_all_files() 함수 정의에서 load_all() 함수를 사용해 YAML 문서들을 순회하면서 얻은 입력 파일인 game_iter를 인수로서 제공받는다. 각 YAML 문서는 한 번의 게임에 해당되며 주사위 굴리기 값들의 시퀀스로서 표현된다.

게임의 최종 결과는 최초의(그리고 최후의) 굴리기 값을 사용해서 결정된다. 게임 종료 규칙은 네 개며, 논리적으로 가능한 모든 조합이 열거된다. 혹시라도 이 네 개의 규칙에 해당하지 않는 경우가 발견되면 예외가 발생해 메시지가 표시될 것이다.

event 객체는 게임의 최종 결과와 그 길이(굴리기 횟수)를 포함하는데, 각 event별로 발생한 횟수가 Counter 객체에 누적된다. 여기서는 게임의 최종 결과와 길이만 계산하지만, 더 정교한 통계 분석도 얼마든지 가능할 것이다.

이 함수는 파일과 관련된 처리는 고려할 필요가 없도록 세심하게 설계됐다. 입력받는 게임 데이터가 순회 가능 객체기만 하면 문제없이 동작할 것이다.

이 애플리케이션을 실행한 결과는 다음과 같다. YAML 문서이므로 그리 예쁘지는 않다.

```
slott$ python3 ch13_r06.py x.yaml
--
? !!python/tuple [loss, 2]
: 2
? !!python/tuple [loss, 3]
: 1
? !!python/tuple [loss, 4]
: 1
? !!python/tuple [loss, 6]
: 1
? !!python/tuple [loss, 8]
: 1
? !!python/tuple [win, 1]
: 1
? !!python/tuple [win, 2]
: 1
? !!python/tuple [win, 4]
: 1
? !!python/tuple [win, 7]
: 1
```

지금까지 살펴봤던 함수들에 로깅 기능을 추가하고 싶다고 하자. 어느 파일을 읽고 있는지, 그리고 파일 처리 중에 오류나 문제가 발생했는지를 보여주기 위해서다.

우리가 생성하려고 하는 로그는 두 개다. 하나는 세부 정보를 포함하고 다른 하나는 최소한의 요약 정보만을 포함한다. 첫 번째 로그는 sys.stderr로 보내지므로 프로그램 실행

시 화면에 표시될 것이고, 두 번째 로그는 애플리케이션의 모든 사용 내역이 기록될 로그 파일에 추가될 것이다.

이와 같은 요구를 만족시킬 수 있는 한 가지 방법은 서로 다른 목적의 로거 두 개를 생성하는 것이다. 이때 각 로거의 설정 값은 상당히 달라야 한다. 또 다른 방법은 한 개의 로거를 생성하되, 필터 객체를 사용해 각 로거에 맞도록 내용을 구분하는 것이다. 이번 예제는 두 개의 로거를 생성하는 방법을 사용할 것이다. 개발 및 단위 테스트가 더 쉽기 때문이다.

로거는 메시지의 심각도를 반영하는 메소드들을 다양하게 포함하고 있다. `logging` 패키지에 정의된 심각도 수준은 다음과 같다.

- DEBUG: 일반적으로 화면에 표시되지 않는다. 디버깅을 지원하기 위한 것이기 때문이다.
- INFO: 정상적인 실행 경로에 따른 처리 관련 정보를 제공한다.
- WARNING: 어떤 식으로 처리 시 문제가 발생할 수 있음을 의미한다. 가장 널리 쓰이는 예는 함수 혹은 클래스가 노후화된 경우다. 동작은 하지만 가급적 대체하는 것이 바람직한 것이다. 화면에 표시되는 것이 일반적이다.
- ERROR: 유효하지 않은 처리로서 출력 결과는 틀렸거나 불완전하다. 장기간에 걸쳐 실행되는 서버에서는 개별 처리에 문제가 발생해도 서버 전체적으로는 계속 동작할 수 있는 경우가 많다.
- CRITICAL: ERROR 중에서도 매우 심각한 것이다. 일반적으로 장기간에 걸쳐 실행되는 서버조차도 더 이상 동작을 계속할 수 없는 치명적인 상황을 의미한다.

메소드 이름은 심각도 이름과 거의 비슷하다. 예를 들어 `logging.info()` 메소드는 INFO 수준의 메시지를 기록한다.

예제 구현

1. 먼저 기존 함수들에 로깅 기능을 구현할 것이다. 이를 위해 logging 모듈이 필요하다.

```
import logging
```

다음의 모듈들도 애플리케이션 여기저기에 필요하다.

```
import argparse
import sys
from pathlib import Path
from collections import Counter
import yaml
```

2. 두 개의 로거 객체를 전역 변수로서 생성할 것이다. 따라서 전역 변수를 생성하는 스크립트 내의 어느 곳에라도 로거 객체를 생성하는 함수를 둘 수 있다. 가급적 일찍(import문의 바로 뒤에) 두는 방법도 있고, 가급적 늦게(하지만 __name__ == "__main__" 바깥에) 두는 방법도 있다. 모듈이 라이브러리로서 임포트되는 경우에도 이러한 변수들은 반드시 생성돼야 한다.

로거의 이름은 계층적으로 구성된다. 애플리케이션의 이름 뒤에 그 내용을 나타내는 접미어가 붙는다. 예를 들어 overview_stats.detail 로거는 처리 세부 정보를 포함하며, overview_stats.write 로거는 읽고 쓰기의 대상이 되는 파일을 식별한다. 이것은 감사 로그의 개념과 비슷하다. 출력 파일 내의 상태 변경을 추적하는 내용이 파일에 기록되기 때문이다.

```
detail_log = logging.getLogger("overview_stats.detail")
write_log = logging.getLogger("overview_stats.write")
```

현재로서는 이 로거들을 설정할 필요가 없다. 특별한 설정을 하지 않은 로거 객체들은 로그 항목들을 받기만 할 뿐 이를 갖고 아무런 처리도 수행하지 않을 것이다.

3. main( ) 함수를 재작성한다. write_logger 로거 객체를 사용해 언제 새로운 파일이 생성됐는지 보여주는 코드가 추가된다.

```
def main():
    options = get_options(sys.argv[1:])
    if options.output is not None:
        report_path = Path(options.output)
        with report_path.open('w') as result_file:
            process_all_files(result_file, options.file)
        write_log.info("wrote {}".format(report_path))
    else:
        process_all_files(sys.stdout, options.file)
```

write_log.info("wrote {}".format(result_path))는 기록된 파일의 로그에 INFO 메시지를 저장한다.

4. 언제 파일이 읽혀졌는지 알려주는 메모를 제공하도록 process_all_files() 함수를 재작성한다.

```
def process_all_files(result_file, file_names):
    for source_path in (Path(n) for n in file_names):
        detail_log.info("read {}".format(source_path))
        with source_path.open() as source_file:
            game_iter = yaml.load_all(source_file)
            statistics = gather_stats(game_iter)
        result_file.write(
            yaml.dump(dict(statistics), explicit_start=True)
        )
```

detail_log.info("read {}".format(source_path))는 읽혀진 파일의 모든 세부 로그에 INFO 메시지를 저장한다.

5. gather_stats() 함수에 정상적인 연산을 추적하는 로그가 추가된다. 또 논리 오류를 나타내는 로그 항목도 추가된다.

```
def gather_stats(game_iter):
    counts = Counter()
    for game in game_iter:
        if len(game) == 1 and sum(game[0]) in (2, 3, 12):
            outcome = "loss"
        elif len(game) == 1 and sum(game[0]) in (7, 11):
            outcome = "win"
```

```
        elif len(game) > 1 and sum(game[-1]) == 7:
            outcome = "loss"
        elif len(game) > 1 and sum(game[0]) == sum(game[-1]):
            outcome = "win"
        else:
            detail_log.error("problem with {}".format(game))
            raise Exception("Wait, What?")
        event = (outcome, len(game))
        detail_log.debug("game {} -> event {}".format(game, event))
        counts[event] += 1
    return counts
```

detail_log 로거는 디버깅 정보를 수집하는 데 사용된다. 로깅 수준을 DEBUG로 설정하면 이 정보가 화면에 표시되는 것을 볼 수 있다.

6. get_options() 함수에도 디버깅 기능이 추가된다. 로그 내의 설정 옵션을 화면에 표시함으로써 문제 진단을 도울 수 있다.

```
def get_options(argv):
    parser = argparse.ArgumentParser()
    parser.add_argument('file', nargs='*')
    parser.add_argument('-o', '--output')
    options = parser.parse_args(argv)
    detail_log.debug("options: {}".format(options))
    return options
```

7. 로그 항목들을 보기 위한 간단한 설정 기능을 추가하자. 두 개의 로거가 정상 동작 중이며 제대로 사용되고 있음을 간단히 확인하는 역할을 한다.

```
if __name__ == "__main__":
    logging.basicConfig(stream=sys.stderr, level=logging.INFO)
    main()
```

basicConfig() 함수가 생성하는 기본 핸들러 객체는 모든 로그 메시지들을 지정된 스트림에 출력한다. 이 핸들러는 루트 로거에 대입되므로, 이 로거의 모든 자식 로거들에도 적용된다. 따라서 앞서 생성된 두 개의 로거 모두 동일 스트림에 기록될 것이다.

이 스크립트를 실행한 결과는 다음과 같다.

```
slott$ python3 ch13_r06a.py -o sum.yaml x.yaml
INFO:overview_stats.detail:read x.yaml
INFO:overview_stats.write:wrote sum.yaml
```

로그가 두 줄로 출력된 것을 볼 수 있다. 둘 다 심각도 수준은 INFO다. 첫 번째 줄은 overview_stats.detail 로거에서 읽은 것이고, 두 번째 줄은 overview_stats.write 로거에서 읽은 것이다. 기본 설정은 모든 로거를 sys.stdout로 보낸다.

8. 로거별로 다른 위치에 보내려면 basicConfig()보다 정교한 설정 함수가 필요하다. logging.config 모듈의 dictConfig() 메소드를 사용할 것인데, 이 메소드는 완전한 설정 옵션들을 제공할 수 있다. 가장 쉬운 사용 방법은 YAML 설정 파일을 작성한 후 yaml.load() 함수를 사용해 내부적으로 dict 객체로 변환하는 것이다.

```
    import logging.config
    config_yaml = '''
version: 1
formatters:
    default:
        style: "{"
        format: "{levelname}:{name}:{message}"
        # 예: INFO:overview_stats.detail:read x.yaml
    timestamp:
        style: "{"
        format: "{asctime}//{levelname}//{name}//{message}"

handlers:
    console:
        class: logging.StreamHandler
        stream: ext://sys.stderr
        formatter: default
    file:
        class: logging.FileHandler
        filename: write.log
```

```
        formatter: timestamp

loggers:
    overview_stats.detail:
        handlers:
        -   console
        overview_stats.write:
            handlers:
            -   file
            -   console
root:
    level: INFO
'''
```

YAML 문서는 삼중 따옴표 내에 들어가며 길이에 제한이 없다. 여기서는 다섯 개의 키를 정의하고 있다.

- version 키의 값은 반드시 1이어야 한다.
- formatters 키의 값은 로그 포맷을 정의하는데, 이 값이 지정되지 않으면 기본 포맷이 사용되며 심각도 수준 등의 정보 없이 메시지 본문만 표시된다.
  - default 포매터는 basicConfig() 함수가 생성한 포맷을 그대로 반영한다.
  - timestamp 포매터는 더 복잡한 포맷으로서 날짜-시간 스탬프를 포함한다. 파싱하기 쉽도록 열 구분자로서 //가 사용됐다.
- handlers 키는 두 개의 로거에 대한 두 개의 핸들러를 정의한다. console 핸들러는 sys.stderr 스트림에 기록한다. 이 핸들러가 사용할 포매터를 지정했으며, 이 정의는 basicConfig() 함수가 생성한 설정에 대응된다.

file 핸들러는 파일에 기록한다. 파일을 열 때 사용되는 기본 모드는 a로서, 이 모든 기존 파일에 내용을 추가하며 파일 크기에 제한이 없다. 반면에 크기가 제한된 파일들을 번갈아 사용하는 핸들러들도 있다. 파일명과 포매터를 명시적으로 지정했는데, 이 포매터는 화면에 보이는 것보다 더 자세한 세부 정보를 파일에 저장한다.

- loggers 키는 애플리케이션이 생성할 두 개의 로거를 위한 설정을 제공한다. overview_stats.detail로 시작하는 로거는 console 핸들러에 보내지며,

overview_stats.write로 시작하는 로거는 console 핸들러와 file 핸들러에 모두 보내진다.

- root 키는 최상위 로거를 정의한다. 코드에서 이 로거를 참조할 때는 ''(빈 문자열)로서 참조된다. 루트 로거에 설정된 심각도 수준은 그 이하의 모든 자식 로거들에 동일하게 적용된다.

9. main() 함수를 다음과 같이 감싼다.

```
logging.config.dictConfig(yaml.load(config_yaml))
main()
logging.shutdown()
```

10. 먼저 로깅을 시작하고 애플리케이션의 핵심 처리 작업을 수행한 후에 버퍼를 비우고 파일을 모두 닫는다.

예제 분석

애플리케이션에 로깅 기능을 추가하는 과정은 3단계를 거친다.

- 로거 객체를 생성
- 중요한 상태 변경이 일어나는 위치 부근에 로그 요청을 배치
- 로깅 시스템을 전반적으로 설정

로거를 생성하는 방법은 다양하다. 심지어 무시해도 될 때가 있다. 기본적으로 logger 모듈을 로거 그 자체로서 사용할 수 있기 때문이다. 예를 들어 logging.info() 메소드를 사용하면 암묵적으로 루트 로거가 사용될 것이다.

좀 더 일반적인 방법은 모듈과 같은 이름의 로거를 생성하는 것이다.

```
logger = logging.getLogger(__name__)
```

최상위 메인 스크립트일 경우 이름은 __main__가 될 것이다. 임포트된 모듈이라면 그 모듈의 이름과 일치한다.

복잡한 애플리케이션에서는 저마다 다른 목적의 다양한 로거들이 존재한다. 이런 경우에는 단순히 모듈 이름을 따라 로거의 이름을 붙이는 것으로는 충분하지 않다.

로거에 이름을 지정할 때는 다음의 두 가지 기준을 따를 수 있다. 둘 중에서 한 가지 기준을 선택한 후, 애플리케이션 전체에 걸쳐 일관되게 적용하는 것이 바람직하다.

- 패키지와 모듈 계층 구조를 따르는 방법. 따라서 어떤 클래스에 적용되는 로거의 이름은 `package.module.class`가 된다. 동일 모듈에 속하는 다른 클래스들도 공통의 부모 로거 이름을 가질 것이다. 마지막으로 패키지, 모듈, 클래스에 해당하는 로깅 심각도를 설정한다.
- 사용자 혹은 유스케이스에 기반한 계층 구조를 따르는 방법. 최상위 이름은 사용자 혹은 로그의 목적을 구별한다. 예를 들면 `event`, `audit`, `debug` 등이 사용될 수 있을 것이다. 따라서 모든 감사 로그의 이름은 `audit.`으로 시작한다. 특정 부모 로거 아래의 자식 로거들을 모두 특정 핸들러로 보내기에 편리하다.

이번 레시피에서는 첫 번째 스타일을 사용할 것이다. 즉, 로거의 이름은 소프트웨어의 구조를 따른다. 중요한 상태 변경 부근에 로깅 요청을 배치하는 것이 좋은데, 한 개의 로그 내에 수많은 상태 변경이 존재할 수 있다.

- 영속적 자원에 어떤 변경이 발생하면 `INFO` 수준의 메시지를 포함시키는 것이 좋다. 운영체제상의 변경(주로 파일시스템)도 로깅하기에 적합하고, 데이터베이스를 갱신하거나 웹 서버의 상태를 변경하는 요청 역시 로깅하는 것이 바람직하다.
- 영속적인 상태 변경을 초래하는 문제점은 `ERROR` 수준의 메시지를 포함시켜야 한다. 운영체제 수준의 예외를 포착했을 때도 역시 마찬가지다.
- 매우 길고 복잡한 계산이 수행되고 있을 때는 특히 중요한 대입문이 실행된 직후에 `DEBUG` 수준의 메시지를 기록하면 도움이 된다. 길고 복잡한 계산을 (테스트하기 쉽도록) 더 작은 단위로 쪼개야 한다는 힌트 역할을 할 수 있기 때문이다.
- 내부 애플리케이션 자원에 대한 어떤 변경도 `DEBUG` 메시지를 기록할 필요가 있다. 객체의 상태 변경을 로그를 통해 추적하기 위해서다.

- 애플리케이션이 잘못된 상태로 진입했을 때도 로깅해야 한다. 주로 예외가 발생한 경우가 이에 해당되는데, assert문을 사용해 프로그램의 상태를 탐지하고 문제 탐지 시 예외를 발생시킬 수 있다. 예외는 EXCEPTIONS 수준으로 기록될 수 있고, 조용히 넘어가거나 변환되는 예외인 경우 DEBUG 수준으로 기록될 수도 있다. 혹은 CRITICAL이나 ERROR 수준으로 기록돼야 하는 심각한 예외도 존재한다.

애플리케이션 로깅의 세 번째 요소인 로거 설정은 로깅 요청을 적절한 목적지로 보내는 것과 관련된다. 아무 설정을 하지 않은 경우 로거는 조용히 로그 이벤트를 생성하지만 화면에 표시하지는 않는다.

최소한의 설정만으로 모든 로그 이벤트들이 화면에 표시되도록 할 수 있다. basicMethod() 메소드를 사용할 수 있으며, 번거로운 설정 없이도 수많은 유스케이스를 포괄할 수 있다. 스트림 대신에 파일명을 사용할 수 있으며, 가장 중요한 기능은 basicConfig() 메소드를 사용해 루트 로거의 로깅 수준을 설정함으로써 모든 로거에서 디버깅을 활성화하는 것이다.

앞서의 예제에서 두 개의 핸들러 StreamHandler와 FileHandler를 사용했지만, 이 밖에도 수십 개의 핸들러 객체들을 사용할 수 있다. 각 핸들러마다 고유한 로그 메시지 수집 및 표시 기능을 제공한다.

참고 사항

- 이 애플리케이션의 다른 기능에 관해서는 '통합하기 쉬운 스크립트를 설계하는 방법' 레시피를 참조한다.

두 개의 애플리케이션을 하나로 합치는 방법

'통합하기 쉬운 스크립트를 설계하는 방법' 레시피에서는 주사위 굴리기를 시뮬레이션해 통계 데이터를 생성하는 간단한 애플리케이션을 작성했다. 또 'logging 모듈을 사용해 제어용 출력을 생성하는 방법' 레시피에서는 통계 요약 값을 계산하는 애플리케이션을 작성했다. 이번 레시피에서는 이 두 개의 애플리케이션을 결합해 통계 데이터의 생성 및 요약을 모두 수행하는 한 개의 통합 애플리케이션을 작성해볼 것이다.

다양한 방법으로 두 개의 애플리케이션을 결합할 수 있다.

- 셸 스크립트에서 시뮬레이터를 실행한 후 통계 요약 프로그램을 실행한다.
- 파이썬 프로그램이 셸 스크립트를 대신한다. `runpy` 모듈을 사용해 각 프로그램을 실행한다.
- 각 애플리케이션의 핵심 기능들을 갖춘 통합 애플리케이션을 조립한다.

'통합하기 쉬운 스크립트를 설계하는 방법' 레시피에서는 애플리케이션의 세 가지 요소를 설명했었다.

- 입력을 수집
- 출력을 생성
- 입력과 출력을 연결하는 핵심 처리

그리고 파이썬 언어의 컴포넌트들을 한 개의 애플리케이션으로 결합할 수 있는 디자인 패턴을 알아봤다.

애플리케이션들을 결합해 통합 애플리케이션을 생성하려면 어떻게 해야 할까?

준비

'통합하기 쉬운 스크립트를 설계하는 방법' 레시피와 'logging 모듈을 사용해 제어용 출력을 생성하는 방법' 레시피에서는 입력 수집, 핵심 처리, 출력 생성을 분리하는 디자인 패턴을 따랐다. 이러한 디자인 패턴은 서로 관련된 부분들을 한데 모아서 상위 수준의 구조로 결합하는 것이 목적이었다.

이때 두 개의 애플리케이션 간에 약간의 불일치가 있었다는 점에 주목하자. 데이터베이스 공학(그리고 전기공학)의 용어를 빌려서 이를 임피던스 불일치impedence mismatch라고 부를 것이다. 전기공학에서 임피던스 불일치는 회로 설계와 관련된 문제로서 변압기transformer를 사용하면 해결할 수 있다. 이 장치는 회로의 컴포넌트들 간의 임피던스를 맞추는 데 사용된다.

데이터베이스 공학에서 이 문제는 데이터베이스가 정규화된 (단순 구조의) 데이터를 저장하고 있으나 프로그래밍 언어는 구조가 복잡한 객체를 사용하는 상황에서 발생한다. SQL 데이터베이스에서는 흔히 발생하는 문제며, `SQLAlchemy` 패키지와 같은 ORMObject Relational Management 계층이 문제 해결을 위해 사용된다. 이 계층은 전기공학에서의 변압기와 같은 역할을 한다. 즉 단순 구조의 데이터베이스 데이터와 복잡한 파이썬 객체 사이에서 해석을 담당한다.

통합 애플리케이션을 구축할 때 임피던스 불일치는 주요 이슈 중 하나다. 시뮬레이터는 통계 요약 값 계산 프로그램보다 더 자주 실행되도록 설계된다. 주요 이슈를 해결할 수 있는 방법들은 다음과 같다.

- 총체적 재설계: 이미 두 개의 컴포넌트 애플리케이션을 사용 중인 사용자들이 꽤 있을 경우, 이 방법은 현실적인 대안이 되지 못한다. 하지만 만일 그렇지 않다면, 문제점을 해결하고 기술적 한계를 해결할 수 있는 좋은 기회가 될 수 있다.
- 이터레이터를 포함: `for`문을 추가해 시뮬레이션을 여러 번 실행한 후 최종적으로 한 개의 요약 객체를 생성하는 방법이다. 원래의 설계 의도에 부합한다.

- 단일 항목 리스트List of One: 통합 애플리케이션은 시뮬레이션을 한 번 실행하고 그 결과를 요약 프로그램에 제공한다. 더 많은 요약을 수행하도록 구조를 변경해야 하며, 요약 값들을 합쳐서 한 개의 결과 값을 생성한다.

어느 방법을 선택할지는 애초에 애플리케이션을 합치려는 의도에 따라 결정되며, 기존 사용자 숫자에 따라 정해지기도 한다. 이번 레시피에서는 1,000번의 시뮬레이션을 통해 1,000개의 표본 데이터가 필요한 것으로 가정하기 때문에 '이터레이터를 포함' 패턴을 따라 통합 애플리케이션을 작성할 것이다.

독자 여러분의 경우 연습을 위해 다른 방법을 직접 구현해봐도 좋다. 예를 들어 한 번의 시뮬레이션에서 무려 100,000개의 표본을 실행하는 경우라면 단일 항목 리스트 패턴을 따르도록 요약 프로그램을 작성하는 것이 낫다.

또 다른 방법으로서, 동시 실행되는 다수의 프로세스들에 100회의 시뮬레이션을 분배시켜서 실행하는 것을 생각할 수 있다. 이렇게 하면 많은 수의 표본을 생성하는 데 걸리는 시간을 줄일 수 있다. 이것은 이터레이터를 포함 패턴의 변형이라고 볼 수 있다.

예제 구현

1. 한 개의 프로세스를 서로 독립적인 입력 혹은 출력을 담당하는 함수들로 분할하는 디자인 패턴을 따른다. '통합하기 쉬운 스크립트를 설계하는 방법' 레시피를 참조한다.

2. ch13_r05와 ch13_r06 모듈로부터 핵심 함수들을 임포트한다.

```
from ch13_r05 import roll_iter
from ch13_r06 import gather_stats
```

3. 그 밖의 필수 모듈을 임포트한다. 이번 예제의 요약 값을 생성하기 위해 Counter 클래스의 함수가 필요하다.

```
from collections import Counter
```

4. 다른 애플리케이션에 포함된 기존 함수들을 조합하는 새로운 함수를 생성한다. 이 함수의 출력은 다른 함수의 입력이 될 것이다.

```
def summarize_games(total_games, *, seed=None):
   game_statistics = gather_stats(roll_iter(total_games, seed=seed))
   return game_statistics
```

중간 결과들을 생성하면서 여러 함수들을 파이프라인 형태로 조합하는 방법이 널리 사용된다. 맵-리듀스 형태의 파이프라인을 구성하는 함수들이라면 특히 효과적이다.

```
def summarize_games_2(total_games, *, seed=None):
    game_roll_history = roll_iter(total_games, counts, seed=seed)
    game_statistics = gather_stats(game_roll_history)
    return game_statistics
```

중간 변수들을 사용하면서 처리 과정을 몇 단계로 분할했다. game_roll_history 변수에는 roll_iter() 함수의 출력 값이 대입된다. 이 제네레이터 함수의 출력은 gather_states() 함수에 입력으로서 제공되며, gather_states() 함수의 출력은 game_statistics 변수에 저장된다.

5. 이 파이프라인을 사용하는 출력 포매팅 함수를 작성한다. 여기서 합성 프로세스는 summarize_games() 함수를 실행하며, 출력 리포트로 작성한다.

```
def simple_composite(games=100000):
    start = time.perf_counter()
    stats = summarize_games(games)
    end = time.perf_counter()
    games = sum(stats.values())
    print('games', games)
    print(win_loss(stats))
    print("{:.2f} seconds".format(end-start))
```

6. 명령행 옵션들은 argparse 모듈을 사용해 수집한다. '통합하기 쉬운 스크립트를 설계하는 방법' 레시피 등에 이 모듈의 사용법이 설명돼 있다.

예제 분석

이번 설계의 핵심은 애플리케이션의 여러 관심사들을 별개의 함수 또는 클래스로 분리하는 것이다. 두 개의 컴포넌트 애플리케이션은 처음부터 입력, 핵심 처리, 출력을 구분해 설계돼 있기 때문에 쉽게 임포트하고 재사용할 수 있다. 또 원래의 컴포넌트 애플리케이션들은 수정되지 않은 채 그대로 유지된다.

이번 설계의 목적은 복사 및 붙여쓰기를 하는 대신에 현재 사용 중인 모듈로부터 함수를 임포트하는 것이다. 한 파일에서 함수를 복사해 다른 파일에 붙여쓰기하면, 원래의 함수 정의에 변경이 발생했을 경우 붙여쓰기된 함수 정의에 자동으로 반영되지 않기 때문에 불일치가 생길 확률이 높다. 두 개의 함수 정의는 서서히 차이를 벌려나갈 것이며, 이를 가리켜 코드 부패code rot라고도 부른다.

클래스나 함수가 여러 가지 일을 할수록 재사용 가능성은 줄어든다. 이를 가리켜서 재사용의 역거듭제곱 법칙Inverse Power Of Reuse이라고 부른다. 클래스 혹은 함수의 재사용 가능성 $R(c)$는 클래스 혹은 함수 $F(c)$에 포함된 기능의 개수에 반비례한다는 것이다.

$$R(c) \propto 1 / F(c)$$

한 개의 기능만 있으면 재사용 가능성이 높고, 다수의 기능이 있으면 컴포넌트의 재사용 기회는 감소한다.

'통합하기 쉬운 스크립트를 설계하는 방법' 레시피와 'logging 모듈을 사용해 제어용 출력을 생성하는 방법' 레시피에서 작성했던 애플리케이션들을 보면, 핵심 함수들은 특정 기능만 수행했다는 것을 알 수 있다. `roll_iter()` 함수는 게임을 시뮬레이션해 그 결과를 반환했고, `gather_stats()` 함수는 입력 데이터로부터 통계 값을 수집했다.

물론 기능의 개수라는 말은 매우 추상적이다. 미시적 관점에서 보면, 여전히 이 함수들은 많은 수의 작은 작업들을 수행한다. 거시적 관점에서 보면, 이 함수들은 다른 함수들의 도움을 받아서 한 개의 애플리케이션을 구성하고 있다. 이 관점에서 개별 함수는 어떤 기능의 단지 일부분에 불과하다.

우리는 소프트웨어의 기술적 측면에서 바라본 기능에 집중할 것이다. 이것은 애자일 프로그래밍에서 말하는, 다양한 사용자 시나리오 배후에 있는 통합적 개념으로서의 기능과는 관계가 없다. 지금 말하는 것은 입력, 출력, 처리 작업, 운영체제 자원, 종속성 등 소프트웨어 아키텍처의 기술적 측면과 관련된 기능을 가리키는 것이다.

실제로 이러한 기술적 측면의 기능은 사용자 시나리오와 긴밀히 연결된다. 따라서 거시적인지, 미시적인지에 대한 질문은 사용자가 인지하는 소프트웨어 속성의 영역에 해당된다. 즉, 사용자 관점에서 여러 기능을 갖고 있는 클래스나 함수는 재사용되기 쉽지 않다.

이번 레시피에서 첫 번째 애플리케이션은 파일을 생성하고, 두 번째 애플리케이션은 이를 요약했다. 하지만 사용자들은 이러한 구분이 중요하지 않거나 모호하다고 말할 수도 있다. 그럴 경우, 기존의 2단계를 1단계로 통합하도록 재설계해야 할 것이다.

부연 설명

소프트웨어 아키텍처 측면에서 애플리케이션의 일부분으로서 통합을 고려할 만한 세 가지 기능을 살펴보자.

- 리팩터링: '두 개의 애플리케이션을 하나로 합치는 방법' 레시피에서는 처리와 출력을 정확히 구분하지 않았다. 통합 애플리케이션을 생성하려면 이 부분을 개선할 필요가 있다.
- 동시성: `roll_iter()` 인스턴스를 병렬로 실행하기 위해 다수의 CPU 코어를 사용한다.
- 로깅: 여러 애플리케이션을 통합하면 로깅도 복잡해질 수 있다.

리팩터링

어떤 경우에는 특정 기능을 추출하기 위해 소프트웨어 코드를 재배치해야 할 때가 있다. 예를 들어 `ch13_r06` 모듈에 있는 다음 함수를 보자.

```
def process_all_files(result_file, file_names):
    for source_path in (Path(n) for n in file_names):
        detail_log.info("read {}".format(source_path))
        with source_path.open() as source_file:
            game_iter = yaml.load_all(source_file)
            statistics = gather_stats(game_iter)
            result_file.write(
                yaml.dump(dict(statistics), explicit_start=True)
            )
```

이 함수는 입력 파일 순회, 핵심 처리 작업, 출력 파일 생성을 모두 포함하고 있다. 이 중에서 출력 파일 기록을 수행하는 `result_file.write()`는 하나의 복합 문장이기 때문에 이 함수로부터 추출하기 어렵다.

출력 기능의 재사용성을 높이기 위해서는 `ch13_r06` 모듈을 리팩터링해 출력 기능이 `process_all_files()` 함수 내에 포함되지 않도록 해야 한다. 이 경우의 리팩터링은 그리 어렵지 않지만, 추상 클래스를 잘못 설계한 경우라면 리팩터링이 매우 힘들어진다.

`result_file.write(...)` 문장을 다른 함수로 대체해야 한다. 약간의 수정에 불과하므로, 이에 대해서는 독자 여러분에게 연습 문제로서 남겨둔다. 별도 함수로 정의해야 대체하기가 쉽다.

이렇게 리팩터링을 통해 새로 정의되는 함수는 다른 애플리케이션에서도 사용할 수 있다. 여러 애플리케이션들이 공통 함수를 사용하면 애플리케이션 간에 출력 파일의 호환성도 확보될 수 있다.

동시성

많은 시뮬레이션 뒤에 한 개의 요약 연산을 실행하는 것은 일종의 맵-리듀스 설계이기 때문이다. 시뮬레이션들은 다수의 CPU와 코어들을 사용해 동시에 실행될 수 있다. 하지만 최종 요약 값은 전체 시뮬레이션들로부터 통계적 축약을 통해 생성돼야 한다.

동시 프로세스들을 실행할 때는 운영체제의 기능을 사용해야 한다. POSIX 셸의 & 연산자는 서브프로세스를 생성할 수 있다. 윈도우의 start 명령도 비슷한 기능을 한다. 파이썬은 동시에 실행되는 시뮬레이션 프로세스들을 쉽게 생성할 수 있다.

이때 사용되는 모듈 중 하나가 concurrent 패키지의 futures 모듈이다. ProcessPoolExecuter의 인스턴스를 생성해 병렬로 실행되는 시뮬레이션 프로세스들을 구축할 수 있다. 이 인스턴스들에 요청을 보내고, 그로부터 받은 응답을 모으는 방법을 사용한다.

```
import concurrent.futures

def parallel():
    start = time.perf_counter()
    total_stats = Counter()
    worker_list = []
    with concurrent.futures.ProcessPoolExecutor() as executor:
        for i in range(100):
            worker_list.append(executor.submit(summarize_games, 1000))
        for worker in worker_list:
            stats = worker.result()
            total_stats.update(stats)
    end = time.perf_counter()

    games = sum(total_stats.values())
    print('games', games)
    print(win_loss(total_stats))
    print("{:.2f} seconds".format(end-start))
```

start, total_stats, worker_list라는 세 개의 객체를 초기화했다. start 객체는 프로세스가 시작된 시간을 포함한다. time.perf_counter() 함수는 가장 정확한 타이머 함수 중 하나다. total_stats는 Counter 객체로서 최종 통계 요약 값을 저장한다. worker_list는 개별 Future 객체들의 리스트로서 한 개의 요청당 한 개의 Future 객체가 생성된다.

ProcessPoolExecutor 메소드는 요청을 처리할 수 있는 worker 프로세스의 풀pool이 존재하는 컨텍스트를 정의한다. 이 풀에는 기본적으로 시뮬레이터 프로세서 개수만큼의 worker

프로세스들이 포함된다. 각 worker 프로세스는 입력받은 모듈을 임포트하는 executor를 실행할 것이다. worker 프로세스는 모듈 내에 정의된 함수와 클래스들을 사용할 수 있다.

submit( ) 메소드에는 인수들과 실행 함수가 전달된다. 이번 예제의 경우 100개의 요청이 이뤄지며, 각 요청은 1,000 게임을 시뮬레이션한 후 주사위 굴리기의 결과들을 반환한다. submit( ) 함수는 Future 객체를 반환하는데, 이 객체는 현재 동작 중인 요청을 모델링한 것이다.

순차 실행과 병렬 실행 간의 비교 결과는 다음과 같다.

```
games 100000
Counter({'loss': 50997, 'win': 49003}) ]
2.83 seconds
games 100000
Counter({'loss': 50523, 'win': 49477})
1.49 seconds
```

실행 시간이 절반으로 줄어든 것을 볼 수 있다. 100개의 요청이 동시에 실행됐으므로 실행 시간이 1/100로 줄어야 하는 것 아닐까? 하지만 실제로는 그렇게 되지 않는다. 서브프로세스 생성, 요청 데이터 전송, 결과 데이터 전송 과정에서 상당한 오버헤드가 발생하기 때문이다.

로깅

앞서 'logging 모듈을 사용해 제어용 출력을 생성하는 방법' 레시피에서 logging 모듈을 사용해 제어, 감사, 오류 출력을 하는 방법을 배웠다. 그런데 통합 애플리케이션을 작성하려면 각 애플리케이션의 로깅 기능을 조합해야 한다.

로깅은 크게 3단계로 이뤄진다.

1. 로거 객체를 생성한다. 일반적으로 logger = logging.get_logger('some_name')과 같은 문장을 사용할 수 있다. 클래스 혹은 모듈 수준에서 한 번만 수행된다.
2. 로거 객체를 사용해 이벤트를 수집한다. logger.info('some message')와 같은

문장을 사용할 수 있다. 애플리케이션의 여러 곳에 이 코드가 흩어져 있다.

3. 로깅 체계를 전반적으로 설정한다. 로그 설정은 크게 두 가지로 나뉜다.
   - 가급적 설정을 외부에 둔다. 다음 코드는 애플리케이션의 가장 외부에 있는 전역 스코프에서 로깅 설정을 수행한다.

     ```
     if __name__ == "__main__":
         # 로깅 설정은 여기에만 올 수 있다
         main()
         logging.shutdown()
     ```

     이렇게 하면 단 한 개의 로깅 설정만 존재하게 된다.
   - 클래스, 함수, 모듈 내의 어딘가에 설정을 저장한다. 이 경우에는 여러 모듈이 저마다 로깅 설정을 시도하는 상황이 일어날 수 있다. 문제가 발생하지 않도록 로깅 체계를 설정할 수 있지만, 디버깅할 때 혼란을 유발할 수 있다.

이 책에서는 언제나 첫 번째 방법을 따랐다. 모든 애플리케이션이 가장 외부의 전역 스코프에서 로깅을 설정하는 것이 통합 애플리케이션의 설정 방법을 이해하기 쉽기 때문이다.

하지만 다수의 로깅 설정이 존재하고 있다면 통합 애플리케이션은 다음 두 가지 접근법을 취할 수 있다.

- 통합 애플리케이션에 최종 설정을 포함시키고, 이 최종 설정은 그 이전에 정의된 로거들을 겹쳐 쓴다. 기본적으로 사용되는 방식이며, YAML 설정 문서에 `incremental: false`를 사용해 명시적으로 지정할 수 있다.
- 통합 애플리케이션은 다른 애플리케이션의 로거들을 유지하고, 단순히 필요한 수정만을 수행한다. YAML 설정 문서에 `incremental: true`를 사용해 지정할 수 있다.

`incremental: true`를 사용하는 증분적 설정은 로깅 설정을 별도로 분리하지 않는 애플리케이션들을 합치는 경우에 도움이 될 수 있다. 통합 애플리케이션의 로깅을 적절히 설정하기 위해 개별 애플리케이션의 코드를 읽고 이해하는 데 어느 정도 시간이 걸리기 때문이다.

참고 사항

- '통합하기 쉬운 스크립트를 설계하는 방법' 레시피에서는 애플리케이션 합성을 위한 핵심 패턴을 살펴봤다.

커맨드 디자인 패턴을 사용해 애플리케이션들을 합치는 방법

복잡한 애플리케이션 시스템들은 깃Git과 비슷한 패턴의 명령들을 흔히 사용한다. 기본 명령인 `git`이 있고, 그 아래에 수많은 서브명령들이 존재하는 패턴이다. 예를 들어 `git push`, `git commit`, `git pull`과 같이 명령을 사용할 수 있다.

이러한 설계에서 핵심이 되는 것은 개별 명령들의 컬렉션이라는 개념이다. 깃의 각 기능들은 특정 함수를 수행하는 별도의 클래스 정의로서 간주될 수 있다.

예를 들어 `git pull`이라는 명령을 입력했다면 이것은 깃 프로그램이 이 명령을 수행하기 위한 클래스를 찾는 과정이라고 볼 수 있다.

이처럼 서로 밀접하게 관련된 명령들의 집합을 어떻게 생성할 수 있을까?

준비

세 개의 명령으로 이뤄지는 애플리케이션이 있다고 하자. 이 애플리케이션은 앞서 배운 '통합하기 쉬운 스크립트를 설계하는 방법' 레시피, 'logging 모듈을 사용해 제어용 출력을 생성하는 방법' 레시피, '두 개의 애플리케이션을 하나로 합치는 방법' 레시피에서 설명한 애플리케이션들을 바탕으로 한다. 세 개의 애플리케이션은 각각 `craps simulate`, `craps summarize`, `craps simsum` 명령으로 실행할 수 있다.

해당 명령의 기능들은 `ch13_r05`, `ch13_r06`, `ch13_r07` 모듈에 포함돼 있는데, 이번 레시피의 목적은 커맨드Command 패턴을 사용해 이 세 개의 모듈을 한 개의 클래스 계층 구조로 재구성하는 것이다.

핵심 설계 원칙은 다음과 같다.

1. 클라이언트는 Command 추상 클래스에만 의존한다.
2. Command 클래스의 각 서브클래스들은 모두 같은 인터페이스를 가진다. 따라서 어느 것이든 서로 바꿔서 사용할 수 있다.

이번 레시피의 작업을 마치고 나면, 애플리케이션 스크립트는 Command의 서브클래스 어느 것이든 생성하고 실행할 수 있다.

예제 구현

1. 애플리케이션의 전체적인 구조는 인수 파싱과 명령 실행이라는 두 부분으로 구분된다. 각 서브명령은 처리 작업과 출력 작업을 둘 다 포함한다.

   Command 클래스의 정의는 다음과 같다.

   ```
   from argparse import Namespace

   class Command:
       def execute(self, options: Namespace):
           pass
   ```

   argparse.Namespace를 사용해 상당히 유연하게 명령 옵션을 각 서브클래스에 제공할 것이다. 꼭 이 네임스페이스를 사용해야 하는 것은 아니지만, 나중에 '통합 애플리케이션에서 인수와 설정을 관리하는 방법' 레시피를 구현할 때 더 편해진다. 옵션 파싱을 구현할 것이기 때문이다.

2. Simulate 명령을 구현하기 위한 Command의 서브클래스를 정의한다.

   ```
   import ch13_r05

   class Simulate(Command):
       def __init__(self, seed=None):
           self.seed = seed
       def execute(self, options):
           self.game_path = Path(options.game_file)
   ```

```
        data = ch13_r05.roll_iter(options.games, self.seed)
        ch13_r05.write_rolls(self.game_path, data)
```

ch13_r05 모듈의 처리 및 출력 부분을 이 클래스의 execute() 메소드 내부로 감싸고 있다.

3. Summarize 명령을 위한 Command의 서브클래스를 정의한다.

```
import ch13_r06

class Summarize(Command):
    def execute(self, options):
        self.summary_path = Path(options.summary_file)
        with self.summary_path.open('w') as result_file:
            ch13_r06.process_all_files(result_file, options.game_files)
```

파일 생성과 처리 부분을 execute() 메소드로 감싸고 있다.

4. 전체적인 프로세스는 main() 함수에서 수행된다.

```
from argparse import Namespace

def main():
    options_1 = Namespace(games=100, game_file='x.yaml')
    command1 = Simulate()
    command1.execute(options_1)

    options_2 = Namespace(summary_file='y.yaml', game_files=['x.yaml'])
    command2 = Summarize()
    command2.execute(options_2)
```

두 개의 명령 Simulate와 Summarize 클래스의 인스턴스를 각각 생성했다. 이 명령들을 실행해 시뮬레이션과 요약 값 계산이 결합된 기능을 제공할 수 있다.

예제 분석

서브명령들에 대해 상호 교환이 가능한 다형적 클래스를 정의하면 확장성이 높은 구조를 비교적 손쉽게 설계할 수 있다. Command 디자인 패턴은 개별 서브클래스들이 모두 동일한 시그니처를 가질 것을 권장한다. 어떤 명령이든 생성되고 실행될 수 있으며, 규칙을 따르기만 하면 새로운 명령도 쉽게 추가될 수 있기 때문이다.

SOLID 디자인 원칙의 하나로서 리스코프 대체 원칙Liskov Substitution Principle이 있으며, 이것은 Command 추상 클래스의 어떤 서브클래스든 부모 클래스 대신에 사용될 수 있음을 의미한다.

Command의 서브클래스는 모두 일관된 인터페이스를 갖는다.

- `__init__()` 메소드는 인수 파서가 생성한 네임스페이스 객체를 입력받는다. 각 클래스는 이 네임스페이스로부터만 값을 선택하며, 다른 것은 모두 무시한다. 따라서 서브명령은 자신에게 필요 없는 전역 인수를 무시할 것이다.
- `execute()` 메소드는 처리를 수행한 후 결과를 기록한다. 이것은 초기화 중에 제공된 값에 전적으로 의존한다.

커맨드 디자인 패턴을 사용하면 서브클래스들이 상호 교환될 수 있음을 보장한다. `main()` 스크립트는 `Simulate`나 `Summarize` 클래스의 인스턴스를 생성할 수 있다. 리스코프 대체 원칙은 둘 중에 어느 인스턴스든 실행될 수 있음을 의미한다. 인터페이스가 같기 때문이다. 이와 같은 유연성 덕분에 명령 옵션의 파싱과 클래스 인스턴스의 생성이 간편해진다. 이 개념을 확장해 개별 명령 인스턴스들의 시퀀스도 생성할 수 있다.

부연 설명

이번에 배운 디자인 패턴을 더 확장하면 통합 명령을 구현할 수 있다. 앞서 '두 개의 애플리케이션을 하나로 합치는 방법' 레시피에서는 통합 명령을 생성하는 한 가지 방법을 배웠다. 이번에는 이와 달리 기존 명령들의 조합을 구현하는 새로운 명령을 정의하는 방법을 사용할 것이다.

```
class CommandSequence(Command):
    def __init__(self, *commands):
        self.commands = [command() for command in commands]
    def execute(self, options):
```

```
        for command in self.commands:
            command.execute(options)
```

이 클래스는 *command 매개변수를 통해 다른 Command의 서브클래스들을 제공받는다. 모든 위치 인수 값들을 합치고, 이로부터 개별 클래스 인스턴스를 생성할 것이다.

이 CommandSequence 클래스는 다음과 같이 사용할 수 있다.

```
options = Namespace(games=100, game_file='x.yaml',
    summary_file='y.yaml', game_files=['x.yaml']
)
sim_sum_command = CommandSequence(Simulate, Summarize)
sim_sum_command.execute(options)
```

Simulate와 Summarize 클래스를 사용해 CommandSequence의 인스턴스를 생성했다. __init__( ) 메소드는 이 두 개 객체들의 시퀀스를 내부적으로 생성하고, 이어서 sim_sum_command 객체의 execute( ) 메소드는 두 개의 처리 단계를 순차적으로 수행할 것이다.

이 설계는 비록 단순하지만 세부 구현 정보가 많이 노출된다. 클래스 설계를 개선함으로써 Simulate 및 Summarize 클래스의 이름, 그리고 x.yaml 파일명을 캡슐화할 수 있을 것이다.

두 개의 명령에 특별히 초점을 맞추면, 좀 더 나은 CommandSequence 클래스의 서브클래스를 작성할 수 있다. 이 서브클래스 역시 Command의 다른 서브클래스들과 마찬가지로 init( ) 함수를 가진다.

```
class SimSum(CommandSequence):
    def __init__(self):
        super().__init__(Simulate, Summarize)
```

이 클래스 정의는 다른 두 개의 클래스들을 이미 정의돼 있는 CommandSequqnece 클래스로 통합한다. 이 개념을 명령 옵션에도 확장할 수 있다. Simulate 단계의 결과 값인 game_file은 Summarize 단계에 대한 입력 값의 일부이므로 명시적인 값을 제거하는 것이다.

다음과 같이 더 간단한 Namespace를 생성해 사용하고 싶다고 하자.

```
options = Namespace(games=100, summary_file='y.yaml')
sim_sum_command = SimSum()
sim_sum_command.execute(options)
```

이렇게 사용할 수 있으려면 일부 누락된 옵션들이 execute() 메소드에 의해 삽입돼야 한다. 이 메소드를 SimSum 클래스에 추가한다.

```
def execute(self, options):
    new_namespace = Namespace(
        game_file='x.yaml',
        game_files=['x.yaml'],
        **vars(options)
    )
    super().execute(new_namespace)
```

이 execute() 메소드는 옵션들을 복제한다. 통합 명령의 일부분이지만 사용자가 입력하는 것은 아닌 두 개의 값을 추가하고 있다.

이 코드는 옵션의 값에 변경을 가하지 않기 위해 원래의 options 객체는 그대로 두고 복사본을 만들어서 사용한다. vars() 함수는 Namespace를 단순 딕셔너리 객체로서 외부에 드러낸다. 그다음에 ** 키워드 인수 기법을 사용해 이 딕셔너리를 새로운 Namespace 객체의 키워드 인수로 만든다. 이것은 얕은 복사이므로, 네임스페이스 내의 어떤 객체가 변경될 경우 원래의 옵션과 new_namespace의 옵션은 동일한 객체에 접근할 수 있다.

new_namespace는 별도의 Namespace 인스턴스이므로 키, 값 쌍을 추가할 수 있다. 새로 추가된 쌍은 new_namespace에서만 보이고 원래의 옵션 객체는 바뀌지 않는다.

참고 사항

- '통합하기 쉬운 스크립트를 설계하는 방법', 'logging 모듈을 사용해 제어용 출력을 생성하는 방법', '두 개의 애플리케이션을 하나로 합치는 방법' 레시피에서는

이번 레시피의 통합 애플리케이션을 구성하는 각 부분들을 살펴봤었다. 이 레시피들의 요소들을 모두 조합해야 쓸 만한 애플리케이션을 작성할 수 있을 것이다.

- 잠시 후에 살펴볼 '통합 애플리케이션에서 인수와 설정을 관리하는 방법' 레시피의 내용도 이번 레시피와 많은 관계가 있다.

통합 애플리케이션에서 인수와 설정을 관리하는 방법

하나의 애플리케이션 시스템 내에는 여러 애플리케이션에서 공유되는 기능이 있기 마련이다. 이럴 경우, 공통의 클래스와 함수를 제공하는 라이브러리 모듈을 정의한 후 상속을 통해 이를 개별 애플리케이션에 제공할 수 있다.

하지만 이 방법의 단점은 외부 CLI(명령행 인터페이스)가 소프트웨어 아키텍처와 직접 묶여버린다는 점이다. CLI에 영향을 미치기 때문에 소프트웨어 컴포넌트들의 구성을 변경하기가 어려워진다.

애플리케이션들 간에 공통 기능을 협업하는 데도 문제가 생기기 쉽다. 예를 들어 명령행 인수로서 사용될 축약형 약어를 새로 정의하기도 쉽지 않은데, 개별 애플리케이션 수준을 넘어서 전체적인 옵션 목록을 관리해야 하기 때문이다. 이 목록을 코드 내 어딘가에 두고 계속 신경을 써야 한다.

상속 대신에 사용할 수 있는 대안은 무엇일까? CLI에 예상치 못한 변경을 초래하거나 복잡한 설계 노트를 추가하는 일 없이 애플리케이션 시스템을 리팩터링하려면 어떻게 해야 할까?

준비

많은 애플리케이션 시스템들이 깃[Git] 프로그램과 비슷한 패턴을 따른다. 기본 명령(예를 들어 `git`)이 있고 그 아래에 수많은 서브명령들이 존재하는 패턴으로서 `git push`, `git commit`, `git pull`과 같이 명령을 사용할 수 있다. 이때 CLI의 핵심은 `git` 명령이고, 서브명령들은 CLI를 거의 건드리지 않으면서 필요할 때마다 구성 및 재구성될 수 있다.

세 개의 명령으로 구축되는 애플리케이션이 있다고 하자. 이 애플리케이션은 앞서 배운 '통합하기 쉬운 스크립트를 설계하는 방법' 레시피, 'logging 모듈을 사용해 제어용 출력을 생성하는 방법' 레시피, '두 개의 애플리케이션을 하나로 합치는 방법' 레시피에서 설명한 애플리케이션을 바탕으로 한다. 세 개의 애플리케이션은 세 개의 명령 `craps simulate`, `craps summarize`, `craps simsum`으로 실행할 수 있다.

서브명령의 설계는 '커맨드 디자인 패턴을 사용해 애플리케이션들을 합치는 방법' 레시피의 방법을 따를 것이다. 다음과 같이 `Command` 클래스 및 그 서브클래스들을 사용한다.

- `Command` 클래스는 추상 슈퍼클래스다.
- `Simulate` 서브클래스는 '통합하기 쉬운 스크립트를 설계하는 방법' 레시피의 시뮬레이션 함수를 수행한다.
- `Summarize` 서브클래스는 'logging 모듈을 사용해 제어용 출력을 생성하는 방법' 레시피의 요약 함수를 수행한다.
- `Simsum` 서브클래스는 시뮬레이션과 요약을 조합해 수행한다. '두 개의 애플리케이션을 하나로 합치는 방법' 레시피의 내용을 따른다.

명령행 애플리케이션을 작성하기 위해서는 인수를 파싱할 수 있어야 한다.

인수 파싱을 위해 `argparse` 모듈의 서브명령 파싱 기능을 사용할 것이다. 모든 서브명령에 적용될 공통의 옵션들을 생성하고, 각 서브명령별로 고유한 옵션 역시 생성할 것이다.

예제 구현

1. 명령행 인터페이스를 정의한다. 이것은 일종의 사용자 경험[UX] 설계며, UX는 주로 웹이나 모바일 애플리케이션의 인터페이스에서 강조되지만 핵심 원칙들은 CLI 애플리케이션과 서버에도 마찬가지로 적용될 수 있다.

앞서 설명했듯이 루트 애플리케이션은 craps고, 그 아래에 다음과 같이 세 개의 서브명령이 존재한다.

```
craps simulate -o game_file -g games
craps summarize -o summary_file game_file ...
craps simsum -g games
```

2. 루트 파이썬 애플리케이션 파일을 정의한다. 이 책에서 다루는 다른 예제 파일과의 일관성을 위해 ch13_r08.py라고 부를 것이다. 운영체제 수준에서는 이 이름 대신에 앨리어스나 링크를 사용하면 craps라는 이름을 사용할 수 있다.
3. '커맨드 디자인 패턴을 사용해 애플리케이션들을 합치는 방법' 레시피의 클래스 정의를 임포트한다. Command 슈퍼클래스와 Simulate, Summarize, SimSum 서브클래스가 포함된다.
4. 기본 명령을 위한 파서를 생성한 후, 서브명령을 위한 파서를 생성한다. subparsers 객체는 각 서브명령의 인수 정의를 생성하는 데 사용될 것이다.

```
import argparse
def get_options(argv):
    parser = argparse.ArgumentParser(prog='craps')
    subparsers = parser.add_subparsers()
```

각 명령별로 파서를 생성한 후 그 명령에 고유한 인수를 추가한다.

5. simulate 명령과 이 명령에 고유한 두 개의 옵션을 정의한다. 또 Namespace 객체를 초기화하는 특별한 기본값도 제공한다.

```
simulate_parser = subparsers.add_parser('simulate')
simulate_parser.add_argument('-g', '--games', type=int, default=100000)
simulate_parser.add_argument('-o', '--output', dest='game_file')
simulate_parser.set_defaults(command=Simulate)
```

6. summarize 명령과 이 명령에 고유한 인수를 정의한다. Namespace 객체에 채워질 기본값을 제공한다.

```
summarize_parser = subparsers.add_parser('summarize')
summarize_parser.add_argument('-o', '--output', dest='summary_file')
```

```
summarize_parser.add_argument('game_files', nargs='*')
summarize_parser.set_defaults(command=Summarize)
```

7. simsum 명령을 정의한다. 마찬가지로 Namespace 객체에 기본값을 제공한다.

```
simsum_parser = subparsers.add_parser('simsum')
simsum_parser.add_argument('-g', '--games', type=int, default=100000)
simsum_parser.add_argument('-o', '--output', dest='summary_file')
simsum_parser.set_defaults(command=SimSum)
```

8. 명령행 값을 파싱한다. 이번 예제의 경우, get_options() 함수에 제공되는 인수는 sys.argv[1]의 값이어야 한다. sys.argv[1]은 파이썬 명령의 인수들을 포함한다. 테스트 시에는 이 인수 값을 다른 값으로 덮어 쓸 수 있다.

```
options = parser.parse_args(argv)
if 'command' not in options:
    parser.print_help()
    sys.exit(2)
return options
```

세 개의 서브명령 파서를 포함하고 있다. 첫 번째 파서는 craps simulate, 두 번째 파서는 craps summarize, 세 번째 파서는 craps simsum 명령을 처리한다. 각 서브명령마다 조금 다른 옵션 조합을 갖는다.
command 옵션은 set_defaults() 메소드를 통해서만 설정될 수 있다. 이 옵션을 사용하면 실행 명령에 대한 유용한 추가 정보를 제공할 수 있는데, 이번 예제의 경우 인스턴스화돼야 하는 클래스 이름이 제공되고 있다.

9. 애플리케이션의 전체적인 구성은 다음의 main() 함수에 정의된다.

```
def main():
    options = get_options(sys.argv[1:])
    command = options.command(options)
    command.execute()
```

명령 옵션들이 파싱된다. 각 서브명령별로 options.command 인수에 고유한 클래스 값을 설정하고, 이 클래스를 사용해 Command의 서브클래스 인스턴스를 생성한다. 이 객체의 execute() 메소드가 실제로 명령을 실행할 것이다.

10. 루트 명령에 대한 운영체제 래퍼를 구현한다. 파일명을 craps로 하고 rx 권한을 지정해서 다른 사용자들도 읽을 수 있도록 허용한다. 파일 내용은 다음과 같을 것이다.

```
python3.5 ch13_r08.py $*
```

이 작은 셸 스크립트는 craps 명령을 입력하고 파이썬 스크립트를 실행할 수 있는 편리한 수단을 제공한다.
이제 다음과 같은 bash 셸 앨리어스를 생성할 수 있다.

```
alias craps='python3.5 ch13_r08.py'
```

이 앨리어스를 .bashrc 파일에 넣으면 craps 명령을 사용할 수 있다.

예제 분석

이번 레시피는 두 부분으로 이뤄져 있다.

- Command 디자인 패턴을 사용해 다형적polymorphic인 관련 클래스들을 정의한다. 이 패턴에 대한 자세한 설명은 '커맨드 디자인 패턴을 사용해 애플리케이션들을 합치는 방법' 레시피를 참조한다.
- argparse 모듈을 사용해 서브명령을 다룬다.

여기서 중요한 argparse 모듈의 기능이 파서의 add_subparsers() 메소드다. 이 메소드는 개별 서브명령 파서를 생성하는 데 사용되는 객체를 반환한다. 이 객체는 subparsers 변수에 대입됐다.

최상위 파서에 정의된 command 인수는 각 서브파서별로 정의된 기본값만 가질 수 있다. 실제로 호출된 서브명령이 무엇인지 보여주는 값을 제공한다.

각 서브파서는 subparsers 객체의 add_parser() 메소드에 의해 생성된다. 그리고 이 메소드에 의해 반환된 parser 객체에 인수 및 기본값이 지정된다.

기본 파서는 서브명령 외부에 정의된 인수를 파싱한다. 서브명령이 존재하면 이 서브명령을 사용해 나머지 인수들을 파싱할 방법을 결정한다.

다음 명령을 보자.

```
craps simulate -g 100 -o x.yaml
```

이 명령이 파싱돼 다음과 같은 Namespace 객체가 생성될 것이다.

```
Namespace(command=<class '__main__.Simulate'>, game_file='x.yaml', games=100)
```

Namespace 객체의 command 속성의 값은 서브명령 정의의 일부분으로서 제공되는 기본값이고, game_file과 games 속성의 값은 -o와 -g 옵션으로부터 받은 것이다.

커맨드 디자인 패턴

다양한 서브명령들에 상호 교환 가능하고 다형적인 클래스를 정의하면 리팩터링하기 용이하고 확장성도 좋은 클래스 구조가 만들어진다. 커맨드[Command] 디자인 패턴은 각 서브클래스들이 동일한 시그니처를 가져야 한다고 강조한다. 서브클래스 중에 어느 것이든 생성되고 실행될 수 있기 때문이다.

SOLID 디자인 원칙 중에 리스코프 대체 원칙이 있었다. Command 추상 클래스의 어느 서브클래스든 부모 클래스 대신에 사용될 수 있다.

Command의 서브클래스는 모두 일관된 인터페이스를 갖는다.

- __init__() 메소드는 인수 파서가 생성한 네임스페이스 객체를 예상한다. 각 클래스는 이 네임스페이스로부터만 값을 선택하며, 다른 것은 모두 무시한다. 따라서 서브명령은 자신에게 필요 없는 전역 인수를 무시할 것이다.
- execute() 메소드는 처리를 수행한 후 결과를 기록한다. 이것은 초기화 중에 제공된 값에 전적으로 의존한다.

커맨드 디자인 패턴을 사용하면 서브클래스들이 상호 교환될 수 있음을 보장한다. 리스코프 대체 원칙은 main() 함수가 객체를 생성한 후 그 객체의 execute() 메소드를 실행할 수 있음을 의미한다.

부연 설명

서브명령 파서와 관련되는 세부 처리를 각각의 서브클래스가 맡도록 코드를 변경하는 방법을 알아보자. 예를 들어, 현재 Simulate 클래스는 다음 두 개의 인수를 정의하고 있다.

```
simulate_parser.add_argument('-g', '--games', type=int, default=100000)
simulate_parser.add_argument('-o', '--output', dest='game_file')
```

get_options() 함수가 이처럼 구현과 관련된 세부 사항을 정의하는 것은 적절치 않아 보인다. 캡슐화를 통해 이러한 세부 사항을 각 서브클래스로 할당할 수 있다.

이를 위해서는 파서를 설정하는 정적[static] 메소드를 추가할 필요가 있다. 따라서 클래스 정의는 다음과 같이 바뀐다.

```
import ch13_r05
class Simulate(Command):
    def __init__(self, options, *, seed=None):
        self.games = options.games
        self.game_file = options.game_file
        self.seed = seed
    def execute(self):
        data = ch13_r05.roll_iter(self.games, self.seed)
        ch13_r05.write_rolls(self.game_file, data)
    @staticmethod
    def configure(simulate_parser):
        simulate_parser.add_argument('-g', '--games', type=int, default=100000)
        simulate_parser.add_argument('-o', '--output', dest='game_file')
```

새로 추가된 configure() 메소드는 파서를 설정하는 역할을 한다. 이 함수 덕분에 명령행 파싱으로부터 __init__()의 인수들이 어떻게 생성되는지 쉽게 볼 수 있다. 또 get_ options( ) 함수는 다음과 같이 수정될 수 있다.

```
import argparse
def get_options(argv):
    parser = argparse.ArgumentParser(prog='craps')
    subparsers = parser.add_subparsers()

    simulate_parser = subparsers.add_parser('simulate')
    Simulate.configure(simulate_parser)
    simulate_parser.set_defaults(command=Simulate)
    # 각 클래스별로 해당되는 코드 추가
```

configure( ) 정적 메소드를 사용해 매개변수의 세부 정보를 제공하고 있다. 내부적으로 세부 정보를 포함하지 않으므로 이 get_options( ) 함수는 명령행 인수의 기본값을 처리할 수 있다.

참고 사항

- 이번 레시피의 애플리케이션을 더 잘 이해하려면 '통합하기 쉬운 스크립트를 설계하는 방법' 레시피, 'logging 모듈을 사용해 제어용 출력을 생성하는 방법' 레시피, '두 개의 애플리케이션을 하나로 합치는 방법' 레시피를 참조한다.
- 5장의 'argparse로 명령행 입력을 받는 방법' 레시피에서 인수 파싱에 관한 추가적 설명을 읽을 수 있다.

명령행 애플리케이션들을 파이썬 스크립트로 통합하는 방법

파이썬 애플리케이션이 아닌 일련의 프로그램들이 함께 실행되도록 자동화해야 하는 상황이 종종 발생한다. 파이썬 프로그램이 아닌 프로그램을 재작성해 파이썬 통합 애플리케이션을 만드는 것은 불가능하기 때문에 '두 개의 애플리케이션을 하나로 합치는 방법' 레시피대로 할 수는 없다.

기능을 합치는 것이 불가능하다면, 대안은 각 프로그램을 파이썬 스크립트 안으로 집어넣어서 좀 더 상위 수준의 구조를 정의하는 것이다. 이는 셸 스크립트의 용도와 비슷하지만, 셸 언어가 아니라 파이썬 언어를 사용한다는 차이점이 있다. 파이썬을 사용할 때의 장점은 다음과 같다.

- 파이썬은 풍부한 자료 구조를 제공한다. 셸은 오직 문자열과 문자열 배열만을 제공할 뿐이다.
- 파이썬은 뛰어난 단위 테스트 프레임워크를 제공한다. 따라서 폭넓은 사용자 기반을 갖고 있는 서비스에 장애가 발생할 확률을 크게 줄일 수 있다.

파이썬 내부에서 다른 프로그램을 실행하려면 어떻게 해야 할까?

준비

앞서 '통합하기 쉬운 스크립트를 설계하는 방법' 레시피에서 어떤 처리를 수행해 다소 복잡한 결과를 생성하는 애플리케이션을 작성했다. 이번 레시피의 목적상, 이 애플리케이션이 파이썬으로 작성되지 않았다고 가정하자.

이 프로그램을 수백 번 반복해 실행하고 싶지만, 실행을 위해 필요한 명령을 스크립트에 수백 번 복사 및 붙여넣기하는 것은 원치 않는다고 하자. 또 셸은 테스트하기 어렵고 자료 구조도 적기 때문에 사용하고 싶지 않다.

이번 레시피에서는 `ch13_r05` 애플리케이션이 포트란 혹은 C++로 작성된 바이너리 애플리케이션이라고 가정한다. 따라서 파이썬 모듈을 임포트하는 단순한 방법으로는 안 되고, 별도의 운영체제 프로세스로서 이 애플리케이션을 실행해야 한다.

운영체제 수준에서 애플리케이션 프로그램을 실행하려면 `subprocess` 모듈이 필요하다. 파이썬 내에서 다른 바이너리 프로그램을 실행해야 하는 경우는 주로 다음과 같다.

- 출력 값이 없거나, 출력 값이 있더라도 그 값을 파이썬 프로그램에 저장하고 싶지 않을 경우. 출력 값이 없는 경우의 가장 전형적인 예로는 성공 혹은 실패 상태 코드만을 반환하는 운영체제 유틸리티를 들 수 있다. 출력 결과를 저장하지 않는 것은 자식 프로세스들이 표준 오류 로그에 기록만 하는 것이 대표적인 경우다. 이때 부모 프로세스는 자식 프로세스들을 단지 실행시킬 뿐이다.
- 출력 값을 저장 및 분석해 정보를 조회하거나 성공 수준을 확인해야 하는 경우. 로그 출력을 변환, 필터링, 요약할 필요가 있다.

이번 예제에서는 첫 번째 경우, 즉 출력 값을 저장할 필요가 없는 경우를 살펴보자. 다음 번 레시피인 '파이썬 래퍼 프로그램을 작성하고 결과 값을 검사하는 방법'에서는 두 번째 경우, 즉 파이썬 래퍼 프로그램이 출력 값을 분석하는 경우를 살펴볼 것이다.

예제 구현

1. subprocess 모듈을 임포트한다.

   ```
   import subprocess
   ```

2. 명령행을 설계한다. 운영체제 프롬프트에서 제대로 동작하는지 테스트하는 것이 바람직하다.

   ```
   slott$ python3 ch13_r05.py --samples 10 --output x.yaml
   ```

   프로그램을 수백 번 반복 실행하기 위해서는 파일명이 유연할 필요가 있다. game_{n}.yaml과 같이 이름을 부여하면 좋다.

3. 각 명령을 순회하는 문장을 작성한다. 각 명령은 개별 단어들의 시퀀스로서 조립될 수 있다. 공백을 기준으로 원래의 셸 명령을 분할해 단어 시퀀스가 생성된다.

   ```
   files = 100
   for n in range(files):
       filename = 'game_{n}.yaml'.format_map(vars())
       command = ['python3', 'ch13_r05.py',
           '--samples', '10', '--output', filename]
   ```

다양한 명령들이 생성된다. print( ) 함수는 각 명령을 보여주므로 파일명이 제대로 정의됐는지 확인할 수 있다.

4. subprocess 모듈의 run( ) 명령을 실행한다. 지정된 명령이 실행되며 check=True 옵션이 사용되고 있으므로 문제 발생 시 subprocess.CalledProcessError 예외가 발생한다.

```
subprocess.run(command, check=True)
```

5. 테스트를 제대로 수행하기 위해서는 이 모든 과정이 한 개의 함수로서 정의돼야 한다. 나중에 명령이 추가될 예정이라면, 그 명령은 Command 클래스 계층에 있는 서브클래스의 메소드가 돼야 한다. '통합하기 쉬운 스크립트를 설계하는 방법' 레시피를 참조한다.

예제 분석

subprocess 모듈을 사용하면 파이썬 프로그램이 동일 컴퓨터상의 다른 프로그램을 실행할 수 있다. 이 모듈의 run( ) 함수는 많은 일을 대신해준다.

POSIX 계열의 운영체제(리눅스, 맥 OS X 등)에서 run( ) 함수가 수행하는 작업들의 순서는 다음과 같다.

- 자식 프로세스를 위한 stdin, stdout, stderr 파일 디스크립터를 준비한다. 이번 레시피에서 기본값을 사용했으므로 자식 프로세스는 부모 프로세스가 사용하는 것을 그대로 상속받는다. 자식 프로세스가 stdout에 뭔가를 출력하면, 부모 프로세스가 사용하는 것과 동일한 콘솔 화면에 표시될 것이다.
- os.folk( ) 함수를 호출해 현재 프로세스를 부모 프로세스와 자식 프로세스로 분할한다. 자식 프로세스의 ID가 부모 프로세스로 전달되므로, 부모 프로세스는 언제 자식 프로세스가 종료되는지 알 수 있다.
- 자식 프로세스는 os.execl( ) 함수를 호출해 명령의 경로와 인수를 제공한다.
- 자식 프로세스가 지정된 stdin, stdout, stderr을 사용해 실행된다.
- 부모 프로세스는 os.wait( ) 함수를 사용해 자식 프로세스가 종료 후 최종 결과

를 반환하길 기다린다.

- check=True 옵션을 사용했으므로 run() 함수는 0이 아닌 상태를 예외로 변환한다.

bash 등의 운영체제 셸은 이러한 세부 사항을 개발자에게 숨기고 보여주지 않는다. subprocess.run() 함수도 마찬가지로 자식 프로세스의 생성과 대기에 관한 세부 사항을 숨긴다.

subprocess 모듈과 함께 파이썬을 사용하면 셸과 비슷한 기능들을 제공할 수 있을 뿐 아니라, 추가적으로 다음의 장점들도 이용할 수 있다.

- 훨씬 다양한 자료 구조
- 문제 발생 시 예외 처리. 셸 스크립트 전체에 걸쳐서 if문을 삽입해 상태 코드를 검사하는 방법보다 훨씬 단순하고 신뢰성도 높다.
- 운영체제 자원을 사용하지 않고도 단위 테스트를 할 수 있다.

부연 설명

이 스크립트에 간단한 파일 정리 기능을 추가해보자. 이를 위해서는 출력 파일들이 원자적atomic 연산으로서 생성돼야 한다. 다시 말해, 모든 파일이 생성되거나 아무 파일도 생성되지 않거나 이 둘 중 하나만 가능하다. 불완전한 파일 컬렉션이 생성되면 안 된다.

원자적 연산은 ACID 특성으로 요약된다.

- 원자성Atomicity: 데이터 전체를 사용할 수 있거나 아니면 사용할 수 없다. 한 개의 분할 불가능한 작업 단위다.
- 일관성Consistency: 파일시스템은 내부적으로 하나의 일관된 상태에서 다른 일관된 상태로 넘어가야 한다. 어떤 요약이나 인덱스도 실제 파일을 적절히 반영한다.
- 고립성Isolation: 데이터를 동시에 처리하고 싶을 경우, 다수의 병행 프로세스가 동작할 수 있어야 한다. 동시에 실행되는 연산들은 서로 간에 간섭하지 않는다.

- 지속성Duration: 일단 기록된 파일은 파일시스템에 계속 유지돼야 한다. 파일의 경우 말할 것도 없으며, 데이터베이스의 경우 클라이언트가 인식했음에도 불구하고 서버에 실제로 기록되지 않은 트랜잭션 데이터를 고려할 필요가 있다.

이 특성의 대부분은 작업 디렉터리를 별도로 관리하면 별다른 어려움 없이 지킬 수 있다. 하지만 원자성의 경우는 일종의 정리cleanup 연산을 필요로 한다.

이를 위해 핵심 처리 부분을 try:문으로 감싸야 한다. 전체적인 함수 정의는 다음과 같을 것이다.

```
import subprocess
from pathlib import Path

def make_files(files=100):
    try:
        for n in range(files):
            filename = 'game_{n}.yaml'.format_map(vars())
            command = ['python3', 'ch13_r05.py',
                '--samples', '10', '--output', filename]
            subprocess.run(command, check=True)
    except subprocess.CalledProcessError as ex:
        for partial in Path('.').glob("game_*.yaml"):
            partial.unlink()
        raise
```

예외 처리 블록은 두 가지 일을 수행한다. 첫 번째로, 현재의 작업 디렉터리에서 불완전한 파일을 삭제한다. 두 번째로, 클라이언트 애플리케이션에 문제 발생을 알리기 위해 예외를 다시 발생시킨다.

처리가 잘못됐을 때는 예외를 발생시키는 것이 중요하다. 어떤 애플리케이션들은 자신만의 고유한 예외를 정의하기도 한다. 그리고 원래의 예외인 CalledProcessException을 다시 발생시키는 대신에 새로 정의된 예외를 발생시킬 수 있다.

단위 테스트

이 스크립트에 단위 테스트를 수행하려면 두 개의 외부 객체를 모방해야 한다. 첫 번째는 subprocess 모듈의 run() 함수며, 다른 프로세스를 실제로 실행하지 않으면서 make_files() 함수로부터 run() 함수가 적절히 호출되도록 하기 위해서다.

두 번째로, Path 클래스와 그로부터 생성되는 객체를 모방해야 한다. 파일명 및 unlink() 메소드가 필요하기 때문이다. 실제 애플리케이션이 정확히 파일을 삭제했는지 확인하기 위해 이를 모방하는 모의 객체가 필요하다.

모의 객체를 사용해 테스트한다는 것은 테스트 도중에 실수로 중요한 파일을 삭제하는 일이 없을 것임을 의미한다. 이는 파이썬을 사용하는 자동화의 커다란 장점 중 하나다.

다음 함수는 모의 객체를 정의하기 위한 준비 작업을 수행한다.

```
import unittest
from unittest.mock import *

class GIVEN_make_files_exception_WHEN_call_THEN_run(unittest.TestCase):
    def setUp(self):
        self.mock_subprocess_run = Mock(
            side_effect = [
                None,
                subprocess.CalledProcessError(2, 'ch13_r05')]
        )
        self.mock_path_glob_instance = Mock()
        self.mock_path_instance = Mock(
            glob = Mock(
                return_value = [self.mock_path_glob_instance]
            )
        )
        self.mock_path_class = Mock(
            return_value = self.mock_path_instance
        )
```

self.mock_subprocess_run은 run() 함수와 비슷한 동작을 수행한다. side_effect 속성

은 이 함수에 대해 다수의 반환 값을 제공하기 위해 사용됐는데, 첫 번째 응답은 None 객체지만 두 번째 응답은 CalledProcessError 예외다. 이 예외는 두 개의 인수를 요구하는데, 하나는 프로세스 반환 코드고 다른 하나는 원래의 명령이다.

self.mock_path_class는 Path 클래스 요청에 대한 호출에 응답해 Path 클래스의 가짜 인스턴스를 반환할 것이다. self.mock_path_instance 객체는 Path의 가짜 인스턴스다.

최초로 생성된 인스턴스에는 glob() 메소드가 실행된다. return_value 속성은 삭제될 Path 인스턴스들의 리스트를 반환한다. 이번 예제의 경우 삭제 대상 Path 객체는 한 개뿐이다.

self.mock_path_glob_instance 객체는 glob()으로부터 반환된 값이다. 알고리즘이 제대로 동작한다면 이 객체는 삭제될 것이다.

이 단위 테스트를 위한 runTest() 메소드는 다음과 같다.

```
def runTest(self):
    with patch('__main__.subprocess.run', self.mock_subprocess_run), \
        patch('__main__.Path', self.mock_path_class):
        self.assertRaises(
            subprocess.CalledProcessError, make_files, files=3)
    self.mock_subprocess_run.assert_has_calls(
        [call(
            ['python3', 'ch13_r05.py', '--samples', '10',
             '--output', 'game_0.yaml'],
             check=True),
         call(
            ['python3', 'ch13_r05.py', '--samples', '10',
             '--output', 'game_1.yaml'],
             check=True),
        ]
    )
    self.assertEqual(2, self.mock_subprocess_run.call_count)
    self.mock_path_class.assert_called_once_with('.')
    self.mock_path_instance.glob.assert_called_once_with('game_*.yaml')
    self.mock_path_glob_instance.unlink.assert_called_once_with()
```

두 개의 패치(수정)를 적용했다.

- `__main__` 모듈 내의 `subprocess.run` 참조가 `self.mock_subprocess_run` 객체로 대체됐다. 이를 통해 `run()` 함수가 호출된 횟수를 추적할 수 있다. 또한 `run()` 호출 시 인수 값이 정확했는지도 확인할 수 있다.
- `__main__` 모듈 내의 `Path` 참조가 `self.mock_path_class` 객체로 대체됐다. 둘 다 이미 알려진 값을 반환할 것이다. 그리고 의도했던 호출만 일어났는지 확인할 수도 있다.

`self.assertRaises` 메소드는 이 컨텍스트에서 `make_files()`가 호출됐을 때 `CalledProcessError` 예외가 발생했는지 확인한다. `run()` 메소드의 가짜 버전은 예외를 발생시킬 것이고, 그 예외로 인해 처리가 중단돼야 정상이다.

이 가짜 `run()` 함수는 두 번만 호출된다. 첫 번째 호출은 성공할 것이고, 두 번째 호출은 예외를 발생시킨다. `Mock` 객체의 `call_count` 속성을 사용하면 `run()` 함수가 정확히 두 번만 호출됐음을 확인할 수 있다.

`self.mock_path_instance` 메소드는 예외 처리의 일부로서 생성된 `Path('.')` 객체에 대한 가짜 객체다. 이 객체에 대해 반드시 `glob()` 메소드가 실행돼야 한다. `assert`문은 인수 값으로 `game_*.yaml`이 사용됐는지 검사한다.

마지막으로, `self.mock_path_glob_instance`는 `Path('.').glob('game_*.yaml')`에 의해 생성된 `Path` 객체를 모방하는 모의 객체다. 이 객체는 `unlink()` 메소드를 실행해서 파일을 삭제할 것이다.

이 단위 테스트는 알고리즘이 예상대로 동작할 것임을 보장한다. 계산 자원을 그리 많이 사용하지 않을 뿐 아니라, 실수로 파일을 삭제하는 일은 결코 일어나지 않는다.

참고 사항

- 이와 같은 유형의 자동화는 다른 파이썬 처리와 쉽게 결합될 수 있다. '통합하기 쉬운 스크립트를 설계하는 방법' 레시피를 참조한다.
- 이러한 작업의 목적은 결국 통합 애플리케이션을 작성하기 위한 것이다. '통합 애플리케이션에서 인수와 설정을 관리하는 방법' 레시피를 참조한다.
- '파이썬 래퍼 프로그램을 작성하고 결과 값을 검사하는 방법' 레시피도 이번 레시피와 비슷한 주제를 조금 변형한 것이다.

파이썬 래퍼 프로그램을 작성하고 결과 값을 검사하는 방법

파이썬으로 작성되지 않은 프로그램들의 실행을 자동화하고 싶을 때가 있다. 애플리케이션을 파이썬으로 재작성하는 것은 불가능할 경우가 많기 때문에, 현실적인 해결책은 이 프로그램들을 파이썬 모듈 혹은 클래스로 감싼 뒤 상위 수준의 구조를 정의하는 것뿐이다.

이것은 셸 스크립트를 통해서도 구현할 수 있다. 하지만 운영체제의 내장 셸 언어보다 파이썬이 더 나은 프로그래밍 언어라는 점이 다르다.

또한 파이썬은 출력 파일을 분석하는 데도 효과적이다. 파이썬 프로그램은 서브프로세스로부터 입력받은 출력 결과를 쉽게 변환, 필터링, 요약할 수 있기 때문이다.

기존 애플리케이션을 파이썬 내부에서 실행하고 그 출력을 처리하려면 어떻게 해야 할까?

준비

앞서 '통합하기 쉬운 스크립트를 설계하는 방법' 레시피에서 어떤 처리를 수행해 다소 복잡한 결과를 생성하는 애플리케이션을 작성했었다. 이 프로그램을 수백 번 반복해서 실행하고 싶지만, 실행을 위해 필요한 명령을 스크립트에 수백 번 복사 및 붙여넣기하는 것은 원치 않는다고 하자. 또 셸은 테스트하기 어렵고 자료 구조도 적기 때문에 셸을 사용하지 않길 원하고 있다.

이번 레시피에서는 ch13_r05 애플리케이션이 포트란 혹은 C++로 작성된 바이너리 애플리케이션이라고 가정한다. 따라서 파이썬 모듈을 임포트하는 단순한 방법으로는 안 되고, 별도의 운영체제 프로세스로서 이 애플리케이션을 실행해야 한다.

운영체제 수준에서 애플리케이션 프로그램을 실행하기 위해서는 subprocess 모듈이 필요하다. 파이썬 내에서 다른 바이너리 프로그램을 실행해야 하는 경우는 주로 다음과 같다.

- 출력 값이 없거나, 출력 값이 있더라도 그 값을 파이썬 프로그램에 저장하고 싶지 않을 경우
- 출력 값을 저장 및 분석해 정보를 조회하거나 성공 수준을 확인하고 싶은 경우. 로그 출력 결과를 변환, 필터링, 요약할 필요가 있다.

이번 예제에서는 두 번째 경우를 알아보자. 즉, 출력 결과를 분석 및 요약해야 하는 상황이다. '명령행 애플리케이션들을 파이썬 스크립트로 통합하는 방법' 레시피에서는 첫 번째 경우(출력 결과를 무시)를 살펴볼 것이다.

ch13_r05를 실행한 예는 다음과 같다.

```
slott$ python3 ch13_r05.py --samples 10 --output=x.yaml
Namespace(output='x.yaml', output_path=PosixPath('x.yaml'), samples=10,
seed=None)
Counter({5: 7, 6: 7, 7: 7, 8: 5, 4: 4, 9: 4, 11: 3, 10: 1, 12: 1})
```

두 줄이 운영체제 표준 출력 파일에 기록된 것을 볼 수 있다. 첫 번째 줄은 옵션들을 보여주고, 두 번째 줄은 Counter 객체다. 이 Counter 객체의 세부 정보를 포착하는 것이 이번 레시피의 목적이다.

예제 구현

1. subprocess 모듈을 임포트한다.

```
import subprocess
```

2. 명령행을 설계한다. 운영체제 프롬프트에서 제대로 동작하는지 테스트하는 것이 바람직하다. 명령의 예는 조금 전에 살펴봤다.

3. 실행될 명령들을 위한 제네레이터를 설계한다. 각 명령은 개별 단어들의 시퀀스로서 조립될 수 있다. 공백을 기준으로 원래의 셸 명령을 분할해 단어 시퀀스가 생성된다.

```
def command_iter(files):
for n in range(files):
        filename = 'game_{n}.yaml'.format_map(vars())
        command = ['python3', 'ch13_r05.py',
            '--samples', '10', '--output', filename]
        yield command
```

이 제네레이터는 명령 문자열들의 시퀀스를 반환한다. 반환된 값을 받은 클라이언트는 for문을 사용해 각 명령을 소비할 수 있다.

4. 명령을 실행하는 함수를 정의한다. 각 명령의 출력 결과도 저장한다.

```
def command_output_iter(iterable):
    for command in iterable:
        process = subprocess.run(command, stdout=subprocess.PIPE,
check=True)
        output_bytes = process.stdout
        output_lines = list(l.strip() for l in output_bytes.splitlines())
        yield output_lines
```

stdout=subprocess.PIPE 인수는 부모 프로세스가 자식 프로세스의 출력 결과를 저장할 것임을 의미한다. 이를 위해 운영체제 수준의 파이프가 생성돼 자식 프로세스의 출력이 부모 프로세스로 전달된다.

이 제네레이터가 반환하는 것은 행의 리스트 시퀀스다. 행의 리스트는 ch13_r05.py 애플리케이션의 출력 행이며, 각 리스트마다 두 개의 행이 들어있을 것이다.

첫 번째 행은 인수 목록이고, 두 번째 행은 Counter 객체다.

5. 제네레이터가 반환하는 명령이 실행되도록 두 개의 제네레이터를 조합하는 프로세스를 정의한다.

```
command_sequence = command_iter(100)
output_lines_sequence = command_output_iter(command_sequence)
for batch in output_lines_sequence:
    for line in batch:
        if line.startswith('Counter'):
            batch_counter = eval(line)
            print(batch_counter)
```

command_sequence 변수는 여러 명령들을 생성하는 제네레이터로서, command_iter() 함수에 의해 조립된다.

output_lines_sequence 시퀀스는 출력 행의 리스트를 생성하는 제네레이터로서, command_output_iter() 함수가 출력 행의 리스트 시퀀스를 조립한다. 이 함수는 command_sequence object를 사용해 명령들을 실행하며 그 출력을 저장한다.

output_lines_sequence 시퀀스를 구성하는 값들은 두 개의 행으로 이뤄진 리스트다. Counter로 시작하는 행은 Counter 객체에 대한 정보를 갖고 있다.

eval() 함수는 이 텍스트로부터 원래의 Counter 객체를 다시 생성한다. 이렇게 생성된 객체는 분석 및 요약 목적으로 사용될 수 있다.

좀 더 실질적인 애플리케이션이라면 eval() 내장 함수보다 정교한 함수를 작성해서 출력 결과를 해석할 필요가 있다. 복잡한 포맷을 처리하는 방법에 대해서는 1장의 '정규 표현식을 사용한 문자열 파싱' 레시피와 9장의 '정규 표현식을 사용해 복잡한 포맷을 읽는 방법' 레시피를 참조한다.

예제 분석

subprocess 모듈을 사용하면 파이썬 프로그램이 동일 컴퓨터상의 다른 프로그램을 실행할 수 있다. 이 모듈의 run() 함수는 많은 일을 대신해준다.

POSIX 호환 운영체제(리눅스나 맥 OS X 등)를 가정할 경우, 이번 예제에서 run() 함수의 실행 과정을 단계별로 나타내면 다음과 같다.

- 자식 프로세스를 위한 stdin, stdout, stderr 파일 디스크립터를 준비한다. 이번 레시피에서 부모 프로세스는 자식 프로세스의 출력 결과를 저장하도록 설정했다. 자식 프로세스는 stdout 파일을 공유 버퍼(리눅스 용어로는 파이프)에 기록하고 부모 프로세스는 이 버퍼를 읽어온다. 반면에 stderr 출력은 아무 처리도 하지 않는다. 자식 프로세스는 부모 프로세스와 동일한 연결을 상속받으며, 에러 메시지는 부모가 사용하는 것과 동일한 콘솔 화면에 표시된다.
- os.folk()와 os.execl() 함수를 호출해 현재 프로세스를 부모 프로세스와 자식 프로세스로 분할한 후 자식 프로세스를 시작한다.
- 자식 프로세스가 지정된 stdin, stdout, stderr을 사용하면서 실행된다.
- 부모 프로세스는 자식 프로세스가 종료되기까지 자식 프로세스의 파이프로부터 결과를 읽어온다.
- 이번 예제에서 사용한 check=True 옵션은 0이 아닌 상태를 예외로 변환한다.

부연 설명

이 스크립트에 간단한 요약 기능을 추가해보자. 이번 예제에서는 각 리스트마다 두 개의 출력 행을 포함하고 있다. 출력 텍스트가 list(l.strip() for l in output_bytes.splitlines())에 의해 2행으로 이뤄진 시퀀스로 분할되기 때문인데, 이때 행의 앞과 뒤에 있는 공백들이 제거되기 때문에 텍스트 처리가 조금 간편해진다.

스크립트는 이 행들을 필터링하면서 Counter로 시작하는 행을 찾는다. 이렇게 찾은 행들에 eval() 함수를 사용해 텍스트로부터 원래의 Counter 객체의 복사본을 다시 생성한다. 많은 파이썬 클래스들이 이와 같이 동작한다. repr()과 eval() 함수는 서로 반대 기능을 수행하는데, repr() 함수는 객체를 텍스트로 변환하고, eval() 함수는 텍스트를 객체로 변환한다. 모든 클래스에 대해 그렇게 동작하는 것은 아니지만 상당수의 클래스에 적용 가능하다.

이제 Counter 객체들의 통계 요약 값을 생성해보자. 이를 위해서는 배치[batch]들을 처리해 최종 요약 값을 반환하는 제네레이터를 사용하는 것이 편리하다.

이 제네레이터 함수의 정의는 다음과 같다.

```
def process_batches():
    command_sequence = command_iter(2)
    output_lines_sequence = command_output_iter(command_sequence)
    for batch in output_lines_sequence:
        for line in batch:
            if line.startswith('Counter'):
                batch_counter = eval(line)
                yield batch_counter
```

command_iter() 함수를 사용해 명령들을 생성한다. 그리고 command_output_iter() 함수는 각 명령을 처리하고 출력 행들을 저장한다.

중첩 for문은 행의 리스트를 차례로 조사한다. 각 리스트마다 그 안의 각 행을 조사하는 것이다. Counter로 시작하는 행에는 eval() 함수가 실행된다. 최종적으로 Counter 객체들의 시퀀스가 이 제네레이터로부터 반환될 것이다.

이제, 다음과 같이 Counter 인스턴스들의 시퀀스를 요약할 수 있다.

```
total_counter = Counter()
for batch_counter in process_batches():
    print(batch_counter)
    total_counter.update(batch_counter)
print("Total")
print(total_counter)
```

total_counter는 총합을 저장하는 Counter 객체다. process_batches() 함수는 처리 대상 파일들로부터 Counter 객체를 반환하며, 반환된 객체들은 total_counter를 갱신하는 데 사용된다. 그리고 마지막으로 total_counter를 화면에 출력하면 데이터의 종합적인 분포가 나타날 것이다.

참고 사항

- 이번 레시피와 같은 내용을 다른 관점에서 접근하는 방법을 '명령행 애플리케이션들을 파이썬 스크립트로 통합하는 방법' 레시피에서 볼 수 있다.
- 이와 같은 유형의 자동화는 다른 파이썬 처리와 쉽게 결합될 수 있다. '통합하기 쉬운 스크립트를 설계하는 방법' 레시피를 참조한다.
- 이러한 작업의 목적은 결국 통합 애플리케이션을 작성하기 위한 것이다. '통합 애플리케이션에서 인수와 설정을 관리하는 방법' 레시피를 참조한다.

파이썬으로 작성되지 않은 애플리케이션을 단계별로 실행하는 방법

앞서 '두 개의 애플리케이션을 하나로 합치는 방법' 레시피에서 여러 파이썬 스크립트를 하나의 길고 복잡한 애플리케이션으로 결합하는 방법을 배웠다. 그리고 '명령행 애플리케이션들을 파이썬 스크립트로 통합하는 방법' 레시피와 '파이썬 래퍼 프로그램을 작성하고 결과 값을 검사하는 방법' 레시피에서는 파이썬으로 파이썬이 아닌 프로그램을 감싸는 방법을 살펴봤다.

이러한 기법들을 어떻게 효과적으로 결합할 수 있을까? 파이썬을 사용해 더 길고 복잡한 연산 시퀀스를 생성할 수 있을까?

준비

'통합하기 쉬운 스크립트를 설계하는 방법' 레시피에서 작성했던 애플리케이션은 다소 복잡한 결과를 생성하기 위한 처리들을 수행했다. 또 'logging 모듈을 사용해 제어용 출력을 생성하는 방법' 레시피에서는 그 결과를 바탕으로 통계 요약 값을 생성하는 다른 애플리케이션을 작성했다.

전체적인 프로세스는 다음과 같다.

1. ch13_r05 프로그램을 100번 실행해 100개의 중간 파일을 생성한다.
2. ch13_r06 프로그램을 실행해 이 중간 파일들을 요약한다.

파이썬 프로그래밍과 관련된 부분에 집중하기 위해 프로세스를 가급적 단순하게 유지했었다.

이번 레시피의 목적상, 두 애플리케이션 모두 파이썬이 아닌 언어로 작성됐다고 가정하자. 파이썬과 직접 호환되지 않는 언어, 예를 들면 포트란이나 에이다 같은 언어로 작성된 것으로 가정해본다.

'두 개의 애플리케이션을 하나로 합치는 방법' 레시피에서 파이썬 애플리케이션들을 합치는 방법에 대해 설명했었다. 파이썬으로 작성된 애플리케이션이라면 그 방법을 그대로 사용하면 되지만, 그렇지 않은 애플리케이션이라면 추가로 해야 될 작업들이 있다.

이번 레시피는 커맨드 디자인 패턴을 사용한다. 이 패턴은 명령 시퀀스의 확장과 변경을 지원한다.

예제 구현

1. Command 추상 클래스를 정의한다. 다른 명령들은 이 클래스의 서브클래스로서 정의되며, subprocess와 관련된 처리들은 모두 Command 클래스 정의에 포함되기 때문에 서브클래스 정의가 간단해진다.

```
import subprocess
class Command:
    def execute(self, options):
        self.command = self.create_command(options)
        results = subprocess.run(self.command,
            check=True, stdout=subprocess.PIPE)
        self.output = results.stdout
```

```
        return self.output
    def create_command(self, options):
        return ['echo', self.__class__.__name__, repr(self.options)]
```

execute() 메소드는 운영체제 수준의 실행 명령을 먼저 생성한다. 각 서브클래스는 감싸질 명령별로 별개의 규칙을 제공한다. 명령이 조립되고 나면 subprocess 모듈의 run() 함수가 이 명령을 처리할 것이다.

create_command() 메소드는 운영체제가 실행할 명령을 구성하는 단어들의 시퀀스를 조립한다. 이때 생성되는 명령의 인수를 커스터마이징하기 위한 옵션들이 사용되는 것이 보통이다. 이 메소드의 슈퍼클래스 구현은 디버깅 정보를 제공하므로, 각 서브클래스는 이 메소드를 오버라이드해 유용한 출력을 생성할 수 있다.

2. Command 슈퍼클래스를 사용해 게임을 시뮬레이션하고 표본을 생성하는 명령을 정의한다.

```
import ch13_r05

class Simulate(Command):
    def __init__(self, seed=None):
        self.seed = seed
    def execute(self, options):
        if self.seed:
            os.environ['RANDOMSEED'] = str(self.seed)
        super().execute(options)
    def create_command(self, options):
        return ['python3', 'ch13_r05.py`,
            '--samples', str(options.samples),
            '-o', options.game_file]
```

execute() 메소드의 오버라이드된 버전을 제공하므로 이 클래스는 환경 변수를 수정할 수 있다. 통합 테스트 시에 특정 시드 값을 설정할 수 있으므로 결과 값과 예상 값이 일치하는지 확인할 수 있다.

create_command() 메소드는 ch13_r05 명령의 명령행 실행을 위한 단어들을 반환한다. options.samples의 숫자 값을 문자열로 변환한다.

3. Command 슈퍼클래스를 사용해 시뮬레이션들을 요약하는 명령을 정의한다.

```
import ch13_r06

class Summarize(Command):
    def create_command(self, options):
        return ['python3', 'ch13_r06.py',
            '-o', options.summary_file,
            ] + options.game_files
```

create_command( ) 메소드만을 정의했으며, ch13_r06 명령을 위한 인수들을 제공하고 있다.

4. 두 개의 명령이 정의됐으니 이제 메인 프로그램은 '통합하기 쉬운 스크립트를 설계하는 방법' 레시피의 디자인 패턴을 따를 수 있다. 설정 옵션을 수집한 후 이 옵션들을 사용해 두 개의 명령을 실행한다.

```
from argparse import Namespace

def demo():
    options = Namespace(samples=100,
game_file='x12.yaml', game_files=['x12.yaml'],
summary_file='y12.yaml')
    step1 = Simulate()
    step2 = Summarize()
    step1.execute(options)
    step2.execute(options)
```

이 시연용 함수인 demo( )는 명령행에서 입력받은 매개변수를 사용해 Namespace 인스턴스를 생성하며, 두 개의 처리 단계를 생성하고 각각 실행한다.
이러한 종류의 함수는 일련의 애플리케이션들을 실행하기 위한 상위 스크립트를 제공한다. 셸보다 훨씬 유연한데, 파이썬의 풍부한 자료 구조들을 활용할 수 있기 때문이다. 파이썬을 사용하므로 단위 테스트도 물론 포함시킬 수 있다.

예제 분석

이번 레시피는 서로 맞물리는 두 개의 패턴이 사용됐다.

- `Command` 클래스 계층
- `subprocess.run()` 함수를 사용해 외부 명령을 감싸기

`Command` 클래스 계층의 목적은 각 단계 혹은 연산을 어떤 공통의 추상 클래스의 서브클래스로서 정의하기 위한 것이다. 이 공통의 추상 클래스에 `Command`라는 이름을 붙이고, 두 개의 연산을 이 클래스의 서브클래스로서 정의했다. 따라서 모든 서브클래스들이 공통적으로 가져야 할 기능을 확실히 제공할 수 있다.

외부 명령을 감쌀 때는 몇 가지 고려할 점들이 있다. 특히, 필수 명령행 옵션들을 어떻게 처리하느냐가 중요하다. 이번 예제의 경우, `run()` 함수는 개별 단어들의 리스트를 사용하므로 문자열, 파일명, 숫자를 프로그램에 필요한 옵션 집합으로 쉽게 조합할 수 있다. 또한 운영체제가 정의하는 표준 입력, 표준 출력, 표준 오류 파일을 어떻게 다뤄야 할지도 중요한 고려 사항이다. 이 파일들은 주로 콘솔 화면에서 출력되지만, 애플리케이션이 이 파일들을 포착해서 추가적인 분석이나 처리를 해야 할 때도 있기 때문이다.

따라서 고려 사항을 두 가지로 나눠서 구현하는 것이 바람직하다.

1. 실행 명령들의 전체적인 개요: 시퀀스, 반복, 조건부 처리, 그리고 잠재적인 시퀀스 변경 가능성 등이 포함된다. 사용 시나리오와 관련되는 고수준의 고려 사항이다.
2. 각각의 명령 실행과 관련된 세부 사항: 명령행 옵션, 출력 파일, 운영체제 수준의 고려 사항 등이 포함된다. 세부 구현을 위한 기술적인 고려 사항이다.

이처럼 두 가지를 분리하면 사용 시나리오를 더 쉽게 구현하거나 변경할 수 있다. 운영체제 수준의 고려 사항에 변경이 생기더라도 사용 시나리오가 달라지면 안 된다. 즉 처리 속

도가 빨라지거나 메모리를 덜 소비하더라도, 나머지는 똑같아야 한다. 마찬가지로 사용 시나리오의 변경이 운영체제 수준의 고려 사항에 영향을 미쳐서는 안 된다.

부연 설명

복잡한 처리 단계들의 시퀀스 중에는 하나 이상의 단계들이 반복적으로 수행될 때가 많다. 여기서는 파이썬으로 상위 수준의 스크립트를 작성하기 때문에 for문으로 반복문을 추가할 수 있다.

```
def process_i(options):
    step1 = Simulate()
    options.game_files = []
    for i in range(options.simulations):
        options.game_file = 'game_{i}.yaml'.format_map(vars())
        options.game_files.append(options.game_file)
        step1.execute(options)
    step2 = Summarize()
    step2.execute(options)
```

이 process_i() 함수는 Simulate 단계를 여러 번 처리할 것이다. simulations 옵션은 시뮬레이션 실행 횟수를 지정한다. 각 시뮬레이션마다 예상 개수만큼 표본들이 생성될 것이다.

시뮬레이션이 실행될 때마다 game_file 옵션에 다른 값이 설정된다. 매번 파일명이 다르게 부여되므로 많은 수의 표본 파일이 생성될 것이다. 파일 리스트는 game_files 옵션에 저장된다.

따라서 그다음 단계인 Summarize 클래스가 실행될 때는 처리 대상 파일들의 리스트가 준비돼 있을 것이다. options 변수에 대입된 Namespace 객체는 전역 상태 변경을 추적하고 이후의 처리 단계에 이 정보를 제공한다.

조건부 처리 구축하기

파이썬으로 상위 프로그램을 작성하고 있기 때문에 내부에 감싸지는 두 개의 애플리케이션에 기반하지 않는 처리도 쉽게 추가할 수 있다. 그중에 하나가 요약 처리 단계를 선택적으로 수행되게 하는 것이다.

예를 들어 options 변수에 summary_file 옵션이 들어있지 않다면 요약 처리 단계를 건너뛰는 것이다. 그러면 process( ) 함수의 정의는 다음과 같이 바뀔 것이다.

```
def process_c(options):
    step1 = Simulate( )
    step1.execute(options)
    if 'summary_file' in options:
        step2 = Summarize( )
        step2.execute(options)
```

이 process_c( ) 함수는 Summarize 처리 단계를 조건부로 처리할 것이다. summary_file 옵션이 있으면 그다음 단계를 실행하고, 그렇지 않으면 그냥 건너뛴다.

이와 같이 파이썬 프로그래밍의 기능을 활용해 기존 애플리케이션 프로그램을 보완할 수 있다.

참고 사항

- 일반적으로 이처럼 복잡한 처리 단계들은 대규모의 복잡한 애플리케이션을 위한 것이다. 대규모의 통합 애플리케이션을 다루는 방법에 대해서는 '두 개의 애플리케이션을 하나로 합치는 방법' 레시피와 '통합 애플리케이션에서 인수와 설정을 관리하는 방법' 레시피를 참조한다.

찾아보기

ㅈ

A

D

E

T

U

V

숫자

에이콘출판의 기틀을 마련하신 故 정완재 선생님 (1935-2004)

모던 파이썬 쿡북

주제별 문제 해결 레시피 모음

발 행 | 2018년 2월 22일

지은이 | 스티븐 로트
옮긴이 | 이 정 문

펴낸이 | 권 성 준
편집장 | 황 영 주
편 집 | 조 유 나
디자인 | 박 주 란

에이콘출판주식회사
서울특별시 양천구 국회대로 287 (목동)
전화 02-2653-7600, 팩스 02-2653-0433
www.acornpub.co.kr / editor@acornpub.co.kr

ISBN 979-11-6175-114-6
ISBN 978-89-6077-210-6 (세트)
http://www.acornpub.co.kr/book/modern-python-cookbook

이 도서의 국립중앙도서관 출판시도서목록(CIP)은 서지정보유통지원시스템 홈페이지(http://seoji.nl.go.kr)와
국가자료공동목록시스템(http://www.nl.go.kr/kolisnet)에서 이용하실 수 있습니다.(CIP제어번호: CIP2018004587)

책값은 뒤표지에 있습니다.